Pérez · Ferdinand und Isabella

Joseph Pérez

Ferdinand und Isabella

Spanien zur Zeit der Katholischen Könige

Diederichs

Die Originalausgabe erschien unter dem Titel *Isabelle et Ferdinand, rois catholiques d'Espagne* bei Fayard, Paris

Die Deutsche Bibliothek – CIP-Einheitsaufnahme
Pérez, Joseph:
Ferdinand und Isabella: Spanien zur Zeit der katholischen Könige / Joseph Pérez. [Aus dem Franz. von Antoinette Gittinger]. – Ungekürzte Lizenzausg. – München: Diederichs, 1995
Einheitssacht.: Isabelle et Ferdinand <dt.>
ISBN 3-424-01238-6

Ungekürzte Lizenzausgabe für den Eugen Diederichs Verlag, München 1995

Aus dem Französischen von Antoinette Gittinger

Umschlaggestaltung: Zembsch' Werkstatt, München
Produktion: Tillmann Roeder, München
Druck und Bindung: Ebner Ulm
Papier: fast holzfrei, chlorfrei, säurefrei Werkdruck, Schleipen
Printed in Germany

ISBN 3-424-01238-6

Inhalt

7
Vorwort

13
I. Spanien in der Mitte des 15. Jahrhunderts
Portugal 16
Die Krone von Aragonien 18
Die Krone von Kastilien 30

57
II. Adel und Monarchie
Der Adel im Kampf gegen die Monarchie 57
Isabella, Prinzessin von Asturien 64
Die Thronbesteigung der Katholischen Könige (1474–1479)

102
III. Der Aufbau des Staates
Die Neuordnung des Staates 105
Die Neuordnung des Königreichs 112
Die öffentlichen Finanzen 112
Gewöhnliche Steuern 113
Außergewöhnliche Steuern 115
Die Santa Hermandad 118
Die Finanzreform von 1480 122
Die Regierung des Königreichs 128
Der Consejo real 128
Die Verwaltung der Justiz 130
Die Regierung der Städte 132
Die Cortes 137
Die Krone von Aragonien unter den Katholischen Königen 139

146
IV. Die soziale Basis des Regimes
Die Katholischen Könige und der Adel 147
Die Katholischen Könige und der Klerus 162
Die Kirche von Spanien 162
Kirchliche und königliche Justiz 166
Der Kampf um die Bistümer 170
Reformen vor der Reform? 183
Viehzüchter und Kaufleute 187

201
V. Die spanische Expansion
Die letzte Episode der Reconquista 201
Die Kriegsereignisse 210
Granada nach der Eroberung 215
Die Neue Welt 221
Spanien und Europa 248

260
VI. Spanien unter der Inquisition
Spanien und seine drei Religionen 260
Die Inquisition 272
Die Ausweisung der Juden 294
Entstehung des Maurenproblems 305

312
VII. Bilanz einer glanzvollen Regierungszeit
Das Ende der Regierungszeit (1497–1516) 312
Vorbereitung aufs Goldene Zeitalter 325

351
Nachwort
Karte 357
Stammtafel 359

ANHANG
Die Währung, Maße und Gewichte 360
Glossar 361
Chronologie 363

365
Bibliographie

366
Register
Personenregister 374
Sachregister 380

VORWORT

Ich habe lange gezögert, diesem Buch den Titel *»Ferdinand und Isabella, Spanien zur Zeit der Katholischen Könige«* zu geben. Ende des 15. Jahrhunderts ist Spanien, das zu dieser Zeit die ganze Iberische Halbinsel umfaßt, mit Portugal und Navarra (unabhängig bis 1512) und dem muslimischen Emirat Granada (unabhängig bis 1492), nur ein geographischer Terminus. Ferdinand und Isabella waren die Könige von Kastilien und Aragonien, aber nicht von Spanien. Um ganz genau zu sein, müßte es heißen: Könige von Kastilien, Aragonien, Valencia, Grafen von Barcelona ... Doch das ist umständlich. Es ist einfacher, von den Katholischen Königen zu reden, indem man ihnen den Titel gibt, den ihnen Papst Alexander VI. 1494 verliehen hatte und der bald allgemein gebräuchlich wurde. Von 1519 an wird ihr Nachfolger aus viel triftigeren Gründen Kaiser genannt. Seit der Regierungszeit Philipps II., der von seinem Vater außer den spanischen Ländereien die Niederlande geerbt hatte, aber nicht das Reich, greift man wieder auf den Titel »Katholischer König«, »Katholische Monarchie« zurück.

Der Begriff »Katholische Könige« birgt die Gefahr in sich, mit dem des »Allerchristlichsten Königs«, mit dem man die Könige von Frankreich bezeichnete, verwechselt zu werden. Um nicht den Eindruck entstehen zu lassen, eine Dynastie zu begünstigen und eine Hierarchie unter den Herrscherhäusern der europäischen Christenheit zu schaffen, hat Papst Alexander VI. Ferdinand und Isabella den Titel »Katholische Könige« verliehen, der sich in Spanien stärker eingebürgert hat als in Frankreich der Titel des »Allerchristlichsten Königs«. Während unklar ist, wer mit diesem Titel gemeint ist, weiß man sofort, wer sich hinter dem Titel »Katholische Könige« verbirgt: Ferdinand und Isabella.

Natürlich stellt sich zwangsläufig die Frage: Haben dieser König und diese Königin mehr Glaubenseifer bezeugt als die anderen? Man denkt sofort an den Kreuzzug gegen den Islam und vor allem an die Wiedereinführung der Inquisition, an die Vertreibung der Juden, an die gewaltsame Bekehrung der Muslime. Nachträglich bringt man Ferdinand und Isabella mit den Bewegungen des darauffolgenden Jahrhunderts in Verbindung, als Spanien die Gegenreformation unterstützte und in ganz Europa die Sache des Katholizismus vertrat, die Häresie und den Protestantismus bekämpfte. War also Spanien das katholische Land par excellence?

Diese Annahme ist falsch, und das Europa des 16. Jahrhunderts war weit davon entfernt, sie zu untermauern. Erasmus hatte z. B. 1516 eine Einladung Spaniens abgelehnt (*Non placet Hispania*: »Was sollte er in diesem von Mauren und Juden verseuchten Land?«), und einige Kardinäle der römischen Kurie äußern im Jahre 1600 ihren Zweifel an der Standfestigkeit des Katholizismus auf einer Halbinsel, auf der seit Jahrhunderten Christen, Muslime und Juden eine Koexistenz führten. Seit 1480 gibt es diese schreckliche Unterdrückungsmaschinerie der Ketzerei, die Inquisition. Einige Stimmen behaupten, daß es dieses gnadenlosen Ketzergerichts und des Zwangs bedurft hätte, um den katholischen Glauben vor jeglicher heterodoxer Verirrung zu bewahren.

Sicherlich sind das Übertreibungen, die aufgrund des Grolls auf ein mächtiges Spanien entstanden sind, das dazu neigt, die Verteidigung des Katholizismus mit der Aufrechterhaltung seiner politischen Vorherrschaft in Europa zu verwechseln. Doch diese Reaktion stimmt nachdenklich: Spanien besitzt kein Glaubensmonopol, und zu Beginn der Herrschaft der Katholischen Könige, 50 Jahre vor Luther, stellt es auch kein stärkeres Zentrum der Orthodoxie dar als andere Länder. Zweifellos sind Ferdinand und Isabella streng katholisch, aber nicht bigott, und werden in erster Linie von politischen Überlegungen geleitet. Die Ratschläge, die Gómez Manrique, Dichter und zukünftiger Berater der Katholischen Könige, in Versform an Isabella richtet, datieren von 1473 und beinhalten, daß Gebete, Andachten und Werke der Barmherzigkeit nach den Regierungsaufgaben stehen: »Man möchte nicht wissen, ob Ihr viel gebetet habt oder diszipliniert wart, man wird Euch fragen, ob Ihr Gerechtigkeit geübt, die Schuldigen verurteilt oder die Räuber geduldet habt und Euch danach beurteilen.« Der zukünftigen Königin wird ein Programm vorgelegt, das im wesentlichen weltliche Belange umfaßt; man fordert sie auf, Religion und Politik auseinanderzuhalten. Doch treiben wir die Trennung der beiden Bereiche nicht zu weit: Ferdinand und Isabella sind durchaus aufgeschlossen für religiöse Probleme, doch wie Gómez Manrique richtig erkannt hat, richten sie ihr Hauptaugenmerk auf weltliche Belange, stellen nicht die Politik hinter die Relgion. Sogar die Inquisition ist eine politische Angelegenheit.

Daher mag man sich an dem irreführenden Begriff »Katholische Könige« stören. Doch aus den oben angeführten Gründen soll der Titel beibehalten werden, da er einfach bequem ist, doch es soll damit nicht unbedingt eine besondere konfessionelle Konnotation verknüpft werden.

Ist es darüber hinaus legitim, ein halbes Jahrhundert Geschichte im Leben eines Volkes um den Namen eines Mannes und einer Frau zu ranken, auch wenn diese noch so berühmt sind? Der Mythos der Katholischen Könige entstand schon sehr früh: Sie selbst haben dank der Hilfe gedungener Propagandisten dazu beigetragen. Dieser Mythos basiert auf einer einfachen, ja sogar zu einfachen Vorstellung: Vor ihnen war das Nichts, nur Chaos und Anarchie. Als sie die Regierung übernehmen, geben sie Spanien wie durch ein Wunder Ordnung, Einheit, Wohlstand und Größe. Sie weisen den aufrührerischen Adel in seine Schranken, stellen die Sicherheit auf den Straßen wieder her, reorganisieren die Wirtschaft, vertreiben den Islam aus Spanien, begründen die Glaubenseinheit in einem Land, in dem seit Jahrhunderten alle möglichen Glaubensrichtungen miteinander im Wettstreit stehen. Dank ihrer Unterstützung stößt Kolumbus auf seinen Entdekkungsreisen auf Amerika. Ihnen ist es zu verdanken, daß Spanien in Europa eine Großmacht wird. Man bewundert ihre politische Genialität und ihr staatsmännisches Geschick. Das kann man in den zeitgenössischen Chroniken nachlesen, aber auch bei Autoren, die in einer anderen Zeit aufgewachsen sind und a priori objektiver sind. Der Italiener Castiglione singt in seinem Werk Cortegiano (1528) ein Loblied auf Isabella, in der er das Ideal aller politischen und häuslichen Tugenden sieht. Colmenares, der im 17. Jahrhundert die Geschichte seiner Heimat Segovia schreibt, schreckt nicht vor Übertreibung zurück: Segovia, wo sich Isabella im Dezember 1474 zur Königin von Kastilien ausrufen läßt, hat allen Grund stolz zu sein: Es hat die größte Monarchie erlebt, die es seit der Erschaffung des ersten Menschen auf der Welt gegeben hatte. Loblieder auf Isabella sind zu der Zeit ungewöhnlich. Im allgemeinen gilt Ferdinand als der intellektuellere von beiden, der Initiator einer höchst vollkommenen Politik. Machiavelli schreibt in seinem Werk »Der Fürst« (1513): »Man kann ihn als einen neuen Fürsten bezeichnen, denn als ursprünglich machtloser König wurde er der ruhmreichste der christlichen Monarchen. Betrachtet man seine Taten, dann muß man feststellen, daß sie bemerkenswert sind, ja manchmal sogar außergewöhnlich.« Philipp II. bewunderte ihn: »Wir verdanken ihm alles.«

Im 17. Jahrhundert bezeichnete ihn Olivares Philipp IV. als idealen König: »Er ist der König der Könige.«

Zu Beginn des 19. Jahrhunderts bekommen Ferdinand und Isabella einen anderen Stellenwert. Clemencin verfaßt ein Loblied auf Isabella, das er mit unveröffentlichten Dokumenten, die er in allen möglichen Archiven gesammelt hatte, untermalt, um den Ruhm der Katholischen Könige hervorzuheben, den er im Grunde als Isabellas Verdienst ansieht. Auch wenn die Katalanen – zumindest in Kastilien – eine Schwäche für Ferdinand, ihren letzten »nationalen« Herrscher, haben, steht Isabella in ihrer Gunst an erster Stelle; Ferdinand wird immer mehr auf die Rolle des Prinzgemahls verwiesen. Diese Idealisierung der Herrschaft der Katholischen Könige erreicht mit Francos Sieg einen Höhepunkt. Joch und Pfeile – die Symbole der Katholischen Könige – finden sich überall, auf dem blauen Hemd der Falangisten und auf den Grabinschriften, zum Gedenken an jene, die »für Gott und Spanien« während des »Kreuzzuges« gegen den Bolschewismus gefallen sind. Ein eindrückliches Beispiel politischer Nutzung historischer Gegebenheiten.

Viele historische Biographien und Werke über das Königspaar sind unbrauchbar, da es unkritische Hagiographien sind. Doch in den letzten Jahren hat sich die Lage gebessert. Die Arbeiten von Jaime Vicens Vives, Antonio de la Torre, P. Tarsicio de Azcona, Luis Suárez Fernández und Miguel Angel Ladero Quesada, um nur einige der wichtigsten zu nennen, beweisen eine kritischere Auseinandersetzung mit jener Zeit. Inzwischen weiß man mehr über die Situation der Königreiche Kastilien und Aragonien zur Zeit der Machtübernahme der Katholischen Könige, über die kraftvolle Dynamik Kastiliens und den Niedergang Aragoniens, die Quellen der kastilischen Wirtschaft »unter dem scheinbaren Chaos der Dynastiekämpfe und Streitigkeiten des Adels«. »Die Katholischen Könige mußten folglich Ordnung schaffen, aber in einer vitalen Gesellschaft, die reich an Menschen und Energien war« (Pierre Vilar). Sie regierten über ein Land, das sich im Aufschwung befand. Natürlich erleichterte das die Dinge, auch wenn es nicht alles erklärt. Dabei sollen Ferdinands und Isabellas Verdienste keineswegs geschmälert werden: Andere hätten die gebotenen Chancen vermutlich nicht genutzt. Man denke nur an ihren Vorgänger Heinrich IV., der von den Großen zum Spielball gemacht und sogar als Ehemann und Vater verspottet wurde. Gaston Roupnel (Histoire et destin), der große Männer nicht mochte (und große Frauen noch weniger: »Zur Not kann man sie als Zimmermädchen gebrauchen, aber nicht als Literaten oder Regenten ...«), fand, große Männer seien ein Luxus, den man teuer bezahlen müsse: »Je größer die Macht des großen Mannes ist, desto grauenhafter ist er.« Ein gutes Beispiel: Napoleon. Ein großer Mann ohne Handlungsspielraum kann nichts Großes erreichen. Olivares, ein kluger und mutiger Staatsmann des 17. Jahrhunderts, hatte das Pech, ein Land führen zu müssen, das ausgeblutet war. Es gelang ihm nicht, diesem die Demütigung der westfälischen Verträge zu ersparen. Die Katholischen Könige regierten ein junges, blühendes Reich. Sie verstanden, dies zu nutzen und große Projekte zu verwirklichen: Sie bauten einen Staat auf, in dessen Mittelpunkt die Monarchie stand, brachten die oberen und mittleren Klassen einander näher und schufen somit ein neues soziales Gleichgewicht und brachten ihre Untertanen dazu, gemeinsame Vorhaben durchzuführen: Granada, Italien und die Neue Welt.

Diese bedeutenden Menschen sind zur rechten Zeit in Erscheinung getreten. Man hatte sie irgendwie erwartet, und als sie auftauchten, hat sich Spanien in ihnen wiedererkannt. Und doch, welcher Zufälle hatte es bedurft, daß sie Könige wurden! Zufall war die Schwäche Heinrichs IV., der für impotent erklärt und dessen Vaterschaft bestritten wurde. Daraufhin wurde seine Tochter Johanna von der Thronfolge ausgeschlossen. Zufall war auch der unerwartete Tod von Prinz Alfons, dem anerkannten Erben, den man bereits zu Lebzeiten Heinrichs IV. zum König ernannt hatte. Nach Alfons' Tod setzten die Aufständischen seine Schwester Isabella auf den Thron. Wer hätte auch ahnen können, daß dieses siebzehnjährige Mädchen soviel Energie und Autorität besäße? Die Heirat, die die Erbin von Kastilien mit dem Erben von Aragonien einging, der ein Jahr jünger als sie war und genauso ehrgeizig, war allerdings kein Zufall mehr.

Die Absicht dieses Buches ist es, eine Periode in der Geschichte Spaniens, die zu Recht als glorreich gilt und in der das Goldene Zeitalter vorbereitet wird, so genau wie möglich wiederzugeben. Auch wenn man für die Katholischen Könige große Bewunderung hegt – meine ist sehr groß –, muß man zugeben, daß sie nicht alles erreicht haben.

Als erstes soll die Lage auf der Iberischen Halbinsel vor der Thronbesteigung geschildert werden. Es sollen die Umstände aufgezeigt werden, die es zwei außergewöhnlichen Herrschern ermöglicht haben, die Macht zu übernehmen; die Schaffung von Machtinstrumenten unter ihrer Regierung, die ersten Versuche Spaniens, sein Machtgebiet in Europa, ja in der ganzen Welt auszudehnen, und schließlich die Grenzen des Werks und ihrer Herrschaft beschrieben werden. Die Doppelmonarchie der Katholischen Könige vereint zwei ungleiche Partner. Zwischen einem aufstrebenden Kastilien und einem ausgebluteten Aragonien senkt sich die Waage zwangsläufig auf die Seite von Kastilien. Unter der Herrschaft der Katholischen Könige wird der moderne spanische Staat geschaffen, der kastilische Prägung hat. Die Wirtschaft Kastiliens und dessen Bewohner begründen die spanische Macht, und aus der kastilischen Sprache wird die spanische.

Seit dem Ende des 15. Jahrhunderts nimmt Kastilien auf der Halbinsel eine Vormachtstellung ein, doch ich wehre mich gegen eine historiographische Strömung, die gegen Ende des letzten Jahrhunderts einsetzte, als die 1898er Generation die dominierende Rolle Kastiliens überbetonte und die Geschichte Kastiliens mit der Spaniens verschmelzen möchte. Bis zum Ende des 17. Jahrhunderts bewahrte Aragonien seine Selbständigkeit und Originalität, hatte sich mit anderen Problemen als Kastilien auseinanderzusetzen.

Natürlich konzentrierte ich mich auf die Höhepunkte der Regierungszeit Isabellas und Ferdinands (Granada, Westindien, die Machterweiterung in Europa, die Inquisition), versuchte aber, wenn es erforderlich erschien, die Lage Kastiliens und Aragoniens gesondert zu betrachten. Ich bemühte mich, manche Dinge richtig zu stellen, ohne den Text durch Anmerkungen zu komplizieren. Die Leser, die die eine oder andere Stelle nachprüfen wollen, finden am Ende des Buches eine Bibliographie, die ihnen weiterhelfen kann.

Joseph Pérez

I. Spanien in der Mitte des 15. Jahrhunderts

Bildete die Iberische Halbinsel jemals eine politische Einheit? Noch heute diskutiert man darüber, inwieweit sie zur Zeit der römischen Kolonisation integriert war. Nach R. Menéndez Pidal, dessen Thesen von J. M. Blázquez übernommen wurden, sollen die Römer der ganzen Halbinsel, mit Ausnahme des Baskenlandes, eine politische, verwaltungsmäßige und sprachliche Einheit gegeben haben: Latein soll den Bevölkerungsgruppen, die dort lebten, nicht nur die Verständigung mit den Römern, sondern auch die untereinander ermöglicht haben. Die Religion (in erster Linie der Kaiserkult, dann der Katholizismus zur Zeit der Westgoten) soll letztlich die Integration bewirkt haben. Doch nach Meinung von P. Bosch-Gimpera hat sich Rom damit begnügt, einen bloß gut funktionierenden Verwaltungsapparat einzusetzen, der die Eigentümlichkeiten der einheimischen Völkergruppen berücksichtigte (Bosch-Gimpera schreibt: die Völker), die gezwungen waren, miteinander zu leben, ohne eine innere Einheit zu bilden.

Wer auch immer bei diesem wissenschaftlichen Streit (dessen politische Folgen eindeutig sind) recht haben mag, fest steht, daß die muslimische Invasion von 711 eine völlig neue Situation schafft. Krieger aus Nordafrika, die die inneren Zwistigkeiten des westgotischen Königreichs ausnutzen, bringen innerhalb einiger Jahrzehnte die gesamte Halbinsel, mit Ausnahme einiger Bergdörfer im Norden, unter ihre Herrschaft. Doch man kann hier nicht von einer arabischen Invasion reden. Die Araber, die 711 die Straße von Gibraltar überquert haben, waren immer in der Minderheit, ihre Zahl belief sich auf einige Zehntausend. Die spanische Geschichtsschreibung sollte die Invasoren und ihre Nachkommen lieber als Mauren bezeichnen, d.h. Maghrebiner. Im 8. Jahrhundert wurde die Halbinsel hauptsächlich von Berbern eingenommen, die aber nicht sehr zahlreich waren. Sie beschränkten sich darauf, die Herrschaft über das Land zu haben. Der größte Teil der Bevölkerung nahm den Glauben der Sieger an, bekehrte sich zum Islam, und Spanien wurde *Al-Andalus*, d.h. Islam des Westens, mit seiner Ursprünglichkeit und seinen Eigentümlichkeiten. Die Christen im Norden konnten sich mit dieser Situation nie abfinden. Die Reconquista begann zur gleichen Zeit wie die Eroberung, doch sie war das Werk unterschiedlicher Christengruppen. Zuerst mußten die Christen, die sich weigerten, zum Islam überzutreten, um ihr Überleben kämpfen und sich in den Bergen des Nordens sammeln, im Königreich Asturien, um Oviedo und in den pyrenäischen Grafschaften. Auf der ersten Etappe gelangten die Christen in die Täler des Duero und des Ebro; es entstanden die Königreiche León, Navarra und Aragonien, während ein Teil der Grafschaften autonom blieb, vor allem in Katalonien. Kastilien erklärt später seine Unabhängigkeit, verleibt sich León ein und setzt sich an die Spitze der Reconquista. Während einer zweiten Etappe, die durch die Einnahme Toledos (1085) gekennzeichnet ist, verlagert sich die Grenze zwischen den beiden rivalisierenden Zivilisationen bis zur Sierra Morena. In dieser Zeit bekommt das christliche Spanien sein endgültiges Aussehen. Die Grafschaft Portugal, die aus dem Land zwischen dem Duero und dem Tajo besteht, wird einem adeligen Lehnsherrn aus Burgund zugeteilt, der sich von Kastilien trennt und ein unabhängiges Königreich gründet. Portugal führt von nun an seinen eigenen Kampf und erreicht Mitte des 13. Jahrhunderts seine endgültigen Grenzen. Das Königreich Aragonien vereinigt sich mit den katalanischen Grafschaften. Zu Beginn des 13. Jahrhunderts siegen die verbündeten Christen (Portugiesen, Kastilier, Navarresen und Aragonier) in der Schlacht von Las Navas de Tolosa (1212) und erobern in weniger als fünfzig Jahren den südlichen Teil der Halbinsel, mit Ausnahme von Granada.

Die Reconquista wird erst 1482 weitergeführt, als die Katholischen Könige beschließen, Granada zu erobern, und im 15. Jahrhundert ist die Halbinsel in fünf politische Blöcke aufgeteilt, deren Bedeutung sehr unterschiedlich ist: Portugal, die Länder der Krone von Kastilien, das Königreich Navarra, die Staaten der Krone von Aragonien und im Süden das muslimische Emirat Granada.

Doch die politische Spaltung konnte bei den Christen das Gefühl, über die Staatsgrenzen hinaus eine Gemeinschaft zu bilden, nicht ganz ersticken. Wenn man die Halbinsel in ihrer Gesamtheit meinte, verwendete man weiterhin den Begriff Spanien. Im 16. Jahrhundert schreibt der Chronist Pero Mejía, als er die Geburt des Infanten Miguel, Sohn des Königs von Portugal und der Infantin Isabella (Tochter und Erbin der Katholischen Könige), erwähnt, daß der Infant nach dem Tod seiner Mutter als Erbe der Kronen von Kastilien, Aragonien und Portugal anerkannt wurde, d.h., er hätte, wenn er am Leben geblieben wäre, über ganz Spanien regiert. Camões unterscheidet Portugiesen und Kastilier, »weil wir alle Spanier sind«. Auch Alain Milhou hat in den letzten Jahren des 15. Jahrhunderts die Gewohnheit übernommen, von Spanien zu reden, wenn er den Block Kastilien–Aragonien meinte, folglich Portugal ausschloß: Man spricht von Ferdinand, »dem mächtigen König der beiden Spanien«, oder von Isabella, der Königin von Spanien. Das ist eine Vorwegnahme künftigen Geschehens, doch es vergeht noch einige Zeit, bis sich dieser Brauch allgemein verbreitet. Noch zu Beginn des 17. Jahrhunderts schreibt Quevedo: »Eigentlich besteht Spanien aus drei Kronen: Kastilien, Aragonien, Portugal.«

Mitte des 15. Jahrhunderts zeigt jeder dieser verschiedenen Blöcke seine eigene Prägung. Es haben sich eigenständige Gesellschaften mit eigener Sprache und eigenen Bräuchen gebildet, mit eigener Rechtsstruktur und eigenen Institutionen. Vielleicht ist es noch zu früh, von Nationen zu reden, doch die Staaten sind stark genug, um ihre Unabhängigkeit zu fordern. Der erste Schritt zur Vereinheitlichung vollzieht sich durch Ehebündnisse, die unter den herrschenden Familien üblich sind, vor allem in Portugal, Kastilien und Aragonien. Doch diese drei Staaten weisen in dieser Zeit große Unterschiede in ihrer Größe und Bevölkerungszahl auf:

	Oberfläche	Geschätzte Bevölkerung
Krone v. Kastilien	355 000 km^2	4 200 000
Krone v. Aragonien	110 000 km^2	850 000
Portugal	88 000 km^2	1 000 000
Navarra	11 700 km^2	120 000
Granada	30 000 km^2	300 000

Man sieht, daß sich die Krone von Kastilien mit 60 % der Gesamtoberfläche der Halbinsel und ungefähr 65 % der Bevölkerung deutlich von den anderen Staaten unterscheidet. Kastilien überflügelt die anderen Partner in jeder Beziehung, was nicht ohne Folgen bleibt.

Im 15. Jahrhundert schien Portugal den anderen Ländern voraus zu sein. Als erster Staat der Iberischen Halbinsel verwirklichte es seine nationale Einheit: 1238 erreichte es seine endgültigen Grenzen. Ende des 14. Jahrhunderts wurde es von einer Art »bürgerlicher« Revolution erschüttert. Schließlich war es auch das erste Land, das eine expansionistische Kolonialpolitik betrieb.

Zu Beginn des 13. Jahrhunderts verleibt sich dieses kleine Land innerhalb von zwanzig Jahren das ganze Gebiet zwischen dem Tajo und der Algarve ein – ein Gebiet von 33 000 km². Das ist zwar ein großartiger Fortschritt innerhalb kurzer Zeit, zwingt aber Portugal, erfinderisch zu sein: Seine Expansion ist von nun an auf die Halbinsel selbst beschränkt, wo es seinen Wunsch nach Unabhängigkeit gegenüber seinem mächtigen Nachbarn Kastilien geltend machen muß, das zur selben Zeit ein Gebiet von 120 000 km² erobert: ganz Andalusien, mit Ausnahme von Granada und Murcia. Um diese Unabhängigkeit zu sichern, verbündet sich Portugal 1373 mit England; 1386 erneuert die Dynastie der Aviz diesen Vertrag, und das englische Bündnis ist von nun eine Konstante der portugiesischen Diplomatie.

Die expansionistischen Ziele Kastiliens beunruhigen bestimmte Schichten der portugiesischen Gesellschaft. Der letzte Herrscher der burgundischen Dynastie, Ferdinand, verheiratete 1383, einige Monate vor seinem Tod, seine Tochter Beatrice mit König Johann I. von Kastilien. Diese rein dynastische Verbindung wird als Gefahr angesehen. Während der sowohl dynastischen als auch sozialen und nationalen Krise von 1383 bis 1385 stehen sich Adel und Privilegierte, die den kastilischen Thronprätendenten begünstigen, die Bürger und das einfache Volk gegegenüber. Ein unehelicher Sprößling der königlichen Familie, der Großmeister von Aviz, stellt sich an die Spitze der Opposition und wird von den in Coimbra versammelten Cortes zum König ernannt, König Johann I. Die Kastilier versuchen, sich mit Waffengewalt durchzusetzen. Lissabon widersteht ihnen, aber am 14. August 1385 erleben sie in Aljubarrota eine erhebliche Niederlage, die sie zwingt, über die Grenze zurückzuweichen und alle Ansprüche aufzugeben. Die Angelegenheit hinterläßt Spuren. Der Friedensvertrag wird erst 1411 unterzeichnet, und zwar nur vorläufig; erst 1423 ratifiziert Kastilien diesen Vertrag, der nur bis 1434 gilt, da das gegenseitige Mißtrauen und die Feindschaft nicht auszulöschen sind. Doch 1431 wird ein Friedensvertrag unterzeichnet.

Portugal möchte seine Eigenständigkeit bewahren und sich von Kastilien abheben. Die Dynastie der Aviz sonnt sich im Ruhm des Sieges, wird von einer Art Nationalgefühl getragen. Doch die Krise fordert ihre Opfer: Da der größte Teil des traditionellen Adels Kastilien unterstützte, müssen viele Adelige erleben, wie ihre Güter durch die neue Macht beschlagnahmt und den Anhängern Johanns I. zugeteilt werden. Einige dieser Aristokraten fliehen ins benachbarte Königreich, wo sie erneut ihr Glück versuchen, was einigen auch gelingt. So entsteht in Kastilien eine portugiesische Gruppe, die in den folgenden Jahren ihre Stimme erhebt. In Portugal bewirken diese Umwälzungen, daß neue Männer Land und Einfluß gewinnen, Bürger in den Adelsstand erhoben werden, ein neuer Adel geschaffen wird (das Haus von Braganza ist das beste Beispiel). Diese neue Dynastie und diese neue Führungsschicht, die dynamischer und unternehmungslustiger als die vorherige ist, richtet ihren Blick übers Meer. Portugal, das weniger als eine Million Einwohner hat, beginnt jetzt seine außerordentliche Expansion. In der zweiten Hälfte des 14. Jahrhunderts hatten seine Seeleute, die sich durch den Fischfang Erfahrung und eine relative Fertigkeit auf dem Gebiet der Seefahrt erworben hatten, die Archipele des Atlantik erforscht: die Kanarischen Inseln, Madeira und die Azoren. Doch das erste Ziel der Kolonialpolitik Portugals ist Marokko, von dem es seit langem Getreide einführt. Auch Gold aus dem Sudan, das von den Karawanen durch die Sahara transportiert wird, erweckt Portugals Interesse. Wirtschaftliche Motive untermauern den Kreuzzugsgedanken: Marokko befindet sich jenseits der Straße von Gibraltar, die Reconquista geht weiter, und der Kampf gegen den Islam wird fortgesetzt. Nach einer sorgfältigen Vorbereitung unter größter Geheimhaltung wird 1415 Ceuta eingenommen. Doch Marokko gibt sich nicht so schnell geschlagen, sondern leistet heftigen Widerstand, so daß Portugal schließlich nach vielen Niederlagen und vor allem nach der Niederlage gegen Tanger (1437) darauf verzichtet.

Die Portugiesen machen sich als nächstes daran, die Zuckerinseln zu erobern: Madeira (1423–1425), dann die Azoren (1427–1450), die Kapverdischen Inseln (1457), die Kanarischen Inseln, doch hier kollidieren ihre Interessen mit denen der Kastilier, die ihnen das Land streitig machen und es schließlich behalten. Ein Mann symbolisiert diese portugiesische Expansion entlang der afrikanischen Küsten: Heinrich der Seefahrer, dritter Sohn Johanns I., setzte sein Vermögen und seinen Einfluß in den Dienst der Erforschung fremder Länder, des Handels und des Abenteuers. Er ist sowohl Ritter, Gelehrter als auch Kaufmann und läßt sich in Lagos, im Süden Portugals, nieder, baut eine Flotte, heuert Seeleute an, Lotsen, Geographen, Karthographen und Mathematiker. Cap Saint-Vincent wird der Ausgangspunkt für die portugiesische Expansion. 1434 wird Kap Bojador erreicht und überschritten. Zehn Jahre später (1443–1444) erreichen die Portugiesen Senegal; Cap Vert, die Küste, die Goldküste *(Río de Oro)* genannt wird, und Guinea werden den Seeleuten und Händlern vertraut, die Gold und Sklaven mitbringen. Die erste bedeutende Sklavenfracht trifft 1444 ein. Die Portugiesen entwickeln sich in der Folge zu Sklavenhändlern par excellence.

Mitte des 15. Jahrhunderts beschränkt sich Portugal nicht mehr auf die Erforschung fremder Länder, sondern betreibt auch die systematische Ausbeutung der Küsten Schwarzafrikas. Im Portugiesischen gibt es nur einen Begriff *(explorar)*, um diese beiden Vorgänge zu bezeichnen, die sich im allgemeinen nacheinander abspielen, aber in diesem Falle fast gleichzeitig. Doch Portugal hat nicht völlig darauf verzichtet, sich in die Politik der Halbinsel zu mischen. 1428 heiratete König Duarte Eleonore, die Tochter Ferdinands von Aragonien. Weitere Infantinnen vermählen sich mit kastilischen Prinzen. Dadurch verstärkt sich die Hoffnung der herrschenden Familien, noch mehr Macht zu erringen und auf der Halbinsel eine Vormachtstellung einzunehmen. Portugal ist seit der Revolution von 1383–1385 und seinem Sieg in Aljubarrota ein Partner, mit dem man rechnen muß; seine Erfolge in Afrika und der damit verbundene Reichtum machen es in den Kämpfen um politischen Einfluß noch stärker.

Die Krone von Aragonien

Seit dem Ende des 12. Jahrhunderts gibt es die Bezeichnung Krone von Aragonien. 1137 verheiratet der König von Aragonien, Ramiro II., genannt der Mönch (1134–1157), seine Tochter Petronilla mit dem Grafen von Barcelona, Raymond Bérenger IV. (1131–1162). Ihr Sohn wird 1157 König von Aragonien und 1196 Graf von Barcelona. Von da an sind die beiden Gebiete, zu denen Valencia hinzukommt, das zwischen 1229 und 1250 wieder erobert wurde, unter der gleichen Krone vereint, die von nun an drei klar abgegrenzte Gebiete umfaßt: das Königreich von Aragonien (Hauptstadt: Saragossa), das Königreich Valencia und das Prinzipat Katalonien, d. h. die Domänen der Grafen von Barcelona. Unter Bewahrung völliger innerer Autonomie verfolgt dieses Gebilde eine expansionistische Politik, doch die kastilische Reconquista hindert es daran, sich auf der Halbinsel weiter auszubreiten. Ehebündnisse mit Feudalherren aus Südfrankreich lassen kurzfristig die Idee aufkommen, einen Pyrenäenstaat zu schaffen, der von Toulouse–Montpellier bis nach Valencia reichen sollte, doch der Tod Peters I. in Muret (1213), der den Grafen von Toulouse gegen die Kreuzfahrer von Simon de Montfort unterstützen wollte, setzt dieser Hoffnung ein Ende. Das Languedoc gehört weiterhin zu Frankreich. Die Konföderation muß sich dem Meer zuwenden, erobert zwischen 1229 und 1235 die Balearen, dann Sizilien gegen Ende des 13. Jahrhunderts, Sardinien zu Beginn des 14. Jahrhunderts und sogar einen Teil Griechenlands.

Einige dieser Erwerbungen müssen wieder abgetreten werden, wie zum Beispiel die beiden griechischen Herzogtümer (sie werden jedoch bei der Titelaufzählung der Könige von Aragonien und ihren Nachfolgern, den Katholischen Königen Karl V. und Philipp II., aufgeführt, die sich immer auch Herzöge von Athen nennen lassen). Sizilien wird erst 1460 wieder der Krone einverleibt, was nicht heißen soll, daß es annektiert wird: Man darf ein dynastisches Bündnis und eine politische Assimilation nicht verwechseln. Im 15. Jahrhundert stellt Sizilien mit seiner nationalen und politischen Autonomie ein eigenes Königreich dar. Ferdinand und Isabella führen als ersten Titel den der Könige von Sizilien.

Diese Gebietseroberungen sind das sichtbarste Zeichen des Handelsexpansionismus der Katalanen. Sie stellen auch in dem dynastischen Gebilde, das die Krone von Aragonien darstellt, das dynamischste Element dar. Die katalanischen Seeleute sind überall im Mittelmeer und in Barcelona zu finden, stehen an der Spitze eines Handelsreichs, das sich weit nach Osten erstreckt und dessen Kaufleute reich und aufgrund ihrer Erfolge selbstbewußt sind und eine Rolle spielen, die nicht auf die Stadt oder die Region begrenzt ist. Barcelona entfaltet seine Initiative im ganzen Mittelmeerraum, treibt Handel, hat überallhin Kontakte und übt starken Einfluß aus.

Was begründet diesen Wohlstand? Die Produktion, der Tuchhandel und der Handel allgemein. Barcelona (ca. 35 000 Einwohner gegen Ende des 14. Jahrhunderts) ist nicht nur ein Hafen und Handelsumschlagplatz, sondern auch ein Industriezentrum. Hier wohnt jeder zehnte Einwohner des Prinzipats, und hier treffen die Güter aus dem Hinterland ein: Lebensmittel (Wein: er befriedigt den inländischen Bedarf; das Fleisch muß manchmal aus Aragonien eingeführt werden;

Öl, Dörrobst, das exportiert wird, Weizen, den man aus Sizilien oder dem Languedoc einführt; Safran, zu dessen Gunsten man den Getreideanbau aufgegeben hat und dessen Exportation es ermöglicht, das Defizit der anderen Lebensmittel auszugleichen); Mineralien und Rohstoffe (Katalonien importiert Kupfer, Zinn, Eisen und Erzeugnisse der Metallverarbeitung, Wachs, Leder, Koralle, Baumwolle, Leinen, Seide; exportiert Quecksilber und Antimon). All das fördert ein vielseitiges Gewerbe, das sich bemüht, den täglichen Bedarf der Bevölkerung zu decken. Hinzu kommen die Luxusgüter (Zucker, Silber), die Exportgüter (Schneidwaren, Leder, Koralle) und vor allem das bedeutende Tuchwarengewerbe Barcelonas, das zwischen 1293 und 1313 seinen Aufschwung erlebte. Der Handel begründet den Wohlstand der Stadt. Verschiedene Gebiete kennzeichnen diese Handelsexpansion: die Iberische Halbinsel (Ebro-Becken, das Gebiet am Meer), der kontinentale Bereich (vom Languedoc im Süden, dem Lieferanten von Weizen und Pastellfarben, dem Käufer von Tuch und reexportierten Gütern – Zucker, Alaun, Dörrobst, Baumwolle, Gewürze –, die aus Levante kommen, bis zu den Niederlanden und England über die Länder der Rhône und der Saône), die italienische Halbinsel (Toskana, doch die Einwohner von Barcelona stoßen hier auf eine starke Konkurrenz; Genua–Lombardei, Venedig und Adria), der mittlere Mittelmeerraum (Sardinien, Neapel, Nordafrika, Sizilien) und schließlich die sogenannten Gebiete jenseits des Meeres: Rhodos, das Ägäische Meer, Syrien, Ägpyten. Barcelona stellt einen bedeutenden Handelsumschlagplatz dar: Die Flotte, der Safran und der Tuchhandel begründen seine wirtschaftliche Bedeutung. Im 14. Jahrhundert konnte es zwei Erfolge verzeichnen: Es gelang ihm, auf der Iberischen Halbinsel den Wollhandel zu übernehmen und ein blühendes Textilgewerbe aufzubauen, war dadurch aber auch starken Konjunkturschwankungen unterworfen. Die Krisen im 15. Jahrhundert versetzen ihm solche Tiefschläge, daß es sich jahrhundertelang nicht mehr erholt. Deshalb bleibt der Wohlstand des 14. Jahrhunderts noch lange im Kollektivgedächtnis der Katalanen haften, die sich in den 50er Jahren des 15. Jahrhunderts nicht damit abfinden können, daß sie diese Vorherrschaft verloren haben. Die katalanische Macht zerbricht in der zweiten Hälfte des 15. Jahrhunderts, ungefähr in dem Augenblick, als Kastilien seinen Aufstieg erlebt. »Katalanischer Abstieg und kastilischer Aufstieg«, bezeichnet Pierre Vilar die Zeit von 1333 bis 1492. Die verschiedenen Teile der Iberischen Halbinsel entwickeln sich unterschiedlich: Katalonien stagniert, während Kastilien einen Aufschwung erlebt, und umgekehrt, wie man im 17. Jahrhundert erleben wird, wenn Kastilien seinen Niedergang erlebt und Katalonien sich wieder erholt. Der Rückgang der Wirtschaftstätigkeit führt im Innern des Prinzipats zu sozialen Konflikten, die vor allem in der Hauptstadt schwelen und auf dem Land die Leibeigenen gegen ihre Lehnsherren aufbringen.

Dieser wirtschaftliche Rückgang fällt mit dem Herrscherwechsel zu Beginn des 15. Jahrhunderts zusammen. Martin I. (1395–1401) stirbt ohne direkten legitimen Nachfolger. Zwei Kandidaten streben nach der Nachfolge: Ferdinand von Antequera, sein Neffe, und Jaime, Graf von Urgel, der Sohn eines Cousins. Jeder hat seine Anhänger. Um blutige Ausschreitungen zu vermeiden, beschließt man, ein Komitee der Weisen einzuberufen, das aus neun Mitgliedern bestehen soll, die gleichermaßen von den drei Ländern des Königreichs gestellt werden sollen. Die Weisen, die sich in der kleinen Stadt Caspe versammeln, bieten nach einem Interregnum von zwei Jahren Ferdinand von Antequera den Thron an (der Schiedsvertrag von Caspe, 1412), der unter dem Namen Ferdinand I. (1412–1416) regieren wird. Er ist der zweite Sohn König Johanns I., des Bruders von König Heinrich III. Mit ihm tritt ein jüngerer Zweig der Trastámara das Erbe der Krone von Aragonien an. Die Katalonier sind darüber erbittert. Der Schiedsvertrag von Caspe, den sie akzeptieren, stellt gewissermaßen die Rache Aragoniens am Prinzipat dar; die hochgestellten Persönlichkeiten Aragoniens fielen stärker ins Gewicht als die Bürger von Barcelona. Die Katalanen machen eine ausländische Dynastie, die zudem kastilisch ist, für die Enttäuschungen, die sie nach einer langen Zeit der Vorherrschaft empfinden, verantwortlich.

Alfons der Großmütige (1416–1458) folgt umsonst dem Ruf, die Krone Aragoniens anzunehmen, indem er sich in Italien niederläßt und 1443 das Königreich Neapel erobert; die Lage bessert sich nicht: Mallorca befindet sich in der Talsohle, das Prinzipat hat größte Schwierigkeiten, sich wieder zu erholen; nur Valencia scheint dem Untergang zu entgehen. Zudem hat die Mittelmeerpolitik des Großmütigen nicht viel mit der katalanischen Expansion gemeinsam. Diese erfolgte zur Ausweitung des Handels; sie gab Zeugnis von der Dynamik der Stadt und dem Hafen Barcelona, der immer nach neuen Absatzmärkten Ausschau hielt, mehr nach wirtschaftlicher Vorherrschaft strebte als nach politischer. Alfons der Großmütige verfolgt eher eine Art militärischer und vor allem dynastischer Politik, betreibt im Westbecken des Mittelmeers eine Prestigepolitik. Hier sowie im

Bereich der Handelsbeziehungen gerät er in Kollision mit Genua. Diese Rivalität stellt in der aragonischen und später der spanischen Politik eine Konstante dar. Unter Alfons dem Großmütigen erscheint Neapel als Eckpfeiler des Imperialismus der Krone von Aragonien im Mittelmeer, doch bedarf Aragonien der Mittel Kastiliens, um diese Politik zu stützen und Neapel unter den Katholischen Königen mit der spanischen Monarchie zu verbinden.

Alfons der Großmütige hinterläßt nach seinem Tod 1458 keine direkten legitimen Erben und teilt deshalb sein Reich zu Lebzeiten. Er überläßt das Königreich Neapel seinem unehelichen Sohn Ferrante; der übrige Teil des Königreichs fällt seinem Bruder Johann II. zu. Dieser, der in Kastilien große Ländereien besaß, interessierte sich immer für die Politik des benachbarten Königreichs, was auf die Katalanen nicht gerade beruhigend wirkt; sie befürchten erneut, geopfert zu werden oder zumindest von diesem Monarchen, der kein Interesse an ihren Sorgen und Problemen zu haben scheint, vernachlässigt zu werden. Unter der Regierung Johanns II. (1458–1479) wächst sich die latente Krise zu einem offenen Kampf in Barcelona und in der Provinz des Prinzipats aus. Daraus entsteht ein Bürgerkrieg, der zehn Jahre dauert.

Dadurch ist die Gelegenheit oder der Vorwand für einen Dynastiekrieg gegeben. Bevor Johann II. König von Aragonien wurde, war er bereits König von Navarra. Aus seiner ersten Ehe mit Blanche von Navarra hatte er einen Sohn, Karl, Prinz von Viana, der hoffte, sein Nachfolger zu werden. Doch 1447 geht Johann II. eine zweite Ehe mit einer Kastilierin, Juana Enríquez, ein (ihr Sohn Ferdinand ist der zukünftige Katholische König). Diese zweite Ehe führt zum Bruch mit Karl, dessen politische Einstellung Johann II. stört (er verhandelt z.B. mit dem König von Kastilien, ohne sich den Kopf darüber zu zerbrechen, wie sein Vater das aufnimmt). Im Dezember 1460 läßt Johann II. seinen Sohn festnehmen. Die Katalanen ergreifen Partei für den Prinzen und erreichen seine Freilassung, doch er stirbt drei Monate später. Die zweite Gattin Johanns II. wird beschuldigt, ihn vergiftet zu haben, und das Prinzipat erhebt sich. Die *generalidad* (ständige Delegation der Cortes in Katalonien) erklärt Johann II. und seine Frau zu Feinden Kataloniens und weist sie aus; sie bietet die Grafenkrone dem König von Kastilien, Heinrich IV., dem Konnetabel von Portugal, René d'Anjou, dem Grafen der Provence (der sich unter den Schutz Ludwigs XI., seines Neffen, stellt) und noch anderen an. Erst 1472 kann Johann II. die Lage zu seinen Gunsten ändern.

Wie läßt sich dieser Bürgerkrieg erklären? Hat sich Katalonien gegen einen »Tyrannen« erhoben, der vermutlich seinen Sohn beraubte und ermordete? Handelt es sich um eine »nationale« Erhebung gegen die Herrschaft eines »ausländischen« Königs? Einige Theoretiker aus dem kirchlichen und bürgerlichen Milieu wollten den Ereignissen diesen Anschein geben. Die Arbeiten von Jaime Vicens Vives und Pierre Vilar lassen unter den ideologischen und emotionalen Argumenten das eigentliche Wesen des Konflikts erkennen, der vor allem die Bestürzung der traditionellen aristokratischen und bürgerlichen Oligarchien verrät, die vor einer Krise stehen, die sie nicht bewältigen können und für die sie einen König, der kein Katalane ist, verantwortlich machen. Diese Krise zeigt in den Städten, vor allem in Barcelona und in der Provinz, unterschiedliche Wirkungen.

Zwischen 1430 und 1435 wird Katalonien, das 1333 durch die Hungersnot heimgesucht wurde und dann durch die Pest (1347–1351) und immer wiederkehrende Epidemien, die bis zum Ende des 14. Jahrhunderts andauern, mit ernsthaften Problemen konfrontiert: Das englische Tuch tritt immer stärker in Konkurrenz zum katalanischen; die Produktion läßt nach, und das Tuchgewerbe verzeichnet eine hohe Arbeitslosenzahl; die Krise trifft auch die Handwerker im Metallgewerbe und im Schiffsbau. Der große Seehandel geht völlig zurück: Zwischen 1434 und 1454 nimmt der Handel am Hafen um 75 % ab. In der Stadt stehen sich zwei Parteien gegenüber: die *Busca* und die *Biga*, wörtlich das Stroh (oder noch genauer: der Hobelspan) und der Balken. Anders ausgedrückt: die Kleinen *(menuts)* gegen die Großen *(grossos)*. Diese Interpretation liegt nahe, doch die Dinge sind komplexer. Zwei ungleiche Stadtmächte stehen sich gegenüber. Die *Busca* scheint die Textilarbeiter zusammenzufassen, die Körperschaften, die das Eingreifen des Königs in die Wirtschaft und entsprechende Maßnahmen verlangen (Abwertung der Währung, ein »merkantilistisches« Programm im wörtlichen Sinn), um die Rezession zu bekämpfen. Die *Biga* stellt eher eine Gruppierung der Grundbesitzer und Rentiers dar; sie fordert die Stabilität der Währung und eine Art wirtschaftlichen Liberalismus.

Zur gleichen Zeit erheben sich auf dem Land die Bauern gegen die Unterdrückung der Lehnsherren. Die demographischen Katastrophen des 14. Jahrhunderts bewirkten die Aufgabe zahlreicher Betriebe. Davon profitierten die Bauern, die überlebt hatten. Sie ließen sich auf dem unbebauten Land nieder und bearbeiteten es. Im 15. Jahrhundert betonen die Lehnsherren überall ihre Rechte mit Nachdruck, versuchen, neue Pächter zu günstigeren Bedingungen einzustellen. Die Bauern entrüsten sich über die Herrenrechte, die diese mißbrauchen, insbesondere über die fünf »schlechten Gewohnheiten«: *intestia*, das Recht des Lehnsherren gegenüber einem Dritten, dessen Erbe anzutreten, wenn dieser kein Testament hinterlassen hat, *exorquia*, das Recht der Lehnsherren, bei einem Bauern, der ohne Nachkommen gestorben ist, das legitime Erbe anzutreten; *cugucia*, das Recht, über das Vermögen der ehebrecherischen Frau zu verfügen; *ursina*, eine Entschädigung, die dem Lehnsherren gezahlt werden muß, wenn der Hof brennt, und *firma de spoli*, das teure Zugeständnis, bei Heirat eine Ertragsabgabe aus dem Hof zu leisten.

Der Konflikt entzündet sich an dem Problem der *remensa*, d. h., die Bauern, die ihren Hof verlassen wollen, verpflichten sich, dem Lehnsherren eine Geldsumme zu zahlen. Diese Forderung geht auf das Jahr 1123 zurück (*remensa* heißt auf katalanisch Rückkauf). Das ist eine Methode, die Bauern, die an die Scholle gebunden sind, zu Leibeigenen zu machen. Es ist ihnen verboten, den Hof, den sie bewirtschaften, zu verlassen, wenn sie die Summe für den Rückkauf nicht aufbringen können. Dadurch entsteht das Problem der *remensas*, d. h. der Bauern, die durch den Rückkauf gebunden sind, um ihre rechtliche Freiheit zu erlangen. Diese *remensas* sind sehr zahlreich; sie umfassen ungefähr 20 000 Höfe und damit ein Viertel, vielleicht sogar ein Drittel der Bevölkerung des Prinzipats. Mitte des Jahrhunderts bilden sie regelrechte Verbände (das ist der damals übliche Begriff: die *remensas* bezeichnen Verwalter, die sie vertreten) und schlagen den Lehnsherren einen Handel vor: gesetzliche Freiheit gegen Bezahlung einer vernünftigen freiwilligen Summe. Die Lehnsherren, die über diese Forderungen beunruhigt sind, schließen sich ebenfalls zusammen.

Das Zusammentreffen und die Verstärkung dieser Konflikte – urbane Probleme in Barcelona, das Problem der *remensas* auf dem Land – lösen den Bürgerkrieg von 1462–1472 aus. Die *remensas* rufen den König als Schiedsrichter an; die *Busca* wünscht ebenfalls ein stärkeres Eingreifen des Königs. Die Verärgerung der Kleinstädte über die Vorherrschaft Barcelonas verschärft die Lage noch. Die Oligarchien aller Art (die Kirche, die Lehnsherren, die »ehrenwerten Bürger« – *ciutadans* – von Barcelona) machen Johann II. für alle Mißstände verantwortlich, sehen in ihm den Verbündeten ihrer Gegner. Sie halten die *fueros*, die Verfassungen und die nationalen »Freiheiten«, einem »fremden König« entgegen, der sie nicht versteht und der sich nicht genügend für ihre Interessen, Privilegien und Einkünfte, die durch die Krise verringert wurden, einsetzt. Der Konflikt zeigt den Niedergang des Prinzipats und die Weigerung der traditionellen Führungsschicht, die historische Entwicklung zu akzeptieren: die Annäherung an Kastilien, die Verstärkung der königlichen Macht, die Befreiung der Bauern.

Johann II., Sieger des Jahres 1472, mißbraucht seinen Sieg nicht. Er bestätigt die Privilegien Barcelonas und des Prinzipats, versöhnt sich mit der Kirche und den Lehnsherren, versteht es, den schwelenden Konflikt der *remensas* unter Kontrolle zu halten, doch die Krise ist noch nicht überwunden. Noch schlimmer: Der Bürgerkrieg hat das Land ruiniert, hat den Niedergang Barcelonas beschleunigt, das die Armee durch eine Steuererhöhung, die die Bewohner ausblutete, kräftig unterstützt hatte. Die Wirtschaft befindet sich in einer Talsohle. Als sich Ferdinand, Sohn und Nachfolger Johanns II., mit dem Kastilien Isabellas vereinigt, ist Katalonien nicht mehr in der Lage, die gemeinsamen Belange der Doppelmonarchie entscheidend mitzubestimmen. Der Bürgerkrieg hat der *generalidad* die Gelegenheit gegeben, sich zum Sprachrohr des Prinzipats zu machen: Zumindest gibt sie vor, in dessen Namen zu sprechen. Sie möchte entgegen dem Autoritarismus des Königs und der Neigung zum Absolutismus erreichen, daß die »Freiheiten« des Vertrags zwischen Volk und König eingehalten werden. Die Historiker bezeichnen das als »Paktismus«, als ein Charakteristikum der Länder der Krone von Aragonien. Im Gegensatz zu den Ereignissen im angrenzenden Kastilien sind hier repräsentative Institutionen fähig, der königlichen Gewalt zu trotzen, indem sie die *fueros*, die rechtlichen und politischen Garantien ihrer Unabhängigkeit, geltend machen.

Die mächtigste Institution verkörpern die Cortes. Im Gegensatz zu den Cortes von Kastilien, die sich nur aus den Delegierten bestimmter Städte zusammensetzen, umfassen die der Krone von Aragonien Vertreter aller Kategorien: Adel, Klerus und die Gemeindevorstände *(el brazo real)*. Die »Arme« findet man in den drei territorialen Komponenten wieder: in Aragonien (hier ist lediglich der aristokratische Arm verdoppelt: der Hochadel der *ricos hombres* und der niedere Adel der Ritter – *caballeros e infanzones* – haben ihren eigenen »Arm«) und dem Prinzipat von Katalonien und Valencia.

Die Cortes müssen die *fueros*, die Gesetze, verteidigen und verhindern, daß der König oder seine Beamten die Macht mißbrauchen. Jede Versammlung beginnt mit einer Vorlage der Beschwerden *(greu-*

ges), die gegen die Verwaltung erhoben werden. Erst nachdem man vom König in bezug auf diese Beschwerden eine beruhigende Zusicherung erhalten hat und das Versprechen, ihnen nachzugehen, geht man zur Tagesordnung über, insbesondere der Prüfung der von der Krone vorgelegten Steueranträge. Der letzte Punkt ist grundlegend: In den Ländern der Krone von Aragonien verfügt der Herrscher nur über Mittel, die ihm die Cortes zur Verfügung stellen, und hat keine Möglichkeit, seinen Willen allein durchzusetzen, was seinen Handlungsspielraum beträchtlich einschränkt. Außerdem verfügen die Cortes über die gesetzgebende Gewalt: Nur die von ihnen getroffenen Maßnahmen sind verbindlich.

Zwischen den Sitzungen kontrolliert eine ständige Delegation der Cortes *(la Diputación)* die Steuereinnahmen und die Verwendung der öffentlichen Gelder; sie kümmert sich auch um die Wahrung der *fueros*. Um ihre Unabhängigkeit zu bewahren, besitzt sie rechtliche Immunität; ihre Entscheidungen können weder vor dem König noch vor der *Justicia* von Aragonien angefochten werden. In Katalonien wird diese ständige Delegation oft die *generalidad* genannt, da sie die Interessen des Landes vertreten soll. Diese allgemeinen Regeln finden sich in allen der Krone von Aragonien unterstellten Ländern und werden manchmal noch durch regionale Institutionen ergänzt, die die gleiche Absicht verfolgen. Die bekannteste ist die der *Justicia* des Königreichs Aragonien, die durch einen hohen Beamten, der vom König unter dem Adel ausgewählt wird, repräsentiert wird. Er ist der oberste Richter, der auch mit der Rechtsprechung beauftragt ist sowie mit der Auslegung der *fueros* und der Bestrafung der Zuwiderhandlung.

Diese Institutionen beschneiden den Willen und die Handlungsfreiheit der Herrscher erheblich. Im Gegensatz zu Kastilien, wo ihr Handlungsspielraum bei weitem größer ist, zumindest theoretisch (die Könige sind von der Kirche, dem Hochadel und den Gemeindevorständen abhängig ...), müssen die Herrscher in Aragonien ständig Rechenschaft ablegen, sich rechtfertigen, die Forderungen ihrer Untertanen befriedigen. Sie sind durch eine Reihe von Rechtsvorschriften gebunden. Diese Eigentümlichkeit hat schließlich dazu geführt, daß die »Freiheiten« der Krone von Aragonien und ihre Institutionen, die man manchmal etwas voreilig als demokratisch bezeichnete, mit einem Mythos umgeben wurden.

Zum Beispiel der Mythos des Eids, dieser Formel, durch die die Mitglieder der Cortes von Aragonien dem neuen Herrscher Treue schworen: »Wir, die wir genausoviel wert sind wie Ihr, wir anerkennen Euch als König, Euch, der Ihr nicht mehr wert seid als wir, unter der Bedingung, daß Ihr folgendes respektiert ...« An dieser Stelle folgte die Aufzählung der wichtigsten *fueros*; danach endete die Formel: »Wenn nicht ...« Dieser Eid bestand nur in der Phantasie einiger Bürger. Genauso die Einstimmigkeitsvorschrift, die unerläßlich für die Annahme eines Antrags ist. Sie wäre im übrigen äußerst schwierig anzuwenden gewesen und hätte die Institutionen völlig außer Kraft gesetzt. Doch noch schwerwiegender ist die Frage nach dem Sinn dieser Institutionen. Haben sie wirklich das Königreich gegenüber dem Herrscher vertreten? Das ist sehr zweifelhaft. In Aragonien nehmen der Adel und der Klerus aufgrund ihrer Macht als Großgrundbesitzer eine Vormachtstellung ein. Sie besitzen zusammen zwei Drittel des Gebiets. Der mächtigste Großgrundbesitzer scheint die Kirche gewesen zu sein, insbesondere die Erzbistümer von Huesca, Saragossa, Lérida, Tarazona und die großen Zisterzienserklöster (Piedra, Rueda ...). Hinzu kommen die Militärorden: der Johanniterorden, der Anfang des 15. Jahrhunderts ein paar hundert Dörfer besaß mit mehr als siebentausend Familien, was ihn zu einem bedeutenden Landbesitzer des Königreichs machte, der Orden vom Heiligen Grab, der Orden von Calatrava.

Der Adel und der Klerus unterdrücken die Bauern, was sich im 15. Jahrhundert noch verschlimmert. Seltsamerweise scheinen die zahlreichen Muslime im Süden des Ebro in den Tälern des Jalón und des Jiloca besser zu leben als die christlichen Bauern. Diese Muslime *(mudéjares)* hängen direkt vom König ab – sie stellen 16,2 % der Bevölkerung dar. Selbst wenn sie auf dem Land der Lehnsherren arbeiten, dürfen sie nicht schlecht behandelt werden.

Das gleiche gilt nicht für die christlichen Bauern, die im Norden des Ebro auf den Lehnsgütern leben. Das Los dieser Leibeigenen, die an die Scholle gebunden sind, verschlechtert sich im Laufe des 15. Jahrhunderts weiter.

Die Lehnsherren, die bereits das Monopol über die Mühlen, die Keltereien, die öffentlichen Bäder haben, haben volle Gewalt über ihre Leibeigenen; sie können sie schlecht behandeln, sie verurteilen und sie sogar töten, wenn sie ihre Aufgaben nicht erfüllen, wenn sie versuchen, den Hof zu verlassen oder sich zu erheben. Seit 1247 verleihen die *fueros* von Aragonien den Herren das Recht, einen Leibeigenen, der einen anderen getötet hat, vor Hunger, Durst oder Kälte sterben zu lassen. Die Cortes decken diese Mißstände, fördern sie noch. Noch 1428 sind die Bauern durch einen *fuero* den Lehnsherren völlig ausgeliefert: »Der Adel Aragoniens und die Lehnsherren können ihre Untertanen gut oder schlecht behandeln, ganz wie sie wollen, ihnen all ihren Besitz nehmen, ohne daß diese sich ans Gericht wenden oder den König anrufen können, der sich nicht einmischen darf ...« Die Verteidigung der *fueros* verhehlt kaum die eiserne Entschlossenheit, die Privilegien einer Aristokratie, die sich schon seit langem nicht mehr erneuerte, im Gegensatz zur kastilischen, die viel offener, flexibler, wenn auch profitgieriger war, aufrechtzuerhalten, ja sogar noch zu erweitern.

Was können die zwei Dutzend Städte ausrichten, die neben diesen Aristokraten den königlichen »Arm« darstellen? Diese Städte, deren Einzelbedeutung sehr unterschiedlich ist, werden ebenfalls von Oligarchien beherrscht. In Aragonien und Katalonien müssen sich die meisten Gemeindevorstände der Vormachtstellung Saragossa und Barcelonas beugen. Saragossa wird von einem Clan beherrscht, und der Verwaltungsapparat Barcelonas ist wenig geeignet, eine Erneuerung der Elite zu fördern: An der Spitze der Stadt steht der Rat der Hundert, in dem die »ehrenwerten Bürger«, die Kaufleute, die Handwerker und die Arbeiter zu gleichen Teilen vertreten sind. Jedes Jahr wählen zwölf Mitglieder des Rats fünf *consellers*, die die eigentliche Regierung der Stadt bilden. Diese *consellers* schlagen jährlich die Hälfte der Mitglieder für den Rat der Hundert vor.

Ähnlich verhält es sich mit der ständigen Delegation der Cortes, die eine Parallelregierung darstellt, die *Diputación*. Ab 1436 bestimmen in Aragonien 33 Delegierte der vier »Arme« der Cortes acht Abgeordnete, die vier Jahre lang im Amt bleiben und ihre Nachfolger ernennen ... 1446 wird das System geändert: Die *Diputación* wird von nun an durch Auslosung bestimmt, doch wie durch Zufall kommen immer die gleichen Namen heraus ...

Die politischen und verwaltungsmäßigen Institutionen der Krone von Aragonien dienen den Interessen eines Feudaladels, der an seinen Vorrechten festhält und seit langem nicht mehr in der Lage ist, sich zu erneuern. Die Rechtsvorschriften führen durch ihren übermäßigen Formalismus zur Unbeweglichkeit. Bei den Versammlungen der Cortes ist die Untersuchung der Verletzungen der *fueros*, die jeder Beratung vorausgeht, ein ausgezeichneter Vorwand, um die Diskussion schwerwiegender, allgemein relevanter Probleme hinauszuzögern oder zu unterbinden. Man verbringt endlose Zeit mit nutzlosen Debatten über unwichtige Probleme, die die ordentlichen Gerichte hätten lösen können. Oft verlieren der König und seine Beamten die Geduld und verzichten angesichts der Spitzfindigkeiten lieber auf die Steuern, die sie eigentlich hatten beantragen wollen. Die Institutionen der Krone von Aragonien sind nicht mehr zeitgemäß; sie sind ein Hort des strengsten Konservatismus; jegliche Veränderung ist undenkbar. Der Paktismus, den die Romantiker idealisieren, ist die Rechtsmaske, unter der sich die Verteidigung der bestehenden Ordnung und der Konservatismus verbergen. Ferdinand d'Antequera hatte sich wohl in dem Bestreben, nach der Entscheidung von Caspe schneller akzeptiert zu werden, gehütet, Erneuerungen anzustreben: Er versuchte nicht, an der Rolle der ständigen Delegation der Cortes, der *Diputación* in Aragonien, der *generalidad* im Prinzipat von Katalonien zu rütteln. Die privilegierten Klassen (Landadel, hoher Klerus, Stadtoligarchien) verschanzen sich hinter den traditionellen »Freiheiten«, dem Pfand ihres sozialen Einflusses. Doch diejenigen, die Grund haben, sich über die bestehende Ordnung zu beklagen, die Opfer, die Außenseiter des Systems, wenden sich dem König zu. Das ist während des Bürgerkriegs in Katalonien klar erkennbar: Die *Busca* und die *remensas*, die gegen die »Freiheiten« sind, die eine Unterdrükkung der Freiheit selbst bedeuten, und gegen die soziale Reaktion, die sich hinter diesen verbirgt, setzen ihre ganze Hoffnung auf einen Sieg des Königs, denn nur dadurch kann ihrer Meinung nach die Lage geändert werden.

Sind diese Institutionen für die Erstarrung und schließlich den Untergang der Krone von Aragonien auf der Iberischen Halbinsel in der Mitte des 15. Jahrhunderts verantwortlich? Nein, sie spiegeln nur die sozialen Bereiche wider, die sie vertreten: Ihr starrer Partikularismus, ihre kurzsichtigen politischen Vorstellungen, die nicht über den Horizont des eigenen Gebiets oder der Stadtgemeinde hinausgehen, sind nicht dazu geeignet, große Ziele zu verfolgen. Die Oligarchien klammern sich sowohl in Aragonien als auch in Katalonien an ihre Privilegien und haben nur ihre unmittelbaren Interessen im Auge. Die Krone von Aragonien hat viel von ihrer einstigen Dynamik verloren, was ihr im Verhältnis zu Portugal und vor allem zu Kastilien eine untergeordnete Stellung verleiht.

Man versteht unter der Krone von Kastilien das weite Gebiet, das den Hauptteil der Iberischen Halbinsel von der kantabrischen Küste bis zur Straße von Gibraltar ausmacht. Hier befindet sich das Zentrum des Königreichs León-Kastilien: Asturien und die Haupt*meseta* sowie Galicien und die Gebiete, die nach und nach dazugekommen sind: die baskischen Provinzen (Alava und Guipúzcoa wurden im 13. Jahrhundert einverleibt, Biskaya 1379: der König von Kastilien ist auch der Lehnsherr von Biskaya) und vor allem die nach der Schlacht von Las Navas de Tolosa (1212) vom Islam zurückeroberten Gebiete: Estremadura, Andalusien (Córdoba, Jaén, Sevilla ohne Granada) und das Königreich Murcia. Mit Ausnahme der baskischen Provinzen, die große Autonomie bewahren (insbesondere im Bereich der Steuern – sie unterliegen nicht den von den Cortes von Kastilien festgelegten Steuern), bilden die Länder der Krone von Kastilien ein einheitliches Gebilde; die offizielle Aufzählung beinhaltet weiterhin die »Königreiche« von Kastilien, León, Galicien, Toledo, Jaén, Córdoba, Sevilla, die Algarve, Algesiras, Gibraltar, Murcia, doch das sind formelle Überbleibsel, die keinen Einfluß auf die politische und verwaltungsmäßige Struktur haben und bereits stark vereinheitlicht sind oder im Begriff, vereinheitlicht zu werden.

»Die Entstehung Spaniens und insbesondere Kastiliens«, schrieb Claudio Sánchez Albornoz, »war bedingt durch die Reconquista mit ihren Folgen: die Neubesiedelung und die Kolonisierung«. Eine erste Etappe führte die christlichen Lehnsherren Asturiens nach León. Eine unbewohnte Zone, ein *No man's land*, das sich auf beiden Seiten des Duero-Tals zweihundert Kilometer weit erstreckte, teilte im 8. Jahrhundert die beiden gegensätzlichen Zivilisationen. Mehrere Male im Jahr durchqueren maurische Krieger diese Wüste, um die christlichen Dörfer im Norden anzugreifen und dort Beute zu machen. Diese exponierte Zone nannte man Kastilien, vielleicht aufgrund der zahlreichen Festungen *(castillos)*, die man dort errichtete, um die Menschen, die trotz der Gefahren dort bleiben wollten, zu schützen. Diese Menschen führen kein einfaches Leben in einem Land ohne Reichtümer, das immer bedroht ist, immer angegriffen wird und kaum den Adel anzieht, der die Sicherheit und den Komfort der Hauptstadt vorzieht. Burgos, das Ende des 9. Jahrhunderts gegründet wird, wird der Mittelpunkt dieses umstrittenen Gebiets. Um Siedler anzulocken, verspricht man ihnen Privilegien, macht ihnen Zusicherungen, *fueros*:

Die Menschen, die bereit sind, sich in Kastilien niederzulassen, sollen freie Menschen sein; sie bekommen Land zugeteilt unter der Bedingung, daß sie es bebauen und im Notfall gegen die Mauren verteidigen. Das mittelalterliche Kastilien ist eine Insel freier Menschen in einem feudalen Europa. Hier gibt es keine Leibeigenen, die an die Scholle gebunden sind, keinen Rechtszwang, der auf die Bauern ausgeübt wird: Sie sind freie Eigentümer ihrer Felder. Mitte des 14. Jahrhunderts gab es in Kastilien noch 659 *behetrías*, d.h. 659 Dörfer, die das Recht hatten, ihren Lehnsherren zu wählen und ihn durch einen anderen zu ersetzen, wenn er nicht ihren Erwartungen entsprach. In den Städten verhielt es sich genauso: Die Einwohner verwalten sich selbst; die Entscheidungen in verschiedenen Bereichen des Stadtlebens werden bei den Hauptversammlungen, zu denen die gesamte Bevölkerung geladen ist, gemeinsam getroffen *(concejos abiertos)*. Hier werden die neuen Stadträte ernannt, müssen die ehemaligen Rechenschaft ablegen, wird über Straßen- und Brückenbau diskutiert, ein Markt geschaffen und über die Steuern abgestimmt. Diese Urform der Demokratie hält sich bis ins 14. Jahrhundert und prägt die Kastilier, die sich immer gegen eine zunehmende Hierarchisierung der Gesellschaft wehren.

Die Lehnsherren, die in Kastilien residieren, teilen das unsichere Leben ihrer Untergebenen, die in ihnen eher Waffengefährten als Feudalherren sehen. Eine starke Solidarität vereint sie, da sie gleichermaßen den Aristokraten in León, der Hauptstadt, mißtrauen. Kastilien kann nur auf sich selbst zählen. Diese besondere Lage erklärt die Entwicklung einer Gesellschaft, die ständig von Krieg bedroht ist und sich von einem abwesenden König im Stich gelassen fühlt. Diese freie und demokratische Gesellschaft ohne Feudalherren und Leibeigene, die an die Scholle gebunden sind, eine Gesellschaft, die stark mit ihren Führern verbunden ist, wird sich schließlich ihrer »Persönlichkeit« bewußt. Graf Fernán González ergreift im 10. Jahrhundert die Gelegenheit: Er vereinigt die verschiedenen kastilischen Gebiete und trennt sich von León. Schnell entwickelt das neue Königreich von Kastilien eine politische Vormachtstellung im christlichen Spanien und verleibt sich León ein. Unter der Führung Kastiliens wird die zweite Etappe der Reconquista, die die Christen nach der Einnahme Toledos (1085) über den Tajo führt, eingeleitet. Dieses dynamische Kastilien stellt nicht nur eine freie Gesellschaft dar, es ist auch eine offene Gesellschaft. Die Menschen sind hier nicht für alle Zeiten in Kasten oder Klassen eingeteilt. Wie überall in Europa gibt es in Kastilien eine soziale Hierarchie. An der Spitze stehen die reichen Männer *(ricos hombres)*, der Hochadel; es folgen die *infanzones*, der niedere Adel, und schließlich die freien Bauern. Doch nichts hier ist starr. Man kann die soziale Leiter erklimmen, ein *rico hombre* werden, auch wenn man nur ein einfacher *hidalgo* ist, oder man wird ein *hidalgo*, wenn man ein einfacher Bauer war. Der Krieg ermöglicht diese soziale Veränderung, die für die damalige Zeit einzigartig ist. Dies zeigt auch die bemerkenswerte Institution der Volksritterschaft *(caballeros villanos)*, die sich aus Bauern oder Bürgern, die genug Geld besitzen, um ein Pferd für den Krieg unterhalten zu können, zusammensetzt. Diese *caballeros* sind die Abkommen der ersten Siedler, denen man unter der Bedingung Land übereignete, daß sie dieses gegen die Mauren verteidigten. Anfangs sind es also Bauern, die bereit sind, den Pflug gegen den Degen zu tauschen, aufs Pferd zu steigen und in den Kampf zu ziehen. Danach kehren sie wieder zu ihrem Hof zurück. Sie sind keine Adeligen, doch sie genießen gewisse Privilegien, wie zum Beispiel partielle Steuerbefreiung. Mit der Zeit verschmelzen sie mit den *hidalgos* und bilden die Führungsspitze des zukünftigen Stadtpatriarchats.

Ein einfacher Soldat kann auf einfache Weise *caballero* werden: Er braucht lediglich am Abend eines Kampfes dem Feind ein Pferd wegzunehmen. Dies kommt häufig im *Cid* vor, dem ersten Epos der spanischen Literatur, in dem aber Romantik keinen Platz hat. Der Dichter wird von sehr realistischen Sorgen bewegt, als er erzählt, wie sich die Sieger nach dem Sieg die Beute teilen. *Los que foron de pie cavalleros se fazen*; das Fußvolk und die Infanteristen werden *caballeros*, ein erstaunlicher Aufstieg, der erkennen läßt, welches Ansehen das Militär im mittelalterlichen Spanien genoß und noch weit darüber hinaus. Durch die Reconquista und die Besiedlung erklärt sich die Sonderstellung des mittelalterlichen Kastiliens: Die Feudalherrschaft im engen Sinne – die Beziehung zwischen Lehnsherr und Vasall – kam hier nie voll zur Entfaltung, da die königliche Autorität stärker als im übrigen Europa war. Manchmal übertrug der König den Aristokraten die Macht – seit dem 14. Jahrhundert gibt es ein Netz von Lehnsgütern, die weltlichen oder kirchlichen Herren zugeteilt werden –, doch im allgemeinen bewahren die Könige die Kontrolle über die Lehnsherren. Die Macht der Monarchie hat die Bildung einer Feudalherrschaft verhindert. Dank der Reconquista besaß der König immer Ländereien, die er verteilen konnte; er war folglich viel weniger von den Feudalbaronen abhängig. Außerdem bildeten die freien Städte *(los concejos de realengo)* ein Gegengewicht zur wirtschaftlichen und politischen Macht des Adels und des Klerus. Hier gab es für die Monarchie eine Möglichkeit, nichtfeudale Armeen, die unabhängig vom Adel waren, aufzustellen.

Der Christenheit gelingt es erst nach vier Jahrhunderten, dem Islam die Hälfte des Nordens der Iberischen Halbinsel wegzunehmen, eine militärische Rückeroberung, die Hand in Hand mit einer Besiedelung der einst von den Muslimen bewohnten Ländereien geht, eine langsame Besetzung, die der kastilischen Gesellschaft Zeit läßt, sich unter Berücksichtigung der ursprünglichen Gesichtspunkte zu organisieren. Doch in der dritten Etappe der Reconquista, die mit dem Sieg bei Las Navas de Tolosa beginnt, überstürzt sich alles. Vor 1212 umfaßten die Gebiete der Krone von Kastilien 235 000 Quadratkilometer. In weniger als fünfzig Jahren bewältigten die kastilischen Armeen die Entfernung zwischen der Sierra Morena und der Straße von Gibraltar: Das Gebiet des Königreichs erweiterte sich um 120 000 Quadratkilometer. Vier Jahrhunderte sind erforderlich, um die Nordhälfte der Halbinsel zu besetzen und zu besiedeln; ungefähr ein halbes Jahrhundert für die Südhälfte. Die Christen stoßen nicht auf eine menschenleere Wüste, da viele der Muslime, die hier lebten, nach Granada, der letzten islamischen Bastion in Spanien, geflüchtet sind. Um diese Gebiete in Besitz zu nehmen und einzugrenzen, verteilt die Krone sie großzügig: La Mancha und Estremadura werden den Kriegermönchen der Militärorden (hl. Jakobus, Calatrava, Alcántara) angeboten; im Tal des Guadalquivir schafft man einige große Stadtgemeinden, und viele der Ländereien werden den Aristokraten zugeteilt. Hier vollzog sich die Reconquista zu schnell, und die Besiedelung erfolgte anders als im Norden. Statt einer langsamen Besetzung und einer geduldigen Besiedelung erfolgt eine schnelle Beschlagnahmung riesiger Landflächen, die sich die Militärorden, die großen Stadtgemeinden und die Lehnsherren teilen. Nach 1250 bleibt nicht mehr viel zu erobern übrig. Nach dem Ende der Reconquista beenden die Kastilier auch ihre Wanderung in den Süden, die Suche nach neuen Abenteuern und neuem Land. Es ist jetzt viel schwieriger, die sozialen Schranken zu überwinden. Die Gesellschaft erstarrt, die Unterschiede zwischen den Klassen und Kasten sind deutlich erkennbar; der Adel hat mehr Macht über die Bauern. Erst 1482, als erneut gegen die Mauren gekämpft wird und vor allem 1492, als das westindische Abenteuer beginnt, eröffnen sich neue Möglichkeiten, schnell reich zu werden und in der sozialen Hierarchie aufzusteigen. Die Reconquista hat in Kastilien eine Wirtschaft, eine Gesellschaft und eine politische Organisation hervorgebracht, die das Land in der Mitte des 15. Jahrhunderts zum mächtigsten und dynamischsten Staat der Halbinsel machten. Diese Dynamik zeigt sich in erster Linie an der Bevölkerungszahl. Im Wirtschaftssystem des alten Regimes sind die Menschen gleichzeitig Hersteller, Steuerzahler und Soldaten. Ihre Zahl spielt für die Steuereinnahmen und die militärische Stärke des Staates eine große Rolle und beeinflußt dessen Entwicklung. Die Krone von Kastilien, die zu Beginn des 14. Jahrhunderts ungefähr drei Millionen Einwohner zählte, wurde durch die Katastrophen des Jahrhunderts (Pest, Epidemien, Hungersnot) stark heimgesucht. Schlechte Ernten bewirkten Lebensmittelknappheit. Die Armen haben Schwierigkeiten, die hohen Lebensmittelpreise zu bezahlen, und ihr geschwächter Organismus ist ein idealer Nährboden für Pest und Epidemien. Man vermutet, daß ein Viertel der Bevölkerung diesen Katastrophen zum Opfer fiel, wie die vielen verlassenen Dörfer *(despoblados)* bezeugen.

Seit Beginn des 15. Jahrhunderts zeichnet sich ein deutliches Bevölkerungswachstum ab. Es gibt nach wie vor Epidemien, doch sie enden nicht immer tödlich, und vor allem beeinträchtigen sie nicht einen allgemeinen Aufschwung, der sich überall abzeichnet. Die Zahlen aus dieser Zeit beziehen sich nur auf die Zahl der Familien *(vecinos)*, die man folglich mit dem entsprechenden Koeffizienten (4 bis 5?) multiplizieren muß, um die Einwohnerzahl zu ermitteln. Diese Volkszählungen sind oft für den Fiskus bestimmt; sie enthalten nur die Zahl der Steuerpflichtigen *(pecheros)*, dabei muß noch der Anteil der Privilegierten errechnet, müssen die Mitglieder des Adels, des Klerus sowie das Dienstpersonal, das ihnen dient, und ihre unmittelbare Umgebung (die von dem Adel »ernährten«, *criados* oder *paniaguados)* berücksichtigt werden. Noch wichtiger als die oft schwer zu ermittelnden Zahlen ist die allgemeine Tendenz, die diese Zählungen aufzeigen: Überall ist eine aufsteigende Tendenz zu verzeichnen. Ende des 15. Jahrhunderts hat Alfonso de Quintanilla eine Million fünfhundert Familien in Kastilien (ohne Granada) gezählt, was siebeneinhalb Millionen Einwohner ergibt, wenn man den Koeffizienten 5 zugrunde legt. Da dies übertrieben ist, begnügt man sich im allgemeinen mit einer bescheideneren Zahl: viereinhalb Millionen, fünf Millionen höchstens. Wenn man dies mit den drei Millionen zu Beginn des 14. Jahrhunderts vergleicht, die durch Pest und Hungersnot wohl auf zwei Millionen reduziert wurden, kann man die Bedeutung des im 15. Jahrhundert erfolgten Wachstums ermessen. 1384 ermittelt man in Sevilla dreitausend und 1480 siebentausend Haushalte; das sind ungefähr 40 000 Einwohner. Sicher, Sevilla stellt einen Anziehungspunkt für Einwanderer dar; folglich erklärt sich der Aufschwung nicht nur durch das Anwachsen der einheimischen Bevölkerung. Sevillas Einwohnerzahl kann nicht mit der Valencias konkurrieren, die im Jahre 1483 75 000 erreicht, doch Valencia stellt auf der Halbinsel eine Ausnahme dar. 1466 zählt man in Carmona 1608 Haushalte, d.h. achttausend Einwohner und in Murcia zwölf- bis fünfzehntausend Einwohner.

Für dieses Bevölkerungswachstum mußte auch die Fläche des bebauten Landes vergrößert werden. Im 15. Jahrhundert wird im Duero-Becken, in der Meseta, in Galicien, im Baskenland, in Andalusien, in der Gegend von Salamanca, Burgos, Toledo und Murcia neues Land erschlossen, denn um die Produktion zu steigern, ist man auf die Ausdehnung der bebauten Flächen mehr als auf die Steigerung des Ertrags, der niedrig bleibt, angewiesen: Zwischen 1359 und 1360 erntet man in Andalusien das 8,8fache von dem, was man gesät hat, doch es war ein gutes Jahr. Zwischen 1361 und 1362 fällt man auf 0,9 zurück, d.h., man erntet weniger, als man gesät hat; der Durchschnitt liegt bei 5, doch Andalusien ist eine fruchtbare Gegend. Dieses neu bebaute Land bringt vor allem Weizen und Wein hervor (La Mancha, die Gegenden von Córdoba und Jérez sind ein reiches Weinbaugebiet), die beiden Haupterzeugnisse der Landwirtschaft der Krone von Kastilien. An dritter Stelle steht Olivenöl, das oft exportiert wird. Seit Ende des 13. Jahrhunderts wird in der Gegend von Murcia Reis angebaut. Doch die Bebauung des neuen Landes hat ihre Grenzen. Die Bauern stoßen auf die Opposition der Schafzüchter, die sehr zahlreich sind und sich in einem einflußreichen Verband zusammengeschlossen haben, der *Mesta*. *La Mesta* hat 1273 von König Alfons X. ihre ersten verbrieften Privilegien erhalten, doch diese Texte beschränken sich darauf, alte Bräuche zu kodifizieren und die Rechte und Pflichten der Schäfer bei der Wanderschäferei festzulegen. Die *Mesta* umfaßt nur eine Kategorie von Herden, nämlich die, die zur Wanderschäferei gehören. Die anderen, die seßhaften Schafherden, die den Bauern natürlichen Dünger liefern und Nahrungsmittel (Milch, Käse, Fleisch), stellen keine Konkurrenz für die Landwirtschaft dar, sondern eher eine Art Ergänzung. Man leitet die *Mesta* vom nordafrikanischen Nomadentum ab und hat oft etwas voreilig vermutet, die Praktik der Wanderschäferei sei von den Mauren eingeführt worden. Die Philologen scheinen die Hypothese von Klein, der *Mesta* aus dem arabischen *mechta* ableitete, abzulehnen. Doch die spanische Wanderschäferei stellt kein Nomadentum dar, bedeutet nicht, daß die Familien mit den Schafherden ziehen. Die Wanderschäferei in den südlichen Ländern erklärt sich vor allem aus den geographischen Gegebenheiten: ein feuchtes oder subtropisches Klima, das Steppenland und topographische und klimatische Kontraste hervorbringt, Winterweiden und Sommerweiden. Die geographische Lage ist ideal für die Wanderschäferei, schließt aber andere Formen der Nutzung des Bodens nicht aus. Die historischen Bedingungen haben die Entwicklung der Wanderschäferei gefördert, der riesige unbewohnte Gebiete zur Verfügung standen. Das Merinoschaf, das die weiße Wolle Kastiliens lieferte und der *Mesta* ihre Daseinsberechtigung gab (bis zu Beginn des 17. Jahrhunderts), entstand aus einer Kreuzung zwischen den spanischen Schafen und den von den Almohaden aus Nordafrika importierten. Dieser Stamm kam 1146 nach Spanien. Die Bezeichnung *merina*, die sich auf die Schafe oder ihre Wolle bezog, wird erst ab 1450 registriert und hält sich bis 1650.

Auf jeden Fall hat die Reconquista die Wanderschäferei verbreitet. Für die Bevölkerung, die an der Grenze zwischen der christlichen und der muslimischen Welt lebt, ist es leichter, die Herden im Fall eines Beutezugs zu schützen, während die Ernten systematisch verwüstet und verbrannt werden. Ist es dieses »Gefühl des Reichtums«, das Pater Corominas einst den Kastiliern zuschrieb und das im Herzen der Menschen seine Spuren hinterlassen haben soll? Der einzige Reichtum, der zählt, ist der, den man mit sich führen kann, Herden, Schmuck, Geld ... Etwas ähnliches findet man bei den ersten Siedlern der Neuen Welt. Sánchez Albornoz definierte den Kampf der Christen und Mauren auf der Halbinsel als den Kampf des christlichen Schafs und des arabischen Pferdes: Der Sieg Leóns und Kastiliens ließ das Schaf über das Pferd triumphieren ... Nach 1212 bietet die Reconquista den Kastiliern riesige, fast unbewohnte Flächen Landes in der Mancha und in Estremadura. Was anderes als Viehzucht kann man hier betreiben? Folglich stellt das Spanien zur Zeit der Reconquista eine Vereinigung der Soldaten und Viehzüchter dar. Durch die Viehzucht ist das unbewohnte Land im Süden optimal genutzt, der Wollexport blüht.

Alfons X. (1252–1284) nutzt diese Lage und diese Kräftekonstellation, indem er der *Mesta* Privilegien zugesteht. Die *Mesta*, die, wie bereits erwähnt, offiziell im 13. Jahrhundert gebildet wurde, nimmt im 14. Jahrhundert einen großen Aufschwung. Es ist die Zeit der

Pest und der hohen Sterblichkeit: Da es an Menschen fehlt, um den Boden zu bebauen, züchtet man Herden. Die *Mesta* kommt dadurch in den Besitz großer Landflächen, was ihr im 18. Jahrhundert den Vorwurf einträgt, sie sei »eine Tochter der Pestilenz«, da sie durch das Elend der Menschen ihr Glück gemacht habe. Julius Klein, der Historiker der *Mesta*, glaubt nicht daran: die Ausbreitung der Viehzucht steht nicht in Zusammenhang mit dem Bevölkerungsrückgang. Ende des 14. Jahrhunderts und in der ersten Hälfte des 15. Jahrhunderts stellt die *Mesta* eine mächtige Organisation dar, die ihre Fachleute und ihren Einfluß bei den Königen und hohen Würdenträgern in den Dienst der Viehzüchter stellt. Jovellanos schreibt, daß kein anderes Land eine Organisation wie die *Mesta* aufweisen konnte, der ein königlicher Magistrat vorstand und die dazu bestimmt war, der Landwirtschaft und der ortsansässigen Viehzucht den Krieg zu erklären.

Jovellanos reagierte wie ein Mensch des 18. Jahrhunderts, stand dem Privateigentum als Bedingung für wirtschaftliches Wachstum positiv gegenüber; die *Mesta* erschien ihm wie ein Überbleibsel aus der Vergangenheit und ein Hemmschuh für den Fortschritt.

Worum genau handelte es sich? Die *Mesta* ist in erster Linie die gemeinsame Organisation der Viehzüchter: sie vereinigt all jene, die der königlichen Steuerpflicht unterliegen, die die Steuer zahlen müssen *(servicio y montazgo)*, die für jedes Schaf, das die Zentralgebirgskette überschreitet, erhoben wird. Diese Klausel schließt die Besitzer der ortsansässigen Herden aus. Ein »Bruder« der *Mesta* ist nur Eigentümer von Wanderschafen, ungeachtet der Stärke der Herde. Der Verband zählt zu seinen Mitgliedern den Herzog von Béjar, der 25 000 Schafe besitzt, das Kloster der hl. Maria von Paular, das 30 000 hat, sowie die kleinen Viehzüchter, die selbst ihre Herden anführen. Es gibt wenige Statistiken aus dieser Zeit. Klein hat eine veröffentlicht. Sie datiert von 1561 und kann nur als Teilstatistik bezeichnet werden, da sie sich auf 50 000 Schafe bezieht (während zu der Zeit zwei Millionen registriert wurden):

Zahl der Schafe	Eigentümer	Gesamtsumme
bis 50	363	17 160
von 50 bis 100	228	18 774
von 100 bis 150	39	8 755
von 500 bis 1000	5	2 980
mehr als 1000	3	5 782

Aus diesen Zahlen scheint hervorzugehen, daß 92 % der Eigentümer Herden mit 150 Schafen besaßen und daß diese Herden zwei Drittel des Bestands an Wanderschafen ausmachten, doch daraus kann man keine allgemeinen Schlußfolgerungen ziehen und wie Klein behaupten, die *Mesta* sei eine demokratische Organisation gewesen. Sicherlich waren die Kleingrundbesitzer in der Überzahl, doch sie spielten eine vergleichsweise kleine Rolle. Einige dieser Lehnsherren waren im übrigen in zweifacher Hinsicht an der Entwicklung der *Mesta* interessiert: als Viehzüchter und auch als Besitzer des Weidelands. Die Militärorden bezogen den Großteil ihrer Einkünfte aus den riesigen Ländereien von La Mancha und Estremadura, die in der Wintersaison in Weideland umgeformt wurden. Man kann sich eine Vorstellung davon machen, wenn man bedenkt, daß diese Weiden 1523 der Fugger-Bank als Garantie für die Rückzahlung des Geldes, das sie Karl V. für seine Wahl geliehen hatte (1519), gedient haben. 1523 belief sich die Forderung der Fugger-Bank noch auf 600 000 rheinische Gulden (2100 Kilo reines Gold), das sind mehr als 800 000 kastilische Dukaten. Cervantes erwähnt in seiner Erzählung *La Gitanilla* eine Pension auf das Weideland von Estremadura als Synonym für eine garantierte Rente, d. h. den Ertrag, den die Orden (zu einer späteren Zeit die Katholischen Könige) aus ihren Ländereien erzielen. Die Viehzüchter versammelten sich innerhalb der vier Bezirke *(cuadrillas)* Soria, Segovia, Cuenca und León und entsandten ihre Delegierten zu den Hauptversammlungen, die zwei- bis dreimal pro Jahr abgehalten wurden, um die Probleme der Wanderschäferei zu erörtern und die Politik des Verbands zu bestimmen. Im Laufe dieser Versammlungen wurde der Ehrenwerte Rat *(el Honrado Concejo)* der *Mesta* ernannt: Durch das Los wählte man unter acht Namen (zwei pro *cuadrilla*). Der Verband unterhielt zahlreiche ständige Mitglieder: die *alcaldes de cuadrilla*, Beamte, die auf vier Jahre gewählt werden, Juristen und Anwälte *(procuradores)*, die die Mitglieder vor Gericht vertreten, die Kontrolleure der Wegegeldposten und die Handelsagenten *(procuradores de dehesas)*, die damit beauftragt sind, die Weiden zu den günstigsten Bedingungen zu verpachten ...

Das Hauptziel des Verbands bestand darin, seine Mitglieder gegen übermäßig hohe Steuern zu schützen (Wegegeld und sonstige Abgaben) und Hindernisse aller Art (Verbot, auf der Straße zu handeln, z. B. Schafe zu verkaufen), die von den Städten und Lehnsherren den Herden von Wanderschafen auferlegt wurden, zu beseitigen. Es ging darum, Mißbrauch zu vermeiden, den Eigentümern der Weiden zu verbieten, die Pacht von einem Jahr zum anderen zu erhöhen und den Schäfern Weiden zu einem niedrigen Preis zu garantieren, indem ein Festpreis festgesetzt wurde, die Durchgangswege zu regeln und alle daraus entstehenden Streitigkeiten. Diese Rolle muß der Magistrat, der *alcalde entregador*, übernehmen, der ein königlicher Beamter ist, der die Konflikte der Schäfer schlichten muß. Dieser Beamte ist damit beauftragt, unrechtmäßig beschlagnahmte Güter und zu hohe gesetzeswidrige Steuern zurückzuerstatten. In der Folge wurden die Kompetenzen dieses Beamten erweitert, erstreckten sich auf alles, was mit der Wanderschäferei zusammenhing: Überwachung und Instandhaltung der Wege *(cañadas)*, der Tränken, Beurteilung der Angelegenheiten, die die Weiden betreffen etc. Der *alcalde entregador* ist der Verteidiger der *Mesta* und kein unparteiischer Richter. Ab 1454 wird er unter den Mitgliedern des Königlichen Rats gewählt. Daran mißt man die Macht der *Mesta*: Sie hat gegenüber den Bauern oder den isolierten Stadtgemeinden, die nicht immer über die Vorschriften und Verfahrensweisen auf dem laufenden sind, ein leichtes Spiel. Dank dem *alcalde entregador* hat sie beim König einen Fürsprecher, ein Mitglied ihres Rates. Ist es da erstaunlich, daß sie die meisten Prozesse gewinnt, da sie ja auf die Unterstützung des Königs zählen kann, der die *Mesta* unter seinen Schutz gestellt hat? Aufgrund dieser mächtigen Organisation und dank des Schutzes der Krone erlebt die Wanderschäferei einen beachtlichen Aufschwung: Nach Kleins Berechnungen registrierte man 1477 2 694 000 Schafe. 1526 erreichte man fast 3,5 Millionen. Die Wanderung dieser Millionen von Tieren zweimal pro Jahr, im Frühling und im Herbst, auf Wegen, die sich über 800 Kilometer erstrecken konnten, warf vielfältige Probleme auf, die die *Mesta* lösen sollte. Mitte September verließen die Herden ihre Sommerweiden *(agostaderos)* in den Bergen im Norden, um zu den Winterweiden zu gelangen *(invernaderos)*, die am anderen Ende des Königreichs lagen, am äußersten Ende, *extremos*, woraus sich der Name »Estremadura« bildete. Auch in der Mancha und in Andalusien gab es viele Herden. Jeder Viehzüchter markierte seine Tiere durch Brandzeichen und mit Ockerfarbe *(almagre)*. Es waren Herden *(rebaños)*, die aus tausend Tieren bestanden, die von einem Schäfer gehütet wurden, der von vier *zagales* und *rabadanes* unterstützt wurde; fünf Hunde *(mastines)* begleiteten die Herde, die von fünfzig Schafböcken, den Mutterschafen und 20 oder 25 Schafen mit Glocken angeführt wurde. Jede Herde wurde auch von Pferden und Maultieren begleitet, die die Vorräte für eine Woche transportieren mußten (die Herden, die im Durchschnitt 30 Kilometer pro Tag zurücklegten, benötigten oft einen Monat, um ihre Sommerweide zu erreichen), sowie Küchengeräte, Gefäße für Wein und Öl, Salz, Netze, Lebensmittel. Außerdem führte man Kühe und Schweine zur Ernährung der Menschen und Tiere mit. Mehrere Herden bildeten eine *cabaña*, die einem *mayoral* unterstand. Die Gesamtheit dieser *cabañas* stellte eine riesige Herde dar, die *Cabaña real* oder Königliche *Cabaña*, um anzuzeigen, daß sie unter dem Schutz der Krone stand. Diese Herden bewegten sich auf den *cañadas*, die im Durchschnitt 75 m breit und gut bewacht waren. Klein definierte sie als Teil des ländlichen Gebiets, das nur für das Vorüberziehen der Herde bestimmt war. Die Tiere kamen trotz der Wachsamkeit der Schäfer oft vom Weg ab, um abzugrasen, was sie fanden, woraus viele Streitigkeiten und Prozesse mit den Eigentümern dieser Weiden entstanden. Die recht flexible Regelung untersagte offiziell das Betreten folgender fünf Gebiete *(las cinco cosas vedadas)*: Erntefelder, Weinberge, Gemüsegärten, eingezäunte Gebiete, die den seßhaften Truppen vorbehalten waren, und Weiden für die Schlachttiere *(dehesas boyales)*. Man unterschied drei Haupt*cañadas*. Die von León führte durch Zamora und Salamanca nach Béjar, wo sie mit der von Segovia zusammenlief, die von Logroño kam und durch Burgos, Palencia, Segovia und Avila führte. Von Béjar aus erreichten die Herden dieser beiden *cañadas* die Weiden von Estremadura über Plasencia, Cáceres, Mérida und Badajoz. Eine weitere Herde aus Segovia kam auch aus Logroño und bewegte sich durch Soria, überquerte den Guadarrama, zog die Sigüenza-Berge entlang, durchquerte Buitrago, den Escorial und gelangte nach Talavera, Guadalupe, Almadén und das Guadalquivir-Tal. Die dritte *cañada*, die von der Mancha, umfaßte die Herden der Gegend von Cuenca. Im April legten die Herden die gleiche Strecke in der Gegenrichtung zurück. Die Entwicklung und Organisation der Wanderschäferei sowie der Schutz, den ihr die Krone angedeihen läßt, erklären sich durch die Gewinne, die dadurch erzielt werden. Die Gemeindesteuern, die die Lehnsherren und Stadtgemeinden beim Vorüberziehen der Herden erhoben hatten, wurden abgeschafft und durch eine einzige Steuer ersetzt, die *servicio y montazgo*, die dem Staat eine Einnahme verschaffte. Außerdem liefern die Herden ausgezeichnete Wolle, die einen Hauptexportartikel Kastiliens darstellt. Bestimmt hat dieser Umstand Alfons X. 1273 bewogen, der Mesta ihre Privilegien zuzugestehen. Der ganze Komplex, der mit der Wanderschäferei zusammenhängt und dessen Kernpunkt die Mesta darstellt, wird durch den Wollmarkt bestimmt. Die Schafe wurden auf den Sommerweiden *(agostaderos)* oder während ihrer Wanderung geschoren. Die Wolle wurde entweder gleich verkauft oder in die Waschhäuser gebracht *(lavaderos)* und dann in den Schuppen gelagert (*lonjas* oder *laneras*). Segovia hatte eine Art Monopol erworben.

Oft werden die Händler noch vor der Schur aktiv: Sie kaufen einen Teil der Produktion im voraus, um sicher zu sein, die beste Qualität zu bekommen. Diese monopolistischen Praktiken werden von den Geschäftsleuten aus Burgos, aber auch denen aus Segovia oder Genua, die sich den Markt teilen, praktiziert. Die Wolle wird in großen Mengen verpackt und nach Flandern und Italien exportiert. Der Wollmarkt begründete Burgos' Reichtum: Zwischen dem 13. und 15. Jahrhundert wird die Stadt zum größten Handelszentrum des Königreichs, zusammen mit den Häfen der kantabrischen Küste (dank der Entwicklung der baskischen Marine). Seit dem 12. Jahrhundert findet man kastilische Kaufleute in England (Bristol, Southampton), dann in der Bretagne (Nantes), in Frankreich (auf den Märkten der Champagne, in Bordeaux, La Rochelle, Rouen, Dieppe) und vor allem in Flandern. Eine spanische Kolonie, d.h. kastilische, befindet sich seit 1267 in Brügge, und zu Beginn des 15. Jahrhunderts wird in dieser Stadt ein Konsulat errichtet. Diese Geschäftsleute stammen meistens aus Burgos. Sie verkaufen in erster Linie Wolle aus Kastilien, dann Eisen vom Golf von Biskaya (die Verordnungen von 1440 haben die Erschließung der Minen geregelt) und schließlich: Wein, Obst, Reis, Öl, Wachs, Leder und Alaun.

Im Südwesten der Halbinsel bildete sich ein zweites Handelszentrum, dessen Mittelpunkt Sevilla war. Es wird Öl, Weizen und Reis, Leder, Wachs, Quecksilber aus Alamadén, Wein, Dörrobst und Zukker von den Kanarischen Inseln exportiert. Beim Aufstieg Sevillas spielen die Genueser eine große Rolle, die nach der Reconquista auf den Plan treten. Sie haben in Kürze ihre eigene Straße, ihren Konsul, zahlreiche Privilegien und vor allem das Vorrecht, vom ranghöchsten Beamten gerichtet zu werden. Die Genueser beherrschen auch den Handel in Cádiz, wo Gold, Kupfer, Wachs, Zucker, Tuch aus Flandern und England und vor allem Sklaven eingeführt werden. Die gleichen Produkte werden reexportiert sowie Thunfisch und Seide aus Granada.

Moguer (Ende des 15. Jahrhunderts war die Einwohnerzahl von 3500 Einwohnern auf 4000 gestiegen) erlebt seinen Aufschwung:

Seine Seeleute befinden sich im Norden und Osten der Halbinsel, aber auch in Nordafrika, auf den Kanarischen Inseln, in der Bretagne, in England, in Genua. Sie transportieren Öl, Wein, Rosinen, Feigen. Sklaven und Gold von den Kanarischen Inseln und Afrika bilden ihre Hauptfracht.

In den Jahren 1445–1465 steht der andalusische Handel in voller Blüte, auch wenn er sich gegenüber Burgos noch im Rückstand befindet. Im Norden der Halbinsel entstehen große Märkte: in Villalón, Medina de Ríoseco, Valladolid und vor allem in Medina del Campo. Die Märkte waren bereits zu Beginn des 15. Jahrhunderts berühmt, wenn man die vielen Verordnungen von 1421 betrachtet, die ihre Organisation genau regeln: die Unterkünfte der Händler, die Spezialisierung der Straßen (eine für die Stoffe, eine für die Geldwechsler etc.) und eine Aufstellung der Waren, die man dort bekommen kann (von Schundwaren bis zu Edelsteinen). In Medina del Campo wird vor allem Wolle gekauft und verkauft.

Im 15. Jahrhundert spielte im Außenhandel Kastiliens vor allem der Export von Wolle und Eisen eine Rolle. Anders ausgedrückt: Kastilien verkauft Rohstoffe, was sowohl im 15. Jahrhundert als auch heute noch als ein Zeichen der Unterentwicklung gilt. Das bestätigt auch die Überprüfung der Importe. Seit dem auslaufenden 13. Jahrhundert gelangen über die Häfen an der kantabrischen Küste folgende Waren nach Kastilien: große Mengen flämischen Tuchs, Stoffe aus Toulouse, Carcassonne, Narbonne und Montpellier, Leinen aus Lucca und Venedig, scharlachroter Stoff aus England und eine Menge verschiedener Artikel: Heringe, Datteln, Zucker, Pfeffer, Safran, Indigo, Weihrauch, Glöckchen, Angelhaken, Nadeln, Messer, Degen, Vasen, Ringe, Kämme, Spiegel, Knöpfe, Würfel, Nähnadeln, Hüte und sogar Zahnstocher. Miguel Angel Ladero Quesada ermittelte die in Sevilla eingeführten Waren, die ebenfalls große Vielfalt aufwiesen: Tuch, Teppiche, Seidenstoffe, Holz, Gewürze, Dörrobst, Honig, Fisch, exotische Tiere (Affen, Papageien) sowie priesterliche Ornate, Schuhe, Hüte, Würfel, Nadeln, Waffen, Glaswaren ...

Das Handwerk in Kastilien war nicht in der Lage, die Nachfrage nach diesen Gütern zu befriedigen. Das gilt vor allem für die Textilwaren: Trotz der Menge und Qualität seiner Wolle schafft es Kastilien nicht, ein Textilgewerbe aufzubauen, das den Inlandsbedarf deckt. Es verkauft seine Rohstoffe ans Ausland und kauft sie wieder als Fertigprodukte. In Kastilien gibt es Textilwerkstätten in zwei Regionen. In der nördlichen Meseta (Zamora, Avila und Segovia) arbeitet man vor allem für die einheimische Bevölkerung auf dem Lande; man verwendet grobere Wolle und stellt Tuch niedrigerer Qualität her. Im Süden von Guadarrama (Toledo, Cuenco, Ciudad Real, Murcia, Córdoba, Sevilla, Baeza und Ubeda) wird feinere Wolle verwendet, bessere Stoffe gefertigt und exportiert. Im 15. Jahrhundert sind in Cuenca großartige Fortschritte zu verzeichnen: 7 bis 10 % der Bevölkerung arbeiten in Textilwerkstätten; die Handwerker haben sich in Zünften zusammengeschlossen *(gremios)*; die Produktion, die von einer Minderheit von Geschäftsleuten organisiert wird *(los señores de los paños)*, die zur Hälfte Hersteller und zur Hälfte Händler sind, ist zum Teil für den Export bestimmt.

Einige scheinen den wirtschaftlichen Widerspruch erkannt zu haben, der darin bestand, daß ein Land, das Wolle produzierte, Tuch aus dem Ausland bezog. 1439 beantragen die Cortes in Madrigal, daß der Import von Tuch und der Export von Wolle verboten werden. Sie betonen, daß es im eigenen Land Werkstätten gebe, die »ziemlich ordentliches« Tuch fabrizierten. Sie sind der Ansicht, daß man noch viel mehr Tuch in viel besserer Qualität herstellen könne, wenn man protektionistische Maßnahmen ergreifen würde. 1462 unternehmen die Cortes von Toledo einen ersten Schritt in dieser Richtung; ein Gesetz, das im gleichen Jahr verabschiedet wird, bestimmt, daß ein Drittel der Wollproduktion den Werkstätten des Königreichs vorbehalten werden müsse.

Wurde dieses Gesetz angewandt? Hat es die Ergebnisse gebracht, die man erwartete? Nur zum Teil, da die Katholischen Könige fünfzehn Jahre später erneut Wolle exportieren. Doch man kann zugrunde legen, daß Kastilien im 15. Jahrhundert ein blühendes Land war. Die Bevölkerung nimmt zu, neues Land wird erschlossen; die Viehzucht erlebt einen Aufschwung und bedeutet für die Krone hohe Steuereinkünfte. Die Ausfuhr von Wolle trägt zum Wohlstand des Königreichs bei, obwohl das Handwerk darunter leidet, und man bemüht sich, Lösungen zu finden. In Andalusien und noch mehr in Burgos nutzen dynamische Händler all diese Möglichkeiten aus, und kastilische Geschäftsleute finden sich an allen Handelsplätzen Nordeuropas. Kastiliens Dynamik, Vitalität und Energie setzen in Erstaunen, obwohl die politische Lage nicht gerade glänzend war, Dynastiekämpfe und Streitereien unter dem Adel das Land erschütterten.

In gewisser Weise demonstriert die politische und soziale Unsicherheit, die Kastilien ein Jahrhundert lang charakterisiert – nämlich in der Zeit zwischen der Ermordung Peters des Grausamen (1369) und Isabellas Thronbesteigung (1474) –, das Ausmaß der Veränderungen, die sich im Königreich vollziehen. Das Jahrhundert beginnt und endet mit einem Bürgerkrieg, bei dem es um die Macht des Königs geht und die Manipulation der rechtmäßigen Vererbung der Krone, indem ein jüngerer Zweig der regierenden Dynastie auf den Thron gesetzt wird. Das ist der äußere Aspekt des Konflikts. In dieser Zeit konsolidiert die Aristokratie, die von Grund auf erneuert wurde, ihre Stellung in der Gesellschaft.

Die Katastrophen des 14. Jahrhunderts – die tödlichste von allen war die Pest – haben das Gleichgewicht im Bereich der Produktion und der sozialen Verhältnisse gestört, die Menschen verbittert. Infolge des Elends gärt es im Volk, kommt es zu Gesellschaftskämpfen: Arm und Reich stehen sich gegenüber, auch wenn sie sich hinter einer ideologischen oder rassistischen Maske verbergen. Julio Valdeón Baruque zeigte auf, daß hier der Antisemitismus begonnen hatte, der 1391 zum großen Judenpogrom führte. Der Antisemitismus war für die Politiker, die um die Macht kämpften, ständig ein heißes Eisen: Peter dem Grausamen, Alvaro de Luna und Heinrich IV. wird vorgeworfen, sie seien Judensympathisanten. Die sozialen Spannungen unter dem Volk werden den Juden angelastet, denen man unterstellt, sie profitierten vom Elend der anderen.

Die Krise hat auch starke Auswirkungen auf die Aristokratie. Die Bevölkerungsabnahme bedeutet das Verschwinden vieler Dörfer. In den verbleibenden sinken Produktion und Ertrag beträchtlich. Die Lehnsherren sehen sich manchmal gezwungen, den Bauern höhere Löhne zu bewilligen, um sie zum Bleiben zu bewegen. Dies bedeutet eine beträchtliche Schrumpfung der Einkünfte des Adels, der versucht, durch zwei Methoden dagegen anzukämpfen: durch verstärkten Druck auf die Bauern und die Wiedereinführung längst abgeschaffter Rechte und durch den Abschluß kurzfristiger Pachtverträge, die bei jeder Erneuerung eine höhere Pacht beinhalten. Außerdem wenden sie sich an den König, um Ländereien zu bekommen und Renten aus dem Staatsschatz oder einträgliche Ämter. Dadurch greift die kastilische Aristokratie aktiver in die Politik ein.

Peter I. (1350–1369), genannt Peter der Grausame, Sohn und Nachfolger Alfons' XI., sieht sich mit einem unehelichen Sohn Alfons' XI. konfrontiert, Heinrich von Trastámara, der sich an die Spitze der Aufrührer stellt und 1365 die Unterstützung großer ausländischer Gesellschaften bekommt, von denen die größte die des Franzosen Bertrand Duguesclin ist. Ein erbitterter Bürgerkrieg wütet im Land. Er endet mit dem von Duguesclin provozierten Kampf zweier Brüder in Montiel, bei dem Peter der Grausame ermordet wird (1369). Heinrich von Trastámara wird König von Kastilien und nennt sich fortan Heinrich II.

Was warf man dem legitimen Herrscher vor? Seinen absoluten Autoritätsanspruch – in den Texten der damaligen Zeit spricht man von Tyrannei –, das geringe Interesse, das er am Gemeinwohl hatte, die den Mauren und Juden gewährten Privilegien, seine Verachtung gegenüber den *hidalgos*, die er gerne zu Steuerpflichtigen *(pecheros)* gemacht hätte? Heinrich von Trastámara machte sich zum Wortführer der reaktionärsten Aristokraten. Carmelo Viñas stellte den Konflikt so dar: Peter der Grausame hatte die »progressiven« Kräfte des Königreichs um sich versammelt (die Händler, die Geschäftsleute, die jüdischen Finanziers). Ihm stand die Opposition des Hochadels der hohen kirchlichen Würdenträger und der Grundbesitzer, die ihre Einkünfte aus der Landwirtschaft und Viehzucht bezogen, gegenüber. Die Niederlage Peters des Grausamen war auch die des aufstrebenden Bürgertums. Das kontinentale Agrarland Kastilien war auch mit den Randgebieten Kastiliens (Andalusien und vor allem die kantabrische Küste), die auf das Meer und den Handel orientiert waren, konfrontiert. Doch der Bürgerkrieg kann nicht durch regionale Widersprüche erklärt werden: Im ganzen Land stehen sich unvereinbare soziale Kräfte gegenüber.

Trastámaras Sieg ist gleichzeitig der Sieg der Aristokratie, die ihn unterstützt hatte. Folglich ist es ganz natürlich, daß diese Aristokratie belohnt wird. Juan Manuel sollte 1505 als Folge der Reaktion des Adels nach Isabellas Tod äußern: »In Zeiten der Ruhe gibt es nicht viel zu gewinnen; in Zeiten der Wirren können die Menschen die Initiative ergreifen.« Seine Vorfahren hatten Ende des 14. Jahrhunderts nicht anders reagiert. Der Bürgerkrieg und Heinrichs Triumph bedeuten eine großzügige Verteilung von Pensionen und Lehen an die Anhänger des neuen Herrschers. Man nannte dies die großzügigen Gaben von König Heinrich *(mercedes enriqueñas)*. Es war der erste Schritt zur Bildung eines neuen Adels: Die beiden folgenden vollziehen sich in der Zeit nach der Niederlage von Aljubarrota (1385): Die portugiesischen Adligen, die an der Seite der Kastilier gekämpft und ins Exil geschickt wurden, mußten entlohnt werden. Heinrich IV. zeigte sich in den letzten zehn Jahren seiner Regierungszeit (1464–1474) ebenfalls großzügig, um sich an der Macht zu halten.

Ende des 14. Jahrhunderts entsteht ein neuer Adel; die alten Familien, die bei der Reconquista mitgekämpft hatten, verschwinden zum größten Teil, weil sie keine Nachkommen haben oder durch die Krise ruiniert wurden oder weil sie sich nicht für die richtige Seite entschieden hatten. Nur einige große Familien überleben: die Guzmáns, die Ponce de Leóns, die Mendozas, die Osorios, die Manriques . . .

Neue Adlige treten in Erscheinung, Mitglieder der königlichen Familie, *hidalgos*, Günstlinge und Ratgeber der Herrscher, Reservisten, Angehörige des Dienstadels, der schnell zu Reichtum kommt; es sind die Velascos, Alvarez de Toledo, Ayalas, Enríquez, Sarmientos, Pachecos, Ramírez de Arellano und Pimentels (diese beiden kamen nach 1385 nach Portugal). Eine neue Kaste erobert sich einen Platz im Königreich. Im Gegensatz zu Portugal, wo durch den Sieg der Aviz bürgerliche Schichten an die Macht gelangten, oder in Aragonien, wo die Krise den Adel zwingt, alle Rechte wiedereinzusetzen, erlebt Kastilien Ende des 14. Jahrhunderts einen Aufstieg der Aristokratie, der bis zum 16. Jahrhundert anhält. Doch die Aristokratie im 15. Jahrhundert ist geldgierig und profitiert von dem wirtschaftlichen Aufschwung, der durch die Großzügigkeit (und Schwäche) des Königs ermöglicht wurde und ihm die Gelegenheit gibt, aus den Erzeugnissen des Bodens und des Handels, sowohl auf dem Binnenmarkt als auch bei den Verkäufen ins Ausland, Nutzen zu ziehen.

Die großen Ländereien, die dem Adel zugewiesen wurden, enthalten zwei Elemente: Grund und Boden, den er als Eigentum besitzt, und Ländereien, über die er eine richterliche Gewalt ausübt und Einkünfte als Lehnsherr bezieht. In beiden Fällen nutzt er einen Teil der Einkünfte aus dem Ertrag des Bodens zu seinem Vorteil. Als Eigentümer der Weiden und der Schafherden hat er seinen Anteil an den Gewinnen, die die Entwicklung der *Mesta* mit sich bringt. Die Fortschritte im Binnenhandel und im internationalen Handel (zum Teil dank des Wollhandels) bieten ihm weitere beachtliche Einkünfte. Ab 1454 bürgert sich mit Zustimmung der Krone eine mißbräuchliche Praktik ein, d. h., die Lehnsherren erheben auf ihren Ländereien Steuern auf alle Transaktionen *(alcabalas)* und ziehen von diesen Summen den Betrag für ihre Pensionen und ihre Entlohnungen ab; der Saldo (wenn einer übrig bleibt) wird an den König abgeführt. Somit verzichtet der König zugunsten des Adels auf eines seiner wesentlichen Privilegien: den Steuereinzug. Der Adel profitiert vom Aufschwung des Binnenmarktes, da er einige große Märkte unter Kontrolle hat. Diese werden innerhalb seiner Staaten abgehalten; die Enríquez haben den Markt in Medina de Ríoseco und die Pimentels den in

Villalón inne. Der Adel hat doppeltes Interesse an der Entwicklung des internationalen Handels: entweder ein direktes, wenn er selbst Schiffe belädt (was z.B. einige andalusische Aristokraten praktizieren) oder wenn er die Wolle seiner Herden verkauft, oder ein indirektes, wenn er vom König das ungewöhnliche Privileg erhält, einen Teil der Zölle zu erheben. Als Admiräle von Kastilien (ein Ehrentitel, der keine bestimmte Funktion beinhaltet), erheben die Enriquez Steuern auf den andalusischen Handel; die Velascos, Grafen von Haro, kassieren die *diezmos de la mar*, d.h. Zölle an der kantabrischen Küste.

Schließlich bezieht der Adel Pensionen aus der Staatskasse und Vergütungen für die königlichen Ämter, die er innehat. Dank des offiziellen Registers von 1447 weiß man, daß der Prinz von Asturien (Thronerbe) eine Pension von 6 Millionen Maravedis bezog, Alvaro de Luna eine Pension von einer Million und der Graf von Alba eine ähnliche Summe, der Marquis von Villena und der Marquis von Santillana und die Grafen von Haro, Benavente und Castro mehr als 500 000 jeder.

Die Gesamtsumme ist recht beträchtlich. Ende des 15. Jahrhunderts schätzt man die Jahreseinkünfte der Guzmáns, Herzöge von Medinasidonia, auf 10 oder 15 Millionen Maravedis, die der Pimentels, der Grafen von Benavente, auf 8 Millionen, die der La Cerdas, Herzöge von Medinaceli, auf den gleichen Betrag und die der Zúñigas, Herzöge von Béjar, auf 15 Millionen.

Zwischen dem auslaufenden 14. Jahrhundert und der Mitte des 15. Jahrhunderts breitet sich in Kastilien das Lehnswesen beträchtlich aus. Es verschwinden die meisten der ehemaligen *behetrías*, diese Urform der »Empfehlung«, aufgrund derer sich ein Dorf unter den Schutz eines Lehnsherren stellte (und dafür die entsprechenden Gebühren zahlte), aber die Freiheit hatte, ihn gegen einen anderen auszutauschen. Im 15. Jahrhundert bemühen sich die Lehnsherren oft mit Erfolg, die *behetrías* in gewöhnliche Lehen zu verwandeln, trotz der Widerstände und Aufstände (wie der von 1421), deren Ziel es war, die Angliederung an die Krondomäne zu fordern, die jedoch im Vergleich zu den unter der Gerichtsbarkeit der Lehnsherren stehenden Ländereien immer mehr abnahm. In der nördlichen Meseta gibt es nur noch die *behetrías* der beiden Meere *(de mar a mar)*. Eine 1492 von einem königlichen Beamten in den Gegenden von León, Valladolid, Zamora und Palencia durchgeführte Untersuchung ließ erkennen, daß fast das ganze Gebiet in den Händen des Adels war; die Krone besaß nur noch León, Sahagún und Ponferrada. In dieser Gegend haben die Velascos die Gerichtsbarkeit inne sowie die Konnetabels von Kastilien und Grafen von Haro, die Enriquez, die Admiräle von Kastilien, der Herzog von Infantado, der Graf von Benavente und seine Brüder, der Marquis von Astorga, der Marquis von Villafranca, der Graf von Luna, der Graf von Valencia, der Vicomte Palacios und einige Lehnsherren. Die Lehnsherren begnügen sich nicht damit, ihre Position auf dem Land zu festigen, sie wollen auch die Städte beherrschen. Die Cortes von Valladolid (1442) verlangen vergeblich, daß jeder Lehnsherr, der mehr als 200 Untertanen habe, sich nicht in der Stadt niederlassen oder dort ein Amt ausüben dürfe.

So entstehen die riesigen Ländereien, die der Gerichtsbarkeit des Adels unterstellt sind und die Julio Valdeón Baruque in einer geographischen Karte festgehalten hat. Die Manriques, Enriquez, Fernández de Velasco, La Cerdas, Pimentels haben ihre Lehen in der nördlichen Meseta. In der südlichen Meseta haben sich die Mendozas, Zúñigas, Alvarez de Toledo, Suárez de Figueroa niedergelassen. Die Fajardos kontrollieren die Gegend von Murcia, die Guzmáns und die Ponce de Leóns das Tal des Guadalquivir. Diese Jungaristokraten erhalten im 15. Jahrhundert pompöse Titel, die bis dahin selten oder gar nicht vorhanden waren: Die Grafen von Benavente, de Haro, Herzöge von Alba, von Béjar, von Medinasidonia, von Medinaceli, von Albuquerque, Marquis von Villena, von Cádiz ... Sie machen weniger als fünfzig Familien aus, die oft untereinander verwandt sind, was die Zahl der großen auf weniger als zwei Dutzend reduziert. Früher nannte man sie die reichen Männer *(ricos hombres)* und heute die »Titel« *(títulos)*, die bald die Granden von Spanien werden.

Die Mendozas zum Beispiel gehören zu den wenigen Familien des alten Adels, die sich gehalten haben. Sie stammen aus Alava und hatten 1293 ein Lehen in Santillana, in der Gegend von Santander, neben Torrelavega, erworben. Pedro González de Mendoza tritt mit Begeisterung für Heinrich von Trastámara ein. Er wird dafür durch die Zuteilung der Ländereien im Zentrum des Königreichs belohnt (Buitrago, Somosierra, Colmenares, Real de Manzanares). Seine Familie erhält später das Gebiet von Guadalajara. Iñigo López de Mendoza wird 1445 Marquis von Santillana, und sein Sohn, Diego Hurtado de Mendoza, trägt seit 1475 den Titel eines Herzogs von Infantado. Die Pachecos, zukünftige Marquis von Villena, besitzen ein riesiges Lehen in der Gegend von Albacete; dieses Marquisat erstreckte sich Ende des 15. Jahrhunderts von Cuenca nach Almeria und hatte eine Fläche von mehr als 25 000 Quadratkilometern; es zählte 150 000

Untertanen und nahm 100 000 Dukaten pro Jahr ein. Die Zúñigas stellen ein Musterbeispiel des sogenannten neuen Adels dar. Die Familie stammt aus Navarra und ließ sich in Andalusien nieder, ist 1417 bereits fest integriert. Diego López de Zúñiga, Cameriere Johanns I., erhält die Ländereien in Kastilien, Rioja und Andalusien, doch vor allem in Estremadura, in der Gegend von Plasencia und Trujillo, wo die der *Mesta* verpachteten Weiden große Erträge abwerfen. Sein Sohn wird Graf von Plasencia (1442). 1454 ist die Familie bereits sehr reich; das Jahreseinkommen beträgt vier Millionen Maravedis, setzt sich aus Renten aus der königlichen Kasse, Weinbergen und Weizenfeldern *(dehesas)* zusammen. Pedro de Zúñiga wird 1458 Graf von Miranda, ein anderer Zúñiga wird 1469 Herzog von Béjar und das Clanoberhaupt 1488 Herzog von Béjar.

In Andalusien beruht das Vermögen der Lehnsherren auf der Erschließung eines reichen Landes und billiger Arbeitskräfte. Hinzu kommen Sklaven, Schmuck, Gewürze, Lebensmittel etc., die bei Feldzügen ins maurische Königreich Granada als Beute erworben wurden, ebenso die Erzeugnisse der ortsansässigen Gewerbe: der Fischfang, das Seifengewerbe, der internationale Handel. Cádiz ist in den Händen der Ponce de Leóns. Die Guzmáns, Grafen von Niebla, Herzöge von Medinasidonia, betreiben Fischfang und Handel mit Afrika, besitzen in Triana eine bedeutende Seifensiederei.

An diesen Beispielen erkennt man, daß dieser Adel alles tut, um Gewinn zu machen. Ende des 15. Jahrhunderts wird sogar ein Mendoza, Graf von Tendilla, Schiffsausrüster für die Küstenschiffahrt und schließlich für die Seeschiffahrt. Wenn der Adel nicht selbst im internationalen Handel tätig ist, beauftragt er Geschäftsleute damit. Durch die *Mesta* und den Wollmarkt haben die Aristokraten, denen die Schafe gehören, und die Großbürger von Burgos, die sich auf den Export spezialisiert haben, gemeinsame Interessen. Um die *Mesta* bildet sich die starke Koalition der königlichen Macht, die starkes Interesse an den Steuern für *servicio y montazgo* und den Zöllen hat, die Aristokratie (aber auch die kleinen Viehzüchter) und das geschäftliche Großbürgertum. Folglich erklärt sich die Schwäche des Bürgertums nicht durch die Unfähigkeit der Kastilier oder ihr Desinteresse an geschäftlichen Aktivitäten, auch nicht durch die Ausweisung der Juden im Jahre 1492, sondern durch die Stärke dieser Interessengemeinschaft, die den aristokratischen Charakter der Gesellschaft noch untermauert. Die Gemeinschaft tritt erneut bei der Revolution der *Comunidades* (1520–1521) gegen die gewerbetreibenden Bürger in Erscheinung, die sich vorgenommen hatten, aktiver ins politische Geschehen einzugreifen, indem sie sowohl die Macht des Königs einschränkten als auch die Privilegien der Aristokratie beschnitten. Das Handel treibende Großbürgertum zog es erneut vor, an seinem Bündnis mit dem Adel festzuhalten und sich der Vorherrschaft der Monarchie zu beugen. Diese Wahl hatte es im Grunde genommen seit hundert Jahren getroffen.

Unter dieser mächtigen aristokratischen Kaste stehen jene, die man der Einfachheit halber als niederen Adel etikettiert hatte. Dieser Ausdruck ist doppeldeutig. Die Angehörigen dieser Kaste, die mit Vorliebe die Ämter in der Stadt besetzen, haben den gleichen Rechtsstatus wie die »Titel« und die Granden; sie genießen die gleichen Privilegien wie diese, haben zudem ein gewisses gesellschaftliches Ansehen: In der Kirche und bei öffentlichen Zeremonien stehen sie an erster Stelle. Wenn sie mit der Gerichtsbarkeit zu tun haben, werden sie bevorzugt behandelt, z.B. dürfen sie nicht gefoltert werden, und vor allem zahlen sie keine Direktsteuern, den *servicio*, wie das Volk. Dieses Privileg stellt sie auf die gleiche Stufe wie den Adel; die Steuerbefreiung ist das sichtbare Zeichen, zu den Privilegierten zu gehören. Im übrigen sind die Unterschiede, die manchmal zwischen den Herren und den *hidalgos* gemacht werden, verschwommen. Im 15. Jahrhundert sind die Dinge klarer: *hidalgos* und *pecheros*, d.h. Steuerbegünstigte und Steuerzahler, stehen sich gegenüber. Im 15. Jahrhundert ist die Lage weniger klar. In den Städten mußte man ab einem bestimmten Einkommen oder Privatvermögen (50 000 Maravedis) ein Pferd und Waffen haben. Jene, die dieser Pflicht unterlagen, die anfangs durch die Sorge, einem eventuellen Angriff der Mauren standhalten zu können, motiviert war, wurden »Ritter der Menge« *(caballeros de cuantía)* genannt. Dafür mußten sie keine Steuern bezahlen. Im 15. Jahrhundert standen nur noch die Grenzgebiete des Königreichs von Granada unter der Bedrohung eines Überraschungsangriffs. In den anderen Gebieten gab es keine Gründe, die diese Auflage und dieses Privileg rechtfertigten. Folglich wurde die Auflage abgeschafft, doch das Privileg aufrechterhalten, ja sogar noch ausgebaut. Ab einem gewissen Einkommen legt man Wert darauf, ein Pferd und Waffen zu besitzen, um für einen Überfall gerüstet zu sein. Folglich hat man keine Zeit, sich allzu aufwendigen Beschäftigungen zu widmen, z.B. einen Beruf auszuüben, ein Geschäft zu haben etc. Man führt ein angenehmes Leben, lebt von seinen Renten und gleicht sich dem Adel an.

So wächst der Anteil der *hidalgos* im Königreich. Der Durchschnitt beträgt 10 %, eine beachtliche Zahl, die damals nur in Polen zu registrieren war. Dieser Anteil ist in jeder Region anders: 4 % oder 5 % in Estremadura, über 6 % in Andalusien. In Nordspanien ist der Anteil noch höher, erreicht seinen Höhepunkt in Asturien (wo drei Viertel der Einwohner als *hidalgos* gelten), im Gebirge von Santander, in Guipúzcoa und in der Bucht von Biskaya, die 1525 das Privileg der *hidalguía general* erhält (die ganze Bevölkerung ist dem Adel gleichgestellt. Hier arbeiten viele *hidalgos* körperlich, auf dem Feld oder in Werkstätten). In Galicien gibt es nur wenige *hidalgos.* Dieser »Volksadel« hat offensichtlich mit den großen Familien wenig gemeinsam, doch allein seine Existenz zeugt von der Entwicklung der Aristokratie, die Kastilien in den letzten Jahren des 14. Jahrhunderts erlebt. Die ganze Gesellschaft wird allmählich vom Adel geprägt, die aristokratischen Wertvorstellungen gewinnen Oberhand. Diese Mentalität wird später das Goldene Zeitalter in Spanien kennzeichnen.

Es erscheint sinnvoll, die Militärorden dem Adel zuzuordnen, obwohl sie theoretisch zum Klerus gehören. Sie sind nämlich religiöse Organisationen, deren Aufgabe darin besteht, den Ungläubigen den Krieg zu erklären. Ihre Entwicklung in einem Land, wo die Reconquista einen so großen Platz eingenommen hat, ist ganz natürlich. Sie entstanden alle in der zweiten Hälfte des 12. Jahrhunderts: Der Orden von Calatrava wurde 1158 gegründet, der des hl. Jakobus um 1170, der von Alcantara 1175. Die Soldatenmönche spielten bei den Kämpfen der Reconquista eine aktive Rolle; sie wurden durch die Zuteilung großer Ländereien in der Mancha, in Estremadura und Andalusien, fast unbewohnten Gebieten und Weiden, belohnt. Die Ländereien der Orden stellten ungefähr ein Zehntel der Oberfläche des Königreichs dar. Als die Reconquista im 14. und 15. Jahrhundert eingestellt wurde, begannen sich die Orden neu zu orientieren. Da sie nicht mehr kämpfen mußten, bearbeiteten sie ihr Land. Die Ritter sind nach wie vor Mönche, die ihre Gelübde ablegen (Gehorsam, Armut und Keuschheit), doch viele lassen sich Dispens erteilen, um heiraten zu können und Familien zu gründen. Die Ritter unterscheiden sich durch ihre Lebensart kaum mehr von den Lehnsherren, und immer mehr Adelige wollen in die Orden eintreten, da sich ihnen dort materielle Vorteile bieten. Eine Komturei ist nämlich nichts anderes als eine Seigneurie: Die Rechtsprechung, die dort gilt, ist verbunden mit verschiedenen Einkünften, Steuern etc. sowie den kirchlichen Zehnten, da ja die Orden zum Klerus gehören.

Der Orden des hl. Jakobus steht in Kastilien als Kirchenmacht an vierter Stelle, hinter den Erzbistümern von Toledo und Sevilla und dem Bistum Burgos. Er besitzt 90 Komtureien, die ungefähr 60 000 Dukaten pro Jahr einbringen. Hinzu kommen die Einkünfte aus dem Mensalgut des Großmeisters; *alcabalas*, die vom König gewährt wurden, Lehnsherrenrechte, Pachtzins, kirchliche Zehnten etc., ganz zu schweigen von den militärischen Einrichtungen, Festungen, Türmen, gutausgerüsteten Soldaten. Die Macht der beiden anderen Orden ist ähnlich stark. Calatrava besitzt 50 Komtureien, ungefähr 23 Millionen Maravedis, die zwischen dem Großmeister und den Komturen geteilt werden, Weizenfelder, Weiden, Quecksilberminen in Almadén. Daher zeigte der Adel großes Interesse an den Militärorden. Er setzte auch die Komtureien ein, und der Rang des Großmeisters war natürlich allgemein sehr begehrt.

Ein Lehnsherr, der Großmeister eines Ordens wird, erlebt einen ungeheueren Machtanstieg. Zu seinen üblichen Einkünften kommen die des Mensalgutes des Ordens. Er verfügt über Komtureien, die ihm Macht verleihen. Die Festungen und Herden des Ordens stehen unter seinem Kommando. In Zeiten des Bürgerkriegs und politischer Spannungen ist er ein gefürchteter Gegner. Der Titel, den er trägt, verleiht ihm Einfluß und Ansehen weit über die Grenzen des Königreichs hinaus. Der Orden stellt einen Staat im Staate dar, und der Großmeister kann sogar dem König trotzen.

Deshalb machen sich im 15. Jahrhundert die Oberhäupter der adeligen Familien den Rang des Großmeisters streitig und versuchen sogar, diesen Titel zu vererben. Aus diesen Gründen stehen die Militärorden in Wirklichkeit dem Adel näher als dem Klerus. Sie prägen die kastilische Aristokratie des 15. Jahrhunderts. Ihre Besitzungen, ihre Einkünfte, ihr Einfluß verleihen ihnen in der Gesellschaft und im Staat große Kraft. Der Adel hat diese Macht dem König entrissen, konnte sie dank der Schwäche der Monarchen an sich reißen. Was würde aus ihm werden, wenn der König seine Kraft wiedererlangte und sich all seiner Vorrechte bediente? Mit diesem Problem sieht sich der Adel im 15. Jahrhundert konfrontiert: Er versucht, seine erworbenen Ländereien zu legitimieren, den Sieg, den er über das Gebiet errungen hat, rechtlich anerkennen zu lassen und den König daran zu hindern, auf seine Rechte zu pochen. Das ist der Konflikt, den im ersten Drittel des 15. Jahrhunderts Adel und Monarchie miteinander ausfechten.

Es konnte nicht ausbleiben, daß die zunehmende Macht der Aristokratie oft heftige Reaktionen bei der kastilischen Gesellschaft hervorrief. Es ist noch wenig bekannt, inwieweit sich die Bauern gegen die Lehnsherren erhoben. Julio Valdeón Baruque versuchte, die Bewegung gegen die Lehnsherren, die in den Chroniken wenig Beachtung gefunden hatte, näher zu untersuchen. Lediglich der Aufruhr in Galicien *(la segunda guerra hermandiña)* erlebte ein Echo; die Bauern, die von einigen Junkern und Stadtbewohnern unterstützt wurden, erhoben sich gegen die Unterdrückung der Lehnsherren und hohen kirchlichen Würdenträger. Im übrigen wurde diese Revolte niedergeschlagen.

Die Opposition der Städte wurde mehr beachtet, da sie bei den Cortes ein Echo gefunden hatte, doch unterscheidet sie sich von den Bauernaufständen? Im 15. Jahrhundert sind viele Städte noch zum Teil ländlich. In beiden Fällen richtet sich der Unmut gegen die Übergriffe der Adeligen und die Schwäche der Herrscher, die das königliche Vermögen verschleudern. Den Cortes werden die Skandale bei Hof gemeldet, die verschwenderischen Ausgaben, die erhöhten Steuerforderungen und die der Aristokratie zugebilligten Privilegien. Die Städtebündnisse *(hermandades)*, die für eine bestimmte Zeit beschließen, gemeinsam Truppen aufzustellen, sind der deutliche Beweis für die tiefe Unzufriedenheit über die Unterdrückung seitens der Lehnsherren. Genau wie die Cortes hätten die *hermandades* den Herrschern als Gegengewicht dienen können, um dem Adel Widerstand zu leisten, wenn diese sich auf sie gestützt hätten. Die Katholischen Könige bedienen sich dieser Waffe, die ihre Vorgänger außer acht gelassen hatten und folglich dem Adel ausgeliefert waren.

Die Geschichte befaßt sich vor allem mit dem Konflikt, bei dem sich im 15. Jahrhundert Adel und Monarchie in Kastilien gegenüberstehen. Luis Suárez Fernández hat darüber eine Untersuchung angestellt, die eine komplizierte Geschichte aufzeigt. Der Aufstieg des neuen Adels erfolgte so schnell und so stark, daß die königliche Macht gefährdet schien. Die Adeligen, die von den »Freiheiten« Heinrichs II. profitieren, versuchen nicht, die Monarchie selbst in Frage zu stellen; sie möchten nur die Macht mit ihr teilen und möglichst ihre Autorität untergraben.

In den ersten Jahren des 15. Jahrhunderts ist der neue Adel noch vom König abhängig, der ihm jederzeit seine Gunst entziehen kann. Dieser Adel hat zwei Hauptanliegen: 1. daß die Cortes keine allzu große Macht im Staat ausüben und 2. der König seine Privilegien nicht beschneidet. Der Tod Heinrichs II. im Jahre 1406 leitet eine

Zeit der Unsicherheit ein. Sein Nachfolger, Johann II., regiert nur ein Jahr, dann wird die Regentschaft seinem Onkel Ferdinand anvertraut, der nach der Krone trachtet, die er 1412, sechs Jahre später, erhält, als er König von Aragonien wird. In der Zwischenzeit genießt er seinen Rang als Regent von Kastilien. Er besitzt riesige Ländereien: Medina del Campo, Olmedo, Villalón; d.h. die Städte der Märkte, des Weizens, der Wolle, des Leders. Er gibt prachtvolle Feste, Bankette, organisiert Literaturwettstreite, Turniere, führt heldenhaft Krieg gegen die Mauren und erwirbt sich Ruhm durch die Einnahme von Antequera, was ihm den Beinamen Ferdinand von Antequera einbringt.

Der Regent besitzt auch Familiensinn. Er gibt seinen Kindern Schlüsselstellungen: Der achtjährige Sanche wird Großmeister des Alcántara-Ordens (er stirbt 1416), Heinrich Großmeister des Ordens des hl. Jakobus, Johann (der zukünftige Johann II. von Aragonien, der Vater Ferdinands des Katholischen) Herzog von Peñafiel. Als Ferdinand von Antequera 1412 die Krone von Aragonien erhält, interessiert er sich weiterhin für die Angelegenheiten Kastiliens, wo seine Söhne in Wohlstand leben. So beginnt der Aufstieg der Infanten von Aragonien, die in Wirklichkeit Kastilier sind. Solange Johann II. minderjährig ist und selbst nachdem Johann II. offiziell für volljährig erklärt wurde (1419), sind die Infanten von Aragonien die wahren Herren Kastiliens. Diese Macht beunruhigt den Adel, der in Alvaro de Luna einen intelligenten und tatkräftigen Führer findet. Er ist ein Emporkömmling, ein uneheliches Kind, Enkel eines Bruders von Papst Benedikt XIII. Alvaro de Luna setzt sich schnell in den politischen Kreisen durch. 1420 »befreit« er den König, d.h., er wird sein Vertrauensmann. Drei Partner stehen sich jetzt gegenüber: Alvaro de Luna, der für die Vorrechte des Königs eintritt, die Infanten von Aragonien und die Adeligen. Das Spiel vollzieht sich in drei Etappen:

1. Alvaro de Luna, der vom Adel unterstützt wird, setzt sich für ein »Kastilien den Kastiliern« ein. Er wendet sich gegen die Infanten von Aragonien, die er als die Auslandspartei bezeichnet, was zum Krieg mit Aragonien führt (1420–1430) und zur Folge hat, daß die Infanten von Aragonien das Land verlassen müssen.

2. Alvaro de Luna möchte eine starke Königsmacht und setzt alles daran, dies zu erreichen. Er hat einen bedeutenden Einfluß auf den König, dessen Favorit er wird. Im Grunde regiert *er* das Land. Der Adel ist darüber beunruhigt und erhebt sich 1437 gegen ihn. Mit Hilfe der Infanten von Aragonien, die mit Gewalt zurückkehren, zwingt er den Favoriten zum Exil. Doch Alvaro de Luna gibt sich

nicht besiegt. 1445 schlägt er bei der Schlacht von Olmedo die Adeligen und die Infanten von Aragonien, die sich verbündet hatten, in die Flucht.

3. Alvaro de Luna befindet sich jetzt auf dem Gipfel der Macht. Er besitzt nach wie vor das Vertrauen des Königs, hält es aber für klug, mit den besiegten Adeligen einen Kompromiß zu schließen. Er weist ihnen Ländereien und Titel zu: Aus dieser Zeit stammen das Marquisat von Villena, das Juan Pacheco zugeteilt wurde, das Marquisat von Santillana und das Herzogtum von Medinasidonia ... Doch der Adel gibt nicht auf. Er hat in Juan Pacheco einen starken Mann gefunden. Alvaro de Luna, der in Aragonien einen erbitterten Feind sieht, nähert sich Portugal und drängt Johann II., eine Portugiesin zu heiraten. Doch der ganze Adel ist gegen ihn, sogar der Erbprinz selbst, der zukünftige Heinrich IV., auf den Pacheco großen Einfluß hat, gehört zu den Verschwörern. Im April 1453 wird Alvaro de Luna auf Befehl des Königs festgenommen und am 3. Juni in Valladolid enthauptet.

Alvaro de Luna, ein Mann, der sich die Umstände zunutze machte, um zu Reichtum zu gelangen, symbolisiert durch seine Niederlage gleichzeitig die der königlichen Macht, die er mächtiger und unabhängiger von der Aristokratie machen wollte. Geschickt hatte er zwischen den verschiedenen Parteien taktiert, doch es fehlte ihm die Unterstützung einer guten Mittelschicht. Azcona vergleicht ihn mit Johanna von Orléans: Genau wie die Jungfrau wurde er vom Herrscher, dem er zu mehr Macht verhelfen wollte, im Stich gelassen. Dies zeigt jedoch, daß es in Kastilien eine Strömung gibt, die eine starke Macht des Königs befürwortet, damit es ihm gelinge, den Ehrgeiz der Aristokratie einzudämmen. Unter dem Einfluß der Legisten glaubt man, daß der König eine Machtbefugnis besitze, die ihm von Gott verliehen wurde und ihn somit über all seine Untertanen und Institutionen, ja sogar über das Gesetz stelle. Diese Ideen werden den Cortes von Olmedo (1445) vorgetragen: »Keiner wage es, die Hand gegen den König zu erheben oder Böses über ihn zu sagen, nicht einmal zu denken, denn er hat die göttliche Weisung erhalten. Man muß ihn als Stellvertreter Gottes ansehen ... Leistet man dem König Widerstand, so kommt das einem Widerstand gegen Gott gleich.« Erst nach zwanzig Jahren wurde diese Vorstellung umgesetzt, als die Katholischen Könige an die Macht gelangten.

Mitte des 15. Jahrhunderts ist diese Auffassung reine Theorie. Die kastilische Gesellschaft, die einen Bevölkerungsboom und einen wirtschaftlichen Aufschwung erlebt, wird von einem neuen Adel beherrscht, der nach Reichtum und Macht trachtet und sich innerhalb von fünfzig Jahren kultiviert. Dieser Adel liebt die feinen Sitten, Dichtkunst, Feste, Turniere und ritterliche Bräuche. Diese Bilder beschwört 1475 der junge Jorge Manrique herauf, der für die Sache der Katholischen Könige in den Tod geht. In einem Gedicht, das eines der schönsten der spanischen Literatur ist, wenn nicht überhaupt das schönste, beschreibt er die Pracht am Hof Johanns II. und den Glanz der Infanten von Aragonien.

Diese Aristokratie fördert auch das Mäzenatentum und die Bewegungen der Spiritualität. Ihr verdanken auch die Hieronymiten ihren Wohlstand: Der Graf von Niebla gründet das Kloster des hl. Isidor-de los Campos, Velasco das von Briviesca, und das Kloster von Yuste verdankt Ferdinand von Antequera und dem Lehnsherrn (und nachfolgenden Grafen) von Oropesa viel.

Auch diese Vorgänge im Bereich der Kultur geben Zeugnis von der Vitalität Kastiliens im 15. Jahrhundert, auch wenn im Bereich der Politik ein Chaos herrschte. Man beschäftigte sich intensiv mit dem Aufstieg der Aristokratie, da dieser das auffallendste Phänomen dieser Zeit ist, doch auch der Mittelstand profitiert von dieser Entwicklung, z.B. im Bereich der Viehzucht, und strebt nach mehr Stabilität und Ausgewogenheit. Die Opfer des Aufschwungs sind die Bauern und das Volk, doch sie haben nichts zu sagen. Nur anhand der wenigen Aufstände, die in den Chroniken festgehalten wurden, kann man vermuten, in welch verzweifelter Lage sie sich befanden. Im Verhältnis zu der übrigen Welt scheint dieses so starke Kastilien von seinen schwächeren Nachbarländern beherrscht zu werden: Bis 1430 mischt sich Aragonien immer wieder in seine inneren Angelegenheiten; bis 1479 scheint der Einfluß Portugals zu überwiegen, was nicht bedeutet, daß Aragonien auf seine Einmischung verzichtet. Die Katholischen Könige müssen in der Folge versuchen, ein Gleichgewicht zu schaffen.

II. Adel und Monarchie

Der Adel im Kampf gegen die Monarchie

Heinrich IV. folgt 1454 seinem Vater Johann II. auf den Thron. Noch nie wurde eine historische Gestalt so geschmäht. Die Chronisten Isabellas der Katholischen, die von seinem negativen Image profitierte, kannten kein Erbarmen mit ihm. Er wird mit seinem für Spanien ungewöhnlichen Aussehen fast als degeneriert dargestellt, denn er ist rothaarig. Seine Gliedmaßen scheinen zu lang geraten zu sein, was ihn linkisch erscheinen läßt. Man verspottet ihn als den Ehemann, der zum Hahnrei gemacht wurde, impotent und verweiblicht (anders ausgedrückt: homosexuell) ist, lange einsame Waldspaziergänge unternimmt oder sich die Langeweile durch Jagdpartien vertreibt, musiziert und melancholischen Liedern lauscht. Er ist ein Mann, der durch seine Kleidung und seine Lebensart zweifeln läßt, ob er Maure oder Christ ist. Heutzutage versuchen die Historiker, seiner Person gerecht zu werden, ihn sogar zum Teil zu rehabilitieren. Die zehn ersten Jahre seiner Regierungszeit (die insgesamt zwanzig Jahre dauerte) waren Jahre des Friedens und der Gerechtigkeit. Auf allen möglichen Gebieten machte er Pläne (Neuorganisation des Kronrats, Schaffung einer Institution, die im Dienst der Monarchie stand – *la Hermandad* –, und Einsetzung der Inquisition), die nicht sofort umgesetzt wurden, aber später von den Katholischen Königen verwirklicht wurden. 1460 trat die Wende ein, d.h., die Lage verschlechterte sich, weniger durch sein direktes Verschulden, sondern deshalb, weil es ihm nicht gelang, einer vorübergehenden Krise Herr zu werden, einer schlechtorganisierten Währungsreform, die die Wirtschaft und Gesellschaft in Unordnung brachte und einigen Gruppen des Adels Gelegenheit gab, den Kampf gegen die Monarchie aufzunehmen.

Heinrich war nicht der Mann, der mit Unruhen fertig wurde. Es gelang ihm nicht, Entscheidungen zu treffen und sich daran zu halten; er war unentschlossen, energielos, versuchte immer, zu verhandeln und mit dem Gegner Kompromisse zu schließen, statt mit ihm zu kämpfen. Das ist sympathisch an ihm, er wollte kein Blut vergießen und glaubte, er könne die Gegner entwaffnen, indem er ihnen das Terrain überließ und sie mit Gunstbezeigungen, Pensionen und Ländereien aus dem Besitz der Krone überschüttete, was die Aristokraten immer unersättlicher machte. Unter seiner Regierung erreichte der Adel so viel Macht wie noch nie; glaubte, er könne sich alles erlauben, ja sogar Könige auf den Thron setzen und wieder absetzen. Unbekannte Männer gelangen an die Macht: Beltrán de la Cueva, Miguel Lucas de Iranzo, die Brüder Pacheco, Juan Pacheco und Pedro Girón. Juan Pacheco besitzt großen Einfluß auf den König und strebt danach, eine dominierende Rolle im Staat zu spielen, was ihm gelingt, als er zu seinem Titel eines Marquis von Villena noch die Würde des Großmeisters beim Orden des hl. Jakobus bekommt.

Mitte des 15. Jahrhunderts ist die kastilische Aristokratie sehr gespalten, doch der Neid und die persönlichen Fehden erklären nicht alles. In der Politik lassen sich zwei widersprüchliche Tendenzen erkennen. Auf der einen Seite stehen Aristokraten, die begreifen, daß es an der Zeit ist, mit der Anhäufung von Ländereien und Renten aufzuhören, denn sonst würde man alles verlieren. Die Unzufriedenheit unter dem Volk würde zunehmen, und es könnte zu einer gesellschaftlichen Explosion kommen. Diese Aristokraten bemühen sich, ihre Stellung zu festigen, das Ansehen der Krone zu stärken, die die öffentliche Ordnung garantiert, wobei der Adel nach wie vor in der Gesellschaft den ersten Platz einnimmt. Die Anführer dieser Bestrebungen gehören zur Familie des Marquis von Santillana – es ist der Clan der Mendozas. Auf der anderen Seite stehen die Adeligen, die aktiver in das politische Geschehen eingreifen möchten. Sie wollen eine schwache Monarchie, damit sie sie besser kontrollieren können. Diese Gruppe wird von den Pachecos angeführt: dem Marquis de Villena, seinem Bruder Pedro Girón, seinem Onkel Carrillo, Erzbischof von Toledo. Auch wenn von Zeit zu Zeit die eine und andere Tendenz Oberhand gewann, war die ganze Geschichte Kastiliens bis zum Regierungsantritt der Katholischen Könige durch diese Spaltung geprägt.

Die Parteien rechnen mit dem Ausland, um Unterstützung bei ihren Aktionen im Innern des Landes zu finden. Man pflegt abwechselnd Freundschaft mit Portugal und Aragonien. Der König von Aragonien, Johann II., ist einer dieser berühmten Infanten von Aragonien, die Alvaro de Luna aus dem Land gejagt hatte. Ab 1460 kümmert er sich auf Bitten der Pachecos erneut um die Angelegenheiten Kastiliens, und die Mendozas vermeiden es, ihn zum Feind zu machen. Deshalb hat die politische Krise in Kastilien internationale Auswirkungen; jede Lösung des Dynastieproblems ruft entweder Portugal oder Aragonien auf den Plan.

Dieses Problem ist deshalb so wichtig, weil es grundlegende Fragen über die Beschaffenheit und Wirklichkeit der Macht aufwirft. Jede Partei hat ein Interesse daran, das Recht und die Legitimität für sich in Anspruch zu nehmen.

Rein theoretisch ist alles einfach: Kastilien ignoriert das Salische Gesetz, und die Krone wird durch das Erstgeburtsrecht vererbt, wobei Jungen den Vorrang vor den Mädchen haben. Doch in Wirklichkeit ist alles viel komplizierter. Johann II. war zweimal verheiratet: Aus der ersten Ehe mit Maria von Aragonien stammte ein Sohn, der zukünftige Heinrich IV.; aus der zweiten Ehe mit Isabella von Portugal eine Tochter, die zukünftige Isabella die Katholische, die 1451 geboren wurde, und ein Sohn, der Infant Alfons, der 1453 zur Welt kam. Johann II. legte in seinem Testament die Thronfolge entsprechend dem konstitutionellen Recht Kastiliens fest: Heinrich und seine Kinder stehen an erster Stelle der Erbfolge, an zweiter Stelle Alfons und seine Kinder und an dritter Isabella.

Als Heinrich IV. König war, verheiratete er sich ebenfalls zweimal: in erster Ehe mit Blanche von Navarra, der Tochter eines der Infanten Aragoniens (König Johann von Navarra), doch die Ehe wurde trotz zwölfjährigen Bestehens nie vollzogen (»die Königin war jungfräulich wie am Tage ihrer Geburt«), was zur Annullierung führte, die 1453 vom Erzbischof von Segovia vorgenommen wurde; in zweiter Ehe mit Johanna, der Schwester Alfons' V., König von Portugal. 1462 bringt die Königin nach siebenjähriger Ehe ein Mädchen zur Welt, Johanna (ihre Tante, die zukünftige Isabella die Katholische, ist ihre Taufpatin), das die Cortes, die sich in Madrid versammelten, als Thronerbin anerkennen. Im Augenblick wird kein Protest laut. Erst viel später protestieren einige Adelige, die 1462 die Urkunde unterschrieben hatten, und behaupten, man habe sie dazu gezwungen. Bald jedoch flüstert man es sich unter der Hand zu und verkündet dann lautstark, daß die Infantin nicht die Tochter des Königs sei, sondern des Favoriten Beltrán de la Cueva. Man bezeichnet sie von nun an als die *Beltraneja* und spielt damit auf ihre uneheliche Abstammung an und auf ihren vermutlichen Vater. Ein Großteil des kastilischen Adels leitet gegen den König eine heftige politische Kampagne ein, die in dem Manifest vom 28. September 1464 ihren Höhepunkt findet: Heinrich IV. wird vorgeworfen, den Staat seinem Favoriten Beltrán de la Cueva auszuliefern, und man fordert ihn auf, die Infantin Johanna, die vermutliche Tochter von Beltrán, zu enterben. Der König ist unfähig, sich dagegen zu wehren, und akzeptiert die Bedingungen der Adeligen: Am 30. November enterbt er seine Tochter (ohne sie jedoch für unehelich zu erklären) und anerkennt seinen Bruder Alfons als Thronerben.

Dieser ganze Dynastiestreit dreht sich im Grunde nur um die Schlafzimmergeheimnisse am kastilischen Hof: War die Infantin, die 1462 geboren wurde, die Tochter des Königs oder seines Favoriten? Niemand zweifelt daran, daß die Königin ein recht freizügiges Leben führte; man unterstellt ihr viele Abenteuer und mindestens zwei außereheliche Kinder (ohne die Beltraneja). Es ist wahrscheinlich, daß sie eine Schwäche für Beltrán de la Cueva hatte, aber nicht erwiesen. Vielleicht sind es Übertreibungen und Verleumdungen politischer Gegner? Die Zeitgenossen brachten ein anderes Argument vor: Johanna konnte unter keinen Umständen die Tochter des Königs sein, da dieser impotent war. Wie konnte man das wissen? Gregorio Maranón, ein Arzt, der sich dafür interessierte, unternahm eine klinische Untersuchung (anhand von Texten) dieser Frage, ohne zu einer Lösung zu gelangen. Heinrich IV. schien nicht völlig impotent gewesen zu sein. Als seine erste Ehe annulliert wurde, behaupteten mehrere Frauen, seine Mätresse gewesen zu sein, woraus die Fachleute schlossen, daß er vermutlich bei seiner Frau impotent war, aber nicht bei anderen Frauen. Sogar Voltaire hat sich über dieses Thema ereifert: »Der Erzbischof (Carrillo) und seine Umgebung erklärten den König zu einer Zeit, da er von Mätressen umgeben war, für impotent; und durch ein beispielloses Verfahren verkündeten sie, daß seine Tochter Johanna unehelich geboren sei und deshalb nicht regieren könne.«

Auf jeden Fall beharrte Heinrich IV. immer darauf, daß die Infantin Johanna seine eheliche Tochter sei, auch als er sich unter dem Druck der Adeligen gezwungen sah, sie zu enterben. Weshalb hat er nachgegeben? Wahrscheinlich aus Schwäche und aus Berechnung: Er glaubte, alles könne sich durch eine spätere Ehe seines Halbbruders Alfons und seiner Tochter einrenken.

Doch Alfons' früher Tod (1468) macht alle Pläne zunichte, denn seine Gegner haben ein weiteres Argument zur Hand: Heinrichs IV. zweite Ehe sei ungültig. Der König hatte nämlich eine deutsche Kusine geheiratet, ohne vorher den nötigen Dispens wegen Blutsverwandtschaft beantragt zu haben. Die Kinder aus dieser Ehe galten folglich als unehelich, hatten keinen Anspruch auf den Thron. Isabella übernahm dieses Argument, da sie sich dadurch nicht über so heikle Fragen wie Heinrichs IV. Impotenz und seine ehelichen Seitensprünge äußern mußte: Da die zweite Ehe ungültig war, galt die Infantin Johanna, vorausgesetzt, daß sie die Tochter des Königs war, als unehelich und war von der Thronfolge ausgeschlossen. Isabella beruft sich auf das Testament Johanns II. und fordert für sich selbst die Thronnachfolge und wird von dem Teil des Adels unterstützt, der um jeden Preis die königliche Macht untergraben möchte. Gab es eine bessere Kandidatin für diesen Zweck als ein 17jähriges Mädchen, das man manipulieren konnte?

Die Adeligen nahmen unterschiedliche Standpunkte ein. Welche Glaubwürdigkeit haben Männer, die je nach politischer Lage ihre Meinung ändern? Jene, die sich 1464 und 1468 über das königliche Mißgeschick entrüsten, stellen sich 1474, als es um die Nachfolge geht, auf die Seite der Infantin Johanna und gegen Isabella. Auch Beltrán de la Cueva, der vermutliche Vater der Infantin, gehört zu ihnen. Doch Isabella ist von ihrer ursprünglichen Meinung nicht abgewichen; sie hütet sich, Heinrichs IV. Privatleben anzuprangern (das überließ sie ihren Propagandisten), hielt sich immer an die rein rechtliche Seite des Problems: Das Testament Johanns II. bewog sie, nach dem Tod Alfons' für sich selbst die Krone zu fordern. P. Azcona kommt, nachdem er die ganze Akte studiert hat, zu der Schlußfolgerung: Johanna ist kein uneheliches Kind, sondern das Opfer politischer Querelen. Die Adeligen haben gegen Heinrich IV. zuerst dessen Halbbruder Alfons ins Feld geführt, dann seine Halbschwester Isabella und glaubten, somit Einfluß auf den zukünftigen Herrscher zu haben. Wie sich zeigen wird, gingen ihre Pläne nicht auf. Nachdem Isabella (eine Usurpatorin?) den Thron bestiegen hatte, verstand sie es sehr wohl, ihre Rechte zu verteidigen, insbesondere gegen jene, die ihr ungewollt den Weg zur Macht geebnet hatten.

Das Entscheidende dabei ist nicht der Dynastiekampf als solcher, sondern das, was dahintersteckte: der Kampf um die Stellung des Adels im Staat und dessen Verhältnis zur Monarchie. Möchte man einen starken Herrscher, der geachtet wird, oder einen Staat, der von den Parteien beherrscht wird? Die Pachecos haben den Bruch herbeigeführt. Mit Argusaugen beobachten sie, wie Beltrán de la Cuevas Stern aufgeht: Könnte er ein zweiter Alvaro de Luna werden, da er das Ansehen der Monarchie untermauern möchte? Im Mai 1464 bilden die Pachecos eine Liga, um den König und die Infanten, die »bestimmte Individuen« gefangenhielten, zu »befreien«. Im September verbreitet die Liga folgendes: Der König lebe, sei umgeben von Ungetreuen (Anspielung auf seine maurische Garde); er gebe die öffentlichen Ämter Personen niederer Herkunft, die dessen unwürdig seien; der Graf von Ledesma (Beltrán de la Cueva) bevormunde ihn und habe sich im Orden des hl. Jakobus den Rang des Großmeisters zuweisen lassen, der nach dem Testament Johanns II. dem Infanten Alfons zustünde. Beltrán de la Cueva habe die Infanten Alfons und Isabella unter Bewachung gestellt, und man dürfe ihm glauben, dieser sei fähig, sie zu ermorden oder sie ihrer Rechte zu berauben; Prinzessin Johanna sei nicht die Tochter des Königs (dieses Argument wird ganz zuletzt vorgebracht), und folglich müsse Alfons Thronfolger werden.

Beltrán de la Cueva, der einen Gewaltstreich fürchtet, appelliert ans Volk: Fünftausend Bauern machen sich, bewaffnet mit Spieß und Sense, auf, um den zu verteidigen, der in ihren Augen das Recht und das Gesetz verkörpert, und Heinrich IV. zieht unter Beifall in Segovia ein. Dies zeigt, wie das Volk den Konflikt zwischen König und Adel betrachtete und welche Macht der König hätte haben können, wenn er sich mit dieser Strömung gegen die Lehnsherren verbündet hätte, doch Heinrich IV. ist schwach, er kapituliert. Im Herbst 1464 erfüllt er alle Forderungen der Aufrührer: Beltrán de la Cueva wird nicht Großmeister des Ordens des hl. Jakobus (als Ausgleich macht er ihn zum Herzog von Albuquerque); er wird aus dem Königlichen Rat ausgeschlossen und durch Pacheco ersetzt. Heinrich IV. erklärt seinen Halbbruder Alfons zum Thronerben und überträgt dem Marquis de Villena die Obhut. Der militante Teil des Adels besiegt ihn; alle Zentralorgane des Königreichs werden umgestaltet, wobei die Vorherrschaft der Aristokratie immer mehr gefestigt wird; gleichzeitig wird die Streitmacht des Königs reduziert.

Am 5. Juni 1465 geht der Adel noch einen Schritt weiter. Auf dem Marktplatz von Avila findet eine groteske Zeremonie statt *(la farsa de Avila)*: Heinrich IV. wird symbolisch entthront, d. h., er wird durch einen Hampelmann dargestellt, der eine Krone trägt und ein Zepter. Der Erzbischof von Toledo, Carrillo, nimmt ihm die Krone ab, weil Heinrich IV. nicht würdig sei, zu regieren. Danach entreißt ihm der Marquis de Villena das Zepter, und nach und nach entblößen ihn die Führer der Aristokratie. Zum Schluß versetzt ihm Diego López de Zúñiga einen Fußtritt. Alfons (er ist erst 11 Jahre alt!) wird auf der Stelle zum König ernannt. Er muß ein Rundschreiben unterschreiben, das seinen Bruder diffamiert: »Heinrich IV. hat Königin Johanna, die man seine Frau nennt, dem Verräter Beltrán de la Cueva ausgeliefert, damit er nach Belieben über sie verfüge.« Natürlich belohnt der neue König diejenigen, die ihn an die Macht gebracht haben, großzügig; 200 000 Maravedis werden in Form von Pensionen an seine Anhänger in Toledo vergeben. Danach verteilte er noch viele weitere und größere Geschenke.

Die *farsa de Avila* hat die Uneinigkeit unter dem Adel gezeigt: Auf der einen Seite stehen die Pachecos und ihre Anhänger; auf der anderen die Königstreuen: die Mendozas, Osorios, das Haus Alba, die zukünftigen Anhänger Isabellas der Katholischen. Sie treten weniger für den König selbst als für die Institution der Monarchie ein, befürworten ihre Stärkung. Ihrer Meinung nach ist der Adel daran interessiert, seine erworbenen Rechte durch das Gesetz zu sichern. Nur ein starker König kann ihm diese garantieren. Jede andere politische Haltung finden sie selbstmörderisch. Diese »konstitutionellen« Diskussionen spielen sich in einer Atmosphäre des Bürgerkriegs und der Anarchie ab. Einige Provinzen, wie z. B. Galicien, sind auf sich selbst gestellt, Andalusien droht eine Sezession. Einen Augenblick lang wird erwogen, das Erzbistum von Sevilla vom Königreich zu trennen, um daraus eine unabhängige Seigneurie zu machen, nach dem Modell der italienischen Fürstentümer. Unter dem Deckmantel der Politik verbergen sich oft sehr irdische Bestrebungen: Einige Landjunker benehmen sich oft wie Straßenräuber, erpressen im Schutz ihrer Festungen die Händler und Reisenden. Diese Jahre der Wirren werden später von den Propagandisten Isabellas dazu benutzt, um die Tugenden und Verdienste einer Königin, die Frieden, Ordnung und Sicherheit bringt, besser herauszustreichen.

Heinrich IV. ist inmitten dieser Anarchie nicht mehr völlig isoliert. Seine Anhänger sammeln sich, gewinnen an Boden, rüsten sich, um die Gegner anzugreifen und sie zu vernichten, als Alfons im Juli 1468 an der Pest stirbt. Jene, die die Machenschaften des Adels mißbilligen, gruppieren sich um Heinrich IV.; die *Hermandad* von Burgos ist bereit, ihn zu unterstützen; eine Annäherung zeichnet sich zwischen den königstreuen Adeligen (dem Marquis von Santillana, dem Grafen von Haro) und den Städten ab. Heinrichs IV. Anhänger drängen ihn, die Situation zu nutzen, gegen die Gegner zum Kampf anzutreten, keine Gnade walten zu lassen. Heinrich IV. antwortet dem Erzbischof Lope Barrientos, der ihn aufforderte, unerbittlich zu sein: »Man sieht sehr wohl, daß es nicht Eure Kinder sind, die miteinander kämpfen sollen, und daß Ihr Euch bei ihrer Erziehung nicht viel Mühe gegeben habt.« Und der Erzbischof erwidert: »Ihr werdet als der meist verspottete König in die Geschichte eingehen und es bedauern, Sire, doch dann ist es zu spät.« Wie immer zieht es Heinrich IV. vor zu verhandeln.

Isabella, Prinzessin von Asturien

Nach Alfons' Tod setzen die Aufrührer ihre ganze Hoffnung auf die Infantin Isabella, die in Avila lebt und unter dem Schutz (oder der Überwachung) des Erzbischofs von Toledo, Carrillo, und des Marquis de Villena, Pacheco, steht, die sie drängen, sich zur Königin ausrufen zu lassen. Doch Isabella begnügt sich damit, ihre Rechte geltend zu machen: Sie betrachtet sich jetzt als Thronerbin. Ein Brief vom 20. Juli 1468 läßt daran keinen Zweifel: »Isabella, durch die Gnade Gottes Prinzessin (und nicht nur Infantin) und legitime Erbin der Königreiche Kastilien und León . . .« Das junge Mädchen stellt die Autorität ihres Halbbruders Heinrich nicht in Frage und begnügt sich damit, die Gelegenheit zu nutzen. Alfons' Tod macht sie zur Erbin. Jene, die alles getan haben, um Prinzessin Johanna auszuschalten, finden kein Argument gegen Isabella; die Pachecos unterstützen sie und üben weiterhin Druck auf Heinrich IV. aus. Die Mendozas treten nach wie vor für eine starke Macht des Königs ein und verteidigen deshalb Johannas Rechte, in der sie die Verkörperung des monarchistischen Prinzips sehen. Wenn sie ihre Rechte antasteten, dann würde dadurch die Monarchie geschwächt werden.

Doch genau das tritt ein. Heinrich IV., der um jeden Preis Gewalt vermeiden möchte, ist bereit zu einem in seinen Augen ehrenwerten Kompromiß, der in Wirklichkeit eine neue Demütigung darstellt. Durch den Pakt von Toros de Guisando, einem kleinen Marktflecken in der Nähe von Avila, wird am 18. September 1468 ein Abkommen zwischen Heinrich IV. und seinen Gegnern getroffen. Der König enterbt erneut in aller Öffentlichkeit Prinzessin Johanna. Er betrachtet sie weiterhin als seine Tochter, anerkennt jedoch, daß seine Ehe mit Johanna von Portugal ungültig ist, wodurch das Kind, das aus dieser Verbindung stammt, von der Thronfolge ausgeschlossen ist. Heinrich IV. wollte den Bürgerkrieg vermeiden. Isabella, die es ablehnt, sich Königin zu nennen, schafft sich keine eigene Partei, wofür ihr der König dankbar ist. Dagegen ist er gerne bereit, sie als Erbin anzuerkennen (zumindest im Augenblick), um Zeit zu gewinnen. Heinrich

IV. hatte durch das Abkommen seine Macht zurückgewonnen, zumindest theoretisch, doch er bezahlt diesen Sieg durch ein großes Zugeständnis: Er ernennt Isabella offiziell zu seiner Erbin und verleiht ihr den Titel einer Prinzessin von Asturien, den die Thronerben seit Johann I. offiziell führen. Isabella beginnt ihre Briefe mit der Formel: »Isabella, durch die Gnade Gottes Prinzessin von Asturien und rechtmäßige Erbin der Königreiche Kastilien und León« und unterzeichnet: »Ich, die Prinzessin.« Sie ist klug und besitzt politisches Gespür: Sie geht langsam vor und fordert für sich nur die Titel und Rechte, die ihr offiziell zuerkannt wurden. Nach ihrer Heirat mit Ferdinand von Aragonien, der damals König von Sizilien ist, vervollständigt sie die Formel: »Isabella, durch die Gnade Gottes Prinzessin von Asturien und rechtmäßige Erbin der Königreiche Kastilien und León, Königin von Sizilien, Prinzessin von Aragonien« und unterzeichnet mit: »Ich, die Prinzessin und Königin (von Sizilien).«

1468 wird die 17jährige Isabella offiziell Erbin. Sie wurde am 22. April 1451 vermutlich in Madrigal de las Altas Torres, einem kleinen Marktflecken in der Nähe von Avila, als dritte Tochter König Johanns II. geboren. Als sie vier ist, stirbt ihr Vater. Sie lebt von nun an in Arévalo bei ihrer Mutter Isabella von Portugal, die geistig verwirrt ist und schließlich wahnsinnig wird. Später zeigt ihre eigene Tochter Johanna die gleichen Anzeichen. 1464 holt sie ihr Halbbruder Heinrich IV. an den Hof. Als im Jahr darauf die Adeligen ihn zwingen, ihnen Prinz Alfons anzuvertrauen, lehnt er es ab, sich von ihr zu trennen. Er sichert ihr verschiedene Pensionen und eine Stadt (Casarrubios del Monte) zu, behält sie aber bei sich.

Es ist wenig bekannt über die Erziehung, die sie genossen hat. Sie konnte schreiben und lesen, aber sonst? Erst viel späer, 1482, findet sie als Königin Zeit, Latein bei Lehrern wie Diego de Deza, Pascual de Ampudia und Andrés de Miranda zu lernen. Alle drei sind Dominikanermönche. Sie hat nicht, wie es heißt, bei Beatrix Galindo, der »Lateinerin«, gelernt, leidet zweifellos unter ihrer lückenhaften Bildung und achtet bei ihren Kindern darauf, daß sie eine sorgfältigere Erziehung bekommen.

Isabella verbringt also ihre Kindheit in Segovia bei ihrem Halbbruder, der nicht gerade ein sehr beispielhaftes Leben führt. Bei Hof ist es nie langweilig; es wird viel getanzt und gesungen; man liebt die Feste und das Vergnügen, liebt es, Intrigen zu spinnen. Das Königshaus geht mit schlechtem Beispiel voran. Nicht ohne Grund schöpfte man den Verdacht, daß Prinzessin Johanna die Frucht der sündigen Liebe der Königin zu Beltrán de la Cueva sei. Eine Anekdote belegt am besten den freizügigen Lebensstil der Königin: Heinrich IV. bestellt sie zu sich. Da sie aber im siebten Monat schwanger ist und ihren Mann ein Jahr lang nicht mehr gesehen hat, kann sie sich so nicht vor ihm zeigen. Sie flieht aus der Festung Alaejos, wo sie unter ständiger Bewachung steht, indem sie sich an einem Seil herunterläßt, und bringt ihr Kind an einem verschwiegenen Ort zur Welt. Danach erscheint sie bei Hof. Ihr Lebenswandel ist ein offenes Geheimnis. Ihre Hofdamen bemühen sich, ihr nachzueifern. Was hält Isabella davon? Vermutlich ist sie nicht begeistert, doch sie beobachtet und schweigt. Sie besitzt diese Verschwiegenheit, die der Chronist Pulgar, einer ihrer eifrigsten Propagandisten, hervorhebt. Sie verrät nichts von ihren Gefühlen und Gedanken. Ohne ausgesprochen streng zu sein, auch wenn sie nie Alkohol trinkt, oder prüde – sie verhält sich gegenüber dem Kardinal Mendoza nachsichtig, als er ihr eines Tages seine »hübschen Sünden« präsentiert, d. h. seine Kinder –, und übersieht diskret die Seitensprünge des Königs von Aragonien, ihres Gemahls. Doch sie befürwortet keineswegs die sexuelle Freizügigkeit; der Hof der Katholischen Könige ist nicht vergleichbar mit dem Heinrichs IV. Man erzählt, daß sie noch 1495 im Alter von 44 Jahren jedesmal, wenn ihr Gemahl abwesend war, die Vorsichtsmaßnahme ergriff, ihr Schlafgemach mit ihren Töchtern oder Hofdamen zu teilen, um jegliches Gerede zu vermeiden.

Doch im Bereich der Politik ist Isabella unnachgiebig. Sie hat ständig das Schauspiel eines Königs vor sich, der verspottet wird, eines Herrschers, der unfähig ist, sich Respekt und Gehorsam zu verschaffen, eines Staats, der zersplittert und ohnmächtig ist. Sie wartet ab, bis sie ihre Befehle erteilen kann, doch die Zeit ist noch nicht gekommen. Sie wartet und beobachtet; merkt sich die Beleidigungen, die ihr Bruder erträgt, die Dreistigkeit der Granden und Prälaten. Diese Erniedrigung des Throns kommt ihr zugute. Sie erlebt, wie Heinrich IV. seine Tochter enterbt, sich gezwungen sieht, sie als Nachfolgerin einzusetzen, doch sie macht sich keine Illusionen. Sie weiß, daß die Adeligen sie nur deshalb unterstützen, um ihre eigene Macht zu sichern: Sie nutzt die Lage, ohne sich persönlich zu engagieren, ohne etwas zu versprechen oder ihre Absichten zu enthüllen. Bis zum letzten Augenblick glauben die Adeligen, sie in der Hand zu haben. Sie setzen sie auf den Thron und glauben, durch sie regieren zu können. Erst viel später bemerken sie ihren Irrtum, erkennen, daß sie dazu beigetragen haben, eine starke Königin an die Macht zu bringen, deren Hauptstreben es ist, das Ansehen der Monarchie und des Staates wiederherzustellen.

Die Fähigkeit des jungen Mädchens, sich nicht in die Karten sehen zu lassen, ist erstaunlich. Nichts an ihr erregt Aufmerksamkeit. Ohne ausgesprochen häßlich zu sein, scheint sie ihre Zeitgenossen nicht durch ihre Schönheit geblendet zu haben. Man weiß nur, daß sie mittelgroß war und etwas mollig. Sie hatte hellblondes Haar, einen hellen Teint, blaue Augen und eine Stupsnase. Doch wichtiger als ihr Aussehen war die Tatsache, daß sie die nötigen Voraussetzungen für eine Königin besaß. Sie hatte eine hohe Auffassung von ihrem Amt, dessen Größe und Würde. Zudem besaß sie ein ungewöhnliches politisches Gespür und einen eisernen Willen, was ihre Anhänger und Gegner zu spüren bekamen, als sie 1468 beschloß, Ferdinand von Aragonien zu heiraten.

Die Heirat einer Infantin ist immer eine Staatsangelegenheit, denn damit kann ein politisches oder diplomatisches Bündnis geschlossen oder gefestigt werden. An Bewerbern hat es Isabella nicht gefehlt. Heinrich IV. beabsichtigt zuerst, sie mit Karl von Navarra zu verheiraten, dem Prinzen von Viana. Vor allem möchte er damit die Pläne Johanns II. von Aragonien vereiteln, der den Prinzen mit Katharina, der Schwester des Königs von Portugal, verheiraten möchte. Doch der Tod des Prinzen von Viana im Jahre 1461 macht die Heiratspläne zunichte.

1466 heckt Heinrich IV. einen neuen Plan aus. Dieses Mal wird er von innenpolitischen Erwägungen geleitet. Erzbischof Carrillo, der von jeher für ein Bündnis mit Aragonien eintrat, schlägt vor, Alfons, den Bruder und Rivalen Heinrichs IV., mit einer Aragonierin zu verheiraten, während die portugiesische Gattin Heinrichs IV. eine Heirat zwischen Isabella und Alfons V. von Portugal befürwortet. Der Bürgerkrieg wütet, und Heinrich IV. sieht sich immer mehr durch die Koalition des Adels bedroht. Um den Teufelskreis zu durchbrechen und seine Lage wieder zu festigen, schlägt Heinrich IV. dem Großmeister von Calatrava, Pedro Girón Pacheco, dem Bruder des Marquis de Villena, einen Handel vor: Girón soll Isabella heiraten. Die Sache ist beschlossen. Isabella, die ihrem Halbbruder ausgeliefert ist, sieht ihrem Hochzeitstag mit Grauen entgegen. Sie kann nur dem Himmel vertrauen: Gebe Gott, daß diese Heirat nicht stattfinde! Ihre Vertraute, Beatrice de Bobadilla, sagt zu ihr: »Ich weiß nicht, was Gott beschließen wird, doch ich würde es nicht zulassen.« Und sie zeigt ihr einen Dolch, mit dem sie den Prätendenten erdolchen würde, wenn er nach Segovia käme ... Doch am 2. Mai 1466 stirbt der Großmeister von Calatrava überraschend. Er war unterwegs zu seiner Verlobten.

Zwei Jahre später ist das Heiratsproblem immer noch aktuell. Der Pakt von Toros de Guisando, in dem die Rechte der Prinzessin bestätigt wurden, machte sie immerhin offiziell zur Thronerbin. Sie erhält die Städte Avila, Huete, Ubeda, Alcaraz, Molina, Medina del Campo, Escalona sowie eine Pension zum Unterhalt ihres Hauswesens. Es ist zweifelhaft, ob die Cortes von Ocaña (1469) das bestätigt hatten. Isabella, die immer Wert auf die Beachtung von Rechtsvorschriften legte, hätte sie später bestimmt daran erinnert. Auf alle Fälle kam sie nie darauf zurück. Ende 1468 bis Anfang 1469 lebte sie in Ocaña. Dort bildet sie ihren Hofstaat, wählt ihre Berater, darunter Beatrice de Bobadilla, und drei Vertrauensmänner aus: Gonzalo Chacón, Alfonso de Quintanilla und Gutierre de Cárdenas. Und dort trifft sie zum ersten Mal eine Entscheidung, die sie selbst betrifft, aber auch ihre politische Zukunft und das Schicksal Spaniens: Sie wird Ferdinand von Aragonien heiraten.

Doch der Augenblick ist für ein solches Vorhaben nicht günstig gewählt. Der Pakt von Guisando ist nämlich umstritten, da er für den Adel eine Neuordnung bedeutete. Die Mendozas wünschen weiterhin eine starke, angesehene Monarchie und können deshalb nicht einen Pakt anerkennen, der gegen die Vorrechte der Krone verstößt, indem jene, die sie als rechtmäßige Thronerbin ansehen, ihrer Rechte beraubt wird. Die andere Gruppe der Adeligen, die die Macht des Königs geschmälert haben möchte, um ihre eigene besser ausüben zu können, spaltet sich. Die eine Gruppe, die sich um den Marquis de Villena schart, ist über Isabellas legalistische Haltung enttäuscht: Sie ist ihr von keinerlei Nutzen. Die andere Gruppe, deren Anführer der Erzbischof von Toledo, Carrillo, ist, unterstützt sie und hofft, daß sie sich im gegebenen Augenblick an sie erinnern und sie an ihrer Stelle regieren lassen wird. Im März 1469 verpflichtet sich Heinrich IV. auf Betreiben der Mendozas, zwei Eheschließungen in die Wege zu leiten: Isabella würde den König von Portugal heiraten und Prinzessin Johanna den ältesten Sohn dieses Königs, den zukünftigen Johann II. von Portugal. Sollte Isabella keinen männlichen Nachkommen haben, würde der Thron von Kastilien Johanna zufallen, sofern diese einen männlichen Erben zur Welt brächte.

Diese etwas komplizierte Vereinbarung hat nur ein Ziel: die Rechte von Prinzessin Johanna zu wahren. Deshalb verspricht man sich viel von einer Verbindung mit Portugal. Aus weniger ehrenwerten Gründen umschmeichelt der Marquis de Villena den König und versucht, den Pakt von Guisando außer Kraft zu setzen, was seiner Meinung nach nur auf zweierlei Art möglich ist: indem Isabella zur Rebellion überredet wird – was ein Vorgehen der Streitmacht gegen sie und ihre Anhänger rechtfertigte –, oder indem man sie mit dem König von Portugal verheiratete. Doch Isabella besitzt zuviel politisches Gespür, um in die Falle zu gehen. Sie hält sich streng an die Gesetze: Heinrich IV. ist der König, er regiert, und sie ist nur die designierte Erbin. Doch sie erkennt auch, daß sie, um an die Macht zu gelangen, im Inland und Ausland Unterstützung braucht. Es ist die Stunde der Entscheidung: Soll man sich mit Portugal oder Aragonien verbünden? Der König von Aragonien, der regen Anteil am politischen Geschehen in Kastilien nimmt und andere Pläne mit seinem Sohn Ferdinand hat (er möchte ihn mit der Tochter des Marquis de Villena, Beatrice Pacheco, vermählen), ändert nach der Unterzeichnung des Pakts von Guisando seine Meinung. Isabella ist jetzt eine vielversprechende Partie. Wenn er sie mit dem Erben der Krone von Aragonien, Ferdinand, verheiratete, würde er den alten Traum der Infanten von Aragonien verwirklichen: in Kastilien eine Vormachtstellung einzunehmen und den Thron zu gewinnen. Johann II. setzt alles dafür ein und beauftragt den Konnetabel von Navarra, Peter von Peralta, eine vertrauliche Mission zu erfüllen: Er soll die Prinzessin überreden. Er bietet Isabellas Ratgebern, Chacón und Gutierre de Cárdenas, große Summen an, um sie für seine Sache zu gewinnen. Der Erzbischof von Toledo, Carrillo, ist seit langem davon überzeugt, daß die Trumpfkarte Aragonien ausgespielt werden muß. Die Heirat zwischen Ferdinand und Isabella bedeutet zudem die Vereinigung zweier Kronen, was Johann II. immer angestrebt hatte.

Isabella entschied sich für Aragonien. Gerne würde man sagen, ihr Herz habe gesprochen. Es war ja wohl keine Frage, daß sie den jungen Erben von Aragonien, der so alt war wie sie (er wurde 1452 geboren), wählen würde und nicht den Prätendenten von Portugal, einen 36jährigen Witwer. Doch diese Heirat ist alles andere als eine Liebesheirat. Eine Prinzessin von Asturien benimmt sich nicht wie andere junge Mädchen ihres Alters, vor allem nicht, wenn sie Isabella heißt und ganz von der Aufgabe, die sie sich gestellt hat, erfüllt ist: Königin von Kastilien zu werden und Kastilien zu einem mächtigen Reich zu machen. Trotz ihrer siebzehn Jahre läßt sie sich nicht von Gefühlen hinreißen, sondern von politischen Überlegungen leiten. Kastilien kann durch seine zentrale Lage eine politische Einheit der Halbinsel anstreben, indem es sich mit Portugal oder mit Aragonien verbündet. Die Portugiesen in Kastilien sind sehr stark, vermutlich zu stark, und sie sympathisieren mehr mit Prinzessin Johanna. Für Isabella führt der Weg zur Macht über Aragonien. Sie wird also Ferdinand heiraten, doch sie gibt ihren Entschluß nicht gleich preis, da sie sich zuerst die nötige Unterstützung sichern und von ihrem zukünftigen Gemahl Zusicherungen erhalten muß.

Sechs Monate lang – von Ende 1468 bis Anfang 1469 – muß Isabella sehr geschickt taktieren, zumal sich noch ein weiterer Bewerber präsentiert, nämlich der Franzose Charles de Guyenne, der Bruder Ludwigs XI. Die beiden französischen Gesandten, der Erzbischof von Arras und der Kardinal von Albi, Jean Jouffroy, verbringen mehrere Wochen in Kastilien und vergeuden ihre Zeit: Isabella, die ganz entschieden eine Heirat mit dem König von Portugal abgelehnt hatte, gaukelt ihnen vor, daß sie nicht abgeneigt wäre, um die Aufmerksamkeit ihrer Gegner abzulenken und sich in Ruhe auf eine Heirat mit Ferdinand von Aragonien vorzubereiten.

Am 7. Januar 1469 unterzeichnet Ferdinand ein Abkommen über seine zukünftige Eheschließung. Er verpflichtet sich, die Privilegien und Freiheiten des Klerus zu respektieren, wieder Ordnung in der Justizverwaltung zu schaffen, die Mauren zu bekämpfen und vor allem eng mit Isabella zusammenzuarbeiten. Alle Entscheidungen sollten gemeinsam getroffen werden, alle Erlässe die Unterschrift des Königs und der Königin tragen, doch rechtlich sollte nur Isabella die Trägerin der Krone sein. Diese Verpflichtungen werden ein paar Monate später bestätigt. Sie bedeuten für Ferdinand große Einschränkungen, da er auf die Rolle des Prinzgemahls verwiesen wird, doch der Einsatz ist so hoch, daß die Aragonier alle Bedingungen annehmen. Darauf hatte Isabella gewartet, um sich endgültig zu binden.

Ihr Entschluß ist gefaßt, doch sie hält ihn noch geheim, denn er bedeutet den Bruch mit Heinrich IV. und seinen Anhängern, die einem Ehebündnis mit Aragonien feindlich gegenüberstehen. Mitte Mai (1469) verläßt sie Ocaña (fast heimlich) unter dem Vorwand, ihre Mutter zu besuchen. Begleitet wird sie von den Soldaten des Erzbischofs Carrillo. In Valladolid begibt sie sich zu Juan de Vivero. In dieser Stadt braucht sie unter dem Schutz des Admirals von Kastilien, Fadrique Enríquez, mit keiner bösen Überraschung zu rechnen, denn der Admiral ist der Großvater Ferdinands (mütterlicherseits). Der König von Aragonien bekräftigt seine Zustimmung und läßt Isabella eine Perlenkette im Wert von 40 000 Dukaten und eine Summe von 20 000 Golddukaten übermitteln.

Doch noch ist nichts gewonnen. Isabellas Entschluß beunruhigt einige ihrer ergebensten Anhänger, die Repressalien fürchten. Beatrice de Bobadilla, ihre Freundin und Vertraute, bekommt Angst und verläßt sie. Ihre Gegner schließen sich zusammen. Isabella beschließt zu handeln. Am 8. September 1469 schreibt sie einen Brief an Heinrich IV., um ihr Verhalten zu rechtfertigen. Dieser Brief kommt einem Bruch mit dem König gleich, da sie weder seine Ratschläge befolgt noch ihn informiert hatte. Gleichzeitig bat sie ihren Verlobten, so bald wie möglich zu ihr zu kommen. Alfonso de Palencia und Gutierre de Cárdenas wurden mit der Mission betraut, Prinz Ferdinand zu ersuchen, umgehend nach Kastilien zu kommen, damit die Eheschließung stattfinden konnte. Somit wäre eine Situation geschaffen, die nicht mehr rückgängig gemacht werden könne. Der alte König von Aragonien – er ist 69 Jahre alt und seit 1466 blind – zögert: Kann er es wagen, das Leben seines einzigen Sohnes und Erben aufs Spiel zu setzen? Er geht das Risiko ein: Ferdinand bricht am 5. Oktober ganz offiziell von Saragossa auf und erweckt den Anschein, nach Osten zu reisen. Doch unterwegs ändert er die Richtung und schlägt in Begleitung von sechs Männern, die als Händler verkleidet sind, den Weg nach Kastilien ein. Diese seltsame Reise, die der zukünftige Katholische König hier unternimmt, gleicht keineswegs einem Triumphzug. In der Herberge, wo sie abends anhalten, gibt er sich als Stallbursche aus und striegelt die Pferde seiner Begleiter. Am 7. Oktober erreicht die Reisegesellschaft schließlich Burgo de Osma, einen kleinen befreundeten Marktflecken, wo man nicht so bald mit ihnen gerechnet hatte. Die Wachen halten sie für Landstreicher und begrüßen sie mit Steinen. Um ein Haar wäre Ferdinand von einem Stein am Kopf getroffen worden! Nachdem er erkannt wurde, kann er seine Identität nicht mehr verleugnen. Am 9. Oktober trifft er mit einer stattlichen Eskorte in Dueñas ein, einer Stadt, die vom Grafen von Buendía, Pedro de Acuña, verwaltet wird, der Isabella treu ergeben ist. Von Dueñas nach Valladolid ist es nicht weit, ungefähr 30 Kilometer. Am 14. Oktober sieht Ferdinand im Haus von Juan de Vivero und im Beisein von Erzbischof Carrillo seine Braut um Mitternacht zum ersten Mal. Man erzählt, daß sich Gutierre de Cárdenas beim Eintreten Ferdinands zu Isabella gebeugt und ihr zugeflüstert haben soll: »Das ist er« *(ése es)*. Zweifellos eine schöne Legende, die aber bestätigt, daß diese Verbindung alles andere als romantisch war: Isabella lernte ihren Verlobten erst kurz vor der Hochzeit kennen. Also ist es auch unwahrscheinlich, wie manche Chronisten berichten, daß Ferdinands Ankunft in Kastilien vom Volk mit Jubel begrüßt und das Ereignis mit Liedern gefeiert wurde: *Die Blumen von Aragonien sind nach Kastilien gekommen.*

Die Kinder sollen Tücher geschwenkt und gerufen haben: »Das Banner von Aragonien!« Es ist jedoch durchaus vorstellbar, daß das Volk, das der Streitereien der Granden überdrüssig war, dem jungen achtzehnjährigen Prinzen, der sich großen Gefahren ausgesetzt hatte, um zu seiner Verlobten zu gelangen, Sympathie entgegenbrachte, doch Valladolid war nicht in Feierstimmung. Ferdinand kommt in aller Heimlichkeit nach Kastilien, und am 19. Oktober 1469 wird die Eheschließung durch den Erzbischof von Toledo im kleinsten Kreise vollzogen. Nur wenige Vertraute nehmen daran teil: Gómez Manrique, Gonzalo Chacón, Gutierre de Cárdenas. Abgesehen vom Admiral von Kastilien, dem Großvater des Bräutigams, ist kein Grande anwesend, nur einfache Adelige. Da Ferdinand und Isabella Vettern zweiten Grades waren (ihr gemeinsamer Vorfahre war König Johann I. von Kastilien, 1379-1390), benötigten sie päpstlichen Dispens. Der unerschütterliche Carrillo verlas eine Bulle Pius' II. vom 28. Mai 1464: sie war eine Fälschung. Da Carrillo die römische Kurie gut kannte, wußte er, daß der Papst nachträglich seinen Segen geben würde, wenn alles gut lief, woran er nicht zweifelte. Und genau das tat Sixtus IV. am 1. Dezember 1471. Carrillos Rolle bei der Eheschließung der zukünftigen Katholischen Könige war folglich von großer Bedeutung. Er stellte sich vor, daß er nach Ferdinands und Isabellas Thronbesteigung ihr Hauptberater sein würde und der eigentliche Herrscher im Königreich. Im Oktober 1469 soll ein Geheimabkommen unterzeichnet worden sein: Ferdinand und Isabella sollen sich darin verpflichtet haben, nichts ohne seinen vorherigen Rat zu unternehmen und mit ihm gemeinsam zu regieren, »als ob sie alle drei nur ein Körper und eine Seele wären«. Selbst wenn ein solch ungewöhnliches Abkommen geschlossen worden wäre (was gar nicht dem Wesen der zukünftigen Katholischen Könige entsprechen würde), ist kaum anzunehmen, daß Ferdinand und Isabella die Absicht hatten, sich daran zu halten.

Ferdinand wurde 1452 als Sohn Johanns II. von Aragonien und dessen zweiter Frau Juana Enríquez, Tochter des Admirals von Kastilien, geboren. Er war mittelgroß und dunkelhaarig und im Essen und Trinken sehr mäßig. Er war ein Frauenheld, der auch nach seiner Heirat Affären mit anderen Frauen hatte. Vor der Ehe hatte er zwei uneheliche Kinder: Alfons von Aragonien, dem er das Erzbistum von Saragossa schenkte, und Johanna von Aragonien, die später den Konnetabel von Kastilien, Don Bernardino Fernández de Velasco, heiraten sollte. Nach seiner Eheschließung hatte Ferdinand noch zwei außereheliche Kinder, zwei Töchter, die beide Maria von Aragonien genannt wurden und ins Kloster Santa Maria de Gracia in der Nähe von Madrid eintraten. Erst 1504, nach Isabellas Tod, erfuhren sie von ihrer Herkunft. Im übrigen scheint Isabella über Ferdinands Seitensprünge nicht allzu empört gewesen zu sein, zumal er sich um größtmögliche Diskretion bemühte. Am 10. August 1468 ernannte Johann II. seinen Sohn zum König von Sizilien.

Die ersten sechs Monate ihrer Ehe (vom Oktober 1469 bis zum März 1470) sind für Ferdinand und Isabella die düstersten ihres ganzen Zusammenlebens. Die jungen Eheleute fühlen sich in Kastilien, wo sich die Anhänger von Prinzessin Johanna zusammenschließen und den Angriff planen, immer isolierter. Sie können nur auf Valladolid und Umgebung und die Städte Tordesillas, Olmedo und Sepúlveda zählen. Im März fühlen sie sich nicht einmal mehr in Valladolid sicher und ziehen sich zuerst nach Dueñas und im Dezember nach Medina de Ríoseco, auf das Lehnsgut des Admirals von Kastilien, zurück. Im Oktober 1470 ist Valladolid endgültig für sie verloren, als Heinrich IV. dort einzieht und die Stadt in die Obhut des Grafen von Benavente gibt. Nach Valladolid wird Medina del Campo abtrünnig.

Sogar Aragonien scheint sich distanzieren zu wollen. König Johann II. reagiert nicht, als ihn sein Sohn und seine Schwiegertochter um 1000 bewaffnete Männer bitten, um für alle Fälle gerüstet zu sein. Im September 1470 trifft sich ein Vermittler aus Aragonien, Pedro Vaca, mit dem Marquis von Villena und schlägt ihm ein Geschäft vor: Wenn die schwangere Isabella einen Sohn zur Welt bringen sollte, soll dieser mit Johanna von Kastilien vermählt und beide dann zu Erben erklärt werden. Das hätte zur Folge, daß die Könige von Sizilien – Ferdinand und Isabella – das Land verlassen müßten. Als Isabella davon hört, gerät sie in Zorn: Aragonien läßt sie also fallen und verhandelt mit dem Gegner! Als sie am 2. Oktober ihre Tochter Isabella zur Welt bringt, wird diese sofort zur Infantin von Kastilien und Aragonien ernannt. Dadurch wird die vorherige Verhandlung hinfällig, doch die Aragonier sind enttäuscht, Isabella ist wütend, und Heinrich IV. triumphiert.

Als Isabellas und Ferdinands Popularität auf dem Tiefpunkt ist, zeigen sie sich am unnachgiebigsten. Sie sind nicht bereit, Konzessionen zu machen, ertragen immer weniger die guten Ratschläge ihrer eifrigsten Anhänger, am wenigsten Ferdinand, der eine heftige Auseinandersetzung mit Erzbischof Carrillo hat. Er kann die ewigen Zurechtweisungen des Greises, der ihm ständig vorhält, welch politische Erfahrung er im Gegensatz zu ihm besitze, nicht mehr ertragen und hält ihm schließlich entgegen: »Ich tue das, was ich mir vorgenommen habe, und auch der Erzbischof von Toledo wird mich nicht davon abhalten.« Isabella denkt genauso, doch sie verhält sich etwas diplomatischer. Carrillo fragt sich verbittert, ob er nicht einen Fehler begangen habe, als er auf die beiden gesetzt hatte, und droht, das Lager zu wechseln: Er setzt sich dafür ein, Isabella genauso umzustimmen, wie einst Heinrich IV. seinen Bruder umgestimmt hatte.

Damit spielte er auf eine der düstersten Episoden der Bürgerkriege im 14. Jahrhundert an, als Bertrand Duguesclin, der im Dienste von Heinrich von Trastámara stand, diesen überraschend mit seinem Gegner, seinem Halbbruder Peter dem Grausamen, konfrontierte und ihm zurief: »Da ist Euer Feind!« Die beiden Rivalen gingen mit dem Messer aufeinander los und wälzten sich am Boden. Als Peter der Grausame Oberhand gewann, griff Duguesclin ein. Er versetzte ihm einen Fußtritt, so daß Heinrich wieder oben war, ihm das Messer in die Brust rammte und ihn tötete ... Carrillo läßt die Maske fallen und zeigt sein wahres Gesicht: Er ist ein grausamer Feudalherr, der zu allem fähig ist, um sein Ziel zu erreichen. Ohne Ferdinand und Isabella aus den Augen zu lassen, zieht sich der Erzbischof auf sein Landgut in Toledo zurück. Der König von Aragonien greift ein, um das endgültige Zerwürfnis zu vermeiden. Im Anschluß daran verhält sich der Prälat so, als schreibe er Ferdinands unpassende Worte dem Ungestüm seiner Jugend zu. Er lädt Ferdinand und Isabella auf sein Landgut ein. 1472 folgen sie seiner Einladung. Es scheint sich alles eingerenkt zu haben, doch es ist nicht mehr so wie vorher. Beide Seiten sind jetzt auf der Hut. Carrillo ist mißtrauisch; Ferdinand und Isabella brauchen ihn noch, doch sie müssen sich bemühen, in Zukunft anderweitig Unterstützung zu finden.

Unterstützung von wem? Der König von Aragonien ist davon überzeugt, daß man den Clan der Mendozas gewinnen müsse, doch dieser hält unerschütterlich zu Prinzessin Johanna. Die Mendozas glauben, daß alles, was sich seit 1464 ereignet hatte – die Anerkennung von Alfons, dann von Isabella als Thronerben –, der Monarchie schade und die unter Zwang erfolgten Verzichterklärungen Heinrichs

IV. wertlos seien. Ein Vorstoß beim Marquis von Santillana scheitert. Noch schlimmer: Die Mendozas drängen Heinrich IV., seinen Vorteil zu nutzen. Im Oktober 1470 geht man wieder zur Offensive über: Heinrich IV. findet, daß Isabella durch ihre Heirat, die ohne seine Zustimmung erfolgte, den Pakt von Guisando gebrochen habe, und pocht auf die Rechte von Prinzessin Johanna, die er mit dem Herzog von Guyenne, dem Bruder des Königs von Frankreich, verheiraten möchte, um die aragonische Partei zu beschwichtigen. Die Gesandtschaft des Kardinals von Albi wird in Medina del Campo mit allen Ehren empfangen, doch der Tod des Herzogs von Guyenne am 24. Mai 1472 bringt die Verhandlungen zum Stocken.

Doch das Bündnis zwischen Heinrich IV. und Frankreich bleibt ungetrübt. Der Marquis von Villena, die Grafen von Plasencia, Miranda und Benavente, der Erzbischof von Sevilla und natürlich die Mendozas billigen diesen Plan, der auch von sechs der wichtigsten Stadtgemeinden gutgeheißen wird, nämlich Burgos, Salamanca, Avila, Segovia, Guadalajara, Valladolid und Soria.

Zu Beginn des Monats März 1471 ergreift Isabella erneut die Initiative. Sie holt zum Schlag gegen Heinrich und den Adel, der ihn unterstützt, aus. Am 1. März läßt sie ein Rundschreiben voller Polemik verteilen. Darin appelliert sie an die öffentliche Meinung: »Ich befinde mich in der gleichen Lage wie die hl. Susanna. Alles, was ich tue, ist der Kritik ausgesetzt. Wenn ich schweige, schade ich meiner Sache; wenn ich rede, muß ich die Ehre meines Bruders, des Königs, angreifen; das eine und das andere ist mir verhaßt.« Sie hatte sich geweigert, König Alfons V. von Portugal zu heiraten. Wer könnte ihr das verübeln? »Die Kinder aus erster Ehe und die Schwiegertöchter hassen die Rabenmütter; wie konnte ich also erwarten, daß mich jene liebten, die auf das Erbe hofften?« Es folgte eine würdevolle Erwiderung auf die übelwollenden Anspielungen auf ihre ohne päpstlichen Dispens geschlossene Ehe: »Der König wirft mir vor, ich habe mich nicht wie eine züchtige Dame verhalten; ich antworte ihm, daß ich mich ganz meinem Rang entsprechend verhalten habe. Ich könnte meine Ehre und meinen Ruf verteidigen, doch das würde mich zwingen, die Ehre des Königs, meines Bruders, in Frage zu stellen. Er ist der ältere von uns beiden, und seine Erniedrigung würde auf mich zurückfallen. Außerdem ist das ein heikles Thema, das eine Dame von Stand ungern anpackt. Deshalb schweige ich lieber: Sein Verhalten und meines wurden kritisiert und werden erneut von Gott und den Menschen beurteilt werden.«

Im Mai 1471 erringen die Könige von Sizilien einen ersten Erfolg; das Baskenland, wo die Grafen von Treviño und von Haro die Anhänger Heinrichs IV. außer Gefecht gesetzt haben, schließt sich ihnen an. Sie nehmen erneut Kontakt mit Carrillo auf, der sie in seiner Diözese in Torrelaguna empfängt. Anfang des folgenden Jahres überläßt Heinrich IV. die Stadt Sepúlveda Pacheco. Die Einwohner, die damit nicht einverstanden sind, protestieren. Ferdinand stellt sich auf ihre Seite, empfängt sie mit offenen Armen. Ferdinand und Isabella treten gegen die Feudalherren als Verteidiger der Monarchie und der Privilegien der Stadtgemeinden auf. Dies trägt ihnen die Sympathie von Kreisen ein, die bisher den Machtkämpfen gleichgültig gegenüberstanden. Isabellas Propaganda wird diese Stimmung nutzen.

Auch im diplomatischen Bereich setzen sie Akzente. Um gegen das französische Bündnis Heinrichs IV. ein Gegengewicht zu bilden, nähern sie sich Burgund und unterzeichnen im November 1471 einen Vertrag mit Karl dem Kühnen. Doch die besten Nachrichten kommen aus Rom. Der Papst, der sich bisher sehr zurückhaltend verhielt, ist bereit, seine Position zu überdenken; Papst Paul II. scheint aufgeschlossener als sein Vorgänger zu sein, doch er muß Rücksicht nehmen auf Frankreich und England, Länder, die Heinrich IV. unterstützen. Man muß ihm Zeit lassen. Leider stirbt Paul II. im Juli 1471 ... Man muß mit seinem Nachfolger Sixtus IV. wieder bei Null anfangen. Dieser bestellt Rodrigo Borgia, den zukünftigen Papst Alexander VI., zum päpstlichen Legaten in Spanien. Dieser stammt aus Valencia, ist also Untertan des Königs von Aragonien. Seit seiner Ankunft auf der Halbinsel im Juni 1472 beeinflussen ihn die Diplomaten von Aragonien gegen Heinrich IV. Ferdinand sucht ihn persönlich in Valencia auf und nutzt die Gelegenheit, um sich für den Erzbischof von Sigüenza, Don Pedro González de Mendoza, einzusetzen, der Kardinal werden möchte.

Ferdinand hält sich ganz an den Ratschlag seines Vaters, der seit langem für ein Bündnis mit den Mendozas eintritt. Es wäre natürlich absurd zu glauben, daß das Versprechen auf einen Kardinalshut ausgereicht hätte, eine Familie sofort umzustimmen, die bisher den Königen von Sizilien so viel Feindseligkeit entgegengebracht hatte. Der Gesinnungswandel kam erst nach vielen Verhandlungen, von denen einige wohl in Valencia stattgefunden haben, wo der zukünftige Kardinal die Standpunkte Heinrichs IV. beim Legat vertreten sollte. Mendoza konnte sich von Isabella und Ferdinand ein Bild machen, erfahren, welche Pläne sie für die Umgestaltung des Landes hatten. Er mußte wohl erkannt haben, welch großer Unterschied zwischen der politischen Einstellung der zukünftigen Katholischen Könige und der ihrer Gegner bestand, und das bewog ihn, seine Meinung zu ändern.

Ende des Jahres 1472 erfolgte die Annäherung, die unschätzbare Folgen haben sollte, denn die Familie Mendoza nahm im Königreich eine Schlüsselstellung ein. Sie bestand aus den drei Kindern des ersten Marquis von Santillana (dem Dichter): dem neuen Marquis, Don Diego Hurtado de Mendoza, dem Grafen von Tendilla, Iñigo López de Mendoza und dem Erzbischof von Sigüenza, Don Pedro González de Mendoza sowie deren zahlreichen Anhängern unter dem Adel. Bisher waren sie die eifrigsten Verfechter der Rechte von Prinzessin Johanna gewesen, in der sie die rechtmäßige Erbin sahen. Von jeher wollten sie die Macht des Königs stärken und ihn über die Parteien stellen. Sie fangen an zu erkennen, daß Ferdinand und Isabella in dieser Hinsicht vertrauenswürdiger sind. Als sich die beiden im Februar 1473 nach Alcalá de Henares begeben, um den päpstlichen Legaten zu empfangen, erhalten sie eine höfliche Botschaft des Marquis von Santillana: Ob sie ihn in Guadalajara, ganz in der Nähe, besuchen wollten? Das Angebot ist reizvoll, doch Carrillo, der der Todfeind der Mendozas ist, möchte nichts davon wissen, und Ferdinand und Isabella können es sich noch nicht leisten, mit ihm zu brechen. Eine interessante Entwicklung zeichnet sich ab: der Einfluß des Erzbischofs von Toledo bei den Königen von Sizilien nimmt in dem Maße ab, in dem der des Kardinals Mendoza zunimmt (er hat inzwischen die Kardinalswürde erlangt), doch zwischen den beiden Männern gibt es keine Gemeinsamkeit. Carrillo verkörpert den mittelalterlichen Prälaten, der sich auf seinen Feldern wohler fühlt als in der Kathedrale. Er ist ein gerissener Politiker, ein geschickter Taktiker (wenn man bedenkt, wie er die zukünftigen Katholischen Könige verheiratet hatte), doch von mittelmäßiger Intelligenz. Kardinal Mendoza ist aus ganz anderem Holz geschnitzt. Auch er ist kein Kirchenmann, schlug nur deshalb diesen Weg ein, weil er der jüngste der Familie war; doch er ist bei weitem intelligenter. Isabella sollte später, nachdem er zunächst auf der Seite von Johanna stand, einen hervorragenden Mitarbeiter in ihm haben, der zehn Jahre später als der »dritte« König Spaniens galt.

Nach den Mendozas gewinnen Ferdinand und Isabella weitere Anhänger. Die Freunde Heinrichs IV. merken, daß sich der Wind dreht, wie z. B. Andrés de Cabrera. Pacheco hat ihm die Festung von Madrid weggenommen und möchte ihn jetzt vom *alcázar* von Segovia verjagen. Damit läßt er den Antisemitismus im Volk aufleben und provoziert einen Aufruhr, doch Cabrera gelingt es, diesen im Zaum zu halten und sich in Segovia zu halten. Seit diesem Vorfall ist Cabrera, ohne mit Heinrich IV. zu brechen, Pachecos Feind, der nach wie vor der Erzfeind Ferdinands und Isabellas ist. Cabrera träumt davon, Heinrich IV. und Isabella zu versöhnen. Er hat sich inzwischen mit Beatrice de Bobadilla, der Vertrauten Isabellas, die diese vor drei Jahren im Stich gelassen hatte, vermählt. Beatrice versöhnt sich mit Isabella und verrät ihr die Absichten ihres Mannes. Isabella erkennt sofort, von welchem Interesse diese sein können, und unterrichtet ihren Gemahl davon. Dieser war seinem Vater zu Hilfe geeilt, der in Perpignan belagert wurde, und ergreift die erforderlichen Maßnahmen. Es gilt, Heinrichs IV. Anwesenheit in Segovia ohne seinen ständigen »bösen Geist«, d. h. seinen Ratgeber, zu nutzen und zu versuchen, ihn günstiger zu stimmen. Selbst wenn der Versuch scheitern sollte, wäre ein psychologischer Effekt erreicht, der der Propaganda von Ferdinand und Isabella nützen würde.

Alles wird sorgfältig vorbereitet, nichts dem Zufall überlassen: Alfonso von Quintanilla, der zum Gefolge Isabellas gehört, pendelt ständig zwischen Alcalá und Segovia hin und her, um alles zu regeln. Im Dezember 1473 ist der Augenblick gekommen: Heinrich IV. befindet sich allein in Segovia. Cabrera setzt Isabella davon in Kenntnis, die auf der Stelle aufbricht und ihren Bruder zu sehen wünscht. Heinrich IV. wird überrumpelt und empfängt sie freundlich. Im Grunde genommen ist er ein verträglicher Mensch, den die Politik langweilt und der sich von seiner Umgebung leiten läßt. Isabella geht allen Fragen aus dem Weg, die den Zwist zwischen ihnen entstehen ließen.

Heinrich IV. läßt sich von der Freude, Isabella wiederzusehen, hinreißen, schwelgt mit ihr in gemeinsamen Kindheitserinnerungen in Segovia. Er läßt ihr ein üppiges Mahl bereiten, singt und musiziert, während Isabella dazu tanzt. Heinrich IV. scheint sich über diese Entspannung zu freuen. Er führt seine Schwester in die Stadt, geht mit ihr durch die Straßen und führt ihr Maultier am Zügel. Die Bevölkerung Segovias ist höchst überrascht über dieses freundschaftliche Verhalten der Geschwister, die man für Feinde hielt. Isabella, die von schändlichen Politikern verleumdet wurde, erobert schnell die Herzen der Leute.

Am 1. Januar 1474 begibt sich Ferdinand nach seiner Rückkehr aus Aragonien ebenfalls nach Segovia. Man hatte ihm Ratschläge erteilt, wie er sich Heinrich IV. gegenüber zu verhalten habe, um diesen zu versöhnen: »Wenn der König mit seinen Freunden und Musikanten beschäftigt ist, muß man ihn in Ruhe lassen und nicht versuchen, über ernsthafte Dinge mit ihm zu reden. Wenn er fertig ist, soll man ihm einen Imbiß aus Frischkäse, Butter, Käse aus Buitrago, Beignets, Blätterteig und ähnlichem Gebäck anbieten, dann ist er wohlwollend gestimmt ...« Auf jeden Fall hält die gute Stimmung an, und am Dreikönigstag sind alle im *alcázar* bei den Cabreras eingeladen. Heinrich IV., der unter chronischen Magenbeschwerden leidet, hat Schwierigkeiten mit all den Köstlichkeiten, die ihm serviert werden, doch er ist ganz offensichtlich glücklich. Schließlich kommt man auch auf die Politik zu sprechen. Seit einiger Zeit scheint Heinrich IV., dem Rat des Legaten Borgia folgend, mit dem Gedanken zu spielen, das Problem der Nachfolge einer Gruppe von Experten zu übertragen. Zwei davon sollten von ihm bestimmt sein (Pacheco und Kardinal Mendoza) und zwei von Ferdinand und Isabella (Carrillo und der Admiral von Kastilien), und der Legat sollte dabei Schiedsrichter spielen. Anscheinend hat man diesen Vorschlag in Segovia nicht wieder aufgegriffen, sondern einen anderen Kompromiß ins Auge gefaßt; Isabella sollte von neuem als Erbin anerkannt werden, während Prinzessin Johanna einen anderen Prinzen heiraten sollte. Isabella und Ferdinand würden ihre älteste Tochter Isabella zur Sicherheit in Segovia zurücklassen, unter der Obhut von Cabrera. Doch es kommt anders. Hat Pacheco, der über den Gang der Ereignisse beunruhigt war, gedroht und wieder Macht über den König bekommen? Fürchtete man einen Gewaltstreich gegen die zukünftigen Katholischen Könige? Auf jeden Fall zieht es Ferdinand Mitte Januar vor, Segovia zu verlassen. Heinrich IV. reist ebenfalls ein paar Wochen später ab. Er ist krank und unentschlossen, und nichts ist geregelt. Ihm fehlen alle Voraussetzungen für einen Staatsmann.

Ferdinand und Isabella haben politisches Gespür, was sie bereits unter Beweis gestellt haben. Sie können jetzt mit Cabrera rechnen, der ihnen treu ergeben ist. Er ist der Herr des *alcázar* von Segovia, wo das königliche Schatzamt untergebracht ist. Ferdinand und Isabella haben die Einwohner Segovias für sich gewonnen; sie wissen, daß sie in dieser Stadt in Sicherheit sind. 1474 ist Segovia die einzige große Stadt Kastiliens, die zu ihnen steht. Das vergessen sie nicht. Ende des gleichen Jahres wird sich Isabella zur Königin von Kastilien ausrufen lassen.

Der Clan der Mendozas bekräftigt seine Ergebenheit; er ist immer mehr von der Sache der Herrscher überzeugt. Als der Marquis von Santillana Ferdinand im Mai empfängt, gibt er ihm dies ausdrücklich zu verstehen. Der Kardinal redet von einem Bündnis zwischen dem Haus Alba, den Enríquez und seiner eigenen Familie, um sich den ehrgeizigen Bestrebungen der Pachecos, des Erzbischofs Carrillo und der Zúñigas entgegenzustellen.

Im Juni nehmen Ferdinand und der Herzog von Alba Tordesillas mit Gewalt ein. Dieser zunehmende Einfluß der Mendozas mißfällt Erzbischof Carrillo, der sich verbittert und enttäuscht nach Alcalá zurückzieht und Kardinal Mendoza den Platz an Isabellas Seite überläßt.

Doch das Spiel ist noch nicht gewonnen. Der Herr von Santiago, Juan Pacheco, besitzt aufgrund seiner riesigen Ländereien und der vielen Anhänger beim Adel Kastiliens immer noch große Macht. Noch im November 1473 war König Johann II. von Aragonien überzeugt, daß nichts ohne diesen geschehen könne, geschweige denn gegen diesen. Pacheco stirbt am 4. Oktober 1474, ein paar Wochen vor Heinrich IV.

Die Thronbesteigung der Katholischen Könige (1474–1479)

Heinrich IV. stirbt in der Nacht vom 11. auf den 12. Dezember 1474 in Madrid. Isabella, die sich zu der Zeit in Segovia aufhält, wird sofort benachrichtigt. Die Nachricht überrascht sie nicht, da sie seit einiger Zeit damit rechnete. Es ist sogar zu vermuten, daß schon alle Vorkehrungen für diesen Fall getroffen worden waren. Doch Ferdinands Abwesenheit war nicht eingeplant: Er war erneut nach Aragonien gereist, um seinen Vater zu unterstützen, doch Isabella möchte seine Rückkehr nicht abwarten; sie möchte schnell handeln und alle – ihren Gemahl eingeschlossen – vor vollendete Tatsachen stellen.

Isabella setzt also ihren vorgefaßten Plan in die Tat um. Am 12. Dezember läßt sie zu Ehren des verstorbenen Königs eine Messe zelebrieren. Am Tag darauf, am Tag der hl. Lucia, läßt sich Isabella zur Königin ausrufen, was von Andrés von Cabrera, dem Gouverneur des *alcázar*, mit Umsicht vorbereitet worden war. Er erhält sofort das erste Zeichen ihrer Dankbarkeit – weitere, größere, erhält er später. Isabella verspricht, daß in Zukunft die Könige von Kastilien am Tag der hl. Lucia aus einem Goldbecher trinken würden, den anschließend Cabrera und dessen Nachkommen geschenkt bekämen. Auf dem Marktplatz von Segovia, wo schnell ein Podium errichtet worden war, schwört Isabella in Anwesenheit der Stadtverwaltung, einiger weniger bedeutender Persönlichkeiten und der ganzen Bevölkerung Segovias – wenn man dem Historiker Zurita Glauben schenkt, war kein

Grande anwesend, und es war nicht einmal sicher, ob der Erzbischof von Segovia der Zeremonie beigewohnt hatte –, die Gebote der Kirche, die Freiheiten und Privilegien des Adels und der Städte zu achten, über das Gemeinwohl des Königreichs zu wachen und Gerechtigkeit walten zu lassen. Danach läßt sie sich zur »Königin und Besitzerin« des Königreichs ausrufen, und Ferdinand wird als ihr »rechtmäßiger Gemahl« anerkannt. Die Herolde wiederholen die Formel: »Isabella, Königin von Kastilien; Ferdinand, ihr rechtmäßiger Gemahl.« Rundschreiben vom 16. Dezember verkünden dies in allen in den Cortes vertretenen Städten, die jeweils aufgefordert werden, die gleiche Proklamation zu machen, mit dem gleichen Wortlaut, und ihre Delegierten nach Segovia zu entsenden, damit sie dort den Eid leisteten. Isabella überrumpelte alle, angefangen bei ihrem Gatten, der auf die Rolle des Prinzgemahls verwiesen wurde, was ihm keinesfalls gefiel. Auch die politischen Kreise sind überrascht. Man rechnete mit einer Diskussion mit den wichtigsten Persönlichkeiten des Königreiches, um die Bedingungen zu prüfen, unter denen sich die Machtübergabe vollziehen würde, mit den Prüfungen der Versprechungen und Zusagen der einen und der anderen Seite, kurzum, mit einer allgemeinen Verhandlung. Doch genau das wollte Isabella vermeiden: Die Übertragung der Krone ist kein Diskussionsthema; sie kann nicht Gegenstand einer Verhandlung sein, noch weniger eines Kompromisses: Entweder nimmt man sie an oder weist sie zurück. Isabella stellt alle vor vollendete Tatsachen und zwingt den Adel und die Städte, sich eindeutig zu erklären.

Die anschließenden Reaktionen verraten die Verwirrung, vor allem unter dem Adel. Es gibt einige Unnachgiebige; der neue Marquis von Villena, Pacheco, der Prinzessin Johanna in seiner Gewalt hat, und seine Verwandten und Verbündeten, der Großmeister von Calatrava, Rodrigo Téllez Girón, der Graf von Urueña, Juan Téllez Girón, der Herzog von Arévalo, Alvaro de Zúñiga und der Marquis von Cádiz, Rodrigo Ponce de León ... Das ist ein stattlicher Personenkreis, doch man rechnete damit.

Noch interessanter ist die Haltung jener, die man als Loyalisten bezeichnen könnte, die mit Ferdinand und Isabella sympathisiert hatten, ohne mit Heinrich IV. zu brechen, und die sicherlich über Isabellas schnellen Entschluß schockiert waren. Es bestätigen ihre Ergebung: Der Admiral von Kastilien, der Herzog von Alba, der Herzog von Albuquerque. Auch der Konnetabel von Kastilien, der Graf von Benavente und sogar der Erzbischof Carrillo, der als letzter kam, machen keine Schwierigkeiten und begeben sich nach Segovia, um den Eid zu leisten. Genauso verhält sich der Kopf der Gruppe, Kardinal Mendoza, der sich Isabella angeschlossen hatte. Er war bei Heinrichs IV. Tod dabei gewesen und hatte, bevor er sich nach Segovia begab, die Trauerfeierlichkeiten für den König organisiert und den Leichnam nach Guadalupe, wo das Begräbnis stattfand, begleitet. Isabella, die darauf bedacht ist, nichts zu tun, was das Ansehen der Monarchie schmälern könnte, ist ihm für diese Haltung dankbar. Ab dem 27. Dezember steht der Kardinal im Dienste der Königin, deren engster Berater er in Zukunft sein wird.

Im Königreich sind die Reaktionen auf Isabellas Proklamation unterschiedlich. In Alt-Kastilien, d. h. in Segovia, auch in Avila, Sepúlveda, Valladolid, Tordesillas und im Baskenland, wo Ferdinand und Isabella als »Herren von Biskaya« anerkannt sind, wird sie positiv aufgenommen; unter der Eiche von Guernica leisten die Notabeln ihren Treueeid. Fast der ganze Norden der Halbinsel scheint sich auf die Seite Isabellas zu stellen oder zumindest die Lage zu akzeptieren, mit Ausnahme der Gebiete an der portugiesischen Grenze. In Zamora z. B. verhält man sich zögernd, zurückhaltend und stellt sich schließlich im Frühjahr 1475 auf die Seite der Gegner. Im Süden Guadarramas ist die Lage noch schwieriger. Toledo macht keine Schwierigkeiten, auch Murcia nicht, das hinter dem *adelantado* Pedro Fajardo steht, der den zukünftigen Katholischen Königen treu ergeben ist. Doch Andalusien ist unsicher, auch Estremadura und der ganze Nordwesten, insbesondere Galicien.

Da Ferdinand im entscheidenden Augenblick wegen seiner Abwesenheit übergangen worden war, war er über den Ablauf der Dinge in Segovia keineswegs begeistert. Isabella wies ihm die Rolle des Prinzgemahls zu, des »rechtmäßigen Gatten« der Königin von Kastilien. Sicher, das war im Abkommen von 1469, das vor der Ehe geschlossen worden war, vereinbart worden, doch Ferdinand hatte es sich trotzdem anders vorgestellt; er war enttäuscht und gab dies auch zum Ausdruck. Als er am 19. Dezember von den Vorgängen erfuhr, machte er sich unverzüglich auf den Weg. Er verweilte drei Tage in Turegano, um die Zeremonien für seinen Einzug bei Hof vorzubereiten. Am 2. Januar 1475 führen Kardinal Mendoza und der Erzbischof Carrillo den Zug, der ihn nach Segovia geleitet, an. Isabella erwartet ihn im *alcázar*, wo ein großes Bankett zu Ehren der Herrscher gegeben wird.

Die Tage darauf sind durch die äußerst gespannten, ja heftigen Diskussionen zwischen Isabella und Ferdinand gekennzeichnet. Dieser fordert den Titel eines Königs von Kastilien, möchte die Macht mit ihr teilen, findet, daß er genauso viele Rechte wie Isabella habe, da er der direkteste männliche Erbe der Dynastie der Trastámara sei. Man macht ihn darauf aufmerksam, daß dieser Umstand wohl in Aragonien, wo die Frauen von der Thronfolge ausgeschlossen sind, von Bedeutung ist, aber nicht in Kastilien. Das ist das entscheidende Argument, das seinen letzten Widerstand beseitigt. Zu der Zeit haben Isabella und Ferdinand nur eine Tochter. Würde man das Erbrecht den männlichen Nachkommen oder den Ehemännern der Erbinnen zugestehen, wäre die Zukunft des Königreichs stark gefährdet. Ferdinand läßt sich überzeugen, und die Rechtsgelehrten beider Parteien einigen sich auf eine Formel, die Erzbischof Carrillo und Kardinal Mendoza gemeinsam formuliert haben und die am 15. Januar 1475 als Abkommen von Segovia bezeichnet wird. Was besagt dieser Text, der die Charta des neuen Regimes sein wird? Isabella wird als Königin bestätigt und als einzige »Besitzerin« des Königreichs. Der Ausdruck wirkt befremdlich, doch er besagt das, was er ausdrücken möchte: Isabella ist die alleinige Erbin der kastilischen Ländereien, und nach ihrem Tod gehen ihre Titel an ihre direkten Nachkommen über. Für Ferdinand gebraucht man die Formel des »rechtmäßigen Ehegatten«, die seinen Zorn erregt hatte, doch man präzisiert sie so, daß er davon überzeugt ist, mehr als ein Prinzgemahl zu sein; zudem erhält er den Königstitel. Alle offiziellen Dokumente müssen auf den Namen des Königs und der Königin ausgestellt werden; Ferdinand wird sogar als erster genannt, als Gatte, doch das Militär Kastiliens steht über dem von Aragonien. Als »Besitzerin« bestimmt die Königin die Militärposten (die Gouverneure der Festungen): Die Steuereinnahmen werden von beiden gemeinsam verwendet, doch die Zivilstellen werden allein von der Königin besetzt. Die Rechtsprechung erfolgt – dieser Begriff hat eine weitgespannte Definition: es handelt sich um alles, was die Innenpolitik betrifft – im Namen beider Herrscher, wenn sie zusammen sind, im Namen des einen oder anderen, wenn sie vorübergehend getrennt sind. Das Abkommen von Segovia kann man also folgendermaßen zusammenfassen: Isabella gibt, wenn es um Recht und Prinzipien geht, nicht nach: Sie ist und bleibt alleinige Inhaberin der Krone von Kastilien. Doch Ferdinand erhält Vollmachten.

Dieser Text beruhigt jene – und es sind nicht wenige (man hat die Bestrebungen der Infanten von Aragonien, deren letzter Repräsentant Johann II., der Vater von Ferdinand ist, nicht vergessen) –, die die

Einmischung der Aragonier ins politische Leben Kastiliens befürchteten. Er wird auch Ferdinand gerecht, der drei Monate später, am 28. April 1475, zu Beginn des kastilischen Erbfolgekrieges, viele Machtbefugnisse übertragen bekommt: Er wird nach außen hin, wenn auch nicht von Rechts wegen, König. Das Abkommen von Segovia beendet eine schwere Krise, eine der wenigen zwischen den beiden Herrschern, die allerdings ihre ganze Zukunft hätte gefährden können. Erneut muß an dieser Stelle das politische Geschick Ferdinands und Isabellas hervorgehoben werden.

Viele ihrer neu gewonnenen Anhänger – angefangen bei Erzbischof Carrillo – schlossen sich ihnen nicht ohne Hintergedanken an. Man hoffte, die Rivalitäten zwischen den beiden Herrschern, die zwangsläufig entstehen mußten, ausnutzen zu können. Die Verhandlungen zwischen dem 13. Dezember und 15. Januar reflektieren diese Überlegungen. Ferdinand und Isabella beenden die Spekulationen, die Alfons de la Caballería, der im Dienste Ferdinands stand, am 24. Dezember dem König von Aragonien übermittelte: Einige kastilische Adelige hätten sich nur deshalb in die Situation gefunden, weil sie keine andere Möglichkeit gehabt hätten. In diesem Augenblick seien sie wachsam, und man müsse von ihrer Seite auf das Schlimmste gefaßt sein. Isabella und Ferdinand bilden in Zukunft einen untrennbaren Block – »ein einziger Wille in zwei Körpern«, schreibt der Chronist Pulgar –, ein Block, an dem Intrigen und Manöver aller Art abprallen. Sie handeln immer in völliger Übereinstimmung, so daß die Historiker noch heute im Zweifel sind, wer von beiden das eine oder andere beschlossen hatte. In groben Zügen einigt man sich darauf, daß Ferdinand mehr für die Außenpolitik und die Diplomatie zuständig war und Isabella für die inneren Angelegenheiten, doch im Grunde genommen ist man sich dessen auch nicht sicher, da sie sich sowohl in großen als auch in kleinen Dingen völlig einig waren. Ihre Initialen oder ihre jeweiligen Embleme – das Joch und der gordische Knoten, das Symbol des Königs, und das Pfeilbündel, das Symbol der Königin – finden sich auf allen Münzen und an allen öffentlichen Gebäuden. Die offiziellen Dokumente fangen alle mit der gleichlautenden Formel an: »Der König und die Königin haben getan«, »der König und die Königin haben entschieden«, was einen Humoristen des darauffolgenden Jahrhunderts zu der Bemerkung veranlaßte: »An jenem Tag haben der König und die Königin eine Tochter zur Welt gebracht . . .«

Dieser vollkommene Gleichklang symbolisierte sich in der Devise

Tanto monta, die auf Denkmälern und Münzen zu finden ist und aus dem 19. Jahrhundert stammt. Je nach Bedarf gibt man eine falsche Umschreibung: *Tanto monta, monta tanto, Isabel como Fernando*, was auf spanisch nichts zu bedeuten hat und historisch gesehen falsch ist: Es kann zwischen ungleichen Partnern keine vollkommene Gleichheit bestehen; denn zu der Zeit ist Kastilien Aragonien dank seiner Oberfläche, Bevölkerungszahl und Vitalität weit überlegen. Die genaue Formel lautet: *Tanto monta*, nicht mehr und nicht weniger, und sie war nie die Devise der Katholischen Könige, sondern nur die Ferdinands. Sie wurde ihm von dem Humanisten Nebrija aufoktroyiert, der sich an eine Episode aus dem Leben Alexanders des Großen erinnerte. Dieser besuchte bei seiner Expedition in Kleinasien den Tempel des Zeus in Gordon, in dem ein Joch an einem unlösbaren Knoten befestigt war. Ein Orakel weissagte, daß derjenige, der den Knoten lösen könnte, Herr über Asien werde. Alexander versuchte es und löste nach einigen vergeblichen Versuchen den Knoten mit einem Schwertstreich und murmelte dabei: »... das kommt auf das gleiche heraus.« Das ist die Bedeutung des Jochs, das Ferdinands Emblem ist und durch die Devise *Tanto monta* untermalt wird. Sie heißt wörtlich: Das ist das gleiche, das kommt aufs gleiche raus (den Knoten zu lösen oder zu durchtrennen). Diese Worte entsprechen genau dem Wesen des jungen Königs. Einige Jahre später nimmt ihn Machiavelli zum Vorbild für seinen »Fürsten«. Wenn man die Hindernisse nicht beseitigen kann, muß man sie umgehen, Entscheidungen treffen, ohne sich durch Schwierigkeiten abhalten zu lassen.

Isabellas gewagter Streich, sich zur Königin proklamieren zu lassen, scheint gelungen zu sein. Im Januar wurde Ferdinand voll zufriedengestellt: Er bekam die Zusicherung, mit der Königin zusammen die Macht auszuüben. Die Aristokraten, die vor vollendete Tatsachen gestellt wurden, sind in der Mehrheit mit Isabellas Handlung einverstanden, auch wenn sie anfangs oft zurückhaltend reagieren. Zum Beispiel schließt sich der Graf von Benavente Isabella erst im Februar an. Doch im Winter 1474–1475 gibt es noch zwei Unbekannte: Wie werden sich die Anhänger Prinzessin Johannas verhalten? Und wie Portugal? Beide Fragen laufen im Grunde genommen auf eine hinaus. Johannas Anhänger können ohne Portugals Hilfe nichts ausrichten.

Die Anhänger von Prinzessin Johanna, die überrumpelt wurden, haben viel Zeit verloren, da sie es von Anfang an versäumten, die Initiative zu ergreifen, doch sie sind in so unterschiedlichen und bedeutenden Städten wie Zamora, Burgos, Ciudad Real, Jaén, Carmona, Salamanca, Sevilla verteilt. Ihr Anführer ist der neue Marquis von Villena, Diego López Pacheco. Ihm ist die Obhut der Prinzessin anvertraut. Sein Lehen erstreckt sich über weite Gebiete des Südostens der Halbinsel; es entspricht in etwa der derzeitigen Provinz Albacete und zum Teil noch den Provinzen Murcia, Cuenca, Valencia sowie den Städten Madrid und Trujillo. Für den Marquis ist sein Handeln nicht eine bloße Ehrensache; er muß vor allem die Interessen und die Rechte derjenigen wahren, deren Schutz er übernommen hat. Der Konflikt, der seit der Zeit Johanns II. den Adel und die Monarchie entzweite, kann nur zum Bürgerkrieg führen, da beide Parteien unversöhnlich sind: Entweder akzeptiert man eine starke Monarchie und schließt sich den Katholischen Königen an, die ihre beabsichtigte Regierungsführung klar umreißen, oder nicht. Zum ersten Mal seit hundert Jahren geht ein Regierungswechsel nicht Hand in Hand mit einer Verteilung von Ländereien, Titeln oder Pensionen, ist man nicht bereit, dem Adel den ersten Platz einzuräumen – er hat ihn ja bereits –, und es besteht nicht die Absicht, ihm diesen streitig zu machen, sondern das Recht, direkt am politischen Geschehen und an der Regierung mit fast gleicher Befugnis wie die Herrscher teilzunehmen. In diesem Fall muß Prinzessin Johanna auf jeden Fall unterstützt werden. Die Mendozas und ihre Anhänger fällen als erste eine Entscheidung; auch der Sohn von Pacheco bleibt, indem er sich gegen Isabella stellt, seiner politischen Idee treu. Die Frage, ob Prinzessin Johanna die legitime Erbin ist oder nicht, tritt in den Hintergrund – sie war ohnehin immer nur ein Vorwand gewesen. Es erfolgen erstaunliche Kehrtwendungen: Einige von denen, die gestern noch Johanna unterstützten, lassen sie im Stich; manche, die sie bekämpften, schließen sich ihr an. Ist das inkonsequent? Ganz im Gegenteil. Es ist die logische Folge, nur der Inhalt des Kampfes hat sich geändert. Gestern gruppierten sich jene um Johanna, die sich darüber entrüsteten, daß die Monarchie in der Person Heinrichs IV. vor den Forderungen der Aufrührer kapitulierte. Im Winter 1474–1475 wird die königliche Macht von Adeligen, die nur bedingt gehorchen und ihren Schiedsspruch abgeben wollen, erneut in Frage gestellt; die Verteidigung der königlichen Vorrechte ist jetzt vom Anschluß an Isabella abhängig. Die Mendozas haben ihren Standpunkt nicht geändert; sie halten an ihren Vorstellungen fest.

Auch ihre Gegner haben ihre Meinung nicht geändert; sie befürworten nach wie vor eine Teilung der Verantwortung zwischen

Monarchie und Adel, die diesem ein Mitspracherecht – um nicht zu sagen mehr – bei den politischen Angelegenheiten einräumt. Seit 1469 sind sie lediglich über die Art und Weise, wie sie ihren Standpunkt vertreten sollen, geteilter Meinung. Der Marquis von Villena dachte, nachdem er Heinrich IV. bei der *farsa de Avila* entmachtet hatte, daß Johanna eine gefügige Königin wäre. Sein Onkel, der Erzbischof Carrillo, glaubte, er käme zum gleichen Ergebnis, wenn er sich hinter Isabella stellte. Doch er merkte, daß er sich verrechnet hatte. Im Winter 1474–1475 zieht er daraus die Konsequenzen und wechselt zu Prinzessin Johanna über. Es sind keine persönlichen Feindseligkeiten – die man allerdings nicht ganz außer acht lassen darf, denn es ist bekannt, daß Carrillo Mendoza nicht ausstehen kann und eifersüchtig auf seine Erfolge ist –, die die jeweilige Wahl rechtfertigen. Um seinen Gesinnungswandel zu begründen, schiebt Carrillo die Undankbarkeit Isabellas und Ferdinands vor. Schließlich hat er sie verheiratet und ihnen in der schwierigsten Zeit ihrer Regierung gedient (in den Jahren 1469–1472), in einer Zeit, da in Kastilien fast alle gegen sie waren. Carrillo hat das Gefühl, hintergangen worden zu sein. Er hatte gehofft, bei den Regierungsgeschäften als Mitregent fungieren zu können, was ja in dem seltsamen Abkommen vor der Eheschließung (1469) verabredet worden sein soll, aber nie Form angenommen hatte. Wahrscheinlich handelte es sich dabei um eine bloße Notiz, in der er vage eine Unterhaltung zusammengefaßt hatte. Er wollte im Reich der dritte sein, der dritte Regent, auch wenn ihm dies von Rechts wegen nicht zustand. Pulgar schreibt dies schwarz auf weiß in einem Brief, den er Carrillo angeblich übermittelt hatte. Auch wenn man annehmen muß, daß der Brief nicht authentisch ist, zeigt er eines deutlich: Carrillo glaubte, in der Lage zu sein, Könige auf den Thron zu setzen und wieder abzusetzen. Im Dezember leistete er Isabella den Treueeid, doch die allgemeine Orientierung des neuen Regimes konnte ihn nicht zufriedenstellen, und deshalb distanzierte er sich davon.

Auf Anraten König Johanns II. von Aragonien, der in Carrillo einen sicheren Verbündeten und starken Mann für die zukünftige Regierung sah, versuchten Ferdinand und Isabella, den Erzbischof von Toledo zu überzeugen. Am 28. Dezember 1474 empfahl Johann II. seinem Sohn, keine Ernennung vorzunehmen, ohne sich vorher mit Carrillo abgesprochen zu haben. Von dem Regentenpaar schien Isabella am unnachgiebigsten an ihren Prinzipien festgehalten zu haben.

Der Erzbischof erkannte das und fand bittere Worte für die junge Königin: »Als ich sie bei der Hand nahm, war sie ein kleines Mädchen, das mit Spinnen beschäftigt war, und nun sehe ich sie an ihrem eigenen Spinnrad.« Ohne im wesentlichen nachzugeben, geht Isabella auf ihn zu, um ihn nicht zum Feind zu haben. Von Zeit zu Zeit besucht sie von Valladolid aus den Erzbischof auf seinen Gütern. In ihrem Gefolge befinden sich der Herzog von Alba, der Graf von Haro und der Marquis von Santillana. Dieser empfängt sie am 5. Mai mit allem Pomp in Guadalajara. Isabella befindet sich jetzt ganz in der Nähe von Alcalá de Henares, wo sich Carrillo aufhält. Der Konnetabel begibt sich zum Erzbischof und bemüht sich, ihn zu überzeugen, indem er ihm das Schreckgespenst eines drohenden Bürgerkriegs vor Augen hält. Er bittet ihn, noch ein paar Tage in Alcalá zu bleiben: Die Königin selbst möchte ihn aufsuchen. Das ist ein ungewöhnliches Vorhaben Isabellas, die es nicht gewöhnt ist, sich so weit zu erniedrigen, und zeigt, wie wichtig die Angelegenheit für sie ist. Doch Carrillo möchte nichts davon wissen und verkündet großspurig, wenn die Königin die Stadt durch das eine Tor betrete, werde er sie durch das andere verlassen. Das bedeutet den offenen Bruch, doch Isabella hat ihre Reise nicht umsonst gemacht. Sie umgeht Alcalá und begibt sich nach Toledo, wo ihr ein begeisterter Empfang zuteil wird.

Die Thronfolge in Kastilien ist nicht nur eine interne Angelegenheit, sondern hat internationale Auswirkungen. Portugal und Aragonien sind an den Geschehnissen in Kastilien sehr interessiert, da es den größten, bevölkerungsreichsten und dynamischsten Staat auf der Halbinsel darstellt, auch wenn er von inneren Kämpfen zerrissen ist. Außerdem ist Kastilien der Staat, der durch seine zentrale Lage das allgemeine Gleichgewicht verändern und eine Vormachtstellung einnehmen kann, wenn er sich mit einem der beiden anderen verbündet. Dem dritten würde somit die Vernichtung drohen.

Ende des 14. Jahrhunderts versuchte Kastilien Portugal zu beherrschen, wurde aber in Aljubarrota geschlagen. Seit dieser Zeit hat sich in Aragonien eine kastilische Dynastie niedergelassen. In Kastilien macht sich der Einfluß von Aragonien stark bemerkbar, bis sich jene, die darüber beunruhigt sind, Portugal nähern. Die Heirat zwischen Ferdinand und Isabella bedeutet für diese eine Niederlage, aber einen Erfolg für Aragonien. Nun stellte sich die Frage: Wie wird in Zukunft die Konstellation auf der Halbinsel sein? Dies hängt in erster Linie von Kastilien ab. Wird es sich mit Portugal oder Aragonien verbünden? Unter diesen Voraussetzungen bedeutet der Erbfolgekrieg in

Kastilien auch einen Schock für Portugal–Aragonien. Ein politisch besiegtes Portugal wird sich mit Waffengewalt rächen. Folglich weitete sich der Erbfolgekrieg zu einem internationalen Krieg aus.

Ende Dezember 1474 forderte Alfons V. die kastilischen Adeligen auf, seine Nichte Johanna als Königin von Kastilien anzuerkennen, und stellte eine Angriffsarmee auf. Er ließ die an der Grenze gelegenen Festungen verstärken und bewaffnen, mobilisierte Truppen und rief die portugiesischen Cortes zusammen. Isabella hofft jedoch, ihn auf diplomatischem Wege oder durch persönliche Bande umstimmen zu können: Schließlich ist sie ja auch die Tochter einer portugiesischen Prinzessin. Doch sie muß klein beigeben. Im April 1475 kommt ein Botschafter nach Valladolid und teilt die Absichten des Königs von Portugal mit: Er hat beschlossen, seine 13jährige Nichte Johanna zu heiraten und für sie und sich die Krone von Kastilien zu fordern. Die Prinzessin wird von Madrid nach Trujillo geführt, dann nach Plasencia, wo sich der König zu ihr gesellt. Die Hochzeit findet am 29. Mai statt. Am Tag darauf erhalten die Prälaten, die Adeligen und die Städte von Kastilien ein Rundschreiben, in dem Johannas Rechte, das Erbe ihres Vaters, Heinrichs IV., anzutreten, betont werden. Isabella wird vorgeworfen, sie habe ihren Halbbruder vergiften lassen. Gleichzeitig greift man auf alte Prophezeiungen zurück: Der König von Portugal wird als der maskierte Held *(El Encubierto)* präsentiert, der auf einem Holzpferd nach Kastilien reitet, um die Tyrannen zu besiegen und die Bevölkerung zu befreien. Auch Isabella und Ferdinand bleiben nicht untätig. Am 24. Mai erklären sie die Adeligen, die den portugiesischen Eindringling unterstützen, als Aufrührer: den Marquis von Villena, den Grafen von Plasencia, den Großmeister des Klosters des hl. Jakobus, den Grafen von Urueña. Auch sie pochen auf ihre Rechte und versuchen, sich Sympathien zu sichern. Sie wissen, daß ihre Zukunft auf dem Spiel steht. Am 12. Mai macht Ferdinand sein Testament. Der portugiesische Einfall, die Spaltung eines Teils des Reichs und die internationalen Beziehungen bestimmen den Verlauf des Krieges.

Die Portugiesen hatten die Alternative, entweder Andalusien oder das Duero-Tal anzugreifen, zwei Gebiete, in denen sie Verbündete hatten und wo die Autorität der kastilischen Herrscher nicht anerkannt wurde. Ein Ausfall in Richtung Andalusien wäre vom Marquis von Villena unterstützt worden, dessen Lehnsgut den ganzen Südosten der Halbinsel einnimmt. Das Guadalquivir-Tal wäre dann eingekreist und der ganze Süden des Königreichs das Herrschaftsgebiet von Prinzessin Johanna geworden. Da Alfons mit einer französischen Invasion vom Baskenland (Verhandlungen mit Ludwig I. waren darüber im Gange) rechnete, zog er es vor, zuerst am Duero anzugreifen, in der Hoffnung, in Burgos mit der französischen Armee zusammenzutreffen, einer Stadt, deren Festung ihm ergeben ist. Vom 10. bis 30. Mai überquert eine mächtige Armee (ungefähr 5000 bewaffnete Männer und 10 000 Infanteristen) die Grenze an verschiedenen Stellen und schlägt den Weg nach Salamanca und Zamora ein. Der erste Teil des Plans gelingt: Alfons zieht in Toro ein, wo er sich verschanzt, doch Ferdinand versperrt ihm den Weg nach Burgos, und Franzosen sind weit und breit nirgends zu sehen. Sie treten erst im Jahr darauf auf den Plan, als es zu spät ist. Die Front stabilisiert sich in der Gegend von Zamora.

Im Juli marschieren Ferdinand und Isabella Richtung Toro. Sie befehligen eine Truppe von 2000 Mann (Reiter mit Harnisch und Lanzen), 6000 Reiter und 20 000 Infanteristen. Es ist eine relativ starke, aber uneinheitliche Armee: Die Truppen des Adels kämpfen Seite an Seite mit dem Bürgerheer; jeder Lehnsherr sieht sich als alleinigen Anführer seiner Truppen, die nur ihm gehorchen, was große Disziplins- und Koordinationsprobleme aufwirft. Im Namen Ferdinands fordert Gómez Manrique den König von Portugal heraus. Er schlägt einen Einzelkampf zwischen den beiden Herrschern vor, um den Streit zu beenden. Alfons nimmt die Herausforderung an, aber unter der Bedingung, daß Johanna und Isabella den Einsatz bilden, was Ferdinand nicht akzeptiert. Am 15. Juli, als Ferdinand erfährt, daß Zamora soeben dem Feind die Tore geöffnet hat, läßt er von seinem Plan, Toro einzunehmen, ab. Als das Bürgerheer die Truppen der Adeligen abziehen sieht und sich verraten glaubt, erhebt es sich, und es kostet alle Mühe, es wieder zu beruhigen. In Tordesillas ist die Enttäuschung groß.

Ferdinands und Isabellas Schwäche zeigt sich am deutlichsten in den Notmaßnahmen, die sie im Laufe des Sommers treffen müssen. Der Krieg kommt nämlich teuer. Das in *alcázar* deponierte königliche Vermögen reicht nicht aus, die Kosten zu decken. Die Steuereinkünfte sind kläglich. Die Herrscher verpfänden sogar ihren persönlichen Schmuck. Mit Zustimmung von Fray Hernando de Talavera, dem hieronymitischen Mönch, der seit einiger Zeit der Beichtvater der Königin ist, requirieren sie sakrale Gefäße der Kirchen mit dem Versprechen, sie zurückzugeben, wenn die Umstände es zulassen. Diese Art Zwangsanleihe soll 30 000 Maravedis eingebracht haben.

Damit wurde der Feldzug vom Sommer 1475 finanziert. Man beschließt, die Festung von Burgos mit Hilfe der Artillerie, die vom besten Spezialisten der Halbinsel, Alfons von Aragonien, einem unehelichen Sohn König Johanns II. von Aragonien, befehligt wird, einzunehmen. Gleichzeitig bemüht man sich, die Portugiesen daran zu hindern, weiter nach Norden zu marschieren. Außerdem versucht man mit Hilfe der einheimischen Bevölkerung, die Übergabe der Festung von Zamora zu erreichen. Die Belagerung von Burgos endet im Januar. Isabella persönlich ergreift am 19. Januar 1476 Besitz von der Festung, nachdem sie eine sechstägige Reise im Schneesturm zurückgelegt hat. Dagegen wird das Komplott von Zamora aufgedeckt; Ferdinand kann wohl die Stadt besetzen, doch die Festung selbst ergibt sich erst im März. Der König von Portugal hat sich in Toro verschanzt, wo er Verstärkung erhält. In Peleagonzalo findet am 1. März 1476 ein großer Kampf statt. Vor allem zwei Kirchenfürsten stehen sich hier mit Helm und Harnisch gegenüber: der Erzbischof von Toledo, Carrillo, auf der portugiesischen Seite und Kardinal Mendoza auf der Gegenseite. Er geht mit dem Kriegsgeschrei in den Kampf: »Verräter! *Hier* ist der Kardinal von Spanien.« Die Portugiesen werden geschlagen. Am Tag des Sieges sagt Ferdinand zu Isabella: »Seid froh, daß unser Herr Euch heute nacht ganz Kastilien geschenkt hat.« Die Katholischen Könige lassen Dankgottesdienste zelebrieren und leisten den Schwur, daß sie in Toledo in Erinnerung an den Sieg, den sie errungen haben, das Kloster San Juan de los Reyes errichten lassen werden.

In diesem Augenblick zeigt sich eine grundlegende Meinungsverschiedenheit der beiden Herrscher. Es ist die letzte, die bekannt wurde. Ferdinand, der glaubt, daß in Kastilien alles bereinigt ist, möchte Katalonien gewinnen, wo man ihn wie den Messias erwartet (ein Ausdruck, den die Zeitgenossen verwendeten), um die Verteidigung des Landes gegen einen eventuellen französischen Angriff zu organisieren. Isabella dagegen möchte als erstes mit den Widerstandsgruppen, die in Alt-Kastilien noch bestehen, aufräumen. Ferdinand und Isabella geraten in Streit. Als der Großmeister von Calatrava ein Gespräch mit der Königin wünscht, wird ihm mitgeteilt, sie sei wütend. Ferdinand ist inzwischen auf die Jagd gegangen, um seine Nerven zu beruhigen.

Doch ihr Streit dauert nicht lange. Im März erfolgt der französische Angriff, mit dem man schon seit mehreren Monaten gerechnet hatte: 50 000 Mann haben die Grenze in Hendaye überschritten; die kastilische Gegenoffensive zwingt sie, sich nach Bayonne zurückzuziehen. Die Franzosen belagern Fontarabie, doch die baskische Marine bildet im Golf von Gascogne eine starke Abwehr und zwingt sie somit, die Belagerung aufzuheben.

Das Spiel schien für den König von Portugal verloren zu sein. Im Juni beschließt er, sich nach Frankreich zu begeben und Ludwig XI. persönlich um Hilfe zu bitten – vergeblich.

Ferdinand und Isabella vernichten methodisch alle Widerstandsgruppen und nehmen im September die Stadt Toro ein; die Festung fällt im Monat darauf. Die portugiesische Invasion wird abgewehrt, doch von Zeit zu Zeit erfolgen weiterhin feindliche Angriffe, vor allem in Estremadura.

Diese Auseinandersetzungen werden durch Waffenstillstände wie der vom August 1477 bis zum August 1478 an der andalusischen Front unterbrochen. Im Herbst 1478 wird von Trujillo aus der Entscheidungskampf geführt. Am 24. Februar 1479 werden die Portugiesen, die dem aufständischen Mérida zu Hilfe eilen wollten, vom Großmeister des Ordens des hl. Jakobus in Albuera geschlagen. Alfons ist jetzt verhandlungsbereit.

Portugal hoffte, durch seinen Einfall in Spanien einen allgemeinen Aufstand gegen die Katholischen Könige provozieren zu können, doch das trat nicht ein. Es wäre allerdings falsch, anzunehmen, daß die beiden außer ein paar rebellischen Adeligen, die vom Erzbischof von Toledo und vom Marquis von Villena angeführt wurden, den Großteil des Landes hinter sich gehabt hätten. Ferdinand und Isabella stehen zu Beginn des Jahres 1475 isoliert da. Sicher, die meisten aristokratischen Familien sind ihnen ergeben, doch ein Großteil des Landes entzieht sich noch ihrer Oberhoheit. Das bedeutet, daß die Katholischen Könige auf starke Opposition stießen, auch wenn die Propagandisten dies herunterspielen wollten. Viele Gebiete verharren in Wartestellung und zeigen wenig Interesse an den Thronkämpfen zwischen den beiden Prätendentinnen Isabella und Johanna. Erst nach ungefähr vier Jahren ist das Eis geschmolzen, was beweist, daß Isabella nicht von vornherein mit offenen Armen aufgenommen wurde. Die *Santa Hermandad*, die von den Cortes in Madrigal eingesetzt wurde (1476), stellt keine bloße Landgendarmerie dar, die die öffentliche Ordnung aufrechterhalten soll. Ihre Aufgabe besteht auch darin, die Gegner auszuschalten und jeglichen Widerstand mit Gewalt zu brechen.

Ende Mai 1475 verkünden die Katholischen Könige in dem Augenblick, da sie sich anschicken, sich der Invasion entgegenzustellen, daß sie an allen Fronten Krieg führen werden: zu Wasser und zu Land gegen die Portugiesen, aber auch gegen die Feinde im Innern des Landes, gegen all jene, die sich gegen sie auflehnen, insbesondere den Marquis von Villena, dessen Territorien von Valencia aus angegriffen werden. Fünf Regionen leisten Widerstand: das Erzbistum von Toledo, das Marquisat von Villena, Estremadura, Andalusien und Galicien, d. h. mehr als die Hälfte des Königreichs. Die Niederlage der portugiesischen Invasoren beendet die Kampfhandlungen. Ein Teil des Adels gibt, nachdem er ohne ausländische Hilfe dasteht, nach der Schlacht von Toro (1476) den Kampf auf. Die Herrscher haben weder den Wunsch noch die Mittel, ihre Gegner außer Gefecht zu setzen. Deshalb üben sie keinerlei Repressalien auf die Zúñigas aus, bieten ihnen vielmehr großzügige Entschädigungen an: Juan de Zúñiga soll Großmeister von Alcántara werden; Juan Téllez Girón, Graf von Urueña, soll die Stadt Carmona bekommen, und der Großmeister von Calatrava, Rodrigo Téllez Girón, behält seine gesamten Güter. Erst nach und nach können Ferdinand und Isabella ihre Untertanen für sich gewinnen, in manchen Gegenden dauert der Bürgerkrieg bis 1480.

Im Frühjahr 1477 ist die Befriedung Estremaduras beendet. Anschließend unternimmt Isabella eine lange Reise in den Süden der Halbinsel. Guadalupe und Trujillo unterwerfen sich als erste. In anderen Städten muß die Miliz der *Hermandad* eingesetzt werden, um die Ordnung wiederherzustellen, die Streitigkeiten der rivalisierenden Clans zu beenden und die Festungen der Raubritter zu zerstören, die die Katholischen Könige nicht anerkennen wollen. Doch erst im Winter 1478–1479 ist die Gräfin von Medellín, die Tochter des Marquis von Villena, bereit, der Übergabe der Städte Medellín und Mérida zuzustimmen. Die Entscheidung der Portugiesen, um Waffenstillstand zu bitten, war entscheidend gewesen.

Die Lage in Andalusien ist beunruhigend. Hier waren es die Feudalherren gewohnt, nach Belieben zu herrschen, ohne sich um den weit entfernten, schwachen Staat zu kümmern. Seit langem bekämpfen sich die Guzmáns, Herzöge von Medinasidonia und die Ponce de Leóns, Marquis von Cádiz, machen sich die wichtigsten Städte, wie z. B. Sevilla, streitig. Ende des Jahres 1477 begeben sich zuerst Isabella, dann Ferdinand, an Ort und Stelle. Durch Überredungskunst und Drohungen beenden sie alte Konflikte, schieben dem Machtmißbrauch einen Riegel vor. Die Königin befiehlt Heinrich von Guzmán dem Herzog von Medinasidonia, den *alcázar* von Sevilla, den Hafen und das Schloß von Triana unter die Obhut königlicher Offiziere zu stellen. Der Marquis von Cádiz wird aufgefordert, mit den Festungen oder öffentlichen Gebäuden, die in seiner Gewalt sind, genauso zu verfahren. Das Schloß von Utrera, das sich nicht ergeben möchte, wird mit Gewalt erobert. Die Chronisten berichten von den Audienzen der Königin. Sie hörte die Klagenden an und ließ den Opfern der Lokalpotentaten Gerechtigkeit widerfahren. Doch die königliche Autorität ist noch nicht gefestigt genug. Wie in Estremadura muß sich das Herrscherpaar mit den Feudalherren arrangieren. Immerhin hat es erreicht, daß die Streitigkeiten unter den Clans aufhörten und Sevilla wieder unabhängig wird. Die Stadt wird in Zukunft von einem Staatsvertreter, einem *asistente*, verwaltet. Córdoba untersteht jetzt einem von dem Herrscherpaar ernannten *corregidor*.

In Galicien geht nicht alles so glatt ab. Die Landjunker, die es gewohnt sind, niemandem zu gehorchen, beneiden die Feudalherren um ihre Selbständigkeit. Ein Großteil der Feudalherren und Landjunker hat auf Portugal gesetzt. Dadurch können die Katholischen Könige sie mit Fug und Recht als Rebellen und Verräter betrachten. Das Vermögen des *adelantado* Fernando de Pareja wird zugunsten des Staates eingezogen. Doch die Befriedung erfordert viel Zeit. Bis 1480 verweigert der Graf von Camiña den Gehorsam. Hernando de Acuña, den Ferdinand und Isabella zum Gouverneur von Galicien ernannt hatten, läßt die Aufrührer hinrichten und 46 Türme abreißen. Die *Santa Hermandad* verfährt genauso, doch im März 1483 muß sich Ferdinand persönlich nach Galicien begeben, um den Adel dazu zu bringen, die Autorität des Staatsrepräsentanten Hernando de Acuña anzuerkennen. 1485 nimmt einer dieser Feudalherren, Graf von Lemos, den Kampf wieder auf. Erst im Herbst des darauffolgenden Jahres gelingt es den Katholischen Königen, die wieder nach Galicien gereist sind, dem Land endgültig den Frieden zu geben.

Im Innern und Südosten des Landes herrscht durch die Rebellion des Erzbischofs von Toledo und des Marquis von Villena, die beide unnachgiebig sind, in der Mancha, auf den Ländereien der Militärorden bis zur Grenze von Valencia eine aufrührerische Stimmung. Rodrigo Manrique, Großmeister des Ordens des hl. Jakobus, und sein Sohn, der Dichter Jorge Manrique, haben den Auftrag, den Frieden in der Mancha und Umgebung wiederherzustellen. Sie bemächtigen sich mehrerer Orte, darunter Daimiel (Sommer 1475) und Ocaña (November 1475), während der Herzog von Infantado im Februar 1476 Madrid besetzt.

Die Katholischen Könige unterstützten den Aufruhr in diesen Gegenden, um den Marquis von Villena zu bekämpfen. Im Juli 1475 erteilten sie dem *adelantado* von Murcia, Pedro Fajardo, den Befehl, den Marquis mit allen Mitteln zu bekämpfen. Unterstützung erhält Pedro Fajardo durch die Truppen von Valencia. Es ist möglich, daß die eifrigen Mitarbeiter der Katholischen Könige diese so interpretiert hatten, daß sie die Untertanen zur Rebellion aufgefordert und versprochen hatten, sie aus der Gewalt der Lehnsherren zu befreien, um sie der Krone gefügig zu machen. Es ist kaum vorstellbar, daß Ferdinand und Isabella selbst das Volk zum Aufstand gegen die Lehnsherren aufgefordert hatten, was die ganze Aristokratie in Aufruhr versetzt hätte. Vermutlich haben sie diese Bewegung genutzt, ohne sie bewußt zu provozieren.

Seit Beginn des Erbfolgekrieges herrschen in dem Marquisat von Villena Volksaufstände, die die Unterstützung der Katholischen Könige gegen die Feudalherren erforderlich machen, angefangen bei Alacaraz, einem kleinen Marktflecken, der endgültig wieder Besitz der Herrscher wird. Die Besetzung von Villena, der Hauptstadt des Marquisats, vollzieht sich im Januar 1476 als Folge einer doppelten Bewegung: der Anschluß an die Katholischen Könige und der Widerstand gegen die Feudalherren. Auch an anderen Orten gärt es, man denke nur an die Aufstände in Fuenteovejuna in der Nähe von Córdoba und Segovia. Dadurch erhält die Regierungszeit der Katholischen Könige ein ganz besonderes Gepräge, das die Zeitgenossen sehr wohl erkennen und die Chronisten in ihrer Chronik darstellen und das fünfzig Jahre später beim Aufstand der *comuneros* (1520-1521) erneut von Bedeutung ist: Die neuen Monarchen erscheinen als die Verteidiger der Monarchie – was der Wahrheit entspricht – und als Gegner des Feudaladels, was nicht eindeutig ist und besser differenziert werden muß. Doch diese Deutung kommt den beiden Herrschern zugute: Obwohl sie einerseits die Unterstützung des Adels suchen, ohne die sie nichts ausrichten können, bedeuten sie andererseits für die ausgebeuteten Bauern und ausgebluteten Städte die Befreiung. Man setzt alle Hoffnung auf sie, erwartet, daß sie die Arroganz der Lehnsherren, die sich seit einem Jahrhundert alle Rechte herausnehmen, brechen, sieht in ihnen die Garanten einer Ordnung, die das Elend des Volkes berücksichtigt, idealisiert ihren Gerechtigkeitssinn.

Ferdinand und Isabella hüten sich, die Illusionen des Volkes zu zerstören, nähren sie und machen sie sich zunutze. Von Anfang an rankt sich um ihre Regierung ein Mythos, den Lope de Vega im 17. Jahrhundert in seinem Theater wiederaufnimmt und überzeichnet: der Mythos einer Volksmonarchie, die auf Recht und Gerechtigkeit basiert und darauf bedacht ist, die Würde jedes einzelnen Untertanen zu achten und zu sichern. Doch dieser Mythos ist nicht ohne Wahrheitsgehalt: Die Katholischen Könige haben tatsächlich die Unterstützung und Mitwirkung der aktivsten Elemente des Staates gesucht, um gemeinsame Aufgaben zu erfüllen: die Wiederherstellung der Ordnung zu Beginn und später die Wahrung des Glaubens und Ausrottung der Ketzerei und Vollendung der Reconquista. Ihr Regime verfügt also über eine breite soziale Basis, die ihren Vorgängern vorenthalten war. Das ist das Geheimnis ihres Erfolges. Feudalherren wie Carrillo und Pacheco sind gescheitert, da sie dies nicht rechtzeitig erkannt hatten.

Nach der Niederlage der Portugiesen in Toro wollten sie einlenken, doch es war zu spät. Sie glaubten, es herrschten noch Verhältnisse wie zur Zeit Heinrichs IV., doch sie haben es mit zwei Herrschern zu tun, die wohl kompromißbereit sind – wie ihr Verhalten gegenüber dem Adel beweist –, aber feste Prinzipien haben: Die Rechtmäßigkeit von Isabellas Thronansprüchen ist kein Streitpunkt. Ferdinand und Isabella lassen sich keine Bedingungen stellen. Folglich dehnt sich der Kampf aus. Im Falle von Pacheco kommt es zu einem Kompromiß: Er bleibt Marquis von Villena, doch sein Lehen wird aufgelöst. Er erhält wieder die Herrschaft über einige seiner Ländereien, die sich gegen ihn erhoben hatten, doch Madrid, Trujillo und Baeza werden ihm genommen. Dafür erhält er im Herbst 1476 eine Rente von einer Million Maravedis.

Der Erzbischof von Toledo ist bei weitem hartnäckiger. Er beherrscht die Kunst, die Gemüter aufzuwühlen, doch die Katholischen Könige decken einige seiner Machenschaften auf. Im April 1475 bestätigen sie der Stadt Toledo eine allgemeine Amnestie, die Heinrich IV. der Stadt für die Vergehen im Bürgerkrieg gewährt hatte (1468). Doch Carrillo besitzt in seiner Diözese mehrere Widerstandszentren gegen die Katholischen Könige. Im Sommer 1478 versuchen Ferdinand und Isabella eines nach dem anderen aufzudecken und vertrauenswürdigen Männern anzuvertrauen. Erst im Januar 1479 gibt sich Carrillo geschlagen. Einer seiner engsten Mitarbeiter, Fernando de Alarcón, wird 1480 in Toledo enthauptet. Carrillo selbst wird verschont, doch er meidet den Hof. Als er 1482 stirbt, bietet Isabella das

Erzbistum von Toledo dem Mann an, den Carrillo am meisten gehaßt hatte, seinem alten Rivalen, dem Kardinal Mendoza: »Kardinal«, sagte sie zu ihm, »der Erzbischof Don Alonso Carrillo de Acuña hat Euch das Erzbistum Toledo hinterlassen, nehmt es, es kommt Euch zu.«

Die Katholischen Könige benötigten fünf Jahre, bis sie sich die Macht gesichert hatten. Die lange Krise, der Bürgerkrieg zeigen, inwieweit die Rechte jener, die seit 1468 ihren Thronanspruch gegen jene, die die natürliche Erbin zu sein schien, nämlich Prinzessin Johanna, Tochter Heinrichs IV., umstritten waren. Es gab keine Bewegung für, geschweige denn Einstimmigkeit zugunsten Isabellas, die in den Augen vieler als Usurpatorin erscheinen mußte, als eine Intrigantin, die von einem Teil des Adels an die Macht gebracht worden war. Der Sieg über Portugal verlieh ihr eine Legitimität, die bis dahin umstritten war. Isabella kannte am besten die Fragwürdigkeit ihrer rechtlichen Lage. Deshalb ergreift sie nach der Unterzeichnung des Friedensvertrags mit Portugal Vorsichtsmaßnahmen, um Prinzessin Johanna endgültig auszuschalten. Doch zuvor mußte sie sich ihre Stellung gegenüber den internationalen Mächten sichern.

In den Jahren 1474 bis 1480, in denen die Katholischen Könige ihre Macht festigen müssen, gilt ihre Sorge nicht nur dem portugiesischen Eindringling. Sie müssen auch ihre Position gegenüber dem Ausland behaupten. Sie wollen als erstes einer eventuellen Bedrohung seitens der Mauren vorbeugen. Graf Cabra erhält Vollmacht, den Frieden oder einen langfristigen Waffenstillstand auszuhandeln. Am meisten Kopfzerbrechen bereitet Frankreich, das jedoch seit langem mit Kastilien verbündet ist. Zu Beginn ihrer Regierungszeit haben Ferdinand und Isabella versucht, die guten Beziehungen aufrechtzuerhalten. Im Februar 1475 wurde Hernando del Pulgar nach Paris entsandt, um diplomatische Verhandlungen aufzunehmen, doch an der Frage des Roussillon scheitert seine Mission. In dieser Sache muß Kastilien Aragonien unterstützen. Der große Kronrat, der am 18. Januar 1475 in Segovia abgehalten wurde, beschloß, 2000 Soldaten an die katalonische Front zu entsenden, doch diese Verstärkung kommt zu spät, und die Franzosen nehmen am 10. März Perpignan ein. Die französisch-kastilische Konferenz in Bayonne verläuft ergebnislos.

Ludwig XI. bricht nicht sofort mit Kastilien. Zuerst sichert er sich den Frieden mit England, mit dem er im August ein Abkommen schließt, und mit Burgund, mit dem er im September einen Friedensvertrag unterzeichnet. Erst am 23. September 1475 kommt es dann mit Portugal zu einem Bündnisvertrag, der von Olivier Le Roux in Lissabon vorbereitet wurde. Dieser Vertrag sieht ein gemeinsames militärisches Vorgehen gegen Kastilien vor und im Falle eines portugiesischen Sieges die Teilung Aragoniens zwischen Frankreich und Portugal. Da sich die Verhandlungen hinziehen, findet Kastilien Zeit, die portugiesische Invasion abzuwehren. Als sich die Franzosen endlich entscheiden anzugreifen, ist der Überraschungseffekt verwirkt und die Absprache mit Portugal ohne Belang. Die drei Angriffe auf Fontarabie, zwischen März und Juni 1476, sind wirkungslos, vor allem deshalb, weil die baskische Marine den Golf von Gascogne unter Bewachung hat. Die Franzosen scheinen inzwischen den Gedanken, Portugal zu unterstützen, aufgegeben zu haben, doch erst am 9. Oktober 1478 schließen sie Frieden mit Kastilien (der Vertrag von St. Jean-de-Luz). Ferdinand stellt vorübergehend die aragonischen Interessen zurück; das heikle Problem des Roussillon und der Cerdagne wird vorerst noch nicht gelöst.

Auch der Heilige Stuhl wird durch den Erbfolgekrieg in Verlegenheit gebracht. Aus der Sicht Roms stehen sich hierbei Portugal und Aragonien gegenüber, was durchaus der Wahrheit entspricht. Sixtus IV. sympathisiert mit Isabella, doch offiziell bezieht er keine Stellung, wünscht, daß die Angelegenheit gütlich durch die Einschaltung unparteiischer Richter beigelegt werde. Gleichzeitig wird der Papst durch Frankreich unter Druck gesetzt. Schließlich gewährt er Alfons V. den erforderlichen Dispens, damit dieser seine Nichte Johanna (3. Februar 1476) heiraten kann, doch die Bulle wird erst ein paar Monate später öffentlich bekannt. Das bedeutet einen Mißerfolg für die Katholischen Könige, doch nur ein vorübergehender, da im Dezember 1478 Sixtus IV. seinen Entschluß ändert. Zu der Zeit nähert sich der Erbfolgekrieg dem Ende.

Portugal wünscht nämlich den Frieden. Im Februar 1479 begibt sich Isabella auf Ersuchen ihrer Tante, der portugiesischen Infantin Beatrix, zur Grenze. Das Treffen findet in Alcántara statt, und die Verhandlungen werden von der Königin persönlich geleitet. Kastilien hat ein Mitglied des Kronrats entsandt, Professor Rodrigo Maldonado von Talavera, der strenge Anweisungen hat. Die Verhandlungen ziehen sich über Monate hin bis zu den Verträgen von Alcaçovas (4. September 1479). Für jedes Problem wurde ein Vertrag aufgesetzt.

Die beiden Parteien können sich schwer über gewisse politische Aspekte einigen: Amnestie für die kastilischen Adeligen, die Portugal unterstützt haben, Freilassung der Kriegsgefangenen, Rückgabe der besetzten Gebiete: Es sollten die gleichen Grenzen wiederhergestellt werden wie in der Zeit nach dem Tod Heinrichs IV. Noch wichtiger sind die Klauseln des Vertrags über die überseeische Expansion der beiden Länder. Die Kastilier versuchten, begünstigt durch den Krieg, sich in Afrika einzumischen, das bis dahin ein Monopol der Portugiesen war. Die baskischen Seeleute haben dem Feind Verluste zugefügt; kastilische Korsaren überfielen portugiesische Handelsschiffe; Andalusier machten Expeditionen zum Golf von Guinea. Diese kastilischen Unternehmungen beunruhigen die Portugiesen. Einer der Verträge von Alcacovas garantiert Portugal, daß Kastilien auf jegliche Initiative an den Atlantikküsten Afrikas verzichten werde. Die Inseln im Atlantischen Ozean werden mit Ausnahme der Kanarischen Inseln als portugiesisches Einflußgebiet erklärt. Das ist bereits die Vorstufe zu dem zukünftigen Vertrag von Tordesillas (1494) über die Aufteilung der Welt zwischen Spanien und Portugal.

Das Schicksal von Prinzessin Johanna bewirkte, daß sich die Verhandlungen in die Länge zogen und ein besonderer Vertrag erforderlich wurde. Königin Isabella behauptete davon: »Alles steht da drin.« Aus diesem Grunde wollte sie auch zu Beginn der Verhandlungen anwesend sein. In der Folge mußte ihr der kastilische Bevollmächtigte, Maldonado, täglich über den Verlauf der Verhandlungen Bericht erstatten. Die Standpunkte sind gegensätzlich. Portugal fühlt sich Prinzessin Johanna verpflichtet; seine Vertreter halten die Heirat mit dem König von Portugal, die nicht vollzogen wurde, für nichtig und schlagen vor, Prinz Johann von Kastilien, den Sohn der Katholischen Könige, solle Johanna heiraten und die kastilische Infantin Isabella den ältesten Sohn von Prinz Johann, Erbe des portugiesischen Throns. Königin Isabella lehnt das aber entschieden ab. Sie fordert, daß Prinzessin Johanna den Schleier nehme oder in Kastilien unter Bewachung lebe. Doch dann gibt sie nach: Sie willigt ein, sie mit dem Erbprinzen von Kastilien zu verheiraten, wenn dieser vierzehn Jahre alt sei, also nicht vor 1492 (er wurde 1478 geboren). Bis dahin müsse Johanna in Portugal unter Bewachung stehen. Doch der Vertrag enthält eine Klausel: Der Erbprinz hat die Möglichkeit, die Heirat abzulehnen. In diesem Falle verpflichtet sich Kastilien, Johanna eine Entschädigung von 100 000 *Golddoblas* zu zahlen.

Isabella möchte im Grunde natürlich nicht, daß ihr Sohn ihre Rivalin heirate. Dies beweist sie sechzehn Jahre später, als Kardinal Mendoza auf seinem Totenbett den Katholischen Königen drei letzte Ratschläge erteilt: Frieden mit Frankreich zu schließen, das Erzbistum von Toledo keinem Adeligen zu geben und den Erbprinzen mit Johanna zu verheiraten. Als Isabella dies hörte, rief sie aus: »Der Kardinal phantasiert, er weiß nicht mehr, was er sagt.« 1479 gibt sie anscheinend dem Drängen der Portugiesen nach, doch sie trifft bei dem Abkommen so viele Vorsichtsmaßnahmen, daß dies mehr einer kaschierten Absage gleicht.

Genauso faßte es die Hauptbetroffene, die unglückliche Prinzessin Johanna, auf, die damals 17 Jahre alt war. Statt 13 Jahre lang unter strenger Bewachung eine fragwürdige Eheschließung abzuwarten (der Vertrag sah ausdrücklich vor, daß der Erbe von Kastilien die Heirat ablehnen konnte), wählte sie das Kloster. Am 5. November 1479 trat sie als Novizin bei den Klarissinnen in Coimbra ein. Am 15. November des darauffolgenden Jahres legte sie in Anwesenheit von Fray Hernando de Talavera ihr ewiges Gelübde ab. Isabella hatte diesen beauftragt, darauf zu achten, daß kein Formfehler unterlaufe, der eines Tages dazu führen könne, das Gelübde ungültig zu machen. Isabellas Mißtrauen ist damit noch nicht beseitigt. 1494 setzt sie beim Papst eine Bulle durch, in der dieser der jungen Klarissin jeglichen Ausgang verbietet. Bei jedem Regierungswechsel in Portugal bittet sie die neuen Herrscher, erst Johann, dann Manuel, die Vertragsklauseln von 1479 zu bestätigen, damit Johanna keine Möglichkeit hat, dem Kloster zu entkommen.

Trotzdem gelingt es Prinzessin Johanna, das Kloster mehrere Male für kurze Zeit zu verlassen, jeweils in Begleitung, wie es ihr Rang erfordert. Im Oktober 1480 hatte ihr König Alfons den Titel einer Infantin verliehen, den Titel einer Exzellenz *(Excelente Senhora)*. Königin Isabella protestierte auf diplomatischem Wege. Prinzessin Johanna betrachtet sich bis zu ihrem Tod 1530 als Königin – unterzeichnet auch so ihre Briefe –, doch die Gefahr, die sie hätte bedeuten können, wird immer geringer, und die Beziehungen zwischen Kastilien und Portugal werden schließlich offener, ja freundschaftlich. Gemäß dem Abkommen von 1479 heiratet die kastilische Infantin Isabella 1490 den ältesten Sohn von König Johann II., Alfons, der kurze Zeit danach stirbt. 1495 heiratet sie in zweiter Ehe König Manuel, den Cousin und Erben Johanns II. Diese Ehebündnisse sollen die Vereinigung der drei Hauptkönigreiche der Halbinsel unter einer Krone vorbereiten, ein Ziel, dem man 1500 bereits sehr nahe war.

Isabellas Hartnäckigkeit, ihre Rivalin zur völligen Abgeschiedenheit zu verdammen, hellt nachträglich den Dynastiestreit auf. 1479 können sich die Katholischen Könige ihrer Macht sicher sein. Niemand zweifelt mehr an ihrer Autorität. Weshalb also diese Repressalien gegen Johanna? Vermutlich deshalb, weil sie in den Augen Isabellas die Tochter Heinrichs IV. war und folglich eine politische Gefahr darstellte. Sie konnte jederzeit ihre Rechte beanspruchen, zum Aufstand aufstacheln und die Spaltung des Königreichs bewirken. Der beste Beweis, daß Johanna die rechtmäßige Tochter Heinrichs IV. war, ist Isabellas Haltung nach dem Sieg. Auch das Verhalten Portugals unterstreicht dies. Weshalb sonst behandelten die portugiesischen Herrscher nach 1479 Johanna als Infantin oder Prinzessin, wenn sie an ihrer Herkunft gezweifelt hätten? Eines steht fest: Aus rechtlicher Sicht war Isabella vermutlich eine Usurpatorin, doch die Umstände waren ihr gewogen, und Spanien hatte keinen Schaden davon.

III. Der Aufbau des Staates

Die eigentliche Regierungszeit der Katholischen Könige beginnt 1479. In diesem Jahr endet der Erbfolgekrieg und wird der Friedensvertrag mit Portugal unterzeichnet. Im gleichen Jahr wird Ferdinand König von Aragonien. Nun sind beide Kronen vereint. Doch es ist keine nationale, sondern eine bloße personelle und dynastische Union. Es wäre falsch, daraus zu schließen, daß die politische Einheit Spaniens dadurch erreicht worden wäre. Im Grunde hat sich nichts geändert: Die beiden Hoheitsgebiete bewahren ihre Autonomie. Nur regieren aufgrund des Ehevertrags von 1469 und des Abkommens von Segovia von 1475 die gleichen Herrscher über Kastilien und Aragonien. Doch von Rechts wegen ist Isabella die alleinige Königin von Kastilien und Ferdinand der alleinige König von Aragonien.

Seit 1479 sind also zwei Hoheitsgebiete unter gleicher Krone vereint, die sich im übrigen grundlegend voneinander unterscheiden. Beide haben völlig andere Institutionen, eine ganz andere Gesellschaftsstruktur, Wirtschaft, Währung, andere Zölle und eine andere Sprache ... Das wird in der Titelbezeichnung beider Herrscher deutlich: Könige von Kastilien, León, Aragonien, Sizilien, Toledo, Valencia, Galicien, Mallorca, Sevilla, Sardinien, Córdoba, Korsika, Murcia, Jaén, der Algarve, von Algesiras, Gibraltar, Guipuzcoa, Grafen von Barcelona, Herren von Biskaya und Molina, Herzöge von Athen, Grafen des Roussillon und der Cerdagne ... Einige dieser Titel sind bloße historische Erinnerungen ohne aktuelle Wirklichkeit: z. B. die einst in Athen erworbenen Rechte, die im Prinzip bestätigt wurden. Rein theoretisch sind auch die Erwähnungen der ehemaligen Königreiche der Krone von Kastilien. Seit langem haben Kastilien, León, Toledo, Galicien, Sevilla, Córdoba, Murcia, Jaén, die Algarve, Algesiras und Gibraltar ihre Eigenheit im kastilischen Gesamtgebilde verloren.

Die Integrationsstrategie der Katholischen Könige ist stark ausgeprägt, läßt im Grunde nur den baskischen Provinzen ihre Autonomie.

Alle anderen Gebiete, einschließlich Granada, das seit 1492 wieder zum Reich gehört, unterliegen den gleichen Institutionen, der gleichen Gesetzgebung, den gleichen Steuerabgaben (auch wenn manchmal unterschiedliche Ausdrücke gebraucht werden: Die Zölle werden in Kastilien *diezmos de la mar* genannt, in Andalusien *almojarifazgos*) und den gleichen Cortes, in denen Vertreter all dieser Gebiete sitzen.

In Aragonien verhält es sich ganz anders. Hier kann man noch nicht von Integration reden, da es vier unterschiedliche Gebiete gibt: die Königreiche von Aragonien und Valencia, die katalanischen Grafschaften und die Balearen sowie die angrenzenden Gebiete: Sizilien, Sardinien und Neapel. Jedes dieser Gebiete bewahrt seine Autonomie. Es ist keine Rede davon, eine gemeinsame Gesetzgebung oder ein gemeinsames Steuersystem für die Krone von Aragonien auszuarbeiten. Die Regeln, die für das Königreich Aragonien gelten, gelten nicht für Katalonien oder Valencia. Wenn der Herrscher die Steuern erhöhen möchte, bedarf er der Zustimmung der Cortes von Aragonien, Katalonien und von Valencia. Der Einfachheit halber ruft man sie oft am gleichen Ort zusammen, meistens in Monzón, doch die drei Versammlungen werden gesondert abgehalten, und der Herrscher muß bei jeder persönlich anwesend sein. Jedes Gebiet hat auch seine eigene Verwaltung, Wirtschaft und Währung. Die einzige gemeinsame Institution bildete die Schaffung des Rats von Aragonien im Jahre 1494, der den Herrschern einen Gesamtüberblick über die Probleme, die Aragonien beschäftigen, gibt, doch der Rat darf keine Entscheidungen fällen, die die Privilegien der anderen Gebiete verletzen.

Ferdinand und Isabella hätten versuchen können, dies auszubauen und eine echte nationale und politische Einheit anzustreben, doch sie scheinen dies nicht beabsichtigt zu haben. Sie sind noch stark vom mittelalterlichen Denken geprägt; sie herrschen über Gebiete, die sie von ihren Vorfahren geerbt haben und die sie wieder weitervererben werden, zusammen mit den Gebieten, die sie dazugewonnen haben. Unter ihrer Herrschaft gab es für die Krone von Aragonien und Kastilien gemeinsame Unternehmungen: vor allem die Rückeroberung Granadas und die Wiedereinführung der Inquisition. Die Personalunion der beiden Kronen verleiht ihnen mehr politischen Handlungsspielraum, vor allem in der Außenpolitik, was sich gerade in bezug auf Italien zeigen sollte. Für das Ausland verkörpern sie *einen* Willen. Das ist von großer Bedeutung, ändert aber im Innern des Landes nichts. Deshalb muß die in den Ländern der Krone von Kastilien und denen der Krone von Aragonien ausgeübte Politik gesondert betrachtet werden. Doch die Union setzt Weichen für die Zukunft. Die Doppelmonarchie vereint nicht die gesamte Halbinsel, da Portugal, Navarra und Granada nicht zur Monarchie gehören, doch in Zukunft besteht Spanien für das Ausland aus dem Block Kastilien-Aragonien, zwei ungleichen Partnern.

Das Mißverhältnis zwischen dem ausgedehnten Territorium, der Vitalität und Dynamik Kastiliens und den wesentlich kleineren gebietsmäßigen Dimensionen, der Trägheit und Zersplitterung der Krone von Aragonien ist offensichtlich. Die politischen Wirren des 15. Jahrhunderts ließen diese Unterschiede vergessen, doch jetzt, da Kastilien von starker Hand regiert wird, treten sie wieder deutlich zutage. 1479 wird das moderne Spanien geboren, doch es ist ein kastilisches Spanien. Wie konnte es auch anders sein, angesichts des Kräfteverhältnisses, das sich bis zum 17. Jahrhundert kaum veränderte.

In der Geschichte wird als Wende nicht das traditionelle Datum von 1504 festgehalten, nämlich Isabellas Todesjahr, sondern 1497, das Jahr, in dem Erbprinz Johann starb. Sein Tod bedeutet für das Reich die große Wende. Der Prinz sollte eine größere Annäherung zwischen den kastilischen und aragonischen Gebieten zuwege bringen. Wer weiß, ob es ihm gelungen wäre? Bis 1497 verwirklichen die Katholischen Könige ein umfangreiches Regierungsprogramm: Neuorganisation des Königreichs, Rückeroberung Granadas, Wiedereinführung der Inquisition, erste Expeditionen nach Amerika – alles im Jahr 1492, das den Höhepunkt ihrer Regierungszeit bildet. Nach 1497 läuft alles etwas langsamer, obwohl es gelingt, in Italien Fuß zu fassen, die Karibik zu kolonisieren, Navarra zu annektieren, doch die Schwierigkeiten nehmen zu. Nach dem Tod von Prinz Johann wird Johanna, die älteste Tochter der Katholischen Könige, die mit Philipp dem Schönen aus Burgund verheiratet ist, Thronerbin. Wird Aragonien damit einverstanden sein? Johanna leidet an geistiger Verwirrung, folglich muß ihr Gemahl in ihrem Namen handeln. Es besteht die Gefahr, daß er die seit 1474 eingeleitete Politik sowohl im Innern des Landes als auch mit dem Ausland zu ändern versucht.

Diese Probleme beschäftigen die Herrscher seit 1497, insbesondere Isabella. Durch den Tod Prinz Johanns wird sie nicht nur als Mutter betroffen, sondern auch als Regentin, die befürchtet, daß nach ihrem Tod ihr Werk durch Nachfolger, zu denen sie kein Vertrauen hat, verändert oder verraten wird. Isabella scheint etwas von ihrem Elan verloren zu haben. In ihrem Testament von 1504 spürt man Resignation.

Vor, während und nach der Regierungszeit der Katholischen Könige herrschte ein Überschwang, wie man ihn selten in der Geschichte antrifft. Der allgemeine Wohlstand läßt sich schlecht mit den Zwistigkeiten vereinbaren, die in der Oberschicht des Staates herrschten und die die öffentliche Ruhe gefährdeten. Von allen Seiten wünschte man eine Wiederherstellung der Ordnung, der Stabilität, eine starke und angesehene Monarchie. Isabella und Ferdinand profitierten von dieser Erwartungshaltung und machten sie sich zunutze. Eine regelrechte Propaganda, die klug eingesetzt wurde, fing alle Strömungen auf und konzentrierte sie auf das Herrscherpaar, das das Ansehen der Monarchie, die Autorität des Staates und die Gerechtigkeit wiederherstellen wollte. Ein anonymes Gedicht vom Frühjahr 1472 ist Ferdinand gewidmet, »dem Helden, den die Königreiche von Spanien erwartet hatten«:

Den Gott im Himmel und den König auf Erden
müssen alle fürchten;
wer keine Furcht hat, begeht einen großen Fehler,
denn wo soviel Arglist herrscht,
kann sich kein Königreich entfalten.

Etwas später macht sich Gómez Manrique, einer der engsten Mitarbeiter der Katholischen Könige, zum Sprachrohr des Volkes, das auf die nötigen Reformen wartet und seine Ungeduld äußert: »Meine Liebe zum Vaterland und mein Wunsch, die schrecklichen Wunden, unter denen es leidet, geheilt zu sehen, sind übermächtig.«

Ferdinand und Isabella sitzen jetzt fest auf dem Thron. Die allgemeine Begeisterung wird zu einem Loblied. Der Franziskaner Iñigo de Mendoza vergleicht Isabella mit der Jungfrau Maria: Die beiden Frauen sind auf die Welt gekommen, um dieser das Heil zu bringen; die Jungfrau Maria der ganzen Menscheit und Isabella Kastilien. Der Mönch fordert Isabella auf, den Kampf um die Gerechtigkeit auszufechten, ohne den Widerstand des Adels zu fürchten. 1476 spricht Diego de Valera davon, daß etwas im Gange sei, und denkt dabei an Ferdinand. 1498 widmet Professor Pedro Ciruelo seinen kosmographischen Bericht über die Sphäre von Sacro Bosco beiden Herrschern. Die Katholischen Könige haben das Goldene Zeitalter zurückgebracht: »Nunc igitur rediit aurea aetas ...« Die Propaganda und diejenigen, die das Lob des Herrscherpaars singen, stützen sich vor allem auf zwei Hauptpunkte: die Beendigung der Anarchie und die Wiederherstellung einer starken und angesehenen Monarchie.

Die Zeit vor der Thronbesteigung der Katholischen Könige bezeichnet man als die vergangene Zeit *(los tiempos pasados)*, die Zeit der Unruhen *(el tiempo de las turbaciones)*. Das Jahr 1474 wird als Wende angesehen, davor herrschte das Chaos, die Anarchie, die Ohnmacht. Danach wird wie durch Zauberei alles anders: Der Adel wird entmachtet, Reisende können unbehindert ihres Weges ziehen; das Volk kann endlich in Frieden arbeiten, kann auf seine Herrscher zählen, von ihnen Gerechtigkeit erwarten. Dieses idyllische Bild verleiht den Katholischen Königen einen fast heiligen Status. 1511 versucht die Stadtgemeinde von Córdoba, Ferdinand davon abzubringen, persönlich die Expedition gegen Tunis anzuführen: »Wir wissen, was unsere Königreiche erdulden mußten, bevor Eure Majestät sie übernommen hat; wir danken unserem Herrn für die Gnade, die er uns hat zuteil werden lassen, indem er Euch die Krone und die Regierung anvertraut hat . . .; deshalb wollen wir nicht, daß Ihr abwesend seid.« Im gleichen Jahr hat die Stadtgemeinde von Sevilla ein ähnliches Anliegen: »Eure Hoheit hat den katholischen Glauben in diesen Königreichen verherrlicht; Ihr habt überall Frieden und Ruhe wiederhergestellt, uns den Besitz unseres Eigentums garantiert . . . Ihr habt die Kirche mit Eurer Gunst überschüttet, neue Kirchen gebaut, die Orden reformiert und die Militärorden an ihren Platz verwiesen. Ihr habt die Ungläubigen aus dem Land verjagt, das königliche Herrschaftsgebiet erweitert, die Ordnung und Verwaltung der Justiz ins Gleichgewicht gebracht . . .«

Im Januar 1521, als der Aufstand der *Comunidades* ihren Höhepunkt erreicht hat, heißt es in der Gegend von Valencia, »daß gestohlen wird wie zur Zeit König Heinrichs IV.«. Wenn im Spanien Karls V. Frieden herrscht, dann ist dies Isabellas Einfluß zu verdanken, der noch lange nach ihrem Tod anhält. Zumindest vertritt der päpstliche Nuntius, Baldassare Castiglione, in seinem *Cortegiano* diese Ansicht: »Diese Königreiche werden gemäß ihren Prinzipien regiert. Sicher, sie ist tot, doch ihre Autorität lebt fort, wie ein Rad, das man antreibt und das sich noch lange danach dreht.« Als Kaiserin Isabella von Portugal 1539 im Kloster von San Juan de los Reyes de Toledo bestattet wird, vergleicht sie der Prediger mit ihrer Großmutter (die Kaiserin war ja die Enkelin von Isabella der Katholischen), was als Sakrileg betrachtet wurde: »Das Land kann solche Vergleiche nicht dulden *(insufrible comparación a los oídos deste reino)*«, schrieb ein Zeitgenosse.

Natürlich ist das eine Idealisierung, die aber eines beweist: Sehr schnell hatte man in Spanien die Bedeutung der Regierung der Katholischen Könige erkannt und schreibt ihnen das Verdienst zu, das Land seit 1474 wieder aufgebaut zu haben, was einem Wunder gleichkommt. Mit ihrem Erscheinen hat alles eine günstige Wende genommen. Ferdinand und Isabella haben den Mythos, der sich um ihre Person rankte, natürlich unterstützt. Die Monarchie, die sie vertraten, mußte über allem stehen.

In einer in Vergessenheit geratenen Biographie über die Katholischen Könige schrieb Eugenio d'Ors: »Die Herrscher, die hier das Zepter in die Hand nahmen, wurden nicht durch das Glück berufen, sondern durch ihre Regierungskunst. Ihren Vorgängern mangelte es an Ansehen, Ausdauer und vor allem an Autorität.« »Es fehlt die Autorität des Königs *(falta el oficio del rey)*«, schrieb der Chronist Pulgar. Es gab keinen Staat mehr; Ferdinand und Isabella haben ihn nicht nur wiederhergestellt, sondern ihn geschaffen, zumindest zum Teil, allein durch ihren Willen. Sie sind im richtigen Augenblick an die Macht gekommen, besaßen die erforderlichen Eigenschaften, doch ihrer Herrschaft ging eine lange Tradition ungeschickter vergeblicher Versuche voraus, die Vorherrschaft der Monarchie zu sichern, ihre absolute Macht. Johann II. hatte es begriffen; Heinrich IV. wollte es erreichen, doch der erste kam wohl zu früh, und der zweite war ein unentschlossener Mensch ohne Persönlichkeit. Ferdinand und Isabella wollten es und vewirklichten es. Ist es anachronistisch, hier von Absolutismus zu reden? Vielleicht, doch der Begriff kommt in Isabellas Testament des öfteren vor, als sie ihren Letzen Willen dank ihrer absoluten Macht ausdrückt *(poderío real absoluto)*, »ungeachtet der Gesetze, Privilegien oder gemeinsamen oder einzelnen Rechte dieser Königreiche, die sich ihm entgegensetzen oder entgegensetzen könnten«.

Isabella und Ferdinand dulden nicht die geringste Beeinträchtigung ihrer Autorität. Am 31. Juli 1476 gerät der Majordomus Cabrera in Segovia durch einen Volksaufstand in Schwierigkeiten. Isabella begibt sich sofort an Ort und Stelle. Eine Delegation geht ihr entgegen und trägt ihr mit allem Respekt verschiedene Forderungen vor. Die Antwort ist niederschmetternd: »Sagt den Rittern und Einwohnern von Segovia, daß ich die Königin von Kastilien bin, daß diese Stadt mir gehört, und daß ich mir keine Bedingungen stellen lasse, um sie zu besuchen.« Ein anderes Mal wird der Ritter Ramir Núñez von Guzmán von den Dienern des Sohnes des Admirals von Kastilien verprügelt. Ramir Núñez führte einen Geleitbrief der Königin bei sich. Isabella sieht dadurch die Autorität des Staates angegriffen und verhängt über den Angreifer Aufenthaltsverbot. Dann kehrt sie nach Simancas zurück und begibt sich zu Bett. Man fragt sie, ob sie leide. »Ja«, erwidert sie, »aber ich leide unter den Stockschlägen, die man gestern einem Mann verabreichte, der unter meinem Schutz reiste.« Vielleicht sind diese beiden Anekdoten durch die Propaganda ausgeschmückt worden, doch sie vermitteln eine Aussage: Der König und seine Vertreter sind heilig.

Authentisch ist die Rede, die Gómez Manrique bei der Eröffnung der Cortes 1480 hält: »Ein Schwert kann noch so scharf sein, doch es kann nichts ausrichten, wenn sich niemand findet, der es schwingt. Genauso verhält es sich mit den Gesetzen: auch wenn sie gut konzipiert und formuliert sind, bleiben sie Papier, wenn sie nicht angewandt werden.« Der Sinn ist klar: Man kann sich bei der Anwendung der Gesetze auf die Könige verlassen; jedes hat seinen Sinn. Die Katholischen Könige regieren allein. Pulgar lenkt die Aufmerksamkeit auf diese Tatsache: »Danken wir Gott: Wir haben jetzt einen König und eine Königin, die weder gemeinsam noch einzeln Günstlinge haben, was in den Königreichen oft zu Ungehorsam und Skandalen führt. Der König hat nur einen Favoriten: die Königin, und die Königin nur einen Favoriten: den König.« Auch das hatte die Zeitgenossen beeindruckt und natürlich die Untertanen: Die Macht wird nicht geteilt. Das trieb auch den Erzbischof Carrillo zur Rebellion, nachdem er sich so eifrig für die Sache der Könige eingesetzt hatte: Er hatte gehofft, das würde ihm gelohnt werden. Er sah sich als Mentor des jungen Herrscherpaars, doch er stieß dabei auf Unnachgiebigkeit. Bereits einige Wochen nach der Heirat hatte er eine kleine Auseinandersetzung mit Ferdinand. Im Juli 1471 gab es einen Vorfall zwischen Isabella und König Johann II. von Aragonien. Die Prinzessin forderte energisch ihre Mitgift, da der König sich Zeit damit ließ. Sie hatte Juan de Cárdenas damit beauftragt, die Renten, die ihr in Sizilien zuerkannt worden waren, einzutreiben, doch der König von Aragonien hatte einen anderen Bevollmächtigten eingesetzt, ohne sie um Rat zu fragen. Isabella reagierte heftig. Sie forderte die Erfüllung der eingegangenen Verpflichtungen »ohne ein Jota daran zu ändern« und bat Johann II., sich in Zukunft nicht mehr einzumischen, ohne sie um Rat gefragt zu haben: »Laßt mich nach eigenem Gutdünken mit dem verfahren, was Ihr mir gegeben habt; seid versichert, daß ich immer guten Gebrauch davon machen werde.« Wenn Isabella bereits als Prinzessin so mit ihrem Schwiegervater, dem König, redete, wie verhielt sie sich dann als Königin zu ihren Untertanen?

Die Katholischen Könige hatten Mitarbeiter, Vertrauensleute, Berater, doch sie trafen ihre Entscheidungen allein. Es ist wenig bekannt, von welchem Hofstaat Isabella in den Jahren 1468 bis 1474 umgeben war. Man weiß nur, daß Gutierre de Cárdenas, Gonzalo Chacón, die Sekretäre Fernando Núñez und Alonso de Palencia, die Experten Alfonso de Quintanilla und Rodríguez de Lillo nach 1474 bedeutende Posten bekleideten, aber wer war vor ihnen da? Weshalb und wie wurden sie ausgewählt? Sie brachten Isabella an die Macht, verfaßten ihre Proklamationen, ihre Rundschreiben, ihre offiziellen Schreiben. Auch wenn Isabella genial war, bedurfte sie verfassungsmäßiger und juristischer Argumente, die sie umsetzen und der breiten Öffentlichkeit vortragen mußte. Die kleine Gruppe, die Isabella vor ihrer Thronbesteigung umgibt, ist zweifellos sachkundig, hat in hohem Maße politisches Gespür und Sinn für Propaganda.

Man weiß mehr über die Männer, die nach der Machtübernahme die bedeutendsten Plätze eingenommen hatten, angefangen bei Kardinal Mendoza, der ab 1475 die Königin auf allen Reisen begleitet. Mendoza ist von vornehmer Geburt, ein Herr. Das gleiche gilt nicht für Fray Hernando de Talavera, den strengen Mönch der Hieronymiten, der bald ein Vertrauter des Herrscherpaars wird. Er ist bereits bei der Machtübernahme bei Hof und verfaßt vor dem Krieg gegen Portugal Ferdinands Testament. Talavera hat nichts von einem Höfling; er fordert von Ferdinand, sein Verhalten zu ändern: »Ihr wollt das Königreich verändern? Dann geht mit gutem Beispiel voran; erneuert die Sitten (weniger Spiele, Blasphemien, unzüchtige Mode), bevor Ihr den Staat erneuert.« Es wird berichtet, daß er sein Amt als Beichtvater der Königin mit einer aufsehenerregenden Erneuerung begonnen hatte. Statt sich, wie es Sitte war, bei der Königin niederzuknien, setzt er sich auf eine Bank. Als Isabella ihn darauf anspricht, erwidert er: »Ich bleibe sitzen und Ihr kniet nieder, denn Ihr seid hier vor dem Gericht Gottes, und ich bin sein Vertreter.« Die Königin soll diese Szene mit den Worten kommentiert haben: »Das ist genau der Beichtvater, den ich brauche.« Auch wenn es sich um eine Anekdote handeln sollte, betont sie die Persönlichkeit der beiden Protagonisten: Sie zeigt Talavera, der in seinen Prinzipien unbeugsam ist, und eine Königin, die den Wert eines Mitarbeiters, der Charakter hat, zu schätzen weiß.

Gerne vergleicht man die Schlichtheit, wenn nicht gar Strenge am

Hof der Katholischen Könige mit dem Prunk der Habsburger ein Jahrhundert später. Zweifellos hat das burgundische Zeremoniell, das Karl V. in Spanien eingeführt und Philipp II. noch erweitert hatte, die Zeitgenossen überrascht, ja vielleicht sogar schockiert, da sie an eine weniger strenge Etikette gewöhnt waren. Clemencín, der zu Beginn des 19. Jahrhunderts als Historiker Isabellas fungierte, schreibt darüber: »Die Königin von Spanien, die die Schätze der Neuen Welt besaß, ihr Gatte, der Erbprinz, und die Infanten gaben weniger als 40 Dukaten pro Tag für ihre Mahlzeiten aus, während ein paar Jahre später Karl V. . . . mehr als vierhundert verschwendete.« Die Lebenshaltung am Hof der Katholischen Könige war vermutlich schlichter. Dieser Hof sowie der ihrer Vorgänger und ihres direkten Nachfolgers, Karls V., war wegweisend. Philipp II. wählte Madrid als Hauptstadt. Bis dahin zog der Hof von Stadt zu Stadt und verweilte mal länger, mal kürzer. Die Herrscher besaßen eine Kapelle, eine Wache, ständige Mitarbeiter (die *continos*, ungefähr 200 junge Leute aus verschiedenen Schichten des Adels oder Mittelstands, die hier ihre politische Lehrzeit absolvierten, bevor sie verantwortungsvolle Posten bekleideten), Ställe, Hofnarren (Ferdinands Hofnarr hieß Velasquillo), Bedienstete. Es gab viele Feste, und die Aufstellungen von Gonzalo de Baeza vermitteln nicht gerade den Eindruck, daß gespart wurde. Es wurden im Ausland wertvolle Stoffe gekauft, Schmuck, Luxusgüter, bei der Ausstattung der Feste nicht gespart . . .

In Spanien gibt es im Gegensatz zu Frankreich keine Salbung oder Krönungszeremonie. Unter der Regierung von Ferdinand und Isabella wurden einige Ersatzzeremonien dafür konzipiert. Die Katholischen Könige und ihre Umgebung sind bemüht, die Monarchie aufzuwerten. Dazu sind ihnen viele Mittel recht, z. B. wenn die Königin persönlich in Madrid oder Sevilla Recht spricht oder durch offizielle Zeremonien. Es gibt mehrere Beweise für diese Inszenierungen, die die Phantasie anregen sollen, angefangen bei der Proklamation in Segovia: Nach dem Trauergottesdienst zu Ehren Heinrichs IV. legt Isabella ihre Trauergewänder ab und erscheint wieder reich geschmückt, begibt sich zu Pferd zur Kathedrale, begleitet von Adeligen, die den Thronhimmel und die Schleppe ihres Kleides tragen. Vor ihr schreitet Gutierre de Cárdenas, der in der rechten Hand einen unverhüllten Degen hält, das Symbol der königlichen Macht. In diesem Zusammenhang müssen auch die am 3. April 1475 in Valladolid abgehaltenen Turniere erwähnt werden, die prächtigsten seit langem, an denen auch der Herzog von Alba und Ferdinand teilnehmen. Isabella reitet auf einem weißen Pferd mit silbernem Kopfputz und einer mit Goldblumen bestickten Decke in Begleitung von vierzehn Hofdamen zur offiziellen Estrade. Sie trägt ihre Krone und eine Brokatrobe. Ganz ähnlich war die Szene, als die Katholischen Könige am 2. Februar 1476 Toledo aufsuchten. Ein langer Zug begibt sich vom *alcázar* zur Kathedrale: Die Königin trägt eine weiße Brokatrobe, verziert mit Goldlöwen, Rubinschmuck, die Krone, einen Hermelinmantel, dessen Schleppe von zwei Pagen getragen wird. 1493 wurde in Barcelona ein Fest zu Ehren der französischen Delegation gegeben, die gekommen war, um die feierliche Ratifizierung der Überschreibung der Grafschaften der Cerdagne und des Roussillon an Aragonien zu begehen. Der Ruhm dieses glanzvollen Festes verbreitete sich bis nach Granada, wo sich Talavera, Isabellas Beichtvater, befindet. Er macht ihr Vorwürfe, kritisiert die Geschenke, die bei diesem Anlaß verteilt wurden und die ihm zu üppig erschienen, die Bankette, die Militärparaden, den Schmuck der Damen, die Bälle und vor allem die Stierkämpfe, die man verbieten sollte. Talavera erscheint hier als strenger Mönch, dem jegliche Lebensfreude zu fehlen scheint. Pulgar, der offizielle Chronist und Lobredner der Königin, schreibt: »Isabella liebte üppiges Zeremoniell. Wenn sie in der Öffentlichkeit auftrat, gab sie sich viel Mühe mit ihrer Toilette, umgab sich gerne mit Granden und Adeligen, die ihr im höchsten Maße huldigten. Noch nie hatte man erlebt, daß einer Königin von Adeligen so hohen Ranges gedient wurde. Isabella versucht ganz bewußt, ihrem Hof Glanz zu verleihen.« Pulgar findet dieses Anliegen berechtigt und antwortet den Kritikern: »Einige machten ihr Vorwürfe, warfen ihr übermäßigen Luxus vor *(pompa demasiada)*, doch nichts ist zu prachtvoll für die Monarchie *(el estado real)*: Sie ist einmalig und steht über allem, deshalb soll sie mit ihrem Glanz auch alles andere überstrahlen, denn sie ist die Repräsentantin der göttlichen Macht auf Erden.«

Die Absicht ist eindeutig: Die Rangordnung der Monarchie über jede andere Macht im Staate soll betont werden. Die Katholischen Könige bemühen sich unablässig, auf allen Gebieten die Autorität des Staates wiederherzustellen, die Krone über die Parteien und Clans zu erheben. Diese Politik, die nach Ansehen strebte, erstreckte sich auch auf den Hof: Die Monarchen mußten auf den ersten Blick als erhaben erkannt werden, fast als heilig. Seit der Regierungszeit Karls V. ist das burgundische Zeremoniell bei weitem nicht mehr so pompös wie zur Zeit der Katholischen Könige, als Talavera sich darüber empörte, deshalb ist der Eindruck der Zeitgenossen und Historiker berechtigt, daß zwischen den beiden Dynastien ein Gegensatz bestand, doch in beiden Fällen geht es darum, der Monarchie im Staat den ersten Platz einzuräumen und diese Vorrangstellung durch höfischen Glanz zu demonstrieren.

Die Neuordnung des Königreichs

Die Katholischen Könige haben nicht das Ende des Erbfolgekriegs abgewartet, um das Königreich neu zu ordnen. Sie fingen bei der Versammlung der Cortes in Madrigal (1476) damit an. Das Werk wurde durch die Versammlung der Cortes am 28. Mai 1480 in Toledo vollendet. Zu diesem Zeitpunkt endet die Krise, die 1464 begonnen hatte, wird das neue Spanien geschaffen. Diese Reorganisation hält sich mindestens zwei Jahrhunderte und ist vor allem durch die Vorherrschaft der Monarchie über den Adel und die Cortes gekennzeichnet. Während dieser Zeitspanne wurden vor allem zwei Hauptziele verfolgt: die Neuordnung der Finanzen und die Verwaltung des Königreichs.

Die öffentlichen Finanzen

Die Historiker konzentrieren sich bei der Behandlung der von den Katholischen Königen durchgeführten Neuordnung der Finanzen vor allem auf die Versammlung der Cortes von Toledo (1480) und vernachlässigen die Versammlung der Cortes in Madrigal (1476), die sich mit der *Santa Hermandad* beschäftigte. Darüber vergißt man, daß die *Hermandad* nicht nur die öffentliche Ordnung garantieren soll – aus Propagandagründen betonten die Katholischen Könige diesen Gesichtspunkt –, und nicht nur eine bloße Landgendarmerie darstellt, sondern auch eine Quelle beträchtlicher Finanzeinnahmen. Vor allem die Finanzen beunruhigen das Herrscherpaar. Bei den Versammlungen der Cortes 1476 und 1480 steht dieses Thema im Mittelpunkt: Die Krone muß ihre finanzielle Unabhängigkeit erlangen, ohne die keine stabile Politik möglich ist.

Die üblichen Ausgaben der Monarchie (Unterhalt des königlichen Haushaltes und der Infanten, Entlohnung der Zivil- und Militärbeamten des Staates, Unterhalt der Festungen, Sold für die Garnisonen und Truppen, Pensionen) werden durch eine Reihe von Abgaben und indirekte Steuern gedeckt (*alcabalas, tercias reales*, Zölle, *servicio y montazgo* ...). Bei besonderen Anlässen (Kriege, Krisen, königliche Heiraten ...) wendet man sich an die Cortes, um außerordentliche Steuern zu beantragen: die *servicios*.

Gewöhnliche Steuern

1. Die *alcabala* ist die wichtigste dieser gewöhnlichen Steuern. Sie geht auf das Jahr 1342 zurück, als die Cortes Alfons XI. ermächtigten, diese Steuer drei Jahre lang zu erheben. Zu Beginn handelt es sich dabei um eine außergewöhnliche Abgabe, die es vermutlich vorher schon in einigen Stadtgemeinden gab. 1345 und 1350 wird die Ermächtigung erneuert, und die Abgabe verwandelt sich in eine regelmäßig zu entrichtende Steuer, ohne daß es der Zustimmung der Cortes bedarf (seit der Regierungszeit Heinrichs III.). Von da an stellt die *alcabala* eine der üblichen Einnahmen dar, die größte von allen. Es handelt sich hierbei um eine Abgabe von 10 %, die für alle Geschäfte bezahlt werden muß, zuerst gleichermaßen vom Verkäufer und vom Käufer, dann vom Verkäufer allein. Diese Steuer muß von allen entrichtet werden; im Prinzip gibt es hier keine Steuerbegünstigten. Doch in Wirklichkeit gibt es Ausnahmen. Der König und seine Familie sind davon ausgenommen sowie einige andere Personen (z. B. die Insassen – *emparedadas* – des *alcázar* von Ubeda, ein Privileg, das Isabella auf alle Insassen von Festungen in Kastilien ausdehnte); die Güter, die in die Ehe eingebracht oder geerbt wurden, sind von dieser Steuer befreit sowie die auf Märkten getätigten Geschäfte (z. B. auf den Märkten von Medina del Campo, Valladolid, Madrid). Auch einige Grenzstädte sind von der Steuer ausgenommen (Fontarabien, die Dörfer in der Nähe des Emirats von Granada) oder neubesiedelte Dörfer *(pueblas)*: Santa María de Nieva, Valdepalacios, Eigentum des Klosters von Guadalupe im Erzbistum von Plasencia (ab 1484). Auch gewisse andere Dinge, die als lebensnotwendig erachtet werden, sind steuerfrei: Brot, Pferde, Maultiere, Lastesel, Geld, Gold, Silber, Kupfer, Bücher, Falken und Jagdvögel, Waffen, Kiefern, die für die Arsenale von Sevilla verkauft werden, der in Sevilla eingeführte Weizen, auch Gefangene und die bei den Ungläubigen gemachte Beute *(tierra de moros)*, etc. Doch diese Steuerbefreiungen sollen keine Illusionen erwecken: Die *alcabala* stellt 70 bis 80 % der Staatseinkünfte dar, zumindest theoretisch, denn ein großer Teil dieser Steuer wurde zugunsten des Adels verwendet.

2. An zweiter Stelle stehen die *tercias reales*, d. h. die 2/9 des Ertrags des Kirchenzehnten. 1247 hatte Papst Innozenz IV. dem König von

Kastilien dieses Vorrecht eingeräumt und es mehrere Male erneuert, seit 1340 scheint es endgültig ein Vorrecht der Krone zu sein.

3. Die Zölle auf Einfuhren und Ausfuhren betragen im Durchschnitt 10 % *(diezmo del rey)*, stellen ein veränderliches Einkommen dar, entsprechend der Grenze, an der sie erhoben werden. An der portugiesischen Grenze z. B. herrscht sehr wenig Verkehr. Das gilt nicht unbedingt für die anderen Grenzübergänge: die Grenze des Königreichs von Granada *(diezmo y medio diezmo de lo morisco)* und die Grenze von Navarra, Aragonien (Erzbistümer von Calahorra, Osma, Sigüenza, Cuenca und Cartagena) und Valencia sind ganz besonders lebhaft.

Auch die Küstenzone von Nordspanien (Galicien, kantabrische Küste: *diezmos de la mar*) wird ein immer stärkerer Handelsplatz mit Nordeuropa. Zwischen den Beamten des Fiskus und den Exporteuren hatte sich eine Streitfrage ergeben: Mußten die Exporteure zweimal zahlen, bei der Ausfuhr und der Einfuhr? Man hatte sich auf eine einmalige Abgabe geeinigt, die entweder auf die importierten oder die exportierten Waren erhoben wurde, wenn deren Wert höher als der der eingeführten Güter war. Voraussetzung war, daß die Ein- und Ausfuhren innerhalb eines Jahres erfolgten.

Mitte des 15. Jahrhunderts erbrachten diese Zölle mehr als zwei Millionen Maravedis pro Jahr; sie stellten eine der wichtigsten Einkünfte des Königreichs dar, die aber auch stark durch den Adel beschnitten wurden.

Die *almojarifazgos* der Mittelmeerhäfen: Die wichtigsten waren die von Murcia, Córdoba und vor allem von Sevilla, die sich wie folgt aufteilten: verschiedene Abgaben *(rentas menudas)*, der Ölzehnt *(diezmo del aceite)*, der in der Gegend Ajarafe und la Ribera erhoben wurde, wo sich im Laufe des 15. Jahrhunderts die Produktion um 100 % erhöht hatte; der eigentliche *almojarifazgo*, d. h. die Zölle für den internationalen Handel. Im Prinzip konzentriert sich dieser Handel auf den Hafen von Sevilla, doch die Lehnsherren versuchten, einen Teil davon auf die Häfen ihrer Lehen abzuleiten, was ihnen manchmal auch gelang: Sanlúcar de Barrameda erhielt dieses Privileg, was für den Herzog von Medinasidonia das sicherste Einkommen bedeutete.

4. Der *servicio y montazgo*, die Zölle für die Wanderschäferei. Anfangs handelt es sich um zwei unterschiedliche Abgaben: die eine für die Schafe als solche *(servicio)*, die ungefähr 1270 eingeführt wurde, und die andere für die Benutzung der Weiden. Beide wurden ab 1343

zusammengelegt. Man zahlte sie zweimal: im Winter, wenn die Herden zu den Weiden südlich des Zentralgebirges unterwegs waren *(extremos)*, und im Sommer, wenn das Vieh zu den Bergen im Norden zog. Dabei kam es an gewissen Stellen *(puertos)* zwischen den Provinzen Avila und Salamanca und Toledo und Cáceres vorbei. Die Bedeutung dieser Zölle steht in Zusammenhang mit dem Aufschwung der Mesta im 15. Jahrhundert; zwischen 1429 und 1431 erbrachten sie etwas mehr als achthunderttausend Maravedis und 1504 fast sechs Millionen. Nur einige Herden waren davon ausgenommen (und das waren die größten!): jene, die den großen Klöstern gehörten (Oña, las Huelgas, Guadalupe, Santoyo, Parraces, Guisando, La Sisla), den Militärorden oder einigen Privatleuten, wie z. B. dem Marquis von Santillana.

5. Verschiedene Abgaben unterschiedlicher Art: die wichtigsten betrafen das königliche Monopol über die Eisenminen und die Schmieden (die vor allem im Baskenland zahlreich waren) und die Salzbergwerke. Außerdem gab es die *monedas foreras*, eine Steuer, die alle sechs Jahre erhoben wurde, deren gleichbleibender Betrag jedoch so niedrig war, daß sie eine untergeordnete Rolle spielte.

M. A. Ladero Quesada ermittelte den Anteil dieser gewöhnlichen Steuern im Staatshaushalt. *Alcabalas* und *tercias* waren zusammengerechnet die einträglichsten Steuern: sie machten 80 % der gewöhnlichen Einnahmen aus. Danach kamen die Zölle (10 bis 12 %), dann die Steuer für die Salzbergwerke (ungefähr 4 %), der *servicio y montazgo* (2 %) und schließlich die verschiedenen Abgaben (2 bis 4 %).

Außergewöhnliche Steuern

Jedesmal wenn die Krone mit außergewöhnlichen Kosten konfrontiert war, z. B. im Kriegsfall, mußte sie sich an die Cortes wenden, um außerordentliche Steuern zu beantragen: die *servicios*, die die Nicht-Adeligen ab einer gewissen Vermögensgrenze auf der Basis einer Doppelversteuerung *(moneda* und *pedido)* allein entrichten mußten. Das ist eine besonders ungerechte Steuer, da sie vor allem die weniger Begüterten belastet: Adel und Klerus sind davon ausgenommen; die reichen Bürgerlichen müssen genausoviel Steuer zahlen wie die armen. Der *servicio* ist die einzige Direktsteuer.

Die Finanzen der Monarchie sind nominell der Autorität des Großmajordomus *(mayordomo mayor)* unterstellt, ein Ehrenamt, das im 15. Jahrhundert oft Aristokraten anvertraut wird, die daraus Profit schlagen. Der Marquis von Villena übte dieses Amt unter Heinrich

IV. aus und Gonzalo Chacón unter Isabella. Zwei allgemeine Rechnungsführer *(contadores mayores de hacienda)* kontrollieren alle Finanzvorgänge, organisieren den Steuereinzug und die Ausgaben: Sie müssen überprüfen, ob die Ausgaben auf ihren Listen eingetragen sind; nichts darf ohne ihre Zustimmung bezahlt werden. Die *Contaduria mayor de cuentas* ist damit beauftragt, die Aufstellungen der Verantwortlichen für die öffentlichen Gelder zu überprüfen.

Der Einzug verschiedener Steuern ist meistens Generalsteuerpächtern *(arrendadores)* anvertraut: das sind Großhändler, die ihre Solvenz nachweisen müssen und die bei einer öffentlichen Angebotsabgabe miteinander konkurrieren, nachdem die *Contaduria mayor* den Betrag der entsprechenden Steuer ermittelt hat. Der Meistbietende gewinnt. Er muß anschließend die entsprechenden Summen bei den Steuerzahlern eintreiben. Manchmal helfen ihm Steuerpächter dabei. In steuerlicher Hinsicht ist das Königreich in verschiedene Bezirke *(partidos)* geteilt, die oft entsprechend dem Hoheitsgebiet der Kirche berechnet werden. An der Spitze des *partido* steht ein Kassierer *(recaudador)*. Er zieht die Gelder für den Staat durch die Pächter, Stadtgemeinden oder jüdischen oder muslimischen Gemeinschaften ein. Oft vermischen sich diese *recaudadores* mit den *arrendadores.*

Diese Organisation, die theoretisch seit Ende des 14. Jahrhunderts funktioniert, weist so gravierende Mängel auf, daß sie in der Praxis undurchführbar ist.

Alle gewöhnlichen Steuern sind nämlich mit Verpflichtungen verbunden, die den Ertrag auf ein Minimum herabsetzen. Die Steuereinnahmen sind hauptsächlich durch die *situados* geschmälert, d. h. die Pensionen oder Gelder, die einer Anzahl von Begünstigten gezahlt werden müssen, meistens Adeligen: Um die Auszahlung der Bezüge der hochgestellten Persönlichkeiten zu erleichtern, ging man dazu über, ihnen bestimmte königliche Einkünfte abzutreten. Auf diese Weise entstand z. B. das Prinzipat von Asturien, um den Lebensunterhalt des Erbprinzen und seiner Familie zu sichern. Heinrich IV. hat bis zu seiner Thronbesteigung davon profitiert, genauso Isabella (ab 1468). Sie erhielt unter dieser Voraussetzung die Steuereinkünfte von Segovia, Medina del Campo, Carrion, Alcaraz, Cáceres, Jaén, Ubeda, Logroño, Ecija und Asturien ... Einige Aristokraten haben sogar das Recht erhalten, von den Steuern, die sie dem Herrscher für ihr Lehen entrichten müssen, den Betrag für ihre Pension direkt abzuziehen, die 1429 ungefähr 26% der Gesamtsteuern ausmachten. In den ersten zehn Jahren der Regierungszeit Heinrichs IV. sind sie leicht zurückgegangen, haben sich aber in der Folge wieder etwas erhöht. Von 1483 bis 1504 pendeln sie sich bei 30 bis 35 % ein.

Weitere Steuern wurden einfach an die Aristokratie abgegeben, um sie für irgendwelche Dienste zu entschädigen, oft aber auch ohne Grund: Der Adel hat sich die Schwäche des Monarchen zunutze gemacht, um sich dessen zu bemächtigen, was eigentlich diesem zugestanden hätte. Zum Beispiel überließ Heinrich IV. die *almojarifazgo* (eine Abgabe) von Ecija dem Marquis von Villena; dessen Tochter zieht sie 1477 weiterhin ein; Don Pedro Girón erhielt die von Jaén. Auf vielen Lehnsgütern wurde der Ertrag der *alcabalas* an die Aristokraten abgetreten: Diese Steuer entgeht der Krone fast völlig. Deshalb ist das Steuersystem, das zwischen 1338 und 1406 in Kraft getreten ist und das auf der *alcabala* beruht, ernsthaft gefährdet. Unter der Regierung von Johann II. und Heinrich IV. sah sich die Krone gezwungen, einen großen Teil davon an den Adel abzutreten, und den Katholischen Königen gelang es auch nicht, dies völlig zu ändern. Das auffallendste Beispiel für diese Abtretung ist die der Zölle an der kantabrischen Küste *(diezmos de la mar)*, die Mitte des Jahrhunderts mehr als zwei Millionen Maravedis ausmachen: Heinrich IV. hat sie 1467 dem Konnetabel von Kastilien abgetreten.

Auch bei den außergewöhnlichen Steuern *(servicios)* ist die Lage nicht viel besser. Zunächst gibt es in diesem Bereich sehr viele Steuerbefreiungen: Alle Privilegierten, d. h. der Adel und der Klerus, unterliegen nicht der Steuerpflicht (außer in Andalusien, zumindest gemäß einem Gesetzestext von 1451. Aber wurde dieser auch angewandt?). Hinzu kommen noch die königlichen Beamten und Mitglieder der Stadtoligarchien, ja oft ganze Städte wie z. B. Toledo und Sevilla. Zudem gibt es noch einige Besonderheiten: Viele Lehnsherren weigern sich unter irgendeinem Vorwand, manchmal sogar ohne, daß die Steuerbeamten den *servicio* für ihre Ländereien einziehen. Auch ohne diese Weigerungen ist es schwierig, den Steuereinzug auf den Lehnsgütern zu sichern, was eine Wanderbewegung auslöste: Die Nichtadeligen verlassen das königliche Herrschaftsgebiet, um sich auf einem Lehnsgut niederzulassen und somit der Steuer zu entgehen. Die Herrscher übersehen das geflissentlich, sofern sie nicht nachträglich die vollendete Tatsache legalisieren. 1470 wird den Erzbistümern von Toledo und Sevilla, den Ländereien der Großmeister vom Orden des hl. Jakobus und von Calatrava, dem Marquisat von Villena, den Herzogtümern von Medinasidonia und Albuquerque, der Grafschaft von Urueña diese große Gunst zuteil. Anderswo ist die Autorität des

Staates zu schwach, um die Bezahlung der Steuern zu fordern: z. B. hat Galicien nie Steuern gezahlt und Asturien nur selten. Die außergewöhnlichen Steuern haben noch einen weiteren Nachteil: Der König kann sie nicht ohne ausdrückliche Genehmigung durch die Cortes erheben.

Das ist das Steuersystem, das in den letzten Jahren der Regierungszeit Johanns II. im wesentlichen angewandt wurde; Heinrich IV., der sich mit der Aristokratie arrangieren mußte, hat die Einnahmen der Krone dadurch stark geschmälert, so daß die Katholischen Könige bei ihrer Thronbesteigung eine sehr schlechte Finanzlage der Krone antreffen, die ihnen kaum eine Initiative erlaubt. Um die Lage zu verbessern, versuchen sie, neue Einkommensquellen zu entdecken und die Finanzen zu sanieren, soweit das noch möglich ist.

Die Santa Hermandad

Die Schaffung der *Santa Hermandad*, die im allgemeinen als eine Art Schutzpolizei dargestellt wird, die das Bandenwesen in ländlichen Gebieten bekämpfen soll, bedeutet in Wirklichkeit viel mehr: Sie erweitert die Kontrollmöglichkeiten des Staates, verbessert seine finanziellen Mittel. Die *hermandad* im eigentlichen Sinne bedeutet Bruderschaft. So bezeichnete man im Mittelalter lokale Vereinigungen, die die Sicherheit auf dem Land in Zeiten politischer Unruhen gewährleisten sollten. Einige Stadtgemeinden schließen sich zusammen, um ihre Interessen zu vertreten, und erklären sich bereit, im Falle der Gefahr sich gegenseitig zu helfen. Bekannt ist zum Beispiel die *hermandad* von Burgos, die 1315 unter der Herrschaft Alfons' XI. gegründet wurde, um die Straßenräuber zu bekämpfen, die die Straßen unsicher machten. Außerdem gab es im 14. Jahrhundert die Alte Bruderschaft *(hermandad vieja)* der Schäfer und Imker in Toledo, Talavera und Ciudad Real, die damit beauftragt waren, Wegelagerer aus den Berggegenden zu vertreiben. Sie bestand aus einigen Brigaden *(cuadrillas)*, die mit Dieben kurzen Prozeß machten. Während der Bürgerkriege im 15. Jahrhundert hatten Bruderschaften Heinrich IV. ihre Dienste angeboten (oder man hatte ihnen empfohlen, sie anzubieten), um gegen die Gehorsamsverweigerung eines Teils des Adels anzugehen. Dies geschah in Fuensalida (1464) und in Medina del Campo (1467). 1473 wurde in Villacastin ein erneuter Versuch gemacht, doch dem König fehlte es an Willen; er verstand es nicht, diese Angebote zu nutzen. Es handelte sich hierbei ebenfalls um Lokalinitiativen ohne Einmischung der Krone, die die öffentliche Sicherheit aufrechterhalten wollten.

1386 hatten die Cortes von Segovia einen Plan entwickelt, um das ganze Gebiet durch eine Art Bürgergarde, die von den Stadtgemeinden gestellt wurde, überwachen zu lassen. Doch der Plan scheint sich nicht realisiert zu haben. Zu Beginn ihrer Regierungszeit nehmen die Katholischen Könige diese Idee wieder auf, und dieses Mal setzen sie sie auch in die Tat um. Die Abgeordneten von Burgos haben den Cortes in Madrigal (1476) die ersten Vorschläge in dieser Richtung unterbreitet. Die Katholischen Könige selbst brachten Argumente vor, die die Cortes überzeugen mußten: Seit zehn Jahren herrscht Unsicherheit im Lande; Diebe treiben ungestraft ihr Unwesen; Häuser werden verbrannt, Weinberge und Ernten verwüstet; Morde werden begangen, doch die Justiz scheint nicht in der Lage zu sein, die Verbrecher festzunehmen und zu bestrafen. Um diese unerträgliche Lage zu beenden, die Ordnung und Ruhe im Land wiederherzustellen, ist das wirksamste und schnellste Mittel die Einsetzung einer Bruderschaft, der möglichst alle Städte beitreten sollten.

Die Katholischen Könige wissen, daß die *hermandad* nichts Revolutionäres an sich hat; diese Institution ist in Kastilien seit langem bekannt und wirkt eher beruhigend: Wer könnte auch dagegen sein, daß die öffentliche Ordnung wiederhergestellt wird, die aufgrund der politischen Krisen ernsthaft gefährdet wurde? Dieses Mal ergreift die Krone die Initiative. Die Cortes erteilen also ihre Zustimmung für die befristete Einsetzung einer *hermandad* (3 Jahre). Das ist das erste und letzte Mal, daß man sie um ihren Rat fragt: In Zukunft sind Versammlungen *(juntas)*, die sich aus den Delegierten der verschiedenen Stadtgemeinden zusammensetzen und denen Vertrauensmänner der Herrscher – Alfonso de Quintanilla und Juan de Ortega – vorstehen, zuständig. Diese beiden leiten auch die Debatten bei den *juntas* von Madrigal, Cigales und Dueñas, die zwischen Mai und Juli 1476 stattfinden. Von da an haben die Cortes keinen Einfluß mehr: Die Delegierten beschränken sich darauf, die Vorschläge, die ihnen unterbreitet werden, zu billigen.

In erster Linie konzentriert man sich auf die Aufrechterhaltung der Ordnung. Jeder Ort mit mehr als 30 Haushalten bestimmt alle sechs Monate zwei Magistrate, von denen einer unter den Rittern ausgewählt wird und der andere unter den Bürgerlichen. Er stellt auf eigene Kosten eine Brigade *(cuadrilla)* auf, die damit beauftragt ist, die Delinquenten in einem Umkreis von fünf Meilen zu verfolgen und dann die Brigade des nächsten Ortes damit zu beauftragen. Die *hermandad* ist für folgende Delikte zuständig: Überfälle auf den Straßen, Raub, Verbrechen, Schläge und Verletzungen, Brandstiftung, Zerstörung von Weinbergen und Ernten, Diebstahl auf dem Land, d. h. in den Orten, die weniger als fünfzig Familien aufweisen. Das gleiche gilt auch für die Verbrechen in den Städten, wenn der Urheber die Flucht ergriffen hat. Wenn die Täter geschnappt wurden, werden sie auf der Stelle abgeurteilt. Jenen, die einen Diebstahl begangen haben, der den Wert von 500 Maravedis übersteigt, wird der Fuß abgeschnitten. Über Schwerverbrechen wird die Todesstrafe verhängt und das Urteil sofort vollstreckt.

Diese Maßnahmen sind nicht ohne Wirkung, was die *hermandad* sehr populär macht, weil sie für Recht und Ordnung sorgt. Innerhalb kurzer Zeit erhält die Bruderschaft die Bezeichnung *Santa Hermandad*, was aber keinen religiösen Hintergrund hat. Damit soll ausgedrückt werden, daß diese Institution von ständigem, allgemeinem und nationalem Interesse ist, nicht nur örtlich beschränkt. Die *Santa Hermandad* hält sich sogar bis ins 17. Jahrhundert.

Doch der Ehrgeiz der Katholischen Könige ging weiter; sie wollten damit eine ständige Armee einrichten. Ab Juni 1476 werden deshalb die beteiligten Städte aufgefordert, außergewöhnliche Anstrengungen zu unternehmen, um die Aufstellung eines Reiters pro hundert Familien und eines Soldaten pro 150 Familien zu finanzieren. Acht autonome Provinzen werden gebildet: Burgos, Palencia, Segovia, Avila, Valladolid, Zamora, León und Salamanca. Jede hat ihren Hauptmann, ihren Sekretär und ihre Truppen. Die Delegierten dieser acht Provinzen bilden den Rat der *Hermandad*, der dem Erzbischof von Cartagena, Lope de Ribas, untersteht und ebenfalls einen Schatzmeister, Alfonso von Quintanilla und einen Oberbefehlshaber mit einschließt, der niemand anderer als Alfons von Aragonien, Herzog von Villahermosa, ein unehelicher Bruder des Katholischen Königs, ist. Unter dem Vorwand, das Bandentum zu bekämpfen, stellen die Herrscher eine richtige Armee auf, die dem Staat auf dem ganzen Gebiet Achtung verschafft. Bei der *Junta* von Madrid (1480) verlangen sie die Aufstellung einer selbständigen Truppe von 200 Soldaten, »denn die Erfahrung hat gezeigt und zeigt jeden Tag von neuem, wie wichtig diese Soldaten im Kriegsfall sind ...«. Sie schlagen sogar die Schaffung einer Kriegsmarine vor, die der *Hermandad* unterstellt sein soll, und Isabella beschließt, dafür die Beitragszahlungen der Seeprovinzen (Galicien, Asturien, Baskenland, die Gebiete von Moguer und

Palos) aufzuwenden. Diese Armee hilft zuerst im Bürgerkrieg, den Widerstand zu brechen, kommt dann auch bei der Rückeroberung Granadas zum Einsatz.

Diese umfangreiche Organisation benötigt die Gelder aus Abgaben *(sisas)*, die auf gängige Lebensmittel erhoben werden, mit Ausnahme von Fleisch. Anfangs müssen alle diese Steuer zahlen, dann lassen sich die *hidalgos* und der Klerus davon befreien. Zwischen 1478 und 1498 treffen sich die Juntas alle drei Jahre und bewilligen jedesmal beträchtliche Beiträge: zwischen 1478 und 1485 17 800 000 Maravedis pro Jahr; zwischen 1485 und 1498 32 bis 34,5 Millionen für den Krieg um Granada. Die *Hermandad* hat es den Katholischen Königen ermöglicht, Direktsteuern zu erheben, ohne die Erlaubnis der Cortes dafür einholen zu müssen; der *servicio* tritt anstelle der Sonderabgabe der *Hermandad*; was ein Text aus dem Jahre 1503 ausdrücklich erläutert: »Man beschloß, eine *Hermandad* zu schaffen, die von der ganzen Bevölkerung, mit Ausnahme der Ritter und *hidalgos* finanziert werden sollte, und während des Bestehens der *Hermandad* keinen *servicio* zu erheben.« Der einzige *servicio*, der von den Cortes im Laufe dieser Zeit verlangt worden war, war der von 1476, der höchste des ganzen Jahrhunderts: 162 Millionen Maravedis. Erst 1500 verschwindet die *Hermandad* in ihrer nationalen Form, und die *servicios* werden wieder erhoben. Damit wird deutlich, daß diese Institution in bezug auf die Steuern eine Ersatzrolle gespielt hatte. Wie bei allen Steuern wurde auch bei der Erhebung dieser Steuer Mißbrauch getrieben. Eine anonyme Beschwerde von 1490 erregt die Aufmerksamkeit der beiden Herrscher: »Neulich wurde ein Stalljunge, der einen Bauchgurt gestohlen hatte, ausgepeitscht, und das war richtig so. Aber es wäre auch richtig, wenn Eure Majestäten Beamte und Inspektoren der *Hermandad* bestrafen würden, die mit den Geldern, die ihnen anvertraut wurden, nach Belieben verfahren. Da niemand ihrem Treiben Einhalt gebietet, treiben sie ihr Unwesen immer noch skrupelloser.«

Aufgrund des Plans, eine ständige Armee aufzustellen und den Steuerersatz ohne Zustimmung der Cortes festzulegen, verhalten sich manche Kreise der *Hermandad* gegenüber reserviert. Diese Institution, die zuerst auf Alt-Kastilien beschränkt war, faßt auch in Toledo, Andalusien, im Norden der Halbinsel und im gesamten Königreich Fuß. Sie war ursprünglich als provisorisch angekündigt worden, aber durch die *Juntas*, die sich alle drei Jahre versammeln, wiedereingeführt worden. Die in den Cortes vertretenen Städte sind unzufrieden, da ihnen ein Privileg genommen wurde: die Bewilligung der außergewöhnlichen Steuern. Die Aristokraten sind beunruhigt, weil die Monarchen eine ständige Armee einrichten wollen; bis dahin waren sie nämlich die einzigen, die im Land über Truppen verfügten; in Zukunft müssen sie immer mehr mit dem Staat rechnen: Sie besitzen nicht mehr das Monopol für die Streitkräfte. Erzbischof Carrillo, der Konnetabel von Kastilien, der Marquis von Villena, der Herzog von Medinasidonia und andere protestieren. Dieser Widerstand siegt schließlich über die Institution. Nach der Beendigung des Krieges um Granada verliert die *Hermandad* ihre Funktionsfähigkeit. Ihre nationalen Führungsorgane (Rat, Schatzmeister und Oberbefehlshaber) werden 1498 aufgelöst, und die Beiträge, die zum Fortbestehen dieser Institution dringend erforderlich sind, werden nicht mehr eingezogen. Es bleiben nur noch die örtlichen Brigaden übrig, die von den Stadtgemeinden finanziert werden, damit die Verbrechen auf dem Land eingedämmt werden. Doch mehr als zwanzig Jahre lang lieferte die *Hermandad* der Monarchie in Form von Direktsteuern beträchtliche Einkünfte, das Äquivalent der außergewöhnlichen Steuern, die sie sonst bei den Cortes beantragen mußte. Ein Teil der Militärkosten für die Wiedereroberung des Königreichs Granada wurde auf diese Weise finanziert. Die *Hermandad* stellte bei der Sanierung der öffentlichen Finanzen eine wichtige Komponente dar.

Die Finanzreform von 1480

Diese Reform soll die Zahl der Forderungen, die die Bürger an die Staatskasse haben, eindämmen. Es handelt sich um die *situados*, d. h. die Abzweigung eines Teils der Einkünfte aus den indirekten Steuern zur Sicherstellung von Pensionen *(mercedes)*, die ein großer Teil des Adels bezog. Die zeitgenössischen Texte reden von *juros*, ein Ausdruck, der die vom Staat garantierten Rentenansprüche bezeichnet. 1480 gibt es noch wenige *juros*, doch im Jahrhundert darauf nehmen sie beträchtlich zu. Die *situados* warfen Probleme auf, da sie schließlich den Großteil der Steuereinkünfte verschlungen und im gleichen Verhältnis die Beträge reduziert haben, über die die Krone für ihre eigenen Ausgaben verfügen konnte. Die Reform ist unumgänglich. Seit mindestens zwanzig Jahren ist sie fällig, doch die Herrscher sind immer davor zurückgeschreckt. Die Katholischen Könige greifen das Problem wieder auf und sind entschlossen, es zu lösen.

Bei der Versammlung der Cortes in Toledo (1480) wurde ohne Eingreifen der Cortes die Überprüfung beschlossen. Alles wurde durch Direktverhandlungen mit den Hauptbeteiligten, dem Adel und dem Klerus, geregelt. Eine Kommission, der Fray Hernando de Talavera vorsteht, überprüft systematisch alle vorhandenen Forderungen. Anhand von Registern aus den Jahren 1477 bis 1479 stellt sie im ganzen Königreich eine Untersuchung an: Man muß den genauen Betrag der Forderungen und der Begünstigten ermitteln, um im Bereich des Möglichen herauszufinden, welche zu Recht bestehen und welche nicht. Das ist eine schwere und heikle Aufgabe, da einige dieser Pensionen vor ca. 70/80 Jahren festgelegt wurden, andere, die aus jüngster Zeit datieren, auf die Nachgiebigkeit des Königs während des Bürgerkriegs zurückzuführen sind. Die Kommission beschließt auf Vorschlag von Kardinal Mendoza, dessen Eingreifen entscheidend war, beim Jahr 1464 haltzumachen. Das ist das Jahr, in dem der Adel, der sich verbündet hatte, Heinrich IV. abgesetzt und seinen Halbbruder Alfons zum König ausgerufen hatte. Ein politisches Kriterium wird angewandt; der Widerstand gegen die Monarchie wird verdammt, und diejenigen, die die Krise ausgenutzt haben, um sich eine Pension durch den Staat zu sichern, müssen darauf verzichten: Die von Heinrich IV. bewilligten *juros* als Entlohnung für wirklich geleistete Dienste werden beibehalten, doch jene, die ihm mit Gewalt abgerungen wurden, und die *juros*, die Prinz Alfons gewährt hatte, werden abgeschafft.

Das Ergebnis dieser gründlichen Untersuchung bestand darin, daß ungefähr die Hälfte der Pensionen abgeschafft wurde. Der Admiral von Kastilien verliert 240 000 Maravedis, der Graf von Castro 460 000, Cabrera 300 000, Beltrán de la Cueva fast anderthalb Millionen, der Graf von Luna 300 000, der Herzog von Alba mehr als 500 000, der Konnetabel 300 000 ... Die Überprüfung trifft Anhänger und Gegner der Katholischen Könige, doch die Gegner sind härter betroffen: Sie verlieren zwei Drittel ihrer Pensionen, während die Anhänger nur ein Drittel einbüßen. Der Herzog von Alba muß also auf 34 % seiner *juros* verzichten, der Konnetabel auf 31 %, der Herzog von Infantado auf 30 %, der Kardinal Mendoza auf 39 %, während die Quiñones, Cerdas, Manriques, Ayalas, Sarmientos ihre Forderungen um die Hälfte gesenkt sehen. Noch viel härter werden einige von Isabellas Gegnern getroffen: Luis de Acuña, Erzbischof von Burgos, verliert 78 %, Juan de Aris, Erzbischof von Segovia, 63 %, der Herzog von Albuquerque 62 % und der Marquis von Cádiz 63 %.

Die Reform ermöglicht es der Staatskasse, mehr als 30 Millionen Maravedis pro Jahr zu sparen. Sicher, das ist ein hoher Betrag, doch es bedarf einer Erläuterung, um die volle Tragweite erkennen zu lassen:

Der Adel Kastiliens hatte seinen Reichtum im wesentlichen vor 1464 erworben. Die Reform von 1480, die wohl die gröbsten Mißstände beseitigt, verurteilt den Adel nicht zur Ohnmacht, denn er hat nach wie vor großen Einfluß in der Gesellschaft, und sein Vermögen ist gesichert.

Die Reform konnte trotz allem nicht alle Mißstände beseitigen. Nach 1480 erheben noch viele Adelige *alcabalas* auf ihren Lehnsgütern. Einigen ist dieses Privileg sogar ausdrücklich zugesichert: Das am 1. März 1480 mit dem Marquis von Villena getroffene Abkommen ermächtigt diesen, die *alcabalas* und *tercias* auf seinem Land zu erheben, genauso den Kardinal von Spanien, den Admiral, den Herzog von Infantado oder den Konnetabel, der nach wie vor die Zölle an der kantabrischen Küste *(diezmos de la mar)* beanspruchen kann.

Die Reform von 1480 ist folglich das Ergebnis eines Kompromisses zwischen der Monarchie und dem Adel. Man beendet Mißbräuche, doch man hütet sich davor, den Adel zu ruinieren. Die Katholischen Könige hatten weder die Absicht noch die Mittel, dies zu tun.

Die letzte Reform der Katholischen Könige im Bereich der Finanzen bezieht sich auf die Art der Erhebung der beiden wichtigsten indirekten Steuern: die *alcabalas* und die *tercias,* deren Einzug Steuerpächtern vorbehalten war. Ab 1495 wird dieses System durch ein anderes ersetzt, das Pauschalsystem *(encabezamiento)*: Jede Stadtgemeinde verpflichtet sich, dem Staat den geschätzten Betrag zu zahlen. Sie muß die Gesamtsumme zwischen den Steuerpflichtigen ihrer Gemeinde aufteilen. Wie kam es dazu? Es ist möglich, daß die Wiedereinführung der Inquisition und die Vertreibung der Juden eine Auflösung des traditionellen Kreislaufs bewirkte, zumal einige Pächter Juden waren. Doch das Pauschalsystem bedeutet auch große Vorteile für die Stadtoligarchien: Die indirekten Steuern, die *alcabalas*, gelten für alle Verbraucher, auch den Adel. Die Stadtoligarchie, die den Einzug dieser Steuern vornimmt, kann zuerst die Gesamtsumme heruntersetzen, da die zu zahlende Summe einem Geschäft mit den Staatsbeamten zugrunde liegt, das mehrere Jahre gilt und vor allem den Nichtadeligen die Hauptlast aufbürdet. Die Krone kann nicht mehr hoffen, von den *alcabalas* zu profitieren, denn oft wurde diese Steuer an die Lehnsherren abgetreten. Unter diesen Umständen war die Krone vermutlich daran interessiert, daß sich der Betrag dieser *alcabalas* in einer bestimmten Höhe einpendelte und die Verwaltung von den Stadtoligarchien übernommen wurde. Die *encabezamientos*, die im 16. Jahrhundert allgemein verbreitet waren, sind also das Ergebnis einer Art stillschweigenden Kompromisses mit den Oligarchien, die darin ein Mittel sehen, einen Teil der Steuerlast auf die Nichtadeligen abzuwälzen. Die *encabezamientos* untermauern die Ungerechtigkeit eines Steuersystems, das die niederen Volksschichten belastet (vor allem die Bauern) und die Aristokratie, die Lehnsherren und die Stadtoligarchien davon ausnimmt.

Dagegen ist der Klerus durch das Steuersystem weniger begünstigt. Theoretisch gehört er, zusammen mit dem Adel, zu den Privilegierten: Er braucht keine Direktsteuer *(servicio)* zu entrichten. Man darf dabei nicht vergessen, daß sich die Krone seit langem die zwei Neuntel des Kirchenzehnten *(tercias reales)* entrichten läßt und vom Klerus verschiedentlich beträchtliche Summen einkassierte, z. B. als Zuschüsse für den Krieg um Granada. Der Papst hatte den Katholischen Königen die Erlaubnis erteilt, zur Finanzierung des Krieges ein Zehntel der Pfründe einzubehalten. Dies bedeutete für die Krone von Aragonien ungefähr 20 Millionen Maravedis. In Kastilien verhielt sich der Klerus zurückhaltend, war nicht gerne bereit, etwas zu akzeptieren, was wie verkappte Steuern aussah und die Gefahr in sich barg, eine Dauereinrichtung zu werden. Er zog es vor, seinen Beitrag als freiwilligen Zuschuß erscheinen zu lassen, der auf die Diözesen verteilt wurde. Ein Zuschuß von hunderttausend Goldgulden wurde von der Kongregation des Klerus von Kastilien, die sich im Oktober 1482 in Córdoba versammelte, bewilligt. 1485, 1489 und 1491 folgten weitere Zuschüsse in gleicher Höhe. Nachdem der Krieg um Granada beendet war, fand die Krone neue Vorwände, um vom Klerus Sonderzuschüsse zu erbitten. In den Jahren 1482, 1494 und 1503 betrug der Zuschuß jeweils zwischen 530 und 580 Millionen Maravedis, was 5 bis 8 % des Einkommens des Klerus ausmachte, wie Miguel Angel Ladero Quesada ermittelt hat. Wenn man berücksichtigt, daß die normalen Einkünfte Kastiliens 1482 555 Millionen Maravedis und 1503 300 Millionen betrugen, erkennt man die Bedeutung dieser Beträge. Unter den Katholischen Königen war der Klerus vermutlich der größte Steuerzahler des Reiches. Sicher, es handelte sich um freiwillige Beiträge, die das Prinzip des Steuerprivilegs des Klerus nicht in Frage stellten, doch die Tatsachen sind nicht zu leugnen: Der Klerus kann sich nicht ganz der Steuerlast des Landes entziehen – freiwillig oder nicht, was auf den Adel nicht zutrifft.

Der Krieg um Granada bewog die Katholischen Könige, beim Papst die Erlaubnis einzuholen, die Einnahmen für die sogenannte Kreuzzugsbulle einzubehalten. Diese Bulle wird von den Gläubigen bezahlt. Es handelt sich um Ablässe und geistige Gnadenerweise, die vom Papst gegen eine finanzielle Beteiligung am Krieg gegen die Ungläubigen, die die Heiligen Stätten besetzt halten, gewährt werden. Die Katholischen Könige machen geltend, daß sie einen Kreuzzug im eigenen Land führen, und es folglich ganz normal sei, daß die eingenommenen Gelder an Ort und Stelle ausgegeben werden und nicht erst nach Rom geschickt werden, wo ihre Verwendung recht zweifelhaft ist. Der Papst läßt sich gegen Bezahlung eines vernünftigen Betrags (10 000 Dukaten) überzeugen: Der Kreuzzug wird verkündet, doch die dafür gespendeten Almosen bleiben in Spanien, um den Krieg zu finanzieren. Die Hauptverwalter der Bulle sind zwei Mönche: Pedro Jiménez de Préxamo und Fray Hernando de Talavera, Beichtvater der Königin, der als der große Finanzexperte der Monarchie gilt. Luis de Santángel führt die Bücher. Das hieronymitische Kloster Santa Maria del Prado, in der Nähe von Valladolid, erhält das Monopol, die Bullen zu drucken, die Hunderte von Predigern und Beamten unter den Gläubigen verteilen. Im Prinzip handelt es sich um einen freiwilligen Beitrag; in Wirklichkeit jedoch verwandelt sich die Bulle schnell in eine Steuer, der man sich schlecht entziehen kann, und der Mißbrauch, den die Prediger damit treiben, wird schnell bekannt. Die eigentliche Verteilung begann erst 1485. Es gab Bullen zu zwei, drei, vier und sechs Silberreales oder einen Goldgulden (1 Real = 34 Maravedis). Nach Kriegsende waren die gängigsten die Bullen zu zwei Reales. Die Bulle hatte mehr als 500 Millionen Maravedis erbracht, von denen ³⁄₅ in Kastilien und der Rest in Aragonien eingetrieben wurden. Die Kreuzzugsbulle wird weiterhin nach Beendigung des Kriegs um Granada erhoben und wird eine der wichtigsten Einnahmequellen der Krone.

Unter außergewöhnlichen Umständen – und die gab es oft – greifen die Katholischen Könige zurück auf Zwangsanleihen. Diese Methode erbrachte 160 Millionen Maravedis während des Kriegs um Granada. Vertreter des Adels und des Klerus haben ihren Beitrag geleistet: Kardinal Mendoza lieh 1491 sechs Millionen Maravedis, die ihm im Jahr darauf rückerstattet wurden; der Marquis von Cádiz zehn Millionen für den Marktflecken Casares (306 Einwohner) in den Bergen von Ronda; der Herzog von Medinasidonia, der Graf von Benavente, der Erzbischof von Santiago de Compostela leisteten ebenfalls ihren Beitrag. Die Kaufleute von Burgos und Sevilla, die Genueser und die Mesta mußten mehr oder weniger große Summen aufbringen, meistens ohne Zinsen. Genauso ging man bei den Städten vor (zwischen 1482 und 1483 mußte Burgos fast drei Millionen zahlen. Die Stadtgemeinden übernehmen es, den Beitrag der Bürger entsprechend deren Vermögensverhältnissen zu ermitteln; der Mindestbeitrag beträgt manchmal 50 000 Maravedis), den Klöstern, den jüdischen Gemeinden (zwischen 1482 und 1491 mußten sie ungefähr 50 Millionen Maravedis zahlen) oder den muslimischen Gemeinschaften, die sich auf christlichem Gebiet niedergelassen hatten *(mudéjares)*. Diese Zwangsanleihen waren im allgemeinen zinslos, doch die Katholischen Könige haben auch Anleihen auf die Staatskasse ausgegeben *(juros)*, die 10 % erbrachten, oder sie haben in den mit ihnen verbündeten Königreichen Anleihen gemacht: 1489 gewährte Valencia 60 000 Gulden, d. h. ungefähr 16 Millionen Maravedis. Die Königin bot dafür ihren Schmuck als Pfand an.

Die Steuern waren nicht nur in gesellschaftlicher Hinsicht ungleich verteilt, sondern auch in geographischer. Mehr als 60 % der indirekten Steuern stammen aus dem Landesinnern der Halbinsel – von Burgos nach Sevilla über Valladolid, Toledo und Córdoba. Das ist kein Zufall. Hier spiegelt das Steuerwesen die wirtschaftliche Lage wider: Diese Zone gehört neben den baskischen Provinzen (vor allem Biskaya und Guipuzcoa) zu den wohlhabendsten des Königreichs. Dagegen tragen Galicien, Asturien, Estremadura und die Länder, die im Osten und Westen des Landes liegen, relativ wenig zum Steuereinkommen bei.

Insgesamt gesehen haben die Katholischen Könige im Finanzbereich keine revolutionäre Neuerung gebracht. Auf diesem wie auf anderen Gebieten haben sie sich damit begnügt, Ordnung zu schaffen. Die indirekten Steuern blieben im großen und ganzen unverändert; Ferdinand und Isabella haben lediglich die schlimmsten Mißstände beseitigt. Dagegen haben sich die sogenannten außerordentlichen Ausgaben, die die Gefahr in sich bergen, zu Dauerausgaben zu werden, mehr als verdoppelt: bis 1498 Beiträge für die *Hermandad*, 1476 die *servicios*, dann nach 1500 die Kreuzzugsbulle. Die Berechnungen von Miguel Angel Ladero Quesada zeigen das Wachstum der Krone zwischen 1474 und 1510. Hier sollen einige Beispiele aufgezeigt werden:

Jahre	Maravedis	Jahre	Maravedis
1474	73 250 000	1493	214 166 916
1480	94 401 100	1501	271 146 190
1481	150 582 600	1510	320 000 000
1486	178 174 504		

Die Regierung des Königreichs

Die Wiederherstellung der Autorität des Staates und der Monarchie war einer der Grundpfeiler der von den Katholischen Königen angestrebten Politik. Dem Machtstreben der verschiedenen Gesellschaftsschichten mußte ein Ende bereitet werden: dem Adel und dem Klerus, aber auch den Stadtgemeinden und ihrer Vertretung, den Cortes. Diese Politik wird energisch angepackt, doch sie hat ihre Grenzen, was man nur allzu gern vergißt. Jaime Vicens Vives spielte in seinem Artikel über das Spanien des 16. Jahrhunderts darauf an. Seine Schlußfolgerungen gelten auch für die Regierungszeit der Katholischen Könige: Es besteht eine Teilung zwischen Verwaltung und Regierung, nicht rechtlich, sondern praktisch. Somit entgehen ganze Gebiete der Monarchie und ihren Beamten. Die weltlichen und kirchlichen Lehnsherren verfügen über große Verfügungsgewalt. Die Krone herrscht nur über die Gebiete, die königlicher Besitz sind *(realengos)*, d.h. kaum ein Drittel des Landes. Die Katholischen Könige bemühen sich, die Politik zu lenken und über die Gebiete, die den Lehnsherren unterstellt sind, Kontrolle auszuüben. Um diese durchzuführen, stützen sie sich, ohne den Adel ganz beiseite zu schieben, auf die neuen Gesellschaftsschichten, die aus dem niederen Adel oder dem Mittelstand entstanden sind, der zum großen Teil aus den Universitäten kommt. Mit den Katholischen Königen beginnt der soziale Aufstieg und der politische Erfolg der Rechtswissenschaftler *(letrados)*.

Der Consejo real

Der Kronrat von Kastilien *(Consejo real de Castilla)* geht auf das 14. Jahrhundert zurück. Er wurde von den Cortes von Valladolid (1385) ins Leben gerufen. Der Kronrat stellt die oberste Rechtsinstanz des Königreichs dar, ist gleichzeitig ein Polit- und Verwaltungsorgan, in dem die politischen Richtlinien festgelegt werden und in dem Lehen, Militärposten (die Festungen des Königreichs), Pensionen etc. bewilligt werden. Seit seiner Schaffung bietet sich ein Alternativmodell an: Entweder repräsentiert der Kronrat eine beschließende und ausführende Instanz, in der die verschiedenen politischen Kräfte vertreten sind (die Krone, der Klerus, der Adel, die Städte), die somit direkt an der Macht und deren Privilegien teilhaben; oder er stellt ein Organ dar, das direkt dem König unterstellt ist. Die Städte, die in den Cortes eine repräsentative Institution haben, interessieren sich dafür aus der Ferne, so daß der Kronrat das ganze 15. Jahrhundert hindurch bis zur Thronbesteigung der Katholischen Könige einen der Konfliktpunkte darstellt, der den Adel (und den Klerus, der mit ihm gemeinsame Sache macht) und die Monarchie entzweit. Die Monarchie bemüht sich, ihn mit Hilfe von Rechtsgelehrten unter Kontrolle zu halten.

Der Sieg der Katholischen Könige beendet den Konflikt: In Zukunft ist der Kronrat ein Instrument in den Händen der Monarchie; er behält theoretisch seine rechtliche Bestimmung, doch er verwandelt sich schnell in ein Regierungs- und Verwaltungsorgan. Gleichzeitig wird seine Zusammensetzung streng geregelt. Im übrigen greift diese Neuorganisation auf eine von Heinrich IV. 1465 vorgesehene Reform zurück, was erneut zeigt, daß die Katholischen Könige wenig Erneuerung bringen; meistens beschränken sie sich darauf, das, was vor ihnen bereits geplant wurde, in die Tat umzusetzen. 36 Kapitel der Beratungen der Cortes im Jahre 1480 sind dem Kronrat gewidmet. In Zukunft soll er ein Dutzend fester Mitglieder umfassen: drei Ritter und acht oder neun *letrados*, die unter dem Vorsitz eines Erzbischofs stehen. Sind der Adel und der Klerus vom Kronrat ausgeschlossen? Ja und nein. Die Erzbischöfe und die Bischöfe, die Herzöge, die Grafen, die Marquis' und die Großmeister der Militärorden sind rechtmäßige Mitglieder des Kronrats: Sie können jederzeit an den Sitzungen teilnehmen, doch sie haben nur beratende Funktion, da die Verordnungen von 1480 bestimmen, daß nur die von den Herrschern ernannten Mitglieder Entscheidungsbefugnis besitzen. Der Adel wird also nicht übergangen, doch er verfügt über keinen echten Einfluß. Der neu organisierte Rat hat somit einen großen Handlungsspielraum im Bereich der allgemeinen Politik, der Gebietsverwaltung, der Ernennungen, der Finanzen etc. Ein Katalane drückt aus, welche Bedeutung der Kronrat seit 1482 hat: »Er lenkt alle Geschäfte.« Die Entscheidungen müssen im Mehrheitsbeschluß von zwei Dritteln der Mitglieder getroffen werden; die Herrscher nehmen an den Freitagssitzungen teil, um die schwierigsten Fragen, die sich ergeben, zu prüfen. Da die Ernennungen allein von den Herrschern abhängen, verliert der Kronrat jegliche Unabhängigkeit: Er ist nur noch ein mechanisches Regierungsorgan im Dienste der königlichen Macht.

Neben dem Kronrat muß die zunehmende Bedeutung der königlichen Sekretäre erwähnt werden. Sie bereiten die Tagesordnung der

Sitzungen vor, fassen die zur Beratung vorgelegten Dokumente ab, prüfen die wichtigsten Akten, bevor sie sie vorlegen. Sie sind enge Mitarbeiter der Herrscher, deren uneingeschränktes Vertrauen sie genießen. Im Grunde sind sie es, die die heiklen Themen behandeln; manchmal treffen sie sogar eigene Entscheidungen. Die Mitglieder des Kronrats sind sich dessen bewußt. Dies zeigt ein Bericht von 1503, der vermutlich von einem Mitglied des Kronrats geschrieben wurde, Lorenzo Galíndez de Carvajal. Dabei kommen die Sekretäre Gaspar de Gricio, Fernando de Zafra, Morales und Diego de la Muela nicht gut weg. In dem Bericht wird Gaspar de Gricios Handlungsweise angeprangert, der die Akten nach Belieben in den Büros der Zentralverwaltung verteilt, was die Gefahr in sich birgt, daß es zu zweifelhaften Entscheidungen kommt. Es wäre besser, dem Kronrat die Verteilung zu überlassen, da er allein die entsprechende Kompetenz dazu besitzt. Außerdem moniert der Bericht, daß die Sekretäre es sich zur Gewohnheit gemacht haben, Erlasse *(cédulas)* zu unterzeichnen, ohne den Rat um Erlaubnis zu fragen. Dies kann verheerende Folgen haben, wie sich 1500 bis 1501 im Fall des ehemaligen Königreichs von Granada gezeigt hat, wo solche Praktiken den Aufstand der *moriscos* bewirkten. Der Bericht hebt hervor, daß die Sekretäre zu viele Freiheiten hätten – zum Schaden des Kronrats. Er bestätigt somit die Tendenz der Katholischen Könige, zusammen mit ihren Mitarbeitern die Macht zu besitzen. Es ist bekannt, welch große Rolle Ende des 15. Jahrhunderts bis 1516 die Sekretäre Ferdinands spielen. Es sind Aragonier, von denen einige jüdischer Herkunft sind: Juan de Coloma, Miguel Pérez de Almazán, Lope Conchillos. Las Casas wirft ihnen vor, den Schwarzhandel mit den Kolonien gedeckt und sich daran bereichert zu haben. Cisneros, der zwischen 1516 und 1517 Regent war, empfand für sie die größte Verachtung.

Die Verwaltung der Justiz

Der König verkörpert das Recht; er ist auch Oberster Richter in seinem Königreich; davon ist Isabella noch mehr überzeugt als Ferdinand. Die Chronisten berichten, wie Isabella zu Beginn ihrer Regierungszeit jeden Freitag im *alcázar* von Madrid oder Sevilla Audienzen abhielt: »Die Armen trugen Beschwerde gegen die *caballeros* vor und bekamen Recht«, schrieb Gonzalo Fernández de Oviedo. Bilder einer Volksmonarchie, die das Theater des 17. Jahrhunderts noch verherrlicht. Die Katholischen Könige haben sich intensiv um Rechtsprobleme gekümmert. Vor allem in einem Punkt waren sie unnachgiebig: Die Verwaltung der Justiz ist ein Privileg des Königs und zwar ohne Ausnahme. Darüber kommt es oft zu Konflikten mit dem Klerus. Auch gegenüber dem Adel vertreten die Katholischen Könige einen festen Standpunkt: Die Rechtsprechung der Lehnsherren wird nicht in Abrede gestellt, doch die Rechtsgelehrten des Königs berufen sich auf ein Gesetz, das die Cortes 1390 verabschiedet haben und das die Möglichkeit vorsieht, ein vom Lehnsherrn gesprochenes Urteil vor den König zu bringen. Bei der königlichen Rechtsprechung unterscheidet man drei Bereiche:

In erster Instanz sind die Stadtmagistrate *(alcaldes)* und die *corregidores* zuständig, wobei die zweiten, die königliche Beamte sind, dominieren.

Bei der Berufung ist die höchste Instanz das Justizministerium.

Ausnahmsweise kann der Kronrat besonders wichtige Fälle, z. B. solche, in die Mitglieder des Hochadels verwickelt sind, direkt oder in Berufung übernehmen. Damit haben die Herrscher jederzeit die Kontrolle über die Verwaltung der Justiz in der Hand.

Das Justizministerium bekommt unter den Katholischen Königen seine endgültige Form. Zugrunde liegen die Verfügungen vom 13. April 1486 des Justizministeriums von Valladolid, das im Palast von Juan de Vivero untergebracht war, wo auch 1469 die Hochzeit der Katholischen Könige stattfand. Dieser Palast wurde infolge eines kriminellen Vorfalls, in den der Besitzer verwickelt gewesen sein soll, enteignet. Dieser Oberste Gerichtshof umfaßt ursprünglich elf Mitglieder, die jährlich zur Hälfte neu ernannt werden: ein Präsident, vier Auditoren *(oidores)*, drei Richter *(alcaldes)*, ein Staatsanwalt *(fiscal)*, zwei Armenanwälte *(abogados de pobres)* und das übrige Gerichtspersonal. Außer dem Präsidenten, der immer ein Prälat sein muß, sind die übrigen Richter weltliche Rechtswissenschaftler. Der Gerichtshof besteht aus einer Strafkammer, vier Zivilkammern sowie zwei Sonderkammern. Die eine behandelt die Angelegenheiten der *hidalgos*, die andere ist für die Gebietsansässigen von Biskaya zuständig.

1494 wird in Ciudad Real ein zweites Ministerium eingerichtet, das 1505 nach Granada verlegt wird. Von diesem Augenblick an teilt sich das Königreich in zwei unterschiedliche Gerichtsbezirke: Valladolid und Granada, die durch den Tajo getrennt sind.

Die Katholischen Könige versuchten, die Quellen des Rechts und der Rechtsprechung ausfindig zu machen, die sich auf eine Fülle von

Rechtstexten verteilten, die sehr unterschiedlich waren. Der Rechtsgelehrte Alfonso Díaz de Montalvo wurde damit beauftragt, die verschiedenen Materialien zu sammeln und den Richtern vorzulegen. Diese Arbeit wurde 1484 beendet. Diese *Ordenanzas reales de Castilla*, die die alten mittelalterlichen Texte (Verordnungen von Alcalá, Partidas etc.) wiederaufnehmen, enthalten wohl Textlücken und Fehler, stellen jedoch ein wertvolles Arbeitsinstrumentarium dar, das bis zur Neukompilation, die von Philipp II. (1567) angeordnet wurde, in Kraft blieb. Jede Stadtgemeinde mit über zweihundert Haushalten muß dieses Werk kaufen, das siebenhundert Maravedis kostet, damit sich die Beamten bei ihrer Urteilsfindung darauf stützen können. Das Werk von Montalvo wird Anfang des 16. Jahrhunderts durch die Gesetzessammlung, die Juan Ramirez 1503 in Alcalá drucken ließ, und die sogenannten Gesetze von Toro (1505), eine Abfassung der kastilischen Gesetzgebung, vollendet.

Man sagte von den Katholischen Königen, daß sie sich in allen Bereichen von Rechtsgelehrten beraten ließen, doch man darf daraus nicht schließen, daß die Rechtsprechung deshalb besser funktioniert hätte. Im Gegenteil. Die Verfahren ziehen sich in die Länge (im 16. Jahrhundert wird das noch schlimmer) und sind außerordentlich kompliziert, was manchen Magistraten und Rechtshilfen die Möglichkeit gibt, den Prozeß hinauszuziehen und sich daran zu bereichern. Zu Beginn des 16. Jahrhunderts beklagte sich ein Bewohner Sevillas, Student der Jurisprudenz, bitterlich: »Die Prozesse ziehen sich ein, zwei Jahre, ja ewig hin ...; um einen Fall zu behandeln, braucht man vier Magistrate. Wenn der Fall etwas heikel ist, kann man damit rechnen, daß immer jemand fehlt ... Wenn man keine Beziehungen hat, hat man keine Chance, zu seinem Recht zu kommen.« Man prangert die häufige Abwesenheit der Richter an: Sie kommen zu spät oder gehen wieder vorzeitig, ganz zu schweigen von den Gerichtsschreibern, die keine Akte zu Ende führen.

Die Regierung der Städte

Die mächtigen Stadtgemeinden, die zur Zeit der Reconquista zwischen dem Duero und dem Tajo und später in Andalusien gegründet wurden, spielten im Mittelalter eine wichtige Rolle. Sie besaßen manchmal ein sehr ausgedehntes Gebiet (*alfoz* oder *tierra*), über das sie eine Rechtshoheit ausübten, die mit der der Lehnsherren vergleichbar war, die der Adel und der Klerus auf seinen Lehen ausübte und die ihnen oft beträchtliche Einkünfte brachte. Noch im 16. Jahrhundert besaßen Städte wie Segovia, Valladolid, Toledo oder Sevilla Gebiete, die einer heutigen Provinz entsprachen, was ihnen in der Politik und Wirtschaft des Landes ein beträchtliches Gewicht gab.

Ursprünglich hatten diese Stadtgemeinden einen Status *(fuero)*, der ihnen fast völlige Autonomie verlieh. Alle Bürger *(vecinos)*, die gewissen Aufenthalts- und Vermögensbedingungen unterlagen, nahmen an der Stadtverwaltung teil: Die wichtigsten Entscheidungen (Eröffnung eines Marktes, Bau von Straßen, Brücken, Festungen, die Lokalbesteuerung etc.) wurden im Laufe von Hauptversammlungen *(concejos abiertos)* getroffen, bei denen die Bevölkerung anwesend war. Jeder hatte das Recht, seine Meinung zu äußern und abzustimmen. Bei diesen Versammlungen wurden auch die Stadträte gewählt (auf ein Jahr).

Im 13. Jahrhundert verlor dieses System der Direktdemokratie seine Funktion. Die einflußreichsten oder reichsten Bürger hatten Privilegien erworben, die sie dem niederen Adel der Ritter gleichstellten. Sie bildeten rivalisierende Clans, die sich die Macht streitig machten, oft mit Waffengewalt. Oft endeten die Wahlen im offenen Kampf. Unter Alfons XI. wurde in den meisten Großstädten (Burgos, Madrid, Segovia) das Wahlrecht abgeschafft. Diese werden fortan von einer kleinen Zahl von Stadträten *(regidores)* verwaltet: Die ersten Ernennungen erfolgen durch den König; dann werden die Ämter käuflich; man versucht auf verschiedene Weise sie in den Familien weiterzuvererben *(linajes)*, was sich bis ins 17. Jahrhundert fortsetzt: Tovar-Mudarra und Reoyo-Cuadra in Valladolid, Ayala und Silva in Toledo, auch in Segovia, Soria und in den meisten Großstädten. Wenn der Posten eines Stadtrats frei ist, bestimmt der betroffene Clan den neuen Inhaber und holt dafür die Zustimmung des Königs ein. Somit erhält die Krone ein Kontrollrecht bei der Ernennung von *regidores*, die sich oft als Besitzer ihres Amtes betrachten, es an ihre Erben weitergeben, es mehr oder weniger offen verkaufen, mit dem stillschweigenden Einverständnis der Herrscher, die sich damit eine theoretische Kontrolle über das lokale Politgeschehen sichern. So entstehen Stadtoligarchien, ein Stadtpatriarchat, das im Gegensatz zu dem in den italienischen Städten des 15. Jahrhunderts nicht aus den Reihen der bürgerlichen Kaufmannszunft entstand, sondern aus denen des niederen Adels. Um die Auswirkungen einer stark aristokratisch geprägten Verwaltung abzuschwächen, erlaubt man in einigen Städten Volksvertretern, die unter etwas mysteriösen Umständen gewählt wurden, mit beratender Stimme bei den Sitzungen teilzunehmen: Das sind die Geschworenen *(jurados)* von Toledo, die *procuradores mayores* von Burgos oder Valladolid, die mehr oder weniger damit beauftragt sind, die Geschäftsführung der Stadtväter zu kontrollieren und Mißbrauch aufzudecken.

Doch damit sind die Familienfehden nicht beendet: Sie werden im Gegenteil im 15. Jahrhundert während der Bürgerkriege und der politischen Instabilität noch erbitterter. Zur gleichen Zeit zeigt sich ein anderes Phänomen: die Tendenz der Aristokratie, die wichtigsten Stadtgemeinden zu kontrollieren. Guadalajara gerät unter den Einfluß des Marquis von Santillana und der Familie Mendoza und Murcia unter den der Fajardos, während die Konnetabeln versuchen, Macht über Burgos auszuüben und die Admiräle von Kastilien über Valladolid, streiten sich der Herzog von Medinasidonia und der Marquis von Cádiz um Sevilla. In vielen Städten Galiciens, Kastiliens, Estremaduras oder Andalusiens verfolgt der Adel ähnliche Ziele.

Die Katholischen Könige versuchen zu unterbinden, daß eine Reihe von bedeutenden Städten unter den direkten Einfluß des Adels gerät und versuchen, die Kämpfe zwischen den Clans zu beenden, indem sie eine Ausgewogenheit zwischen den rivalisierenden Gruppen schaffen. Wenn in einem Gebiet die Ordnung ins Wanken gerät (was bis 1485 in Galicien und im Marquisat von Villena der Fall war), entsenden die Katholischen Könige Vertreter dorthin, die mit Sondervollmachten ausgestattet sind. Manchmal geschieht dies auch aus strategischen Gründen (bis 1492 nach Murcia aufgrund der Nähe des muslimischen Königreichs von Granada). Man nennt diese Vertreter *gobernadores* oder *adelantados* (dieser Begriff bedeutet, daß man einen höheren Posten bekleidet). Das Königreich von Granada wird nach der Rückeroberung unter die Autorität eines Vizekönigs gestellt, der auch den Titel *capitán general* hat; er ist folglich sowohl der persönliche Vertreter der Herrscher und der Oberbefehlshaber der Armee über das Gebiet. Im übrigen soll die Einsetzung eines Vertreters der Krone *(corregidor)* in allen Teilen des Landes dazu beitragen, die Fehler der Vergangenheit zu vermeiden.

Das erste Ziel war die Neuorientierung des Verhältnisses zwischen Monarchie und Adel, was durch die Stellung, die manche Magnaten während des Erbfolgekrieges eingenommen hatten, erleichtert wurde. So wurden Sevilla, Córdoba und die meisten andalusischen Städte wieder autonom, auch Estremadura (Plasencia, Badajoz, Ciudad Rodrigo, Cáceres, Medellín . . .). Ponferrada in Galicien benötigte noch etwas länger Zeit. Im Fall von Murcia war die Situation schwieriger, da der *adelantado* Pedro Fajardo erst davon überzeugt werden mußte, auf den ersten Platz zu verzichten. Doch in Guadalajara blieb alles beim alten: Die Stadt stand weiterhin unter der Herrschaft der Mendozas.

Die Anwesenheit von *corregidores* garantiert sowohl die Unabhängigkeit der wichtigsten Städte gegenüber dem Hochadel und die Aufrechterhaltung des Gleichgewichts zwischen den rivalisierenden Gruppen, wobei die Krone die Oberhoheit innehat. Das stellt nicht unbedingt eine Erneuerung dar; die ersten *corregidores* traten Anfang des 15. Jahrhunderts in Erscheinung. Sie wurden für die Dauer von ein paar Monaten ernannt und schließlich trotz der Proteste der Stadtväter wieder abgewählt. Die Katholischen Könige machen die Institution zu einer Dauereinrichtung. Die *corregidores* verfügen als königliche Beamte über einen breiten Handlungsspielraum und sind der Stadtverwaltung übergeordnet. Da sie mit rechtlichen, verwaltungsmäßigen, politischen und militärischen Belangen betraut sind, sind sie einflußreiche Beamte des Königs und gehören von ihrem Rang her zum niederen Adel der Ritter oder manchmal sogar – wenn auch selten – zu den Rechtskundigen, die die Universität besucht haben. Wenn der *corregidor* zur ersten Kategorie zählt, empfiehlt man ihm, einen *letrado* zu Hilfe zu nehmen, der ihm bei seinen Aufgaben helfen kann. 1512 standen auf einer Liste 80 Individuen, die für dieses Amt in Frage kamen, darunter kein einziger Angehöriger des Hochadels, doch 34 *letrados* (Rechtswissenschaftler mit oder ohne Doktortitel) und 46 Angehörige des niederen Adels der Ritter. Den *corregidores*, die zumindest anfangs sorgfältig ausgewählt werden, verdankt die Verwaltung der Katholischen Könige ihren guten Ruf; sie waren die eigentlichen Instrumente der Umwandlung Spaniens zwischen 1474 und 1516. 1512 zählte man 64; das Königreich war somit in ebenso viele Bezirke geteilt, in denen die Monarchie direkt vertreten war, die Autorität des *corregidor* erstreckte sich weit über die Stadt, in der er wohnte, hinaus. In Sevilla erfüllte der *asistente* die Aufgaben, die anderswo dem *corregidor* vorbehalten waren.

Die Einrichtung der *corregidores* vollendet ein Kommunalsystem, das die Katholischen Könige vorgefunden haben und das sie in den Dienst ihrer Politik der Stabilisierung der Monarchie stellen. Um ein konkretes Beispiel anzuführen, soll gezeigt werden, wie Toledo Ende des 15. und zu Beginn des 16. Jahrhunderts verwaltet wurde. An der Spitze der Hierarchie steht der *corregidor*, der von Magistraten umgeben ist: der *alcalde de las alzadas*, der über manche Angelegenheiten in letzter Instanz entscheiden kann; der *alcalde mayor*, der *alguacil mayor*, die 16 *alguaciles menores*, die vier *alcaldes ordinarios*, ein *alcalde* der Mesta, die Gouverneure *(alcaides)* der Festungen und der Stadttore und schließlich 30 Gerichtsschreiber *(escribanos del crimen)*. Aus diesen Instanzen setzt sich die Stadtregierung zusammen, das *regimiento*, ein beschließendes Organ. Es besteht aus 24 Stadtvätern *(regidores)*, die auf Lebenszeit ernannt werden und tausend Maravedis pro Jahr erhalten. Das Kollegium der Geschworenen *(jurados)* wird von der Bevölkerung gewählt – zwei Geschworene pro Gemeinde *(colación)*, doch man weiß nicht genau, wie. Insgesamt sind es 42. Die Gesamtheit der Stadtmagistrate, der Stadtväter und der Geschworenen unter dem Vorsitz des *corregidor* bildet das *ayuntamiento*, das dreimal pro Woche zusammentritt und über jede Angelegenheit, die die Stadt betrifft, beraten muß. Die Beschlüsse werden von zwei Dritteln mehrheitlich gefaßt; der *corregidor* und die Stadtväter besitzen als einzige das Stimmrecht, doch die Geschworenen können Einwände vorbringen und gegen Maßnahmen, die ihrer Meinung nach nicht dem Allgemeinwohl dienen, protestieren.

Dieses System funktioniert in den wichtigsten Städten des Königreichs. Doch es hat einen großen Nachteil: Es ist keineswegs repräsentativ, da die Stadtväter, die als einzige das Stimmrecht besitzen, auf Lebenszeit gewählt sind und darauf achten, ihr Amt zu vererben. Außerdem haben sie sich dem Adel angepaßt: Sie sind Privilegierte, die eine eigene Kaste bilden, woran auch die Einführung der gewählten Geschworenen nicht viel ändern kann. Auch wenn die *regidores* nur ein mittelmäßiges Einkommen beziehen, verschafft ihnen ihr Amt zahlreiche Vorteile: Benutzung allgemeiner Einrichtungen, Vergabe öffentlicher Märkte, Bestimmung der Gemeindesteuern, Verteilung der direkten und indirekten Steuern, Aufstellung der Liste *(padrón)* der Steuerpflichtigen etc. Sie haben viele Möglichkeiten, Verwandten, Verbündeten und Freunden gefällig zu sein, was sich oft auszahlt. Lediglich die Kleinstädte oder die den Lehnsherren unterstellten Städte bewahren etwas von der alten direkten Demokratie der kastilischen Stadtgemeinden. Im Gebiet von Toledo versammelt sich nach wie vor die Bevölkerung in den *concejos abiertos*, um über Themen, die von allgemeinem Interesse sind, zu diskutieren. In Alcalá de Henares, das der Gerichtsbarkeit der Erzbischöfe von Toledo unterstellt ist, versammelt sich die Bevölkerung jedes Jahr am Martinstag und stellt für jedes Kommunalamt eine Liste auf, die zweimal die Zahl der zu besetzenden Posten enthält. Der Erzbischof fällt anhand dieser Liste die endgültige Entscheidung. Genauso verhält es sich mit Medina de Rioseco, das den Admirälen von Kastilien gehört. Im übrigen haben überall Oligarchien die Macht ergriffen und lassen sie nicht mehr los. Unter diesen Umständen haben die Cortes, die sich aus den Vertretern der wichtigsten Städte zusammensetzten, viel an Einfluß verloren.

Die Cortes

Da die Städte durch die *corregidores* der Monarchie unterstellt sind, könnten sie sich theoretisch gegen diese auflehnen, wenn sie sich in den Cortes versammeln. Die Opposition wäre möglich, wenn die Cortes wirklich repräsentativ wären und wenn sie ihre Unabhängigkeit bewahren könnten. Im Prinzip sollen sie das ganze Königreich repräsentieren – *el reino*: so bezeichnen sie sich selbst. Doch dieser Anspruch erscheint immer weniger haltbar. Im 15. Jahrhundert waren die Cortes keine Versammlung mehr von drei Staaten. Da sich ihre wesentliche Rolle auf die Abstimmung der *servicios* beschränkt, die außergewöhnlichen Steuern, und da der Adel und der Klerus nicht davon betroffen sind, nehmen diese privilegierten Stände nur noch selten daran teil, z. B., wenn sie einberufen werden, um dem Thronerben den Eid zu leisten. Die Cortes bestehen also nur noch aus Vertretern des Dritten Standes, die aber nur schwach repräsentiert sind, da nur eine Minderheit der Städte in den Cortes vertreten ist und ihre Abgeordneten so gewählt werden, daß sie die Monarchie so wenig wie möglich stören. Einen Sitz bei den Cortes zu haben – *tener voz y voto en Cortes* – ist kein Recht, sondern ein Privileg, das von den siebzehn Städten, die es zu Beginn der Regierungszeit der Katholischen Könige besitzen, eifersüchtig verteidigt wird. Diese Städte sind: Burgos, Soria, Segovia, Avila, Valladolid, León, Salamanca, Zamora, Toro, Toledo, Cuenca, Guadalajara, Madrid, Sevilla, Córdoba, Jaén und Murcia. Ende des Jahrhunderts kommt noch Granada dazu. Jede dieser Städte gibt vor, die Gegend zu repräsentieren, deren Hauptort sie darstellt. So behauptet z. B. Salamanca, daß es im Namen von Rodrigo spreche und Zamora im Namen Galiciens, doch Santiago de Compostela möchte sich nicht vertreten lassen. Die achtzehn repräsentierten Städte widersetzen sich stets einstimmig dieser Forderung sowie jeglichem Bestreben, das Privileg, in den Cortes zu tagen, auszudehnen.

Jede dieser Städte entsendet zwei Abgeordnete *(procuradores)*. Der

Bestimmungsmodus wechselt, doch im allgemeinen ist das Wahlgremium sehr beschränkt, und die wählbaren Bürger gehören fast immer dem Stadtpatriarchat an, d. h. Gruppen, die dem Adel gleichgestellt sind. Es erscheint paradox, daß Abgeordnete, die nicht steuerpflichtig sind, über die Steuer abstimmen. So können ab 1433 in Segovia nur Magistratsbeamte, die den Titel eines *caballero* haben, *procuradores* sein; in Toledo müssen die Abgeordneten aus den Reihen der Magistratsbeamten und der Geschworenen bestimmt werden. Seit 1422 hat es sich der König zur Gewohnheit gemacht, den Städten die Abgeordneten vorzuschlagen, die er gerne in den Cortes gesehen hätte: Man kann sich wohl denken, daß er keine Gegner vorschlug. Im gleichen Jahr beschließt man in Ocaña, daß die Abgeordneten in Zukunft vom König eine Vergütung erhalten sollten, was nicht gerade als geeignetes Mittel erscheint, ihre Unabhängigkeit zu garantieren. Die Abgeordneten sind folglich nicht mehr Repräsentanten der Stadt, die sie ernennt.

1986 publizierte der spanische Wissenschaftler César Olivera Santos eine unveröffentlichte Quelle über die Geschichte der Cortes, das *Registro de Cortes*, 88 Dokumente aus der Zeit von 1445 bis 1474, in denen vor allem der Betrag der festgelegten Steuern, der *apuntamientos*, aufgeführt ist, d. h. der von den Herrschern geforderte Betrag, und die Liste der Abgeordneten mit den Einkünften, die sie bezogen. Unter anderem erfährt man, daß die Abgeordneten es 1445 durchgesetzt hatten, die Beamten, die mit dem Einzug der Steuern beauftragt waren *(recaudadores mayores)*, zu ernennen, ein großes Zugeständnis Alvaro de Lunas, das Heinrich IV. 1455 widerruft. Darin ist der Wille erkennbar, die Cortes auf dem Umweg über die Steuerfragen an der Politik teilnehmen zu lassen. Alvaro de Luna möchte ein Bündnis der Städte und der Monarchie, um ein Gegengewicht gegen den Adel zu bilden. Doch sein Wunsch ging nicht in Erfüllung. Die Cortes haben die Gelegenheit, ins politische Geschehen einzugreifen, versäumt. Sie wollten sich nicht in den Streit zwischen Monarchie und Adel einmischen, wollten nicht als dritte Gewalt im Staate gelten. Die zunehmende Bedeutungslosigkeit der Cortes im 15. Jahrhundert geht somit Hand in Hand mit dem Aufstieg der Aristokratie.

Die Anfang des 19. Jahrhunderts von Martínez Marina vertretenen Theorien, es habe damals schon eine Art Gewaltenteilung gegeben (die Cortes hätten die gesetzgebende Gewalt dargestellt und der König die ausführende), sind mit Vorsicht zu genießen. Die Cortes haben keineswegs versucht, die gesetzgebende Gewalt darzustellen, und die Katholischen Könige haben sich gehütet, dies zu ändern.

Unter Isabellas Regierung gab es fünf Versammlungen der Cortes: 1476, 1480, 1498, 1499 und 1502 und vier unter Ferdinand: 1505, 1506, 1512 und 1515. Die Katholischen Könige haben nicht gemeinsam mit den Cortes regiert, sondern sie sogar meistens übergangen (18 Jahre lang haben sie sie kein einziges Mal einberufen, von 1480 bis 1498). Die beiden ersten Versammlungen, die von Madrigal (1476) und die von Toledo (1480) erfolgten in der Anfangsphase der Regierungszeit der Katholischen Könige: Zumindest theoretisch wollten sie die Zustimmung des Königreichs für ihr großes Werk der Neugestaltung des Staates. Bei diesen beiden Versammlungen entstanden Gesetzestexte *(cuadernos de Cortes)*, die gemeinsam von den Herrschern und den Cortes entworfen wurden. Im übrigen hatten die Cortes mehr beratende Stimme: Sie billigten das, was ihnen von den Herrschern vorgeschlagen wurde. Ab 1480 erlassen die Katholischen Könige Gesetze durch Verfügungen, ohne mit den Cortes zu beratschlagen.

Die Zustimmung der Cortes ist für die Erhebung außergewöhnlicher Steuern unerläßlich. Trotz aller Vorsichtsmaßnahmen konnte man nicht sicher sein, ob die Abgeordneten nicht die Gelegenheit nutzten, um Beschwerden oder Forderungen vorzubringen und Bedingungen für eine günstige Abstimmung zu stellen. Die Katholischen Könige wollten keine Risiken eingehen: Sie baten die *Hermandad*, die viel gefügiger war, ihnen die finanziellen Mittel für die Durchführung ihrer Politik zu verschaffen. Die Cortes wurden gegenstandslos; 18 Jahre lang wurden sie nicht mehr einberufen. Die späteren Versammlungen dienten oft nur dem Zweck, die Thronerben offiziell anzuerkennen. Schließlich üben die Cortes nur noch eine konstitutionelle Funktion aus: Sie müssen den jeweiligen Thronerben offiziell anerkennen und ihm den Eid leisten. Von ihrer gesetzgebenden Funktion bleibt nichts übrig – sofern sie je bestanden hatte. Ihr Mitbestimmungsrecht im Bereich der Steuern ist sehr eingeschränkt, da die Herrscher meistens Mittel und Wege fanden, ihr Einverständnis zu umgehen. Die Regierungszeit der Katholischen Könige bedeutet folglich den Niedergang der Cortes.

Die Krone von Aragonien unter den Katholischen Königen

Die Heirat zwischen Ferdinand von Aragonien und Isabella von Kastilien bedeutet nicht automatisch den nationalen Zusammenschluß Spaniens. Seit 1474 sind Ferdinand und Isabella Könige von Kastilien.

Anfang 1479 werden sie Könige von Aragonien und Valencia und Grafen von Barcelona. Die beiden größten Gebiete der Halbinsel werden von nun an von den gleichen Herrschern regiert. Ihr männlicher Nachkomme hätte beide Kronen beanspruchen können (einige Jahre lang war Prinz Don Juan dafür ausersehen). Eine weibliche Erbin konnte aufgrund des Salischen Gesetzes die Krone Aragoniens nicht beanspruchen. Nach Isabellas Tod, 1504, werden die beiden Kronen getrennt: Johanna die Wahnsinnige erbt Kastilien, und Ferdinand herrscht wieder allein über Aragonien. Die Trennung wäre endgültig gewesen, wenn aus seiner zweiten Ehe mit Germaine de Foix ein Sohn hervorgegangen wäre. Nach dem Tod Ferdinands und der Thronbesteigung Prinz Karls, dem zukünftigen Karl V., dem Enkel der Katholischen Könige, wurden die beiden Königreiche erneut vereint und dieses Mal endgültig.

Zwischen 1474 und 1479 besteht zwischen Aragonien, Valencia und dem Prinzipat von Katalonien ein Bündnis unter der Krone von Aragonien; zwischen 1479 und 1504 findet man in den Königreichen Aragonien und Kastilien keine gemeinsamen Institutionen. Die Katholischen Könige scheinen nicht beabsichtigt zu haben, aus der Doppelmonarchie eine echte Nationalunion zu machen. Doch die europäischen Mächte sehen die Vereinigung der beiden Königreiche als gegeben an: Im Innern Spaniens hat sich nichts geändert, es besteht lediglich im Bereich der Steuern zwischen den beiden Königreichen Aragonien und Kastilien eine Vorzugsbehandlung. Im übrigen gilt in Aragonien ein Kastilier als »Fremder« und umgekehrt; genauso verhält es sich für einen Aragonier in Barcelona. Für die Katalanen ist Ferdinand der zweite ihrer Herrscher, der diesen Namen trägt: Er ist Ferdinand II., während er in Kastilien Ferdinand V. ist. Es ist einfacher, ihn Ferdinand den Katholischen zu nennen.

In der Doppelmonarchie steht Aragonien an zweiter Stelle. Die tragende Rolle Kastiliens ist schon geographisch bedingt; es stellt 65 % des Territoriums der Doppelmonarchie dar, und die Bevölkerungszahl untermauert diese Unausgewogenheit noch: sechs Millionen Einwohner im Jahre 1500 gegenüber weniger als einer Million in Aragonien; 26 Einwohner pro Quadratkilometer in Kastilien gegenüber weniger als 11 in Katalonien. Ist es da nicht verständlich, daß das Schwergewicht auf Kastilien liegt, und die Katholischen Könige es vorziehen, in einem Land zu regieren, das sich im Aufschwung befindet?

Diese Erklärung scheint befriedigender als alle Argumente, die aufgrund der politischen Traditionen der beiden Königreiche geltend gemacht werden. Kastilien leistet den Monarchen weniger Widerstand; die *fueros* von Aragonien schränken ihre Initiative ein, was Isabella zu dem Ausspruch veranlaßt haben soll: »Aragonien gehört uns nicht wirklich; es muß von neuem erobert werden.« J. H. Elliott bezeichnete die spanischen Herrscher als absolute Monarchen in Kastilien und als konstitutionelle in Aragonien. Aber bedeuteten die *fueros* wirklich eine Einschränkung? Was wäre geschehen, wenn das Herrscherpaar beschlossen hätte, sie außer Kraft zu setzen?

Das gleiche könnte für das Salische Gesetz gelten, das die Frauen von der Thronfolge ausschließt. In dem Testament, das Ferdinand am 12. Mai 1475 vor dem Feldzug gegen Portugal verfaßt, bestimmt er die Infantin Isabella (damals hatten die Katholischen Könige nur dieses Kind, und Ferdinand war noch nicht König von Aragonien) zu seiner Erbin, natürlich auch für die Krone von Aragonien. Er fügt hinzu, daß es wünschenswert wäre, das Gesetz, das die Frauen von der Thronfolge ausschließt, abzuschaffen: Die Vereinigung der Königreiche Aragonien und Kastilien bedeutet große Vorteile, und es ist wichtig, daß nur ein Herrscher über beide Königreiche regiert. Trotz des Salischen Gesetzes hat Isabella im Juni 1481 den Vorsitz über die Cortes von Saragossa, während sich Ferdinand in Barcelona befindet. Nach dem Tod des Erbprinzen Johann (1479) beruft Ferdinand im Mai 1498 die Cortes nach Saragossa ein, um Prinzessin Isabella, die älteste Tochter der Katholischen Könige und Königin von Portugal, trotz des Salischen Gesetzes zur Erbin von Aragonien proklamieren zu lassen. Im September stirbt Isabella im Wochenbett. Während man über diesen Punkt beratschlagte, hatte sie einen Sohn zur Welt gebracht, Miguel, und die Cortes erhoben keine Einwände mehr. In der Folgezeit wurde das Projekt nicht wieder aufgenommen.

Ferdinand ließ sich nie durch gesetzlichen Widerstand einschüchtern. Dafür ist die Inquisition ein gutes Beispiel. In Aragonien wurden zwei prinzipielle Einwände dagegen erhoben. Doch zuerst eine Vorbemerkung: Die Inquisition existierte bereits in Aragonien; sie mußte nur neu belebt und modernisiert werden, um wirkungsvoller zu sein. Doch es wurde geltend gemacht, daß die Inquisition, so wie sie in Kastilien funktionierte und wie man sie in Aragonien einführen wollte, unvereinbar mit den *fueros* sei. Ferdinand wies diese Einwände zurück. Er hielt an der Inquisition fest, und sie wurde trotz der *fueros* in Aragonien eingeführt, was bedeutet, daß die Katholischen Könige hier genau wie in Kastilien ihren Willen durchsetzten. Doch nicht auf allen Gebieten haben sie sich so eingesetzt wie für die Inquisition. Nicht die gesetzlichen Schranken haben sie zurückgehalten, sondern die Umstände: Ende des 15. Jahrhunderts war Aragonien nicht in der Lage, ihnen eine feste Grundlage für ihre großen Pläne zu bieten.

Das gleiche gilt für die Erschließung des amerikanischen Marktes nach der Entdeckung durch Christoph Kolumbus. Die Neue Welt gehört der kastilischen Krone. Die Bewohner Aragoniens, Kataloniens und Valencias haben nicht das Recht, dorthin auszuwandern oder von irgendwelchen Vorteilen dieses Landes zu profitieren. Sicherlich eine Diskriminierung, doch zumindest die Katalonier haben sich nicht dagegen gewehrt. Pierre Vilar schreibt, daß die Katholischen Könige sich darauf beschränken, die Tatsachen anzuerkennen: Das Recht paßt sich eher der Wirklichkeit an, als daß es sie regiert. Katalonien ist nicht in der Lage, vom amerikanischen Handel zu profitieren. Wäre die Lage anders gewesen, hätten die Kaufleute und Geschäftsleute Kataloniens ebenfalls Gewinn gemacht.

Die erste und sichtbarste Folge ist, daß das Herrscherpaar nur noch kurze Aufenthalte in Aragonien nimmt. Ferdinand und Isabella reisen dorthin, um sich anerkennen zu lassen, um ihre Nachfolger zu präsentieren und um einige Steuern einzuziehen. Aragonien, Katalonien und Valencia sehen ihre Herrscher nur sporadisch. Die Folge ist eine Ersatzregierung, die die Ernennung von Vizekönigen oder Reichsverwesern *(Lloctinents)*, die die königliche Macht repräsentieren sollen, erfordert, was manchmal zu Konflikten führt: 1482 bestimmt Ferdinand Juan Ramón Molch, den Grafen von Cardona und Konnetabel von Aragonien, für diesen Posten, doch die Abordnung protestiert: Molch ist Ausländer (er ist Katalane!). Ferdinand gibt nach und setzt an seine Stelle seinen unehelichen Sohn Alfons, den Erzbischof von Saragossa, der auch nicht mehr Aragonier ist als Molch: Er wurde in Cerbère geboren und seine Mutter ist Katalanin, doch dieses Mal wagt die Abordnung keinen Protest.

Die Einsetzung des Rats von Aragonien, 1494, ist die zweite Folge der ständigen Abwesenheit der Katholischen Könige. Diese Institution, die ihren Sitz bei Hof hat, ist damit beauftragt, die Herrscher in allen Angelegenheiten, die die Krone von Aragonien betreffen, zu unterstützen.

Auch wenn Aragonien eine gewisse Randstellung einnahm, soll das nicht heißen, daß die Katholischen Könige kein Interesse an den dortigen Geschehnissen gehabt hätten. Die Lage in Katalonien warf eine Reihe von Problemen auf. Der Bürgerkrieg von 1462 bis 1472 hatte Spuren hinterlassen; die Gründe, die dazu geführt hatten, waren nicht aus dem Weg geräumt, und die Katalonier hatten weiterhin gegen ihre Probleme anzukämpfen: Piraten, die ihre Küsten unsicher machten, die Angst vor der ausländischen Konkurrenz, Arbeitslosigkeit, Einwanderung ... Bei der Einberufung der Cortes, 1480-1481, sollen Maßnahmen für den Aufschwung *(redreç)* der katalanischen Wirtschaft getroffen werden, vor allem die Lösung der Probleme, die sich aufgrund der Beschlagnahmung durch die Kriegsgegner ergaben, gefunden werden. Das bei dieser Versammlung verkündete Gesetz ist das äußere Zeichen der Versöhnung zwischen dem König und den Institutionen des Prinzipats, doch ab 1484 verschlechtert sich die Lage erneut. Die Wiedereinsetzung der Inquisition hat vermutlich die Schwierigkeiten verstärkt. Das Prinzipat hat die Krise noch lange nicht überwunden.

Vor allem die Frage der *remensas* bleibt ungelöst. Ferdinand hat die Rechte so wiederhergestellt, wie sie vor 1455 waren, um den Lehnsherren Genüge zu tun. Doch gleichzeitig erzürnte er damit die *remensas.* Diese erhalten im August 1483 das Recht, sich erneut zu versammeln, um ihre Forderungen vorzutragen. Dieses Mal sind die Lehnsherren beunruhigt. Auf dem Land entsteht wieder Unruhe, und in Barcelona muß die Stadtmiliz eingreifen. Kommt es zu einer erneuten Konfrontation? Nein. Das Urteil von Guadalupe (21. Mai 1486) bringt eine korrekte und dauerhafte Lösung des Bauernproblems. Die »üblen Bräuche«, das »Recht der schlechten Behandlung«, das so vielen Lehnsherren vorgeworfen wurde, werden endgültig abgeschafft. Die Bauern erhalten die persönliche Freiheit gegen Entrichtung eines vernünftigen Betrags, der auf 60 Sous pro Familie festgelegt wird und in einer oder mehreren Jahresraten zu bezahlen ist. Außerdem erhalten sie das Recht, dank langfristiger Pachtverträge, die sie auf ihre Erben übertragen können, auf ihrem Land zu bleiben. Es gibt also keine *remensa* mehr. Das Urteil von Guadalupe ermöglicht die Bildung eines freien Bauernstandes. Auch wenn der Bauer nicht das Eigentum über das Land hat, kann er es bebauen, ohne befürchten zu müssen, vertrieben zu werden. Sicher, diese Bauern zahlen weiterhin Abgaben an die Lehnsherren, doch diese Abgaben, die in Naturalien bezahlt werden, entsprechen dem Wert der Ernten und des jeweiligen Landes. Beide Parteien sind daran interessiert, daß der Boden den größtmöglichen Ertrag abwirft. Ende des 15. Jahrhunderts entsteht in Katalonien ein Gleichgewicht, das bis zum 18. Jahrhundert anhält und von dem vor allem die wohlhabendsten Bauern profitieren. Von den 20 000 *remensas*-Familien Mitte des 15. Jahrhunderts haben nur neuntausend von den Vorkehrungen des Urteils von Guadalupe profitiert und kaufen sich zwischen 1486 und 1505 frei. Einige haben darauf verzichtet, da ihnen die Mittel fehlten. Da viele Bauern betroffen waren, hegten sie Groll. 1492 wird Ferdinand in Barcelona Opfer eines Attentats. Als er den Palast verläßt, wird ihm ein Messerstich versetzt. Er erholt sich schnell wieder und spielt die Angelegenheit herunter. Man glaubte, ein Verrückter habe das Attentat begangen, doch in Wirklichkeit war es ein armer *remensa.* Doch darüber darf nicht vergessen werden: Das Urteil von Guadalupe hat in Katalonien die Bedingungen für einen Wohlstand geschaffen, der langfristig Früchte tragen und den sozialen Frieden bringen wird.

Ferdinand nimmt eine Neuorganisation der Institutionen vor. Er verallgemeinert den Vorgang der Auslosung *(insaculación)* zur Auswahl der Mitglieder. 1488 werden die Wahlen zur *generalidad* aufgehoben. 1491 schaltet sich der König bei der Bildung des Rats der Hundert von Barcelona ein; der Kommunalvertrag von 1493 sieht vor, daß sich dieser Rat aus 48 »ehrenwerten Bürgern« zusammensetzt, 32 Kaufleuten, 32 Handwerkern und 32 Arbeitern; die fünf *consellers*, die das ausführende Organ der Stadt sind, sollen drei »Bürger« sein, ein Kaufmann, ein Handwerker und ein Arbeiter. 1498 nimmt dieser Rat seine endgültige Form an. Die *consellers* werden von nun an nach einer Liste, die Vertreter aller obengenannten Schichten enthält, ausgelost. Die Stadtreform von Saragossa, die seit 1487 in Kraft ist, enthielt ähnliche Prinzipien. Die regionalen und lokalen Institutionen werden somit reine Verwaltungsorgane, und die traditionellen Oligarchien sehen sich bestätigt und gefestigt. Genau das trat in Kastilien ein, nachdem im Anschluß an den Erbfolgekrieg die Ordnung wiederhergestellt worden war. Von diesem Gesichtspunkt aus ist die Harmonisierung der beiden Kronen unleugbar. Durch ein Gleichgewicht zwischen den rivalisierenden Gruppen, die Verantwortung tragen und am Gewinn teilnehmen sollen, will man die Familienfehden beenden.

Ist der Aufschwung, der Ende des 15. Jahrhunderts in Katalonien zu verzeichnen ist, diesen Reformen zuzuschreiben? Die Verbesserung ist eindeutig, doch sie erfolgt auf Kosten bestimmter Umstellungen und durch Verzicht. Barcelona verschafft sich jetzt in Kastilien den Weizen, den es sich bisher in Sizilien besorgte; es kauft auch in Kastilien Wolle und verkauft dort Tuch und Lederwaren. Trotz dieses Aufschwungs hat Katalonien noch lange nicht die einstige Blütezeit erreicht. Valencia verzeichnet ebenfalls einen Aufschwung: Es profitiert von dem katalanischen Aufwärtstrend und von der Flaute, die in Mallorca herrscht. Der landwirtschaftliche Reichtum und die Herstellung von Luxusgütern, insbesondere von Seidenstoffen, sichern ihm den Wohlstand. Eine Überprüfung der Zölle ergibt, daß Valencia im Warenverkehr zwischen Kastilien und Aragonien eine starke Position einnimmt; ein Teil des Mittelmeerhandels Kastiliens erfolgt von Valencia aus. Es exportiert Rosinen, Mandeln, Öl, Reis, Zucker, Wein nach Flandern und Salz nach Neapel und importiert Weizen. Außerdem entwickelt es sich zu einem Geldgeber, der den Katholischen Königen beträchtliche Summen leiht. Mit seinen 75 000 Einwohnern im Jahre 1483 (mindestens zweimal mehr als Barcelona und dreimal mehr als Saragossa), ist Valencia die größte Stadt der Iberischen Halbinsel. Im 16. Jahrhundert ist es trotz des Bürgerkriegs der *Germanías* (1519–1522) einer der dynamischsten Mittelpunkte und eines der glänzendsten Kulturzentren des Habsburger-Spaniens.

Doch Ende des 15. Jahrhunderts befindet sich Aragonien in einer Talsohle. Wen wundert es da, daß Katalonien nicht an den großen Unternehmungen der Katholischen Könige teilnimmt? Granada, die Entdeckung der Neuen Welt, selbst die Expansion in Italien gehen von Kastilien aus. Aragonier und Katalanen finden sich in der Umgebung der Katholischen Könige in Sevilla, in Neapel, überall, wo etwas Neues geschieht, doch das sind Ausnahmen. Aragonien befindet sich gegenüber Kastilien im Nachteil. Es ist kein Zufall, daß das moderne Spanien, wie es sich Ende des 15. Jahrhunderts abzeichnet und im 16. Jahrhundert entfaltet, mit Kastilien verschmilzt, und die kastilische Sprache mit der spanischen gleichgesetzt wird. Die Katalanen sind darüber verbittert und erkennen sich nicht in diesem Spanien, das von Kastilien geprägt ist, einem mehr aristokratischen als bürgerlichen Spanien.

Im 17. Jahrhundert weigert sich Katalonien, da es weder am Ruhm noch am Gewinn des Reiches teilgenommen hatte, Opfer auf sich zu nehmen, die durch den Niedergang Kastiliens bedingt sind. Katalonien war wohl der Ansicht, daß das, was hier in Rocroi und durch den Westfälischen Frieden geschah, nicht Spanien als solches betraf, sondern eine gewisse Vorstellung von einem kastilischen Spanien. Hätte eine 1479 erfolgte Nationalunion statt einer bloßen dynastischen Union das verhindern können? Vielleicht, doch bekanntlich kann man die Geschichte nicht zurückdrehen.

IV. Die soziale Basis des Regimes

Der Erfolg der Katholischen Könige ist zum großen Teil auf das Gleichgewicht, das sie in der kastilischen Gesellschaft aufrechterhalten konnten, zurückzuführen. Der Konflikt, der seit Beginn des Jahrhunderts die Monarchie und den Adel konfrontierte, wurde zugunsten der Monarchie gelöst, ohne daß der Adel deswegen Groll empfand. Eine starke Monarchie ermöglicht es der Aristokratie, die Stütze der Gesellschaft zu werden, das Vorbild, das diejenigen, die unter ihr stehen, nachzuahmen versuchen und auf das die Herrscher bauen: *hidalgos*, Stadtpatriarchat und Mittelstand, der durch den Aufschwung der Wirtschaft und die Entwicklung des Staates gefördert wird: Justizbeamte, Beamte des Staates oder der Städte, die man als *letrados* bezeichnet (was nicht ganz korrekt ist). Auch der Klerus kann dem Reformstreben der Katholischen Könige nicht entgehen, auch er trägt zum Aufbau eines neuen Spaniens bei.

Die soziale Basis des Regimes bilden: der Adel, die *hidalgos*, der Klerus, die *letrados*, die Stadtoligarchien. Es fehlt das Bürgertum, was kein Zufall ist. Das Spanien, das sich im Aufbau befindet, hat nichts Bürgerliches an sich. Die Bürger profilieren sich nicht als solche; sie schließen sich der Aristokratie an und teilen mit ihr die Gewinne, die auf dem Wollmarkt erzielt werden. Sie nähern sich dem Adel und verschmelzen mit ihm, was manchen erst in der zweiten oder dritten Generation gelingt. Andere – zum Beispiel die Juden – sind davon ausgeschlossen und werden sogar aus dem Land gejagt.

Die Wirtschaftspolitik der Katholischen Könige scheint für die Bürger nicht gerade von Vorteil zu sein. Sie begünstigen die *Mesta*, die Viehzüchter, die Wollexporteure zum Schaden der Landwirte und Handwerker. Pierre Vilar bezeichnet die Bürger als »unterdrückte Klassen«. Dazu gehören der kastilische Bauer und vor allem der maurische Andalusier. Sie bilden die zahlenmäßige Mehrheit, doch es ist eine schweigende Mehrheit; niemand denkt daran, sie zu verteidigen. Also wird sie geopfert.

Die liberale und romantische Geschichtsschreibung neigte dazu, die Katholischen Könige als entschiedene Gegner des Adels darzustellen. Da der Adel im 15. Jahrhundert in der Politik eine unheilvolle Rolle gespielt habe, wollten sie ihn in seine Schranken verweisen, indem sie ihm einige seiner Einkünfte wegnahmen und ihm den größten Teil seiner Kompetenzen bei der Regierung des Landes entzogen. Heute ist man anderer Ansicht. Historiker wie Luis Suárez Fernández sehen eine solche Interpretation als unsinnig an. Er schreibt: »Die Katholischen Könige hatten nie die Absicht, den Adel außer Gefecht zu setzen. Er sollte in ihren Augen der Halt der sozialen Ordnung bleiben.« Man darf nicht vergessen, daß der Adel nicht homogen ist: Zwischen den Lehnsherren, die große Ländereien besitzen, und bestimmten Land-*hidalgos* am Rande der Armut gibt es viele Zwischenstufen, unter anderem auch die *caballeros*, denen schließlich die Regierung der Städte oblag. Die Katholischen Könige schienen darauf bedacht zu sein, den Einmischungen der Lehnsherren in die Politik ein Ende zu bereiten, ihnen aber ihren wirtschaftlichen und sozialen Einfluß zu lassen. Gleichzeitig stützten sie sich aber auf den niederen Adel, der mit dem Mittelstand das Fundament des Regimes bildete.

Seit der Mitte des 15. Jahrhunderts entwickelt sich in Kastilien eine Opposition gegen die Lehnsherren, die manchmal sehr heftig ist. Sie schlägt sich sogar in der Literatur der damaligen Zeit nieder, z. B. in den *Coplas de Mingo Revulgo*, einer anonymen Satire aus der Regierungszeit Heinrichs IV. (1464?), in der die Granden als Wölfe beschrieben werden, die nach dem Blut der Armen dürsten, oder in dem *Tratado de los pensamientos variables*, das der Prinzessin Isabella (1473?) »von einem armen Kastilier, der etwas portugiesisches Blut in sich hatte«, gewidmet war. Er prangert die soziale Ungerechtigkeit und Ungleichheit an: Gott hat die Menschen gleich geschaffen, doch eine Minderheit eignet sich die Güter dieser Welt an und macht die Menschen zu Sklaven; die Bauern werden schrecklich ausgebeutet: Durch ihre Arbeit und ihren Schweiß finanzieren sie die Ausgaben der Könige, den Aufwand der Lehnsherren, die Verschwendung der Höflinge. Oft treffen sie ihre Frau in Tränen und das Haus leer an, wenn sie vom Feld kommen: Es bleibt ihnen weder ein Ofen noch eine Decke; Abgaben und andere Repressalien machen sie arm. Einige Lehnsherren führen sich wie Straßenräuber auf, z. B. Pedro de Avendaño, der Schloßherr von Castronuño in der Gegend von Valladolid, der das Land bis auf den letzten Grashalm plünderte. Landjunker und sogar die Städte boten ihm Entschädigung an, wenn er ihr Land verschonte. Natürlich bemäntelt Avendaño sein Treiben, indem er politische Motive vorgibt: Im Erbfolgekrieg steht er auf der Seite von Prinzessin Johanna; erst 1477 wird sein Schloß eingenommen.

Das Lehnswesen ist nicht sehr beliebt. Diejenigen, die ihm nicht unterstellt sind, protestieren, wenn man sie in *solariegos* (Bauern, die der Gerichtsbarkeit eines Lehnsherrn unterstellt sind) verwandeln möchte, wenn neue Lehen geschaffen werden (z. B. schätzt es die Bevölkerung von Loja in Andalusien gar nicht, als der Ort 1508 unter die Gerichtsbarkeit des Granden Gonzalo Fernández de Córdoba fällt, den der König von Aragonien für seine Dienste im Italienkrieg belohnen möchte). Diejenigen, die ihr unterliegen, versuchen, sich zu befreien, vor allem wenn sie erst vor kurzem *solariegos* wurden (das ist oft der Fall: einige Lehnsgüter stammen aus der Regierungszeit Heinrichs IV.). Den Katholischen Königen blieb dies nicht verborgen. Das Gesetz vom 28. Oktober 1480 beinhaltet Sicherheiten für die *solariegos*: Sie dürfen nicht als an die Scholle gebunden angesehen werden; sie bekommen das Recht, ihr Dorf jederzeit zu verlassen, um sich anderswo niederzulassen. Dabei dürfen sie alles, was sie besitzen, und ihr Vieh mitnehmen. Außerdem fordern Ferdinand und Isabella diejenigen, die Grund zur Klage über ihre Lehnsherren haben, auf, vor Gericht zu gehen und Entschädigung zu verlangen.

In der zweiten Hälfte ihrer Regierungszeit scheinen sich die Streitfälle dieser Art zu verdoppeln. 1490 strengt Juan Nuñez de Prado aus Trujillo einen Prozeß gegen den Grafen von Medellín, Juan Portocarrero, an, der ihn wegen subversiver Umtriebe hatte festnehmen lassen. Er und andere protestierten gegen den Machtmißbrauch, dessen sich der Graf schuldig gemacht hatte. 1495 erlebt man in der Gegend von Jaén eine Massenemigration des Ordens von Calatrava; der Lehnsherr Juan de Hinestrosa und seine Agenten behandeln die Mönche schlecht: Sie erschweren ihnen das Leben, indem sie willkürliche Verhaftungen vornehmen und sie mit Steuern ausbluten. 1506 wird gegen bestimmte Rechte, die sich der Graf von Salvatierra im Norden des Landes anmaßt, Protest laut. 1508 erhalten in León Untertanen in einem Prozeß gegen Ramir Nuñez de Guzmán und seine Frau María de Quiñones Recht. 1514 wird die einflußreiche Familie Velasco aufgefordert, sich wegen der Abgaben für das Gebiet um Merindad de Trasmiera, im Norden von Burgos, zu rechtfertigen. Zur gleichen Zeit wird diese Familie wegen mißbräuchlich erhobenen Wegegelds in der Gegend von Medina de Pomar zur Rechenschaft gezogen: 50 Maravedis pro Jahr für jedes Tier und zwei Maravedis pro Fracht und Weg sowie ein Maravedi für die Ausstellung der Quittung. Das sind nur einige Beispiele.

Ferdinands und Isabellas Thronbesteigung hat in bestimmten Schichten des Volkes Hoffnung erweckt. Diese erwarteten von ihnen ein energisches Einschreiten gegen die Lehnsherren. Im Laufe des Erbfolgekriegs hatten die Katholischen Könige nicht gezögert, ihre Untertanen gegen einige rebellische Lehnsherren aufzubringen, z. B. auf den Ländereien des Marquisats von Villena, indem sie versprachen, sie der Krone anzugliedern. Das ist auch der Inhalt der Proklamationen vom 20. April 1476, die drei Tage später die Erhebung von Fuenteovejuna in Andalusien zur Folge hatte.

Die Episode wurde berühmt, seit sie Lope de Vega in einem seiner berühmtesten Stücke verarbeitet hatte. Fuenteovejuna war unter Heinrich IV. von der Gerichtsbarkeit Córdobas entbunden und dem Orden von Calatrava unterstellt worden. Der damalige Kommandeur war Fernán Gómez de Guzmán, der sich im Bürgerkrieg gegen die Katholischen Könige gestellt hatte. Die Bevölkerung beschließt einstimmig, sich für die übermäßigen Forderungen und sonstigen Machtmißbrauch, den sie unter dem Kommandeur erlitten hat, zu rächen. Unter den Schreien: »Fuenteovejuna! Es leben König Ferdinand und Königin Isabella! Nieder mit den Verrätern!« stürzen sich die Aufständischen auf das Haus von Fernán Gómez, metzeln vierzehn bewaffnete Männer, die ihnen den Weg versperren wollen, nieder und werfen den Kommandeur auf die Straße, wo er von Lanzen und Schwertern aufgespießt wird. Die Menge schleppt ihn bis zum Großen Platz, wo er unter Beifallsrufen in Stücke gerissen wird.

Eine Untersuchung, die angestellt wird, bemüht sich vergeblich, die Aufrührer und Anstifter des Mordes ausfindig zu machen. Auf die Frage: »Wer hat den Kommandeur getötet?« antworten die Einwohner, Männer und Frauen, Junge und Alte, ja sogar Kinder, die gefoltert werden: »Fuenteovejuna.« Wenn man sie fragt, wer das sei, geben sie zur Antwort: »Alle.« Diese Angelegenheit verärgert die Katholischen Könige. Die Untersuchung bringt die tatsächlichen Verbrechen des Kommandeurs zutage, der seine Macht mißbraucht hatte. Außerdem hatte er die Sache der portugiesischen Angreifer unterstützt: Kann man ein ganzes Dorf dafür verurteilen, daß es dem von dem Herrscherpaar ergangenen Appell zur Revolte gefolgt war? Aber konnte man andererseits dieses Massaker ungestraft lassen, auf die

Gefahr hin, daß sich die aufrührerische Stimmung gegen die Lehnsherren vertiefte und sich die besorgten Adeligen von der Sache der Katholischen Könige abkehrten? Schließlich wird gegen das Volk nichts unternommen, doch der Konflikt, der ihn mit dem Orden von Calatrava konfrontiert, kommt vor Gericht. Es folgt ein langer Prozeß, der bis 1483 dauert. Das ergangene Urteil fällt für den Orden von Calatrava günstig aus. Fuenteovejuna verbleibt unter der Gerichtsbarkeit der Stadt Córdoba, die bereit ist, den Orden zu entschädigen und ihm eine Summe von 15 000 Dukaten zahlt. Man hat es also mit einem Interessenkonflikt zwischen einer Stadtoligarchie und dem Orden von Calatrava zu tun. Die Abwicklung der Angelegenheit ist beispielhaft: Es gibt weder Sieger noch Besiegte. Die Katholischen Könige unterließen es, ein Dorf zu bestrafen, das seinen verhaßten Tyrannen und die Lehnsherren los sein wollte, doch sie vermeiden es, einen Präzedenzfall zu schaffen, indem sie die Tatsachen hinnehmen: Sie beauftragen die Justiz, den Streitfall zu lösen, und bieten dem Orden von Calatrava, der in seinen Rechten bestärkt wird, eine Entschädigung an und beruhigen die Lehnsherren.

Ein weiteres Ereignis, das sich vier Jahre später in Segovia abspielt, erinnert an Fuenteovejuna. Die Katholischen Könige verleihen Andrés Cabrera und seiner Frau Beatrice de Bobadilla für ihre erwiesenen Dienste (1480) den Titel eines Marquis und einer Marquise von Moya und geben ihnen ein Lehen mit 1200 Untergebenen in der Nähe von Valdemoro und Casarrubios, das im Augenblick nicht der Gerichtsbarkeit von Segovia untersteht. Das Herrscherpaar möchte den Cabreras ein anderes Lehen gleicher Größe zur Verfügung stellen und sieht daher diese Schenkung als etwas Vorübergehendes an. Doch Segovia läßt sich nicht entmachten, und die Stadt veranstaltet große Protestkundgebungen. Auf den drei Hauptplätzen werden Podien errichtet, und ein Vertreter der Stadtgemeinde erklärt: »Die ganze Stadt, das ganze Gebiet von Segovia und ganz Kastilien sollen wissen, daß 1200 Untertanen, die unserer Gerichtsbarkeit unterstehen, dem Majordomus Cabrera zugewiesen wurden und damit der Eid gebrochen wurde, alles im Reich zu belassen. Die Stadt und der Umkreis akzeptieren dies nicht, erklären diesen Entschluß für ungerecht und für ungültig vor Gott und dem Papst.« Im Anschluß daran erklärt sich die ganze Bevölkerung einstimmig für den Protest verantwortlich, ohne die Rädelsführer preiszugeben. Die Untersuchungsbeamten müssen ihre Nachforschungen einstellen, und die Katholischen Könige bitten sie, nicht darauf zu bestehen. Auch hier gehen die Aufrührer straffrei aus, doch damit endet die Ähnlichkeit mit Fuenteovejuna. Die Katholischen Könige sind nicht bereit, dem Druck nachzugeben. Die Stadt Segovia bringt die Angelegenheit vor das Justizministerium von Valladolid, doch die Herrscher untersagen der dortigen Rechtsprechung, sich damit zu befassen. Isabella scheint in ihrem Testament, das sie 1504 verfaßt, Skrupel zu empfinden: Sie empfiehlt, das Gebiet, das Segovia streitig gemacht wird, der Stadt zurückzugeben und dem Marquis von Moya im ehemaligen Königreich Granada ein gleichwertiges Lehen anzuweisen. Doch diese Klausel bleibt wirkungslos. Als Segovia 1511 beim Justizministerium von Valladolid Klage einreicht, gibt Ferdinand erneut den Befehl, dieser nicht nachzukommen. Und jedesmal, wenn die Stadt bei einem Regierungswechsel ihr Recht verlangt, geschieht dasselbe. Erst Karl V., dann Philipp II. widersetzen sich jeglicher gerichtlicher Verfolgung der Angelegenheit. 1593, 113 Jahre später, gibt sich Segovia geschlagen ...

Anhand dieser beiden Beispiele kann man die Vielschichtigkeit der von den Katholischen Königen verfolgten Politik gegenüber dem Adel ermessen. Einerseits erwecken sie den Eindruck, ihre Untertanen zum Widerstand gegen ihre Lehnsherren aufzustacheln, andererseits schaffen sie selbst Lehen. Allerdings waren die Cabreras treue Untertanen der Krone, und Fernán Gómez ein Rebell und Verräter. Es gibt also zweierlei Maßstäbe, je nachdem, ob man es mit Gegnern oder Anhängern zu tun hat. Doch die allgemeine Tendenz geht dahin, die Monarchie zu stärken. Ferdinand und Isabella ergreifen wieder Besitz von Städten, die ihre Vorgänger aus Schwäche den Lehnsherren überlassen hatten. Im allgemeinen geschieht dies, wenn sich mehrere Kandidaten ein Erbe streitig machen. Einer der Clans der Plasencias erhebt sich 1488 gegen den neuen Herzog Alvaro de Zúñiga; das Herrscherpaar gliedert die Stadt wieder ins Reich ein. Das gleiche geschieht mit Cádiz, das 1492 dem Marquis von Cádiz weggenommen wurde, mit Gibraltar, das zu Beginn des 16. Jahrhunderts den Herzögen von Medinasidonia aus der Hand genommen wurde, und den Städten Tineo, Cangas, Ribadesella und Llanes in Asturien, die nicht mehr der Gerichtsbarkeit des Grafen Luna unterstellt sein möchten. In diesem Fall beruft man sich auf die Entscheidung von Kardinal Mendoza und Fray Hernando de Talavera, die 1490 als Schiedsrichter auftreten: Graf Luna verzichtet auf die umstrittenen Territorien im Austausch gegen zwei andere und gegen eine Entschädigung von fünf Millionen Maravedis.

Meistens spielt sich alles friedlich und gegen eine finanzielle Entschädigung ab. Doch manchmal muß man zu Gewalt greifen. Wie z. B. in Galicien, wo sich drei Prätendenten die Stadt Ponferrada streitig machen: Graf Lemos, Graf Benavente und Graf Trevino. Jeder glaubt, das Recht auf seiner Seite zu haben. 1483 wird die Angelegenheit dem Kronrat vorgetragen, doch 1485, als die Katholischen Könige durch den Krieg um Granada in Anspruch genommen sind, bemächtigt sich Graf Lemos der Stadt Ponferrada mit Waffengewalt und verschanzt sich dort. Man entsendet Truppen gegen ihn; ein Jahr lang leistet er Widerstand, ergibt sich schließlich, und Ponferrada wird der Krone einverleibt.

Selbst wenn es sich um Gegner handelte, zögerten Ferdinand und Isabella, die Adeligen ohne Entschädigung um die Güter zu bringen, die sie in der Vergangenheit erworben hatten. Man kann also nicht behaupten, die Katholischen Könige hätten systematisch das Lehnswesen abgebaut. Doch die 1480 beschlossenen finanziellen Neuregelungen bedeuteten einen schweren Schlag für den Adel. Sicherlich unterlagen nur die seit 1464 zugebilligten Leibrenten einer Neufestlegung – der Adel hatte den Hauptteil seiner Ländereien und sein sonstiges Vermögen vor dieser Zeit erworben. Die Maßnahmen von 1480 verschaffen Abhilfe gegen die Mißbräuche der letzten Zeit, aber gleichzeitig regeln sie die vorangegangenen Besitzverhältnisse. Die Familie der Mendozas hatte das schon lange begriffen: Die Adeligen konnten ihre Domänen nicht unbegrenzt auf Kosten des Reichs ausdehnen und sich durch innere Kämpfe zerfleischen, sondern mußten darauf achten, ihre Lage und ihren Besitz zu festigen. Dafür bot die Autorität der Krone, die durch Ferdinand und Isabella repräsentiert wurde, die beste Garantie, nachdem die auffallendsten Mißbräuche beseitigt waren. Deshalb ist es verständlich, daß sich die Mendozas 1473 der Sache der zukünftigen Katholischen Könige angeschlossen hatten.

Sie haben nach wie vor das Recht, ihre Diener zu belohnen, indem sie ihnen Titel verleihen oder Lehen zuweisen. Auch wenn sie dies diskret taten, taten sie es, wie im Fall des Marquisats zugunsten von Andrés Cabrera. Der Krieg von Granada ermöglicht es, Lehen zu schaffen, ohne auf die Ländereien des Reichs zurückgreifen zu müssen, Kardinal Mendoza, der Marquis von Villena, der Herzog von Medinaceli, der Graf von Tendilla, der Admiral von Kastilien, der Herzog von Alba und der Marquis von Astorga profitierten von der Großzügigkeit des Herrscherpaars. 1477 schlagen die Katholischen Könige dem *adelantado mayor* von Murcia, Pedro Fajardo, vor, seine einzige Erbin, Luisa Fajardo, mit Juan Chacón, dem Sohn eines ihrer ersten Diener, Gonzalo Chacón, zu verheiraten, wobei sie den aus dieser Ehe stammenden Kindern das Recht einräumen wollten, den Familiennamen Fajardo beizubehalten. Als Hochzeitsgabe bieten sie dem jungen Paar eine Million Maravedis und eine Jahresrente von 200 000 an. Der erste Sohn aus dieser Ehe, Pedro Fajardo, erhält den Titel des Marquis de Los Vélez. Der Konflikt zwischen Adel und Monarchie löst sich so zu beidseitiger Zufriedenheit. Die Monarchie erweist sich als stark, und der Adel kann im wesentlichen seine Position behaupten.

Die Katholischen Könige haben dem Adel nicht seine wirtschaftliche Macht genommen, sondern im Gegenteil dazu beigetragen, sie zu festigen und für Jahrhunderte zu stärken. Das Gesetz über die Majorate, das bei der Versammlung der Cortes in Toro (1505) erlassen wurde, stellt eine wichtige Entscheidung dar. Als juristische Form existierte das Majorat in Kastilien schon lange; seit dem 14. Jahrhundert findet man Beispiele dafür. Die Reform von 1505 verleiht ihm Gesetzeskraft und eröffnet ihm fast unerschöpfliche Expansionsmöglichkeiten. Das Majorat soll einen großen Namen, eine berühmte Familie unsterblich machen und vermeiden, daß durch irgendwelche Nachfolger das Vermögen aufgeteilt wird. Die Gründungsurkunde führt die Güter auf, die dazu gehören: Es kann sich um Ländereien oder Gebäude handeln, um Leibrenten oder sonstige Einkünfte. Das Majorat fällt dem in der Gründungsurkunde bestimmten Erben zu, im allgemeinen dem ältesten Sohn. Außerdem ist das Vermögen unveräußerlich; der Inhaber muß es seinem eigenen Erben übertragen; er hat weiterhin die Möglichkeit, es zu vergrößern, indem er neue Güter hinzufügt, doch er hat nicht das Recht, die kleinste Parzelle zu veräußern.

Jeder kann ein Majorat errichten, ungeachtet seines Besitzstandes, doch er bedarf dazu der Zustimmung des Königs. Einfache *caballeros* und sogar Bürger oder reich gewordene Bauern bringen den größten Teil ihres Vermögens in ein Majorat ein. Das Majorat ist kein Privileg der Aristokratie. Im Grunde profitieren die großen adeligen Familien, die aus den sozialen Umwälzungen des 15. Jahrhunderts hervorgingen, davon. Da ihre Lage gefestigt ist, werden sie von den Wirren der Zeit weniger stark erfaßt. Erst viel später wird man sich der negativen Folgen der Gesetze von Toro für die Wirtschaft bewußt. Die Majorate sowie die Güter, die im Besitz des Klerus sind, haben einen immer größeren Teil des Grund und Bodens des Landes dem Wirtschaftsprozeß entzogen. Da man die Ländereien nicht verkaufen konnte, war man nicht daran interessiert, sie zu pflegen und zu nutzen. Der Großgrundbesitz wurde oft schlecht erschlossen oder gar nicht. Das ist die unvorhergesehene Folge einer Maßnahme, die ein klar umrissenes Ziel hatte, und die logische Folge der Reform von 1480 und der von den Katholischen Königen gegenüber dem Adel verfolgten Politik: die Festigung der bestehenden sozialen Ordnung. Das Ergebnis ist, daß zu Beginn des 16. Jahrhunderts nach den Berechnungen von Jaime Vicens Vives nur 2 bis 3 % der Bevölkerung des Königreichs Kastilien 97 % des Bodens besitzen und mehr als die Hälfte dieser 97 % nur wenigen Familien gehören.

Die Katholischen Könige hatten nicht die Absicht, den Adel zu bekämpfen; sie wollten ihn nur daran hindern, sich gegen den Staat zu wenden. Die Neugestaltung des Kronrats ist deshalb wesentlich: Die Granden nehmen nur noch einen Ehrenplatz darin ein. Genauso verhält es sich mit den Ämtern bei Hof, den Posten eines Konnetabels oder Admirals zum Beispiel, die in einigen Familien zu Erbtiteln werden (die Velascos, die Enríquez) und an echter Bedeutung verlieren. Seit der Regierungszeit der Katholischen Könige (Karl V. und Philipp II. halten sich eisern daran) erhalten die Granden nur noch in Ausnahmefällen bedeutende politische Ämter; meistens übergibt man diese Vertrauten, die man auszeichnen möchte, z. B. mit einem Botschafterposten, der sie mehr kostet, als daß er einbringt. Zum Beispiel verschuldete sich der Graf von Tendilla, Iñigo López de Mendoza, trotz eines Einkommens von einer Million dreihunderttausend Maravedis um drei Millionen zweihunderttausend Maravedis, um während seines Romaufenthalts im Jahre 1486 den Posten des Botschafters beim Heiligen Stuhl zu behalten. Ein Hofadel, der das Herrscherpaar auf seinen Reisen begleitete, ist nicht bekannt. Einige Granden nehmen an besonders wichtigen Zeremonien teil (Empfang von Botschaftern, die Taufe von Infanten, die Thronbesteigung des Erbprinzen ...), doch meistens ziehen sie ihre Lehen vor, wo sie sich einen eigenen Palast bauen, ihren eigenen Hofstaat unterhalten und verschiedene Formen des Mäzenatentums ausüben. Der Palast der Herzöge von Alba in Alba de Tormes, nicht weit von Salamanca, wird die Wiege des ersten modernen spanischen Theaters; der Admiral von Kastilien macht Medina de Ríoseco in der Nähe von Valladolid zu einem intellektuellen Mittelpunkt. Der Marquis de Villena folgt seinem Beispiel in Escalona in der Gegend von Toledo, und der Herzog von Infantado errichtet in Guadalajara Ende des 15. Jahrhunderts einen der schönsten Renaissancebauten Spaniens.

Die gleichen Prinzipien (zu vermeiden, daß der Hochadel ein Staat im Staate wird) haben die Katholischen Könige bewogen, die Kontrolle über die Militärorden, die theoretisch von der Autorität des Heiligen Stuhls abhängig sind, zu bewahren. Seit langem werden sie vom Hochadel wegen ihrer riesigen Domänen und ihrer beachtlichen Einkünfte beneidet. Ferdinand und Isabella ändern nichts an der inneren Struktur der Orden, doch sie behalten sich deren Verwaltung vor. Die Umsetzung dieser Maßnahmen kann nur etappenweise erfolgen. Eine günstige Gelegenheit ergibt sich durch den Tod des Großmeisters vom Orden des hl. Jakobus, Rodrigo Manrique, dem Grafen von Paredes, im November 1476. Das Klosterkapitel versammelt sich in der Klosterfestung von Ucles in der Mancha, um seinen Nachfolger zu wählen. Zwei Kandidaten kommen in Frage: Pedro Manrique und Alonso de Cárdenas. Isabella begibt sich sofort in Begleitung von Kardinal Mendoza und Rodrigo Maldonado de Talavera, dem Primas von Spanien und einem der hervorragendsten Juristen des Kronrats, an Ort und Stelle. In sechs Tagen gelangt sie über das verschneite Guadarrama von Toro nach Ucles. Manchmal reist sie sogar nachts im Schein der Fackeln, um keine Zeit zu verlieren. Diese Reise und die Eskorte zeigen, welche Wichtigkeit die Königin der Angelegenheit beimißt. Sie erklärt den in Ucles versammelten hohen Würdenträgern, daß dem Kloster des hl. Jakobus so große Bedeutung zukommt, daß es im Augenblick – man befindet sich mitten im Bürgerkrieg – am besten wäre, es der höchsten Autorität im Staate anzuvertrauen: König Ferdinand. Die Würdenträger lassen sich überzeugen, sowohl durch die einleuchtenden Argumente als auch durch einen gewissen Druck: Wie soll man sich Isabellas Vorschlag, der mit soviel Nachdruck vorgetragen wird, widersetzen? Man findet einen Kompromiß: Ferdinand übernimmt die Verwaltung des Ordens für sechs Jahre, dann wird Alonso de Cárdenas, einer der beiden Kandidaten, Großmeister des Ordens. Tatsächlich wird diese Zeitspanne beträchtlich verkürzt: Nach elf Monaten verzichtet Ferdinand auf seine Aufgabe, und Cárdenas wird wie vereinbart Großmeister. Nach dessen Tod 1493 übernimmt Ferdinand erneut die Verwaltung.

Die Katholischen Könige haben nichts dagegen, daß García López de Padilla vom Orden von Calatrava 1482 Nachfolger des Großmeisters Rodrigo Téllez Girón wird, doch im Februar 1485 ist das Kapitel nach dem Tod von López de Padilla bereit, auf Ersuchen des Herrscherpaars, Ferdinand als Verwalter zu akzeptieren. 1489 erfolgt die Machtübergabe problemlos.

Ähnlich gehen Ferdinand und Isabella beim Orden von Alcántara vor. 1494 erlangt man den Verzicht des Großmeisters Juan de Zúñiga gegen beträchtliche Entschädigungen: Domänen in Castelnovo und La Serena, eine Leibrente von 350 000 Maravedis und eine Pauschalsumme von sechs Millionen. Ferdinand übernimmt die Verwaltung des Ordens, doch erst nach dem Tod des Großmeisters, 1504, ist die Kontrolle des Staates vollkommen.

Da die Orden der Gerichtsbarkeit des Heiligen Stuhls unterstehen, muß die Lage mit diesem geklärt werden. Der Anspruch als solcher ist nicht ungehörig: Bereits Heinrich IV. hatte sich vom Papst die Verwaltung des Ordens des hl. Jakobus übertragen lassen, aber nur vorübergehend. Die Katholischen Könige wollen eine Dauerlösung, die für alle Orden gilt. Ihr Botschafter in Rom, Francisco de Rojas, soll sie bei Papst Innozenz VIII. für die Königin oder den König allein erlangen. Auch wenn der Papst, die Kardinäle und die Rechtsgelehrten des Heiligen Stuhls bereit sind, diese Gunst Ferdinand zu gewähren, lassen sie sich lange bitten, um sie auch der Königin zu gewähren: Eine Frau mit der Verwaltung eines Ordens, der ausschließlich männlich ist, zu betrauen, scheint ein Justizirrtum zu sein. Doch Francisco de Rojas erreicht bei Alexander VI., dem Nachfolger Innozenz' VIII., sein Ziel: Die Bulle *Dudum ad illos* (12. Juni 1501) überträgt die Verwaltung der drei Orden Ferdinand, doch das Privileg wird auf Isabella ausgedehnt, wenn sie ihren Ehegatten überlebt. Doch die endgültige Einverleibung der Militärorden erfolgt erst zu Beginn der Regierungszeit Karls V., aufgrund der Bulle *Dum intra* (4. Mai 1523), die von Papst Hadrian VI. unterzeichnet wurde.

Diese Einverleibung der Militärorden ins Reich, die konsequent, diplomatisch und wirksam betrieben wird, bestimmt die Politik der Katholischen Könige gegenüber dem Hochadel, die man kurz zusammenfassen kann: Sie bestätigen und festigen seinen Grundbesitz und seinen sozialen Einfluß, doch sie halten ihn so gut wie möglich von der Politik fern, sei es an der Spitze des Staates, im Kronrat oder an der Basis, den Verwaltungsbezirken oder *corregimientos*. In beiden Fällen benötigt die Monarchie kompetente und ergebene Beamte: Sie wählt sie unter dem neu gebildeten Klerus und dem Mittelstand aus: die *caballeros* und der vermögenslose niedere Adel. Hinzu kommen die Universitätsabsolventen.

Ein Mitglied des Kronrats, Galíndez de Carvajal, behauptete, die

Katholischen Könige verfügten über eine aktuelle Liste besonders fähiger Untertanen, die den einen oder anderen Posten in der Zivilverwaltung oder in der Kirchenhierarchie ausfüllen könnten. Man fand keine solche Liste, doch fest steht, daß sich Ferdinand und Isabella persönlich um die Einstellung der Staatsbeamten kümmerten. Von diesen erregten die *letrados* die größte Aufmerksamkeit der Zeitgenossen und Historiker.

Was ist ein *letrado*? Im eigentlichen Sinne bezeichnet der Terminus Universitätsabsolventen jeder Disziplin, im Gegensatz zu den Nicht-Studierten und Autodidakten. Doch schnell hat sich die Gewohnheit durchgesetzt, den Lizentiaten und Doktoren der Rechte, den Juristen, diesen Titel zuzuerkennen, die durch ihre Ausbildung und ihre Qualifikation am besten geeignet scheinen, Posten in der Verwaltung zu besetzen, die immer komplexer wurde. Diese Tendenz ist nicht auf Spanien beschränkt. In ganz Europa registriert man eine Zunahme an Justizbeamten, die sich aus schlichten Praktikern in Spezialisten und Experten im Dienst der Granden und Könige verwandeln. Ab dem 14. Jahrhundert sind die Könige von Kastilien, wie z. B. Alfons XI., von Rechtsgelehrten umgeben, da sie weltliche oder kirchliche Experten für die Verwaltung, die Rechtsprechung und die Verhandlungen mit den ausländischen Mächten benötigen. Diese Juristen, die mit dem römischen Recht vertraut sind, vertreten dessen Grundsätze und stärken die königliche Autorität auf allen Gebieten. Ihr zunehmender Einfluß beunruhigt die Aristokratie. Mitte des 15. Jahrhunderts beharrt Rodrigo Sánchez de Arévalo in seiner Abhandlung *Suma de la política* auf der Beraterfunktion, die die Juristen bei den Herrschern ausüben sollen: »Sie müssen Berater haben, die großes Wissen und Weisheit besitzen, gewandt, erfahren und klug sind, mehr im politischen als im militärischen oder mechanischen Bereich (damit ist das Handwerk gemeint). Denn man kann im militärischen oder in einem anderen Bereich große Klugheit beweisen, aber es an politischer Klugheit fehlen lassen, wenn es um die Regierung eines Staats geht.« Das ist der Beginn der Rivalität zwischen dem Militär, dem Adel, den Zivilverwaltungsbeamten und den Universitätsabsolventen.

Seit der Regierungszeit der Katholischen Könige scheint sich dieses Phänomen verbreitet zu haben. Alle Hispanisten kennen Diego Hurtado de Mendoza, einen Autor des 16. Jahrhunderts, der den Aufstieg dieser *letrados* unter den Katholischen Königen und Philipp II. beschreibt, die schließlich die traditionelle Aristokratie im Kronrat, dem

Gerichtshof und der Verwaltung verdrängen. Da sie aus dem Mittelstand hervorgegangen sind, bilden sie eine eigenständige Schicht. Sie besitzen unbestrittene Rechtskompetenz, führen ein unauffälliges Leben, ohne besonderen Luxus. Auch ihre Sitten sind untadelig. Sie sind gewissenhafte Beamte, die dem Staat und dem Allgemeinwohl dienen. Doch sie haben auch ihre Schattenseiten, wie Hurtado de Mendoza weiter ausführt. Sie überschreiten gerne ihre Kompetenzen, mischen sich in Angelegenheiten, die sie nichts angehen. Sie glauben, immer im Recht zu sein, und diese Einstellung kann unliebsame Folgen haben. Mendoza, der die *letrados* ablehnt, wirft ihnen vor, sie hätten durch ihre Unnachgiebigkeit die *Mauren* des ehemaligen Königreichs Granada 1569 zur Rebellion aufgestachelt. Es gibt Dinge, die die *letrados*, die Aktenmenschen, nicht verstehen, und die Tatmenschen, insbesondere die Aristokraten, viel leichter begreifen, da sie es verstehen, die Umstände, die Einstellung des Volkes und die Konjunktur zu nutzen und den richtigen Augenblick zu wählen, um eine Maßnahme zu ergreifen, während die *letrados* sich wortgetreu an den Text halten und nur die Regeln kennen. Mendoza versucht nicht, die *letrados* objektiv zu beurteilen, sondern verurteilt sie, wenn auch mit wohlgesetzten Worten.

Zwischen der Ausbildung, die die *letrados* an der Universität erhalten haben, und den Erfordernissen ihres Berufs besteht eine tiefe Kluft: Sie lernen das römische Recht, das wenig Ähnlichkeit mit dem nationalen Recht, das sie anwenden müssen, hat. Ihr Studium bereitet sie nicht adäquat auf die Praxis vor. Die *letrados* unter den Katholischen Königen sind meistens Absolventen der *Colegios mayores*, Eliteschulen, die neben der Universität von Salamanca und Valladolid bestehen. Hier wird eine sehr strenge Auslese getroffen, doch die Absolventen haben die Garantie, daß sie nach kurzer Anfangstätigkeit in einem *corregimiento* oder einer Lokalmagistratur die höchsten Stellen im Kronrat, im Finanzrat, dem Inquisitionsrat und den Justizministerien von Valladolid und Granada einnehmen.

Es erhebt sich die Frage: Wem soll man die Regierung in der Gesellschaft anvertrauen: den Juristen oder denen, die dank ihrer Familientradition sozialen Einfluß besitzen, also den Aristokraten? Seit der zweiten Hälfte des 15. Jahrhunderts neigt man zu der Vorstellung, daß Macht Wissen voraussetze; zieht also die *letrados* den Aristokraten vor. Aber viele lehnen es ab, von Nichtadeligen gelenkt zu werden. Das Ideal wäre also, Sachverstand und Aristokratie zu vereinen, was schließlich auch geschieht. J.-M. Pelorson, der die Lage der kastilischen *letrados* zu Beginn des 17. Jahrhunderts studiert hatte, zeigt auf, wie immer mehr *letrados* aus der Aristokratie hervorgehen. Vom Ende des 15. Jahrhunderts bis zur Mitte des 16. Jahrhunderts wurden an den kastilischen Universitäten Studenten aus dem Mittelstand gefördert. Es ist die Blütezeit der *Colegios mayores*. Die Kinder des Hochadels studieren, um einen der begehrten Verwaltungsposten zu bekommen, und besuchen die *Colegios*, die ihnen schließlich vorbehalten sind, auch wenn es dafür keine rechtliche Grundlage gibt. Es entwickelt sich ein elitäres System im sozialen Bereich und an den Universitäten. Nach wie vor besetzen die *letrados* die besten Stellen, doch jetzt sind es adelige *letrados*. Es zeichnet sich eine weitere Entwicklung ab: Viele *letrados* sind bereits schon wieder Söhne von *letrados*. Im Laufe der Zeit erwerben diese Dynastien von *letrados* einen gewissen Wohlstand, manchmal sogar Reichtum und fast immer eine soziale Stellung, die der der *hidalgos* gleicht, mit denen sie vieles gemeinsam haben: die gleiche Lebensart, die gleiche Vorliebe für die Landwirtschaft, die gleichen Steuerbefreiungen und Steuerprivilegien.

Diese soziale Förderung der *letrados* zeichnete sich deutlich unter der Herrschaft der Katholischen Könige ab. 1480 drückt der Kronrat in einem den in Toledo versammelten Cortes vorgelegten Gutachten aus, was Norm werden soll: »Nach einer gesunden Moralphilosophie sollen die Menschen mit scharfem Verstand Autorität ausüben und den anderen Anweisungen erteilen, und wenn solche Männer ein Amt innehaben, kann sich die Republik glücklich schätzen.« Der Rat fährt fort, daß man es vermeiden möchte, irgend jemanden auf einen Posten zu berufen, sondern nur den Besten. Außerdem möchte man sich davor hüten, öffentliche Ämter weiterzuvererben, da sich die Kompetenz nicht vom Vater auf den Sohn überträgt. Das heißt verblümt ausgedrückt, daß die *letrados* den Aristokraten vorzuziehen sind. Spätere Texte (1493) präzisieren einige der Bedingungen, die erfüllt werden müssen, bevor man in einen verantwortungsvollen Verwaltungsposten eingesetzt wird: Es müssen mindestens zehn Jahre Studium des Zivilrechts oder des kanonischen Rechts vorausgegangen sein. Es ist kaum anzunehmen, daß diese Bedingung eingehalten wurde, doch die Tendenz ist eindeutig. Untersucht man die Personen, die unter den Katholischen Königen ein Amt in der Politik oder in der Verwaltung bekleidet haben – eine Untersuchung, die leider nie gründlich durchgeführt wurde –, so gewinnt man den Eindruck, daß die eigentlichen *letrados* weniger zahlreich sind, als man vermuten könnte. In den Justizministerien sitzen natürlich die Juristen, doch in den *corregimientos* sind die *hidalgos* in der Überzahl. Man schlägt ihnen vor, für heikle Angelegenheiten einen *letrado* zu Hilfe zu nehmen. Nicht alle königlichen Beamten haben ein Studium absolviert. Oft wurden sie aufgrund ihrer persönlichen Fähigkeiten eingestellt, wie z. B. Fernando de Zafra, der fast allein die große Aufgabe bewältigte, das Königreich Granada nach der Rückeroberung wieder aufzubauen.

Vor allem der niedere und mittlere Adel lieferte den Katholischen Königen die Verwaltungsbeamten und das Militär. Ferdinand und Isabella erhöhten die Zahl, indem sie das Privileg der *hidalguía* gewährten, die ungefähr der niedrigsten Stufe in der Adelshierarchie entspricht. Dieses Privileg erhielten die Männer zugesprochen, die sich als verdiente Staatsdiener bewährt hatten. Der Erbfolgekrieg und der Krieg von Granada boten die Gelegenheit, ziemlich viele Nichtadelige damit auszuzeichnen. Ab 1475 bekommen all jene ihre *hidalguía*-Privilegien bestätigt, die sie unter Heinrich IV. unter der Bedingung erhalten hatten, mindestens zwei Wochen auf eigene Kosten am Kampf gegen den portugiesischen Eindringling teilzunehmen. Männer, die sich im Krieg von Granada besonders verdient gemacht hatten, erhielten die gleiche Belohnung wie ergebene Staatsdiener. Bekannt sind nur die eindrucksvollsten Fälle, wie z. B. der des Doktor Palacios Rubios, Mitglied des Kronrats, dem 1496 durch königlichen Beschluß die *hidalguía* verliehen wird und das Recht, ein Wappen zu führen (zwei Löwen auf weißem Feld, über deren Köpfen sich eine Goldkrone befindet).

Außer diesen offiziellen Förderungen gibt es im Spanien der Katholischen Könige viele Möglichkeiten, *hidalgo* zu werden. Zum Beispiel durch die Ausübung bestimmter Berufe oder die Innehabung gewisser Ämter (Magistratsbeamter, Notar) oder auch durch stillschweigendes Einverständnis: Nachdem man durch den Handel oder einen als minderwertig angesehenen Beruf ein beträchtliches Vermögen erworben hat, wechselt man den Wohnsitz und führt den Lebensstil des Adels, verzichtet auf jegliche gewinnträchtige Tätigkeit, kauft Land und lebt von seinen Leibrenten, und nach ein bis zwei Generationen ist man *hidalgo* den Umständen nach, muß es jetzt nur noch dem Recht nach werden. Mit etwas Geschick gelingt dies auch. Was bedeutet die *hidalguía* konkret? Sie beinhaltet ein Steuerprivileg, eine Steuerbefreiung. Man läßt sich also aus der Liste der Steuerpflichtigen *(padrón de pecheros)* streichen und dies offiziell durch das Justizministerium in Valladolid bestätigen: Sorgfältig ausgewählte

Zeugen bekräftigen, daß man in der Stadt oder dem Dorf immer als *hidalgo* galt, dort nie Steuern entrichtete, einen angemessenen Lebensstil pflegte und den König auf eigene Kosten bei einem militärischen Feldzug unterstützt hatte oder zumindest bereit sei, es zu tun. Das Justizministerium fällt dann eine Entscheidung *(ejecutoria de hidalguía)*, die dem Betroffenen die entsprechende Autorität verleiht, die auch auf seine Nachkommen übergeht. Als Beispiel soll hier ein bekannter Fall zitiert werden. Der Großvater der heiligen Theresa von Avila, Juan Sánchez, ein konvertierter Jude, der in Toledo Makler und Händler war, geriet mit der Inquisition in Konflikt, die ihn 1485 zu einer Strafe verurteilte. Die Familie verläßt Toledo und läßt sich in Avila nieder. Dort legt sie ihr Vermögen in Grundbesitz an und lebt von den Einkünften ihrer Ländereien und zahlt keine Steuern. Sie gehört jetzt also zum Adel. Ein Prozeß vor dem Justizministerium von Valladolid ermöglicht es ihr schließlich (1523), in Frieden ihre *hidalguía* zu genießen.

Zur Zeit der Katholischen Könige ist der Adel keine geschlossene Kaste, sondern gewinnt immer mehr Mitglieder. Männer, die sich in der Armee, in der Verwaltung verdient gemacht haben, steigen in den Adel auf. Viele Bürger haben nur ein Streben: Sie wollen *hidalgos* werden, was ihnen oft auch gelingt.

Daraus erkennt man, wie vielschichtig das Verhältnis der Katholischen Könige zum Adel ist. Sie haben wohl die Granden der Politik ferngehalten, doch deren wirtschaftliche Lage gefestigt. Isabella fragt sich in ihrem Testament, 1504, ob sie dem Adel nicht zuviel Gunst erwiesen hatte. Aus diesem Grunde widerruft sie Konzessionen, die sie unter dem Druck der Umstände gemacht hatte, erkennt, daß sie und ihr Gatte die Machtmißbräuche mancher Adeliger übersehen hatten, die unrechtmäßig Steuern und Abgaben erhoben hatten, die der Staatskasse zugestanden hätten, und sie möchte, daß ihre Nachfolger dem ein Ende bereiten. Das ist ein frommer Wunsch, der aber etwas aufzeigt, was die Historiker gern vergessen: Die Katholischen Könige wollten den Adel nicht bekämpfen, seinen sozialen Einfluß nicht mindern. Der Adel bewahrt sein Ansehen, bleibt eine Gesellschaftsschicht, der man gleichgestellt sein möchte, wenn man die Mittel dazu hat.

Die Katholischen Könige und der Klerus

Im mittelalterlichen Spanien nimmt der Klerus mehr als sonst irgendwo im christlichen Europa eine Sonderstellung in der Gesellschaft und im öffentlichen Leben ein. Er ist im höchsten Maße privilegiert, genießt Ansehen, sozialen Einfluß und Steuervorteile. Außerdem besitzt er beträchtliche Domänen dank der Reconquista, die ihm die Gelegenheit bot, seinen Grundbesitz wesentlich zu erweitern. Der hohe Klerus ist oft mit dem Adel verwandt und stellt sich während der Bürgerkriege und der dynastischen Krisen auf dessen Seite. Die Festigung der Monarchie ab 1474 ging auch am Klerus nicht vorbei, doch hier ist die Handlungsfreiheit der Katholischen Könige beschränkt, denn sie müssen auf den Papst und die moralische Autorität der Kirche Rücksicht nehmen.

Die Kirche von Spanien

Die kirchliche Landkarte sieht für die Iberische Halbinsel folgendermaßen aus:

– Der Krone Kastiliens gehören: vier Erzbistümer und 22 Suffragan-Bistümer: Toledo (Suffragan-Bistümer: Palencia, Segovia, Osma, Sigüenza, Cuenca, Córdoba, Jaén); Santiago de Compostela (Suffragan-Erzbistümer: Badajoz, Plasencia, Ciudad Rodrigo, Coria, Avila, Salamanca, Zamora, Tuy, Lugo, Mondoñedo); Sevilla (Suffragan-Bistümer: Cádiz und die Kanarischen Inseln); ab 1492 Granada (Suffragan-Bistümer: Guadix, Málaga und Almeria) sowie die Bistümer von Burgos, León und Oviedo, die direkt Rom unterstellt sind, das Bistum von Calahorra, Suffragan des Erzbistums von Saragossa, das von Cartagena, Suffragan des Erzbistums von Valencia und die Bistümer von Astorga und Orense, Suffragane des Erzbistums von Braga. Der Kirchenbesitz fällt nicht unbedingt mit den politischen Grenzen zusammen, die die drei Königreiche der Halbinsel trennen.

– Der Krone Aragoniens gehören drei Erzbistümer: Saragossa (Suffragan-Bistümer: Jaca, Huesca, Barbastro, Lérida, Tarazona, Teruel); Tarragona (Suffragan-Bistümer: Elne, Tortosa, Barcelona, Gerona, Vich, Solsona, Seo de Urgel); Valencia (Suffragan-Bistümer: Segorbe, Albacete).

Azcona behauptet, es habe Ende des 15. Jahrhunderts zwischen zehn- und fünfzehntausend kirchliche Pfründe gegeben (außer Granada und den Kanarischen Inseln). Hinzu kommen 150 Benediktinerklöster, 50 Zisterzienserklöster, sechs Prämonstratenser und sieben Kanoniker vom Augustinerorden, sechs Kartäuser- und 30 Hieronymitenklöster und noch einige Franziskaner- und Dominikanerklöster. Bischöfe und Äbte waren vorübergehend Lehnsherren auf ihren Domänen und unterscheiden sich nicht von den anderen Lehnsherren. Große Städte wie Palencia, Sigüenza, Cuenca, Salamanca unterstanden der Gerichtsbarkeit ihrer Bischöfe, die dort die Stadtverwaltung kontrollierten und Zivilposten besetzten. Der Bischof von Segovia besaß mit seiner Kathedrale, einer regelrechten Festung, eine strategische Position inmitten der Stadt. Der Bischof von Bajadoz bewohnte ebenfalls in der Stadtmitte eine befestigte Residenz. Nicht zu vergessen ist auch die bedeutende Militärmacht der Erzbischöfe von Toledo.

Die Haupteinnahmequelle des Klerus war der von den Gläubigen entrichtete Zehnt. Wie bereits erwähnt, mußten davon zwei Neuntel an die Krone gezahlt werden: *tercias reales.* Die Einkünfte aus Häusern, Verpachtung, Herden, verschiedenen Abgaben waren beträchtlich. Hinzu kamen noch die Steuern und Abgaben, die von den Erzbischöfen oder Abbés in ihrer Eigenschaft als provisorische Lehnsherren in den ihrer Gerichtsbarkeit unterstellten Gebieten erhoben wurden. Nicht zu vergessen sind die Kasualien (Messen, Jahrestage ...) und die Almosen. Die Großzügigkeit der Gläubigen war unterschiedlich, doch einige Aristokraten sorgten dafür, daß die Klöster oder Kirchen, die sich auf ihrem Territorium befanden, mit hohen Einkünften versehen wurden, so daß der Reichtum der Kirchen immer größer wurde.

Dieser materielle Reichtum war ungleichmäßig verteilt. Einige Bistümer (Ciudad Rodrigo, Cádiz, Tuy ...) waren nicht gerade mit Reichtümern gesegnet, andere wiederum (Palencia, Osma, Sigüenza, Burgos, Santiago de Compostela) verfügten über hohe Einkünfte. An der Spitze der Hierarchie standen die beiden größten Pfründe Spaniens: Toledo und Sevilla. Antoine de Lalaing, der 1501 Spanien besuchte, hinterließ uns eine Aufstellung der Einkünfte der Bistümer von Kastilien:

Bistümer	Einkünfte*	Bistümer	Einkünfte
Toledo	52 000	Astorga	6 000
Sevilla	24 000	Zamora	6 000
Granada	24 000	Oviedo	6 000
Santiago de C.	23 000	Badajoz	6 000
Burgos	18 000	Mondoñedo	5 000
Sigüenza	18 000	Málaga	5 000
Palencia	14 000	Tuy	4 000
Osma	12 000	Coria	4 000
Córdoba	10 000	Orense	4 000
León	8 000	Almeria	4 000
Avila	8 000	Ciudad Rodrigo	4 000
Plasencia	8 000	Lugo	4 000
Salamanca	8 000	Cádiz	4 000
Salahorra	8 000	Guadix	4 000
Segovia	8 000		

Die einige Jahre später von Lucio Marineo Siculo vorgenommene Schätzung entspricht in etwa der von Lalaing: Das Erzbistum von Toledo wird auf 80 000 Dukaten geschätzt, das von Sevilla auf 24 000, das von Santiago de Compostela und die Bistümer von Burgos und Sigüenza auf jeweils 20 000.

Das Erzbistum von Toledo war so groß, daß man 1495 nach dem Tod Kardinal Mendozas erwog, es zu verkleinern. Es befinden sich dort eine Kathedrale und zwei Stiftskirchen (Alcalá de Henares und Talavera), was bereits mehr als zweihundert Pfründen entspricht; zwanzig Pfarreien und vier Vikariate, also 275 Pfarrbezirke mit Seelsorge (Pfarrer), 386 einfache Pfründe, 448 Kaplanswürden. Vierzig Kanoniker erhalten jeweils dreihundert Dukaten jährlich; fünfzig weitere hundert Dukaten, die Kaplane vierzig. Die provisorische Gerichtsbarkeit des Erzbistums erstreckt sich auf nahezu 20 000 Gläubige, die auf viele Orte verteilt sind (Talavera, Alcalá, Talamanca, Yepes), um nur die wichtigsten zu nennen, wo die Magistratsbeamten und Notare vom Erzbischof ernannt werden oder seiner Zustimmung bedürfen. Der Erzbischof verfügt auch über bewaffnete Truppen, die in Festungen stationiert sind, die ihm unterstehen.

M. A. Ladero Quesada ermittelte anhand von Archivdokumenten die Einkünfte des Erzbistums Sevilla. Das Kapitular-Mensalgut, das

* in Golddukaten

sich aus den Zehnten, den Stadt- und Landeinkünften, den Almosen etc. zusammensetzte, belief sich auf eine Summe von ungefähr acht Millionen Maravedis für das Jahr 1491. Vermutlich lag diese Summe 1503 bereits höher. Sie mußte unter neun Würdenträgern (den Dekan, den Chorleiter, den Rechnungsführer und die fünf Archidiakone), vierzig Kanonikern *(racioneros)* und zwanzig Halb-Präbendaren *(compañeros)* aufgeteilt werden. Davon entfallen drei Anteile auf die Würdenträger und Kanoniker, zwei auf die Präbendare und ein Anteil auf die Halb-Präbendare. Wenn man gleichzeitig Würdenträger und Kanoniker ist, erhält man sechs Teile, denn es kann durchaus vorkommen, daß sich die Pfründe anhäufen (ein Kanoniker von Toledo, Francisco Ortiz, häufte 16 Pfründe an!). Das entspricht 1502 72 000 Maravedis für einen Kanoniker, 48 000 für einen Präbendar. Die Diözese besteht zu der Zeit aus 65 Gemeinden, die in 23 Vikariate aufgeteilt sind. Jede Gemeinde opfert den neunten Teil der Zehnten dem Unterhalt der Kirche. Sie verfügt über ein Drittel dieser Zehnten sowie über die Primizen und Almosen, die Einkünfte aus Besitz und andere Leibrenten für ihre Pfründe (Ende des 15. Jahrhunderts gab es 380). Ein Gemeindepfarrer in Sevilla bezog somit 45 000 Maravedis pro Jahr, ein Kaplan (es gab mehr als hundert) siebentausend. Die Einkünfte des bischöflichen Mensalgutes beliefen sich auf mehr als fünf Millionen Maravedis im Jahre 1485; Anfang des 16. Jahrhunderts auf sieben Millionen.

So war die Lage in den beiden reichsten Diözesen Kastiliens. Natürlich kamen nicht alle Mitglieder des Klerus in den Genuß dieses Mannas. Nur die Begünstigten mit Rechtsanspruch konnten sicher sein, ihren Anteil zu bekommen, doch viele Pfarrverweser mußten sich mit weniger zufriedengeben, da die Mitglieder des Klerus sehr zahlreich waren. Allein in der kleinen Stadt Carmona registrierte man in der Diözese von Sevilla 42 Priester (1512); sechs Klöster waren zwischen 1460 und 1520 gegründet worden, und es gab noch 13 Bruderschaften und neun Hospitäler. Es ist vorstellbar, daß die Großzügigkeit der Gläubigen alle unterhalten konnte.

Doch selbst für diejenigen, die auf der untersten Stufe der Kirchenhierarchie standen, bot die Tatsache, Mitglied des Klerus zu sein, große Vorteile. Man besaß damit eine soziale Stellung und vor allem Privilegien: Man zahlte keine Steuern und unterstand einer speziellen Gerichtsbarkeit. Deshalb strebten viele nach einem Kirchenamt, ohne ausgesprochen berufen zu sein. Oft betrachtete man es als ein Amt wie jedes andere (vor allem die Aristokraten): Zwischen einem Lehnsherrn und einem Prälaten gab es oft keine großen Unterschiede, weder in der Beschäftigung noch im Lebensstil oder den Sitten. Diese waren meistens recht locker. Zu Beginn der Regierungszeit der Katholischen Könige war es unübersehbar, daß die drei bedeutendsten Prälaten (Carrillo in Toledo, Mendoza in Sevilla und Alfonso de Fonseca in Santiago de Compostela) kein sehr vorbildliches Leben führten und dies auch nicht verbargen. Alle drei hatten offizielle Mätressen und Kinder, die sie so gut wie möglich zu versorgen suchten. In Santiago de Compostela wurde das Erzbistum hintereinander von drei Mitgliedern der gleichen Familie besetzt, ging von dem Vater auf den Sohn über, die alle den Namen Alfonso de Fonseca trugen. Das letzte Mal geschieht das 1506. Ferdinand wagt nicht, Einspruch dagegen zu erheben, was Kardinal Cisneros zu der Bemerkung veranlaßte: »Wie ich sehe, Sire, habt Ihr das Erzbistum Santiago de Compostela zu einem Erbmajorat erhoben. Ich würde nur gern wissen, ob Ihr die Frauen davon ausgeschlossen habt?« Ist es da verwunderlich, daß ein Großteil des Klerus nicht gerade ein heiligmäßiges Leben führt? Deza, der Bischof von Palencia, riet den Priestern seiner Diözese, nicht an Stierkämpfen teilzunehmen, nicht in der Öffentlichkeit zu singen und zu tanzen, doch das wurde ungeniert weiterhin betrieben. Die Cortes erörtern regelmäßig das Problem der Priester, die in wilder Ehe leben. Da sie nichts gegen die Priester ausrichten können (es gehört nicht zu ihrer Kompetenz), ergreifen sie Repressalien gegen deren Gefährtinnen. 1465 beschließen sie, diese müßten ein drei Finger breites rotes Band tragen, um sie für ihre Schamlosigkeit zu bestrafen. 1480 sieht man Sanktionen gegen sie vor: eine Geldstrafe in Höhe von einer Silbermark für das erste Vergehen; beim zweiten ein Jahr Exil und eine Geldstrafe, beim dritten hundert Stockschläge sowie eine Geldstrafe. Doch diese Empfehlungen scheinen nicht unbedingt befolgt worden zu sein. 1500 stellt Isabella fest, daß die meisten Priester von Biscaya in wilder Ehe leben und sich nicht scheuen, sich mit ihren Mätressen zu zeigen.

Kirchliche und königliche Justiz

Die Mitglieder des Klerus, eines privilegierten Standes, entstammen einerseits dem Volk, wie alle anderen Einwohner des Königreichs, und andererseits einer supranationalen Gesellschaft der Kirche, einer geistlichen Macht, die sich in einem Staat verkörpert, dem Heiligen Stuhl. Wie jede organisierte Gruppe, die bestimmte Ziele verfolgt, gehorcht die Kirche bestimmten Regeln, die im kanonischen Recht zusammengefaßt sind. Um ihre Unabhängigkeit gegenüber der weltlichen Macht zu bewahren, ist sie in bezug auf alle Angelegenheiten, die ihre geistliche Mission angehen, von der Zivilgerichtsbarkeit ausgeschlossen: Sie besitzt ihre eigenen Beamten. Diese allgemeinen Prinzipien werfen Probleme auf, wenn man sie in konkreten Situationen anwenden muß: Wer genießt die Immunität und die Privilegien, die mit dem Status eines Mitglieds des Klerus verbunden sind *(libertad eclesiástica)*? Welche Kompetenzen haben die kirchlichen Richter und inwiefern sind sie gegenüber der königlichen Justiz autonom?

Der erste Punkt dürfte keine Schwierigkeiten bereiten: Mitglieder des Klerus sind solche Männer, die die Weihen erhalten haben und entsprechende kirchliche Funktionen ausüben, sowie jene (Männer und Frauen), die in Klöstern leben, nachdem sie das Ewige Gelübde abgelegt haben. Doch mit der Zeit umfaßte der Klerus immer mehr Mitglieder, da die jungen Männer nach den Vorteilen streben, die der Status eines Kirchenmanns mit sich bringt, aber nicht die Absicht haben, ein Mönchsleben zu führen. Dazu zählen all jene, die sich mit den niederen Weihen begnügten und eine einfache Tonsur trugen *(clérigos de corona)*: Ihre Zugehörigkeit zum Klerus verschafft ihnen gewisse Vorteile, ohne daß sie sich an strenge Regeln halten müßten. Nichts unterscheidet sie von der übrigen Bevölkerung, was ihnen die Freiheit gibt, nach eigenem Gutdünken zu handeln und gleichzeitig Immunität zu genießen. Begehen sie ein Verbrechen oder einen Verstoß, erscheinen sie vor dem Kirchengericht, das im allgemeinen nachsichtiger als das königliche Gericht ist.

Die Katholischen Könige versuchten, die übermäßig hohe Zahl dieser falschen Kleriker einzudämmen. Sie sollten sich auch äußerlich von der übrigen Bevölkerung unterscheiden. Auf ihr Ersuchen hin beschließt die Kirchenversammlung, die 1478 in Sevilla stattfindet, daß alle Mitglieder des Klerus, die die höheren oder niederen Weihen abgelegt haben, die Tonsur tragen müssen, nicht nur eine symbolische Tonsur. Diese mußte einer großen Geldmünze entsprechen. Außerdem müßten sie ein Gewand tragen, das mindestens vier Finger unterhalb des Knies endete. Zudem sollten ihnen gewisse Berufe verschlossen sein, z. B. der des Zuhälters! 1493 unterstreicht eine päpstliche Bulle diese Vorkehrungen und ermächtigt die Katholischen Könige, gegen verbrecherische Kleriker vorzugehen *(clérigos facinerosos)*, d. h. jene, die weder Tonsur noch ein geistliches Gewand tragen. Der Klerus protestiert heftig: Die Definition des verbrecherischen Klerikers ist sehr vage, sie darf nicht allein dem Gutdünken der königlichen Justiz überlassen werden. Die Herrscher versuchen, beim Heiligen Stuhl eine genauere Regelung durchzusetzen: die Größe der Tonsur, die Haarlänge (die Haare sollten nicht über die Ohren fallen), Farbe (schwarz, dunkelblau oder grau) und Länge der Gewänder (sie sollen bis zum Knöchel reichen); doch diese Regelung wurde nie in die Praxis umgesetzt, und die Empfehlungen der Herrscher blieben wirkungslos. 1500 stellt Isabella erneut fest, daß die meisten Männer, die die Tonsur tragen (oder tragen sollten), eher versuchen, sich der Gerechtigkeit zu entziehen, wenn sie ein Verbrechen begangen haben, als Gott zu dienen. Drei Jahre später protestiert sie gegen die übermäßige Zahl der falschen Kleriker in Sevilla: »Sie tragen nicht einmal eine Tonsur, ihre Haare fallen bis in den Nacken.« Dem Vorsteher der Diözese von Cuenca macht sie zum Vorwurf, daß er allen, die es wünschen, die Tonsur bewilligt, Hauptsache, sie zahlen. 1516 fordert ein hoher Magistratsbeamter, daß Kleriker, die Waffen tragen, keine kirchliche Immunität mehr genießen.

Ohne das Prinzip einer kirchlichen Justiz in Frage zu stellen, verstehen es die Katholischen Könige, deren Kompetenz einzuschränken und den Vorrang der königlichen Justiz zu betonen. Um die königlichen Magistratsbeamten einzuschüchtern und die Bevölkerung gegen sie aufzuwiegeln, zögern die kirchlichen Richter nicht, sie zu exkommunizieren oder Verbote gegen sie auszusprechen: das Verbot, die Messe zu zelebrieren und die Sakramente zu spenden, solange der Konflikt mit den Behörden besteht. 1493 zum Beispiel exkommuniziert der Erzbischof von Santiago de Compostela zwei königliche Magistratsbeamte, um sie daran zu hindern, in Galicien eine Untersuchung vorzunehmen. Er duldet nicht, daß ein anderer als er in seinem Gebiet Recht spricht. Die Herrscher berufen sich auf die Vormachtstellung des Königs. Ein hoher Beamter, Diego López de Haro, wird an Ort und Stelle entsandt, mit dem Auftrag, die Dinge zu regeln. Die Verordnung vom 23. Juni 1500 verbietet den Bischöfen und Abbés von Galicien, in weltlichen Dingen geistliche Zensuren anzusetzen, und bestätigt das Recht der Laien, gegen Urteile, die von kirchlichen Richtern gefällt wurden, vor dem königlichen Gericht Berufung einzulegen. Diese Verordnung wird 1502 auf alle kirchlichen Seigneurien ausgedehnt. 1510 sprechen die Vikare des Bistums Burgos eine totale Exkommunikation gegen drei Stadtbewohner aus, die schuldig befunden wurden, für ihre Mühle Wasser benutzt zu haben, das dem Archidiakon von Valpuesta gehörte. Der Mißbrauch ist offenkundig, und die Kläger setzen durch, daß der Fall vor das königliche Gericht gebracht wird. Dieser Streitfall zeigt, daß die kirchliche Justiz sich in Angelegenheiten mischt, die weder etwas mit ihrem Status als Kleriker noch mit dem kanonischen Recht zu tun haben, sondern unter das gemeine Recht fallen. Sie greift sogar bei Verträgen des Privatrechts oder des Handelsrechts (Schuldanerkenntnis etc.) ein, indem sie vorgibt, die Parteien hätten sich unter Eid verpflichtet, und der Eid sei ein religiöser Akt. 1478 werfen in der Diözese Osma einige Stadtgemeinden den jüdischen Steuereintreibern Wucher vor, und Wucher ist von der Kirche verboten. In diesem und anderen Fällen rufen die Katholischen Könige die kirchlichen Richter zur Ordnung und warnen die Kläger: Diese Angelegenheiten unterliegen einzig und allein der königlichen Gerichtsbarkeit. Pedro Ramírez de Baeza wird im Januar 1478 von dem *corregidor* von Córdoba vorgeladen, weil er die kirchliche Justiz wegen des Streitfalls mit der Stadtgemeinde von Alcalá la Real, die ihm seinen Lohn vorenthielt, angerufen hatte. Der *corregidor* klagt ihn an, sich unrechtmäßig an die kirchliche Justiz gewandt zu haben.

Die Katholischen Könige akzeptieren es nicht, daß kirchliche Richter Laien ins Gefängnis werfen, auch nicht, wenn diese ordnungsgemäß verurteilt wurden: Das obliegt dem weltlichen Richter. Ferdinand und Isabella befehlen ihren Beamten, in jedem Fall die Vormachtstellung der königlichen Justiz gegenüber der kirchlichen zu beachten. Anläßlich eines Konflikts mit dem Kapitel der Kathedrale von Toledo im Jahre 1491 erhält der *corregidor* die Anweisung, auf keinen Fall die Vormachtstellung der königlichen Justiz zu untergraben, auch wenn sich gewisse Gebräuche eingebürgert hätten, die jedoch mit den Interessen der Monarchie kollidieren. 1502 wird der Verweser des Erzbistums von Cuenca zur Ordnung gerufen: »Es kam mir zu Ohren, daß die kirchlichen Richter dieser Diözese die Kühnheit besitzen, uns unsere Rechtsprechung streitig zu machen und die königliche Justiz auszuschalten, die allein kompetent ist, über Fälle zu befinden, die Laien in rein weltlichen Angelegenheiten konfrontieren.«

Das Asylrecht, das traditionsgemäß den Kirchen zuerkannt wird, darf nicht als Vorwand dienen, die Justiz zu behindern, vor allem dann nicht, wenn dadurch Verbrecher der Gerechtigkeit entzogen werden. Dieses Prinzip wird bei der Versammlung der Cortes in Toledo (1480) betont. Eine Kirchenversammlung (1482) zeigt sich besorgt, die Justiz könne beabsichtigen, die Privilegien der Kirche zu beschneiden. Einige Jahre später ereignet sich in Barcelona ein spektakulärer Zwischenfall. 1489 flieht ein Verbrecher aus dem Gefängnis und flüchtet in die Kathedrale. Die Agenten des Königs, die seine Verfolgung aufgenommen haben, brechen drei Türen mit Axtschlägen auf, ergreifen den Übeltäter und nehmen die Priester, die ihm Asyl gewährt haben, fest, und behalten sie eine Nacht im Gefängnis. Der Bischof, der sich zu der Zeit in Rom aufhält, setzt sich für seine Priester ein. Doch Ferdinand erteilt ihm eine Abfuhr: Alles habe sich ordnungsgemäß abgespielt: »Euer Hof und Eure Justizbeamten bieten Übeltätern und Verbrechern Unterschlupf. Ich könnte Euch eine Liste von mehr als 300 Individuen vorlegen, die auf diese Weise der Gerechtigkeit entgangen sind.«

Diese Entschlossenheit, eine Vormachtstellung einzunehmen, zeigt sich auch in zwei Beschlüssen der Katholischen Könige. Sie fordern, daß die kirchlichen Richter und die Richter der Seigneurie nicht unrechtmäßig das Wahrzeichen der königlichen Justiz zur Schau stellen: den Kommandostab *(vara)*, der die Vormachtstellung der Monarchie symbolisieren soll. Sie lehnen ganz entschieden alles ab, was diese ins Wanken bringen könnte. Wenn es um das gemeine Recht geht, hat immer die königliche Justiz das letzte Wort. Da das Justizministerium von Valladolid dies nicht begreifen wollte, bekam es eine bittere Lektion erteilt. In einer Angelegenheit, die nicht das kanonische Recht betraf, wandte es sich an Rom. Die Katholischen Könige wurden sofort darüber informiert und entließen auf der Stelle (1491) alle Angestellten des Justizministeriums und ersetzten sie durch neue.

Der Kampf um die Bistümer

Das Konkordat von Segovia (Januar 1475) sieht vor, daß die Katholischen Könige jedesmal, wenn in einem Erzbistum, einem Militärorden, einem Bistum, einem Priorat oder einer Abtei ein Posten frei wird, eine gemeinsame Eingabe beim Papst machen; dabei hat allein die Königin das Recht, den Kandidaten auszuwählen, der einen Universitätsabschluß nachweisen muß *(letrado)*. Ferdinand und Isabella bemühen sich darum, sich die Ernennung der Bischöfe vorzubehalten und für dieses Amt den vertrauenswürdigsten und kompetentesten Bewerber zu wählen. Wirtschaftliche Gründe (Unterbindung der Kapitalausfuhr, wenn der Bewerber nicht in Spanien lebt), moralische Gründe und Sicherheitsgründe (die Bischöfe besitzen Festungen und

Truppen) beeinflussen ihre Entscheidung. In Anbetracht der finanziellen und militärischen Macht, die manche Bischöfe besitzen, halten sie es nicht für klug, Ausländer zu wählen oder Männer, die eine Bedrohung darstellen könnten.

Auf diesem Gebiet kollidieren die Katholischen Könige mit dem Heiligen Stuhl, der nach kanonischem Recht die Bischöfe in ihr Amt einsetzen darf. Die Bistümer besitzen oft beträchtliches Vermögen. Die Päpste haben somit die Möglichkeit, Kurienmitglieder zu belohnen, und lassen sich auch durch Proteste nicht davon abhalten. 1456 und 1459 hatte Heinrich IV. das Recht durchgesetzt, darum zu ersuchen, daß einige der größten Pfründe den Personen zugeteilt wurden, die er vorschlug, wobei er akzeptierte, daß der Papst weiterhin die benannte, die er begünstigen wollte. Auf beiden Seiten hatte man Zugeständnisse gemacht: Der Papst berücksichtigte den Rat des Königs von Kastilien, und dieser hatte nichts dagegen einzuwenden, daß Pfründe den Kurienmitgliedern zugeteilt wurden.

Am 5. Juni 1475 beauftragen Ferdinand und Isabella ihren ersten Botschafter in Rom, dafür einzutreten, daß kein Erzbischof, Bischof, Großmeister noch Prior von Kastilien ohne vorherige Eingabe von ihrer Seite ernannt werde. Die Anweisungen, die sie 1478 einem neuen Botschafter geben, sind noch genauer: Kein Bischof darf ohne vorherige Eingabe seitens der Katholischen Könige ernannt werden oder ohne ihre Zustimmung, da die meisten Bischöfe die Gerichtsbarkeit über Städte und Festungen haben, und sich in der Vergangenheit gezeigt hat, wie wichtig es ist, daß die Würdenträger vertrauenswürdig sind.

Zu Beginn des Jahres 1479 begibt sich unter Leitung des Bischofs von Tuy, Diego de Muros, eine große Delegation nach Rom. Sie hat den Auftrag, dem Papst mitzuteilen, daß jede Ernennung eines Bischofs ohne Zustimmung der Katholischen Könige sofort widerrufen wird. Das entspricht ganz den Prinzipien des Konkordats von Segovia, doch die Katholischen Könige bauen sie noch weiter aus, indem sie sie durch die Kongregation des kastilischen Klerus, der im Juli 1478 in Sevilla zusammenkommt (Talavera, der Beichtvater der Königin, hat diesen Vorschlag gemacht), und die Versammlung der Cortes in Toledo (1480) bestätigen lassen: Die kirchlichen Pfründe müssen Kastiliern vorbehalten sein.

Der erste Konflikt über die Ernennung von Bischöfen entstand über einen vieldiskutierten Fall. Es handelte sich um eine Pfründe, die sich zu einer Zeit, da die beiden Kronen noch nicht vereint waren, in

Aragonien befand, doch Ferdinand war persönlich davon betroffen, und Isabella wagte es nicht, ihrem Gemahl in den Rücken zu fallen: Im Dezember 1475 ist das Erzbistum von Saragossa ohne Erzbischof. Sixtus IV. beabsichtigt, ein Kurienmitglied zu ernennen. Da es sich um einen Aragonier handelt, glaubt der Papst, König Johann II. habe nichts dagegen einzuwenden. Doch er täuscht sich – Johann II. hat seinen eigenen Kandidaten: Alfons von Aragonien, einen unehelichen Sohn Ferdinands, der erst fünf Jahre alt ist. Nach langem Kampf setzt sich Ferdinand durch: Am 14. August 1478 wird sein Sohn Erzbischof von Saragossa.

Die folgenden Fälle spielten sich weniger dramatisch ab. Nach dem Tod von Kardinal Venier, einem Kurienmitglied, braucht Cuenca einen Nachfolger. Am 3. August 1478 gibt Sixtus IV. die Pfründe seinem Neffen, dem Kardinal Riario, einem 20jährigen jungen Mann; er beauftragt selbst einen Kanonikus aus Toledo, Francisco Ortiz, offiziell davon Besitz zu ergreifen. Doch dieser war ein Gegner der Katholischen Könige, was dem Papst wohl nicht bekannt gewesen sein dürfte. Dieser Umstand ist nicht gerade von Vorteil, zumal Isabella einen eigenen Kandidaten hat: Alfonso de Burgos. Sie schlägt folglich Kardinal Riario vor, Cuenca gegen das Bistum Salamanca einzutauschen, das ebenfalls ohne Bischof ist. Doch Riario hält an Cuenca fest und verläßt sich auf Sixtus IV. Erst nach vierjährigem Hin und Her gelangt man zu einer Verständigung, und am 3. Juli 1482 bestätigt der päpstliche Legat: Alfonso de Burgos geht nach Cuenca und Riario nach Salamanca.

Im gleichen Jahr ist Sixtus IV. damit einverstanden, daß Kardinal Mendoza Erzbischof von Toledo wird, versucht jedoch, seinen Neffen aus Salamanca als Nachfolger von Mendoza einzusetzen. Doch Isabella protestiert entschieden: Es geht nicht, daß ein Fremder Kardinal von Sevilla wird.

Sevilla stellt einen Eckpfeiler des Reiches dar, und die Katholischen Könige achten sorgfältig darauf, daß die Stadt von vertrauenswürdigen Männern regiert wird. In diesem Zusammenhang wäre das Mißgeschick des Kardinals Rodrigo Borgia zu zitieren. Kardinal Borgia, der aus Valencia stammte, hatte die Gelegenheit, Ferdinand und Isabella vor ihrer Thronbesteigung verschiedene Dienste zu erweisen. Nicht zuletzt dank seiner Vermittlung erhielten sie vom Heiligen Stuhl die Anerkennung ihrer Heirat, d. h. den Dispens wegen Blutsverwandtschaft. Er war es auch, der das Herrscherpaar der Familie Mendoza nähergebracht hatte. Borgia glaubt also, auf das Wohlwollen von Ferdinand und Isabella bauen zu können. Doch er wird enttäuscht. Bereits 1480 waren sie von seiner Ernennung zum Bischof von Cartagena wenig angetan. 1484 möchte ihn Sixtus IV. zum Erzbischof von Sevilla machen, obwohl er auf den Widerstand der Katholischen Könige stößt. Ferdinand sagte hierzu: »In bezug auf Sevilla kann man in Rom tun, was man will, doch man soll ja nicht glauben, dieser Posten könne gegen unseren Willen besetzt werden; man kann sagen und tun, was man will; wir werden nie unsere Zustimmung geben.« Borgia unterschätzt diese Aussage. Er beauftragt seinen Sohn, Pedro Luis Borgia, das Erzbistum in seinem Namen in Besitz zu nehmen. Sobald dieser in Sevilla eintrifft, wird er auf Befehl von Ferdinand festgenommen. In den Wochen darauf läßt er alle Güter des Kardinals Borgia in der Gegend von Valencia beschlagnahmen. Ferdinand verkündet, daß das nur der Anfang sei: »Wir geben die Güter erst wieder frei, wenn der Kardinal auf Sevilla verzichtet und sich allen Forderungen beugt, die wir an ihn stellen.«

Innozenz VIII., der Nachfolger von Sixtus IV., bestätigt die Ernennung von Kardinal Borgia. Gleichzeitig bemüht er sich, die Katholischen Könige zu beruhigen und ihnen in finanzieller Hinsicht entgegenzukommen. Er schickt Angelo Geraldini nach Spanien. Die Katholischen Könige geben den Befehl, ihn an der Grenze abzuweisen. Doch Geraldini gelingt es, die Grenze zu überschreiten. Er bittet die Katholischen Könige um Audienz. Man läßt ihm ausrichten: Wenn er über den Fall Sevilla verhandeln wolle, habe er den Weg umsonst gemacht. Innozenz VIII. und Borgia geben schließlich nach. 1485 wird ein Neffe von Kardinal Mendoza, Diego Hurtado de Mendoza, zum Erzbischof von Sevilla ernannt. Als Rodrigo Borgia zum Papst gewählt wird – er nennt sich Alexander VI. –, bemüht er sich um ein gutes Verhältnis zu den Katholischen Königen. Er ernennt die kirchlichen Würdenträger, die man ihm vorschlägt, es sei denn, es handelt sich um Pfründe, die ihn persönlich interessieren, wie z. B. Mallorca, Cartagena und auch Valencia, das er für seinen Sohn Cesare Borgia vorgesehen hat.

Diese Konflikte zeugen von der Hartnäckigkeit der Katholischen Könige, aber auch vom Widerstand des Heiligen Stuhls, der seine Privilegien nicht einbüßen möchte. Jedesmal wenn ein Bischofssitz frei wird, beginnt der Kampf von neuem. Zumindest in bezug auf die bedeutendsten Pfründe setzen sich die Katholischen Könige durch, was ihre Position noch untermauert. Aus juristischer Sicht wurde nichts Endgültiges erreicht, doch die Päpste haben immer größere Schwierigkeiten, Bischöfe einzusetzen, die nicht die Billigung der Herrscher finden. Die diplomatische Mission, die der Graf von Tendilla zwischen 1485 und 1487 zu erfüllen hat, regelt die Zuteilung der Pfründe des Königreichs Granada, das die Katholischen Könige gerade rückerobern. 1486 unterzeichnet Innozenz VIII. drei Bullen über die kirchliche Aufteilung des Territoriums. Dabei bekommen Ferdinand und Isabella die Schirmherrschaft über die Kirchen, die erbaut werden; Kardinal Mendoza und der Erzbischof von Sevilla sollen die kirchliche Landkarte des Königreichs von Granada anfertigen und die Pfründe darauf eintragen, die sie für erforderlich halten. Vor allem gewährt der Papst den Katholischen Königen und ihren Nachfolgern das Privileg, ihre Kandidaten für die größten Pfründe des Königreichs Granada (das Erzbistum von Granada und die Suffragan-Bistümer von Málaga, Almeria und Guadix) und der Kanarischen Inseln zu präsentieren. Dieses Privileg wird nach Isabellas Tod auf die Kirchen der Neuen Welt ausgedehnt. Das ist ein Teilsieg und eine Etappe auf dem Weg zur endgültigen Lösung, die erst 1523 getroffen wird, als Hadrian VI. durch die Bulle *Eximiae devotionis affectus* den spanischen Königen endgültig das Recht einräumt, allen Kirchen des Königreichs ihre Kandidaten vorzuschlagen.

Die Bilanz dieser Kirchenpolitik ergibt folgendes: 132 Erzbischöfe oder Bischöfe wurden unter der Regierung der Katholischen Könige ernannt: zwanzig davon sind Ausländer (römische Kardinäle oder andere); 32 sind Mitglieder der königlichen Familie oder Mitglieder des Hochadels; 80 entstammen dem Mittelstand (niederer oder mittlerer Adel). Es kristallisiert sich ein Auswahlkriterium heraus: Der hohe Klerus wird nicht mehr ausschließlich unter den adeligen Grundbesitzern gewählt; immer mehr Vertreter der mittleren Schichten erlangen kirchliche Ämter. Außerdem besitzen viele einen Universitätsabschluß (sie haben den Doktortitel oder das Staatsexamen in Theologie oder Rechtswissenschaft). Ab 1475 gilt für die Auswahl der Bischöfe, daß sie *letrados* sind. Mindestens ein Dutzend Bischöfe sind ehemalige Schüler des *Colegio mayor* von St. Barthelemy (Salamanca), das sein Ziel erreicht: Dieses Colegio und die anderen *colegios mayores*, die Ende des 15. Jahrhunderts und zu Beginn des 16. Jahrhunderts gegründet wurden, liefern die höchsten Beamten der Nation, sowohl im kirchlichen Bereich als auch in der Verwaltung. Zwei weitere Kriterien charakterisierten den hohen Klerus, wie ihn sich die Katholischen Könige gewünscht hatten: Abgesehen von wenigen Ausnahmen (um den Päpsten gefällig zu sein oder sich das Wohlwollen einer einflußreichen Familie zu sichern) werden nur Spanier mit einwandfreiem Leumund berufen. Sicherlich, das Bild darf nicht idealisiert werden, denn nach wie vor gibt es Prälaten, die übermäßige Gebühren erheben oder in wilder Ehe leben, doch insgesamt zeichnet sich ein Wandel ab: Der spanische Klerus hat 1516 ein ganz anderes Gesicht als zu Beginn der Regierungszeit der Katholischen Könige.

Ferdinand und Isabella bemühen sich, das intellektuelle und moralische Niveau des Klerus zu heben und die Bischöfe zu ergebenen Mitarbeitern der Monarchie zu machen, was nicht heißen soll, daß sie den Klerus entmachten möchten. Nach wie vor besitzt die Kirche beträchtliche Ländereien und Vermögenswerte, doch sie benutzt ihre Macht nicht, um die Monarchie zu bedrohen, sondern um ihr zu dienen, sich mit ihr zu verbünden statt sie zu bekämpfen.

Doch besteht nicht die Gefahr, daß die Bischöfe, indem man sie dazu anspornt, dem Staat zu dienen, ihre eigentliche Aufgabe vergessen, die seelsorgerische? Einige bemühen sich, beidem gerecht zu werden, doch die Erfahrung lehrt, daß es nicht einfach ist, gleichzeitig politische Verantwortung zu tragen und eine geistliche Aufgabe zu erfüllen. Im 16. Jahrhundert gewinnt immer mehr die Politik Oberhand über geistliche Belange, und das Bestreben, auf dieser Welt eine Ordnung aufrechtzuerhalten, die man bedroht sieht, veranlaßt einige spanische Bischöfe, voller Mißtrauen eine Elite zu beobachten, die neue Formen der Frömmigkeit sucht, die besser den historischen Gegebenheiten angepaßt sind; allmählich zeichnet sich eine Theokratie ab. Die Kirche von Spanien hält sich zum Teil nicht mehr an ihre seelsorgerische Aufgabe und trägt entschieden zur Entwicklung eines intellektuellen und sozialen Konformismus bei, der mit am Niedergang Spaniens im 17. Jahrhundert schuld ist.

Zur Zeit der Katholischen Könige profilieren sich drei starke Persönlichkeiten des Klerus, die sehr unterschiedlich, aber repräsentativ für die Tendenzen des Reichs sind: Mendoza, Talavera und Cisneros.

Als die Katholischen Könige an die Macht kommen, ist Mendoza bereits Kardinal und Erzbischof von Sevilla. Sie finden in ihm einen eifrigen Mitarbeiter bei der Neugestaltung des Königreichs. Don Pedro González de Mendoza (1428–1495) stammt aus einer der bedeutendsten Familien Spaniens. Er ist der vierte Sohn des Marquis von Santillana, der einer der größten Dichter seiner Zeit ist und gleichzeitig eine Vorliebe für politische Intrigen besitzt. Diese beiden Leidenschaften scheint er zu vererben – zumindest bis ins 16. Jahrhundert. Don Pedro wird zum Studium nach Salamanca geschickt und erhält ein paar bescheidene Pfründe.

Mit knapp zwanzig Jahren wird er Pfarrer von Hita, aber vermutlich hat er dieses Amt nicht wirklich ausgeübt. 1448 wird er Archidiakon von Guadalajara, dem Lehen der Mendozas. Ab 1452 fungiert er als Hofkaplan bei Johann II., und bald eröffnen sich ihm interessante Präbenden: 1454 wird er Bischof von Calahorra, 1467 von Sigüenza. Dabei nimmt er aktiv an der Seite seiner aristokratischen Verwandten und Verbündeten an den politischen Kämpfen teil. 1473 wird er fast zur gleichen Zeit Erzbischof von Sevilla und Kardinal. Doch er hat den Gipfel seiner Karriere noch nicht erreicht. Im selben Jahr, 1473, wird er der engste Berater der Katholischen Könige. Man nennt ihn den »dritten König« von Spanien. Er nimmt persönlich am Krieg gegen Portugal teil, führt mit Helm und Kettenhemd seine Truppen an. Doch sein besonderes Interesse gilt der Politik: Im Januar 1475 war er einer der Initiatoren des Konkordats von Segovia, das bis zu Isabellas Tod in Kraft ist. Bei der Versammlung der Cortes in Toledo (1480) hatte er sich dafür eingesetzt, den Adel zu überzeugen, auf einige seiner Leibrenten zu verzichten, wenn er seine Macht aufrechterhalten wollte: Er ist gewissermaßen der aristokratische Garant des Regimes. Als 1482 sein alter Rivale Carrillo stirbt, bietet man ihm das Erzbistum von Toledo an, den Posten des Primas von Spanien. Zehn Jahre später hißt man als erstes sein Kreuz auf der rückeroberten Alhambra. 1495 stirbt Mendoza.

Mendoza besaß großes politisches Geschick, war sehr gebildet und gehörte zu der Kategorie von Prälaten, die dank ihres Namens eine Kirchenlaufbahn gemacht haben. Allerdings hatten diese Prälaten in Spanien keine Zukunft. Sie führten ein recht luxuriöses und freizügiges Leben. Mendoza hatte mehrere Mätressen und uneheliche Kinder (mindestens drei): Rodrigo de Vivar y Mendoza, Diego Hurtado de Mendoza und Juan de Mendoza, die er der Königin mit folgenden Worten vorstellte: »Das sind meine Sünden!« Er versuchte, seine Söhne gut zu versorgen. Auch wenn Mendoza manchmal den Eindruck erweckte, daß er ein Mann der Vergangenheit sei, hatte er erkannt, daß die Feudalzeit für den Adel vorbei war. Wenn dieser seine Vormachtstellung in der Gesellschaft aufrechterhalten wollte, mußte er sich mit einer starken Monarchie abfinden. Mendoza hat viel dazu beigetragen, daß der Adel eine neue Geisteshaltung einnahm. Er ist der Repräsentant der Kaste der großen Lehnsherren, die ihren Namen, ihren Einfluß und manchmal sogar ihr Vermögen in den Dienst des Staates stellen, sich an der Spitze einer Armee befinden, den Platz eines Vizekönigs auf der Halbinsel, in Italien einnehmen oder später in der Neuen Welt, und die in den großen Botschaften Ruhm erwerben. Oft wirken sie als Mäzene, wie z. B. auch Kardinal Mendoza, dem man in Valladolid den Bau des prächtigen Renaissancegebäudes des Colegios de Santa Cruz verdankt.

Im Gegensatz zu Mendoza wurden Talavera und Cisneros von den Katholischen Königen ausgewählt und gefördert. Die Abstammung Hernando de Talaveras ist recht geheimnisvoll. Vermutlich wurde er 1428 in Talavera de la Reina geboren – daher sein Name, doch wer waren seine Eltern? Vermutlich war seine Mutter Jüdin. Fernán Alvarez de Toledo, der zukünftige Graf von Oropesa, ließ ihn in Salamanca Theologie studieren. In manchen Chroniken wird er Hernando de Oropesa genannt, was zu der Hypothese führte, er könne der leibliche Sohn von Alvarez de Toledo und einer Jüdin sein. Bevor er nach Salamanca ging, besuchte er wohl in Barcelona eine Schule, in der Sekretäre ausgebildet wurden, d. h. Männer, die in der Lage waren, den Briefwechsel der Großen der Welt zu führen. Mit dreißig Jahren geht Talavera ins Kloster; er entscheidet sich für den Orden der Hieronymiten und wird bald Prior des Klosters vom Prado in der Nähe von Valladolid. Dort unternimmt er Reformen des Klosterlebens und versucht, die Befolgung der Ordensregeln in ihrer ursprünglichen Form wiederherzustellen.

Wann und unter welchen Umständen er die Bekanntschaft von Ferdinand und Isabella machte, weiß man nicht. Doch er muß sie gut genug gekannt haben, um dem König bei der Thronbesteigung einen Brief voller Vorhaltungen übermitteln zu lassen. Er weist darauf hin, daß in Zukunft mehr innere Demut und mehr Autorität in der Öffentlichkeit angebracht wären und mehr Sorge um die Gerechtigkeit und mehr Treue gegenüber der Königin. Wenn ihm das gelänge, wäre die Vergangenheit vergessen. Im Frühjahr 1475 verfaßt Talavera das erste Testament Ferdinands, in dem Augenblick, als der Krieg gegen Portugal beginnt. Um 1478 wird er der Beichtvater der Königin. Wer hat ihn dafür empfohlen? Kardinal Mendoza? Es wurde bereits an anderer Stelle dieses Buches geschildert, wie er sich geweigert hatte, vor der Königin in die Knie zu gehen, was ihr Erstaunen und ihre Bewunderung hervorriefen. 1475 verfügt er bereits über großen politischen Einfluß und zeigt sich vor allem auch im finanziellen Bereich geschickt, was man von einem Mönch nicht erwartet (der Orden der

Hieronymiten war dafür bekannt, daß er sein riesiges Vermögen gut verwaltete). Talavera verpfändet 1475 die Sakralgefäße der Kirchen, um den Feldzug gegen Portugal finanzieren zu können. Bei der Versammlung der Cortes in Toledo (1480) tritt er bei der heiklen Angelegenheit der Verkürzung der Leibrenten für den Adel als Schiedsrichter auf. Er ruft auch die *Hermandad* ins Leben und findet Geldquellen für die Finanzierung des Krieges von Granada. 1479 hatte er an den Friedensverhandlungen mit Portugal teilgenommen und die Klauseln, die Prinzessin Johanna, die Rivalin Isabellas, betrafen, geprüft. 1486 schlagen ihn die Katholischen Könige für das Erzbistum von Avila vor, und 1492 wird er der erste Erzbischof von Granada. Talavera kehrt zu seiner ursprünglichen Berufung als Kirchenmann zurück. Er lebt in dieser Diözese, die hauptsächlich von Muslimen bevölkert wird. Hier ist Basisarbeit erforderlich: Kirchen und Klöster müssen erbaut, Pfarrverweser ernannt und vor allem die Ungläubigen bekehrt werden.

Talavera greift in Glaubensdingen nicht zu Drohungen, zu Zwang und Repressalien. Er wendet sich auch gegen die Neueinführung der Inquisition und erreicht, daß zumindest Granada davon verschont bleibt. Er wünscht sich, daß die Bekehrung das Ergebnis einer aufrichtigen Zuwendung zum Glauben sei, und daß es den Muslimen in Granada nicht so ergehe wie den Juden 1391. Sie wurden damals ohne Vorbereitung und religiöse Unterweisung in Massen getauft. Auf diese Weise gab es viele unechte Christen. Viele dieser *conversos* hängen heimlich weiterhin ihrem ursprünglichen Glauben an und riskieren strenge Strafen. Talavera unterhält gute Beziehungen zum muslimischen Klerus, achtet darauf, daß die Moscheen und andere Kultstätten gemäß dem Abkommen von 1491 unterhalten werden. Gleichzeitig verlangt er von seinem Klerus, Arabisch zu lernen, was er selber vorpraktiziert, damit sie den Muslimen, die nur Arabisch beherrschen, das Evangelium verkünden können. Er verfaßt kleine Katechismen und Gebetbücher für die Neubekehrten, zelebriert Messen, in denen die Gläubigen spanische Kirchenlieder singen. Bisher war es Tradition, die Messe ausschließlich auf lateinisch zu lesen, und diese Neuerung brachte ihm herbe Kritiken ein.

Auch wenn sein Missionswerk zu einigen Bekehrungen führte, waren keine überwältigenden Ergebnisse zu verzeichnen. Das ist erstaunlich, wird Talavera sogar zum Vorwurf gemacht. Auf Drängen Cisneros werden ab 1499 drastischere Maßnahmen ergriffen, was zur Folge hat, daß sich Tausende von Muslimen taufen lassen, aber insgeheim murren. Talavera befindet sich immer mehr in der Isolation. War es richtig, daß er 1492 den Hof verließ? Sein Einfluß ist nicht mehr so groß wie einst. Nach Isabellas Tod, 1504, wird Talavera das Opfer einer Intrige. Er hatte jüdisches Blut in den Adern und sich der Einführung der Inquisition widersetzt, was ihm einige nicht verzeihen. Im zweiten Halbjahr des Jahres 1505 läßt der fanatische Inquisitor von Córdoba, Lucero, Freunde und Mitarbeiter Talaveras festnehmen, dann seine Schwester und seine Neffen, doch im Grunde möchte er den Erzbischof selbst. Lucero leidet unter der wahnwitzigen Vorstellung, Talavera beabsichtige, erneut das Judentum in Spanien einzuführen. Der Großinquisitor Deza sowie Ferdinand lassen Lucero gewähren, als er einen Prozeß gegen Talavera anstrengt. Aber da es sich um einen Prälaten handelt, ist Rom zuständig, das einen Freispruch erläßt. Cisneros wird anstelle von Deza Großinquisitor, weist Lucero in die Schranken und läßt im Mai 1507 Talaveras Verwandte frei. Der rehabilitierte Erzbischof von Granada stirbt am 15. Mai des gleichen Jahres.

Welcher Kontrast zwischen diesem tragischen Ende und dem Schicksal Kardinal Mendozas, der bis zum Lebensende mit Ehren überhäuft wird! Welche Gemeinsamkeit hatten der Lehnsherr und das geheimnisvolle Kind aus Talavera de la Reina, dessen Eltern unbekannt waren? Beide haben den Katholischen Königen treu gedient und viel für den Staat getan. Am Anfang seiner Laufbahn war Talavera, bevor er der Reformator des Prado und der Apostel von Granada wurde, ein Mann der Tat. Das Unglück, das seinen Lebensabend überschattete, wäre ihm vielleicht erspart geblieben, wenn er 1492 am Hof geblieben wäre und auf seine Missionstätigkeit in Granada verzichtet hätte.

Es bietet sich an, in Cisneros den Gegenspieler von Talavera zu sehen, da er durch seine brutalen Methoden das Werk Talaveras in Granada zunichte gemacht hatte. Cisneros soll in Granada die öffentliche Verbrennung von vier- bis fünftausend arabischen Büchern angeordnet haben, um jeglichen islamischen Einfluß in Spanien zu unterbinden: Lediglich medizinische Bücher sollen den Flammen entgangen sein, die später der Universität von Alcalá übergeben wurden. Heute zerbricht man sich über die Authentizität dieser Episode den Kopf, doch es ist nicht richtig, Cisneros als Fanatiker darzustellen und Talavera als den Milden. Schließlich war Talavera ein Mann voller Tatendrang, bevor er sich zum Apostel wandelte, und Cisneros als Großinquisitor in Córdoba Luceros Treiben ein Ende setzte. Obwohl die beiden Männer ein sehr unterschiedliches Temperament besitzen, verfolgen sie die gleichen Ziele. Cisneros ist ungeduldig, autoritär, duldet keine Hindernisse, kann sich aber im Zaum halten, wenn es erforderlich ist, und vorübergehend auf eine Reform verzichten, die er später wieder in Angriff nimmt, wenn er die nötige Kraft dazu besitzt. Er ist ein Politiker, aber kein Fanatiker. Als Seelsorger möchte er, genau wie Talavera, seine Aufgabe gut erfüllen.

Francisco Jiménez de Cisneros (in Frankreich war er lange unter dem Namen Ximénès bekannt) wurde 1436 geboren. Er stammte aus einer Familie von *hidalgos*, die sich in Torrelaguna, dem Lehen der Mendozas, niedergelassen hatte. Es ist erstaunlich, wie die Mendozas in der ganzen Zeit der Neugestaltung Spaniens dominiert hatten, die Männer, die sie für fähig hielten, förderten und empfahlen. Man weiß nicht genau, was Cisneros in Salamanca studiert hatte. Vermutlich Rechtswissenschaft. Was hat er in Rom gemacht? Zu der Zeit scheint Cisneros eine Karriere in der niederen Kirchenhierarchie anzustreben: Trotz des Widerstands von Erzbischof Carrillo, der ihn ablehnt, gelingt es ihm, Erzpriester von Uceda zu werden. Etwas später wird er zum Generalvikar der Diözese von Sigüenza ernannt, dessen Bischof zu der Zeit Mendoza ist. Im Herbst 1484 wird dieser langsame soziale Aufstieg brüsk unterbrochen, als Cisneros bei den Franziskanern de la Salceda eintritt, im Herzen der Alcarria (einem Lehen der Mendozas). Cisneros scheint der Welt entsagen zu wollen; das Kloster von la Salceda gehört zu denen, die sich streng an die Gelübde halten: Fasten, Armut, Abgeschiedenheit.

Doch Kardinal Mendoza hat seinen ehemaligen Generalvikar nicht vergessen. Als 1492 die Königin einen Nachfolger für ihren Beichtvater Talavera sucht, der nach Granada aufgebrochen ist, empfiehlt er ihr Cisneros. Dieser verläßt regelmäßig sein Kloster, um der Königin die Beichte abzunehmen. Als Kardinal Mendoza 1495 stirbt, erwägen die Katholischen Könige, Cisneros an seine Stelle zu setzen. Es ranken sich viele Legenden um diese Episode. Die Königin soll Cisneros zu sich bestellt und zu ihm gesagt haben: »Wir erhielten Post aus Rom. Hier ist ein Brief an Euch.« Der Mönch nimmt ihn entgegen und liest: »An Fray Francisco Jiménez de Cisneros, designierter Erzbischof von Toledo.« Er reicht ihn der Königin mit den Worten: »Dieser Brief ist nicht für mich« und zieht sich zurück. Isabella mußte ihre ganze Überredungskunst aufbieten, damit Cisneros endlich das Amt akzeptierte. Vermutlich ist die Geschichte erfunden, doch sie enthält ein Körnchen Wahrheit: Cisneros hat wirklich gezögert, Erzbischof von Toledo zu werden. Dafür gab es zwei Gründe. Der erste hängt mit seiner Vorstellung eines Bischofs zusammen. Im Spanien des 15. Jahrhunderts sind die Bischöfe nicht gerade Vorbilder an Frömmigkeit und Tugend. Ihr Lebensstil und ihre Tätigkeiten unterscheiden sie kaum von den anderen Lehnsherren des Königreichs. Seit Cisneros ins Kloster eingetreten ist, bewegt er sich in einer ganz anderen Welt und möchte nicht darauf verzichten, die Regeln des hl. Franziskus zu befolgen.

Der zweite Grund, der ihn zögern läßt, sind die Umstände, die mit dem schmeichelhaften Vorschlag Hand in Hand gehen, der nicht ohne Hintergedanken erfolgte. Die Katholischen Könige glauben, wenn sie einem Mönch, dessen Strenge sie kennen, die reichste Pfründe Spaniens anbieten, diene ihnen das zum Vorteil. Sie wollten aus der riesigen Diözese Toledo zwei bis drei Bistümer machen, glaubten, der neue Erzbischof würde sich mit zwei bis drei Millionen Maravedis Einkommen begnügen (d. h. ungefähr dem zehnten Teil, den die Mitra von Toledo einbringt); der Rest würde der Krone zufallen sowie alle Festungen der Diözese. Cisneros lehnt das ab. Entweder alles oder nichts. Er hat nichts verlangt, nicht danach gedrängt, Erzbischof von Toledo zu werden, doch wenn er es sein sollte, dann ganz. Die Katholischen Könige geben nach, und der Prälat ist im Vorteil. Ohne auf seine Gewohnheiten zu verzichten (der Papst ruft ihn zur Ordnung: ein Kirchenfürst kann nicht wie ein Mönch leben, muß einen gewissen Lebensstil pflegen), stellt er die Autorität und das Vermögen seines Titels in den Dienst seines Ideals, d. h., er übernimmt eine missionarische Aufgabe. Die Synoden, die er 1497 und 1498 einberuft, bringen die Aufgabe des Priesters in Erinnerung: Man erwägt Sanktionen gegen die Priester, die in wilder Ehe leben. Außerdem müssen die Priester in ihrer Gemeinde leben, oft zur Beichte gehen, den Gläubigen am Sonntag das Evangelium verkünden, den Kindern den Katechismus lehren und eine Statistik über die Gläubigen aufstellen, die die Osterbeichte ablegen. Es handelt sich hierbei um eine grundlegende Reform.

Daran sieht man, wie falsch es wäre, Cisneros und Talavera einander gegenüberzustellen; beide verkörpern eine von den Katholischen Königen geförderte Wiederherstellung der Ordnung, auch wenn diese über Talaveras langsame Fortschritte in Granada und Cisneros Ungeduld beunruhigt sind. Dieser schlug in der Zeit von 1499 bis 1500 Maßnahmen vor, um den Widerstand der Franziskaner gegen eine Reform ihres Ordens zu brechen. Doch die Königin findet sie zu drastisch. Cisneros gerät in Zorn. Isabella ist darüber empört. »Wißt Ihr, mit wem Ihr redet?« fragt sie ihn. »Ja«, erwidert Cisneros, »mit Königin Isabella, die genau wie ich aus Asche und Staub besteht.« Gutierre de Cetina, der dieser Unterhaltung beiwohnte, verrät Cisneros, was er darüber denkt: »Wenn Ihr so etwas zur Königin von Aragonien gesagt hättet, versichere ich Euch, daß man Euch an der Kordel, die Euer Gewand festhält, aufgehängt hätte.« Die Anekdote zeigt, daß die Katholischen Könige starke Persönlichkeiten in die höchsten Ämter eingesetzt haben, keine kriecherischen Schmeichler.

An anderer Stelle dieses Buches soll Cisneros Rolle an der Spitze des Staates in den Zeiten der Krise zwischen 1506 und 1507 und 1516 und 1517 näher untersucht werden sowie die Gründung der Universität von Alcalá, die ihn in der Zeit von 1498 bis 1516 beschäftigt. In den Jahren 1516 bis 1517 ist er unermüdlich tätig an allen Fronten anzutreffen. Mutig tritt er den subversiven Machenschaften der Granden entgegen. Eines Tages fragen ihn diese, woher er seine Macht nehme. Cisneros läßt sich mit seiner Antwort Zeit. Er geht im Zimmer auf und ab und bleibt vor einem Fenster stehen. »Ihr wollt meine Macht sehen? Da ist sie.« Im Palast des Hofes hatte eine militärische Abordnung Aufstellung genommen. 1509 entsendet er auf seine Kosten eine Expedition gegen den Oran (im heutigen Algerien), in einer Atmosphäre heroischer und messianischer Begeisterung: Die Einnahme von Oran ist der Auftakt für einen großen Kreuzzug, der die Christen nach Jerusalem führen soll. Cisneros, der seit 1507 Großinquisitor ist, zeigt sich unerbittlich gegenüber Ketzern, verfolgt die Juden, setzt aber gleichzeitig Fanatiker wie Lucero ab, setzt sich für die Kontemplation ein, indem er geistliche Werke in spanischer Übersetzung verbreiten läßt (Werke der hl. Katharina von Siena etc.), verhält sich gegenüber Demonstrationen von Mystizismus, die manchmal an Scharlatanerie grenzen, nachsichtig (wie z. B. der Geschichte der Schwester Maria vom hl. Dominik, der *beata* von Piedrahita, 1509), fördert das Bibelstudium, lädt Erasmus nach Spanien ein, damit er an einer mehrsprachigen Bibel (Polyglotte) mitarbeite, doch dieser lehnt ab.

Cisneros stirbt im Oktober 1517, einige Tage nachdem der neue König Karl in Kastilien gelandet ist, ohne ihn kennengelernt zu haben. Seine starke Persönlichkeit bleibt die ganze Periode von Isabellas Tod bis zur Thronbesteigung Karls V. beherrschend.

Manche spanischen Historiker ließen sich von ihrer Begeisterung so hinreißen, daß sie behaupteten, die Katholischen Könige hätten die Absicht gehabt, in Spanien eine radikale Reform des Klerus und der Orden durchzuführen sowie eine grundlegende Veränderung der religiösen Praktik, der Frömmigkeit und der Spiritualität. Die spanischen Herrscher hätten damit ihrem Land die Erschütterungen erspart, die die religiöse Revolution in anderen Ländern Europas mit sich bringen sollte. Die Katholischen Könige und ihre Mitarbeiter, vor allem Cisneros, hatten bereits die wichtigsten Reformen durchgeführt, und somit fand die lutherische Reform in Spanien wenig Echo. In Spanien vollzogen sich viele Veränderungen auf religiösem Gebiet, aber auch hier beschränkten sich die Katholischen Könige – wie auf vielen anderen Gebieten – darauf, eine Bewegung zu fördern, die bereits vor ihnen begonnen hatte. Im übrigen sind die Veränderungen nicht so einschneidend und endgültig, wie es oft den Anschein hat. Als Luther die Christenheit aufwühlt, hat Spanien seine eigene religiöse Reform in Angriff genommen, die übrigens mehr durch Cisneros als die Katholischen Könige vorangetrieben wurde, was nicht heißen soll, daß sie gegen alle Erschütterungen gefeit war. Es soll versucht werden, das Ausmaß und die Grenzen dieser Veränderungen aufzuzeigen.

Der Schwarze Tod im 14. Jahrhundert hatte nicht nur schreckliche Folgen für die Orden, sondern für die ganze Gesellschaft. Viele Klöster hatten durch die Pest einen großen Teil ihrer Mitglieder verloren. Unter den Mönchen, die überlebt hatten, hatte sich die Disziplin gelockert; die Regeln wurden nur noch oberflächlich beachtet. Die Mönche widmeten sich vor allem dem Ertrag ihrer ererbten Güter oder der Ländereien, die ihnen aufgrund der Großzügigkeit der Gläubigen oder Granden geschenkt worden waren. Man lebte bequem, ohne sich allzusehr um die Pflichten zu kümmern, die die Ordenszugehörigkeit implizierte.

In den letzten Jahren des 14. Jahrhunderts zeichnet sich ein Aufschwung der Klöster ab. 1390 wird in Valladolid das Kloster des hl. Benedikt gegründet, das sich aktiv für die grundlegende Reform des Benediktinerordens einsetzt. 1387 gründet der Franziskaner Fray Pedro de Villacreces in Alcarria das Kloster de la Salceda, das hauptsächlich zwei Ansprüche erfüllen möchte: strenge Einhaltung der Ordensregeln und ein geistiges Leben, das den Bedürfnissen der Zeit angepaßt ist. Diese Franziskaner stehen dem Volk nahe, bemühen sich um Wahrhaftigkeit und ergehen sich nicht in abstrakten Spekulationen, lehnen trockenes Wissen, das nichts mit den wirklichen Problemen des Lebens zu tun hat, ab. Die Scholastik gibt Männern und Frauen, die um ihr täglich Brot bangen und die in der Religion eine Stütze, einen Trost und einen Lebenssinn suchen, syllogistische Antworten. Diejenigen, die man später die Spiritualen nennt, wenden sich von der offiziellen Wissenschaft, den Subtilitäten des Doktor Subtil (Duns Scot), dem nutzlosen Wissensdurst der Theologen ab. Die spekulative Theologie, wie sie im 15. Jahrhundert gelehrt wird, läßt die Christen, die sich um Innerlichkeit und Spiritualität bemühen, unbefriedigt. Sie lehrt nicht, wie man leben soll, noch weniger, wie man gut leben soll, sondern, wie man diskutiert und philosophiert. Indem sie Glauben und Vernunft, intellektuelle Bedürfnisse und geistige streng trennt, entmutigt sie viele Gläubige, die in einem Buch ohne höhere Ansprüche, wie z. B. *Die Nachfolge Christi,* mehr Trost finden. Auf diesem Nährboden konnte sich im 16. Jahrhundert die Lehre der Illuminaten und anderer Sektenbewegungen entwikkeln.

Die meisten Orden sind in jene Mitglieder gespalten, die mit ihrem Lebensstil ganz zufrieden sind und nichts daran ändern möchten, und jene, die für die Einhaltung der Ordensregeln sind. Die Klosterelite hat sich zum Ziel gesetzt, die meisten Klöster dazu zu bringen, die Klosterregeln zu beachten. Hier greifen die Katholischen Könige ein, indem sie die Reformatoren unterstützen. Seit 1486 gibt es ein Programm für die Klosterreform.

Bei den Benediktinern geht die Initiative vom Kloster des hl. Benedikt aus Valladolid aus. Dort sucht man die erforderliche Unterstützung, um den Widerstand zu brechen und auf der Einhaltung der Regeln zu bestehen, sei es in Santa Maria de Nájera und San Millán de la Cogolla oder in Galicien oder in Montserrat in Katalonien. Die Benediktiner von Valladolid führen überall den Kampf um die Beachtung der Ordensregeln an.

Ende des 14. Jahrhunderts konnten die Hieronymiten dank der Großzügigkeit des Hochadels von Kastilien (die Manriques, Giróns, Ayalas, Mendozas) viele weitere Klöster gründen; das Kloster des hl. Bartholomäus in Lupiana in der Nähe von Guadalajara, und die Klöster von Guadalupe (1390) und Prado (1441) in der Gegend von Valladolid, Parral (1444) in Segovia, La Sisla (1474) in der Nähe von Toledo, Guisando, Yuste und San Isidoro del Campo (Sevilla). Dieser

Orden ist im 15. Jahrhundert der reichste und aktivste Orden Spaniens, und in ihm bestehen keine Differenzen zwischen den Mönchen, die die Ordensregeln strikt einhalten wollen, und den Mönchen, die sich dem widersetzen.

1499 fordern die Katholischen Könige die Hieronymiten auf, ihre Bücher zu prüfen, sich mehr um geistige Angelegenheiten zu kümmern, im Innern eine Reform durchzuführen und nicht so viele Reisen zu unternehmen, unter dem Vorwand, ihre Domänen verwalten zu müssen, ihre Gäste nicht so üppig zu bewirten und sich weniger öffentlich zu vergnügen. Diese Empfehlungen lassen vermuten, daß der Orden einer Reform bedurfte.

Die Bettelorden – die Franziskaner und Dominikaner – werfen die größten Probleme auf. Der Konflikt zwischen weltlich und geistig orientierten Mönchen gibt oft Anlaß zu Konfrontationen. Über die Situation der Dominikaner weiß man nicht genau Bescheid, intensiver hat man sich dagegen mit den Franziskanern befaßt. Im 15. Jahrhundert hatte der Franziskanerorden eine Blütezeit: Allein in Kastilien gab es 156 Klöster und in Aragonien 34; die spanischen Franziskaner stellen fast ein Drittel aller Orden in Europa dar. 1494 wird Cisneros Ordensprovinzial von Kastilien und beginnt den Kampf gegen die weltlich orientierten Mönche in den Klöstern. Er nimmt ihnen ihre Häuser weg und bringt dort die Mönche, die sich an die Regeln halten, unter. Wenn dies gütlich nicht möglich ist, greift er zur Gewalt, zögert nicht, die Aufsässigen ins Gefängnis zu stecken. Diese protestieren lautstark, prangern in Rom seine Methoden an. Alle weltlich orientierten Mönche Europas solidarisieren sich mit ihren Brüdern in Spanien, und 1496 gebietet der Papst der Reform Einhalt. Das führt zu einer heftigen Auseinandersetzung zwischen Isabella und Cisneros, der sie um ihre Unterstützung gegen Rom gebeten hatte; die Königin empfiehlt ihm mehr Mäßigung. Im Juni 1497 erhält Cisneros erneut Vollmachten. Er benutzt sie, um die Zahl der weltlich orientierten Mönche zu reduzieren, indem er den Klöstern zum Beispiel verbietet, Mönche aufzunehmen, die aus einem fremden Kloster geflohen sind, um sich dem Gehorsam gegenüber ihrem Abt zu entziehen. 1506 bestätigt der Papst den beiden rivalisierenden Strömungen in den Klöstern ihren jeweiligen Klosterbesitz.

Auch die Frauenklöster werden von der allgemeinen Reformbewegung erfaßt. Alexander VI. hatte den Katholischen Königen hierbei freies Spiel gelassen, und wieder leitet Cisneros das Unternehmen (1495). Er verbietet den Nonnen, Priester aufzunehmen, auch wenn sie alt und wirklich fromm sind, um Gerede zu vermeiden. Er empfiehlt, daß man die drei Arten von Klosterfrauen, die in den Klöstern untergebracht sind, streng trennt: die echten Ordensschwestern, die das Ewige Gelübde abgelegt und der Welt entsagt haben; die Witwen, die sich hier zurückgezogen haben, und schließlich die jungen Mädchen, die sich noch nicht entschieden haben und für die das Kloster eine Art Schule darstellt, um sich auf die Ehe vorzubereiten. Dieser Vorschlag war vernünftig, doch man schien sich nicht unbedingt daran gehalten zu haben. Die großen Frauenklöster haben sich entschieden gegen Reformen gewehrt, sowohl in Katalonien, trotz der Unterstützung der Benediktiner vom Montserrat (vor allem die Nonnen in Barcelona leisten heftigen Widerstand), und in Kastilien. In dieser Gegend führt das Kloster von Huelgas in der Nähe von Burgos (eine aristokratische Zufluchtsstätte für die Frauen und Mädchen des Hochadels) zwanzig Jahre lang einen erbitterten Kampf (1496–1515) und erreicht schließlich die Beibehaltung des Status quo. Eine Begebenheit vom Jahre 1523 gibt eine Vorstellung von den lockeren Sitten, die dort herrschten. Ein hoher Finanzbeamter Karls V., Francisco de Vargas, besuchte nachts eine Nonne im Kloster und benutzte dazu eine Leiter, um über die Mauer zu klettern. Eines Nachts wird Francisco de Vargas, der kein Jüngling mehr ist, von Übelkeit befallen und stirbt im Kloster. Der Skandal bei Hof ist groß, doch man scheint nichts gegen das Kloster unternommen zu haben.

Die Reform der Orden stieß auf den aktiven oder passiven Widerstand der Betroffenen. Ungefähr tausend Mönche wurden abtrünnig, zogen es vor, nach Nordafrika zu fliehen. Cisneros stößt bei seinen Kanonikern in Toledo auf noch größere Schwierigkeiten. Er möchte sie zwingen, nach den Regeln des hl. Augustinus zu leben und läßt dafür Zellen für sie bauen. Doch die Kanoniker, die es gewöhnt sind, auf großem Fuß zu leben, möchten nichts von Reformen wissen. Cisneros wendet sich an den *corregidor* und bittet ihn um Hilfe, und dieser läßt einige der aufsässigen Kanoniker festnehmen. Die anderen entsenden einen Gesandten nach Rom, um den Heiligen Stuhl über das Vorgehen des Erzbischofs zu unterrichten, der die Privilegien und den Status des Kapitels verletzt. Auf Befehl von Cisneros läßt der Botschafter von Spanien den Gesandten festnehmen, als er in Italien landet, und schickt ihn gut bewacht nach Spanien zurück, wo er ins Gefängnis gesteckt wird. Doch Cisneros resigniert schließlich: Es erweist sich als undurchführbar, so mächtige Persönlichkeiten wie die Kanoniker unter Druck zu setzen.

Cisneros hoffte, im Laufe der Jahre alte Gewohnheiten abbauen zu können und den Klerus dazu zu bringen, sich wieder auf seine wahre Aufgabe zu besinnen. Doch das scheint ihm nur zum Teil gelungen zu sein. Immerhin wurden neue Wege eingeschlagen, d. h. neue Kriterien für die Auswahl des Klerus zugrunde gelegt, die dessen Aufgaben, die Reform der Institutionen und der Klostersitten betrafen. Im Sinne einer neuen Spiritualität wurden Impulse gegeben, von denen einige im 16. Jahrhundert umgesetzt, andere wiederum unterdrückt wurden. Bemerkenswert ist die enge Zusammenarbeit zwischen den Katholischen Königen und der Kirchenhierarchie. Die Monarchie mischt sich in Angelegenheiten, die nicht ihrer Kompetenz unterliegen, z. B. die Reform der Klöster. Die Kirchenoberhäupter stützen sich dagegen auf die weltliche Macht, um ihre Anliegen durchzuführen. Diese Symbiose zwischen Staat und Religion, die eines der Merkmale der Regierungszeit Philipps II. sein sollte, begann bereits unter den Katholischen Königen.

Viehzüchter und Kaufleute

In der Wirtschaftspolitik zwischen 1474 und 1516 stellt Ramón Carande keine Neuerung fest: Sie ist durch und durch traditionalistisch. Pierre Vilar schreibt: »Die Katholischen Könige halten an den bereits vorhandenen Wirtschaftskräften fest.« Eine davon hatte sich im 15. Jahrhundert entwickelt: die Viehzucht und der damit verbundene Wollexport. Während ihrer ganzen Regierungszeit haben Ferdinand und Isabella die *Mesta* zum Schaden der Landwirtschaft und Textilindustrie geschützt. Die *Mesta* steht für die großen Herden, die dem Hochadel und den großen Klöstern gehören; die Exporteure sind Kaufleute aus Burgos, die sich den Wollhandel mit der Aristokratie teilen. Das sind die Begünstigten dieser Politik. Die Opfer sind die Bauern und die kleinen Handwerker, die der Wollexport in Bedrängnis bringt.

Den Hauptreichtum des Königreichs bildete die Viehzucht. Tatsächlich hatte sich die Zahl der Schafe in einem Jahrhundert verdreifacht; 1400 gab es eine Million und 1500 fast drei Millionen. Von diesem Aufschwung profitiert die *Mesta*, sie nutzt die Situation aus und mißbraucht ihre Macht. »Drei Heilige und ein ehrbarer Bürger ruinieren das Land«, hieß es im 17. Jahrhundert mit Anspielung auf die Inquisition, den Heiligen Kreuzzug, die *Hermandad* und den ehrenwerten Rat der Mesta, vier Institutionen, die sich unter den Katholischen Königen entwickelt hatten. Ferdinand und Isabella bestätigten die Privilegien der *Mesta* und gewährten ihr sogar noch weitere, maßlose. Sie stellten sie nicht nur unter ihren Schutz, sondern verliehen ihr sogar einen offiziellen Status. Um diese Entwicklung verfolgen zu können, muß man sich an die Chronologie halten:

1480: Alle Abgaben, Lokalsteuern und das Wegegeld, das die Herden während ihrer Wanderungen entrichten mußten, fielen weg. Nichts hindert sie daran, sich frei fortzubewegen, selbst wenn sie auf ihrem Weg die Ernten zerstören. Eine einzige Abgabe bleibt: der *servicio y montazgo*, der von der Krone erhoben wurde.

1491: Die Schäfer dürfen *ramonear*, d. h. die niederen Baumäste, die die Herden entlang der *cañadas* stören könnten, abschneiden. Ist das der Grund für die alarmierende Abholzung eines Teils von Kastilien zu Beginn des 16. Jahrhunderts? Die Vorkehrung von 1491 kann nicht allein dafür verantwortlich gemacht werden, doch sie trägt dazu bei.

1492: Die Privilegien der *Mesta* werden bestätigt und kodifiziert.

1500: Die Katholischen Könige setzen einen Vorsitzenden ein, der die *Mesta* verwaltet. Diese Stelle nimmt das älteste Mitglied des Kronrats ein. Von da an erhält sie einen offiziellen Status; ihr Präsident, ihr Wortführer, ihr Anwalt finden sich in der höchsten Instanz des Königreichs. Da der Kronrat gerichtliche Kompetenzen besitzt, wendet sich die *Mesta* jedesmal an ihn, wenn sie glaubt, in ihren Rechten verletzt worden zu sein. Sie ist also Richter und Partei, da ihr Vorsitzender über die Streitfälle, die die Mesta ihm vorlegt, entscheiden muß.

1501: Die *Mesta* erhält ein neues Privileg, das Besitzrecht: Jede Weide, auf der ihre Herden gegrast haben, sei es gegen Entgelt oder kostenlos, ohne daß der Eigentümer protestiert hatte, wird der *Mesta* als Besitz zugesprochen, und zwar zu den ursprünglich bestehenden Bedingungen.

Dieses Besitzrecht bedeutete für sie einen großen Triumph. Die Bauern – ungeachtet dessen, ob es sich um Groß- oder Kleinbauern handelte – und die Stadtgemeinden hatten es gegenüber einer solchen Organisation wie der *Mesta* mit ihren Anwälten und Juristen, ihren Beamten und ihrem Vorsitzenden aus dem Kronrat schwer, ihre Rechte geltend zu machen. Diejenigen, die sich im Unrecht fühlen, können natürlich vor Gericht Klage erheben, was ihnen aber nicht viel nützt. Der Anwalt der Stadtgemeinde Cuenca erhebt 1501 – im gleichen Jahr, als das Gesetz vom Besitzrecht verkündet wird – Klage gegen die *Mesta* und die Katholischen Könige, die sie schützen: Dieses Gesetz widerspreche der Gerechtigkeit, habe nicht das Allgemeinwohl im Sinn, sondern vertrete die Interessen einer kleinen Gruppe von Privilegierten. Man wendet ein, daß diese die Interessen einer Gruppe von Viehzüchtern vertrete und ihre Interessen mit der von der Krone verfolgten Politik übereinstimmten: den Wirtschaftsaufschwung des Landes durch den Wollexport zu fördern. Der Staat sichere sich somit beträchtliche Einkünfte und die Sympathie eines Teils der Bevölkerung, laufe aber Gefahr, einen anderen vor den Kopf zu stoßen – zweifellos den größeren und wehrloseren – und andere Bereiche zu vernachlässigen, vor allem die Landwirtschaft.

Da man für die riesigen Herden ausreichend Weideland benötigt, und die Viehzüchter durch die Forderungen der Weidelandbesitzer nicht behindert werden dürfen, ist die *Mesta* beauftragt, das vorhandene Weideland zu schützen und es möglichst zu erweitern und die Konkurrenz auszuschalten, indem sie feste Pachtverträge garantiert. Dadurch widersetzt sie sich der Bebauung neuen Landes, folglich der Entwicklung der Landwirtschaft (und der Viehzucht an Ort und Stelle) zu einer Zeit, da das Bevölkerungswachstum neue Möglichkeiten der Lebensmittelbeschaffung erfordert. Die geographische Abgeschiedenheit und die schlechten Verkehrswege haben zur Folge, daß jede Gegend in sich abgeschlossen bleibt. Daher ist es schwierig, eine übergreifende Getreidepolitik zu betreiben. In einer 1944 erschienenen Untersuchung zeigt Eduardo Ibarra auf, daß sich Andalusien hervorragend für den Getreideanbau eignete, und Kastilien große Weizenreserven besaß. Wenn die Ernte gut ist, weiß man nicht, wohin mit dem Überschuß. In diesem Fall wird der Export, der im allgemeinen verboten ist, erlaubt: Man exportiert Weizen nach Portugal, Italien, Frankreich und Westindien (ab dem 16. Jahrhundert). In schlechten Jahren muß man Getreide aus Nordafrika einführen. Um einen Ausgleich zu schaffen und die Städte versorgen zu können, bauen die Stadtgemeinden Silos (die *alhóndigas* oder *pósitos* genannt werden), die aber nicht immer die erwartete Funktion erfüllen: Entweder verfault das Getreide in den Silos oder Spekulanten *(regatones)* horten es, um eine künstliche Knappheit zu erzeugen und die Preise hochzutreiben. Diese Situation bewog die Katholischen Könige zu Beginn des 16. Jahrhunderts, einen Höchstpreis für das Getreide festzulegen. 1502 war die Produktion gut, und trotzdem stiegen die Preise. Da die vorherige Ernte schlecht war, verschuldeten sich viele Landwirte und waren gezwungen, die Ernte gleich nach der Einbringung zu verkaufen. Davon profitierten wiederum die Spekulanten. Sie kauften das Getreide in Mengen auf und verkauften es zu einem Wucherpreis. Durch die Preisfestsetzung soll der Spekulation entgegengewirkt und die Preise gesenkt werden. Im 16. Jahrhundert machen es sich die Cortes zur Aufgabe, den Verbraucher zu schützen, dem Volk das Brot zu einem günstigen Preis zu sichern. Doch diese Maßnahme bringt nicht den erwarteten Erfolg. Die Spekulanten umgehen sie mit allen Tricks, indem sie z. B. den Weizen zu Mehl verarbeiten (nur der Weizen unterliegt der Preisbindung, nicht das Mehl selbst, das man folglich zu einem Wucherpreis verkaufen kann). Die Preisfestsetzung wird auf das Mehl ausgedehnt, doch man weigert sich, es zu verkaufen, wenn der Verbraucher nicht etwas anderes dazukauft: Speck oder sonst ein Nahrungsmittel, das nicht der Preisbindung unterliegt.

Diese Regelung scheitert und wird sogar als unsinnig angesehen: Gott allein kann den Brotpreis heben oder senken, indem er gute oder schlechte Ernten schenkt. 1506 verzeichnet man eine starke Getreideknappheit. Einige machen Ferdinand dafür verantwortlich, weil er den Genuesen gestattet hatte, Weizen auszuführen. Nirgends gibt es Weizen. Ganze andalusische Dörfer gehen auf die Straße, um zu betteln. Ist die Preisfestsetzung daran schuld? Der König hebt sie im Oktober wieder auf. Es gibt wieder Weizen auf dem Markt, und die Preise sinken.

Das ist die größte Krise, die Kastilien zwischen 1474 und 1516 erlebte. Vermutlich ist sie auf mißbräuchliche Exporte und eine ungeschickte Preisfestsetzung zurückzuführen. Sie zeigt aber auch die Rolle der Spekulanten, die versuchen, aus der Landwirtschaft Nutzen zu ziehen und auf den Export zu setzen. Das erklärt auch die Entwicklung des Anbaus von Olivenbäumen und Wein. In Kastilien und in der Rioja, in der Gegend von Valladolid, Toro und Medina del Campo, in Estremadura, im Guadalquivir-Tal und in der Gegend von Jérez und Niebla erlebt der Weinbau einen Aufschwung. Ende des 15. Jahrhunderts findet man in Amerika einen neuen, unerwarteten Absatzmarkt für Getreide, Olivenöl und Wein. Diese Güter sind in Andalusien reichlich vorhanden, und dieser Umstand ist entscheidend, als es darum geht, mit Westindien Kontakt aufzunehmen. Ein weiteres Landwirtschaftsprodukt ist der Reis, den man in Valencia anbaut und im Ebrotal.

Unter der Regierung der Katholischen Könige wurde zwischen der Viehzucht und der Landwirtschaft kein Gleichgewicht erreicht.

Anfang des 16. Jahrhunderts scheint die Viehzucht zu dominieren. Dadurch erklären sich verschiedene Phänomene: die andalusische Krise der Jahre 1502 bis 1506; die zunehmenden Prozesse zwischen *Mesta* und Landwirten wegen der Bebauung von Land. 1513 erscheint die Abhandlung über die Landwirtschaft von Gabriel Alonso de Herrera *(Libro de agricultura)*, die bis ins 18. Jahrhundert mehrmals neu aufgelegt wird. Dieses Buch soll nach dem *Don Quijote* auf dem Land das meistgelesene Buch gewesen sein. Herrera gehört zum Kreis von Cisneros (der auch seinen Bruder, Hernando Alonso, einen nicht konformistischen Theologen und Anhänger von Aristoteles, protegiert), und es ist möglich, daß das Buch auf Veranlassung des Kardinals geschrieben wurde. Mehr als sein Inhalt (Herrera bleibt sehr theoretisch; er trägt einfach lateinische Texte über die Landwirtschaft auf der Halbinsel zusammen, gibt wenig praktische Anregungen: z. B. bedauert der Autor, daß man überall etwas anbaut, ohne sich zu spezialisieren) erweckt der Umstand, daß es auf Anregung des Kardinals entstand, Interesse, denn es zeigt Cisneros Anliegen, die Landwirtschaft aufzuwerten. Das Interesse an landwirtschaftlichen Fragen scheint geweckt zu sein.

War es schon zu spät? Isabella soll gesagt haben: »Damit Spaniens Boden von allem reichlich hervorbringe, müßte man es den Mönchen des hl. Benedikt übergeben, die begnadete Landwirte sind.« Doch die Königin wandte sich nicht an die Benediktiner. Der offizielle Schutz, den die *Mesta* genoß, und das Gesetz über die Majorate von 1505 versetzten der kastilischen Landwirtschaft Tiefschläge. Die Ballung von Erbgütern begünstigte die Bildung von Großgrundbesitz: Auf diesen riesigen Domänen verdrängte das Weideland das Saatfeld. Da der Kastilier keinen Boden zu bebauen hat, wird er zum Abenteurer, der zur Zeit der Reconquista zu den Waffen greift. Dadurch leidet natürlich die Landwirtschaft, und die Reaktion zu Beginn des 16. Jahrhunderts kam zweifellos zu spät.

Die Viehzucht geht Hand in Hand mit dem Handel. Unter den Katholischen Königen ist die Wolle der größte Exportartikel Kastiliens. Agenten sondieren die Märkte von La Rochelle, Rouen, London, Brügge, Florenz. Auch die Niederlande sind seit langem ein Großabnehmer. Vor allem die Kaufleute von Burgos spielen eine große Rolle im Handel. 1494 dürfen sie ein Konsulat einrichten, das ihnen das Monopol für den Wollhandel in Nordeuropa sichert. Die baskischen Schiffe transportieren Wolle, Eisen, Kupfer und Wein nach Norden und bringen dafür Tuch zurück. Die Häfen der kantabrischen Küste sind sehr aktiv, sogar die kleinsten wie Renteria und Bermeo, wo man zwischen 1495 und 1500 neue Kais bauen muß, da sich diese Häfen zu regen Umschlageplätzen entwickeln und immer größere Schiffe einlaufen. Gesetze von 1495 und 1498 sehen Sondergebühren für Schiffe über sechshundert Tonnen vor. Die Basken und die Bewohner von Burgos machen sich Konkurrenz. 1499 fühlen sich die Basken in ihren Rechten verletzt und werden durch einen Kompromiß zum Teil zufriedengestellt. 1511 setzen sie durch, daß sie ebenfalls ein Konsulat in Bilbao einrichten dürfen. Dieses Mal protestiert Burgos. 1513 kommt man auf den Kompromiß von 1499 zurück. Die Bewohner von Burgos sind die Herren der Straße nach Norden, die die kastilische Wolle über die kantabrischen Häfen nach Nordeuropa bringt. So bildet sich eine Handelsachse Segovia–Medina del Campo–Burgos–Bilbao um den Wollexport, die hauptsächlich von Burgos beherrscht wird.

Im Süden zeichnet sich an der Atlantikküste von Andalusien eine ähnliche Aktivität ab. Cádiz versucht, eine Art Vormachtstellung für den Handel nach Nordafrika einzunehmen, die ihm von Sanlúcar de Barrameda, Puerto de Santa Maria und Jérez streitig gemacht wird. Diese Häfen entsenden regelrechte Expeditionen, die zum Teil mit Handelsgütern ausgestattet sind, zum Teil mit Kriegsmaterial: Man möchte sich – notfalls mit Gewalt – Beute und Sklaven verschaffen. Sevilla erlebt einen beachtlichen Aufstieg. Sein Hafen befindet sich an der Kreuzung zweier Handelsachsen: die Achse, die von den Häfen des Mittelmeers nach Flandern und England über die Straße von Gibraltar geht und die Achse, die nach Nordafrika, zur Sahara, Schwarzafrika und später nach Amerika führt. Ein Zolltarif von 1491 gibt eine Vorstellung von der Dynamik Sevillas; hier sind als Zielhäfen die Staaten, die Kastilien angeschlossen sind (Aragonien, Katalonien, Valencia), zitiert sowie Italien, Nordafrika, Frankreich, Flandern, England und Irland. Die Kolonisierung der Karibik, die in den letzten Jahren des 15. Jahrhunderts beginnt, sichert endgültig Sevillas Wohlstand. Anfang des 16. Jahrhunderts wird dort die *Casa de la Contratación* eingerichtet, eine Institution, die den Handel mit Westindien kontrollieren und das Monopol Spaniens verteidigen soll.

Zwischen dem Nordatlantik und dem Südatlantik sichern zwei Zwischenzonen die Verbindung: Valladolid und die großen Märkte von Kastilien und Toledo-Cuenca, die sich Valencia und dem Mittelmeer zuwenden (die Genueser nehmen dabei eine starke Position ein).

Valladolid befindet sich inmitten der drei großen Märkte von Kastilien: Medina de Ríoseco, Villalón und Medina del Campo. Dank der vielen Geschäfte und dem Zustrom der Kaufleute (Geschäftsleute aus Burgos und Toledo, aber auch Ausländer, insbesondere Genueser) sprengen diese Märkte den regionalen, ja sogar den nationalen Rahmen, sie befinden sich inmitten des internationalen Handels von Kastilien. Hier werden Aufträge erteilt und die Waren bezahlt.

Die bedeutendsten Märkte waren die von Medina del Campo. Sie waren bereits Anfang des 15. Jahrhunderts berühmt und gut besucht, wenn man die vielen Verordnungen von 1421 studiert. Diese wurden zuerst 1439 bestätigt und erneut 1482 unter der Regierung der Katholischen Könige, die Medina del Campo als Handelszentrum ersten Ranges betrachteten. Unter Karl V. wird die Stadt außerdem zu einem Kapitalumschlageplatz. Damit tritt seine Bedeutung als Handelsplatz an die zweite Stelle.

Ein Dokument von Simancas führt an, daß Händler auf den Märkten von Medina del Campo anwesend sind, »die keine Ware bei sich führen, die nichts kaufen, die keinen Stand haben, die aber Geld mitbringen«. Durch die Vermittlung von Maklern setzen sie sich mit den Händlern in Verbindung, um ihnen Geld zu leihen, damit sie ihre Geschäfte tätigen können. Die Zinsen betragen zwischen zehn, zwölf oder vierzehn Prozent. Der Verfasser dieses Dokuments ist im besonderen über die Zinsanhäufung empört. Der Zinsreport von einem Markt zum anderen kann bis 35 % steigen, ohne daß eine Ware ausgetauscht worden wäre. Es handelt sich um Finanzgeschäfte, um Spekulationen, die oft von ehemaligen Kaufleuten getätigt werden, die entdeckt haben, daß das wesentlich mehr einbringt als der Handel.

Die Lehnsherren der Gegend, die auf den Erfolg von Medina del Campo, der Königsstadt, neidisch waren, versuchten, ihre eigenen Märkte zu bekommen. Die Admiräle von Kastilien erhielten die von Medina de Ríoseco (1477) und die Grafen von Benavente die von Villalón. Isabella, die sich sehr für Medina del Campo interessierte, hatte den Markt von Villalón gegen eine finanzielle Entschädigung verboten, doch der Graf von Benavente überzeugt Ferdinand nach dem Tod der Königin, den Markt dort wieder zu eröffnen. Dazu bedient er sich sogar der Gewalt, d. h., er zwingt die Kaufleute, sich dorthin zu begeben und nicht nach Medina del Campo: Mehrere der Kaufleute werden unterwegs von den Soldaten des Grafen angegriffen, die sich in den Festungen von Cigales und Portillo verschanzt hatten. Dies führt zu heftigen Protesten seitens der inländischen

Kaufleute (Sevilla, Córdoba und Toledo) und der ausländischen (Portugal, Flandern). Diese Rivalitäten zeigen, welchen Stellenwert die Märkte von Kastilien in der Wirtschaft des Landes eingenommen hatten. Dank der Unterstützung durch die Monarchie trägt Medina del Campo bei diesem Wettbewerb schließlich den Sieg davon.

Die Kernzone – Toledo-Cuenca – findet Absatz für ihre Produkte in Burgos und dem Nordatlantik (Bilbao), Sevilla und dem Südatlantik, Valencia und dem Mittelmeer. Die Katholischen Könige haben die Zollschranken zwischen Kastilien und Aragonien beibehalten (Zollposten befinden sich in Logroño, Vitoria, Calahorra, Agreda, Soria, Molina, Tolosa), diese jedoch an der Grenze von Valencia (Requena, Moya, Murcia, Almansa, Yecla) abgebaut. Dadurch wird Valencias Rolle als Handelsplatz und wirtschaftlicher Mittelpunkt gefestigt.

Vom Golf von Gascogne bis zum Südatlantik zeichnet sich somit eine Nord-Süd-Achse ab, ein breiter Streifen, der von Santander-Bilbao bis nach Sevilla über Burgos, Medina del Campo, Segovia, Toledo-Cuenca und Córdoba-Jaén reicht, mit einer Abzweigung nach Valencia in Höhe von Toledo-Cuenca. Die Spediteure, von denen sich die Fuhrknechte in der *Cabaña real de Carreteros* vereinigt hatten, einer Art Transportverband, der unter dem Schutz der Krone stand, transportieren die Güter durch diesen breiten Gang. Für die Überschreitung der Pässe sind die Maulesel besser geeignet. Anfang des 16. Jahrhunderts übersteigt ihre Zahl die der Pferde, was die Militärangehörigen beunruhigt, und die der Ochsen, was die Landwirte in Sorge versetzt. Lange Karawanen *(recuas)*, die von *arrieros* (Maultiertreibern) geführt werden, durchstreifen Spanien von Nord nach Süd, transportieren Güter aller Art. Unterwegs erholen sich Mensch und Tier in Gasthöfen – *ventas* oder *mesones* –, die für das Essen, das sie den Gästen anbieten, sowie die Getränke, das Stroh und den Hafer keine Abgaben *(alcabalas)* entrichten müssen. Auf Steuerlisten sind folgende *ventas* aufgeführt: die von Per Afán auf der Straße von Guadalajara nach Sevilla, die von Toros de Guisando und der Alberguería zwischen Trujillo und Cáceres, die von Puerto del Pico zwischen Avila und Arenas de San Pedro.

Die von Villuga angefertigte Straßenkarte zeigt, daß Toledo 1546 den Mittelpunkt des Königreichs bildet. Lucio Marineo Siculo schreibt, daß Toledo eine dynamische Stadt sei, wo alle Gewerbe vertreten seien, aber vor allem das Woll- und Seidengewerbe. In Toledo laufen die Straßen vom Mittelmeer (Valencia-Cuenca), die von Andalusien (durch die Mancha) und die vom Norden zusammen. Von Toledo aus führen zwei Wege nach Valladolid (und weiter zu den kantabrischen Häfen). Der eine durchquert die Sierra durch Guadarrama und Espinar: Das ist der »Weg der Karren«, der andere und kürzere »der Weg der Pferde« (genauer: der Maultiere) durchquert Toros de Guisando und Cebreros.

Miguel Angel Ladero Quesada rekonstruierte die wirtschaftliche Geographie Kastiliens anhand der Steuerlisten. Von den 13 Zonen, die er unterscheidet, liegen die sieben reichsten im Zentralstreifen: Nordkastilien um Burgos, mit den Häfen (Santander, Castro, Urdiales, Laredo, San Vicente de la Barquera, Bilbao); Zentralkastilien (Valladolid, Medina del Campo, Avila, Segovia); Toledo; Cuenca; Sevilla-Cádiz, Córdoba; Jaén. Ostkastilien (Soria, Logroño, Guadalajara) profitiert von den bekannten Salinen (Atienza) und der dynastischen Vereinigung mit Aragonien, doch León-Salamanca-Ciudad Real-Zamora-Toro, Asturien, Galicien, Estremadura und Murcia scheinen nicht begünstigt zu sein. Zwischen dem Beginn der Regierungszeit der Katholischen Könige und ihrem Ende zeichnet sich eine Veränderung in dieser Nord-Süd-Achse ab: Burgos kann seine Stellung halten, auch befindet sich der wirtschaftliche Schwerpunkt nach wie vor zwischen Medina del Campo und Toledo, doch das atlantische Andalusien entwickelt sich zum Hauptattraktionspunkt; die Wirtschaftstätigkeit konzentriert sich immer mehr auf den Süden, noch bevor sich der Handel mit Amerika abzeichnet.

Um den Handel etwas zu erleichtern, versucht die Verordnung vom 9. Januar 1496 Ordnung in das durch unterschiedliche Gewichte und Maßeinheiten erschwerte System zu bringen. Man beschließt, in Toledo die Maßeinheiten für Flüssigkeiten zu verallgemeinern (ein Zentner = vierzig *arrobas* = hundert Pfund: tausendsechshundert Unzen) und in Avila die Maßeinheiten *(fanegas, celemines, cuartillos)* für das Getreide. Die Stadtgemeinden werden angehalten, Meßgeräte aus Holz oder Metall bereitzuhalten.

Ein Postdienst wird eingesetzt, die *correos mayores*, der gut vergütet wird: »Ich habe noch nie einen armen *correo mayor* getroffen«, schreibt Gonzalo Fernández de Oviedo; »er ist reich ohne die Post auszutragen und steckt seinen Gewinn in die Tasche, ohne Gefahr zu laufen, vom Pferd zu fallen.« Philipp der Schöne hat während seiner Regierungszeit, die eine der kürzesten war, den Postdienst der Familie Taxis anvertraut, die sich bereits in Italien, Deutschland und Frankreich niedergelassen hatte. Franz von Taxis wird damit beauftragt, die

Postverbindung zwischen Frankreich, Spanien, Deutschland und den Niederlanden herzustellen; man rechnet, daß die Post von Brüssel nach Toledo im Sommer zwölf Tage und im Winter vierzehn Tage benötigt, für die Strecke Brüssel–Granada fünfzehn Tage im Sommer und achtzehn im Winter. Karl V. bestätigt das der Familie Taxis eingeräumte Privileg.

Das Währungssystem wirft schwerwiegendere Probleme auf. In Aragonien ist die Währungseinheit das Pfund (ein Pfund entspricht zwanzig *sueldos* von jeweils zwölf *dineros*). Seit 1346 hat man sich dem italienischen Modell angepaßt und den florentinischen Taler übernommen, eine Goldmünze von 3,5 g. 1483 schafft Ferdinand den Dukaten von Valencia, eine Goldmünze, die das gleiche Gewicht wie der Dukaten von Aragonien und der von Venedig hat, dann 1493 den *principat* von Katalonien, der dem Dukaten entspricht. In Kastilien, wo die Währungseinheit der Maravedi ist, war lange Zeit die gängigste Währung die *dobla,* ein Goldstück (zwischen 4,40 und 4,65 g), das mit dem Dinar des muslimischen Spaniens vergleichbar ist. Seit 1476 beabsichtigt man eine Währungsreform, um einer Inflation vorzubeugen, doch weiterhin werden Goldmünzen geprägt (*enrique* oder *castellano, dobla de la banda*), und der venezianische Dukaten gewinnt an Wert. Die Reform, die eine starke und stabile Goldwährung nach dem Modell des Dukaten bewirken soll, wird 1497 verwirklicht: Der Dukaten von Granada, der 375 Maravedis entspricht, gilt fast hundert Jahre lang als sehr gefragte Währung auf dem europäischen Markt; gleichzeitig wird eine neue Silbermünze geprägt, der *real*, der 34 Maravedis entspricht, mit dem Joch und den Pfeilen, den Symbolen der Katholischen Könige.

Die Ausfuhr von Edelmetallen, Gold oder Silber und Münzgeld ist streng verboten. Die vorherigen Verbote werden von Zeit zu Zeit erneuert, z. B. im Jahre 1491, 1498 und 1503. Die ausländischen Geschäftsleute, die Waren nach Spanien einführen, müssen deren Wert angeben und dürfen den Erlös ihres Verkaufs nicht in die Heimat zurückführen. Sie sind folglich gezwungen, im Einfuhrland ihren Gewinn in Waren zu investieren, indem sie Artikel kaufen, für die sie im Ausland Abnehmer finden, z. B. Wolle, Eisen, Öl und Wein.

Der große internationale Handel erweist sich für Kastilien als sehr gewinnträchtig, doch das Handwerk erlebt nicht die gleiche wirtschaftliche Blüte. Das Vorhandensein eines Rohstoffs in großen Mengen und hervorragender Qualität hätte eigentlich zum Entstehen einer beachtlichen Textilindustrie führen müssen, doch die Anstrengungen, die in dieser Richtung unternommen wurden, führten nicht zum Ziel. Seit dem 15. Jahrhundert wird überall in Kastilien Wolle hergestellt, und seit Beginn des 16. Jahrhunderts gibt es folgende Zentren: Segovia, Toledo, Córdoba und Cuenca. Aus einem Dokument von 1515 geht hervor, daß mehr als 20 000 Personen in der Gegend von Segovia von der Textilindustrie leben, wo man jährlich 40 000 *arrobas* Wolle verarbeitet. Man könnte sogar noch mehr bewältigen, doch es fehle an Wolle, ist in dem Dokument zu lesen. Segovia erscheint traditionsgemäß als Hauptstadt einer Textilindustrie, die sich im Aufschwung befindet. Gleich danach kommen Toledo, Córdoba und Cuenca, die ebenfalls gute Ware liefern. Kleinere Städte unterhalten Werkstätten, die die Bedürfnisse einer weniger anspruchsvollen Kundschaft zu befriedigen suchen: Zamora, wo ein ganzes Viertel den Webern vorbehalten ist und die Tuchweber die größte Zunft darstellen; Palencia, Medina de Ríoseco, Dueñas, Ampudia, Toro, Valladolid und noch viele weitere Städte stellen mehr oder weniger grobe Stoffe her, die in größeren Zentren veredelt werden.

Die vielen Gesetzestexte, die die Textilindustrie betreffen, demonstrieren den Stellenwert, den dieses Gewerbe in Kastilien zu Beginn des Jahrhunderts eingenommen hat. Die Anordnungen von Sevilla von 1511 nehmen die vorherigen Bestimmungen (von 1489, 1491, 1500) wieder auf und vervollständigen sie. Die verschiedenen Produktionsstufen, von der Bereitung der Rohwolle bis zum Verkauf, werden streng geregelt. Dadurch möchte man dem Verbraucher jegliche Garantie für die Qualität geben, doch ist diese pedantische Gesetzgebung auch wirksam? Daran ist zu zweifeln, zumal zu befürchten ist, daß sie durch zuviel Zwang die Privatinitiative hemmt. Eine Truppe von Inspektoren *(veedores)* achtet auf die Beachtung der Regeln.

Es gibt Gilden oder Zünfte für bestimmte Berufsbranchen. Einige Beispiele sollen aufzeigen, in welchem Maße die Textilindustrie in Segovia konzentriert war. Es gibt eine ziemlich große Menge von kleinen Familienwerkstätten, die für Unternehmer, die über Kapital verfügen, arbeiten, die *mercaderes* oder *hacedores de paños*. Diese geben den Handwerkern Arbeit. Kann man hier bereits von Heimarbeit sprechen? Ein Dokument von 1524 zeigt auf, daß dreißig bis vierzig Unternehmer die Textilindustrie in Segovia beherrschen und zwei Drittel der arbeitenden Bevölkerung beschäftigen. Die Beziehungen zwischen diesen Unternehmern und den Heimarbeitern sind oft gespannt. 1512 geraten in Segovia die *hacedores de paños* und die Weber und Färber über die Arbeitsbedingungen in Streit. 1513 beklagen sich die Kardierer und Spinner von Avila über die unlautere Konkurrenz einiger reicher Kaufleute; die Weber von Cuenca fordern 1514 Lohnerhöhung, außerdem verlangen sie, daß ihnen ihr Lohn in Geld und nicht mehr in Naturalien ausbezahlt werde, und rufen zum Streik auf, um ihre Forderungen durchzusetzen.

Zu Beginn des 16. Jahrhunderts durchläuft die kastilische Textilindustrie eine Krise. Außer in Segovia läßt die Qualität der Wolle sehr zu wünschen übrig – trotz der Bemühungen des Gesetzgebers. Überall ruft die Regelung, die die Qualität verbessern soll, Protest hervor; die Handwerker verlangen Abänderungen der Verfügungen, erreichen, daß Fristen mehrmals verlängert werden, so daß das Gesetz oft wirkungslos bleibt. Das gleiche gilt für die Bestimmungen, die die Schermaschine betreffen. Die kastilische Textilindustrie produziert allzuoft minderwertige Ware, mit der sich die arme Bevölkerung zufriedengibt, doch die wohlhabenden Käufer haben andere Ansprüche und bevorzugen die Produkte aus Segovia, die aber die Inlandsnachfrage nicht befriedigen können. 1515 geben die *hacedores de paños* den Grund dafür an: Oft müssen sie schlechte Wolle verarbeiten.

Es müßte also ein Gesetz erlassen werden, das die Hersteller zwingt, für Qualitätswaren gute Wolle zu verwenden. Diese Wolle ist in Kastilien reichlich vorhanden, doch welchen Platz nehmen die kastilischen Industriellen auf einem Markt ein, der in bezug auf den Export so streng geregelt ist? Seit 1462 dürfen die Wollexporte zwei Drittel der Produktion nicht überschreiten. Der Rest ist der inländischen Industrie vorbehalten. Es ist zweifelhaft, ob diese Kontingentierung beachtet wird. Die kastilischen Industriellen versuchten, gegen die Exporteure anzugehen, doch wie man bemerkt, erfolgen die Proteste erst sehr spät – der erste datiert von 1500. Nach Isabellas Tod nehmen sie zu. Lag es daran, daß man wußte, daß die Königin entschlossen war, die derzeitige Situation aufrechtzuerhalten? Zu viele Gruppen waren nämlich am Wollexport interessiert: Die Aristokratie, die Kaufleute und die Krone bildeten eine sehr starke Koalition, der gegenüber die Tuchmacher, die in der Minderheit waren, einen schweren Stand hatten. Im übrigen setzte sich die *Mesta* für all jene ein, die vom Wollmarkt profitierten.

War das wirklich das Bestreben der Katholischen Könige? Nach 1504 zeichnet sich eine Veränderung ab. 1486 wird eine protektionistische Maßnahme ergriffen, die aber sehr punktuell und zeitlich begrenzt ist: Zwei Jahre lang ist es verboten, Tuchwaren in Murcia einzuführen, um die inländische Produktion zu schützen. Die ausländische Konkurrenz hatte viele Handwerker gezwungen, die Stadt zu verlassen, und aus den gleichen Gründen mußten die Schafzüchter (vermutlich jedoch mit Ausnahme der Wanderschäferei) vier Fünftel ihrer Herden verkaufen. Von 50 000 Schafen blieben nur noch acht- bis zehntausend übrig.

1488 war das Verbot erneuert worden, doch mit einer Abänderung in bezug auf flämisches Tuch. Isabella scheint eine Politik betrieben zu haben, die weder die Landwirtschaft noch die Industrie förderte, während Ferdinand der Industrialisierung gegenüber aufgeschlossener war. Noch unter der Regierung der Katholischen Könige führen die Tuchmacher einen ungleichen Kampf gegen die Exporteure und finden die Unterstützung der Krone. Sie stellen die Privilegien der Exporteure in Frage, fordern die Anwendung des Gesetzes von 1462 über die Kontingentierung, verlangen und erhalten Schutz gegen die ausländische Konkurrenz.

1514 treten Gesetze in Kraft, die die Beschränkung der Einfuhr von ausländischen Stoffen vorsehen. Zum Ausgleich der Maßnahmen, die die Qualität der inländischen Produktion verbessern sollen, verlangt man in Zukunft von den ausländischen Waren, daß sie den Regelungen der kastilischen Gewerbe entsprechen. Die Importeure reagieren schnell. Sie erreichen zahlreiche Änderungen, die die praktische Auswirkung der besagten Maßnahmen eindämmen. Nach den Protesten der Exporteure von Burgos zu urteilen, scheint der erste Schritt auf dem Weg zum Protektionismus vollzogen worden zu sein.

Der eigentliche Kampf zwischen Herstellern und Exporteuren spielt sich über den Anteil der Wollwaren für die inländische Industrie ab. 1505 verfaßt das Konsulat von Burgos einen Schriftsatz über die Nachteile, die die Tatsache mit sich bringt, daß den Tuchmachern ein Drittel der von den Kaufleuten erworbenen Wolle vorbehalten wird. Doch erst 1514 werden entsprechende Maßnahmen ergriffen. Von der Stadtgemeinde von Cuenca ist ein Text überliefert, der zeigt, welche Schritte die Hersteller unternommen haben, um die Aufmerksamkeit der Regierenden zu erregen. Die Stadtgemeinde fordert am 21. Februar 1514 die strikte Einhaltung des Gesetzes von 1462. Die Hersteller gewinnen Oberhand. Am 8. April 1514 tritt das Gesetz von 1462 erneut in Kraft.

Die Exporteure starten einen Gegenangriff, um ihre Positionen, die sie bedroht sehen, zu verteidigen, und die Schafzüchter unterstützen sie. Am 12. März 1515 stellt sich die Mesta eindeutig gegen die

Tuchmacher und wirft ihnen vor, sie würden ein unnötiges Problem schaffen: Wenn das Gesetz von 1462 erneut in Kraft träte, würde das den Untergang für die Schafzucht und die Wirtschaft des Landes bedeuten.

Das Konsulat von Burgos und die Mesta scheinen auf verlorenem Posten zu kämpfen. Im Juli 1515 treten die Cortes zusammen. Der König versichert den Abgeordneten gegenüber, die die Anwendung des Gesetzes von 1462 verlangen, der Kronrat werde darüber wachen und die Maßnahmen erwägen, die dem Wohle des Königreichs dienten.

Nach dem Tod von Königin Isabella haben die kastilischen Hersteller bei der Problematik der ausländischen Konkurrenz und der Kontingentierung des Wollexports Zeichen gesetzt. Die traditionelle Wirtschaftspolitik, die auf dem Export von Rohstoffen und dem Import von industriellen Erzeugnissen beruht, erlebt eine deutliche Veränderung. Cisneros, der nach Ferdinands Tod die Regierung übernommen hat, scheint diese neue Orientierung beibehalten zu wollen. 1516 wenden sich aufmerksame Beobachter an ihn. Sie erwarten von ihm konkrete Entscheidungen, um das Land davor zu bewahren, in eine wirtschaftliche Talsohle zu geraten, und empfehlen Maßnahmen, die den Merkantilismus ankündigen: Der Export von industriellen Gütern und Luxusartikeln soll gefördert werden; der Export von Rohstoffen und der Import all jener Artikel, die im eigenen Land hergestellt werden können, untersagt werden. Doch Cisneros stirbt 1517, und der Erbe der Katholischen Könige, Karl V., greift auf die Politik zurück, die bis 1504 betrieben wurde. Unter seiner Regierung fördert Kastilien weiterhin die *Mesta*, die Schafzüchter und den Großhandel zum Nachteil der Landwirtschaft und des Handwerks. Die Textilindustrie in Segovia erlebt noch eine Blütezeit, doch die industriellen Bestrebungen, die sich zwischen 1504 und 1517 abzeichneten, werden nicht weiter verfolgt. Das ist einer der Gründe, weshalb das eintrat, was Sánchez Albornoz als »Kurzschluß der Modernität in Spanien« bezeichnete.

V. Die spanische Expansion

Die letzte Episode der Reconquista

1482: Nach ihrem Sieg im Bürgerkrieg, nach dem Frieden mit Portugal, nach der Versammlung der Cortes in Toledo beherrschen Ferdinand und Isabella die Lage in Kastilien. Seit 1479 regieren sie über die Gebiete der Krone von Aragonien. Ihre Macht erregt Bewunderung, doch sie ist noch schwach: Die Einheit der Doppelmonarchie ist reine Formsache; in Kastilien hat der Bürgerkrieg seine Spuren hinterlassen: Ein Teil der Aristokratie kann sich nur schwer damit abfinden, in den Hintergrund zu treten. Der Krieg von Granada bietet die Gelegenheit, daß Kastilien und Aragonien gemeinsam handeln. Die Aristokratie findet ein Schlachtfeld nach Maß vor, und das ganze Volk wird in ein großartiges Vorhaben mit einbezogen: den letzten Kreuzzug der Christenheit erfolgreich zu Ende zu führen, den Islam aus Spanien zu vertreiben und das Kreuz Christi auf der Alhambra zu hissen.

Nach dem Vordringen, dem die Besetzung des Guadalquivir-Tals folgte, kommt die Reconquista im 13. Jahrhundert lange Zeit zum Stillstand: Naturkatastrophen, Krankheiten (der Schwarze Tod Mitte des 14. Jahrhunderts) und Bürgerkriege verhindern ein weiteres Vordringen in das islamische Gebiet im Süden der Halbinsel – das Emirat von Granada, das 1232 durch die Dynastie der Nasriden gegründet wurde, ein Gebiet von ungefähr 30 000 Quadratkilometern, das in etwa den heutigen Provinzen Málaga, Granada, Almeria und zum Teil denen von Jaén und Cádiz entspricht und ungefähr 300 000 Einwohner zählte. Das Emirat von Granada gründet seine Wirtschaft vor allem auf den Export von Dörrobst und Seide aus seinen Werkstätten. Diese Kolonie erkauft sich ihre politische Unabhängigkeit teuer, indem sie den Königen von Kastilien große Abgaben, die *parias*, entrichtet, die ein Fünftel oder ein Viertel der Steuereinnahmen des Landes ausmachen. Das Gold aus dem Sudan gelangt über Granada nach Europa, zumindest bis zur Mitte des 15. Jahrhunderts, als sich die Portugiesen im Golf von Guinea niederlassen und einen Teil des Handels nach Lissabon ableiten, was dann zur Folge hat: Granada gerät wirtschaftlich in eine Talsohle und besitzt nicht mehr die Mittel, seine politische Unabhängigkeit zum Goldpreis von den christlichen Königreichen zu erkaufen.

Granada übt sowohl auf westliche und östliche Besucher, die diese Stadt als eine der größten und schönsten des Islams ansehen, große Faszination aus. Granadas Paläste, Moscheen und Gärten begeistern die Besucher, die in Scharen herbeiströmen, denn Granada ist keine verbotene Stadt. Der Reichtum und Luxus der militärischen Ausrüstungen, der Kleider und aller Kunsthandwerke, die die Emire fördern, begeistern vor allem die andalusischen Lehnsherren, die die Mode und die Bräuche ihrer Nachbarn übernehmen. Die Grenze zwischen Granada und dem christlichen Spanien ist nicht unüberbrückbar. Sicher, man vergißt nicht, daß man sich eigentlich feindlich gegenübersteht; auf der einen Seite das Kreuz, auf der anderen der Halbmond, doch man schätzt sich gegenseitig, man achtet die militärische Macht des einen und anderen, die Ritterlichkeit der Krieger auf beiden Seiten, ihre Großzügigkeit, ihren Edelmut. Die Literatur greift diese malerischen oder exotischen Elemente auf und verleiht ihnen romantischen Charakter. Zu erwähnen sind vor allem die Volksballaden, die die einzelnen Kämpfe und die Tapferkeit der Herren der Grenze besingen (*romances fronterizos*). Ein Jahrhundert später verarbeitet Ginés Pérez de Hita diese epische und ritterliche Atmosphäre in seiner *Historia de las guerras civiles de Granada*, in der sich Legende und Historie vermischten. Damit entsteht eine literarische Strömung, die Georges Cirot die »Maurophilie« nannte. Von Spanien breitet sie sich in Europa aus. Chateaubriand verarbeitet sie in seinen *Aventures du dernier des Abencérages*, Washington Irving sammelt die Legenden und Märchen über das Leben der letzten Emire der Alhambra.

Diese Idealisierung der Vergangenheit darf keine Illusionen erwecken: Die beiden Zivilisationen sind unvereinbar. Das Spanien der Reconquista gründete sich auf einem Ideal – oder einer fixen Idee –: aus der Halbinsel ein Land der Christenheit zu machen. Die letzten großen Schlachten fanden Mitte des 14. Jahrhunderts statt: Nach ihrem Sieg bei Salado (1340) haben die Christen 1344 Algesiras und 1350 Gibraltar zurückerobert: Von nun an kontrollieren sie die Straße von Gibraltar, und Granada unterhält durch den Hafen von Málaga Kontakt mit dem übrigen Islam. Alle kastilischen Herrscher wünschen die Reconquista zu beenden und sich des Emirats zu bemächtigen. Niemand, auch nicht die Katholischen Könige, hat die

Möglichkeit oder die Mittel, sich voll dafür einzusetzen. Heinrich IV. zum Beispiel hatte es zu Beginn seiner Regierungszeit erwogen; er betrachtete das Vorhaben als einen Zermürbungskrieg, doch das kam teuer und brachte wenig sichtbare Ergebnisse. Folglich ließ er den Plan fallen, zumal er mit eigenen Problemen beschäftigt war. Man beschränkt sich darauf, von Zeit zu Zeit eine Invasion ins Feindesland zu wagen, doch diese kühnen Übergriffe sind, abgesehen von kleineren Eroberungen, ohne Folgen. Diese Art von Krieg liebt zum Beispiel Miguel Lucas de Iranzo, der gewöhnlich in Jaén wohnt und, gierig nach Beute und Sklaven, mit seinen Reitern regelmäßig die Grenze überschreitet, um das eine oder andere Dorf in Brand zu stecken oder zu plündern. Es handelt sich dabei immer um Einzelunternehmen, die von den Herren ausgehen, die sich nicht unbedingt untereinander solidarisieren und keine Skrupel kennen, sich mit dem Feind zu verbünden, um einem Rivalen zu schaden. So hilft zum Beispiel der Herzog von Medinasidonia dem König von Granada, in den Besitz von Cardela zu gelangen, dem Besitz des Marquis von Cádiz. Die Mauren verfahren genauso.

Diese zwiespältige Situation setzt sich bis 1482 fort. Es herrscht weder Krieg noch Frieden; man bekämpft sich, aber man erweist sich auch Dienste. Jede Seite hat ihre Abtrünnigen: Die *elches* sind Christen – meistens ehemalige Gefangene –, die zum Islam übergetreten sind und auf muslimischem Gebiet leben; die *tornadizos* bilden das christliche Pendant. Bei einem Familienfest gewährt man sogenannte Passierscheine, damit Verwandte im Feindesland besucht werden können. Diese Lage erklärt vieles und vor allem einige der Wenden im Krieg gegen Granada: Die Christen haben unter den Gegnern Freunde oder Verbündete, die sie über das Vorgehen und den Stand der Kampfstärke in den verschiedenen Garnisonen unterrichten. Die Verbündeten liefern ihnen bei Gelegenheit die eine oder andere Festung kampflos aus. Die Katholischen Könige bringen die andalusischen Lehnsherren dazu, ihre persönlichen Streitigkeiten zu vergessen und sich für ein nationales Ziel einzusetzen: die Einnahme von Granada in einer Art Kreuzzug. Die ganze zweite Hälfte des 15. Jahrhunderts ist von dem messianischen Gedanken geprägt, den die Franziskanerklöster nähren. Alain Milhou zeigte auf, was die Entdeckung von Christoph Kolumbus bedeutete, auch für den Krieg von Granada. In den 70er Jahren des 15. Jahrhunderts demonstriert Fray Iñigo de Mendoza den Willen nach Macht *(voluntad de imperio)*. Das erste Ziel des Kreuzzugs ist

Granada und das höchste Jerusalem. Die Katholischen Könige verstehen es, diese hohen Ziele für sich zu nutzen.

Ferdinand und Isabella setzen in den ersten Jahren ihrer Regierung die gegenüber Granada eingeschlagene Politik fort, 1475, 1476 und 1478 werden die Waffenstillstände erneuert. Die Muslime ergreifen schließlich die Initiative, vermutlich ohne die Absicht, eine ernsthafte Krise heraufzubeschwören. An Weihnachten 1481 überfallen ihre Truppen als Reaktion auf eine Reihe von Angriffen einen Ort an der Westgrenze, Zahara. Don Rodrigo Ponce de León, Marquis von Cádiz, beschließt im Einvernehmen mit dem Vertreter der Katholischen Könige in Sevilla, Diego de Merlo, zurückzuschlagen. An der Spitze von 2500 Kavalleristen und 3000 Infanteristen schlägt er den Weg nach Alhama ein, das sich nur einige Meilen von Granada entfernt befindet. Es ist ein Erholungsort der Emire und maurischen Aristokraten. Das Vorhaben ist gewagt, doch der kühne Streich gelingt. Der Marquis von Cádiz, der über die Verteidigungsmöglichkeiten des Feindes gut unterrichtet ist, marschiert immer bei Nacht, obwohl es Winter ist. Er überquert mit seinen Soldaten das Gebirge von Loja. Als er sein Ziel erreicht hat, klettern einige Soldaten die Befestigungsmauer hinauf, machen die Wächter unschädlich und öffnen die Tore, um ihrer Truppe Einlaß zu gewähren. Im Februar 1482 ergibt sich Alhama.

Dieser Vorfall wird von Granada mit größter Aufmerksamkeit verfolgt. Die Stadt erkennt die Gefahr einer christlichen Garnison mitten im Reich. Die Mauren versuchen, die Stadt wieder einzunehmen, doch sie stoßen auf den Widerstand des Gegners, d. h. nicht nur eines andalusischen Lehnsherrn, sondern des kastilischen Staates überhaupt, denn die Katholischen Könige haben beschlossen, den Islam aus Spanien zu vertreiben. Noch bevor sie von der Einnahme Alhamas erfahren, tun sie am 2. Februar der Stadt Sevilla ihren Willen kund: »Ja, wir freuen uns über das, was gerade geschehen ist (die Niederlage von Zahara), da uns dies die Gelegenheit gibt, unsere Vorhaben in die Tat umzusetzen, nämlich den Islam zu bekämpfen.«

Alhama wird also verteidigt, und die ersten Verstärkungstruppen treffen Ende Februar ein. Der Herzog von Medinasidonia hat sie geschickt, der sich inzwischen mit dem Marquis von Cádiz verfeindet hatte. Im März brechen zweitausend Lanzenreiter mit dem gleichen Ziel von Medina del Campo auf. Am 14. März begibt sich der König von Aragonien persönlich nach Andalusien; die Königin trifft ihn einige Wochen später in Córdoba, und Ende April eilt Ferdinand der

Garnison von Alhama zu Hilfe, die das Symbol politischen Willens wird: Von nun an werden alle Soldaten des Staates mobilisiert, um Granada zu Fall zu bringen. Obwohl sich Alhama in einer heiklen Lage befindet, isoliert ist, wird die Garnison sommers und winters mit Lebensmitteln versorgt, und die Soldaten werden von Zeit zu Zeit durch neue ersetzt; es wird sogar als besondere Ehre angesehen, für diesen Posten auserwählt zu werden. Am 16. Juni 1483 übernimmt der Graf von Tendilla, Don Iñigo López de Mendoza, für einige Monate den Befehl über die Garnison. Er wird zehn Jahre später der erste Vizekönig von Granada und zieht in die Alhambra ein. Von ihm ist eine Anekdote aus der Zeit seiner Befehlsgewalt in Alhama überliefert: Da die Männer keinen Sold erhalten haben, können sie sich keine Lebensmittel besorgen. Der Graf verteilt daraufhin Gutscheine an sie, die sie den Kaufleuten vorlegen sollen und deren Einlösung er persönlich garantiert. Das war wohl eine der ersten Erfahrungen mit Papiergeld.

Der Krieg von Granada sollte sechs Jahre dauern, wurde aber immer wieder von längeren Kampfpausen unterbrochen. Pro Jahr fand ungefähr ein Feldzug statt, der immer nur ein paar Monate dauerte. Im allgemeinen wurden die Soldaten für achtzig Tage verpflichtet, und während der Wintermonate, wenn heftige Schneefälle es unmöglich machten, sich in dieser gebirgigen Gegend zu bewegen, wurden die Kämpfe eingestellt. Dieser Krieg forderte die ganze Kraft der Kastilier und ihrer aragonischen Verbündeten. Er erforderte den Einsatz immer besserer militärischer Einrichtungen und einer Verwaltung und Steuergesetzgebung, die gut funktionierten. Der Krieg trug somit dazu bei, den modernen kastilischen Staat zu schaffen und mit einer erstklassigen Armee auszustatten.

Es ist ein ungleicher Kampf zwischen zwei sehr unterschiedlichen Mächten: einerseits eine perfekte Organisation, ein mächtiger Staat, ein unerschütterlicher politischer Wille und andrerseits ein kleines Emirat, das den ganzen Reiz einer glanzvollen Vergangenheit besitzt sowie eine Vorliebe für Heldentum und Ritterlichkeit, das jedoch unfähig ist, dem Gegner zu trotzen, immer mehr von der Außenwelt abgeschnitten und im Innern zersplittert ist. Die Katholischen Könige mußten nie gegen ein vereintes Volk kämpfen, das sich um seinen Emir scharte; sie hatten nur Gegner vor sich, die sie leicht gegeneinander ausspielen konnten. Das erklärt, weshalb sich der Krieg in die Länge zog und die Katholischen Könige so optimistisch waren: Sie wissen, was sie wollen: einen Totalsieg. Dagegen versuchen die

Emire immer irgendwelche Arrangements, die es ihnen ermöglichen, noch etwas länger zu regieren, auch wenn ihr Gebiet immer kleiner wird.

Seit der Regierungszeit Jussufs III. (1408–1417) nehmen die Streitigkeiten der Clans untereinander kein Ende. Oft haben die Emire nur die Hauptstadt und Umgebung unter Kontrolle; manchmal regieren sogar zwei Emire in Granada, einer auf der Alhambra und einer im Viertel Albaicin. Als der Krieg von Granada ausbricht, regiert Mulei Hasan (Abu-l-Hassan 'Ali), der seinen Vater vom Thron gestürzt hatte. Er selbst muß sich mit den Haremsrivalitäten zwischen Fatima und Soraya, seiner Lieblingsfrau, auseinandersetzen. Diese ist eine Christin, Isabelle de Solis, die von den Mauren gefangengenommen wurde. Als sie zum Islam übertrat, nahm sie den Namen Soraya an. Mulei Hasan wird von den Zegries unterstützt, doch er hat die Abencerragen, die aus Afrika stammen, gegen sich. Im Juli 1482, d. h. zu Beginn des Krieges, zettelt der Sohn des Emirs, Boabdil, eine Rebellion an und versucht, mit Hilfe der Abencerragen die Macht zu ergreifen, doch sein Onkel Ibn Sad, genannt El Zagal, leistet ihm Widerstand. Jeder der Gegner spielt sein eigenes Spiel, um seine Macht und sein Ansehen zu vergrößern und das gesamte Reich in seine Gewalt zu bekommen. Im April 1483 unternimmt Boabdil einen abenteuerlichen Feldzug gegen die Stadt Lucena, doch das Ganze scheitert kläglich, und der Thronprätendent fällt den Katholischen Königen in die Hände. Diese handeln taktisch klug; sie nehmen ihn nicht gefangen, sondern verhandeln mit ihm und lassen ihn unter einer Bedingung frei: Boabdil verpflichtet sich, der Sache der Christen treu zu dienen und dafür Tribut zu zahlen. Ferdinand macht kein Geheimnis aus seinen Absichten. Am 26. August 1483 schreibt er seiner Schwester, der Königin von Neapel: »Wir haben Boabdil freigelassen, um Zwietracht in Granada zu säen und dieses Königreich zu zerstören.« Das Manöver gelingt: Der alte Emir besteigt wieder den Thron, doch dem Sohn wird von einigen Anhängern Verrat vorgeworfen. Er zieht sich in den Osten des Königreichs, nach Almeria, zurück und führt von dort aus Krieg gegen seinen Vater.

1485 verjagt El Zagal Boabdil aus Almeria, stürzt seinen Bruder, den alten Emir Abu-l-Hassan, vom Thron, der kurz danach stirbt, und übernimmt in Granada die Macht. Boabdil wird gegenüber den Katholischen Königen wortbrüchig, er erklärt ihnen den Krieg ... und fällt ihnen erneut in die Hände. Die Katholischen Könige sind in politischen Dingen nicht nachtragend und lassen ihnen wieder frei, allerdings unter der Bedingung, daß er ihnen erneut den Treueeid leistet. Man bietet ihm die Städte Guadix, Baza, Vera, Vélez Blanco und Vélez Rubio an und den Titel eines Herzogs oder Grafen. Dafür muß er sich dem christlichen Spanien unterwerfen. Boabdil akzeptiert alle Bedingungen und dringt mit Hilfe der Christen in Granada ein (1487), das sein Onkel El Zagal verlassen hatte, um dem besetzten Loja zu Hilfe zu eilen. Als Herrscher von Granada bekräftigt er seine früheren Verpflichtungen und präzisiert sie: Er verspricht, Granada den Katholischen Königen auszuliefern, sobald El Zagal außer Gefecht gesetzt wurde. Dafür erhält er ein beträchtliches Lehen im Ostgebiet. Vier Jahre später wird El Zagal besiegt, und Boabdil erhält sein Lehen. Ferdinand und Isabella äußern über ihre Absichten: »Der König und die Königin waren sich zusammen mit dem Kronrat darüber einig, daß der Zwiespalt zwischen den beiden maurischen Königen die Eroberung Granadas bedingte und beschlossen, Abkommen zu unterzeichnen und sich mit dem ›Kleinen König‹, d. h. Boabdil, zu verbünden.«

Somit wird Boabdil mit Unterstützung der Katholischen Könige, die ihm das erforderliche Geld und die Verpflegung geben, um sich halten zu können, als Herrscher von Granada bestätigt. Er läßt zu, daß die Christen Baza besetzen und seinem Onkel die restlichen Ländereien wegnehmen.

Die Katholischen Könige sahen sich immer rivalisierenden Gegnern gegenüber, denen mehr daran gelegen war, ein Stück Macht zu verteidigen, als die Christen zurückzuschlagen. Das erleichterte ihre Aufgabe, doch das Erstaunliche ist, daß sie trotz dieser günstigen Umstände Granada erst nach 10 Jahren besiegten und die diplomatischen Beziehungen mit Krieg endeten.

Die vorhandenen Kräfte sind unausgewogen. Die Christen sind zahlenmäßig bei weitem in der Überzahl; zwischen 1482 und 1484 nehmen an jedem Feldzug sechs- bis zehntausend Kavalleristen und zehn- bis sechzehntausend Infanteristen teil. Ab 1485 werden die Truppen noch verstärkt. Die Armee setzt sich aus Truppen zusammen, die von der Krone, dem Adel, den Stadtgemeinden und der *Santa Hermandad* aufgestellt wurden. Sie untersteht der Befehlsgewalt des Königs von Aragonien, der jeden Feldzug persönlich anführt. Die Königin bleibt im allgemeinen im Hintergrund, doch von Zeit zu Zeit begibt sie sich an die Front, was manchmal zu amüsanten Szenen führt. Anläßlich der Belagerung von Baza zum Beispiel möchte Isabella aus der Nähe sehen, wie die Stadt umzingelt wird. Der Marquis von Cádiz unterrichtet die belagerte Bevölkerung darüber, und diese wahrt den Waffenstillstand, während die Königin ihre Inspektion durchführt, und führt ihr zu Ehren ein Phantasiestück auf. Oft begleiten die Kinder ihre Mutter; in Granada wird der Thronfolger im Alter von zwölf Jahren zum Ritter geschlagen.

Die Anwesenheit des Herrscherpaars hat psychologische Wirkung: Die Krone ergreift die Initiative, sorgt für die Durchführung der Aktionen und hat davon den größten Nutzen. Der Adel wird weder vergessen noch vernachlässigt, doch er tritt etwas in den Hintergrund, auch wenn er im Kampf ganz vorne steht – das ist seine historische Rolle –, doch in der Politik steht er an zweiter Stelle. Der Krieg von Granada bietet die Möglichkeit, den Adel um das Herrscherpaar zu scharen, in den Dienst des Staates zu stellen. 1483 stellten der Adel, die Militärorden und die Prälaten fast viertausendsiebenhundert Reiter und dreitausend Infanteristen. 1489 wird die Zahl der Soldaten verdoppelt. 1485 fordert man die seit 1464 in den Adelsstand erhobenen Ritter auf, an den Kämpfen teilzunehmen, und viele Soldaten, die sich auf dem Schlachtfeld auszeichneten, werden geadelt. Wie zur Zeit der Reconquista bietet der Krieg die Möglichkeit, aufzusteigen und die Privilegien der Aristokratie zu genießen. Außerdem kann man zu Ehren und Reichtum gelangen *(honra y provecho)*. Das ist das letzte Mal, daß sich auf der Halbinsel eine solche Möglichkeit bietet, was die Enttäuschung derjenigen erklärt, die den Anschluß verpaßt hatten: Da sie ihre Chance nicht hatten wahrnehmen können, suchen sie anderswo, und vor allem in der Neuen Welt, eine Möglichkeit, die soziale Leiter hochzuklettern, was in Spanien immer schwieriger wird. Nach der Aristokratie stellten die Stadtgemeinden, vor allem Andalusien, die großen Truppenkontingente. Beim ersten Feldzug (1482) wird Sevilla aufgefordert, dreihundert Reiter und viertausend Infanteristen in den Kampf zu schicken. Im Jahr darauf verdoppelt sich diese Zahl, pendelt sich bei fünf- bis sechshundert Reitern und sechstausend Infanteristen pro Feldzug ein. 1483 haben alle Stadtgemeinden Kastiliens 1900 Reiter und fast 13 000 Infanteristen gestellt. Allerdings sind das theoretische Zahlen, da die Soldaten oft schlecht und unregelmäßig bezahlt werden und deshalb oft desertieren. Unter den Kämpfenden befinden sich auch Ausländer, zum Beispiel Schweizer, oder englische Bogenschützen, die von einem gewissen Grafen von Rivers, Lord Scales, befehligt werden. Ab 1484 werden Frontlazarette eingerichtet, um die Verwundeten zu versorgen.

Während des Granada-Krieges gab es wenig Schlachten im eigentlichen Sinne. Die jährlichen Feldzüge vollziehen sich im allgemeinen in zwei Phasen: die systematische Zerstörung der Ernten, um den Gegner auszuhungern, und die Besetzung befestigter Plätze mit Artillerie.

Den Truppen schließen sich Arbeiter an, die eine eigene Armee bilden (1483 waren es 30 000) und die damit beauftragt sind, die Ernten zu verbrennen, wenn sie noch nicht eingebracht wurden, die Reben zu schneiden und die Obstbäume und die Mühlen zu zerstören. Diese Verwüstungen gehen im allgemeinen einem Feldzug voraus, und der König von Aragonien zögert nicht, das Oberkommando über die Feldzüge zu übernehmen, wie aus dem Erlaß vom Juni 1483 ersichtlich ist: »Ich habe beschlossen, persönlich nach Granada zu reiten, um besagtes Zerstörungswerk durchzuführen.« Der Bericht vom Feldzug von 1484 besagt: »Wir haben Anweisung gegeben, den ganzen abgemähten Weizen zu vernichten und den, der noch nicht abgemäht wurde, auch das Korn, das soeben gedroschen wurde. Außerdem hat man den größten Teil der Obstgärten und Weinberge zerstört und mehrere Orte in Brand gesteckt.« An der Küste errichtete die Marine eine Blockade, um jegliche Hilfe aus Afrika zu unterbinden.

Der Krieg von Granada war hauptsächlich ein Belagerungskrieg, was der Artillerie eine immer stärkere Bedeutung einräumte, ungeachtet ihrer technischen Mängel: Die schwersten Kanonen hatten nur eine Reichweite von 2000 Metern, und sie konnten nur einen Schuß pro Stunde abgeben. Die Bombarden schlugen Breschen in die Mauern der Festungen, doch die Belagerten hatten kein Werkzeug, sie zu reparieren. Doch immer mehr kommt das Pulver in Mode. Da Spanien auf diesem Gebiet sehr unerfahren war, ließ man Fachleute aus Italien, Frankreich und Deutschland kommen. 1479 standen nur vier Artilleristen im Dienst der Katholischen Könige; 1482 bereits 75 und 1485 91; viele von ihnen kamen aus Aragonien, aus Burgund und der Bretagne. 1495 verfügt Spanien über 79 Artilleriegeschütze.

Der immer stärkere Einsatz von Artillerie brachte Transportprobleme mit sich: Es mußten Straßen trassiert und Brücken gebaut werden. Man benötigt Ochsenkarren, Esel und Maultiere, um die Geschütze zu befördern, mobilisiert Sappeure, Straßenwärter, Brückenbaupioniere und Maultiertreiber ... Am 12. Mai 1483 fordern die Katholischen Könige Sevilla auf, zweitausend Esel und tausend Maultiertreiber zu stellen. Es müssen 1250 *fanegas* Weizen transportiert werden, und jedes Tier soll zweieinhalb *fanegas* befördern. Im gleichen Jahr werden 80 000 Maulesel requiriert. 1485 bauen sechstausend Arbeiter in zwölf Tagen einen Weg, der gleich von zweitausend Ochsenwagen eingeweiht wird, die die Geschütze ziehen. Die Belagerung von Baza im Jahre 1489 brachte beträchtliche Arbeit mit sich: Zehntausend Arbeiter waren zwei Monate lang im Einsatz. 14 000 Maulesel schleppten die Lebensmittel für die Armee, und da der Boden durch den Dauerregen aufgeweicht war, schuf man Parallelwege in jeweils einer Richtung, um den Verkehr nicht zu behindern. Die Krone hatte 80 Millionen Maravedis für den Kauf und den Transport der Verpflegung aufgewendet.

Der Krieg von Granada bot Spanien die Gelegenheit, seine Armee zu modernisieren und seine Kriegsausrüstung auf den neuesten technischen Stand zu bringen, vor allem dank des Einsatzes von Artillerie und Kanonenpulver. Die Schaffung von Spezialcorps (Artilleristen, Pyrotechnikern, Pionieren im Transportwesen und Sanitärdiensten) stellt ein Novum dar, und die Erfahrung aus dem langjährigen Krieg macht die spanische Armee zur gefürchtetsten in Europa. Sie bleibt es 150 Jahre lang, bis Rocroi. Bald agiert sie auf anderen Schlachtfeldern. Gonzalo Fernández de Córdoba, der Oberbefehlshaber der Kriege gegen Italien, absolvierte seine militärische Lehrzeit bei den Feldzügen von Granada.

Dieser Krieg erforderte riesige Geldsummen, die durch die Steuergelder der Krone nicht bereitgestellt werden konnten. Die Katholischen Könige wandten sich hierzu an die *Santa Hermandad*, griffen auf die Kreuzzugsbulle zurück und auf Einkünfte der Kirche.

Die Kriegsereignisse

Die Chronisten beschrieben oft die verschiedenen Episoden dieses zehnjährigen Krieges bis ins Detail. Wir wollen uns hier auf die großen Etappen beschränken.

Die erste (1482–1484) ist mehr oder weniger improvisiert. Die Katholischen Könige haben noch keine Taktik entwickelt, sind auch noch nicht entsprechend ausgerüstet, erfassen noch nicht die Schwierigkeiten, die auf sie zukommen. Obwohl der Marquis von Cádiz Ferdinand einen Überraschungsangriff auf Málaga riet, entscheidet sich dieser im Juli 1482, Loja einzunehmen. Die Stadt wird tapfer verteidigt; die Verluste sind groß. Der Großmeister von Calatrava, Don Rodrigo Téllez Girón, wird dabei getötet. Nach viertägiger Belagerung zieht der König von Aragonien die Konsequenz: Am 14. Juli streckt er die Waffen. Der Frühjahrsfeldzug zwischen Málaga und Vélez Málaga, bei dem zahlreiche *caballeros*, darunter der *asistente* von Sevilla, Don Juan de Silva, Graf von Cifuentos, gefangengenommen werden, stellt sich als Fehlschlag heraus. Erst im Herbst 1483 verbessert sich die Lage durch die Einnahme von Zahara. Diese erste Etappe ist gekennzeichnet durch die Anwesenheit der Christen in Alhama, das eine Pufferzone im Königreich der Nasriden bildet.

Die zweite Etappe (1485–1487) ist für die Katholischen Könige viel erfolgreicher. Ihre Armee ist jetzt besser ausgestattet und erringt glänzende Erfolge. Es gelingt ihr sogar, den westlichen Teil und das Handelszentrum des Emirats zu erobern: Ronda und die Umgebung, la Vega de Granada, Loja, Málaga und die Küste. Im Mai 1485 fällt Ronda nach fünfzehntägiger Belagerung: Die Artillerie beweist ihre Wirksamkeit, doch der Sieg wurde durch den Verrat einiger Mauren erleichtert. Marbella ergibt sich kampflos. Bei der Einnahme von Loja, im Mai 1486, spielt die Schwerartillerie eine entscheidende Rolle. Im Frühjahr 1487 wird Vélez Málaga erobert. Kurz danach, am 7. Mai, umzingelt Ferdinand Málaga, die zweite Stadt des Königreichs und sein wichtigster Hafen. Die Stadt, die von christlichen Überläufern und afrikanischen Kriegern verteidigt wird, kapituliert am 18. August.

Bei der dritten Etappe (1488–1489) fällt das restliche muslimische Reich, mit Ausnahme der Hauptstadt. Vera und die beiden Städte Vélez Blanco und Vélez Rubio fallen 1488, Huéscar ergibt sich freiwillig. Die Katholischen Könige hoffen sogar, daß die Verräter ihnen Almeria ausliefern. Man fand Briefe, in denen im voraus verschiedene maurische Reiter für ihren Verrat belohnt wurden, doch dieser Plan mißlingt. Der Feldzug von 1489 ist der härteste. Baza leistet sechs Monate Widerstand, vom 20. Juni bis 4. Dezember, bis es sich ergibt. 15 000 Reiter und 80 000 Infanteristen sind am Kampf beteiligt. Im November begibt sich die Königin selbst an Ort und Stelle, um die Kämpfenden aufzumuntern. Schließlich ergibt sich der Garnisonschef Yahia Alnayar, Mitglied der königlichen Familie, der kurz danach zum katholischen Glauben übertritt. Die Katholischen Könige fungieren als seine Taufpaten. Er heißt von nun an Don Pedro de Granada und heiratet die Hofdame Doña Maria de Mendoza. Er überredet auch El Zagal, sich geschlagen zu geben. Zwischen dem 23. und 30. Dezember ergeben sich Guadix und Almeria.

Den Katholischen Königen bleibt nur noch die Eroberung Granadas. Am 18. Januar 1490 schreiben sie an die Stadt Sevilla, daß für sie der Krieg beendet sei: »Nach vielen Leiden, Prüfungen und Kosten hat es der göttlichen Barmherzigkeit gefallen, den Krieg, den wir gegen das Königreich Granada führten, zu beenden.« Sie beabsichtigen, sich innerhalb eines Monats der Stadt zu bemächtigen und fordern die Prälaten, die Granden und die Stadtgemeinden auf, an dem Ereignis teilzunehmen. Granada befindet sich in den Händen Boabdils, ihres Verbündeten, der sich verpflichtet hat, die Stadt auszuliefern, sobald sein Onkel und Rivale, El Zagal, außer Gefecht gesetzt sei. Die Hauptstadt ist völlig isoliert, kann nicht mehr auf Unterstützung von außen rechnen.

Doch es sollte noch zwei Jahre dauern, bis der Sieg errungen war, denn Boabdils Einfluß ist doch nicht so stark, wie Ferdinand und Isabella angenommen hatten. Neben der Urbevölkerung von Granada hatten sich Tausende von Flüchtlingen hier niedergelassen, die Besiegten der vorherigen Feldzüge, meistens unnachgiebige Widerstandskämpfer, die nichts zu verlieren hatten. Das trifft vor allem auf die christlichen Überläufer zu, die kein Interesse daran haben, erneut den Katholischen Königen unterstellt zu sein und der Inquisition Rechenschaft ablegen zu müssen. Diese Umstände erklären Boabdils Schwierigkeiten, seine Verpflichtung einzuhalten. Um Granada erobern zu können, müßte man eine starke Armee zur Verfügung haben, die Bevölkerung aushungern und sie in Sicherheit wiegen.

Das ganze Jahr 1490 vergeht mit ergebnislosen Verhandlungen und unbedeutenden Scharmützeln. Gleichzeitig werden Vorbereitungen für einen Großangriff getroffen, die im Jahr darauf zum Erfolg führen.

Am 11. April 1491 brechen die Katholischen Könige in Sevilla auf und gelangen über Carmona, Córdoba und Alcalá la Real nach Granada. Sie mobilisieren alle Männer zwischen Achtzehn und Sechzig. Ende April wird durch eine starke Armee die Blockade über Granada verhängt und jegliche Unterstützung und Lebensmittelversorgung unterbunden.

Ab 9. Juni wird das Lager des Heiligen Glaubens errichtet. In achtzig Tagen entsteht die neue Stadt *Santa Fé.* Die Stadt ist kreuzförmig angelegt: zwei Hauptstraßen und an ihrer Kreuzung der Marktplatz. Gräben, Befestigungsmauern und achtzig Türme dienen ihr zum Schutz. Hier lassen sich die Katholischen Könige mit ihrem Hofstaat nieder, um die Bevölkerung von Granada zu beeindrucken: Die Könige verlassen diese Stadt nur, um in Granada einzuziehen, jeder Widerstand ist nutzlos.

Doch Granada leistet mutig Widerstand. Schließlich bringen die Diplomaten die Entscheidung. Bei den Geheimverhandlungen, die zu den Abkommen vom 25. November 1491 führen, haben sich zwei Männer profiliert: Gonzalo Fernández de Córdoba, der zukünftige Held der italienischen Kriege, und vor allem Fernando de Zafra, der Vertraute der Katholischen Könige, der geheime Verbindungen in der besetzten Stadt hat. Um die Stadt zur Kapitulation zu bewegen, stellt Boabdil Forderungen, die auf den ersten Blick inakzeptabel erscheinen: Gewährleistung der Sicherheit für die Einwohner und deren Habe; freie Religionsübung und freier Zugang zu den Moscheen und Minaretten, Respektierung des Korans, die Möglichkeit, nach Afrika auszuwandern nach Veräußerung des persönlichen Besitzes, keine Diskriminierung der Muslime, Freilassung aller Kriegsgefangenen, keine Sanktionen gegen die Abtrünnigen ...

Die Katholischen Könige, die bestrebt sind, zu einer Einigung zu gelangen, akzeptieren mit einer Ausnahme alle Forderungen. Die Ausnahme bildet Boabdils Vorschlag, daß im Falle des Prozesses zwischen einem Mauren und einem Christen ein maurischer Richter entscheiden solle. Doch die Katholischen Könige beschließen, daß in einem solchen Fall ein christlicher und ein maurischer Richter gemeinsam entscheiden sollen, »damit sich keine der Parteien über das Urteil beklagen kann«. Diese Vereinbarungen sollen dazu dienen, die Bevölkerung von Granada über ihr Schicksal nach der Kapitulation zu beruhigen. Die Bedingungen waren für die Besiegten äußerst günstig. Es wurde ein Bericht vom 8. Januar 1492 überliefert, der für den Erzbischof von León bestimmt war. Darin steht: »Dieses Abkommen ist ganz zugunsten der Mauren konzipiert, doch wenn man eine Angelegenheit mit Würde beenden möchte, ist das richtig so. Die Majestäten haben nun Granada in ihrer Hand. Doch die Mauren sind so veranlagt, daß man sie schließlich doch verjagen wird, ohne die Abkommen zu brechen.« Vermutlich haben die Katholischen Könige mit diesem Hintergedanken allem zugestimmt. Erst mußte der Krieg zu Ende gebracht werden, dann sah man weiter. Zehn Jahre später war von diesen Abkommen nicht viel übriggeblieben. Nicht ohne Grund diente Ferdinand Machiavellis Werk »Der Fürst« als Vorbild.

Die Abkommen vom 25. November sehen vor, daß Boabdil Granada sechzig Tage später, d. h. am 23. Januar 1492, ausliefern soll, doch die Stimmung unter der Bevölkerung bewirkt, daß davon abgesehen wird. Jeder weiß, daß die Kapitulation beschlossen ist, und die Spannung ist groß: Man wirft Boabdil Verrat vor, denkt an Widerstand. Boabdil drängt die Katholischen Könige, die Dinge voranzutreiben und sobald wie möglich von der Stadt Besitz zu ergreifen, um alle vor vollendete Tatsachen zu stellen und die öffentliche Ordnung aufrechtzuerhalten. Am 1. Januar 1492 begibt sich gegen Mitternacht ein kleiner Trupp unter dem Befehl des Oberbefehlshabers von León, Gutierre de Cárdenas, und in Begleitung sicherer Führer zur Alhambra, besetzt dort die strategisch wichtigen Punkte und trifft die erforderlichen Vorkehrungen. In Anwesenheit der Gefangenen, die man soeben freigelassen hat, wird auf der Burg eine Messe zelebriert. Im Morgengrauen des 2. Januar gibt der Oberbefehlshaber das verabredete Signal, um kundzutun, daß er seine Aufgabe erfüllt hat: drei Kanonenschüsse von einem Turm der Alhambra.

Santa Fé bereitet sich auf die offizielle Zeremonie, die sich anschließt, vor: eine Parade, die mehrere Stunden dauert und bei der Alhambra endet. An der Spitze marschiert der König von Aragonien, in einigem Abstand die Königin in Begleitung ihrer Kinder, des Kardinals Mendoza und des ganzen Adels, der Prälaten und der Stadtgemeinden von Kastilien. Um drei Uhr nachmittags trifft der Zug auf den von Boabdil. Dieser übergibt offiziell die Schlüssel der Stadt und der Alhambra. Die Zeremonie war bis ins Detail vorbereitet worden. Der Emir lehnte jede Geste, die er demütigend fand, ab; zum Beispiel weigerte er sich, dem Herrscherpaar die Hand zu küssen. Isabella bestand nicht darauf. Als Boabdil bei Ferdinand angelangt ist, nimmt er seine Kopfbedeckung ab und schickt sich an, vom Pferd zu steigen, doch der König hält ihn zurück. Boabdil übergibt den Majestäten die Schlüssel von Granada. Es folgt ein Dialog zwischen dem Besiegten und den Siegern: »Wem vertraut Ihr den Schutz der Alhambra an? Dem Grafen von Tendilla. Kann ich ihn sehen?« Der Graf tritt vor. Boabdil zieht einen Ring vom Finger. Es ist ein Goldring mit einem Türkis, auf dem in arabischer Schrift geschrieben steht: »Gott allein ist der wahre Gott; hier ist das Siegel von Aben Abi Abdilehi.« Boabdil steckt dem Grafen den Ring an den Finger: »Alle, die seit der maurischen Eroberung Granadas regiert haben, trugen diesen Ring. Tragt Ihr ihn nun, da Ihr der Regent seid, und Gott möge Euch mehr Glück schenken als mir.«

Danach entfernt sich Boabdil. Als er an der Stelle angelangt ist, die noch heute unter dem Namen Seufzer des Mauren *(El Suspiro del moro)* bekannt ist, wendet er sich um, um einen letzten Blick auf die Gärten der Alhambra zu werfen. Als seine Mutter seine Tränen sieht, ruft sie ihm zu: »Weine wie eine Frau um das, das du nicht wie ein Mann verteidigen konntest.«

Inzwischen ergreift der Graf von Tendilla Besitz von der Alhambra. Er läßt auf dem höchsten Turm das Kreuz von Kardinal Mendoza, dem Primas von Spanien, aufziehen, dann das Banner des heiligen Jakobus und das Wappen von Kastilien. Die Waffenherolde verkünden dreimal die rituellen Formeln: »Kastilien! Granada! Hoch lebe Königin Isabella und König Ferdinand!« Die Katholischen Könige verfolgen die Zeremonie von einer Anhöhe aus – erst am 6. Januar ziehen sie in Granada ein. Um sie herum stimmt der Klerus das *Te Deum* an, in das die Menge der christlichen Gefangenen miteinstimmt – mehrere hundert –, die soeben freigelassen wurden und immer noch ihre Fesseln tragen. Der Übergabe Granadas wohnte ein Zeuge bei, der einige Monate später berühmt werden sollte – Christoph Kolumbus. Er war angereist, um den Katholischen Königen seinen Navigationsplan zu dem Land, das er für Indien hielt, vorzulegen. »Ich sah die Banner der Katholischen Könige auf den Türmen der Alhambra flattern ...« Doch in *Albaicin* wohnt das Volk in gedrückter Stimmung dieser Zeremonie bei, die feierlich das Ende des Islams in Spanien bedeutet. Doch es mußte keine weiteren Demütigungen ertragen: Die Katholischen Könige haben den Christen unter Todesstrafe verboten, die muslimische Stadt zu betreten, bevor sie selbst dort eingezogen waren.

Granada nach der Eroberung

Das Königreich Granada wird der Krone von Kastilien einverleibt und bei der offiziellen Aufzählung sogar noch vor Toledo genannt (Beschluß vom 20. März 1492). Die Katholischen Könige übertragen die Verwaltung drei Männern, die charakteristisch für das neue Spanien sind: Iñigo López de Mendoza, Hernando de Talavera, Fernando de Zafra – die Aristokratie, der Klerus, der Mittelstand.

Den höchsten Posten nimmt López de Mendoza, Graf von Tendilla, ein, der den Titel eines Vizekönigs von Granada verliehen bekommt sowie den des Statthalters und Gouverneurs der Alhambra. Er besitzt große Machtbefugnisse und ist für die Aufrechterhaltung der Ordnung zuständig. Mit dieser Beförderung hatte man gerechnet. Sie war die Belohnung für die Dienste, die die einflußreiche Familie Mendoza seit 1473 der Königin geleistet hatte. Der Graf von Tendilla ist der Neffe von Pedro González de Mendoza, dem großen Kardinal, dem »dritten König« von Spanien. Er war Soldat und Diplomat gewesen, wurde 1486 Botschafter beim Heiligen Stuhl, war hochgebildet und ein Kunstkenner und trug dazu bei, den Stil der Renaissance in

Spanien zu verbreiten. Er ist der Typ des aufgeschlossenen Grandseigneurs, der den Geschmack und die Sorgen seiner Zeit teilt, ein ergebener Diener der Monarchie, wie sie die Katholischen Könige wieder einführen wollen. Er hat Sinn für Größe, Prunk, Ehre. In kurzer Zeit wird er von der muslimischen Bevölkerung anerkannt und in seinem Amt respektiert. Er gibt sich als Beschützer, als Garant für die Einhaltung der Versprechen, die bei der Kapitulation gegeben wurden. Seine Nachkommen – der Posten des Vizekönigs von Granada wird bei den Grafen von Tendilla erblich – achten darauf, ihr Verhältnis zur einheimischen Bevölkerung in seinem Sinne fortzusetzen; treten gegen die Beamten und Juristen für das Volk ein, bis Philipp II. – ein Zeichen der Zeit – 1566 beschließt, sie in bezug auf die *moriscos*, die Nachkommen der besiegten moriscos von 1492, nicht mehr zu befragen. Von da an tritt an die Stelle der Militärmacht der Mendozas endgültig die Zivilmacht der *letrados*. Die *moriscos* werden der Staatsräson geopfert, und es bleibt von den durch die Katholischen Könige angebotenen Sicherheiten nichts übrig.

Neben dem aufgeschlossenen Aristokraten profiliert sich ein hieronymitischer Mönch, Fray Hernando de Talavera, der Beichtvater der Königin, ehemals Bischof von Avila und jetzt Erzbischof von Granada. Auch er zeichnete sich als treuer Diener des Staates aus, erlebte die schweren Zeiten Spaniens: die Finanzreform, die Neugestaltung des Königreichs und die Schaffung der *Santa Hermandad*. Er mißbilligte die Wiedereinführung der Inquisition, doch seine Treue und Ergebenheit waren unerschütterlich.

Er muß eine besonders schwierige Aufgabe bewältigen: die Bevölkerung von Granada zur Einhaltung der Abkommen von 1492 anzuhalten. Das Verhältnis zum Grafen von Tendilla ist hervorragend. Auch wenn die beiden Männer sehr unterschiedlich sind, schätzen sie sich und genießen beide den Respekt und das Vertrauen der Bevölkerung. Doch Talavera hat nicht soviel Glück wie der Graf: Er soll die Mauren zum Christentum bekehren. Er möchte nichts durch Gewalt erreichen, vertraut auf seinen missionarischen Auftrag und die Kunst zu überzeugen. Doch seine Methoden erweisen sich als wenig wirksam. Ein anderer Prälat, Cisneros, der ebenfalls ein treuer Anhänger der Monarchie ist, doch ein weitaus aggressiveres Temperament besitzt, beschleunigt die Entwicklung. Talavera tritt in den Hintergrund, und die Mauren werden gewaltsam bekehrt.

Der dritte Mann ist Fernando de Zafra, Repräsentant der neuen Kräfte, die die Katholischen Könige für den Aufbau des Staates benötigen. Er ist noch kein *letrado*, doch er besitzt bereits die guten und schlechten Eigenschaften der *letrados*: politisches Gespür, Ehrgeiz und Karrierestreben. Als einfacher Mann des Volkes erwies er sich während des Krieges als ausgezeichneter Menschenkenner und Verwaltungsfachmann. Er soll das eroberte Königreich wirtschaftlich und sozial umgestalten: wiederaufbauen, neu besiedeln, das Handwerk und die Landwirtschaft fördern, Land an die Siedler sowie die Abgaben an die Sieger verteilen, das Schicksal der Besiegten bestimmen. Als Zafra die Erlöse aus dem Sieg verteilt, denkt er auch an sich, doch sonst hält er sich an die Richtlinien des Herrscherpaars.

Die Reconquista, sagte Sánchez Albornoz, geht Hand in Hand mit einer Neubesiedlung, Granada bildet da keine Ausnahme. Dabei sind zwei Dinge zu unterscheiden: Das Königreich, mit Ausnahme der Hauptstadt, erlebt in voller Härte die Folgen des Krieges; die Hauptstadt – und Las Alpujarras, das Längstal, das ihr angeschlossen ist – profitiert von den durch die Abkommen vom 25. November 1491 vorgesehenen Sonderbedingungen. Dank Miguel Angel Ladero Quesada weiß man, wie sich alles abgespielt hatte. Im allgemeinen dürfen die Städte und Festungen nur von Christen bewohnt werden. Die muslimische Bevölkerung wird evakuiert und gezwungen, sich auf dem Land niederzulassen. Die Muslime erhalten, genau wie die Bauern, den Status von *mudéjares*, d. h. Muslimen, die auf christlichem Boden angesiedelt sind und ihre Religion frei ausüben können. So wurden die Einwohner von Ronda, das 1485 erobert wurde, ausgewiesen und aufgefordert, sich zwischen zwei Lösungen zu entscheiden: entweder auf ein noch unabhängiges muslimisches Gebiet *(tierra de moros)* auszuwandern oder sich als *mudéjares* in Alcalá del Río in der Nähe von Sevilla niederzulassen.

Die Neubesiedlung erfolgt nach und nach unter der Kontrolle der Krone und ihrem Repräsentanten Fernando de Zafra, der alle Vollmacht besitzt. Der Staat kauft den ehemaligen muslimischen Eigentümern Ländereien und Häuser ab, wenn diese sie freiwillig aufgeben, was vor allem in Vega de Granada der Fall ist. Wenn die einheimische Bevölkerung vor den Invasoren geflohen ist, fällt ihr Besitz dem Staat zu. Die Siedler bekommen entweder durch königliche Konzession zur Entschädigung seitens der Militärbehörde oder der Verwaltung Land zugewiesen. Manchmal sind die beiden Formen der Zuteilung unvereinbar, zum Beispiel wenn die von den Herrschern gemachten Zusagen nicht realisierbar sind. Fernando de Zafra erklärt dies Ferdinand und Isabella gegenüber unverblümt. »Wenn ich alle Konzessionen, die Ihr hier gemacht habt (es handelte sich um den kleinen Ort Finaña), einhalten soll, brauche ich mich nicht auf die Suche nach christlichen Siedlern zu begeben, noch weniger nach maurischen, denn es bleibt nichts übrig. Ihr müßt begreifen, daß man nicht zwei Dinge auf einmal tun kann: die versprochenen Konzessionen einhalten und das Land neu besiedeln.« Die Begünstigten der Konzessionen haben keineswegs die Absicht, diese selbst zu nutzen, sondern man benötigt die christlichen Siedler, um die Wirtschaft anzukurbeln.

Miguel Angel Ladero Quesada schätzt die von den Katholischen Königen gewährten Konzessionen auf ungefähr eintausendfünfhundert, eine beachtliche Zahl, die zeigt, in welchem Ausmaß die Eigentumsübertragung erfolgte. Die Begünstigten waren einige Großgrundbesitzer, Gouverneure von Festungen, Offiziere der königlichen Armee, Mitglieder des Klerus, Notare, manchmal waren es auch Mauren, die man für erwiesene Dienste entlohnen wollte. Wie im Laufe der ganzen Reconquista wurden auch in Granada Lehen geschaffen, doch im allgemeinen in abgelegenen Gegenden, mit einer Ausnahme: die Gegend von Cenete, die 1490 Kardinal Mendoza zugeteilt wird, der dieses Land zwei Jahre später seinem Sohn Don Rodrigo de Mendoza schenkt. Damit entsteht das zukünftige Marquisat von Cenete. Die Errichtung von Lehen *(señoríos)* in Gegenden, die ausschließlich von *mudéjares* besiedelt waren, bedeutete für die Krone Vorteile. Diese stellte somit zwischen sich und die Verwalteten die Autorität des Lehnsherren, der für die Aufrechterhaltung der Ordnung verantwortlich war und der sich mit der Unzufriedenheit der Besiegten auseinandersetzen mußte und gegebenenfalls die Herrscher als Schiedsrichter anrief.

Um Siedler anzulocken, gewährt man ihnen Steuerfreiheit und stellt ihnen kostenlos Häuser und Land zur Verfügung. Zwischen 1485 und 1498 haben ungefähr 35 000 bis 40 000 Menschen davon Gebrauch gemacht. Die meisten Siedler kommen aus Andalusien, aus Neu-Kastilien und Murcia. Es sind arme Leute, meistens Bauern, die oft mit den *mudéjares* des Ortes in Konflikt geraten waren. So entsteht die Klasse der »Kleinen Weißen«, die sich über die Angesiedelten erhaben fühlen, die Seite an Seite mit ihnen leben und die in ihren Augen den Makel haben, Muslime zu sein und besser daran täten, die Scholle ihrer Vorfahren zu bearbeiten. Diese Uneinigkeit bereitet die Atmosphäre vor, in der sich im 16. Jahrhundert das Drama der *moriscos* abspielen wird.

Die Neubesiedlung erfordert eine verwaltungsmäßige und kirchliche Organisation. Stadtgemeinden mit Magistratsbeamten *(regidores)*, königliche Beamte und Notare werden eingesetzt. Das Erzbistum von Granada wird in Diözesen aufgeteilt: Guadix, Almeria und Málaga werden Sitz der Suffragan-Bistümer. Um die Kirchen, die manchmal ehemalige Moscheen sind, werden Pfarreien gebildet. Klöster (für die verschiedenen Orden) werden gebaut, die mit den erforderlichen Einkünften versehen werden. Ende des 15. Jahrhunderts, ungefähr zehn Jahre nach dem Sieg, ist die verwaltungsmäßige und kirchliche Aufteilung des ehemaligen Königreichs fast vollendet.

Einige konkrete Beispiele demonstrieren die Entwicklung. Der Neubesiedlungsplan von Loja sah den Bau mehrerer Kirchen, eines Hospitals, eines Dominikaner- und eines Franziskanerklosters vor. Nachdem die erforderlichen Grundstücke dafür reserviert wurden, beschließt man, das übrige Terrain 500 Familien (davon vierzig Familien von Stallmeistern der königlichen Garde) zuzuteilen. Der Plan wird 1491 durchgeführt: 500 neue Familien wurden untergebracht. In der Gegend von Málaga erfolgt die Neubesiedlung ab 1492. In Coin werden die Baugrundstücke, die nicht zu bewässernden Felder, die Weizenfelder, die Weinberge, die Olivenhaine und Gärten zwischen 450 christlichen Siedlern aufgeteilt. In Casarabonela wird der Besitz der Muslime vierzig christlichen Lehnsherren zugeteilt.

Zur Zeit seiner Rückeroberung zählte Vélez Málaga (1487) eine Bevölkerung von ungefähr 3000 Einwohnern (davon 50 Juden), die 542 Häuser in der Stadt selbst bewohnten und 104 in den Vororten. Die Muslime werden verjagt; die Juden dürfen bleiben. Ab 1487 haben 160 christliche Familien, davon 50 caballeros, den Platz der Besiegten eingenommen. Der Plan, der insgesamt die Niederlassung von 600 Familien (davon 200 caballeros) vorsah, wurde Ende 1492 durchgeführt. Dagegen konnten in Almovia, einem Ort zwanzig Kilometer nördlich von Málaga, der sich kampflos ergeben hatte, die Muslime bleiben (wenn sie es wollten). Die Hälfte, d.h. 35 Familien von 69, haben davon Gebrauch gemacht.

Im November 1490, nach der Vertreibung der Muslime, wird die Neubesiedlung von Baza verkündet. Man reißt ein Fünftel der Häuser nieder, um öffentliche Plätze und Festungen zu errichten. Manchmal macht man aus zwei, drei, ja manchmal bis zu sechs Häusern eines, das als angemessene Residenz für eine christliche Familie dient. Man reserviert die Ländereien *(propios)* der zukünftigen Stadtgemeinde, den Platz für zehn Kirchen und zwei Klöster. Dann fordert man die potentiellen neuen Siedler auf, sich vorzustellen: Man gewährt ihnen kostenlos eine Wohnung und ein kleines Stück Land, doch sie müssen ihre Familie mitbringen oder sich in einer bestimmten Zeit verheiraten. Insgesamt sind es 97 Stallmeister und 324 *peones*, die die zukünftige Siedlung bilden; die ersten erhalten mehr Land als die zweiten.

Auf Befehl der Katholischen Könige wird in Málaga, das nach viermonatiger Belagerung eingenommen wurde (1487), die ganze Einwohnerschaft, Männer, Frauen und Kinder, versklavt: Ein Drittel dieser Sklaven wird gegen die Christen, die in Nordafrika gefangengehalten werden, ausgetauscht, ein weiteres Drittel wird unter die Kämpfenden aufgeteilt und das letzte Drittel wird für die Krone verkauft. Die Mauren können der Sklaverei entrinnen, wenn sie ein Lösegeld von 30 *Golddoblas* (ungefähr 445 Maravedis) pro Person zahlen. In diesem Fall müssen sie Granada verlassen und sich entweder in einem anderen Teil von Kastilien niederlassen oder nach Nordafrika auswandern. Elftausend Mauren, die diese Summe nicht zahlen konnten, wurden wieder versklavt und von den Katholischen Königen verkauft oder Privatleuten zugesprochen: z. B. schenken sie dem Papst hundert schwarze Sklaven. Insgesamt erbrachte der Verkauf von Sklaven ungefähr 56 Millionen Maravedis. Danach bemüht man sich, die Stadt mit zweitausend Familienvätern zu besiedeln, die kostenlos eine Wohnung und Land bekommen, ihren Besitz aber erst nach fünfjähriger Ansässigkeit verkaufen können. Zwischen September 1487 und Ende 1491 lassen sich 1900 Familien unter diesen Bedingungen in der Stadt nieder, fünfhundert weitere kommen zwischen 1492 und 1496. Die Stadtgemeinde besteht aus dreizehn Magistratsbeamten *(regidores)*, acht Schöffen, vier Kontrolleuren *(fieles)* und sieben Notaren. Man beschließt, einen kostenlosen Markt und eine kostenlose Ausstellung pro Jahr zu bewilligen. Dank dieser Maßnahmen blüht der Handel mit Afrika; die Kaufleute aus Genua, die auf den Seidenhandel spezialisiert sind, kommen nach Málaga, das einer der größten Mittelmeerhäfen wird.

Die Stadt Granada und Las Alpujarras bilden einen Sonderfall. Die Katholischen Könige haben sich verpflichtet, das Eigentum der Muslime zu respektieren, was die Möglichkeiten der Neubesiedlung reduziert. Einige Muslime verlassen die Stadt freiwillig, indem sie ihren Besitz verkaufen. Folglich können sich zweihundert christliche Familien niederlassen. Eine Reihe von Maßnahmen aus dem Jahre 1498 bezweckt die Neugestaltung von Granada. Man beschließt, in Albaicin nur Muslime anzusiedeln und noch ein weiteres Viertel zu schaffen, das ihnen vorbehalten ist *(morería)*. Die christliche Bevölkerung erhält die gesamte ehemalige *medina*, wo neue Straßen angelegt werden, die breiter als die ehemaligen sind. Außerdem werden Plätze angelegt, öffentliche und kirchliche Gebäude errichtet.

Das Gebirgsmassiv der Alpujarras, das schwer zugänglich ist, stellt die einzige Zone im ehemaligen Emirat dar, die von den Christen nicht mit Waffengewalt eingenommen werden konnte. Man begnügte sich damit, die Küste und alle Zufahrtsstraßen zu beherrschen, doch das Innere ist muslimischen Lehnsherren, Mitgliedern der königlichen Familie oder hohen Würdenträgern vorbehalten. Aufgrund der Abkommen vom November 1491 hat Boabdil den größten Teil davon erhalten und läßt sich nach der Kapitulation von Granada dort nieder, doch diese zwiespältige Lage ist ihm unerträglich. Außerdem sind die Katholischen Könige nicht sehr daran interessiert, ihn in unmittelbarer Nähe seiner ehemaligen Hauptstadt zu wissen, inmitten eines Gebietes, das völlig von seinen Glaubensbrüdern bewohnt ist. Ab März 1493 verhandelt Fernando de Zafra mit ihm, um ihn zu bewegen, auf seinen Sonderstatus zu verzichten. Man bietet Boabdil eine ansehnliche Entschädigung an, kauft seine Rechte zurück, und im Oktober 1493 verläßt der ehemalige Emir Spanien. Vierzig Jahre später stirbt er in Fes.

Die politische und soziale Neugestaltung des ehemaligen Königreichs Granada mit seiner Bevölkerungsumschichtung und der Besiedlung mit Kastiliern gelang in Rekordzeit. Fernando de Zafra führte seine Mission erfolgreich durch. Doch damit war die Aufgabe, die die Katholischen Könige den neuen politisch Verantwortlichen anvertraut hatten, nicht zu Ende. Sie hofften, ohne die Abkommen vom November 1491 zu brechen, diese inhaltslos zu machen, indem sie die Lage, die sie möglich, ja sogar unerläßlich gemacht hatte, änderten. Unter diesem Gesichtspunkt stellt Boabdils Auswanderung nach Afrika einen weiteren Erfolg dar, den Fernando de Zafra für sich verbuchen kann.

Die Neue Welt

Im 16. Jahrhundert schrieb der Chronist Gómara, daß die Entdeckung Amerikas nach der Menschwerdung Christi das größte geschichtliche Ereignis darstellte. Diese Entdeckung bestätigt auf jeden Fall Marx' Ausspruch: »Die Menschheit stellt sich nur lösbare Probleme.« Das Problem war nämlich seit dem 10. Jahrhundert aktuell, wie Pierre

Chaunu und Marianne Mahn-Lot aufgezeigt haben. Die Skandinavier wagten sich an das Abenteuer, doch sie gaben auf. Im 15. Jahrhundert unternimmt Südeuropa das Wagnis.

Vor dem 13. Jahrhundert mangelt es an technischen Voraussetzungen: Kompaß, Seekarten, vor allem an Schiffsmaterial – doch die Technik allein genügt nicht. Es bedarf einer langen Anpassungszeit, des Vortastens, bis das intellektuelle Potential in der Lage ist, an praktische Durchführungen zu denken. Im letzten Drittel des 15. Jahrhunderts ist es soweit.

Wirtschaftliche Gesichtspunkte stehen erst an zweiter Stelle: Weizenbeschaffung von Marokko, Gold und Sklaven vom Sudan, die Infragestellung des Monopols der Muslime und Venezianer, indem man direkten Zugang zu den Märkten in Zentralasien und im Fernen Osten bekommt.

Hinzu kommt eine günstige historische Situation: Nach den Katastrophen des 14. Jahrhunderts bilden das Bevölkerungswachstum und die Reconquista aus Portugal und Kastilien die »Eckpfeiler der Eroberung« für die Christenheit und schaffen eine Atmosphäre, die zu kühnen Taten anregt: Man möchte die Reconquista ausdehnen, den Kreuzzug fortführen, das Evangelium in unbekannten Ländern verkünden.

Pierre Chaunu zeigte, daß der Zufall bei den Ereignissen, die zu den ersten Kolonialgebieten der Moderne führten, eine untergeordnete Rolle spielte. Die Nähe Italiens und der Genueser Kolonien in Lissabon, Cádiz und Sevilla gibt den Portugiesen und Kastiliern die Möglichkeit, aus dem ersten Handelskapitalismus (Handelsgesellschaften, Banken) und der fortschrittlichsten Kartographie jener Zeit zu lernen. Baskische und portugiesische Seeleute beherrschen seit langem die Navigation in den Gewässern des Atlantik, die andere Techniken und Schiffe erfordert als die in denen des Mittelmeers. Für das Mittelmeer ist die Galeere das ideale Schiff, das sich aber nicht für den Atlantik eignet. Folglich haben diese Seeleute ein rundes Boot erfunden, das ziemlich langsam und schwer ist, bei dem die Wasserlinie sehr hoch ist, den Schwerpunkt nach unten verlagert und somit große Stabilität gewährleistet. Nach diesem Vorbild wird die Caravelle gebaut, die ungefähr zwanzig Meter lang, mit Dreiecksegeln ausgestattet und ungefähr sechzig Tonnen schwer ist. Mit diesem Schiff werden die Entdeckungen gemacht. Die geographische Lage der Iberischen Halbinsel, die auf dem 40. Breitengrad liegt, ist sehr günstig: Hier herrschen die Passatwinde, hier ist der

Ausgangspunkt für die Hochseeschiffahrt. Das erklärt die privilegierte Ausgangsbasis der Iberischen Halbinsel für Entdeckungen. In der Zeit zwischen der Mitte des 14. und des 15. Jahrhunderts entdecken die Kastilier und Portugiesen die atlantischen Archipele und besiedeln sie. Gegen 1425 lassen sich die Portugiesen endgültig auf Madeira nieder, dann fast zur gleichen Zeit auf den Azoren. Die Kanarischen Inseln fallen Kastilien zu. Nachdem sie zu Beginn des 14. Jahrhunderts von dem Genueser Lancellotto Malocello (die Insel Lanzarote erinnert an ihn) entdeckt wurden, interessieren sich anfangs nur die Missionare dafür. Papst Clemens VI. machte sie zum Lehen für Luis de la Cerda (einen Urenkel Alfons' X.), dem es nicht gelingt, davon Besitz zu ergreifen. Ab 1402 wird die Eroberung ernsthaft betrieben. Heinrich III. betraut einen normannischen Adeligen, Jean de Béthencourt, damit. Gegen 1420 lösen ihn andalusische Adelige ab: der Graf von Niebla, dann Guillén de las Casas, Fernán Peraza und schließlich Diego de Herrera, die sich auf den Inseln die Rechte streitig machen, die auch von den Portugiesen angestrebt werden. 1477 nehmen die Katholischen Könige die Sache in die Hand, und in einigen Jahren wird der ganze Archipel kastilischer Besitz. In Alcaçovas (1479) verzichtet Portugal auf jeden Anspruch auf die Kanarischen Inseln.

Die Inseln werden als eine Besiedlungskolonie betrachtet und in Parzellen aufgeteilt, die man Siedlern unter der Bedingung, daß sie sich mit ihrer Familie für mindestens fünf Jahre niederlassen, zuteilt. Die einheimische Bevölkerung (die *Guanches*, die aus Afrika stammen), die sich auf jeder der großen Inseln auf ungefähr 100 000 Einwohner belief (Gran Canaria, Teneriffa), dezimiert sich aufgrund von Epidemien. Ende des 15. Jahrhunderts überstieg sie nicht mehr die Zahl von siebentausend für den ganzen Archipel. Gegen 1515 betrug die Einwohnerzahl etwa 25 000, davon waren ein Viertel Eingeborene. Die wichtigsten Städte (La Laguna, Las Palmas) hatten nur noch dreitausend Einwohner. 1434 und 1462 war der Sklavenhandel vom Papst und später von der Krone (1477, 1490, 1499) offiziell verboten worden. Doch ist nicht sicher, daß das Verbot wirklich beachtet wurde. Unter den Siedlern sind die Andalusier am zahlreichsten, darunter auch die konvertierten Juden *(conversos)*, die in keiner Weise diskriminiert wurden und schnell mit der Bevölkerung verschmolzen. Auch Genueser sind von den Handelsmöglichkeiten angelockt worden. Holz, Rinder und Schafe, Getreide und vor allem Zuckerrohr, das bis zum 16. Jahrhundert das wichtigste Exportgut bleibt, stellen die Versorgungsquellen des Archipels dar.

Die Eroberung der atlantischen Inseln bildet den Auftakt für die weiteren Eroberungen. Die Kanarischen Inseln, die mit dem Schiff sechs Tage von Cádiz entfernt sind, bilden die Zwischenstation auf dem Weg nach Amerika. Bei der Rückreise sind es die Azoren, 1800 km westlich von Lissabon entfernt.

Portugal war als erstes Land bereit, auf Entdeckung auszugehen. Nach dem Ende der Reconquista und der Stabilisierung seiner nationalen Einheit, nach der Machtergreifung durch eine neue Dynastie und dem Entstehen einer aufgeschlosseneren Gesellschaft hatte Portugal, ein kleines Land ohne große Versorgungsquellen, keine Wahl, es mußte sich auf Abenteuer einlassen. Seeleute gingen in Ceuta an Bord und segelten zu den afrikanischen Küsten, um Gold und Sklaven zu finden.

Die Situation auf der Iberischen Halbinsel und der portugiesische Eroberungsdrang machen verständlich, weshalb die Vorsehung, wie es Christoph Kolumbus nannte, Amerika Kastilien vorbehielt.

Was wurde nicht alles über Kolumbus erzählt! Er war weder Spanier, Portugiese noch Franzose, sondern Italiener, war auch nicht Jude, sondern ein guter Katholik, und seine religiöse Begeisterung hat nichts mit irgendeinem semitischen Einfluß zu tun; sie ist eine Erscheinungsform des europäischen Messianismus, der vor allem bei den Franziskanern gepflegt wird, mit denen Christoph Kolumbus Umgang hat, der im übrigen ein glühender Marienanhänger ist – wie Alain Milhou überzeugend gezeigt hat. Kolumbus wurde 1451 in Genua geboren. Er stammte aus einer wohlhabenden Weberfamilie, die auch Handel trieb. Schon sehr früh zog es ihn zum Meer; er nahm an Geschäftsreisen quer durchs Mittelmeer teil, bevor er Expeditionen in ferne Länder unternahm. 1476 wird das Schiff, das ihn in den europäischen Norden führen soll, von einer französischen Flotte in der Nähe von Lagos angegriffen. Verwundet rettet sich Kolumbus mit Hilfe eines Ruders ans Ufer. Einige Wochen später befindet er sich in Lissabon, wo er seinen Bruder Barthélemy trifft. In diesem Kreis von Seeleuten konzipieren die beiden Brüder Seekarten und verkaufen sie. Dafür kommen ihnen die in Genua erworbenen Kenntnisse und Techniken zugute. Zwei Jahre später schifft sich Kolumbus nach Madeira ein, um Zucker zu kaufen. Dort lernt er Felipa Perestrello, die Tochter eines Lombarden, der es auf der Insel zu ansehnlichem Vermögen gebracht hat, kennen und heiratet sie. Dieser Ehe entstammt der Sohn Diego. Kolumbus ist jetzt voll in die Gesellschaft von Madeira integriert, wo hauptsächlich über Eroberungen und Handel diskutiert wird. 1482 und 1483 nimmt er an einer Expedition nach Guinea teil. Seine Erfahrung als Kartograph und Navigator, seine Kontakte mit den Seeleuten, Abenteurern und Missionaren sowie seine Kenntnis der Geographie lassen in ihm einen Plan reifen, der ihn nicht mehr losläßt: Er möchte über den Atlantischen Ozean nach Westen segeln, um Asien zu erreichen. Ende des Jahres 1484 oder Anfang des Jahres 1485 bietet er dem Hof von Lissabon seine Dienste an, doch man weist ihn ab.

Nur Portugal ist aufgrund seiner Erfahrung und seines technischen Fortschritts in der Lage, den Plan des Genuesers zu verstehen und durchzuführen: den direkten Weg nach Indien über den Atlantischen Ozean zu finden, doch gerade aufgrund seines Vorsprungs sah sich Portugal dazu bewogen, vorsichtig zu sein, was erklärt, weshalb es Kolumbus zurückgewiesen hatte. Portugal möchte tatsächlich den Weg nach Indien finden, doch es hat sich dafür eine andere Route ausgesucht: Es möchte Afrika umsegeln, um zum Indischen Ozean zu gelangen. In dem Augenblick, als Kolumbus seine Dienste anbietet, hat Portugal das Gefühl, am Ziel zu sein. 1487 wird die dritte der Expeditionen, die seit 1480 unternommen wurden, um den südlichsten Punkt Afrikas zu erreichen und zu umschiffen, von Erfolg gekrönt: Bartolomeu Diaz entdeckt das Kap der Guten Hoffnung. Zwölf Jahre später (1497–1499) gelangt Vasco da Gama nach Indien und kehrt mit vielen Gewürzen nach Lissabon zurück. All das ahnt man in dem Augenblick, da der Genueser seine Dienste anbietet, nicht, weist ihn deshalb ab. Würde man Kolumbus' Plan durchführen, bedeutete das, auf ein anderes, lang ersehntes Ergebnis zu verzichten. Der Vorschlag von Kolumbus würde bedeuten, daß man sich auf ein Experiment einließe, das wohl verlockend erscheint, doch sehr nach Abenteuer aussieht. Zu diesen ernsthaften Überlegungen – die Kosten, die eine Expedition nach Westen in einem Augenblick erfordern würde, da das Land ganz auf den Süden orientiert war, auf Afrika und das Kap – kommen noch politische und diplomatische Überlegungen. Kolumbus möchte nach Westen segeln, von den Kanarischen Inseln aus; er lehnt jeden anderen Navigationsplan ab. Portugal hat einen langen Krieg mit Kastilien hinter sich. Der Vertrag von Alcaçovas (1479) hat die Kanarischen Inseln Kastilien zuerkannt. Würde man Kolumbus' Plan akzeptieren, würde man gleichzeitig den Vertrag verletzen und sich kastilischen Repressalien aussetzen. Das erklärt die Haltung Portugals.

Doch Kolumbus führt seinen Plan durch. Da seine Frau gestorben ist, hält ihn nichts mehr in Portugal. Im Jahre 1485 gelangt er mit seinem kleinen Sohn Diego nach Kastilien, doch er verirrt sich, und nach vielen Umwegen klopft er erschöpft an die Pforte eines Franziskanerklosters in La Rábida. Hier am Ende der Welt ist der ideale Ausgangspunkt für eine neue, denn die Franziskaner von La Rábida sind in Kastilien die einzigen, die Kolumbus verstehen können. Dieses Kloster steht in ständigem Kontakt mit Seeleuten – man befindet sich in La Niebla, dem Seegebiet, von dem seit Jahren Expeditionen nach Afrika und den Inseln im Atlantik unternommen werden. Die Mönche wissen hier alles über Entdeckungen, Kosmographie, Missionen. Kolumbus findet in ihnen aufmerksame Zuhörer: Fray Alfonso de Bolaños, Fray Antonio de Marchena und Fray Juan Pérez. Man stellt ihn einem Seemann aus Palos, einem kleinen Hafen aus der Umgebung, vor, der die Kanarischen Inseln im Westen umsegelt hatte und dem Genueser bestätigt, daß sein Plan durchaus realistisch sei. In diesem Bewußtsein und mit der Empfehlung der Mönche von La Rábida, von denen einige Einfluß bei Hof genießen, wendet er sich entschlossen an die Katholischen Könige.

Nur Kastilien kann sich auf ein solch großes Unternehmen einlassen. Im Januar 1486 wird Kolumbus bei Hof empfangen, und er legt seinen Plan dar. Die Katholischen Könige unterbreiten ihn einer Expertenkommission, der Hernando de Talavera vorsteht, und die sich im Herbst 1486 in Salamanca versammelt und im Frühjahr darauf in Córdoba. Die Kommission muß ein sachkundiges Urteil abgeben, das jedoch negativ ausfällt.

Hüten wir uns davor, den voreiligen Schluß zu ziehen, daß engstirnige Gelehrte kein Verständnis für das hatten, was ihnen ein genialer Navigator unterbreitete. Die Professoren von Salamanca haben in dieser Sache wie richtige Gelehrte reagiert. Sie haben Kolumbus' Plan abgelehnt, da er wissenschaftlich nicht vertretbar war. Im allgemeinen weiß man nicht genau, wie der Wissensstand an den Universitäten gegen Ende des Mittelalters war. Die Humanisten glauben, er sei in einer dekadenten Scholastik festgefahren. Das klassische Buch von Lucien Febvre über *Rabelais et le problème de l'incroyance au XVIe siècle* enthält diesbezüglich eine erstaunliche Feststellung: Die Kosmographen hätten weiterhin behauptet, daß die heiße Zone unbewohnbar sei, bis die Frage durch die posthume Veröffentlichung von *De elementis* von Contarini (1548) endgültig geklärt wurde. Pedro Ciruelo, ein Professor aus Salamanca, hatte diesen Irrtum seit 1498 widerlegt, genauso wie später der Portugiese Duarte Pacheco *(Esmeraldo de situ orbis)* und die Spanier Enciso (1519) und Gonzalo Fernández de Oviedo (1526). W. G. L. Randles hat sich bemüht, die intellektuelle Stimmung auf der Iberischen Halbinsel zur Zeit der Entdeckungen und die Vorbilder und epistemologischen Hindernisse in der Gelehrtenwelt zu beschreiben.

Einige der Einwände, die 1486 gegen Kolumbus vorgebracht wurden, enthüllen in der Tat veraltete Anschauungen. Die Experten von Salamanca sind Anhänger des Aristoteles, mit Ausnahme eines Punktes. Ihrer Ansicht nach (und gemäß der Meinung von Lactantius, einem Autor des 4. Jahrhunderts, den sie als Vorbild nehmen) würde ein Stein, der auf die untere Fläche der Erdsphäre gelegt würde, zum Himmel fallen (und nicht zum Erdmittelpunkt, wie Aristoteles behauptet). Daraus schließen sie: Wenn man nach Westen segelt, kann man ab einem bestimmten Punkt nicht mehr zurücksegeln. Andererseits glauben viele noch, daß ein Viertel der Erdoberfläche aus bewohntem Raum und die südliche Hemisphäre ganz aus Wasser bestehe.

Man kann dagegen einwenden, daß die portugiesischen Navigatoren im Begriff sind, zu beweisen, daß dies nicht stimmt. Joaquim Barradas de Carvalho zeigte viele Beispiele dieser praktischen Kenntnis der Welt, die auf der Erfahrung beruhte, welche das Ende des 15. Jahrhunderts und den Beginn des 16. charakterisierte. Die Gelehrten jener Zeit pflegen eine spekulative Wissenschaft, die auf der Lektüre der Abhandlungen der Antike basiert. Zum besseren Verständnis wurden diese Werke sorgfältig von Übertragungsfehlern, die auf die Unkenntnis der Kopisten zurückzuführen waren, bereinigt, doch die Humanisten machen es auch nicht besser: Auch sie glauben, daß man sein Wissen aus dem Lateinischen und Griechischen gewinnt, das einem ermöglicht, die Werke der Antike zu lesen und zu interpretieren. Man muß bis Galilei warten, bis im 17. Jahrhundert eine andere Wissenschaftsauffassung entsteht, die jetzt auf der Forschung im eigentlichen Sinne beruht.

Die spanischen Gelehrten des 15. und 16. Jahrhunderts pflegen ebenfalls eine theoretische spekulative Wissenschaft; sie mißtrauen dem Empirismus und der Erfahrung. Das betrifft sowohl die Wissenschaft als auch die Spiritualität. Auf jeden Fall betont man die Intelligenz; man begegnet jenen, die sich auf die Erfahrung verlassen, ohne sich auf die theoretische Wissenschaft zu stützen, mit Skepsis, ja mit Feindseligkeit. *Experimentum fallax*, die Erfahrung kann täuschen, schreibt der Theologe Melchor Cano Mitte des 16. Jahrhunderts, um die mystischen Tendenzen zu bekämpfen. Gelehrte und Spiritualisten stehen sich gegenüber. Und das Mißtrauen ist noch größer, wenn jene, die sich auf die Erfahrung stützen, nicht über das theoretische Wissen, das an den Universitäten gelehrt wird, verfügen.

Kolumbus gehört zu dieser Kategorie. Für die Professoren von Salamanca, die ihn anhören, ist er ein *idiota*. Man achte auf die Übersetzung! Idiota bedeutet nicht Dummkopf, sondern bezeichnet ein Individuum, das kein Studium absolviert hat, einen Autodidakten, im Gegensatz zum *letrado*, der eine Universität besucht hat. Kolumbus gilt als ungebildet, d.h., er hat keine Geisteswissenschaften studiert, das bedeutet zu der Zeit das Wissen im allgemeinen, ungeachtet der Disziplin: Es kann sich um das Recht, die Naturwissenschaften oder die Theologie handeln. Erst ab dem 18. Jahrhundert bis ins 19. Jahrhundert stehen sich die Naturwissenschaften und die Geisteswissenschaften gegenüber. Kolumbus ist ein Autodidakt, er las alles, was ihm in die Hände fiel, ohne Plan und Methode. Möglicherweise verachtete er die Bücherwissenschaft der Gelehrten, vielleicht schloß er sich der Ansicht der Franziskaner an, die seit langem der »gelehrten Ignoranz« huldigen. Er muß seinen Minderwertigkeitskomplex – vorausgesetzt, er leidet darunter – durch sein praktisches Navigationswissen kompensieren. Die Bücher dienen ihm nur dazu, seine Regale zu füllen, das Wesentliche ist seiner Ansicht nach die Erfahrung und der Glaube an seine Aufgabe: Für die Richtigkeit seiner Intuition findet er die Bestätigung in der Bibel.

Ein Hauptgrund für das Unverständnis zwischen ihm und den vom Hof bestimmten Experten besteht darin, daß sie ihn für einen Illusionisten halten, für einen Ignoranten auf wissenschaftlichem Gebiet. Und sie haben recht: Kolumbus ist wirklich ein Schwärmer und Ignorant. Worauf basiert sein Plan? Auf einer Reihe grober Irrtümer, die den Fachleuten ins Auge fallen. Die Idee, über die Westroute nach Indien zu gelangen, ist nicht neu. Florentin Toscanelli hat sie als erster in einem Brief von 1474 dem portugiesischen Kanoniker Martins vorgetragen. Kolumbus kennt diesen Brief. Er bestärkt ihn in einer Idee, die ihm bereits beim Lesen von *Imago mundi* von Kardinal Pierre d'Ailly gekommen ist, einem Buch aus dem 14. Jahrhundert, das im Jahre 1480 herausgegeben wird. Man soll lieber dem Geographen Marin de Tyr Glauben schenken als Ptolemäus, der in der Gelehrtenwelt angesehen ist. Marin de Tyr glaubt, daß Europa und Asien zusammen 225° ausmachen (statt 180°, wie Ptolemäus behauptete). Nach Marco

Polo, einem weiteren Lieblingsschriftsteller von Kolumbus, liegt Japan 30° östlich von China. 225° + 30° = 255°, folglich beträgt die Entfernung, die den westlichsten Punkt Europas (das Kap Saint-Vincent) von Japan trennt, nur 105°(360–255). In Wirklichkeit sind es 180°.

Das ist nicht der einzige Fehler, den Kolumbus macht. Er irrt sich auch bei der Berechnung des Erdgrads. Ptolemäus schätzte ihn auf 50 Seemeilen (in Wirklichkeit sind es 60). Ein arabischer Astronom des 9. Jahrhunderts, Alfagran, schätzte ihn auf 66 Seemeilen; Kolumbus, der diesen Schriftsteller wohl in schlechter Übersetzung gelesen hatte (vielleicht las er ihn auch zu flüchtig), behauptete, er habe 45 Seemeilen angegeben. Die beiden Fehler führen dazu, daß die Entfernung zwischen den Kanarischen Inseln und Japan 2400 Meilen beträgt (statt 10 600). Nach dieser Berechnung befände sich Japan in der Sargassosee. Die portugiesischen Experten haben auf diese Rechenfehler hingewiesen; die Spanier aus Salamanca schließen sich ihnen an: Kolumbus täuscht sich; die wirkliche Entfernung ist bei weitem größer, und niemals könnte eine Caravelle ausreichend Lebensmittel und Wasser transportieren, um die Entfernung, die nach Ptolemäus zwischen den Kanarischen Inseln und Japan zurückzulegen ist, zu überwinden. Kolumbus glaubt, daß zwischen Europa und Asien die Antillen liegen – die als Zwischenstation dienen könnten, doch das wird als Hypothese betrachtet. Die Gelehrten von Salamanca haben ihre Arbeit richtig gemacht; sie mußten ja einen Plan, der auf so groben Fehlern beruhte, ablehnen. Vielleicht wäre Kolumbus ohne diesen Fehler niemals losgesegelt. Es sei denn, er habe in Salamanca nicht alles gesagt . . . Im Laufe seiner Reisen nach Lissabon, Madeira, Palos (Begegnung mit einem geheimnisvollen Pedro Velasco) sammelte er vermutlich Informationen, die er für sich behielt. Seit einem Jahrhundert hatten es sich die Portugiesen zur Regel gemacht, ihre Entdeckungen für sich zu behalten. Vielleicht besaß Kolumbus die gleiche Manie der Geheimhaltung. Es ist nicht unwahrscheinlich (es gibt sogar indirekte Beweise dafür), daß 1477 bis 1478 ein großes Schiff, angetrieben von den Winden und Seeströmungen, den mittleren Atlantik überquert hatte, allerdings weit westlicher als die Route, die er einschlagen wollte, und daß Kolumbus darüber Bescheid gewußt hatte.

Wie dem auch sei, Kolumbus wurde ein zweites Mal abgewiesen. Doch durch die Fürsprache eines Dominikaners, Fray Diego de Deza, erhält er eine kleine Pension vom Hof, damit er mit seiner Geliebten

Beatrice de Harana leben kann, die er nicht heiratet, um seine Karriere nicht zu gefährden. Sie bringt einen Sohn zur Welt, Fernando. Kolumbus hat die Hoffnung noch nicht aufgegeben: 1488 macht er in Portugal einen erneuten Vorstoß, doch der Augenblick ist denkbar schlecht gewählt: Bartolomeu Diaz hat soeben das Kap der Guten Hoffnung umsegelt. Kolumbus entsendet seinen Bruder, damit er am englischen Hof verhandle und anschließend am französischen. Doch umsonst. In Portugal war er zu spät dran, und in Frankreich und England zu früh. Kastilien muß überzeugt werden. Im Sommer 1491 kehrt er zum Kloster La Rábida zurück, wo er seinen Sohn Diego zurückgelassen hatte. Die Franziskaner trösten ihn, empfehlen ihn erneut. Kolumbus wird bei Hof vorgeladen. Wieder erscheint er vor der Königin, in Santa Fé, vor Granada, das seit dem 2. Januar 1492 eine christliche Stadt ist. Es ist März. Das Ende der Reconquista hat eine Atmosphäre erregter Spannung geschaffen; man schickt sich an, die Juden zu vertreiben, redet von Kreuzzug, Verbreitung des Evangeliums und Eroberung. Die wissenschaftlichen Einwände gegen seinen Plan sind die gleichen, doch Kolumbus spürt, daß nach dem Fall Granadas alles möglich ist. Vielleicht überschätzt er diese Möglichkeit. Seine Forderungen sind so hoch, daß die Katholischen Könige sich weigern, sie zur Kenntnis zu nehmen. Dieses Mal scheint alles verloren zu sein. Kolumbus verläßt Granada. Ein Bote holt ihn ein und bittet ihn, umgehend an den Hof zurückzukehren. Zwischen dem 17. und dem 30. April 1492 ändert sich alles: Kolumbus erhält, was er möchte, alles, was man ihm bis jetzt verweigert hatte: die Titel eines Admirals zur See und des Vizekönigs für die zu entdeckenden Erdteile mit den entsprechenden Privilegien: das Recht, für jedes in diesem Teil der Erde zu besetzende Amt drei Kandidaten zu präsentieren – die Ernennung des entsprechenden Inhabers ist der Krone vorbehalten – sowie 10 Prozent aller Reichtümer dieser Gebiete (Perlen, Edelsteine, Gold, Silber, Gewürze, etc.). Die Krone verpflichtet sich, die Expedition bis zum Höchstbetrag von zwei Millionen Maravedis zu finanzieren. Der Umfang dieser Konzessionen zeigt sich bald in aller Deutlichkeit, und die Krone lehnt es ab, das anzuwenden, was man als »die Kapitulation« bezeichnete, d. h. den Vertrag von Santa Fé. Es folgt ein langer Prozeß, der 1536 abgeschlossen wird: Die Erben von Kolumbus behalten den Admiralstitel, doch sie verzichten gegen eine Pension von zehntausend Dukaten jährlich auf ihre Rechte, auf das Marquisat von Jamaika und das Herzogtum von Veragua.

Was ist geschehen? Der Dominikaner Diego de Deza, Privatlehrer des Erbprinzen Johann und zukünftiger Großinquisitor, und der Schatzmeister von König Ferdinand, Luis de Santángel, haben bei der Königin vermittelt. Der erste führt Isabella vor Augen, welch großen Dienst sie Gott erweisen würde und welchen Ruhm sie erwerben könne, wenn Kolumbus trotz aller Einwände Erfolg hätte: Was würde sie schließlich riskieren? Die Hochstimmung nach dem Sieg von Granada berechtigt zu den kühnsten Hoffnungen und Träumen. Deza überzeugt Isabella. Kolumbus sagte später, daß die Katholischen Könige es Deza zu verdanken hätten, daß die Spanier in der Neuen Welt gelandet waren. Santángel ist prosaischer. Er überlegt: Das ganze Unternehmen konnte sich unter Einsatz einer vernünftigen Investition lohnen. Der Hafen von Palos wurde zu einer Strafe verurteilt, da er im Vorjahr das Verbot, im Süden von Bojador zu fischen, übertreten hatte (die Katholischen Könige verpflichteten sich, in diesem Gebiet das Monopol Portugals anzuerkennen). Palos muß dem Herrscherpaar zwei Caravellen zur Verfügung stellen. Warum soll Christoph Kolumbus nicht davon profitieren? Ein glücklicher Zufall! Hinzu kommt: Der Hafen von Cádiz ist unzugänglich, da hier die Juden, die des Landes verwiesen werden, an Bord gehen. Folglich ist Palos der Ausgangshafen für das große Abenteuer. Palos und nicht Palos de Moguer. Heredia hatte sich in seinem berühmten Sonett getäuscht (oder der Herausgeber hat das Komma vergessen). Palos und Moguer sind zwei benachbarte Orte. Palos ist eine kleine Stadt mit dreitausend Einwohnern, die vom Fischfang und der Schiffahrt lebt. Sie untersteht der Gerichtsbarkeit der Herzöge von Medinasidonia, die von jeher an halb kriegerischen, halb handelsmäßigen Expeditionen interessiert waren. Palos ist nicht weit vom Kloster von La Rábida entfernt, wo Kolumbus soviel Aufmunterung erhalten hat. Es gehört zu der Gegend, die La Niebla genannt wird. Sie ist für Spanien, was die Algarve im 15. Jahrhundert für Portugal war. Kolumbus konnte zufrieden sein: zwei Caravellen, ein Hafen, der sich für die Hochseenavigation eignete, erfahrene Seeleute, die Unterstützung unternehmerischer Lehnsherren und des Franziskanerordens, der für alles aufgeschlossen ist, das dazu verhilft, das christliche Reich auszudehnen. La Niebla, schreibt Pierre Chaunu, »war durch seine geographische Lage, sein dynamisches Volk, seine Caravellen nach portugiesischem Modell, seine Aufgeschlossenheit für Entdeckungen und Abenteuer das geeignete Ausgangsgebiet für eine Entdeckungsexpedition«. Erst später, als es nicht mehr um Entdeckungen ging, mußte La Niebla Sevilla-Cádiz den Vortritt lassen.

Kolumbus befindet sich also abreisebereit in Palos. Dem Reisenden von heute fällt es schwer, sich die Örtlichkeiten von damals vorzustellen. Nur das Erdgeschoß des kleinen Klosters von La Rábida besteht noch; man kann dort die modernen Fresken von Vázquez Díaz bewundern, die von den Cortes der 2. spanischen Republik zu Ehren des Entdeckers, der Seeleute von Palos und der Franziskanermönche in Auftrag gegeben worden waren. Heute atmet man dort nicht mehr die gute Seeluft, sondern die Giftstoffe des Chemiewerks von Huelva. Das Meer ist zurückgegangen, und Kühe weiden an der Stelle, wo die Caravellen standen. Der Brunnen, wo Kolumbus' Seeleute ihre Wasservorräte holten, ist jetzt einen Kilometer vom Ufer entfernt.

Sechs Monate dauert es, die Mannschaft anzuheuern, die Schiffe und die Versorgung zu beschaffen. Wer hat die Expedition finanziert? Melquíades Andrés Martín hat vor kurzem eine Zahlungsanweisung in Höhe von einer Million 140 000 Maravedis gefunden. Diese Summe wurde am 5. Mai 1492 vom Schatzmeister der Diözese von Badajoz an Luis de Santángel ausgezahlt, um »die drei Caravellen zu bezahlen (in Wirklichkeit waren es zwei Caravellen und ein Schiff von einem anderen Typ), die die Katholischen Könige nach Indien gesandt haben sowie Christoph Kolumbus, der an der Expedition teilnimmt.« So wurde also die große Reise im wesentlichen vom christlichen Volk von Estremadura durch Almosen finanziert. Der Rest wurde in Palos aufgebracht, vielleicht durch die Brüder Pinzón, Ausrüster, die von Anfang an bei Kolumbus waren, sowie die Brüder Niño de Moguer. Martín Alonso Pinzón schifft sich auf der *Pinta* ein, einer Caravelle mit 26 Männern Besatzung; seine beiden Brüder, Vicente Yánez Pinzón und Juan Martín Pinzón, sind an Bord einer anderen Caravelle, der *Niña*, deren Mannschaft aus 22 Männern besteht; der Baske Juan de la Cosa liefert das dritte Schiff, das viel schwerer als die Caravellen ist, da es hundert Tonnen wiegt, die *Santa María*. Ihre Mannschaft umfaßt 39 Männer, darunter den Admiral Christoph Kolumbus. Insgesamt verlassen am 3. August 1492 87 Männer Palos. Einen Priester haben sie nicht dabei. Es ist eine Entdekkungsreise, keine Missionsreise. Doch die eigentliche Abreise erfolgt erst einen Monat später, am 6. September, nach einer Zwischenlandung auf den Kanarischen Inseln, wo die ersten Schäden behoben und frische Lebensmittel an Bord gebracht werden. Am 17. September erreicht die kleine Flotte die Sargassosee. Jetzt fangen die Schwierigkeiten an. Die Seeleute werden unruhig. Um sie zu beruhigen, macht ihnen Kolumbus falsche Angaben über die zurückgelegte Entfernung, doch für sich selbst notiert er sie ganz genau. Doch das genügt nicht. Martín Alonso Pinzón muß eine aufflammende Meuterei niederschlagen, doch in der Nacht vom 11. auf den 12. Oktober 1492 vernimmt man um zwei Uhr morgens vom wachhabenden Matrosen der *Pinta*, Rodrigo de Triana, die ersehnte Meldung: »Land in Sicht!« Die an Deck versammelte Mannschaft singt das *Salve Regina*, und einige Stunden später erreicht man die Insel, die man sofort San Salvador tauft, die spätere Watlings-Insel. Die Spanier nehmen zum ersten Mal Kontakt mit der Bevölkerung der Neuen Welt auf, den friedlichen *tainos*, die unbekleidet sind.

Ende Oktober gelangt Kolumbus nach Kuba, und am 6. Dezember geht er in Haiti an Land, das eine spanische Insel wird *(la Española)*, bevor es in Hispaniola anglisiert wird und dann den Namen seiner Hauptstadt erhält, Santo Domingo. Zwischen dem 25. und 26. Dezember verliert die Expedition ihr wichtigstes Schiff, die *Santa María*, die offensichtlich weniger seetüchtig als die Caravellen ist. Kolumbus läßt einige Männer in Santo Domingo in einem kleinen Fort zurück und tritt die Rückreise an. Auf Anhieb findet er den schnellsten Weg über die Azoren, wo er am 11. Februar landet. Am 4. März ist er in Lissabon, am 15. fährt er in den Hafen von Palos ein, und einen Monat später erscheint er vor den Katholischen Königen in Barcelona, zusammen mit den sieben Indianern, die er von seiner Reise mitgebracht hat, sowie Papageien, Gold und Perlen. Angesichts der aufgewandten Kosten eine magere Beute, die aber weitere in Aussicht stellte.

Die Reise von 1492 ist also das Ergebnis von Wagnis und Zurückweisung, von geographischen, technischen, wirtschaftlichen und historischen Möglichkeiten und Unmöglichkeiten. Man ist beeindruckt von Christoph Kolumbus' Selbstvertrauen, seiner Überzeugung, auf dem richtigen Weg zu sein. Der Genueser findet den sichersten und schnellsten Weg. Man kann noch im einzelnen Korrekturen anbringen, doch die große Linie bleibt, da auf Anhieb höchste Perfektion erreicht wurde. Das drängt die Hypothese über den »unbekannten Lotsen« auf, über die in Lissabon oder Palos erworbenen Informationen (das Treffen mit Pedro Velasco?), was die Phantasie und die messianische Erleuchtung nicht ausschließt, doch sie zweitrangig erscheinen läßt. All das schmälert Kolumbus' Verdienste in keiner Weise. Er wird als der größte Navigator aller Zeiten bezeichnet und räumt bei diesem großen Abenteuer der menschlichen Initiative wieder den Platz ein, den der Determinismus ihm hatte streitig machen wollen:

Die Entdeckung ist der außergewöhnlichen Verbindung von Genie und historischer Notwendigkeit zu verdanken.

Es bleibt nur noch die Entdeckung Amerikas durch Kolumbus, der glaubte, nach Asien zu segeln. Er ist davon überzeugt, daß er nicht mehr weit von Cipango und Cathay, den von Marco Polo beschriebenen Ländern, entfernt ist. Die drei anderen Reisen, die er organisiert, haben das gleiche Ziel. Die zweite tritt er am 25. September 1493 in Cádiz an; er segelt zu den Kleinen Antillen: die Dominikanische Republik, Maria Galante, Guadalupe, Antigua, Puerto Rico und kehrt nach Santo Domingo zurück, wo die kleine Truppe, die er zurückgelassen hatte, inzwischen ermordet worden war. Am 11. Juni 1496 ist Kolumbus wieder in Cádiz. Im Laufe der dritten Reise, die am 30. Mai 1498 beginnt, entdeckt er die Insel Trinidad, geht zum ersten Mal auf dem Kontinent an Land, dem heutigen Venezuela. Auf der Weiterreise nimmt er Besitz von den Inseln Tobago, Granada und Margarita. Doch die Expedition endet schlecht: Der Admiral wird, in Ketten gelegt, nach Spanien zurückgebracht, auf Befehl eines übereifrigen Beamten, der über die Entwicklung, die die Kolonisierung nimmt, entsetzt ist und Kolumbus dafür verantwortlich macht. Die vierte Reise (1502–1504) hat das Ziel, einen Durchgang durch die Landenge von Honduras zu suchen.

Am 21. Mai 1506 stirbt Kolumbus in Valladolid, überzeugt, daß er Indien entdeckt hat. Sein Irrtum wurde durch die Expedition von Jean Cabot zur Terranueva (1497–1498) bewiesen, und 1502 erkennt man, daß man einen unbekannten Kontinent entdeckt hat. Die Spanier sind davon überzeugt, doch die Macht der Gewohnheit siegt: Bis zur Mitte des 18. Jahrhunderts wird Amerika weiterhin als Indien bezeichnet und seine Ureinwohner bis heute als Indianer. Das Ergebnis ist, daß Kolumbus seine Entdeckung nicht genießen kann. Zu Beginn des 16. Jahrhunderts schlägt Martin Waldseemüller vor, den Begriff Amerika zu gebrauchen, um die von Amerigo Vespucci entdeckte Insel zu benennen (*Cosmographiae introductio*, erschienen in Saint-Dié, 1507). Die zahlreichen Ausgaben der *Cosmographie* von Pierre Apiam (1524) popularisieren diesen Terminus, trotz des Widerstands der Gelehrten wie z.B. Michel Servet. Anfang des 19. Jahrhunderts schlägt der Vorläufer der *libertadores*, Miranda, vor, dem Genueser gerecht zu werden, indem man das spanische Amerika, dessen Unabhängigkeit er anstrebt, Kolumbien nennt. Bolivar nimmt die Idee wieder auf, doch er schränkt sie ein: Seiner Vorstellung nach ist Kolumbien nur der Norden Südamerikas, der Staat, der aus den Gebieten von Quito, Santa Fé de Bogotá und Venezuela besteht. 1830 löst sich dieser Staat auf, und Kolumbien ist das einzige Land des riesigen Kontinents, das den Namen dessen trägt, der ihn entdeckt hat.

Dieser Kontinent mußte in die geistige Welt des Westens und in erster Linie in die politische ihrer Zeit integriert werden. Das ist eine Familienangelegenheit zwischen dem rivalisierenden Kastilien und Portugal. Die Katholischen Könige beeilten sich, die Investitur des Papstes in den entdeckten oder zu entdeckenden Gebieten zu erhalten (Bullen von Alexander VI., die sogenannten alexandrinischen Bullen von 1493). Portugal war über diese einseitige Änderung des Vertrags von Alcaçovas beunruhigt. 1494 wurde das Problem in Tordesillas auf die bekannte Weise gelöst: Eine fiktive Linie wird 370 Meilen im Westen der Kapverdischen Inseln von Pol zu Pol gezogen; die Gebiete im Osten dieser Linie gehören Portugal, die im Westen Kastilien. So fiel Brasilien, das 1500 von Cabral entdeckt wurde, der portugiesischen Krone zu. Die Historiker waren über die Präzision des in Tordesillas gezeichneten Meridians beeindruckt: Der Vertrag machte den Südatlantik zu einem portugiesischen Gewässer; er garantierte Portugal die Kontrolle der Straße zum Kap, aber auch die unbehinderte Navigation nach Westen, d.h. zu Ländern, deren Existenz man vermutete. Unter diesen Umständen war Cabrals Entdeckung 1500 kein Zufall. Eine aufmerksame Lektüre der Berichte der Chronisten und der Reisenden bestätigt: Es gab weder einen Sturm noch Seeströmungen; auch keinen Navigationsfehler; Cabrals Flotte segelte dorthin, wo sie Land vermutete. Die Portugiesen wußten bereits von der Existenz des zukünftigen Brasiliens; der Vertrag von Tordesillas erbringt den Beweis dafür.

Seit der zweiten Reise von Christoph Kolumbus im Jahre 1493 geht man von der Entdeckung zur Ausbeutung über. In Cádiz fahren 17 Schiffe los, mit 1500 Mann Besatzung. Juan Rodríguez de Fonseca wurde von den Katholischen Königen damit beauftragt, die Vorbereitungen zu überwachen. Ab 1504 wird er von Lope de Conchillos unterstützt. Las Casas macht sie zu Sündenböcken, lastet ihnen die Verantwortung für das Elend in den neuen Gebieten an. Sie organisierten den Handel und profitierten davon. Fonseca ist ungefähr zwanzig Jahre lang eine Art Kolonialminister. Die Ausbeutung erfolgt schnell und brutal. Die Goldfelder von Santo Domingo sind rasch ausgebeutet. Man rechnete damit, sagenhafte Reichtümer zu finden; die Enttäuschung bewirkt Rivalitäten und Machtkämpfe bei den

Spaniern, Aufstände der Einheimischen, die mit Gewalt unterdrückt werden: Man hat es jetzt nicht mehr mit den sanften *tainos* zu tun, sondern mit sich wehrenden Einheimischen, den gefürchteten Kariben, von denen einige Kannibalen sind. Die Seeleute und Kolumbus beabsichtigen, statt der Schätze Sklaven an Bord zu bringen, um sie in Europa zu verkaufen, doch Isabella lehnt dies aus moralischen und wirtschaftlichen Gründen ab (die Entfernungen sind zu groß, und Andalusien ist stark bevölkert). Ab 1509 siedelt man sich in Puerto Rico an, unter der Führung von Diego de Nicuesa, 1511 in Kuba unter Diego Velázquez. Überall sucht man nach Reichtümern: Gold und Perlen, man zwingt die Eingeborenen zum Arbeiten. Die einheimische Bevölkerung geht zurück, die Einwandererzahl wird immer höher. Gegen 1515 sind die Antillen völlig ausgebeutet; man muß neues Land suchen, und es werden Vorstöße zur Landenge von Panama unternommen (die Expeditionen des Vasco Nuñez de Balboa, der 1513 das »Meer des Südens«, den Pazifik, erreichte, und des Pedrarias Dávila) und vor allem nach Mexiko, wo Hernán Cortés 1519 an Land geht. Diese neuen Expeditionen gehen nicht von Andalusien aus, sondern von den Großen Antillen: Kuba und Santo Domingo. Die Ausbeutung dieser ersten Kolonien beruht auf einem doppelten Prinzip: dem Monopol und dem Vorrang, der den Bodenschätzen gegenüber der Landwirtschaft gegeben wird.

Zuerst das rechtliche Monopol: Die Westindischen Inseln sind Kastilien angeschlossen. Im Prinzip sind Ausländer (die Aragonier, die Katalanen, die Valencianer sind den Ausländern gleichgestellt) von den Erträgen der Kolonien ausgeschlossen.

Sevilla und Südandalusien besitzen das eigentliche Monopol, was sich aufgrund der geographischen Lage (die unmittelbare Nähe der Passatwinde) und auch der wirtschaftlichen Ausgangsbasis erklärt: Seit langem ist der Hafen von Sevilla eine Zwischenstation für die italienischen Kaufleute, die nach Nordeuropa gelangen wollen, und das Hinterland liefert Weizen, Öl und Wein, Güter, die die ersten *conquistadores* benötigen.

Damit das Monopol respektiert wird, richten die Katholischen Könige 1503 die *Casa de la contratación* ein, die gleichzeitig als Handelshaus (das ist die genaue Übersetzung) dient, das der Neuen Welt die Güter liefern soll, die ihr fehlen, und die Waren aus Amerika lagern soll. Gleichzeitig dient es als Zollbüro, Arsenal, Militärlager, Auswanderungsbehörde, Lager für beschlagnahmte Waren, Gericht, Kartographie- und Navigationsschule (1508 richtet man hier einen Lotsendienst ein, um die Lotsenbescheinigungen auszustellen und die Seekarten und Seeinstrumente zu ändern; 1523 wird dort ein Kosmograph beschäftigt und 1552 ein Lehrstuhl für Kosmographie und Navigation eingerichtet). Alles, was Westindien betrifft, wird in der *Casa de la contratación* geregelt.

Die Kapitulationen von Santa Fé, die mit Christoph Kolumbus getroffen wurden, lassen keinen Zweifel über die Ziele der Entdekkungsreisen: Es handelt sich um *rescate*, d. h. um Handel. Man denkt vor allem an Gewürze, Gold, Silber, Perlen; bei der Beute muß immer ein Fünftel für die Krone reserviert werden *(el quinto real)*. Man fing also mit dem Plündern des Schmucks und der Schätze, die man an Ort und Stelle vorfand, an, dann mit der Goldsuche. Erst später findet man in Mexiko und Peru Minen, die leicht abzubauen sind. Seit dem Beginn des 16. Jahrhunderts hat man es mit einer Ausbeutungskolonisierung zu tun. Theoretisch hätte es auch anders sein können: 1513 hatte Pedrarias Dávila die Anweisung erhalten, Samenkörner und Bauern mitzunehmen; man wollte versuchen, den Boden zu bebauen und den Indianern die europäischen Techniken beizubringen. Doch dieser Versuch (genauso wie der von Las Casas einige Zeit später) erwies sich als nutzlos. Auf den Antillen, und später auf dem Kontinent, erfolgte eine ganz andere Art der Erschließung.

Die Männer, die die Westindischen Inseln entdeckt und erobert haben, hatten nichts anderes im Sinn. Wer waren diese *conquistadores*? Zwei junge Wissenschaftler aus Sevilla, Carmen Gómez und Juan Marchena, haben die Informationen, die man über die Teilnehmer an fünf großen Expeditionen in der ersten Hälfte des 16. Jahrhunderts hat, untersucht und in den Computer gespeichert. Die erste dieser fünf Expeditionen ist die von Hernán Cortés in Mexiko, d. h., es geht um eine spätere Periode als die hier behandelte, doch die Dinge haben sich seit der Kolonisierung der Antillen nicht grundlegend geändert. Von den 682 Personen, die in dieser Untersuchung erfaßt sind, kommen 28,8 % von Alt-Kastilien, 21,8 % von Andalusien, 17 % von Estremadura, 14,5 % von Neu-Kastilien. Es sind also Männer aus dem Süden der Halbinsel, vor allem junge. Das Durchschnittsalter liegt bei 27, manche sind schon vierzig oder fünfzig Jahre alt, die jüngsten 21. Sie besitzen kein eigenes Vermögen. Mehr als ein Viertel von ihnen sind *hidalgos*; über die anderen weiß man nichts Näheres. Auf jeden Fall ist unter ihnen kein einziger Adeliger zu finden. 16,2 % sind Analphabeten, 46,6 % können halbwegs lesen, 8,6 % können auch fließend schreiben.

Diese *conquistadores* wollen sich psychologisch gesehen über ihren Stand erheben *(medrar, valer más)*, was ihnen Las Casas vorwirft. Es sind Männer, die in Spanien nichts waren und in Amerika alles auf einmal wollen, um jeden Preis. Wenn sie nach Spanien zurückkehren, ist ihr Ansehen nicht sehr groß (einige von ihnen sind zu Reichtum gelangt), denn man findet, daß sie zu schnell zu sozialem Ansehen gekommen sind und zu einem Vermögen, das sie nicht verdienten. Bei ihnen galten kriegerische Tugenden mehr. In der ersten Zeit der Reconquista ist man darauf zurückgekommen, als der Kampfeifer Ehre und Reichtum einbrachte und sogar die göttliche Anerkennung, da man ja gegen die Ungläubigen kämpfte. Die *conquistadores* wollen in der Neuen Welt schnell zu Reichtum gelangen und zu sozialem Ansehen, das sie auf der Halbinsel nie bekommen hätten, was die Abenteuerlust, das Streben, sich als Held zu profilieren, ja den Idealismus nicht ausschloß. Sie glauben, sie könnten dazu beitragen, das Reich Gottes auf Erden zu schaffen. Die Eroberung Amerikas erweitert die Reconquista in zweierlei Hinsicht: zuerst räumlich – sie ist die Fortsetzung des Krieges von Granada – und zeitlich: die Eroberung Amerikas bewirkt, daß Spanien oder Kastilien die gleiche Geisteshaltung wie zur Zeit des Mittelalters einnimmt.

Ein *conquistador* unter anderen ist Alonso de Ojeda. Er gehört zu den Gefolgsleuten des Herzogs von Medinaceli; er kämpfte auch bei der Rückeroberung Granadas, wobei er keinen besonderen Gewinn machte. 1493 nimmt er an der zweiten Expedition von Kolumbus teil. Dann leitet er seine eigene Expedition: Er läßt vier Caravellen vom Stapel, die am 20. Mai 1499 in Puerto de Santa Maria in See stechen. Unter der Besatzung befinden sich ein Veteran der ersten Reise von Kolumbus: Juan de la Cosa und ein Unbekannter, der berühmt werden sollte: Amerigo Vespucci. Die Flotte segelt die Küsten von Guayana entlang, macht Zwischenstation auf den verschiedenen Inseln in der Karibik (Trinidad, Margarita, Curaçao, die damals Insel der Riesen hieß) und gelangt schließlich nach Maracaibo: Die Lagunenlandschaft und die auf Pfählen errichteten Häuser erinnern Amerigo Vespucci an Venedig. Man nennt die Gegend das kleine Venedig, *Venezuela.* Dieser Name hat sich gehalten. Die Rückreise erfolgt über Santo Domingo. Ein Jahr, nachdem die Expedition aufgebrochen ist, kehrt sie im Juni 1500 nach Cádiz zurück. Ojeda ist mit dem Ergebnis nicht zufrieden. Im Januar 1502 bricht er zum zweiten Mal auf, schlägt wieder den Kurs nach Venezuela ein, dann im November 1509 zum dritten Mal, doch von Santo Domingo aus. Der zukünftige *conquista-*

dor von Peru, Pizarro, ging mit ihm zusammen an Bord. Die Expedition erkundet die Küste des zukünftigen Kolumbien. Von Zeit zu Zeit geht man an Land und liest den herbeigeeilten Indianern eine seltsame Erklärung vor, das *requerimiento*, das sie auffordert, sich den Spaniern zu unterwerfen. Bei einem dieser Landaufenthalte wurden etwa hundert *conquistadores*, darunter Juan de la Cosa, getötet. Ojeda selbst wurde von spanischen Rebellen festgenommen, die ihn nach Santo Domingo bringen, wo er verarmt stirbt.

Diese Geschichte zeigt, daß nicht alle *conquistadores* zu Reichtum gelangten, und hellt etwas ihre vielfältigen Motive auf. Die einen sind mehr physischer Art. Man verläßt ein unwirtliches Land, um in eine angenehmere Gegend zu gelangen. Andere sind mehr psychologischer Art: Man will sich verändern, man hofft auf ein besseres Leben, wird von dem Unbekannten angelockt. Natürlich lockt oft auch das Gold, doch es wäre nicht richtig, darin das einzige Motiv oder das Hauptmotiv zu sehen, das die *conquistadores* in die Ferne treibt. Die Dinge sind komplexer.

Ojedas Fall zeigt eines der Merkmale der spanischen *conquista*: Sie ist die Angelegenheit von Privatleuten. Mit Ausnahme der ersten Reise von Christoph Kolumbus hat die Krone keine weitere Expedition finanziert; die *conquista* beruht auf der Initiative von Einzelpersonen. Man packt ein Kolonisierungsunternehmen wie ein ganz normales Geschäft an: Man muß das erforderliche Kapital auftreiben, um die entsprechende Ausrüstung zu finanzieren (die Schiffe, die Lebensmittel, die Ausrüstung, Waffen, Geschenke für die Indianer) und die Besatzung und die Soldaten zu bezahlen. Man sucht also Geldgeber, bei denen man sich das Geld leiht und sie entsprechend ihrer Einlage am Gewinn beteiligt. Wenn das Unternehmen gelingt, fordert erst einmal die Krone ihren Anteil (ein Fünftel) und macht ihre Autorität auf dem eroberten Gebiet geltend, das von nun an zur Krone gehört. Die Monarchen entsenden Beamte, die sie repräsentieren sollen, Steuerbeamte etc. Damit entstehen Konflikte zwischen den *conquistadores* und ihren Nachkommen (den Kreolen) einerseits und den Staatsbeamten andrerseits. Zwischen den einen und anderen entstehen vielschichtige Beziehungen der Solidarität, der Zusammenarbeit, der Komplizenschaft, aber auch der Rivalität. Die *conquistadores* glauben, Anrecht auf die Kolonie zu haben, da sie sie ja entdeckt, unterworfen und auf eigene Kosten besetzt hatten, und wollen ihren Gewinn daraus schöpfen. Als man 1592 von den Kreolen von Lima fordert, daß sie indirekte Steuern *(la alcabala)* entrichteten, führen diese an, daß die Eroberung des Landes die Krone, die nicht einen einzigen Maravedi investiert hatte, nichts gekostet habe. Die Kreolen finden die Kontrolle durch die Agenten der Krone unerträglich, werfen ihnen vor, sie wollten sie um die Früchte ihrer Anstrengungen bringen und sie um ihren Gewinn bei der Eroberung betrügen. Die kreolische Geisteshaltung entstand bei der *conquista.* All das erklärt bestimmte Merkmale der spanischen Kolonisierung: der Vorrang, der den Bodenschätzen vor der Landwirtschaft eingeräumt wird, die Einführung der *encomieda,* d. h. einer modernen Form des Lehnswesens.

Die *conquista* steht von Anfang an unter dem Zeichen der Gewalt, die nicht alle Spanier billigten, auch wenn die meisten, im Bewußtsein ihres guten Gewissens, der Überlegenheit ihres Glaubens und ihrer Zivilisation, keinen Widerspruch zwischen dem Gold und dem Kreuz sahen. Hier muß eine der schlimmsten Anklagen, die gegen die spanische Kolonisierung seit dem Ende des 16. Jahrhunderts vorgebracht wurden, geklärt werden: Waren die Spanier wirklich für einen Völkermord verantwortlich? Wenn man darunter die systematische und methodische Vernichtung einer ethnischen Gruppe durch den Tod der Individuen versteht, muß man mit Nein antworten. Die Spanier haben nie versucht, die Indianer systematisch auszurotten. Aus ihrer Sicht wäre das sogar absurd gewesen, denn sie benötigten ja die Arbeitskraft der Indianer, da sie selbst nicht arbeiten wollten. Damit hätten sie sich ja die Grundlage ihrer Macht und ihrer Hoffnung auf Reichtum entzogen. Die Eroberung zog eine Dezimierung der Bevölkerung nach sich, die alle Beobachter schockierte. Die Bevölkerung der Antillen war innerhalb von zwanzig Jahren fast völlig ausgerottet. Als die Spanier in Santo Domingo landeten, gab es dort ungefähr eine halbe Million Einwohner; 1510 waren es nur noch 60 000. Für diesen katastrophalen Bevölkerungsrückgang sind die Spanier nicht direkt verantwortlich. Sicher, die Kämpfe erforderten viele Opfer, auch die Zwangsarbeit (man zwang zum Beispiel die Indianer, immer tiefer nach Perlen zu tauchen) und die schlechte Behandlung. Doch der Rückgang erklärt sich vor allem (zu 80 %) durch bestimmte Krankheiten, gegen die die einheimische Bevölkerung nicht gefeit war. Oft konnte schon ein simpler Schnupfen tödlich sein.

Das Buch von W. H. McNeil über die Epidemien im Laufe der Geschichte gibt auf diese Fragen überzeugende Antworten. Vor der Ankunft der Europäer war der amerikanische Kontinent von der übrigen Welt abgeschnitten, war eine riesige Insel, die durch ihre Isolierung geschützt war. Das Fehlen ansteckender Krankheiten war nur ein Gesichtspunkt einer allgemeinen biologischen Schwäche, die aber dramatische Folgen für die Bewohner haben sollte. Solche Katastrophen ereignen sich immer dann, wenn eine isolierte Menschengruppe mit der Außenwelt in Berührung kommt. W. H. McNeil gibt dafür mehrere Beispiele, von denen die neuesten aus der Zeit von 1942 bis 1943 stammen. Im Fall der Antillen scheint es, daß die erschreckende Sterblichkeitsrate, die sich kurz nach der Eroberung abzeichnete, auf eine Epidemie zurückzuführen ist, die den Masern gleicht. Etwas später (1518) treten Pocken auf, und die Soldaten von Cortés schleppen die Krankheit nach Mexiko, wo sie unter der Bevölkerung wütet. Die Indianer besaßen keinerlei Abwehrsystem, während die *conquistadores* den Krankheiten besser Widerstand leisten konnten. Daraus erklärt sich die panische Angst der einheimischen Bevölkerung vor den Krankheiten, die sie übel heimsuchten und die Europäer verschonten. Die demographischen Katastrophen zogen auch psychologische und kulturelle Konsequenzen nach sich: Man hat kein Vertrauen mehr zum Leben, daher resultieren die vielen Selbstmorde, von denen die Chronisten berichten. Die militärische Eroberung und die Zwangsarbeit haben die ehemaligen sozialen Strukturen aufgebrochen.

Die erste moderne Kolonisationserfahrung, die sich die Spanier zwischen 1492 und 1516 auf den Antillen erwarben, hat Zweifel, Fragen und Kontroversen mit sich gebracht. Von Anfang an ergaben sich vor allem zwei Probleme:

Ein politisches und rechtliches Problem: Mit welchem Recht haben die Spanier »Indien« erobert und dominieren es? Das nennt man den »Streit um die Rechtmäßigkeit«.

Ein wirtschaftliches und moralisches Problem: Hat man das Recht, die Indianer zu versklaven und sie zur Zwangsarbeit zu zwingen? Das ist das Problem der Knechtschaft und der *encomienda.*

Im Grunde genommen laufen beide Probleme auf eines hinaus: Sie stellen den Begriff der Kolonisierung in Frage: Mit welchem Recht besetzt eine Nation das Gebiet einer anderen und übt Vormundschaft über seine Einwohner aus? Es gereicht Spanien zur Ehre, daß es sich von Anfang an Gedanken über den Sinn der Kolonisierung gemacht und versucht hat, angemessene Antworten zu finden. Wenn man von den Ausschreitungen der *conquistadores* spricht, darf man diesen Gesichtspunkt nicht außer acht lassen.

Die Kontroversen beginnen zwischen dem 30. November und

7. Dezember 1511 in Santo Domingo, als der Dominikanermönch Antonio de Montesinos eine Predigt über das Thema *Vox clamantis in deserto* hält: Ich bin die Stimme des Rufers in der Wüste. Worum geht es in dieser Predigt? Um die Methoden bei der Kolonisierung, die Ausbeutung der Indianer, die Zwangsarbeit. Montesinos stellt seinen spanischen Zuhörern die Grundfrage: »Sind denn diese Wesen keine Menschen? Haben sie keinen Verstand? Seid ihr nicht verpflichtet, sie wie euch selbst zu lieben?«

Die Siedler sind schockiert, weil man ihre Rechte in Frage stellt. Sie beklagen sich bei den Vorgesetzten des Mönchs, doch diese erklären, Montesinos habe in ihrem Namen gesprochen. Danach wendet man sich an die Zivilbehörden, die die Angelegenheit an das Gericht weiterreichen. Erster Sieg der Dominikaner: Die Angelegenheit wird nicht totgeschwiegen, sondern vor den König gebracht. 1512 wird in Burgos eine Versammlung von Ferdinand einberufen, die zwei Punkte prüfen soll: Hatten die Spanier das Recht, die Neue Welt zu erobern? Was sollte mit den Indianern geschehen?

Beim ersten Punkt halten sich die Juristen des Hofs an die Bullen von Papst Alexander, d. h. an die fünf von Papst Alexander VI. 1493 auf Ersuchen der Katholischen Könige unterzeichneten Texte. In diesen werden den spanischen Herrschern alle entdeckten Gebiete unterstellt. Sie umreißen eine Grenzlinie zwischen den portugiesischen und kastilischen Gebieten und machen den Katholischen Königen zur Auflage, Missionare zu entsenden, um den Völkern das Evangelium zu verkünden.

Wie sind diese Texte zu deuten? Handelt es sich dabei um eine Schenkung des Papstes an die spanischen Könige? Doch mit welchem Recht? Einige Autoren übernehmen eine Theorie, die im 13. Jahrhundert von dem Kardinal und Erzbischof von Ostia, Heinrich von Susa, aufgestellt wurde. Diese besagt, daß die Heidenvölker nach der Menschwerdung Christi ihre politische Souveränität verloren hatten; Jesus Christus war also von Rechts wegen der Herr der Welt und hatte diese Autorität Petrus und seinen Nachfolgern übertragen, den Päpsten, die über das Land der Ungläubigen verfügen und es den Herrschern übertragen konnten. Es handelte sich um eine Art Investitur nach dem Feudalsystem. Der Jurist Palacios Rubios, Mitglied des Kronrats, beruft sich 1512 auf diese Theorie, um die Eingliederung von Navarra ins Königreich Kastilien zu rechtfertigen. Genau das beabsichtigte auch der Papst, als er 1493 die spanischen Könige zu Herrschern über die entdeckten Länder in der Neuen Welt machte.

Diese theokratische Deutung der Bullen von Papst Alexander bildet das juristische Fundament des sogenannten *requerimiento* (wörtlich: Mahnung). Die *conquistadores* ermahnten die Einwohner eines neuen Landes anhand dieses Textes, sich dem König von Spanien aufgrund der päpstlichen Schenkungsurkunde zu unterwerfen. Das erste Mal wurde er 1509 bei der Expedition von Alonso de Ojeda in Caramari, in der Nähe von Cartagena, vorgelesen, doch die endgültige Formulierung ist Palacios Rubios (1513) zu verdanken. Der Text bezieht sich explizit auf die oben erwähnte Theorie: »Alle Völker auf Erden *wurden von Gott einem Mann namens Petrus* anvertraut, damit er ihr Oberhaupt sei und alle ihm gehorchten ... Einer dieser Päpste machte als Herr der Welt diese Inseln und das Festland den Katholischen Königen zum Geschenk ... und ihren Nachfolgern ... wie in bestimmten Dokumenten, die diesbezüglich unterzeichnet wurden und die ihr lesen könnt, wenn ihr es wünscht, nachzulesen ist ...«

Man forderte die Eingeborenen auf, sich dem König von Spanien zu unterwerfen und freiwillig seine Autorität anzuerkennen. Andernfalls sehe sich Spanien gezwungen, ihnen den Krieg zu erklären und sie zu Sklaven zu machen. Der Chronist Gonzalo Fernández de Oviedo, der an der Expedition von Pedrarias Dávila teilnahm und als Notar damit beauftragt war, den Indianern das *requerimiento* vorzulesen, tat dies, indem er sich darüber lustig machte und mit Palacios Rubios, dem Verfasser, scherzte. Las Casas beurteilt dieses Dokument sehr streng, bezeichnet es als üble Posse. Nach Meinung einiger Historiker war das *requerimiento* in Wirklichkeit eine Vorsichtsmaßnahme gegenüber den europäischen Herrschern, weniger eine Ermahnung der Indianer. Es handelte sich darum, die Rechte Spaniens an den eroberten Gebieten zu verteidigen und möglichen Einwänden vorzubeugen. Spaniens Expansion jenseits des Meeres hat nämlich seine europäischen Rivalen beunruhigt; die Zeit ist nicht mehr fern, da Franz I. das Testament von Adam sehen möchte, demzufolge die Welt zwischen Spanien und Portugal aufgeteilt wurde. Das ist die Grundidee des *requerimiento.*

Das Schicksal der einheimischen Bevölkerung ist das zweite große Problem, das 1512 in Burgos behandelt wird: Sind die Indianer freie Untertanen des Königs von Spanien oder müssen sie als Sklaven angesehen werden? Die Versammlung in Burgos zieht sich durch Halbheiten aus der Affäre: Sie erklärt, daß die Indianer theoretisch frei sind, doch in der Praxis ermächtigt sie die Siedler, sie zur Zwangsarbeit unter dem Vorwand anzuhalten, daß sie noch nicht in der Lage seien, über sich selbst zu bestimmen. So entstand die *encomienda*, die auf der Vorstellung einer Vormundschaft über die Indianer beruht, da diese auf einer niedrigeren Entwicklungsstufe stünden als die Spanier.

Die *encomienda* stellt ein rechtliches Abhängigkeitsverhältnis zwischen den Menschen dar. Man vertraut eine bestimmte Anzahl von Indianern *(indios encomendados)* einem Siedler an *(encomendero)*, der meist ein ehemaliger *conquistador* ist, damit er die religiöse und staatsbürgerliche Unterweisung der Indianer besorge. Diese dagegen müssen den *encomendero* durch Naturalien oder Geld entschädigen.

Die ersten *conquistadores* (auch Kolumbus selbst) versuchten, aus der Entdeckung Nutzen zu ziehen. Um die Bodenschätze zu erschließen, benötigten sie Arbeitskräfte. Nun hatte aber Isabella untersagt, die Indianer zu versklaven; sie hatte gefordert, daß sie als freie Untertanen angesehen würden, die rechtlich den Spaniern gleichgestellt wären. Die Siedler haben die Schwierigkeiten umgangen, indem sie sich die Indianer »geteilt« *(repartimientos)* und sie zum Arbeiten gezwungen haben. Sie rechtfertigten dies durch die Notwendigkeit, den Boden und die Bodenschätze zu erschließen und durch die Weigerung der Indianer, sich zu Arbeitnehmern machen zu lassen. Daraus entstanden die vielen Mißbräuche, gegen die sich insbesondere die Dominikaner von Santo Domingo gewandt hatten. Die Gesetze von Burgos, 1512, wollten diese Lage klären, um dem Mißbrauch ein Ende zu setzen; sie haben alltäglichen Praktiken Gesetzeskraft verliehen. Die *encomienda* möchte drei Forderungen miteinander vereinbaren:

Den rechtlichen Status des Indianers, des freien Untertanen des Königs von Spanien. Der Indianer *encomendado* ist rechtlich kein Sklave; der Siedler *encomendero* ist rechtlich kein Lehnsherr wie in Spanien; die *encomienda* überträgt nicht das Eigentum am Land (sie unterscheidet sich deutlich von der späteren *hacienda*).

Das Ziel der Kolonisierung: die Verkündigung des Evangeliums, zu der die Siedler beitragen müssen.

Die wirtschaftlichen Erfordernisse durch die Leistungen, die die encomendados (Indianer) erbringen müssen. Die *encomienda* ist eine Macht, die die Siedler von der Krone übertragen bekommen. Sie sind ermächtigt, Abgaben zu verlangen und die Arbeitskraft der Indianer zu nutzen.

Im Grunde haben die Gesetze von Burgos nichts geregelt. Sie haben lediglich eine bestehende Situation legalisiert, wie z. B. die Zwangsarbeit, was bestimmt nicht der Sinn war. Diese Gesetze beruhen auf der Vorstellung, daß die Indianer unterentwickelte Menschen sind, die nicht in der Lage sind, über sich selbst zu bestimmen, und die sich im eigenen Interesse den Spaniern unterwerfen müssen.

Die Beschlüsse von Burgos sind der politische Ausdruck einer langen Kontroverse, die einige der besten Geister Spaniens unter der Regierung Karls V. und Philipps II. beschäftigte. Man sprach vom »Streit um die Rechtmäßigkeit«, der in Wirklichkeit eine Streitfrage um den Begriff der Kolonisierung darstellt. Die Entdeckung, daß jenseits des Atlantiks Menschen leben, deren Existenz man nicht kannte, zwingt auch die Philosophen, sich darüber Gedanken zu machen. Zu Beginn des 16. Jahrhunderts zeichnet sich erst der Anfang der Debatte ab. Es geht um die beiden in Burgos untersuchten Punkte: die Rechtmäßigkeit Spaniens am Besitz der Neuen Welt und das Schicksal der Indianer.

Zwei in diesen Jahren in Spanien verfaßte Abhandlungen leiten diese lange und leidenschaftliche Kontroverse ein. Es handelt sich um das Buch des Dominikaners Matías de Paz (1468?–1519), Professor an der Universität von Salamanca. Das Buch trägt den Titel: *Del dominio de los reyes de España sobre los Indios.* Außerdem steht das Buch des Juristen Palacios Rubios zur Debatte: *De las islas del mar océano.* Die beiden Autoren haben an der Ausarbeitung der Gesetze von Burgos teilgenommen; ihre Abhandlungen beinhalten also die bei den Diskussionen vorgebrachten Argumente.

Beide leiten Spaniens Rechte von der päpstlichen Schenkung im Jahre 1493 ab, allerdings mit unterschiedlicher Akzentuierung. Palacios Rubios bezieht sich auf die Theorie von Heinrich von Susa: »Die Oberhoheit und die Rechtsprechung auf den Inseln obliegt der Kirche, die alle Menschen, einschließlich der Ungläubigen, als höchste Autorität anerkennen müssen«, der Papst hatte folglich das Recht, über die Neue Welt zu verfügen.

Matías de Paz unterstreicht die Bedeutung der Verkündigung des Evangeliums, die der Papst den Katholischen Königen anvertraut hat. Haben die Spanier dadurch das Recht, einen Krieg gegen jene, die dagegen sind, zu führen und sie zu versklaven? Diese Position hatte ein paar Jahre zuvor ein Professor an der Universität von Paris, John Mair (1469–1550), eingenommen und sie in einer theologischen Abhandlung, die 1510 erschienen ist, dargelegt. Er weigerte sich, die Eroberung durch eine angeblich allgemeingültige Autorität des Papstes zu legitimieren, doch er glaubte, man könne gegen die Ungläubigen Gewalt anwenden, ungeachtet, ob es sich um Sarazenen oder Indianer handelte. Matías de Paz schließt sich dieser Theorie an, doch er unterscheidet zwischen Sarazenen und Indianern. Es handelt sich um zwei Kategorien von Ungläubigen: Die ersten stehen den Christen feindlich gegenüber, was auf die Indianer nicht zutrifft, die sich noch nie gegen die Christen gewandt haben.

Palacios Rubios betrachtet die Indianer als Geschöpfe, die, mit Verstand ausgestattet, meistens sanft und friedlich sind, aufnahmebereit für das Evangelium, doch weniger entwickelt als die Europäer, woraus die Aufgabe entsteht, sie zu bevormunden. Und er führt Aristoteles mit seiner Theorie der Sklaven von Natur aus an *(natura servi)*: Einige Menschen sind zum Befehlen geboren, andere zum Dienen. Die ersten dürfen ihre Privilegien geltend machen, und die zweiten müssen gehorchen. Palacios Rubios spricht hier nicht von der eigentlichen Sklaverei; er akzeptiert den Willen der Katholischen Könige, die Indianer nicht zu Sklaven zu machen, doch seine Auffassung von einem grundsätzlichen Unterschied zwischen Europäern und Indianern bedeutet für die letzteren eine verkappte Sklaverei, aus der sich die *encomienda* ergibt.

Auch in diesem Punkt sieht Matías de Paz die Dinge nuancierter. Er möchte lieber den Missionaren glauben, die nach »Indien« gefahren sind, um die Seelen zu retten und nicht von Profitgier getrieben wurden. Ihnen müsse man mehr Glauben schenken als jenen, die die Indianer zu einer unerträglichen Sklaverei zwingen. Weder Jesus Christus, der Papst oder die Katholischen Könige noch der gesunde Menschenverstand könnten diese Situation billigen. Die Missionare sagen, daß die Zwangsarbeit ein Hindernis für den Glauben darstellt, denn die Indianer, die ihr unterliegen, hören nicht auf, Blasphemie zu betreiben; die schwangeren Frauen ziehen es vor, ihr Kind abtreiben zu lassen, als Kinder in die Welt zu setzen, die zur Sklaverei verdammt sind. Man muß den Indianern Freiheit gewähren, wenn man möchte, daß sie Christen werden. Matías de Paz schließt mit einer persönlichen Bemerkung: »In Valladolid habe ich eine Indianerin getroffen, die unseren Glauben angenommen hatte ... Sie hielt sich streng an die Gebote unserer Religion, hielt die Fastenzeit ein, wie es die Kirche vorschreibt, im Gegensatz zu vielen Christen, die sich nicht daran halten. Im übrigen versichert man mir, daß sie sich in ihrem Land genauso verhielten, wenn man sie unseren Glauben richtig gelehrt hatte und sie menschlich behandelte wie freie Menschen, die in der Gnade Gottes leben und nicht wie Sklaven.«

Für Matías de Paz ist die Verkündigung des Evangeliums unvereinbar mit Zwangsarbeit. Doch die Grenze ist fließend, gibt zwanzig Jahre später Francisco de Vitoria und Las Casas Anlaß, die theokratische Deutung der Bullen von Papst Alexander VI. zu widerlegen und die Abschaffung der *encomienda* zu fordern. Nicht ohne Grund verlangt Las Casas 1512 die Veröffentlichung der Abhandlung von Matías de Paz, um damit der von Palacios Rubios entgegenzutreten. Vor diesem Hintergrund ist das Handeln von Las Casas zu verstehen. Da sich all dies in der Zeit nach den Katholischen Königen ereignete, sollen hier nur zwei Dinge festgehalten werden:

Las Casas war nicht der erste, der sich für den gerechten Kampf in der Neuen Welt einsetzte. Dieser fing ohne ihn an und gegen ihn: Las Casas war Siedler auf Kuba, ein guter Siedler, der aber mit bestem Gewissen Indianer für sich arbeiten ließ, bis ihm die Dominikaner die Absolution verweigerten, da er von der Ausbeutung der Menschen lebte, folglich sich ständig im Zustand der Todsünde befand. 1514 erfolgt die »Bekehrung« von Las Casas: Er wird sich des Problems bewußt und setzt von nun an seine ganze Kraft dafür ein, es zu lösen.

Las Casas ist der bekannteste, der eifrigste Verfechter dieses Kampfes, doch er ist nicht der einzige: Er wurde ständig von Kollegen unterstützt, von Missionaren und von dem ganzen Dominikanerorden, die ihm die ideologischen Waffen lieferten, die er benötigte. Er fand auch die Unterstützung der Staatsmänner. Karl V. hatte ihn zum Bischof ernannt und in der Folge die ganze Kolonialpolitik Spaniens verändert: Die Gesetze von 1542 beinhalten die wesentlichen Ideen von Las Casas. Der gleiche Karl V. ergreift Maßnahmen, um die Ideen von Las Casas zu zensieren (Verbot, sie in Spanien zu drucken und zu verbreiten) und später auch die seines größten Gegners, des Humanisten Juan Ginés de Sepúlveda, die im Widerspruch zur kirchlichen Doktrin zu stehen scheinen, da sie sich auf die Autorität des Aristoteles stützen und die Vormundschaft der sogenannten überlegenen Völker über die unterlegenen rechtfertigen. Doch man soll sich nicht täuschen: Die offizielle Einstellung Spaniens, die sich durch ihre bekanntesten Theologen äußert (Francisco de Vitoria, Domingo de Soto, Suárez), ist antikolonialistisch: Sie lehnt die Vormundschaft eines Volkes über das andere ab; verdammt das Prinzip, auf dem die Kolonisierung beruht. Diese Theorien haben nichts verändert: Der Aufstand der Siedler in Peru zwingt Karl V., die neuen Gesetze wieder abzuschaffen. Alles bleibt so, wie es war, und die Ausbeutung der Indianer geht weiter. Doch zumindest hat

Spanien es abgelehnt, im Prinzip nachzugeben, und betonte von Anfang an das Recht aller Menschen auf Würde, Respekt und Unabhängigkeit.

Spanien und Europa

Die Eroberung eines Kolonialreichs in Amerika gehört nicht unbedingt zu den großen Zielen der spanischen Diplomatie. Die Katholischen Könige hatten wohl die erste Entdeckungsreise von Christoph Kolumbus finanziert, doch die anderen Expeditionen der Privatinitiative überlassen. Nach der Einnahme Granadas waren sich Ferdinand und Isabella nicht ganz im klaren, welche Richtung sie ihrer Auslandspolitik geben sollten. Kastilien würde gerne in Afrika Fuß fassen. Seit einem Jahrhundert sind die Adeligen und andalusischen Fischer an diesem Erdteil interessiert, genauso die Portugiesen, mit denen es des öfteren zu Zusammenstößen kommt. Die aragonische Diplomatie interessiert sich mehr für den Mittelmeerraum. Schließlich konzentriert sich Ferdinand auf dieses Gebiet, ohne Afrika ganz aus den Augen zu lassen. Als König von Sizilien (seit 1468) träumt er davon, die spanische Vorherrschaft im westlichen Mittelmeer und vor allem in Nordafrika, von Gibraltar nach Tunis, zu erringen, indem er eine Art Protektorat über das Königreich Neapel errichtet und versucht, dem Vordringen der Türken Einhalt zu gebieten. Dieses Anliegen macht die Auslandspolitik Spaniens seit der Beendigung des Kriegs von Granada verständlich, insbesondere die Rivalität mit Frankreich.

Die Beziehungen zwischen Kastilien und Frankreich waren immer ausgezeichnet gewesen; das gleiche gilt nicht für das Verhältnis Frankreichs zu Aragonien. Die beiden Königreiche machten sich Navarra, das Roussillon und die Cerdagne streitig, außerdem geriet Aragonien mit den französischen Fürsten in Süditalien in Konflikt.

Auf Anregung Ferdinands macht sich die Doppelmonarchie die Ziele der aragonischen Diplomatie zu eigen, was eine Veränderung der traditionellen Bündnisse Kastiliens mit sich bringt. Bis 1493 liebäugelt Ferdinand mit dem, was Jaime Vicens Vives als die »große westliche Allianz« bezeichnete, die gegen Frankreich gerichtet war und die zwischen England, Spanien und den Habsburgern geschlossen wurde, wobei sich Portugal neutral verhielt. Diese Politik erzielt konkrete Ergebnisse: Das Roussillon und die Cerdagne fallen 1493 wieder an die aragonische Krone. Außerdem zeichnet sich hier bereits das künftige Schicksal Spaniens ab, da die Heirat einer spanischen

Prinzessin und des Habsburgererben zur Gründung einer neuen Dynastie führt (1516).

Nach 1493 geht die französisch-spanische Rivalität aufgrund der französischen Interessen in Süditalien weiter. Da Ferdinand Spaniens Vormachtstellung im Westbecken des Mittelmeers sichern möchte, duldet er nicht, daß der französische Einfluß in Süditalien zu stark wird. Er macht seine Rechte am Königreich Neapel geltend, das nach einem erfolgreichen Krieg gegen Frankreich der Krone von Aragonien untersteht.

Isabellas Tod im Jahre 1504 eröffnet weitere Perspektiven. Der neue König von Kastilien, Philipp der Schöne, nähert sich Frankreich, doch sein überraschender Tod gibt Ferdinand die Möglichkeit, die Dinge wieder in die Hand zu nehmen. Spanien festigt seine Position in Süditalien und Nordafrika, sichert sich den größten Teil Navarras.

Auch wenn das dynastische Bündnis zwischen der Krone von Kastilien und der von Aragonien kaum eine Auswirkung auf die territoriale Lage der beiden Königreiche hat, bewirkt sie dagegen tiefgreifende Veränderungen in der Außenpolitik. Aragonien hatte die Union gewünscht, Portugal hatte sich ihr widersetzt, und Frankreich stand ihr ebenfalls ablehnend gegenüber. Diese Gegebenheiten erklären die Ziele, die sich die Doppelmonarchie nach dem Ende des Erbfolgekriegs gesetzt hat: Versöhnung mit Portugal; verschiedene Bündnisse gegen Frankreich, aktives Intervenieren im Westbecken des Mittelmeers. Oft wurde behauptet, die Außenpolitik der Doppelmonarchie habe vor allem darauf abgezielt, die Interessen der Krone von Aragonien zu wahren, und Ferdinand sei der Drahtzieher gewesen. Das entspricht nicht ganz der Wahrheit. Richtig ist, daß das Bündnis zwischen Kastilien und Frankreich, das auf das Jahr 1368 zurückgeht, immer schwierig und konfliktträchtig gewesen war. In bezug auf Navarra, das Roussillon und Neapel schließen sich die Katholischen Könige den Ansichten Aragoniens an, ohne jedoch ihre eigenen Interessen aus dem Auge zu verlieren.

Die burgundischen Eheschließungen zwischen 1496 und 1497 sollen den Warenaustausch und die Beziehungen zu Nordeuropa verbessern (kastilische Wolle gegen Tuchwaren aus Flandern), und die Errichtung von Stützpunkten in Afrika soll den andalusischen Handel fördern. Die beiden Seestützpunkte Kastiliens (die kantabrische Küste und Sevilla-Cádiz) sehen ihre wichtigsten wirtschaftlichen Interessen gewahrt. Die beiden Kronen betreiben eine gemeinsame Außenpolitik, auch wenn Ferdinands persönliche Rolle den Eindruck erweckt, daß diese Politik stark aragonischem Einfluß unterliegt.

Der Streit mit Portugal wurde durch die Verträge von Alcaçovas (1479) und Tordesillas (1494) beigelegt. Die jeweiligen Einflußbereiche der beiden Mächte im Südatlantik sind sorgfältig abgegrenzt, damit jeglicher Konflikt vermieden wird, und jeder entstehende Konflikt über irgendwelche territorialen Belange wird sofort geglättet. Ehen besiegeln das gute Einvernehmen. 1479 wurde beschlossen, daß die Infantin Isabella, die älteste Tochter der Katholischen Könige, den Erben Portugals, Alfons, heirate. Die Eheschließung erfolgt 1490, doch Alfons stirbt ein Jahr danach. Sein Vater, König Johann II., stirbt 1495, ohne einen Nachfolger zu hinterlassen. Der neue Herrscher, Manuel I., der Glückliche, der von 1495 bis 1521 regiert, gehört zur Familie Bragança. Er nimmt die frühere Heiratspolitik wieder auf und heiratet 1497 die Frau seines Vorgängers, die kastilische Infantin Isabella. Ihr Sohn Michael sollte später die drei Kronen von Portugal, Kastilien und Aragonien vereinigen, aber er stirbt bereits 1500. Doch das entmutigt die regierenden Familien keineswegs, denn Manuel I. heiratet eine Schwester der Infantin Isabella, Maria. Ihre Tochter Isabella, die 1503 geboren wird, heiratet 1526 Kaiser Karl V. und wird die Mutter Philipps II., der zu gegebener Zeit sein Recht auf das portugiesische Erbe geltend macht. So hat die Heiratspolitik der Katholischen Könige die Vereinigung der drei Kronen der Halbinsel bewirkt, die sich zwischen 1580 und 1640 vollzieht.

Um Frankreich zu isolieren, erwägt Ferdinand das, was Jaime Vicens Vives die »große westliche Allianz« nennt, d. h. ein Bündnis zwischen Spanien, England und den Habsburgern, die sowohl über Burgund als auch Flandern herrschen. Die seit 1495 eingerichteten ständigen Botschaften zeigen, wo Spaniens Interessen liegen: Rom, Venedig, London, Brüssel, d. h. Italien und Nordeuropa.

1482 nimmt Spanien Kontakt mit England auf. Die beiden Länder sprechen sich ab, um die Kaperbriefe abzuschaffen, die die Korsaren ermächtigen, die Handelsschiffe anzugreifen und die Schiffe zu plündern. Es ist beachtlich, wie stark die Diplomaten wirtschaftliche Interessen verfolgen. Wie im Falle Portugals sollen Heiraten die politische Zusammenarbeit fördern. Im November 1501 wird die Ehe zwischen dem Thronerben von England, Arthur, und der Infantin Katharina, die zwischen 1489 und 1496 geplant wurde, geschlossen. Arthurs Tod bedeutet keinen Bruch der Bündnisse. 1503 heiratet Katharina den zukünftigen Heinrich VIII. Auch in diesem Fall verdient das Voraus-denken der Herrscher Bewunderung: Die Tochter von Katharina von Aragonien und Heinrich VIII., Maria Tudor (zwischen 1553 und 1558 Königin von England), heiratet 1554 den zukünftigen Philipp II. von Spanien, der folglich einige Jahre lang Prinzgemahl von England ist. Diese Heiratspolitik wird ganz gezielt geführt: Spanien (eigentlich Kastilien) hat starkes Interesse an Nordeuropa, insbesondere an Flandern, und Eheschließungen werden als gute Möglichkeit angesehen, dieses zu verteidigen.

Die burgundischen Eheschließungen beeinflussen Spaniens Schicksal am stärksten. In der zweiten Hälfte des 15. Jahrhunderts entsteht zwischen Frankreich und dem Reich ein neuer Staat: das Herzogtum von Burgund, dessen Besitzungen sich von Flandern bis zur Franche-Comté erstrecken. Frankreich tut sein Möglichstes, um das zu verhindern. Der letzte Herzog von Burgund, Karl der Schüchterne, wurde 1477 bei Nancy getötet, doch noch ist nichts entschieden. Die Tochter und Erbin Karls des Schüchternen, Maria von Burgund, heiratet einen Habsburger, Maximilian von Österreich, Kaiser des Heiligen Römischen Reichs. Das Paar hat zwei Kinder – Philipp den Schönen, Erbe des Herzogtums von Burgund und des Hauses Habsburg, und Margarete von Österreich. Die Katholischen Könige und Kaiser Maximilian haben einen gemeinsamen Gegner, Frankreich, das sich der Wiedereinsetzung und Unabhängigkeit des Herzogtums Burgund widersetzt und die Interessen Spaniens in den Pyrenäen und in Italien gefährdet.

Es bietet sich eine Doppelhochzeit an, die die beiden Mächte vereinen soll: Philipp der Schöne soll eine Tochter der Katholischen Könige, Johanna die Wahnsinnige, heiraten und Prinz Johann, Erbe der Königreiche Kastilien und Aragonien, Margarete von Österreich. Die beiden Eheschließungen erfolgen im Abstand von einem Jahr. 1496 reist die Infantin Johanna mit einer mächtigen Flotte in die Niederlande, wo sie Philipp den Schönen heiratet. Im Jahr darauf führt die gleiche Flotte Margarete von Österreich nach Spanien. Diese Reise hätte um ein Haar böse geendet: Das Schiff, mit dem die Prinzessin reiste, geriet in einen heftigen Sturm. Margarete glaubt, ihre letzte Stunde habe geschlagen. Sie zieht ihre schönsten Kleider an, und da sie Humor besitzt, verfaßt sie auch ihren eigenen Grabspruch.

Hier ruht Margot, die liebenswürdige Dame,
die zweimal verheiratet war
und im blühenden Jungfrauenalter starb.

Bevor Margarete mit dem Erben der Katholischen Könige verlobt war, war sie dem König von Frankreich, Karl VIII., versprochen gewesen, doch dieser hatte es vorgezogen, die Herzogin Anne de Bretagne zu heiraten. Der überraschende Tod des Erbprinzen Johann sechs Monate nach seiner Eheschließung sollte das Schicksal Spaniens verändern. In Ermangelung eines männlichen Erben fiel die Nachfolge an die älteste Tochter der Katholischen Könige, Johanna die Wahnsinnige, und ihren Gemahl, Philipp den Schönen. Ihr Sohn, der zukünftige Karl V., erhielt ein vierfaches Erbe: die Krone von Kastilien und die annektierten Gebiete (Westindische Inseln, Navarra); die Krone von Aragonien und das Königreich Neapel; die Domänen der ehemaligen Herzöge von Burgund (Flandern und die Franche-Comté) und die Besitzungen der Habsburger mit der Kaiserwürde. Frankreich ist von diesen Bündnissen ausgeschlossen, und das zu Recht. Seit der Thronbesteigung der Katholischen Könige scheint es deren erbittertster Gegner zu sein, vor allem Aragoniens, dessen traditionelle Interessen im Roussillon, in Navarra und Neapel gefährdet sind.

Die Besetzung des Roussillon und der Cerdagne durch Frankreich leitet den Katalonischen Bürgerkrieg (1462–1472) ein. Ludwig XI. hatte Johann II. von Aragonien gegen seine revoltierenden Untertanen unterstützt und wollte sich die dafür aufgewandten Kosten von diesem erstatten lassen. Sozusagen zur Sicherheit hatte er das Roussillon und die Cerdagne besetzt, was ständig zu Zwietracht zwischen Frankreich und Aragonien führte. Ferdinand forderte ständig die Rückgabe der Territorien, da er sie als wesentlichen Bestandteil des Prinzipats Katalonien betrachtete. Erst 1493 wird dieser langanhaltende Streit beendet. Karl VIII. gibt die Grafschaften Aragonien zurück (Vertrag von Barcelona), um freie Hand in Italien zu haben, doch die Verteidigung des Roussillon gegen jeden weiteren Angriff seitens Frankreichs kommt Kastilien teuer. Es bringt zwischen 1495 und 1504 73 Millionen Maravedis dafür auf, was ungefähr einem Fünftel seiner Steuereinnahmen entspricht.

Seit der Mitte des 15. Jahrhunderts machen sich Frankreich und Aragonien Navarra streitig. Navarra, das lange Zeit von französischen Fürsten regiert wurde, zuerst von den Grafen der Champagne, dann vom Haus d'Evreux, fällt unter eine Art aragonisches Protektorat (1419), als der zukünftige Johann II., der Vater Ferdinands, Blanche von Navarra (Königin von 1425 bis 1441) heiratet. Nach Blanches Tod folgt eine Zeit der Unruhe. Es bilden sich zwei Parteien, von denen die eine die Thronansprüche des Fürsten von Viana, dem Sohn der Königin, unterstützt, die andere die Pläne des Königs von Aragonien. Der Streit endet mit einem Kompromiß. Nach dem Tod des Fürsten von Viana akzeptiert Johann II., daß die Krone seiner Tochter Eleonore zufällt, die mit Gaston, dem Grafen von Foix, verheiratet ist, doch von da an sind die Könige von Navarra, deren Besitzungen sich auf beiden Seiten der Pyrenäen befinden, starkem Druck seitens Frankreichs und Spaniens ausgesetzt, und die Lage verschlechtert sich noch, als eine weitere französische Familie, die Albrets (1484), den Thron von Navarra besteigt. Im Fall eines bewaffneten Konflikts zwischen Frankreich und Spanien kann die strategische Position Navarras die Entscheidung bringen. Ende des 15. Jahrhunderts erhalten die Katholischen Könige das Recht, einige Garnisonen dort einzurichten, um sich der Neutralität des Territoriums zu vergewissern. Der Tod von Gaston Phoebus (April 1512), der keinen Erben hinterläßt, und die Wiederaufnahme der französisch-spanischen Feindseligkeiten in Italien geben Ferdinand die Gelegenheit, die Navarra-Frage zu seinen Gunsten zu lösen. Die Truppen von Herzog Alba besetzen den größten Teil des Landes im Süden der Pyrenäen. Von nun an ist Navarra der Krone von Kastilien unterstellt, behält jedoch seine innenpolitische Autonomie, seine Institutionen und seine Cortes; die spanischen Herrscher werden dort durch einen Vizekönig vertreten.

Die Krone von Aragonien hat sich immer für die italienischen Probleme interessiert. Zu Beginn des 15. Jahrhunderts bleibt vom ehemaligen Mittelmeerreich aus der katalonischen Blütezeit nur Sizilien übrig, das seit 1302 Aragonien einverleibt ist. Sizilien dient den Unternehmungen Alfons' V., genannt der Großmütige, einem der Infanten von Aragonien, der 1416 König von Aragonien wurde, als ideale Ausgangsbasis. Er profitiert von den Schwierigkeiten der französischen Dynastie der Anjous, die in Neapel regiert, um hier zu intervenieren und die Hafenstadt zwischen 1421 und 1443 zu erobern. Alfons der Großmütige betrachtet Neapel als persönlichen Besitz. Deshalb vermacht er in seinem Testament das Königreich nicht seinem Bruder Johann II., dem legitimen Erben, sondern seinem unehelichen Sohn Ferrante, der somit König von Neapel wird (1458).

Ferrantes Tod, 1494, bringt eine schwere Zeit mit sich. Sein Sohn Alfons II. folgt ihm auf den Thron, doch der König von Frankreich, Karl VIII., betrachtet sich als Erben der Dynastie der Anjous, die zwischen 1480 und 1481 erloschen ist, und macht seine Rechte an Neapel geltend. Da das Königreich eigentlich ein Lehen des Papstes ist, rechnet man mit dem Schiedsspruch Alexanders VI., der nicht daran interessiert ist, daß sich in Süditalien eine Großmacht wie Frankreich niederläßt. Der Papst sympathisiert also mit Spanien, um Druck auf Karl VIII. auszuüben. In Sizilien formiert sich eine spanische Armee, die von einem der Sieger aus dem Krieg von Granada befehligt wird, Gonzalo Fernández de Córdoba. Karl VIII., der im August 1494 nach Italien kommt, stößt auf geringen Widerstand, und zu Beginn des folgenden Jahres hat er fast das gesamte Königreich Neapel in seiner Gewalt. Alfons II. dankt zugunsten seines Sohnes Ferrante II. ab und geht nach Sizilien. Der Papst, Kaiser Maximilian, Spanien, Mailand und Venedig (die Heilige Liga) bilden eine Koalition gegen die Franzosen in Neapel. Die Armee von Gonzalo Fernández de Córdoba wird in Seminara (Juni 1495) besiegt, doch Karl VIII. muß trotzdem Italien verlassen.

Diese Angelegenheit gab Spanien die Gelegenheit, Truppen nach Süditalien zu entsenden und dort seinen Einfluß zu stärken. Als Ferrante II. 1496 an der Pest stirbt und sein Sohn Anspruch auf den Thron erhebt, kann Ferdinand seine Enttäuschung nicht verbergen: Er glaubt, größere Ansprüche auf den Thron von Neapel zu haben als die anderen Anwärter, da er der direkte Nachfolger Alfons' des Großmütigen ist. Ludwig XII., der Nachfolger Karls VIII. auf den Thron Frankreichs (1498), fordert für sich die Rechte der Anjous. 1500 erwägt man eine Teilung des Königreichs Neapel zwischen den beiden konkurrierenden Großmächten Frankreich und Spanien.

Die Begrenzung der den beiden Mächten zugeteilten Gebiete führt zu einer Reihe kleinerer Konflikte. Doch die Grundfrage ist immer noch offen: Wem gebührt die Krone von Neapel? Das führt zu einem erneuten Krieg zwischen Frankreich und Spanien. Hier zeigt sich das militärische Genie von Gonzalo Fernández de Córdoba, der den Namen Gran Capitán erhält. Eine Reihe hervorragend organisierter Schlachten, von denen die bedeutendsten die in Cerignola (April 1503) und an den Ufern des Garigliano (Dezember 1503) sind, geben Spanien die Möglichkeit, die Franzosen aus dem Königreich Neapel zu verjagen. Ferdinand braucht seinen Sieg nur noch auf die diplomatische Ebene auszudehnen. 1505 gibt sich Frankreich geschlagen; das Königreich Neapel wird von nun an der Krone von Aragonien unterstellt, behält aber seine politische, rechtliche und verfassungsmäßige Eigenständigkeit und eine gewisse Autonomie.

Diese Erfolge in Italien, sowohl auf dem Schlachtfeld als auch auf diplomatischer Ebene, machen Spanien zu Beginn des 16. Jahrhunderts zu einer europäischen Großmacht, und diesen Status behält es bis zum 17. Jahrhundert. Dem Gran Capitán verdankt man vor allem die Einführung einer Waffe, die die Überlegenheit der spanischen Armee begründet und ihr 150 Jahre lang den Ruf der Unbesiegbarkeit verleiht. Gonzalo Fernández de Córdoba überzeugt sich bereits bei den ersten Kämpfen in Süditalien davon, daß der französischen Kavallerie nicht beizukommen ist, da sie schwere Brust- und Rückenharnische trägt und mit langen Lanzen, die manchmal drei, vier und sogar fünf Meter lang sind, bewaffnet ist. Diese werden mit beiden Händen geschwungen und richten in den Reihen der Feinde große Verwüstungen an. Diesen Waffen setzt der Gran Capitán leichtere Waffen entgegen, die besser zu handhaben sind und deren Wirkung er durch Arkebusen erhöht. Der Einsatz von Piken, Kurzschwertern, Arkebusen und Musketen und die Kavallerie bilden die Grundlage der berühmten *tercios* (dieser Begriff taucht erst 1534 auf, doch eigentlich gab es die tercios schon zur Zeit der Italienkriege). Diego de Vera und Pedro Navarro entwickelten ein modernes Artilleriekorps, was die Reorganisation Anfang des 16. Jahrhunderts vollendet. Der Armee wird im übrigen eine Sonderstellung eingeräumt; sie verschlang zu Beginn der Regierungszeit der Katholischen Könige 15 % des Staatshaushalts, am Ende 50 %.

Die Einnahme Granadas bedeutet für Spanien das Ende eines langen Epos und den Beginn der Expansion jenseits der Straße von Gibraltar. Rodrigo Sánchez de Arévalo, Verfasser einer *Historia hispanica*, die 1469 beendet wurde, gibt eine sehr weitläufige Deutung von Spanien. Für ihn endet Spanien nicht bei der Straße von Gibraltar, sondern umfaßt auch die ehemaligen römischen Provinzen in Nordafrika. Hier zeichnet sich noch vor der Einnahme Granadas eine ehrgeizige Politik ab, die den afrikanischen Kontinent von verschiedenen Seiten einkreist: im Westen, wo die Kanarischen Inseln dem spanischen Eindringen Rückendeckung geben, und im Osten, wo es darum geht, in Nordafrika mehrere Stützpunkte aufrechtzuerhalten, die die Sicherheit der Seeverbindungen zwischen Cartagena und Sizilien garantieren.

Militärische Vorhaben, wirtschaftliche Interessen und der Kreuzzugsgedanke vermischen sich. Die Expeditionen der andalusischen Adeligen nach Afrika gleichen in vielerlei Hinsicht den Kämpfen, die sich Mauren und Christen vor 1482 an der Grenze zwischen dem christlichen Spanien und Granada lieferten. Nicht zufällig tauchen bei beiden die gleichen Namen auf: Die Herzöge von Medinasidonia bekommen Gibraltar in die Hand und die Ponce de Leóns Cádiz. Seit Beginn des 15. Jahrhunderts dienen La Niebla (ein Lehen der ersteren) und Cádiz als Ausgangspunkte für die Fischer, die an den Küsten Marokkos und Westafrikas fischen. 1449 räumte König Johann II. dem Herzog von Medinasidonia Privilegien über die ganze Zone von Kap d'Aguer bis zum Kap Bojador ein. Die Seeleute von Palos erwerben ähnliche Privilegien für die Fischgebiete am Mar Pequeña und am Río de Oro.

In beiden Zonen geraten die Kastilier mit den Portugiesen in Interessenkonflikt, was zu Protesten führt. Der Vertrag von Alcaçovas (1479) ermöglicht es, die jeweiligen Einflußgebiete abzugrenzen: Das Königreich von Fes und Guinea werden Portugal unterstellt; das Königreich Tlemcen Kastilien, doch die Küste der Sahara, gegenüber den Kanarischen Inseln, zwischen dem Kap von Aguer und dem Kap Bojador, bleibt bis zum Vertrag von Tordesillas (1494), in dem die Rechte Spaniens anerkannt werden, ein umstrittenes Gebiet. In Marokko bleibt Ceuta portugiesisch, doch das Land im Osten fällt Spanien zu.

Nachdem durch den Vertrag von Tordesillas die Streitigkeiten mit Portugal beigelegt sind, erwägt Ferdinand eine ausgedehnte Vormachtstellung im Westbecken des Mittelmeers, was eine Art Protektorat über das Königreich Neapel impliziert. Man erwägt, aus Cádiz einen großen Hafen für den Mittelmeerhandel zu machen. Die Katholischen Könige verhandeln mit den Ponce de Leóns (die den Titel eines Marquis von Cádiz ablegen und den eines Herzogs von Arcos annehmen) über die Wiedereingliederung der Stadt ins Königreich. Etwas später, 1502, bringt man die Herzöge von Medinasidonia dazu, Gibraltar der Krone zu überlassen. Diese Dinge zeigen, daß die Katholischen Könige entschlossen sind, die Expansion in Afrika der Privatinitiative zu überlassen, wenn auch unter ihrer Autorität.

1494 schlägt Fernando de Zafra, der mit dem Wiederaufbau des Königreichs Granada betraut ist, vor, sich Melillas zu bemächtigen, dem Endpunkt für die Karawanen, die Gold vom Sudan durch die Sahara transportieren. Strategische Überlegungen schließen jedoch die wirtschaftlichen Ziele nicht aus. Nicht die königliche Armee nimmt die Besetzung vor, sondern die Soldaten des Herzogs von Medinasidonia. Seit 1489 bemüht sich Spanien, gute Beziehungen zum Königreich Tlemcen, zu Bougie und Tunis zu pflegen, doch Melilla scheint kein sicheres Pfand zu sein. Das ist die erste einer Reihe von

Unternehmungen, die darauf abzielen, Spanien die Kontrolle über die Südküste des Mittelmeers zu geben.

Die folgende Etappe ist durch die Besetzung von Mers el-Kébir (1505) geprägt. 1509 ist unter dem Oberbefehl von Pedro Navarro eine Armee nach Oran unterwegs. Auch Kardinal Cisneros, der für dieses Unternehmen einen Teil der Einkünfte aus seiner Diözese von Toledo aufgewandt hat, befindet sich an Bord der Schiffe. Nichts zeigt besser als diese Zusammenarbeit zwischen einem Soldaten und einem Prälaten, daß sich bei der Afrikapolitik Spaniens zwei Interessensphären überschneiden. Cisneros glaubt, einen Kreuzzug gegen die Ungläubigen anzuführen, während die Soldaten von Pedro Navarro nur daran denken, Oran zu plündern. 1510 besetzt Pedro Navarro am anderen Ende Nordafrikas (einige Monate lang) Bougie und Tripolis. Um diesem Schicksal zu entgehen, schließt Algier ein Abkommen.

Um endgültig die Herrschaft über das westliche Mittelmeer zu gewinnen, braucht sich Spanien nur noch des Meeresarms zwischen dem Cap Bon und Sizilien zu versichern. Die Beziehungen zu Tunis sind zwar gut (Spanien exportiert Weizen und importiert dafür Gold und Silber), aber seit 1496 erwägen die Katholischen Könige, eine Garnison auf der Insel Djerba vor Tunis einzurichten, die die Spanier *los Gelves* nennen. Die Spanier erleiden hier im August 1510 eine Niederlage – es sollte nicht die letzte sein. Tunis ist auf der Hut. Zwischen 1510 und 1511 macht man in Spanien viel Aufhebens um die Expedition gegen Tunis, die Ferdinand vorbereitet und selbst leiten möchte. Im Sommer 1511 sollte sie beginnen, doch Ferdinand ändert seine Meinung und schickt die Armee nach Neapel.

Diese Umdisposition in letzter Minute zeigt die Grenzen des afrikanischen Vorhabens. Ferdinand muß die Stimmung seiner Untertanen berücksichtigen, die voller Begeisterung sind, wenn es um die Bekämpfung der Ungläubigen in Granada, Marokko, Oran oder Bougie geht, d. h. in Gegenden, die eine echte Bedrohung darstellen. Von hier aus greifen die Barbareskenkorsaren die Handelsschiffe an, entführen regelmäßig Christen von den andalusischen und levantinischen Küsten und verkaufen sie als Sklaven. Von Melilla nach Bougie steht die Sicherheit Spaniens auf dem Spiel. Bei der Verfolgung weiterer Ziele verhält man sich zurückhaltend. Insbesondere Tunis erscheint nicht mehr als höchstes Ziel. Vor diesem Hintergrund begreift man die Botschaften der Städte Toledo, Córdoba, und Sevilla am Vorabend vor der großen Expedition gegen Tunis. Man beglückwünscht wohl den König, weil er einen Kreuzzug unternimmt, doch man rät ihm ab, selbst das Kommando zu übernehmen. Wenn man zwischen den Zeilen liest, erkennt man, daß man sich vor dem Abenteuer fürchtet, es als unnötiges Risiko betrachtet.

Auch unter Karl V. zögern die Spanier, den Kreuzzug gegen die Türken zu unternehmen. Im Grunde genommen hat der Kreuzzug für sie nur dann einen Sinn, wenn er gegen einen Feind gerichtet ist, der ihre Sicherheit bedroht, gegen einen bekannten Feind wie die Mauren. Unter Karl V. sowie am Ende der Regierungszeit Ferdinands werfen Oran, Algier und Bougie Probleme auf, nicht Tunis, das viel weiter entfernt ist und das eher für Italien gefährlich werden kann als für Spanien.

Die Politik, die man verfolgt, zeigt eine starke Gemeinsamkeit zwischen Kastilien und Aragonien. Nach der Eroberung Granadas geht es zuerst darum, die Vereinigung der Iberischen Halbinsel unter einer einzigen Autorität vorzubereiten. Das ist ebenfalls das Motiv für die Wiedererlangung der Grafschaften des Roussillon und der Cerdagne wie die Einverleibung des Teils von Navarra, der sich im Süden der Pyrenäen befindet, aber auch für die portugiesischen Eheschließungen.

Als zweites sollen die wirtschaftlichen Interessen Kastiliens gewahrt werden, indem der Wollhandel, der den größten Reichtum Kastiliens ausmacht, gefördert wird. Das Bündnis mit dem Hause Burgund erklärt sich somit ganz von selbst: In diesem Fall stellt sich die Diplomatie in den Dienst der Wirtschaft. Als drittes möchte man Spanien zur Beherrscherin des westlichen Mittelmeers machen. Das erklärt die Besetzung gewisser Stützpunkte in Nordafrika und die Niederlassung in Neapel. Hier zeigt sich eine glückliche Interessenkombination zwischen Kastilien (das Nordafrika als bevorzugte Einflußzone sieht) und Aragonien in bezug auf Italien.

Daraus ersieht man, wie ungerecht es ist, Ferdinand vorzuwerfen, die Macht Kastiliens in den Dienst der Krone von Aragonien gestellt zu haben. Es scheint so, als ob er allein die Auslandspolitik der Doppelmonarchie geleitet habe, doch das ist nicht eindeutig nachzuweisen. Isabella wird oft Desinteresse vorgeworfen, was aber ebensowenig erwiesen ist. Sie legte großen Wert auf Afrika und zeigt große Begeisterung für eine Expedition nach Oran. Die burgundischen Eheschließungen betrafen mehr Kastilien als Aragonien, da es um die Bewahrung des Marktes in Flandern ging. In Wirklichkeit hat Ferdinand die kastilischen Interessen nicht geopfert, sondern wollte sie mit jenen der Krone von Aragonien im Mittelmeer vereinen.

Wollte Spanien in Europa eine Vormachtstellung erringen? Die Thronbesteigung der Habsburger im Jahre 1516 verfälscht die Perspektiven. Gerne unterstellt man Ferdinand Pläne, die in Wirklichkeit sein Enkel gehegt hatte. In gewisser Weise nahm Karl V. die Politik seiner Vorgänger wieder auf, und Ramón Menéndez Pidal behauptet mit Recht, daß die Formel »Friede unter den christlichen Völkern und Krieg den Ungläubigen«, die Karl V. übernommen hatte, von Ferdinand geprägt worden sei, doch der Kontext, in dem man sie nach 1516 gebraucht, ist nicht mehr der gleiche. Karl V. regiert über Spanien, Süditalien und Flandern, außerdem besitzt er dank seiner Kaiserwürde Macht in Deutschland. Verständlich, daß diese Machthäufung die anderen europäischen Nationen beunruhigte, insbesondere Frankreich, doch diese Orientierung entsprach nicht der spanischen Politik, wie Ferdinand sie gesehen hatte. Sie hatte Spanien in eine Richtung gedrängt, die ihm nicht entsprach. Die spanische Vorrangstellung im 16. Jahrhundert beruht also auf einer umstrittenen Grundlage, was Claudio Sánchez Albornoz dazu veranlaßte, die Thronbesteigung Karls V. als Katastrophe für Spanien zu bezeichnen, da er das Land in politische Unternehmen verwickelt hatte, die es eigentlich nur indirekt betrafen.

VI. Spanien unter der Inquisition

In den letzten Jahren des 15. Jahrhunderts und zu Beginn des 16. Jahrhunderts vertreibt Spanien seine religiösen Minderheiten und geht unerbittlich gegen die Häresie vor. Die Wiedereinsetzung der Inquisition, die Vertreibung der Juden und die Zwangsbekehrung der Muslime zielen in die gleiche Richtung; es soll eine reine und unverfälschte Glaubenseinheit geschaffen werden.

Für Spanien bedeutet diese Politik eine entscheidende Wende: Man geht von einer wohlwollenden, neutralen, ja toleranten Haltung gegenüber nichtchristlichen Konfessionen zur Unnachgiebigkeit, Strenge, ja zur Verfolgung über. Ist das der Wille von Ferdinand und Isabella? Ja und nein. Unter dem Volk herrscht schon seit langem eine antisemitische Stimmung, doch bis jetzt konnte das Herrscherpaar dem Druck des Volkes standhalten. Es wäre absurd, anzunehmen, daß Ferdinand und Isabella, die so bestrebt waren, auf allen Gebieten ihre Autorität geltend zu machen, sich durch die Vorurteile ihrer katholischen Untertanen hätten beeindrucken lassen. Ich meine beide Herrscher, auch wenn israelitische Quellen Ferdinand, den König von Aragonien, für die Vertreibung der Juden verantwortlich machen: Trotz hoher Geldangebote hätte er es abgelehnt, seinen Entschluß zu überdenken. Wie bei allen schwerwiegenden Problemen haben die Herrscher wohl auch hier gemeinsam gehandelt und führten eine einmal getroffene Entscheidung entschlossen durch.

Spanien und seine drei Religionen

Weniger erstaunlich als die Intoleranz Spaniens ist der späte Zeitpunkt, zu dem sie sich zeigt. Schon seit langem wurden die Juden aus dem übrigen Europa vertrieben. Pierre Chaunu macht auf diesen wesentlichen Punkt aufmerksam: »Im Mittelalter war das christliche Spanien das einzige Land der Christenheit, in dem große religiöse Minderheiten unbehelligt leben konnten.«

Wie erklärt sich Spaniens Haltung in diesem Punkt? Durch zwei Phänomene, die oft von Sánchez Albornoz angeführt wurden und die seiner Meinung nach das mittelalterliche Spanien charakterisierten: Reconquista und Neubesiedlung. Für das Spanien der Reconquista ging es nicht nur darum, das Land zu besetzen, sondern es auch zu bebauen. Deshalb bat man die Mauren nach der Reconquista, auf ihrem Land zu bleiben, genauso die jüdischen Gemeinschaften. Man forderte weder von den einen noch von den anderen die Bekehrung, man verlangte lediglich, daß sie treue Untertanen der Krone seien.

Man darf den religiösen Aspekt der Reconquista nicht überbetonen. Natürlich ist es ein Kreuzzug, aber auch ein Unternehmen, um ein Gebiet wiederzuerlangen, das einst den Christen gehörte. Dies drückt im 14. Jahrhundert der gebildete Aristokrat Juan Manuel so aus: »Der Krieg zwischen Christen und Mauren wird so lange dauern, bis die Christen die Gebiete, die ihnen die Mauren gewaltsam weggenommen haben, wiedererlangt haben; denn weder die Religion noch der Glaube sind für sie Anlaß zum Krieg.«

Das erklärt die erstaunliche Toleranz in manchen spanischen Kreisen am Ende des Mittelalters. Welcher Kontrast zu der Intoleranz, ja zum Fanatismus der letzten Jahre der Regierungszeit Philipps II. Man darf die Bedeutung dieser Strömungen nicht überbewerten, doch sie existieren. Zu Beginn des 15. Jahrhunderts macht sich Juan de Segovia, Professor an der Universität von Salamanca, Gedanken über das Problem der Bekehrung der Ungläubigen, d. h. der Sarazenen, doch die Methoden, die er vorsieht, sind gewaltlos. 1431 unterhält er sich lange mit dem Botschafter des muslimischen Königs von Granada über die katholischen Dogmen von der Dreieinigkeit und der Menschwerdung Christi. Etwas später unternimmt er zusammen mit Isa ben Gabir die Herausgabe einer dreisprachigen Ausgabe (in Latein, Arabisch und Kastilisch) des *Koran*. 1453 ist er entsetzt über den Kreuzzug, den Papst Nikolaus V. gegen die Türken führt, und findet, daß dieses Problem nur durch den Dialog gelöst werden kann. Diesen Gedanken vertritt er auch in einem Brief an Nikolaus von Kues: Der Kreuzzug muß vermieden werden, nur der Dialog kann den Religionskonflikt endgültig lösen. Zweifellos Hirngespinste. Hernando de Talavera im wiedereroberten Granada und einige Franziskaner im kolonisierten Amerika eignen sich diese Auffassung auf ihre Weise an.

Das mittelalterliche Spanien ist von Toleranz geprägt. Mit gutem Recht haben einige seiner Herrscher behauptet, daß sie Untertanen regierten, die drei Religionen angehörten: Der jüdischen Religion, dem Christentum und dem Islam. Alfons VII. (1126–1157) zum Beispiel ließ sich »Kaiser der drei Religionen« nennen.

Das trifft auf die Muslime zu: Jene, die auf christlichem Boden leben (die *mudéjares*), bewahren das Recht, ihre Religion frei auszuüben. Das gilt auch für die Juden: Im christlichen Spanien sind sie mehr als geduldet; sie leben ganz legal und angesehen innerhalb von Gemeinschaften, deren Gesamtheit eine Mikrogesellschaft bildet, die parallel zu der Makrogesellschaft der Christen besteht.

Seit der römischen Besiedlung leben Juden auf der Iberischen Halbinsel. Sie betrachteten sich bereits als eine Elite innerhalb der Diaspora, als Nachfahren der Stämme Juda und Benjamin. Die muslimische Invasion von 711 hatte keinen Einfluß auf ihr Schicksal: Sie wurden nicht verfolgt, man zwang sie auch nicht, zum Islam überzutreten – sondern gestattete ihnen erneut offizielle Anerkennung: Sie besitzen völlige Bewegungsfreiheit, bewahren das Recht, ihren Besitz zu behalten und weiteren dazuzukaufen, üben ihre Religion ungehindert aus. So bildeten sich die sogenannten *aljamas*, selbständige Ortsgemeinden, die sich aus allen Juden eines Bezirks zusammensetzten. Diese *aljamas* sind keine Gettos: Die Juden sind nicht in speziellen Stadtvierteln eingeschlossen, sie können ihre Wohnung frei wählen.

Zur Zeit der Kalifen hatte Córdoba eine besonders wohlhabende Judengemeinde. Sie behielt ihren Reichtum bis zum Beginn des 11. Jahrhunderts. Weitere bedeutende *aljamas* bildeten sich in Granada, Sevilla und Saragossa, wo Ibn Gabirol (1020–1058) lebte, ein Dichter und Philosoph, der auf Arabisch schrieb. Er war im christlichen Westen unter dem Namen Avicebron bekannt.

Die Berberstämme aus Afrika, die in zwei aufeinanderfolgenden Invasionen (Almoraviden – 1086 –, Almohaden – 1172) in Spanien Fuß fassen, beenden diese Politik der Toleranz. Die Juden werden jetzt aufgefordert, sich zwischen der Bekehrung oder dem Tod zu entscheiden. Einige wie der Philosoph Maimonides, ein Zeitgenosse von Thomas von Aquin, flüchten nach Ägypten. Die meisten fliehen in den Norden, ins christliche Spanien, das sie aufnimmt und ihnen erlaubt, wieder Gemeinschaften zu bilden wie zur Zeit der Kalifen in Córdoba. Seit dem 12. Jahrhundert gibt es wieder *aljamas* in den christlichen Königreichen. Die wichtigste ist die von Toledo, die zehn Synagogen umfaßt und wo sich fruchtbare Beziehungen zwischen der arabischen Kultur und der christlichen Europas entwickeln; z. B. übersetzt man Aristoteles von arabischen Texten ins Lateinische. Burgos,

Cuenca, Segovia, Avila, Medina del Campo, Carrion, Córdoba, Lucena und Sevilla ... gehören zu den bedeutendsten *aljamas* des Königreichs Kastilien, doch auch Navarra zeigt sich sehr aufgeschlossen. König Alfons (1104–1134) gibt den Juden eine Charta *(fuero)*, die ihnen religiöse und rechtliche Autonomie verleiht. Man fordert von ihnen eine Sondersteuer (die *pecha*), doch dafür nimmt sie der König unter seinen Schutz und gestattet ihnen ihr eigenes Gericht, ihre Rabbiner, ihre Kultstätten und ihre Talmudschulen. Die Juden von Tudela haben zum Beispiel drei Synagogen zu ihrer Verfügung. Ihr *aljama-Rat* erläßt Verfügungen *(takkanot)*, die auf Hebräisch und Kastilisch verfaßt sind. Er kann den Ausschluß aus der Gemeinde verhängen *(herem)* (manchmal für fünfzig Jahre) und gegen die Verräter der Gemeinschaft *(malsines)* vorgehen. Doch die königliche Justiz läßt die *aljama* ihre eigene Polizei aufstellen.

Diese Situation einer legalen Koexistenz zwischen verschiedenen religiösen Gemeinschaften findet sich im ganzen christlichen Spanien, und man versteht jetzt, daß die Sephardim (*Sefarad* ist der Begriff, den die Juden gebrauchen, um die Iberische Halbinsel zu bezeichnen) im mittelalterlichen Westen lange als Privilegierte angesehen wurden, da sie einen rechtlichen Status besaßen, der sie vor Willkür schützte. Der König von Kastilien ernannte selbst einen großen Rabbiner, der sein Sprachrohr war und das der *aljamas*. Er wählte auch denjenigen aus, der damit beauftragt war, seine Befehle an die Juden des Königreichs weiterzugeben und sie zu befolgen.

Kurzum, die Juden nehmen im mittelalterlichen Spanien einen bedeutenden Platz ein, nicht zuletzt aufgrund ihrer großen Zahl. Ende des 13. Jahrhunderts waren es ungefähr 100 000, sagen die einen, Mitte des 14. Jahrhunderts ungefähr 180 000, sagen die anderen. Die meisten Juden registrierte man in Toledo. Doch nicht ihre Anzahl macht ihre Stärke aus, sondern ihre Konzentration in manchen Gebieten und vor allem ihre soziale Organisation sowie ihre wirtschaftliche Macht.

Wovon lebten sie? Hier muß eine Legende zerstört werden. Bis zum 14. Jahrhundert stellen die spanischen Juden keine Stadtbevölkerung dar. Viele arbeiten in der Landwirtschaft, beschäftigen sich mit dem Weinbau oder der Viehzucht. Das trifft auf Navarra, die Gegend von Valladolid und Segovia zu: Juden besitzen Weinberge und Weizenfelder, mit denen sie ihren Lebensunterhalt bestreiten. Im 15. Jahrhundert leben noch viele Juden in ländlichen Gegenden und führen oft ein recht bescheidenes Leben. Andere arbeiten im Handwerk: Sie sind Ladenbesitzer, Schneider und Schuster. Doch bis zum 14. Jahrhundert gab es mehr christliche Handwerker als jüdische. Man muß also die Vorstellung gewisser Essayisten verwerfen, wonach die Gesellschaft in Kasten aufgeteilt wäre, in der eine Art Arbeitsteilung entsprechend der religiösen Zugehörigkeit geherrscht hätte, bei der die Christen eine Rahmenfunktion ausgeübt hätten, und die produktiven Tätigkeiten und freien Berufe (z. B. die Medizin) das Vorrecht der muslimischen und jüdischen Kasten gewesen wären.

Sicher haben sich einige Juden auf Geldgeschäfte und den Handel spezialisiert und den Königen, den Prälaten, den Lehnsherren und Privatpersonen oft Geld zu Wucherzinsen geliehen. Die gleichen sozialen Gruppen vertrauen ihnen oft ihre Geschäfte an und beauftragen sie vor allem, Steuern und Abgaben einzutreiben, was ihren Reichtum noch vermehrt. Im allgemeinen hat man diese Spezialisierung bei weitem übertrieben, ebenso die Rolle der Juden beim Eintreiben von Steuern und der Verwaltung der königlichen Finanzen. Im 14. Jahrhundert findet man kaum mehr Juden, die als Verwalter der königlichen Finanzen fungieren *(recaudadores, tesoreros)*. Seit der Regierung Heinrichs II. gibt es keinen jüdischen Buchhalter *(contador)* mehr. Sie kümmern sich nur noch als Steuerpächter *(arrendadores)* um die öffentlichen Finanzen, man muß sich jedoch davor hüten, ihnen ein Monopol auf diesem Gebiet zu unterstellen. Im 15. Jahrhundert geht die Entwicklung in diese Richtung weiter. Von 400 *arrendadores*, die von Miguel Angel Ladero Quesada zwischen 1439 und 1469 ermittelt wurden, sind nur 72 (insgesamt 15 %) Juden, und nur ein Viertel der Steuerpacht geht auf ihr Konto: vor allem die Zölle der Nordprovinzen *(diezmos de la mar)*, der *servicio y montazgo* der Wanderschäferei und die Salinen von Atienza.

Doch genau dieser Punkt nährt den Antisemitismus unter der Bevölkerung. Die Juden, die von den Granden protegiert werden, sind beim Volk verhaßt, da es in ihnen vor allem die Steuereintreiber sieht, Werkzeuge und Nutznießer des Steuerdrucks, Hamsterer, die ihre Preise in Zeiten der Not hochtreiben, Wucherer, die die Armen ausbeuten. Das Ganze wird noch verstärkt durch das Überlegenheitsgefühl der jüdischen Oligarchie, das diese bei jeder Gelegenheit zeigte und das sie aufgrund ihres Vermögens, ihres Erfolgs und ihres Einflusses bei den Königen und Adeligen erworben hatte. All das hat in starkem Maße das Entstehen des Antisemitismus unter dem Volk genährt. Dieser ist nicht spezifisch spanisch, doch er nimmt in Spanien dramatische Formen an, vor allem aufgrund der relativ wohlhabenden und privilegierten Situation der jüdischen Gemeinschaften.

Außerhalb Spaniens ist die Christenheit den Juden gegenüber nicht sehr wohlgesonnen. Das Konzil von Latran (1215) empfiehlt diskriminierende Maßnahmen gegen die Juden, die die spanischen Herrscher (Ferdinand III. und Jakob I.) zurückweisen, doch in Spanien stoßen sie immer mehr auf den Widerstand der Cortes und die Feindseligkeit der Bettelorden, vor allem der Dominikaner, die sich über die Stellung, die die Juden in der Gesellschaft einnehmen, ärgern. Es entstehen Anklagen wegen Ritualverbrechen; die erste datiert von 1294 in Saragossa. In der zweiten Hälfte des 13. Jahrhunderts nimmt der Antisemitismus zu: Die Juden dürfen keine öffentlichen Ämter mehr bekleiden, man beabsichtigt, die Privilegien der *aljamas* zu beschränken. Gleichzeitig bemüht man sich, die Juden friedlich zu bekehren. Das ist auch die Absicht des Disputs von Barcelona (1263), bei dem der heilige Raimund von Peñaforte in Anwesenheit des Königs von Aragonien, Jakob I., einige Rabbiner angreift. Die spanische Kirche ergreift immer deutlicher Position gegen die Juden (Konzil von Zamora, 1313). Doch die Herrscher schützen sie weiterhin, vermutlich nicht aus Toleranz, sondern einfach deshalb, weil sie sie brauchen: Die Juden sind gute Steuerzahler; außerdem kann man sie unter Druck setzen, denn sie sind immer zu finanziellen Opfern bereit, um ihren Status aufrechtzuerhalten. Die spanische jüdische Gemeinschaft nimmt zahlenmäßig zu: Juden, die aus Frankreich, Deutschland oder England vertrieben wurden, flüchten auf die Iberische Halbinsel und lassen sich vor allem in Kastilien nieder.

Ab dem 14. Jahrhundert nehmen die Zeichen der Feindseligkeit zu. 1328 erfolgt in Estella eine erste Gewalttat gegen Juden, als ein fanatischer Mönch die Bevölkerung gegen die »Gottesmörder« aufwiegelt. Viele Juden werden niedergemetzelt, andere können sich retten, nur wenige bleiben im Land. Die schreckliche Rezession, die nach der Pest folgte (1348), und die politische Unsicherheit in der zweiten Hälfte des 14. Jahrhunderts verändern die Lage der Juden in Spanien grundlegend. Epidemien, eine erschreckend hohe Sterblichkeit, schlechte Ernten, Preisanstieg, Bürgerkrieg, Machtkämpfe und wirtschaftliche Schwierigkeiten liefern neue Argumente für den Antisemitismus. Man unterstellt den Juden, sie würden die Situation ausnützen und sich auf Kosten des Volkes bereichern. An manchen Orten wirft man ihnen vor, die Brunnen vergiftet zu haben. Seit 1348 plündert die Menge die jüdischen Häuser von Barcelona, genauso in Valladolid (1367); man registriert Judenmassaker in Toledo (1355) und in Najera (1360).

Die politischen Parteien nutzen die antisemitische Stimmung aus; nehmen den Juden sogar übel, daß sie unter dem Schutz König Peters I. stehen. In seiner Regierungszeit (1357) ließ der einflußreiche Samuel ha-Levi die großartige Synagoge erbauen, die man heute noch in Toledo bewundern kann. Die Gegner des Königs, Heinrich von Trastámara und seine Anhänger, überbieten sich gegenseitig an Demagogie. Sie gehen sogar so weit, Peter I. vorzuwerfen, er sei ein Betrüger, ein Jude: Königin Maria von Portugal, die Gattin Alfons' XI., hätte eine Tochter zur Welt gebracht und man hätte sich arrangiert, ihm den Sohn eines Juden, eines gewissen Pero Gil, der am gleichen Tag geboren wurde, unterzuschieben ... Heinrich von Trastámara zeigte sich allerdings als Heinrich II. den Juden gegenüber viel gemäßigter. Diesen gelang es, einen Teil ihres Einflusses zurückzugewinnen, doch es war nicht mehr so wie früher.

Die Massaker von 1391 bilden den Höhepunkt dieser lang anhaltenden Verschlechterung der Beziehungen zwischen den religiösen Gemeinschaften, die noch durch die wirtschaftlichen, politischen und sozialen Krisen belastet wurden. Der Klerus unternimmt nichts, um diesen Prozeß aufzuhalten, im Gegenteil: Fernando Martinez, Archidiakon von Ecija und bischöflicher Vikariatsrichter des Erzbistums von Sevilla, hält glühende Predigten gegen die Juden. Sein Erzbischof versucht, ihn zu besänftigen, und König Johann I. erteilt ihm den Befehl, »seine« Juden in Ruhe zu lassen. Doch der Erzbischof stirbt 1390, der König kurz danach, und sein Nachfolger, Heinrich III., ist noch ein Kind: Martinez hat jetzt freie Hand. Er schickt gedungene Mörder los, die die Straßen von Sevilla unsicher machen. Die Unruhen ziehen sich bis zum Norden: Ciudad Real, Cuenca, Toledo, Madrid, Burgos, Logroño, Gerona, Barcelona und Valencia werden Schauplätze für Judenmassaker. Professionelle Agitatoren scheinen von einem Ort zum anderen geeilt zu sein, um die Menge mit dem üblen Beigeschmack des Klassenkampfes gegen die Juden aufzustacheln: die Armen gegen die Reichen. In Barcelona marschieren die Armen zum Judenviertel im Stadtzentrum und verbreiten, daß die »Großen« die »Kleinen« vernichten wollen: Man möchte die Häuser der Reichen in Brand setzen. Mehr noch als die religiöse Propaganda über die gottesmörderischen Juden, mehr noch als der Rassenhaß erklären die wirtschaftlichen Schwierigkeiten den Haß des Volkes auf die Juden und die Gewalttätigkeiten gegen sie, die noch durch einige Bettelmönche geschürt werden.

Die Juden geraten in Panik. Einige fliehen nach Nordafrika und lassen sich in Marrakesch, Oran, Algier, Tunis und Tripolis nieder. Viele treten zum Katholizismus über in der Hoffnung, sich und ihre Familien vor den Mördern zu retten. Die 1391 Konvertierten nennt man in Zukunft neue Christen oder *conversos*, um sie von den »alten Christen«, d.h. jenen, die aus alten christlichen Familien stammen, zu unterscheiden. Man vermutet, daß sich die Hälfte (vielleicht sogar mehr) der jüdischen Bevölkerung in Spanien hatte taufen lassen. Um 1410 gibt es kaum mehr Juden in Barcelona; die meisten hatten sich zum Christentum bekehrt. Einige dieser Konversionen erregten Aufsehen, wie z. B. die des Salomon ha-Levi, der sich am 21. Juli 1391 mit seiner ganzen Familie taufen ließ. Unter dem Namen Pablo de Santa Maria wird der ehemalige Rabbiner sogar Bischof von Burgos. Der Klerus, insbesondere die Bettelorden, haben diese Atmosphäre der Angst ausgenutzt und versucht, viele zu bekehren. Der heilige Vincent Ferrier behandelt in vielen seiner Predigten die Apokalypse. Anläßlich des Disputs von Tortosa (1413–1414), der von Papst Benedikt XII. organisiert wurde, versucht man, die Rabbiner davon zu überzeugen, daß Jesus sehr wohl der angekündigte Messias war und die Juden folglich keinen Anlaß mehr hätten, dem alten mosaischen Gesetz treu zu bleiben.

Gleichzeitig versucht man, den Juden durch Verordnungen das Leben zu erschweren, um sie von ihrem Glauben abzubringen. Man zwingt sie, in bestimmten Vierteln zu leben (zu der Zeit leben sie nicht mehr im Zentrum der Stadt), einen Bart, lange Haare und bescheidene Kleidung zu tragen, mit bestimmten Erkennungsmerkmalen (eine rote Scheibe), und verbietet ihnen die Ausübung bestimmter Berufe, zum Beispiel den Arztberuf. Verständlich, daß diese Repressalien Folgen hatten, und erzwungene Bekehrungen ohne Überzeugung erfolgten.

Ab 1419 bessert sich die Lage, obwohl die Juden in Spanien viel eingebüßt hatten. Viele waren in andere Länder geflüchtet, und diejenigen, die zurückgeblieben waren, hatten erheblich an Wohlstand verloren. Doch nach 1419 geht es wieder bergauf. Juden entwickeln wieder Dynamik in verschiedenen Bereichen, nehmen wieder das Bibelstudium auf und vor allem die Exegese. Im 15. Jahrhundert leben einige der großen jüdischen Theologen in Spanien: José Albo, Sem Tob, Salomó Alamí und Isaac Abravanel. Es gibt zahlreiche Bibelausgaben, Übersetzungen, Kommentare (über den Pentateuch, die Propheten etc.). Aus dieser Zeit stammt auch die Bibel aus dem Hause Alba, eine Übersetzung mit kritischen Anmerkungen des Rabbiners

Mose de Guadalajara, die er auf Ersuchen des Großmeisters des Ordens von Calatrava, Luis de Guzmán, besorgte. Der spanische Humanismus des 16. Jahrhunderts profitiert von diesen wissenschaftlichen Arbeiten, trotz des Mißtrauens, das allem, das rabbinischen Ursprungs ist, entgegengebracht wird.

Die Bekehrungen nach den Massakern von 1391 haben den Antisemitismus nicht zum Schweigen gebracht, sondern ihm im Gegenteil neue Nahrung gegeben, da jetzt nicht nur die Juden angeprangert werden, sondern auch die *conversos*, denen Unaufrichtigkeit vorgeworfen wird. Aus sozialer Sicht scheint die Krise des 14. Jahrhunderts bedeutende Veränderungen mit sich gebracht zu haben. Man findet jetzt immer weniger Juden in der Landwirtschaft, da sie mehr von der Stadt angelockt werden und den dort ausgeübten Berufen: das Handwerk, der Groß- und Einzelhandel, die freien Berufe. Die Register eines Notars aus Valencia, Jakob Salvador, der selbst Jude war (1474–1513), zeigen auf, daß von 131 konvertierten Juden in der Stadt, deren Beruf man kannte, 44 Händler sind, acht Ladenbesitzer, 28 in der Textilindustrie arbeiten. Das läßt Julio Caro Baroja zu dem Schluß kommen, daß es sich zu der Zeit um eine ausgesprochen auf die Stadt orientierte jüdische Gemeinschaft handelte, die sich aus den neuen Christen zusammensetzte. Diese *conversos* haben sich im übrigen Namen gegeben, die darauf anspielen: *La Calle* (die Straße), *Mercado* (der Markt) und andere vergleichbare. Der *converso* ist folglich oft ein Bürger im doppelten Sinn des Wortes: Ein Bewohner des Marktfleckens, der Stadt, aber auch ein Element eines entstehenden Mittelstands aus den Geschäfts- und Finanzkreisen. Echte Händlerdynastien von *conversos* besetzen somit wichtige Posten in Burgos, der Stadt des internationalen Wollgroßhandels. Bis ins 17. Jahrhundert findet man die Maluendas, die Santa Marias und die Cartagenas, Familien mit großem wirtschaftlichem und gesellschaftlichem Einfluß.

Durch die Bekehrung haben die Juden jetzt Zugang zu Berufen, die ihnen einst verschlossen waren. Sie besetzten jetzt auch Posten in der Kirche und in der Verwaltung. Im Laufe des 15. Jahrhunderts finden sie sich auch in den Stadtgemeinden, werden manchmal von einflußreichen Männern, wie z. B. Alvaro de Luna, dem Favoriten König Johanns II., gefördert, der sich damit treue Anhänger schuf. Ein Gelehrter schrieb, daß alle Familien der neuen Christen schließlich in den meisten Stadtgemeinden des Königreichs Kastilien Repräsentanten hatten, entweder als Magistratsbeamte oder als Inhaber eines sonstigen bedeutenden Postens. Andrés de Cabrera zum Beispiel, der hervorragend Isabellas Interessen vertreten hatte, besaß eine Leidenschaft: Er sammelte Posten in der Stadtgemeinde.

Diese soziale Förderung der *conversos* bewirkte Reaktionen, vor allem unter dem Volk. Die Elite – die Herrscher, die Aristokratie, der hohe Klerus – nahm die Konversionsbewegung wohlwollend auf, förderte sie sogar, doch die Masse stand ihr feindlich gegenüber, und der Antisemitismus von einst war immer noch stark verbreitet. Die Masse wirft den *conversos* weiterhin vor, die Menschen auszubeuten, sie diskriminierend zu behandeln, die guten Posten für sich zu besetzen und heuchlerische Christen zu sein.

Dieser Vorwurf entbehrt nicht der Grundlage. Von denen, die konvertierten, um dem blinden Haß des Volkes zu entgehen (1391), kehrten einige zu ihrer ursprünglichen Religion zurück, nachdem sich die Lage beruhigt hatte, doch das ist gefährlich für sie, denn ihre Taufe wird als unwiderruflich angesehen. So sind sie und ihre Nachfahren also dazu verdammt, Christen zu sein. In der Öffentlichkeit erfüllen sie ihre Pflichten als Katholiken, gehen zur Messe und versuchen, sich so wenig wie möglich von den alten Christen zu unterscheiden. Doch in ihrem eigenen Heim pflegen sie die Religion ihrer Väter. In Spanien sagt man, daß sie »nach dem mosaischen Gesetz« leben. Natürlich ist es nicht einfach, ein Doppelleben zu führen, in der Öffentlichkeit Christ zu sein und in den eigenen vier Wänden Jude. Der verkappte Judaismus in Spanien bewirkte psychologische Zerrissenheit, Konflikte in den harmonischsten Familien. Es kam vor, schreibt ein zeitgenössischer Chronist, daß ein Ehemann dem jüdischen Glauben anhing und seine Frau dem christlichen. Genauso verhielt es sich mit den Kindern, so daß jeder vor dem anderen Versteck spielen mußte. 1510 beschrieb eine junge Frau, wie ihre Familie ständig auf der Hut war: »Wir wissen nie, ob es Tag oder Nacht ist.« Ein 1488 von einem Inquisitor veröffentlichtes Werk vergleicht diese *conversos* mit Mohammed Alborayque, der weder Pferd noch Maulesel war.

Die alten Christen mißtrauen den konvertierten Christen, doch auch die Juden selbst stellen sich gegen die *conversos*. In den jüdischen Gemeinschaften des 15. Jahrhunderts unterschied man die *anusim*, d. h. die Juden, die pro forma konvertierten, aber innerlich Juden geblieben sind, und die *mesumad*, die überzeugte Christen wurden. Die ersten verdienen Anerkennung, die zweiten stoßen bei ihren ehemaligen Glaubensbrüdern auf Feindseligkeit und Verachtung. Einige Juden entwickeln sich zu erbitterten Gegnern der *con-*

versos, und einige *conversos* legen selbst den ganzen Eifer der Neubekehrten in ihre Bemühungen, die überzeugten Juden zu bekehren.

Es gibt keinen Zweifel, daß viele Bekehrte Juden geblieben waren. Verschiedene aufsehenerregende Geschehnisse haben die alten Christen schockiert und schließlich die größten Skeptiker überzeugt. Zu erwähnen ist die einflußreiche Familie de la Caballería in Saragossa, die 1414 konvertierte. Später erfährt man, daß das Familienoberhaupt, Pedro, das 1461 starb, weiterhin die jüdischen Gebote beachtet hatte. Noch schlimmer: Pater Garcia Zapata, Prior im Hieronymitenkloster in Sisla, in der Nähe von Toledo, feierte jedes Jahr im September das Laubhüttenfest. Vor dem Altar sprach er im Augenblick der Wandlung mit leiser Stimme »blasphemische«, »respektlose« Worte. Später endete er auf dem Scheiterhaufen. Man könnte noch viele Beispiele nennen und aufzeigen, daß eine relativ starke Minderheit neuer Christen nach ihrer Zwangsbekehrung weiterhin ihrem Glauben anhing, die hebräische Bibel studierte, den Sabbat beachtete, kein Schweinefleisch aß oder Fisch ohne Schuppen.

Diese Vorfälle haben das Mißtrauen und den Haß des Volkes in bezug auf die *conversos* geschürt, wobei man nicht immer zwischen echten und falschen Bekehrten unterscheidet. Der Antisemitismus im 15. Jahrhundert hat verschiedene Ursachen – wirtschaftliche, soziale und religiöse, doch wie am Ende des vorangegangenen Jahrhunderts artet er in Zeiten politischer Krisen in Gewalt aus. In fast allen Fällen erfolgten diese Explosionen vor dem Hintergrund einer wirtschaftlichen Schwäche, und skrupellose Politiker zögerten nicht, die Glut zu entfachen, um ihrer Partei zu nützen. Das scheint auch bei dem Aufruhr in Toledo (im Jahre 1449) so gewesen zu sein. Den Vorwand liefert eine Zwangsanleihe von einer Million Maravedis, die Alvaro de Luna bei der Stadt machte. Der Demagoge Pero Sarmiento nutzt die Unzufriedenheit der kleinen Leute, die von Steuern erdrückt werden, und richtet sie gegen die lokale Regierung, gegen Alvaro de Luna und seine jüdischen »Verbündeten« und die *conversos*. Er hat die Stadt mehrere Monate in der Hand und plündert systematisch die Häuser seiner Gegner, ob sie nun *conversos* sind oder nicht. Pero Sarmiento muß im Dezember 1449 die Stadt verlassen, doch er darf die Beute aus seinen Plünderungen mitnehmen, die von zwanzig Tieren transportiert wird: Gold, Silber, Tapisserien, Brokat, Tuchwaren aus Holland und der Bretagne. Diese Schätze belaufen sich insgesamt auf 30 Millionen Maravedis. Wenn er ein Haus plündert, schreibt ein Chronist, leert er es ganz. Die entrüsteten Proteste der Opfer bleiben wirkungslos.

Unter den antisemitischen Maßnahmen, die Pero Sarmiento in der Zeit ergreift, in der er über Toledo herrscht, gibt es eine, die zukunftsträchtig ist: Zum ersten Mal werden in Spanien die *conversos* von öffentlichen Ämtern ausgeschlossen, die ausschließlich den alten Christen vorbehalten sind. Diese Auflage der »Reinrassigkeit« schafft eine Diskriminierung zwischen den alten Christen und den bekehrten. Die Angelegenheit führt zu leidenschaftlicher Polemik. Einige Theologen wenden sich entschieden gegen diese Art von Diskriminierung. Lope de Barrientos, Bischof von Cuenca, prangert die Anstifter von Zwietracht an *(contra algunos cizañadores).* Für ihn ist es Ketzerei, Menschen in die Gemeinschaft der Gläubigen aufzunehmen und ihnen dann den Zutritt zu bestimmten Aufgaben zu verwehren. Papst Nikolaus V. teilt diese Ansicht: Die Christen bilden – ungeachtet des Zeitpunkts, wann sie es geworden sind – eine einzige Gruppe; sie haben alle gleichermaßen das Anrecht auf Ämter und die Vorteile der bürgerlichen und kirchlichen Gesellschaft.

Schließlich kehrt in Toledo wieder Ruhe ein, zumindest vorläufig. 1467 flammen die Unruhen wieder auf. Der Anlaß ist durch unpopuläre Steuerforderungen gegeben: Es finden regelrechte Straßenschlachten statt, bei denen *conversos* niedergemetzelt werden. Man steckt ihre Häuser in Brand, nachdem man sie geplündert hat. Und es geht weiter: antisemitische Unruhen in Sepulveda (1468), in Córdoba (1473), in Jaén (1473) und in Segovia (1472 und 1474). Das Drehbuch ist immer das gleiche: Demagogen nutzen die Unzufriedenheit des Volkes und organisieren Angriffe auf die Juden. Die Herrscher und die Aristokratie bemühen sich oft, das Schlimmste zu vermeiden. So riskieren 1474 *hidalgos* in Córdoba ihr Leben, um tödlich bedrohte *conversos* zu retten. In Andalusien ergreift der Herzog von Medinasidonia Partei für die Juden.

So ist die Lage, als Isabella 1474 den Thron von Kastilien besteigt. Die Probleme, die sich aufgrund der jüdischen Minderheit oder der neuen Christen jüdischen Ursprungs, die oft wohlhabend und einflußreich sind, aber Opfer eines erbitterten Antisemitismus, ergeben, werden immer beunruhigender. Um sie zu lösen, richtet sie ein Sondergericht ein, das damit beauftragt ist, darauf zu achten, daß die Neubekehrten die Gebote des Glaubens befolgen, und jene auszuweisen, die ihrem alten Glauben nicht abschwören.

Seit 1460 gärt die Idee. Man weiß, daß sich Heinrich IV. an den Papst gewandt hatte, um die Erlaubnis zu erhalten, vier Inquisitoren zu ernennen, zwei für Altkastilien und zwei für Neukastilien und Andalusien. Das geschah 1461 bis 1462. Dieser Schritt umreißt bereits das, was zwanzig Jahre später eintreten wird: Es geht darum, von Rom eine Machtbefugnis im Kampf gegen die Häresie zu erlangen und dem Staat die Bestrafung dieser Art Delikte zu übertragen. Der Papst schien nicht zu begreifen, was man von ihm wollte (oder er wollte es nicht begreifen). Er begnügt sich damit, seinen Inquisitor-Legaten in Kastilien zu ernennen, der seine Befugnisse weiter delegieren kann, was darauf hinausläuft, daß die sogenannte mittelalterliche Inquisition eingeführt wird, die der Kirche unterstellt ist. Diese Art von Inquisition, die in der westlichen Christenheit bekannt ist, wurde in Kastilien nie praktiziert. Heinrich IV. legt keinen Wert darauf, und die Dinge bleiben wie sie sind. Auch hier stellt man wieder fest, daß die Katholischen Könige keine Erneuerer waren: Sie beschränkten sich darauf, den Gedanken aufzugreifen und ihn ungeachtet aller Hindernisse in die Tat umzusetzen. 1464 bis 1465 fordern einige Adelige, die Heinrich IV. feindlich gesinnt sind, daß er Gesetze gegen die Häretiker erlasse, doch es geht ihnen hauptsächlich darum, den König in die Enge zu treiben, und die Angelegenheit wird nicht weiter verfolgt.

Doch die Idee wird weiterentwickelt, nicht mehr in politischen Kreisen, sondern bei Theologen und Kontroverstheologen, die oft jüdischer Abstammung sind, so daß sich ernsthaft die Frage aufdrängt, ob die Inquisition, wie sie sich Ende des 15. Jahrhunderts in Spanien zeigte, nicht sogar eine jüdische Erfindung war. Révah, der das Problem gut kennt, findet diese Hypothese untragbar. Doch Américo Castro und Sánchez Albornoz, die sich in diesem Punkt einig sind, halten sie für durchaus plausibel, und es fehlt nicht an Argumenten, sie zu untermauern. Man denke nur an den streitbaren Antijudaismus einiger Bekehrter, die die falschen Christen entlarven möchten, indem sie ihre Fehler anprangern, wie im Falle des ehemaligen Rabbiners Pablo de Santa María. Das empfiehlt auch ein anderer bekannter *converso,* der Franziskaner Alonso de Expina, in einem Buch, das zwischen 1458 und 1459 unter dem Titel *Fortalitium fidei* verfaßt wurde und das äußerst harte Formulierungen enthält: »Ich bin davon überzeugt, wenn man eine ernsthafte Untersuchung (der Autor schreibt: *»Inquisition«*, was heißt: *Nachforschung, Untersuchung*) anstellte, müßte man viele auf den Scheiterhaufen schicken, weil sie noch dem jüdischen Glauben anhängen.« Ein anderer bekannter *converso*, Alonso de Cartagena, zeigt sich in einem Pamphlet über die Verteidigung der christlichen Einheit *(Defensorium unitatis christianae)* genauso unerbittlich: »Wenn sich ein neuer Christ ungebührlich benimmt, muß man ihn unerbittlich bestrafen, und ich würde als erster den Scheiterhaufen errichten und ihn eigenhändig anzünden. Wenn der Schuldige ein ehemaliger Jude ist, muß man ihn noch härter bestrafen, da er ganz bewußt sündigt, denn er kennt besser als andere das Mosaische Gesetz und die Propheten.«

Doch es gibt auch viele, die einen kühlen Kopf bewahren und sich Sorgen über diese Auswüchse machen und die zu Unrecht angeklagten und bedrohten *conversos* verteidigen. Man denkt dabei an Diego de Valera und an den dominikanischen Kardinal Juan de Torquemada (nicht zu verwechseln mit dem zukünftigen Großinquisitor!). Diese Kontroversen um die *conversos* bereiten das Terrain für die Inquisition. Ein echtes Problem soll auf brutale Weise gelöst werden. Worum ging es hier? Man zweifelt an der Aufrichtigkeit gewisser *conversos*, wirft ihnen vor, sie würden mehr oder weniger offen weiterhin ihrem jüdischen Glauben anhängen, d. h. Riten und Praktiken pflegen, die mit der neuen Religion, zu der sie sich durch die Taufe bekannten, unvereinbar seien. Skandalöse Vorfälle zeigten, daß die Anschuldigungen auch in einigen Fällen berechtigt waren. Das bewegt die Freunde der *conversos* und sogar einige *conversos* selbst zu einer ersten Konzession: Sie geben zu, daß es sich hier um ein schwerwiegendes Problem handelt. Viele der neuen Christen haben sich zum Christentum bekehrt, ohne mit dem Gedanken zu spielen, weiterhin ihren alten Glauben zu pflegen. Nur einige wenige geben Anlaß zu Kritik, doch es wird pauschaliert, d. h., alle *conversos* werden verdächtigt, sind den Vorurteilen des Volkes ausgesetzt und werden als *marranes* bezeichnet. Allmählich entstand die Idee, ein Sondergericht einzurichten, das damit beauftragt sein sollte, verdächtigen Fällen auf den Grund zu gehen, Personen zu bestrafen, die noch ihren alten Glauben praktizierten, die anderen aber vom Verdacht zu befreien.

Kurz nach ihrer Thronbesteigung erhielt Isabella einen alarmierenden Bericht des dominikanischen Priors von Sevilla, Fray Alonso de Hojeda: Es müßten sofort strenge Maßnahmen ergriffen werden, um das Übel zu bekämpfen; die Zahl jener, die weder Juden noch Christen sind, nehme ständig zu; viele *conversos* schämten sich nicht, sich Christen zu nennen, um alle Vorteile dieser Religion in Anspruch zu nehmen, vor allem den, öffentliche Ämter zu bekleiden und die Privilegien der Kirche zu genießen, würden aber weiterhin den Glauben ihrer Väter praktizieren; sie würden den Sabbat feiern, ihre Kinder beschneiden lassen, an den Fastentagen Fleisch essen, jüdische Gebete sprechen, Ostern und andere jüdische Feste begehen, ihre Toten nach jüdischem Ritus bestatten ... Das schockiert in einem stark katholisch ausgerichteten Land die Bevölkerung und die Behörden. Die Königin wird dringlich aufgefordert, schnell zu handeln.

Doch Isabella zögert. Auch ihre Vertrauten, wie ihr Beichtvater Hernando de Talavera, selbst ein *converso,* und Kardinal Mendoza, Erzbischof von Sevilla, verhalten sich äußerst zurückhaltend. Ferdinand scheint eher entschlossen zu sein, Maßnahmen zu ergreifen. Der Hof läßt sich Zeit zum Nachdenken. Es ist nicht die Art der Katholischen Könige, zu improvisieren und sich, vor allem in einer so ernsten Angelegenheit, ohne gründliche Untersuchung des Problems zu entscheiden. Doch wenn sie sich einmal entschieden haben, kann nichts und niemand sie davon abbringen.

Ferdinand und Isabella lassen sich mit ihren Überlegungen vier Jahre Zeit und nutzen diese Zeit, um genaue Informationen zu sammeln. 1477 bis 1478 besucht das Herrscherpaar mit seinem Hofstaat Estremadura und Andalusien, läßt sich mehrere Monate in Sevilla nieder, um sich persönlich über die Lage zu unterrichten. Alle Historiker betonen die Bedeutung dieses Aufenthalts in Andalusien, wenn es um das Aufzeigen des Entstehens der Inquisition geht. 1507 sagt Ferdinand: »Wir konnten nicht anders handeln; man erzählte uns soviel über Andalusien, daß wir, selbst wenn es sich um den Prinzen, unseren Sohn (den Thronerben Prinz Johann, der 1497 starb) gehandelt hätte, nicht anders hätten handeln können.« Ferdinand war bereits halb überzeugt, im Gegensatz zu Isabella. Die beiden Herrscher wenden sich nach ihrer Rückkehr aus Sevilla an den Papst, um die Genehmigung zu erhalten, ein Inquisitionsgericht einzurichten. Sixtus IV. entspricht ihrer Bitte und unterzeichnet am 1. November 1478 die Bulle *Exigit sincerae devotionis,* durch die er die Katholischen Könige ermächtigt, Inquisitoren zu ernennen.

Doch noch ist nichts entschieden. Ferdinand und Isabella besitzen jetzt eine gefährliche Waffe gegen die *conversos,* die ihrem Glauben nicht abgeschworen haben, doch sie warten zwei Jahre, bis sie die Waffe schwingen, als ob sie geahnt hätten, welches Drama sich in ihrem Land abspielen würde und es gerne vermieden hätten. Die Umgebung der Königin zeigt den größten Widerstand, solch rigorose

Maßnahmen zu ergreifen. Ihre engsten Berater unternehmen höchstpersönlich eine Kampagne von Erklärungen bei den andalusischen *conversos*. Kardinal Mendoza, Erzbischof von Sevilla, läßt einen Katechismus verfassen und in allen Kirchen verbreiten. In einem Hirtenbrief fordert er seinen Klerus auf, sich mit ganzen Kräften um die religiöse Unterweisung der Gläubigen zu bemühen und vor allem der neuen Christen. Er knüpft viele Kontakte mit den zukünftigen Opfern der Inquisition. Hernando de Talavera begibt sich nach Sevilla, predigt dort und versucht zu überzeugen. Die beiden Männer gehen davon aus, daß man die Kriegsmaschine, die einsatzbereit ist, aufhalten kann. Ihre Argumente sind von Anfang an die gleichen, und sie haben das Problem erkannt: Viele Bekehrte haben nur eine sehr spärliche religiöse Unterweisung erhalten, d. h. gar keine; wie soll man von ihnen verlangen, daß sie einen Glauben ausüben, den sie nicht oder nur schlecht kennen? Wie soll man sie für Fehler bestrafen, die oft aus Ignoranz begangen wurden? Man bemüht sich also, die neuen Christen im Katechismus zu unterweisen und hofft damit, die Zahl der *conversos*, die ihrem alten Glauben noch nicht entsagt haben, beträchtlich zu verringern und auf Repressalien verzichten zu können.

Diese Evangelisationskampagne erfolgt eigentlich recht spät; man hätte schon viel früher daran denken können. Die Ergebnisse sind mittelmäßig. »Das hat nicht viel genutzt«, schreibt der Chronist Pulgar, der selbst ein *converso* ist und der Inquisition ablehnend gegenübersteht. Die neuen Christen von Sevilla scheinen die Gefahr nicht zu erkennen; sie nehmen weder diese Katechese ernst noch die Drohungen. 1480 stellen Diego de Merlo, Stadtrichter von Sevilla (das ist das gleiche wie der *corregidor* der kastilischen Städte) und der Bischof von Cádiz fest, daß die Kampagne nichts gebracht hat, und unterrichten das Herrscherpaar darüber. Nun nimmt das Schicksal seinen Lauf. Die Katholischen Könige machen von der Macht, die ihnen der Papst übertragen hat, Gebrauch: Am 27. September 1480 benennen sie die beiden ersten Inquisitoren. Das ist die Geburtsstunde der Inquisition, die erst 1834 zu Ende geht.

Die Ankunft der Inquisitoren im November 1480, die ausgedehnten Machtbefugnisse, die sie besitzen, und ihre Entschlossenheit versetzten Sevilla in Angst. Die *conversos* verlassen zu Hunderten die Stadt. Im September 1482 erkennt die Stadtgemeinde von Sevilla die Folgen dieser Flucht; der Handel ist ruiniert, und die Stadt hat ihre Haupteinkünfte verloren. Viele der *conversos* flüchten sich auf die Ländereien der Lehnsherren, wo sie sich sicherer fühlen, vor allem dem des Marquis von Cádiz. Am 1. Januar 1481 werden die Adeligen von Andalusien gewarnt, die Flüchtigen nicht dem Inquisitionsgericht zu entziehen, andernfalls würde der König persönlich eingreifen. Die Prozesse beginnen, und die Strafen sind schrecklich. Zwischen 1481 und 1488 zählt man allein in Sevilla Tausende von Opfern; man spricht von 700 Hinrichtungen und mehr als 5000 »Rekonziliationen«, das heißt, Aussöhnung durch Strafen. Dieses harte Eingreifen versetzt die *conversos* in Schrecken und empört die Gemäßigten. Einige erwägen, mit Gewalt Widerstand zu leisten; sie bereiten einen Aufstand vor, doch das Komplott wird aufgedeckt, anscheinend durch die Tochter des Anführers, Susanne, »die schöne Frau« *(La fermosa fembra)*. Die Verschwörer werden festgenommen und hingerichtet.

Man wendet sich an den Papst, um ihn zu bitten, diesen Grausamkeiten ein Ende zu bereiten. Sixtus IV. ist erschüttert von den Berichten, die ihm unterbreitet werden, und erkennt, was er den Katholischen Königen zugestanden hat. Diese hatten ihn darum gebeten, ihnen zur Bekämpfung der *conversos*, die ihrem Glauben treu geblieben waren, Befugnisse zu erteilen. Der Papst vermutete wohl, daß es um die Einrichtung einer klassischen Inquisition ginge, d. h. einer, die den Bischöfen unterstellt war. Diese Hypothese scheint plausibel, da die mittelalterliche Inquisition bis jetzt keinen Eingang in Kastilien gefunden hatte. Das, was sich in Sevilla abspielt, hat nichts damit zu tun. Die Inquisitoren werden vom König ernannt und sind ausschließlich ihm unterstellt; sie sind den Bischöfen keine Rechenschaft schuldig. Sixtus IV. erkennt zu spät, daß man ihm einen recht vagen Antrag gestellt und daß er ihm entsprochen hatte, ohne die Konsequenzen zu bedenken. Er versucht zu retten, was zu retten ist, indem er die Bulle von 1478 annulliert und die Inquisition den Bischöfen unterstellt, doch er stößt auf die Hartnäckigkeit der Katholischen Könige, die nichts davon wissen möchten. Sixtus IV. gibt nach, akzeptiert, daß die Inquisitoren ihre Arbeit fortsetzen, doch unter der Bedingung, daß sie den Bischöfen Rechenschaft ablegen und das Verfahren in zwei Punkten geändert wird: Die Ankläger dürfen nicht mehr anonym bleiben, und die Verurteilten können beim Vatikan Berufung einlegen.

Ferdinand wehrt sich heftig dagegen: Die Dinge sollen so bleiben wie sie sind. Und Sixtus IV. gibt wieder nach. Am 25. Februar 1483 bestätigt er die Bulle von 1478 mit einem einzigen Vorbehalt: Der Erzbischof von Sevilla kann in letzter Instanz über die von den Inquisitoren ausgesprochenen Urteile entscheiden. Doch diese einzige Einschränkung ist sinnlos: Der Großinquisitor ist gleichzeitig auch Berufungsrichter. Der Papst hat resigniert, hat zugunsten des Staates auf die Verfolgung der Ketzerei verzichtet. Es gibt noch einen letzten Versuch seitens der *conversos*, die Abschaffung der Inquisition zu erreichen. Ende 1488 wendet man sich an Innozenz VIII., den Nachfolger Sixtus' IV. Doch vergeblich. Die Katholischen Könige lassen sich nicht umstimmen, und der Papst wagt es nicht, sich ihrem Willen zu widersetzen. Schließlich gibt auch Innozenz VIII. in den beiden umstrittensten Punkten nach: Der Staat wird weiterhin die Inquisitoren ernennen; alle Prozesse werden in Kastilien eingeleitet und zu Ende geführt, ohne daß die Angeklagten die Gelegenheit hätten, in Rom Berufung einzulegen. Ja, die Katholischen Könige drohen jedem mit der Todesstrafe, der sich auf einen päpstlichen Dispens oder eine päpstliche Absolution beruft, um der Inquisition zu entgehen. Die Katholischen Könige wollen die Bekämpfung der Ketzerei selbst in die Hand nehmen.

Die Inquisition setzt sich in Spanien durch. Zwischen 1482 und 1493 erfaßt sie die ganze Halbinsel, mit Ausnahme von Portugal und Navarra, das autonom ist. Nach Sevilla wurde das erste Gericht in Córdoba eingerichtet (1482). Es folgen 1483 die Gerichte von Jaén und Ciudad Real. Dieses ist nur provisorisch eingerichtet, wird 1485 nach dem Tod von Erzbischof Carrillo, der nichts von der Inquisition wissen wollte, nach Toledo verlegt. Im übrigen ging in Toledo nicht alles reibungslos vonstatten: Ein Komplott hatte sich gebildet, um die Inquisitoren am Fronleichnamstag zu töten, doch am Tag zuvor war der *corregidor* darüber informiert worden und hatte sechs der Verschwörer festnehmen lassen. Im gleichen Jahr, 1485, wird die Inquisition in Llerena und Medina del Campo eingerichtet, im Jahr darauf in Segovia. Das Netz wird systematisch ausgebaut: 1488 wird das Gericht von Medina del Campo nach Salamanca verlegt, das von Jaén nach Alcaraz, und es werden Gerichte in Murcia und Valladolid und 1489 in Burgos, Cuenca, Osma, 1490 in Avila, 1491 in Sigüenza und Jérez, 1492 in León und 1493 in Palencia eingerichtet. Zu Beginn des 16. Jahrhunderts werden diese Bezirke wieder umgestaltet, doch nach und nach steht ganz Kastilien im Zeichen der Inquisition, und die neuen Christen haben wenig Chancen. Untersteht auch das ehemalige muslimische Königreich von Granada, das 1492 zurückerobert wurde, der Inquisition? Man zerbricht sich darüber den Kopf. Als Ferdinand von Granada Besitz ergriffen hatte, soll er versprochen haben, daß sich die Inquisition nicht früher als in vierzig Jahren hier niederlassen würde. Man wollte die muslimische Bevölkerung nicht in Panik versetzen. Der Erzbischof von Granada, Hernando de Talavera, hatte sich der Inquisition widersetzt und Isabella überzeugt. Trotzdem scheint die Inquisition zwischen 1492 und 1500 in Granada Einlaß gefunden zu haben, wenn auch inoffiziell. Erst 1526 wurde sie offiziell eingeführt.

In Kastilien hatten die Katholischen Könige keine Schwierigkeiten, die Inquisition einzuführen, da sie hier bislang unbekannt war. Ganz anders verhielt es sich mit Aragonien. Hier zeigen sich zwei Haupthindernisse: Die Bulle von Sixtus IV., die die Katholischen Könige ermächtigt, Inquisitoren in ihrem Königreich zu ernennen, stammt von 1478. Zu dieser Zeit ist Ferdinand noch nicht König von Aragonien (er wird es erst im Jahr darauf). Er kann sich also nicht auf die Ermächtigung des Papstes berufen. Außerdem gibt es in Aragonien die sogenannte mittelalterliche Inquisition, die durchaus aktiv ist: Zwischen 1460 und 1467 registriert man allein in Valencia fünfzehn Prozesse gegen *conversos.* Es schien nicht erforderlich zu sein, hier die gleichen Vorkehrungen wie für Kastilien zu treffen. Doch König Ferdinand legte großen Wert darauf und setzte schließlich seinen Willen durch, indem er den Papst in seiner eigenen Falle fing. Sixtus IV., der glaubte, Initiativen entwickeln zu müssen, hatte mehrere Inquisitoren für Kastilien ernannt. Die Katholischen Könige hatten sich gefügt. Ferdinand hatte dann unter diesen Inquisitoren den ersten Großinquisitor für Aragonien ausgesucht (1483). Dieser sollte traurige Berühmtheit erlangen; es handelte sich um Tomás de Torquemada.

Bleibt noch der Widerstand der Ortsbehörden zu überwinden. Diese wenden ein, daß Torquemada ein Fremder in Aragonien sei, daß die Beschlagnahmung der Güter der Verurteilten und die Geheimhaltung des Prozesses den *fueros* widersprächen. Ferdinand weist diese Proteste ab. Er ist fest entschlossen, den Willen seiner aragonischen Untertanen zu brechen, wie er den des Papstes gebrochen hatte. Da ein offizieller Widerstand nutzlos ist, fügen sich die Aragonier. Am 13. September 1485 wird der Inquisitor Pedro Arbués in der Kathedrale von Saragossa erschlagen. Doch dieses Attentat hat böse Folgen für die Rädelsführer: Der König ist entschlossener denn je, nicht nachzugeben, und dieser Vorfall schürt die Feindseligkeit gegen die Juden und die *conversos.*

Das gleiche wiederholt sich in Barcelona. Trotz des Widerstands der Ortsbehörden wird die Inquisition im Mai 1484 eingerichtet. Die *conversos* bekommen Angst: Angeblich sollen 3000 geflohen sein. In Wirklichkeit waren es wohl weniger – vermutlich sechshundert. In erster Linie handelt es sich bei den Flüchtigen um Großhändler und Verwalter. Durch ihre Flucht verschlechtert sich die wirtschaftliche Lage in Barcelona. Doch die Inquisition setzt sich durch.

In Valencia wird Protest laut. 1484 stellt dort die Versammlung der Cortes fest, daß die Inquisitoren Ausländer sind, und das Verfahren nicht mit den *fueros* vereinbar ist. Ferdinand läßt sich nicht umstimmen, sondern tritt energisch für die Einsetzung des neuen Gerichts ein. 1510 erneuern die Cortes von Monzon ihre Proteste aufgrund der *fueros* der Krone von Aragonien. Doch ohne Erfolg. Es handelt sich um eine sorgfältig durchdachte Politik: Das ganze Gebiet der Halbinsel steht somit unter Kontrolle. Auch Navarra kann sich nicht entziehen. Seit 1512 untersteht es der Krone von Kastilien. Im Jahr darauf bekommt Pamplona ein Gericht. Lediglich Galicien, das weit entfernt und nur schwach besiedelt ist, kann sich vorläufig der Inquisition entziehen.

Die Inquisition umreißt sehr schnell ihr Betätigungsfeld, ihre Organisation und ihr Vorgehen. Sie ist damit beauftragt, den katholischen Glauben zu verteidigen, nonkonformistische Strömungen auszuschalten und gegen die Ketzerei anzugehen. Dieses Ziel gibt diesem Anti-Ketzer-Instrument die Existenzberechtigung und bedarf einer Erläuterung.

Inwiefern ist der Staat von der Ketzerei betroffen und was bedeutet das überhaupt? Die Ketzerei ist nur innerhalb der Dynamik des Glaubens zu begreifen. Deshalb hat die Inquisition keine Macht über die Muslime oder über die nicht bekehrten Juden; sie prangert nur die Katholiken an, jene, die ihr Taufgelübde nicht einhalten und die Dogmen und sonstigen Regeln der Kirche nicht beachten. Nun besteht aber der Glaube aus zwei Elementen – dem persönlichen Bekenntnis in einer Gemeinschaft, deren enges Band durch das Bekenntnis jedes einzelnen geknüpft ist. Der Ketzer verhält sich also 1. Gott gegenüber, dessen Gebote er angeblich befolgt, dreist und begeht 2. gegenüber der Gemeinschaft einen Treuebruch. In einer christlichen Gesellschaft stellt der Ketzer nicht nur den Glauben in Frage, sondern unterwandert auch die Gemeinschaft. Er begnügt sich nicht damit, einen Fehler zu begehen, der nur ihn betrifft und für den er nur Gott verantwortlich ist, sondern er begeht ein politisches Delikt – nach Auffassung der spanischen Inquisition –, das bestraft werden muß.

In der ersten Zeit wurde die Einrichtung der spanischen Inquisition durch ein spezielles Problem gerechtfertigt: die Ketzerei der neuen Christen, die ihren jüdischen Glauben weiterhin praktizierten, obwohl sie geschworen hatten, ihn abzulegen. Später erweitert die Inquisition ihre Kompetenz auf andere Ketzer oder angebliche: die Protestanten, die Pseudo-Mystiker *(alumbrados)*, die Hexen (wenn sie angeben, mit dem Teufel im Bund zu stehen), die Bigamisten (sie verstoßen gegen das Sakrament der Ehe), die lasterhaften Priester, die Homosexuellen. Im Dezember 1504 wurden in Cartagena die ersten Maßnahmen gegen Homosexuelle ergriffen. Es gab lebhafte Proteste, und Ferdinand mußte eingreifen: Seiner Meinung nach hatten die Inquisitoren ihre Kompetenzen überschritten, da diese Art von Delikt der ordentlichen Gerichtsbarkeit untersteht. Doch schließlich reißt die Inquisition die Entscheidung über Maßnahmen gegen die Homosexualität an sich und urteilt darüber. Auch in bezug auf Blasphemie gab es zu Beginn unterschiedliche Auffassungen. Deza, der 1500 Großinquisitor wird, verlangt, zwischen Blasphemisten und Ketzern zu unterscheiden; die Blasphemisten dürfen nicht festgenommen werden. In der zweiten Hälfte des 16. Jahrhunderts sind jedoch die Verfolgungen »übel klingender Worte« an der Tagesordnung, doch die Inquisition geht nur dann gegen die Blasphemisten vor, wenn es den Anschein hat, daß sie das Dogma falsch auslegen. Die Inquisition ist keine Sittenpolizei. Sie interessiert sich für das, was die Leute denken, nicht für das, was sie tun, es sei denn, ihr Verhalten widerspräche den Geboten der katholischen Kirche. Die verhängten Strafen lassen erkennen, welche Bedeutung die Inquisitoren diesen verschiedenen Delikten beimessen: Blasphemie wird nicht als schweres Vergehen angesehen; die entsprechenden Prozesse werden zügig durchgeführt, und die Strafen sind minimal (eine Geldstrafe). Außerdem sind in der Zeit zwischen 1480 und 1520 wenige solcher Fälle zu registrieren. Im übrigen müssen sich die Inquisitoren zu der Zeit mit anderen Dingen beschäftigen.

Die Stärke der Inquisition liegt in ihrer Organisation, die flexibel und gleichzeitig koordiniert ist. Am Anfang begeben sich die Gerichte von einer Stadt zur anderen, von Marktflecken zu Marktflekken. Doch bald wählen sie einen festen Standort in jedem Bezirk. Diese Gerichte sind autonom und beschäftigen relativ wenig Leute: Die Inquisitoren – Juristen und natürlich Mitglieder des Klerus', aber nicht unbedingt Franziskaner- oder Dominikanermönche; auch weltliche – sind im allgemeinen zu zweit oder zu dritt an einem Gericht tätig. Sie werden von den Herrschern direkt ernannt und hängen somit nicht von der Kirche ab. Jedes Gericht umfaßt noch einen Beisitzer, einen Staatsanwalt *(fiscal)* und das entsprechende Personal: Gerichtsschreiber, Sekretäre, Rechnungsführer etc. Hinzu kommen die ehrenamtlichen Helfer wie die Mitglieder des Heiligen Offiziums. Diese sind anfänglich mit den Festnahmen und dem Schutz der Inquisitoren betraut. Später wird daraus ein reines Ehrenamt, das im übrigen sehr begehrt ist, da es viele Privilegien beinhaltet (vor allem rechtliche), doch spezielle Pflichten sind nicht damit verbunden. Die Zahl der Mitglieder stieg unaufhörlich. Die Cortes in Barcelona verlangen 1512, daß ihre Zahl auf 30 begrenzt werde; 1533 stellen diese Cortes fest, daß die Mitglieder mehr als 500 betragen, davon allein 80 in Barcelona. Man beklagt sich über die Privilegien, die sie erhalten und die übertrieben erscheinen.

In den ersten Jahren erhielt das Gerichtspersonal kein regelmäßiges Gehalt. Die Institution trug sich zum Teil aus den Beschlagnahmungen der Güter der Verurteilten und Geldstrafen. Das soll nicht zu dem voreiligen Schluß verleiten, die Inquisition sei vom finanziellen Standpunkt aus einträglich gewesen; man könnte eher das Gegenteil annehmen, da die Katholischen Könige daran interessiert waren, den Ertrag aus den Beschlagnahmungen des Besitzes der reichen *conversos* der Staatskasse zuzuführen. Die Inquisitionsgerichte waren nur dann rentabel, wenn sie sehr eifrig waren. Nachdem die ersten Verfolgungen gegen die *conversos*, die zwischen 1480 und 1500 rigoros durchgeführt wurden, abgeebbt waren, ist eine deutliche Abnahme der finanziellen Einnahmen zu verzeichnen, und die Gerichte müssen wieder abgeschafft werden. 1503 bildet Sevilla einen Bezirk mit Jérez; Cuenca, Sigüenza und Calahorra werden zu einem Bezirk zusammengefaßt. Im gleichen Jahr wird Valladolid Mittelpunkt eines riesigen Bezirks. Dabei werden die Gerichte von León, Burgos, Salamanca, Avila und Segovia abgeschafft. Mit Cisneros, 1507, wird die stärkste Konzentration erreicht: sieben Gerichte statt dreizehn. Diese Aufteilung berücksichtigt nicht immer die vorhandenen verwaltungsmäßigen und kirchlichen Einteilungen, auch nicht die Grenze zwischen Kastilien und Aragonien. Die Inquisition ist kompetent für das ganze Gebiet der Doppelmonarchie, und aus nützlichen Erwägungen wird der eine oder andere Ort dem jeweiligen Bezirk zugeordnet, ungeachtet seines politischen Status'.

Die der jeweiligen Gerichtsbarkeit unterstellten Personen sind im übrigen über diese Einteilung beunruhigt. Sie fürchten mit Recht, daß die Gerichte wohl daran interessiert sind, Eifer zu zeigen und die Verfolgungen zu verstärken, um überleben und die Personalkosten zahlen zu können. Sie schlagen vor, den Inquisitoren aus den Staatsgeldern ein regelmäßiges Einkommen zu zahlen. Die Archive von Simancas bewahren ein undatiertes Dokument auf, in dem Ferdinand 600 000 Golddukaten angeboten werden (die allerdings zurückbezahlt werden müssen), wenn der Ertrag aus den Beschlagnahmungen der Staatskasse zugeführt wird, die dann die Bezahlung der Inquisitoren und die damit verbundenen Kosten übernimmt. Doch das ist im Jahre 1560 nicht der Fall, als die Inquisitoren systematisch kirchliche Pfründe zugewiesen bekommen, zwei Kanonikate in jeder Diözese. Erst dann stabilisieren sich die Finanzen des Heiligen Offiziums.

An der Spitze der Hierarchie steht der Großinquisitor, der für alle örtlichen Gerichte zuständig ist. Der erste war Tomás de Torquemada, der 1483 ernannt wurde und dessen Kompetenz sich gleichzeitig auf Kastilien und Aragonien erstreckte. Die Zentralisierung ist noch nicht endgültig, da es zwischen 1507 und 1516 zwei Großinquisitoren gibt, einen für Aragonien und einen für Kastilien. Erst 1517, nach Cisneros' Tod, erfolgt die Wiedervereinigung der beiden Gebiete, und dieses Mal unwiderruflich. Es wird ebenfalls nur ein Großinquisitor ernannt, Kardinal Hadrian (der zukünftige Papst Hadrian VI.).

Der Ursprung des Inquisitionsrats *(Consejo de la suprema y general inquisición, abgekürzt: la Suprema)* ist ungewiß. Dieser Rat tritt Ende des 15. Jahrhunderts in Kraft, leitet das Ganze, beschließt das jeweilige Vorgehen, richtet eventuell in letzter Instanz und koordiniert die Gerichtsbarkeit aller örtlichen Gerichte. An der Spitze steht der Großinquisitor. Als Folge des speziellen Status' der spanischen Inquisition stellt die *Suprema* eine der großen staatlichen Institutionen dar, genau wie der Rat von Kastilien oder der Finanzrat oder der Rat für die Westindischen Inseln (die etwas später geschaffen werden). Die Inquisition ist in den Staatsapparat und die königliche Verwaltung integriert. Der Beruf des Inquisitors stellt ein sogenanntes »öffentliches Amt« dar, und eine normale Verwaltungslaufbahn schließt nicht aus, daß man eine gewisse Zeit in einem der Gerichte des Heiligen Offiziums verbringt oder, wenn man Glück hat, im höchsten Rat.

Das Inquisitionsverfahren soll die höchstmögliche Wirkung mit minimalstem Aufwand erzielen. Es wurde zwischen 1484 und 1488 eingeführt und vom ersten Großinquisitor, Torquemada, kodifiziert.

Es wird hauptsächlich vom Recht der damaligen Zeit inspiriert, mit den entsprechenden Anpassungen, die die Eigentümlichkeiten dieser neuen Art von Delikt implizieren: die Ketzerei.

Das Ganze wird durch das Glaubens- oder Gnadenedikt eingeleitet, das die Inquisitoren veröffentlichen, wenn sie in eine Stadt gelangen und das sie von Zeit zu Zeit erneuern. Der Text wird in den Kirchen vorgelesen und erläutert, damit alle davon Kenntnis nehmen. Er stellt eine genaue, vollständige und konkrete Beschreibung der Ketzerei dar, die man bekämpfen möchte, nämlich die der *conversos*, die immer noch ihrem jüdischen Glauben anhängen. (Ende des 15. und zu Beginn des 16. Jahrhunderts und ab 1525 bekämpft man die Bewegung der Illuminaten, der Lutheraner etc.) Woran erkennt man einen Ketzer? Die Inquisitoren verteilen eine Liste der zu bekämpfenden Irrtümer, der verdächtigen Äußerungen, der Haltungen, die einen mangelhaften Glauben beweisen, und fordern ihre Zuhörer auf, sich selbst zu beschuldigen. Während einer Gnadenfrist – im allgemeinen 90 Tage – sichert man ihnen Straffreiheit zu, wenn sie eine vollständige Beichte ablegen und alles bereuen, was mit einschließt, daß sie auch ihre eventuellen Komplizen anprangern, natürlich auch Familienmitglieder. Das Glaubensedikt kann unvorhergesehene Wirkungen haben: Wenn es zu gut gemacht ist, kann es schlichte Gemüter auf ketzerische Gedanken bringen. 1538 erhält Karl V. einen anonymen Brief, in dem ihm vorgeschlagen wird – wenn auch ohne Erfolg –, es abzuschaffen.

Das Edikt wendet sich auch (und vermutlich in erster Linie) an die Christen, von denen man verlangt, daß sie die Vergehen gegen den Glauben, von denen sie Kenntnis haben, verraten. Damit wird das Denunziantentum gefördert, und man muß zugeben, daß man damit Erfolg hatte. Die Anzeigen erfolgen nicht anonym, doch sie werden geheimgehalten: Ein Angeklagter soll nicht erfahren, wer ihn angezeigt hat. Die Sicherheit der Denunzianten soll gewährleistet sein, sie sollen nicht irgendwelchem Druck ausgesetzt sein. Natürlich differenzieren die Inquisitoren zwischen diesen Anzeigen. Sie lassen die außer acht, die nicht den Glauben betreffen oder die auf die Ignoranz des Denunzianten zurückzuführen sind. So werden Akten angelegt, und wenn sie glauben, es handle sich um einen Fall, der der Kompetenz des Heiligen Offiziums untersteht, befehlen sie die Festnahme des Beschuldigten.

Für diesen folgt eine besonders schreckliche Zeit. Im Kerker – die Gefängnisse der Inquisition sind genauso schmutzig wie die anderen

– hat er keinerlei Kontakt mit der Außenwelt. Ohne anwaltschaftliche Unterstützung muß er die Gründe für seine Festnahme darlegen: Er weiß noch gar nicht, was man ihm vorwirft; er soll es sagen und spontan seine Vergehen zugeben. In der zweiten Phase überreicht man ihm eine Liste der gegen ihn gesammelten Zeugenaussagen, wobei natürlich vermieden wird, daß er den Namen der Denunzianten erfährt. Als er schließlich erfährt, was ihm zur Last gelegt wird, kann er mit Hilfe eines Anwalts, der ihm vom Heiligen Offizium gestellt wird, seine Verteidigung vorbereiten. Er hat drei Möglichkeiten:

Er kann bestimmte Zeugen ablehnen *(proceso de tachas)*, indem er eine Liste der Personen aufstellt, deren Unparteilichkeit er a priori in Frage stellt, da er mit ihnen verfeindet ist. Wenn sich herausstellt, daß die eine oder andere dieser Personen unter seinen Denunzianten zu finden ist (der Angeklagte weiß nichts davon; er darf es nie wissen), wird dessen Zeugenaussage als böswillig angesehen.

Er kann Entlastungszeugen vor Gericht laden *(proceso de abonos)*, die die Umstände darlegen, unter denen die dem Angeklagten vorgeworfenen Worte gesagt wurden.

Er kann indirekte Beweise seines strengen Glaubens geben *(proceso de indirectas)*.

Der Angeklagte wird mehrmals über die Tatumstände oder die ihm zur Last gelegten Äußerungen verhört und kann auch gefoltert werden. Auf diesem Gebiet verhält sich die Inquisition wie alle Strafgerichte jener Zeit: Durch die Folter sollen vollständige Geständnisse erreicht werden.

Im allgemeinen wird jede Untersuchung an Ort und Stelle von den Mitgliedern des Heiligen Offiziums durchgeführt. Nur in besonders heiklen Fällen, wenn zum Beispiel Intellektuelle vor Gericht stehen, ziehen die Inquisitoren fremde Experten hinzu, Gutachter, die beurteilen, welche Punkte der Lehre Ketzerei darstellen oder welche nicht. Die meisten Inquisitoren sind nämlich Juristen; in schwierigen Fällen wenden sie sich an Theologen, mit Vorliebe an Dominikaner, um über gewisse Feinheiten, die ihnen entgehen, aufgeklärt zu werden.

Im Laufe dieser Untersuchung, die sich lang hinziehen kann – im 16. Jahrhundert ziehen sich Prozesse oft jahrelang hin, während zu Beginn zügiger vorgegangen wird –, tritt das Gericht vollständig zusammen *(consulta de la fe)*, um die Anklage des Staatsanwalts anzuhören und die vom Angeklagten gegebenen Erklärungen, und erläßt anschließend sein Urteil: Freispruch (auch das war möglich) oder Verurteilung zu einer Strafe, die von der Abschwörung (*de levi*, wenn nur ein schwacher Verdacht der Ketzerei besteht, oder *de vehementi*, wenn die Anklage schwerwiegender ist) bis zum Tod auf dem Scheiterhaufen reichen kann. Damit verbunden sind noch alle möglichen Zwischenstrafen: Geldstrafe, Peitschenhiebe, Ausweisung, öffentliche Strafe, vorübergehende oder lebenslängliche Haft, Galeeren ... Wenn die härteste Strafe ausgesprochen wird, besinnt sich das Heilige Offizium darauf, daß es ein Kirchengericht ist und nicht das Recht hat, Blut zu vergießen. Theoretisch verurteilt es niemanden zum Tode, sondern übergibt die Schuldigen der weltlichen Gerichtsbarkeit (man spricht hier davon, daß die Schuldigen »freigelassen« wurden – *relajados*), die das Urteil vollstreckt: Tod auf dem Scheiterhaufen. Wenn der Verurteilte seinen Irrtum erkennt, wird er erdrosselt, bevor er den Flammen ausgeliefert wird. Wenn er bis zum Schluß darauf besteht, dem Mosaischen Gesetz treu zu sein, wird er lebendig verbrannt. Man kann sogar einen Prozeß gegen Tote führen. In diesem Fall exhumiert man die sterbliche Hülle des Angeklagten, um sie zu verbrennen. 1484 fürchtet der Bischof von Segovia, Juan Arias Davila, das Schlimmste. Als er erfährt, daß ein Prozeß gegen seine Verwandten – den ehemaligen Schatzmeister Heinrichs IV., Diego Arias und Elvira Gonzalez, beide bereits verstorben – angestrengt werden soll, bringt er ihre Leichen in Sicherheit, flüchtet nach Rom und kehrt nie wieder in seine Diözese zurück. Man kann auch jemanden in Abwesenheit verurteilen und sein Schattenbild verbrennen.

All diese Strafen werden in einer feierlichen Zeremonie verhängt, die als öffentliches Glaubensbekenntnis konzipiert ist. Deshalb bittet man die Behörden und die Bevölkerung, daran teilzunehmen. Auf portugiesisch nennt man das *autodafe*, was sich auch im Französischen eingebürgert hat. Auf spanisch heißt es *auto de fe*, das heißt öffentlich vollzogenes Urteil. Die Angeklagten, die wieder in die Gemeinschaft der Gläubigen aufgenommen werden (die Ausgesöhnten, *reconciliados*), die zu einer geringeren Strafe Verurteilten *(penitenciados)* oder die zum Tod Verurteilten *(relajados)* begeben sich in einer Prozession zu einem öffentlichen Platz, der für diese Zeremonie gewählt wurde. Alle tragen die *san benito*, eine gelbe Tunika mit dem Kreuz des hl. Andreas (diese Tunika wurde 1508 von Cisneros eingeführt). Dieses Gewand der Schmach wird anschließend in der Pfarrkirche des Verurteilten aufgehängt und mit seinem Namen versehen, um die Erinnerung an diesen düsteren Tag aufrechtzuerhalten.

Das *autodafe* vollzieht sich nach einem langen und umständlichen Ritual: An der Prozession nehmen die Inquisitoren, die Mitglieder des Heiligen Offiziums und die Verurteilten teil. Dann wird die Messe gelesen, die Predigt gehalten, und zum Schluß werden die Urteile verlesen. Diese Zeremonie ist sehr aufwendig und kostspielig, deshalb wartet man immer, bis mehrere Angeklagte abgeurteilt werden können. Entgegen landläufiger Meinung werden die Urteile nicht während einer solchen Zeremonie vollstreckt, sondern später an einem anderen Ort.

Die meisten von den Inquisitionsgerichten ausgesprochenen Urteile haben für die Verurteilten und ihre Familien verheerende Folgen: Ihr Besitz wird beschlagnahmt und der königlichen Kasse zugeführt, und sie selbst erleiden eine Art staatsbürgerlichen Tod. In Zukunft sind ihnen bestimmte Berufe nicht mehr zugänglich (praktischer Arzt, Chirurg, Apotheker, Makler), ebenso bestimmte Ämter im öffentlichen Dienst oder innerhalb der Kirche. Anfangs sind nur die Verurteilten betroffen, aber 1488 auch ihre Kinder und Enkel; diese Maßnahmen werden 1501 durch königlichen Erlaß bestätigt. Hinzu kommt die Ächtung, die die Personen erfahren, die bisher gesellschaftliches Ansehen genossen und die Demütigung, angetan mit einem *san benito* bei einem *autodafe* erscheinen zu müsen und öffentlich als Delinquent gebrandmarkt zu werden. Einige erholen sich nie wieder davon, andere verlassen die Stadt, um der Schmach zu entgehen, die die Verurteilung zu einer Strafe für sie bedeutet, selbst wenn diese milde ausfällt. So wandert z. B. der Großvater der heiligen Theresa von Avila, der gegen 1485 von der Inquisition von Toledo verurteilt wurde, nach Avila aus, wo ihn niemand kennt. Dort baut er sich eine neue Existenz auf.

Verständlich, daß die *conversos* des öfteren den Versuch unternommen haben und bereit waren, Gold dafür zu zahlen, um die schlimmsten Folgen für die Opfer abzuwenden: die Beschlagnahmung des Besitzes, die Unmöglichkeit, öffentliche und kirchliche Ämter zu bekleiden, das Tragen des *san benito.* Diese Forderungen werden dem jungen König Karl V. bei seiner Thronbesteigung vorgetragen. Kurz vor seinem Tod warnt Cisneros den König: Nichts darf an den bestehenden Bestimmungen geändert werden, andernfalls verliert die Inquisition ihre abschreckende Wirkung.

Die Krone behält sich jedoch das Recht vor, Amnestien gegen unterschiedlich hohe Zahlungen eines Geldbetrags zu erlassen, also Kompromiß-Geldstrafen. Theoretisch bedarf es der Zustimmung des Papstes, wenn einem wegen Ketzerei Verurteilten der Zugang zu öffentlichen kirchlichen Ämtern verwehrt wird. Die Katholischen Könige umgehen diese Bestimmung, indem sie sich die päpstlichen Dokumente, die keine Namen enthalten, aushändigen lassen und selbst die Namen einsetzen. In vielen Fällen haben sie scheinbar eigenmächtig gehandelt, ohne den Konsensus von Rom.

Die erste dieser Kompromiß-Geldstrafen wird 1482 über mehrere Verurteilte in Valencia verhängt, und weitere folgten. 1487 erhalten die Verurteilten von Córdoba die Rückerstattung ihres beschlagnahmten Besitzes gegen Entrichtung einer Summe von einer Million zweihunderttausend Maravedis. Zwischen 1495 und 1497 nimmt der Staat auf diese Weise fünfzehn bis zwanzig Millionen Maravedis ein, wovon allein in Sevilla fünf Millionen bezahlt wurden. Dort waren dreitausend Personen davon betroffen; jede hatte 5 % ihres Vermögens abgegeben. In Toledo wurden sechs Millionen neunhunderttausend Maravedis erbracht.

Die größten Rückkäufe erfolgten zwischen 1508 und 1511 in Andalusien. Ein Gesetzestext vom 8. Dezember 1508 ermächtigt die Erben von Verurteilten des Erzbistums von Sevilla und des Bistums von Cádiz gegen Bezahlung einer Pauschalsumme von 20 000 Dukaten, wieder in den Besitz ihrer seit Errichtung der Inquisition beschlagnahmten Güter zu gelangen. Die Amnestierten können auch nach Amerika auswandern. 1509 wird in Sevilla eine andere Art von Kompromiß-Geldstrafe eingeführt. Dieses Mal ist es nicht mehr ein Angebot seitens des Herrschers, sondern eine Aufforderung an die entsprechenden *conversos*, die geforderte Summe auf einmal zu entrichten. Wenn sich die *conversos* weigern, können sie vor Gericht zitiert werden. Es handelt sich hierbei um eine verkappte Steuer, und die Reichen werden aufgefordert, die weniger Begüterten zu plündern, um in den Besitz ihres Vermögens zu gelangen und wieder geschäftsfähig zu sein.

Die beiden letzten Kompromiß-Geldstrafen stammen von 1511 und 1512. Die von 1511 greift auf vorherige Bestimmungen zurück: die Möglichkeit, beschlagnahmten Besitz wiederzuerlangen, nach Amerika auszuwandern, Zugang zu öffentlichen Ämtern (mit Ausnahme der höheren Posten, z. B. den des *corregidor* und der Kriminaljustiz) und zu bestimmten Berufen zu haben. Dafür müssen 80 000 Dukaten gezahlt werden. Die von 1512 betrifft die Bezirke von Jaén, Cordoba und Estremadura. Hier geht es um einen Betrag von 55 000 Dukaten. Es ist schwer abzuschätzen, wieviel die Inquisition tatsächlich der Staatskasse eingebracht hat. Doch die oben genannten Zahlen ermöglichen es, sich eine ungefähre Vorstellung zu machen. Jedesmal geht es um beträchtliche Summen, was vermuten läßt, daß die neuen Christen über ein ansehnliches Vermögen verfügten, zumindest einige von ihnen, wovon die königliche Kasse profitierte. 1486 konnte Ferdinand dank der Beschlagnahmung und der vom Gericht in Valencia ausgesprochenen Geldstrafen eine Flotte bezahlen, die er nach Italien schickte. Von Anfang an warf man der Inquisition vor, sie habe nur ein Ziel: Sie wolle die reichen *conversos* ausplündern. In Ciudad Real soll eine Frau gesagt haben: »Die Inquisition versucht sowohl die *conversos* auszurauben als auch den Glauben zu verteidigen ...« Und eine andere in Toledo: »Diejenigen, die etwas besitzen, sind dem Scheiterhaufen nahe.« Doch diese Aussagen müssen kritisch beurteilt werden. Sicher, die Verurteilungen wegen Ketzerei haben viel Geld eingebracht, doch das waren einmalige Einkünfte. Wenn das Hauptmotiv der Inquisition die Gewinnsucht gewesen wäre, wäre sie nach 1500, nach der ersten großen Verfolgungsphase, wieder verschwunden, doch sie setzte ihr Werk fort. Révah, der bestimmt nicht mit dem Heiligen Offizium sympathisierte, stellte fest, daß die Inquisitoren in einigen Fällen reiche *conversos* mangels Beweisen freigesprochen und ein paar arme Teufel verurteilt hatten. Wenn sie von Profitgier getrieben worden wären, hätten sie das Gegenteil tun müssen.

Die Inquisition im allgemeinen und die spanische Inquisition im besonderen erweckt Bilder des Grauens. Der Begriff als solcher genügt, die schrecklichsten Assoziationen hervorzurufen: Intoleranz, Fanatismus, Obskurantismus, Folter, Tod auf dem Scheiterhaufen und düstere Zeremonien. Die Inquisition ist bestimmt eines der Hauptelemente der berühmten schwarzen Legende, die seit dem Ende des 16. Jahrhunderts Spanien und die Werte, die es in der Vergangenheit repräsentierte, zu diskriminieren versucht. Sie war oft Gegenstand krankhafter Neugier, polemischer Studien und unzähliger Arbeiten: Es gibt mehr als viertausend Bücher über die Inquisition.

Bis vor kurzem fiel es schwer, die Inquisition objektiv zu behandeln. Sofort wurde man von Emotionen gepackt, die jegliche ernsthafte Diskussion unmöglich machten. Seit ungefähr fünfzehn Jahren bessert sich die Lage. Die Historiker fingen an, die Inquisition ohne Polemik zu untersuchen, bemühten sich, zu begreifen, wie sie entstehen und funktionieren konnte. Wissenschaftler aller Länder wagten sich an die Aufgabe: Spanier, aber auch Engländer, Dänen und Franzosen, die viel dazu beigetragen haben, die Diskussion zu neutralisieren. Nun ist man endlich soweit, eine Untersuchung anzustellen, wie es wirklich war und sich über den Sinn der Inquisition in einer modernen Gesellschaft Gedanken zu machen, denn sie stellt leider eine ständige Versuchung dar, und auch die heutige Welt ist davor nicht sicher.

Wie viele Individuen sind ihr im Laufe ihres dreieinhalb Jahrhunderte langen Bestehens (1480–1834) zum Opfer gefallen? Die erste Schätzung ist Llorente zu verdanken, einem ehemaligen Beamten des Heiligen Offiziums, der in die Dienste Joseph Bonapartes getreten und nach der Rückkehr der Bourbonen ins Exil geschickt worden war. In einem 1814 in Frankreich veröffentlichten Buch spricht Llorente, der Archivunterlagen aus Spanien besaß, von 340 592 Verurteilten, von denen 31 912 auf dem Scheiterhaufen endeten, 17 659 in Abwesenheit verbrannt wurden und 291 021 »eine Buße auferlegt bekamen«. Alle späteren Historiker, insbesondere Lea, ein amerikanischer Protestant, sind sich darin einig, daß diese Zahlen übertrieben sind. Llorente hatte nicht bewußt die Absicht, das Bild zu verfälschen, obwohl er ein entschiedener Gegner der Inquisition war. Er wollte als Historiker vorgehen, doch er bediente sich sehr umstrittener Methoden. Da er keine fortlaufenden Statistiken besaß (die meisten Archivunterlagen vor 1560 waren verschwunden), bemühte er sich, die Zahl der Opfer anhand einiger bekannter Zahlen aus zeitgenössischen Chroniken oder aus den wenigen Originaldokumenten zu schätzen. So errechnet er einen ungefähren Jahresdurchschnitt und setzt die geschätzte Zahl durch Schlußfolgerung in den Jahren an, von denen man keine Angaben besitzt.

Das verleitet zu dem Schluß, daß die Arbeit der Gerichte gleichmäßig und einheitlich verlief, was keineswegs der Fall war. Die erste Zeit der Inquisition (1480–1500) war bei weitem die aggressivste Periode. Es ist belegt, daß in Guadalupe allein im Jahr 1485 sieben Prozesse stattfanden, bei denen 52 Schuldige zum Scheiterhaufen verurteilt, zwei in Abwesenheit verbrannt, 46 Tote exhumiert und ihre Leichen verbrannt und 16 zu lebenslanger Haft verurteilt worden waren. In Ciudad Real registriert man in neun Jahren mindestens 59 Tote auf dem Scheiterhaufen, 39 in effigie Verbrannte, 65 verbrannte Leichen, zwei Verbannungen und nur sieben Freisprüche. 90 Todesurteile wurden vom Gericht von Toledo (zwischen 1486 und 1490) verhängt. In Valencia ergibt die von Ricardo García Carcel angestellte Untersuchung 20 354 Prozesse bis 1530. Folgende Urteile wurden in 1997 Fällen verhängt: 754 Todesurteile, 155 Verbrennungen in effigie, 1076 Strafen, 12 Freisprüche. 91,6 % der Verurteilten waren *conversos*, die dem Mosaischen Gesetz nicht abschwören wollten.

Die rigorosen Verfolgungen dauern bis 1500. Danach erfolgen weit weniger Prozesse. Mitte des 16. Jahrhunderts registriert man wieder eine Zunahme (doch sie erreicht nie mehr den einstigen Stand). Auch im 17. Jahrhundert hält die Zunahme der Prozesse noch an. Es soll der Krypto-Judaismus der *conversos*, die portugiesischer Abstammung sind, ausgerottet werden. In der übrigen Zeit arbeiten die Gerichte verhalten. Auch in Zeiten vermehrter Prozesse sind die Strafen weniger hart als in den letzten Jahren des 15. Jahrhunderts. Gustav Henningsen schätzt, daß zwischen 1560 und 1700 ungefähr 1 % der Angeklagten auf dem Scheiterhaufen endeten. B. Bennassar glaubt, daß zehntausend Menschen durch die Inquisition auf dem Scheiterhaufen verbrannt sind. In den meisten Fällen besteht die Strafe in der Beschlagnahmung der Güter und Dauerhaft, d. h. im Durchschnitt vier Jahre. Es handelt sich um Angeklagte, die der Ketzerei überführt wurden. In anderen Fällen (Bigamie, Hexenkunst, Blasphemie) ist die Strafe milder, besteht oft in einer einfachen Geldstrafe.

Sicherlich wurde auch die Grausamkeit der Inquisitoren übertrieben. Julio Caro Baroja stellte sie als bloße Beamte dar, die ihre Arbeit ausführten, ohne Nachsicht, aber auch ohne Sadismus. Doch daraus ist nicht zu schließen, daß das Heilige Offizium ein Gericht wie jedes andere war, vielleicht sogar milder. Einige seiner Verteidiger stellten im 19. Jahrhundert fest, daß Spanien im 16. Jahrhundert nicht das Urbild der Intoleranz gewesen sei, sondern daß die Religionskriege in einigen Ländern Europas weitaus grausamer gewesen waren. In Frankreich, England und Deutschland metzelten sich Protestanten und Katholiken gegenseitig nieder. Außerdem war dort die Hexenverfolgung sehr rigoros, während ihr in Spanien nur wenige Menschen zum Opfer fielen. Das entspricht der Wahrheit, doch man muß zwischen den Geschehnissen in Spanien und denen im restlichen Europa streng unterscheiden. Überall herrscht Intoleranz, die die verheerendsten Folgen hat, zum Beispiel die Bartholomäusnacht. Es ist möglich, daß in Spanien die Gesamtzahl der Individuen, die der religiösen Intoleranz zum Opfer fielen, geringer war als sonstwo, doch hier haben wir es mit einer organisierten, systematisierten und bürokratisierten Intoleranz zu tun: Beamte sind speziell damit beauftragt, Anzeigen zu sammeln, Untersuchungen anzustellen, Karteien und Akten anzulegen. Diese institutionalisierte Intoleranz ist, auch wenn sie weniger blutige Opfer fordert als die andere, weitaus schrecklicher, da sie eine ständige Bedrohung der Bevölkerung darstellt. Sie ist die erste Form des Totalitarismus der Neuzeit.

Ich sage ganz bewußt Neuzeit, denn für mich ist die spanische Inquisition kein Überbleibsel aus dem Mittelalter, ein Anachronismus, sondern sie repräsentiert den modernen Staat in seiner erschreckendsten Form – seiner Tendenz zum Totalitarismus. Die Inquisition ist in zweierlei Hinsicht modern.

In erster Linie stellt sie die Beherrschung durch den Staat dar. Darin besteht der Hauptunterschied zwischen der mittelalterlichen Inquisition und der spanischen. Die erste hing von der Kirche, vom Papst und den Bischöfen ab. Die spanische Inquisition untersteht allein dem Staat. Der Papst war, wie man gesehen hat, nicht der Kläger; er war damit einverstanden, sich eine seiner Hauptkompetenzen nehmen zu lassen, die Verteidigung des Glaubens, die nun dem spanischen Staat obliegt. Seit Beginn besteht eine enge Zusammenarbeit zwischen der Inquisition und der Krone und noch mehr: Der Staatsapparat und die Inquisition sind identisch. Die Inquisitoren sind Beamte, und der Inquisitionsrat stellt eines der großen Staatsorgane dar.

Die Inquisition war ein Instrument im Dienst des Staates. Anfangs verhielt sie sich den konvertierten Muslimen gegenüber (sie werden in Spanien *moriscos* genannt) nachsichtig, weil sie diesbezüglich Anweisungen erhalten hatte. In der Folge ging sie gegen sie vor, wenn auch weniger rigoros als gegen die *conversos* jüdischer Herkunft. Diese *moriscos* waren nicht nur schlechte Christen, sondern sie standen auch unter dem Verdacht, mit den Türken und den Barbareskenpiraten gemeinsame Sache zu machen. Man sah in ihnen eine »fünfte Kolonne«, die dem Feind zur Unterstützung dienen konnte. Es waren mehr politische als religiöse Motive.

Der Fall des Antonio Pérez Ende des 16. Jahrhunderts zeigt am besten, wie die politische Macht die Inquisition zu ihrem Nutzen einsetzen kann, ohne daß die Religion betroffen ist. Antonio Pérez, der des Hochverrats und der Konspiration mit dem Feind beschuldigt wurde (er war ein Minister Philipps II.), flieht aus seinem Madrider Gefängnis nach Saragossa, wo er sich unter den Schutz der *fueros* von Aragonien stellt, da er ein Untertan dieses Königreichs ist. Die Gerichte von Aragonien lehnen seine Auslieferung ab. Philipp II. verlangt von der Inquisition, ihn wegen Ketzerei festzunehmen (Pferdehandel mit Béarn, folglich mit den Protestanten ...). Dieses Mal ist Aragonien einverstanden.

Die Inquisition ist auch noch aus einem anderen, vielleicht viel wichtigeren Grund, modern: Sie ist in Spanien zur Zeit des »Ancien régime« das einzige Gericht, das jeden, ohne Rücksicht auf seinen Stand, im ganzen Land verfolgen kann. Das zeigte sich im Fall des Antonio Pérez: Die Gesetze von Kastilien gelten nicht für die Krone von Aragonien, die ihre eigene Gesetzgebung und ihre eigenen Institutionen hat. Die kastilischen Richter sind für das Gebiet von Aragonien nicht zuständig, aber die Inquisition sehr wohl. Die *fueros* gelten nicht für die Inquisition. Ferdinand wußte, was er tat, erkannte, welchen Profit er aus der Inquisition ziehen konnte. Ab 1490 empfiehlt er den Inquisitoren von Valencia, das Verhalten aller Offiziere, vom Vizekönig bis zum letzten Angestellten, im Auge zu behalten. Mit der Inquisition tritt etwas in Kraft, das den zentralistischen modernen Staat charakterisiert: Sie kann jeden überall verfolgen.

Sie kann jeden belangen. In der Gesellschaft des »Ancien régime« unterstehen Adelige und der Klerus speziellen Gerichtsbarkeiten. Mit der Inquisition wird die Gleichheit vor dem Gesetz eingeführt; bei ihr gibt es keine Privilegierten, sie verfährt sogar gegenüber den Mächtigen noch strenger als gegenüber dem einfachen Volk, das nicht viel riskiert: Die armen Teufel, die nicht studiert haben, nicht lesen, nicht schreiben können, nicht ins Ausland reisen, keine aufrührerischen Ideen haben, all diese Personen stellen keine Bedrohung des orthodoxen Glaubens dar. Im Gegenteil, sie machen sich gern zu willigen Gehilfen der Inquisitoren, indem sie Worte und Gesten anzeigen, die ihnen ketzerisch erscheinen. Die Inquisition stützte sich auf die Gleichheitstendenzen des spanischen Volkes. Menéndez Pelayo nannte dies im letzten Jahrhundert die »Klosterdemokratie« *(democracia frailuna)*: »Die Inquisition«, schrieb er, »ist eine Art Tyrannei, aber eine Volkstyrannei *(tiranía popular)*, ein starkes allgemeines Wahlrecht, eine demokratische Justiz, die alle gleich macht, vom König zum Plebejer, vom Erzbischof zum Magnaten.« Es geht hier nicht um Demokratie, sondern um Demagogie. Es geht darum, den Instinkt der Massen zu wecken, Gefühle, die nichts mit Ehre zu tun haben. Unamuno täuschte sich darin nicht. Da er davon überzeugt war, daß der Neid ein Grundübel seines Landes war, beglückwünschte er Spanien zur offiziellen Einrichtung der Inquisition. Seiner Meinung nach hat sie Katastrophen verhindert, die noch schlimmer gewesen wären als die Dramen, die sie verursacht hatte: »Zum Glück hat die Kirche die Inquisition unterstützt, indem sie die Gerichte des Heiligen Offiziums einrichtete, die ganz normale Prozesse führten. Wenn man sich an Geschworene aus dem Volk gewandt oder das allgemeine Wahlrecht eingeführt hätte, wäre keiner von denen, die sich über die intellektuelle Gewöhnlichkeit ihrer Umgebung erhoben hatten, dem Tod entronnen.«

Der Klerus und die intellektuelle Elite stellten einen hohen Prozentsatz der von der Inquisition Verurteilten dar, aber erstaunlich wenige Adelige waren darunter. Man weiß nicht, ob diese Minderzahl durch überraschend geringe Vergehen zu erklären ist oder durch die Tatsache, daß man bereit war, beide Augen zuzudrücken.

Die Inquisition ist folglich eine Institution im modernen Sinn, da sie den zunehmenden Machteinfluß des Staates darstellt, wobei die Moderne nicht automatisch identisch mit Fortschritt ist. Beunruhigend an der Inquisition ist, daß sie den Totalitarismus anzeigt, d. h. den Willen des Staates, alle Handlungen des Bürgers zu lenken, auch seine philosophische und religiöse Meinung zu bestimmen. Für Spanien geht es darum, eine ideologisch einheitliche Nation aufzubauen. Um ein guter Bürger zu sein, genügt es nicht, die Gesetze des Königreichs zu beachten, seine Steuern zu zahlen, treu seinem Vaterland zu dienen. Man muß auch der katholischen Religion angehören. Ein Jude, ein Protestant, ein Sektenmitglied, ja selbst ein Katholik, der vom offiziellen Glauben abweicht, ist verdächtig. Diese Personen gelten als schlechte Bürger, vor allem, wenn sie offizielle Ämter bekleiden. Man verlangt von ihnen, daß sie mit dem Staat mittels eines Prozesses ins reine kommen. Er soll nicht nur dazu dienen, sie von ihren Irrtümern zu überzeugen, sondern auch dazu beitragen, vor dem beim *autodafe* versammelten Volk die Wahrheit ans Licht zu bringen. Man kann in dieser Hinsicht die Prozesse der Inquisition mit den Schauprozessen von Prag vergleichen, wie sie Arthur London darstellt. Mindestens drei Analogien sind festzustellen: die Denunziation, die Infiltration, der Schaucharakter der Prozesse.

Der zweite Punkt wird Mitte des 16. Jahrhunderts durch den Fall Carranza demonstriert. Was wirft man dem Erzbischof von Toledo vor? Unvorsichtigkeiten bei der Auslegung der katholischen Lehre? Nun, Carranza hat viele Reisen nach Deutschland, Italien und England unternommen, immer, um der guten Sache zu dienen, gegen die Ketzer zu predigen und sie zum Glauben zu bekehren, doch genau dieser Umstand wird ihm zur Last gelegt: Unbewußt habe er sich von bestimmten protestantischen Meinungen beeinflussen lassen, und das macht ihn verdächtig. Im gleichen Zusammenhang ist die Anklage der objektiven Komplizenschaft zu verstehen. Man stellt den subjektiven

Absichten des Angeklagten, die man für untadelig hält, sein objektives Denken entgegen: Man analysiert seine Gedanken, bis man ihm beweist, daß er in Wirklichkeit das Gegenteil von dem sagt, was er glauben soll, und in einigen Punkten die gleiche Meinung wie die Ketzer vertritt. Jedesmal wenn Carranza in seinem Religionsunterricht über den Glauben spricht, macht man ihn darauf aufmerksam, daß er die Bibel vernachlässigt, sich objektiv wie die Lutheraner benimmt, für die allein der Glaube zählt. Der Erzbischof versichert vergeblich, daß er in anderen Abschnitten das Gleichgewicht wiederherstellt und daß man einen Satz nicht aus seinem Kontext reißen dürfe; die Inquisitoren bestehen darauf, jeden seiner Vorschläge in seinem Buch *in rigore ut jacent* zu prüfen, d. h. aus dem Zusammenhang herausgerissen.

Das Ziel des ganzen Verfahrens besteht weniger darin, den Schuldigen zu bestrafen, als ihn dazu zu bringen, seinen Irrtum einzugestehen und das Unrecht, das er, manchmal ohne es zu wollen, dem Glauben angetan hat. Es geht also darum, Geständnisse zu bekommen, wenn möglich aufrichtige. Genau das drückt das Vokabular der Inquisitoren aus: Ein Angeklagter ist nicht verurteilt; er ist *reconciliado*, wiedereingegliedert in die Gemeinschaft der Gläubigen. Während des *auto de fe* verkündet er öffentlich seine Fehler, unabhängig von der Strafe, die ihn erwartet. Das Geständnis erspart ihm nicht die Bestrafung, manchmal sogar den Tod auf dem Scheiterhaufen, doch durch seinen Tod zeigt er vor dem versammelten Volk seine Glaubenszugehörigkeit; sein Tod dient der Erbauung der Gemeinschaft der Gläubigen. Dieses Einverständnis zwischen Richtern und Angeklagten erinnert an das, was Arthur London aus eigener Erfahrung berichtet. In beiden Fällen liegen die gleichen Prinzipien zugrunde: Vermischung von Politik und Religion (oder Ideologie); die staatsbürgerliche Gesinnung verlangt, daß man an das Dogma glaubt, die Basis der nationalen Gemeinschaft. Wenn man es ablehnt, sich davon entfernt, schließt man sich aus der Gemeinschaft aus, noch schlimmer: Man bedroht den Zusammenhalt dieser Gemeinschaft. All das macht aus der Inquisition eine furchteinflößende Institution.

Die Ausweisung der Juden

Die Inquisition verfolgt nur die neuen Christen, die *conversos*, d. h. jene, die, freiwillig oder nicht, ihren jüdischen Glauben aufgegeben haben und zum Christentum übergetreten sind, die man aber verdächtigt, weiterhin ihren Glauben zu praktizieren. Jene, die Juden geblieben sind, werden nicht behelligt. Doch seit der Einsetzung der Inquisition wird ihre Lage kritisch, und der Ausweisungserlaß von 1492 scheint die logische Folge der Schaffung des Heiligen Offiziums zu sein.

Doch diese Maßnahme hat die Juden in Spanien, die offensichtlich nicht damit gerechnet hatten, völlig überrascht. Nach den Massakern von 1391 hatten sich ihre Gemeinschaften neu gebildet. Es gibt einige Statistiken über die *aljamas* von Valladolid (1200 Personen gegen 1450, 900 1477, 1100 1480), von Cáceres (130 Familien im Jahre 1479), von Talavera de la Reina (130 Familien im Jahre 1477), von Quintanar de la Orden, der Mancha, wo die Juden bei großen Festen feierlich die Thora trugen. In Segovia, Avila, Toledo, Trujillo, Guadalajara, Ocaña, Almazán, Soria, Zamora und Murcia leben relativ viele Juden. Insgesamt gab es in Kastilien etwas mehr als zweihundert *aljamas*, in denen ungefähr 1500 Familien zusammengefaßt waren. Das war die Situation zu Beginn der Regierungszeit der Katholischen Könige.

Die Juden mußten die gleichen Steuern wie die Christen zahlen, aber sie mußten darüber hinaus eine Sonderabgabe leisten, den *servicio y medio servicio*, der pro Jahr 450 000 Maravedis betrug. Dieser Betrag blieb auch in der zweiten Hälfte des 15. Jahrhunderts gleich, wurde auf die verschiedenen *aljamas* verteilt, vermutlich entsprechend der Zahl ihrer Mitglieder. Das ermöglicht eine Vorstellung über die Anzahl der Juden in Kastilien zur Zeit der Katholischen Könige. In den *aljamas* von Avila, Segovia, Murcia, Badajoz, Zamora, Valladolid, Plasencia, Salamanca, Toledo, Vitoria, León, Sevilla, Següenza, Palencia und Toro sind die Juden weniger zahlreich. Die Delegierten dieser *aljamas* trafen sich von Zeit zu Zeit, um die Probleme, die alle jüdischen Gemeinschaften beschäftigten, zu besprechen, insbesondere, aber nicht ausschließlich, die Verteilung der Steuern. Ihr Wortführer bei den Katholischen Königen war Abraham Senior, dem alle *aljamas* unterstanden.

Die Lage der Juden hat sich mit der Thronbesteigung der Katholischen Könige, trotz der Verbreitung der Ghettos *(juderías)*, die bei der Versammlung der Cortes im Jahre 1480 beschlossen wurde, nicht verschlechtert. Der Beschluß der Cortes beinhaltete, daß die Juden in Zukunft in eigenen Vierteln leben sollten, die von denen der Christen abgegrenzt waren: Sie durften die Viertel tagsüber verlassen, um ihren Geschäften nachzugehen, doch sie mußten zu den Mahlzeiten und über Nacht zurückkehren. Diese diskriminierende Maßnahme sowie die Pflicht, ein Erkennungszeichen in Form einer Scheibe zu tragen, wurden zum Teil durch die größere Sicherheit ausgeglichen. Die Wiederherstellung der öffentlichen Ordnung unter den Katholischen Königen und die Anwesenheit eines königlichen Vertreters in den wichtigsten Städten schützten sie vor ungerechtfertigten Angriffen und Verfolgungen. In der Umgebung der Katholischen Könige bekleiden Juden wichtige Posten (Ärzte, Schatzmeister). Abraham Senior, das Oberhaupt der jüdischen Gemeinschaft in Kastilien, hat viel dazu beigetragen, zusammen mit dem *converso* Andrés Cabrera, Isabellas Macht in Segovia zu festigen. Die Königin insbesondere machte verschiedentlich darauf aufmerksam, daß sie keine Ungerechtigkeit gegenüber den Juden dulde: »Alle Juden des Königreichs gehören mir und stehen unter meinem Schutz; mir kommt es zu, sie zu beschützen und ihnen Gerechtigkeit widerfahren zu lassen« (Text vom 7. Juli 1477 an die jüdische Gemeinschaft in Trujillo). »Ich nehme die Juden der *aljamas* im allgemeinen unter meinen Schutz und jeden einzelnen im besonderen, sowohl ihre Person als auch ihren Besitz. Ich schütze sie gegen jeglichen Angriff, verbiete, daß man sie schlägt, tötet, verwundet, und ich verbiete auch, daß die anderen die Augen schließen, wenn man sie angreift, tötet oder verwundet« (6. September 1477 an die jüdische Gemeinschaft von Sevilla). Noch am 12. August 1490 versichert Isabella in Burgos, daß sie die Juden in Kastilien als Untertanen der Krone willkommen heißt.

Die meisten der von Luis Suárez Fernández veröffentlichten Dokumente belegen diesen Schutz. Die Juden von Spanien wenden sich an ihre Glaubensbrüder in Rom und beglückwünschen sich 1487, daß sie so gerechten und wohlwollenden Herrschern unterstellt sind. Luis Suárez Fernández vermutete, daß die Juden heute anders über Ferdinand und Isabella urteilen würden, wenn sie 1491 gestorben wären.

Wie erklärt sich also die Vertreibung der Juden im Jahre 1492? Die einfachste Erklärung scheint die zu sein, die die Katholischen Könige in der Begründung, die dem Ausweisungsdekret vorausgeht, selbst gegeben haben. Dort steht: Der Glaubensabfall der *conversos* wird durch die Verbindung zwischen Juden und Christen gefördert; die Vertreibung schien unvermeidlich, als man erkannte, daß die Anwesenheit der Juden ein Haupthindernis für die völlige Assimilierung der konvertierten Juden war. Solange es in Spanien Juden geben würde, dachten die Katholischen Könige, solange würden die *conversos* mit ihnen Kontakt pflegen und sich im Mosaischen Gesetz unterrichten lassen. Um die Ketzerei der *conversos*, die noch dem alten Glauben anhingen, zu beenden, mußte man jegliche Gelegenheit, damit konfrontiert zu werden, unterbinden, folglich alle Juden zwingen, sich zum christlichen Glauben zu bekehren und die Widerspenstigen ausweisen. Der Erlaß von 1492 ist die logische Folge der Einsetzung der Inquisition.

Für diese Erklärung sprechen zwei Dinge. Zuerst die jüngste Erfahrung: Die gegen die dem Mosaischen Gesetz anhängenden *conversos* angestrengten Prozesse seit der Schaffung des Heiligen Offiziums zeigen auf, daß tatsächlich in vielen Fällen der Kontakt der *conversos* mit Juden bewirkte, daß diese weiterhin ihren alten Glauben praktizierten. Als Verwandte oder Nachbarn lädt man sich gegenseitig ein, redet miteinander, feiert zusammen Familienfeste oder religiöse Feste, wobei die *conversos* immer wieder auf ihren alten Glauben gestoßen werden. In anderen Fällen spielte der Bekehrungseifer eine Rolle. Praktizierende Juden konnten *conversos* überzeugen, daß sie unrecht getan hatten, den Glauben ihrer Väter zu verleugnen. Die Untersuchungen der Inquisition ergaben in dieser Hinsicht Enthüllungen, die die Behörden alarmierten.

Die offizielle Ausweisung wird an zweiter Stelle durch die Tatsache untermauert, daß die Vertreibung von 1492 bereits ein Modell in der 1483 gegen die andalusischen Juden getroffenen Maßnahme hatte, die auf Ersuchen der Inquisitoren ergriffen worden war. Indem diese die andalusischen *conversos* vor jeglichem Kontakt mit den Juden abschirmten, versuchten sie, den Bekehrungseifer der Juden zu unterbinden. Die Inquisition faßte zuerst in Andalusien Fuß, und setzte einige Jahre später die Ausweisung der andalusischen Juden durch. Das Heilige Offizium hatte sich inzwischen auf der ganzen Halbinsel verbreitet, und kurz danach unterzeichnen die Katholischen Könige den Ausweisungserlaß. Man bemerke die Parallelität. Es handelt sich um eine kohärente Politik und diskriminierende Maßnahmen gegenüber bestimmten Personen, denen man ihre religiöse Meinung oder ihre Herkunft vorwirft. Diese Maßnahmen sollen den katholischen Glauben verteidigen, gewährleisten, daß die neuen Christen nicht im geheimen zu ihrem alten Glauben zurückkehren, und diejenigen bestrafen, die nonkonformistische Praktiken pflegen, schließlich die *conversos* und die christliche Gesellschaft vor nonkonformistischen Praktiken bewahren.

Doch diese offizielle Erklärung erweckte das Mißtrauen der Historiker, die sich über die wahren Motive, die die Schaffung des Heiligen Offiziums und die Ausweisung der Juden bewirkten, den Kopf zerbrachen. Ging es nur darum, den Glauben zu verteidigen oder durch die Beschlagnahmung des Besitzes, die Schmach, die die Folge einer Verurteilung war und schließlich die Verbannung, soziale Gruppen aus dem Weg zu räumen, die die eigenen Interessen gefährdeten?

Diese Fragen stellten sich von Anfang an, d. h. seit 1480, untadelige *conversos* wie Fray Hernando de Talavera oder der Chronist Pulgar. Sie prangern den Mißbrauch des Heiligen Offiziums an, seine strengen Methoden, das geheime Verfahren, die Beschlagnahmung der Güter, doch sie gehen noch weiter; sie packen das Problem von Grund auf an: Die Inquisition schafft eine unzulässige Diskriminierung zwischen den Ketzern. Das Heilige Offizium handelt, indem es eine einzige Kategorie von Ketzerei angreift, die der unechten *conversos*, gegen die Prinzipien der Universalität des Katholizismus, denen zufolge es nur eine einzige Herde und einen einzigen Hirten geben sollte. Diese Diskriminierung läßt Zweifel an den Absichten der Inquisitoren aufkommen: Versucht man nicht unter dem Vorwand, die dem alten Glauben anhängenden *conversos* zu belangen, in Wirklichkeit alle Christen jüdischen Ursprungs zu treffen, ob sie nun weiterhin ihren jüdischen Glauben praktizieren oder nicht? Von dem Augenblick an, da man entscheidet, diese Kategorie von Ketzern zu verfolgen, macht man aus jedem *converso* einen potentiellen Verbrecher, einen Verdächtigen, einen Paria. Es stellt sich also die Frage, ob die Religion nicht ein Vorwand war.

Aber ein Vorwand wofür? Das Argument der Besitzgier der Katholischen Könige muß von vornherein verworfen werden, da es absurd ist. Das Herrscherpaar konnte ja rechnen: Es würde doch nicht versuchen, besonders willfährige Steuerzahler loszuwerden, um einen schnellen Gewinn zu erzielen. Wie Domínguez Ortiz richtig bemerkte, ist die Beseitigung von Kapitalisten (vorausgesetzt die Juden waren als solche anzusehen) nicht das richtige Mittel, die Erträge aus der Vermögenssteuer zu erhöhen. Im übrigen war der Steuerdruck auf die *aljamas* ziemlich stark, doch nicht so stark, daß er unerträglich wurde. Die Katholischen Könige wußten genau, wie weit sie gehen konnten. Später erkannten sie auch, daß die Ausweisung der Juden in finanzieller und wirtschaftlicher Hinsicht ein Verlustgeschäft war. Der Chronist Pulgar schreibt in allen Briefen, daß sich Königin Isabella über die Folgen ihrer Religionspolitik auf die Wirtschaft des Landes völlig im klaren war: Flaute und geringere Einkünfte für den Staat.

Hatten die Katholischen Könige dem Druck bestimmter sozialer

Gruppen nachgegeben? Wenn ja, welcher? Dem Adel, da er sich von einem aufstrebenden Bürgertum befreien wollte? Diese Vorstellung vertraten verschiedene Historiker: Es handle sich im Grunde genommen um einen Klassenkampf; man habe ein Bürgertum ausschalten wollen, das mit dem traditionellen Adelsstand konkurriert habe, und die Religion soll nur als Vorwand gedient haben und zwar als schwacher, führen einige an, da die Mehrheit der *conversos* aufrichtige Christen gewesen seien. Die Inquisition habe Ketzer erfunden, um Bürger vernichten zu können.

Diese Ansichten scheinen übertrieben zu sein. Einerseits muß daran erinnert werden, daß das spanische Bürgertum überwiegend aus Juden oder *conversos* bestand. Andrerseits leuchtet es nicht ein, weshalb der Adel zu der Zeit besonders bedroht gewesen sein soll. Sicherlich hatte er einen Teil seiner politischen Macht eingebüßt, doch er spielt nach wie vor eine große Rolle in der Wirtschaft des Landes und besitzt unverändert großen gesellschaftlichen Einfluß. In einem der vorherigen Kapitel wurde versucht, aufzuzeigen, daß der Adel eine der sozialen Grundlagen des Regimes bildete. Man fragt sich, inwiefern die Juden ihn hätten behelligen können. Wenn man einigen Vertriebenen von 1492 Glauben schenkt, waren die Granden über die Ausweisung der Juden keineswegs froh, und in der Vergangenheit setzten sich die Aristokraten für die Juden und die von der Bevölkerung bedrohten *conversos* ein. Der Konnetabel Miguel Lucas de Iranzo fand 1473 bei einem antisemitischen Aufstand in Jaén den Tod, als er für die Juden eintrat.

Wenn man von der Annahme ausgeht, daß Juden und *conversos* die Elemente eines aufstrebenden Bürgertums gebildet hatten, impliziert dies dann zwangsläufig, daß sie dem Adel feindlich gegenübergestanden hätten? Man hat sogar eher das Gefühl, daß das Gegenteil der Fall war. Die kastilischen Großbürger und die Aristokraten hatten gemeinsame Interessen, keine antagonistischen. Beide waren am Wollhandel interessiert; die einen als Schafzüchter und Besitzer von Weideland und die anderen als Exporteure.

Was auf die Aristokratie mit Landbesitz zutrifft, gilt auch für den Kleinadel, die Stadtoligarchie. Die *conversos* bekleiden in den Stadtgemeinden wichtige Posten. Es konnte zwischen ihnen und den *caballeros,* die Angst um ihre Posten hatten, zu Konflikten kommen, doch es kam auch vor, daß die beiden Gruppen miteinander verschmolzen, was am häufigsten der Fall war: Die *conversos* verbündeten sich mit den caballeros, heirateten ihre Töchter oder Söhne und bemühten sich – nicht ohne Erfolg, wie man in Burgos sieht – zum Kleinadel aufzusteigen, der *hidalguía*.

Die Inquisition hat keine Ketzer erfunden, um einen Vorwand zu haben, sie um ihren Besitz zu bringen. Man kann über diese Institution denken wie man will, die Intoleranz, die sie gegenüber Personen an den Tag legte, deren einziges Verbrechen darin bestand, ihrer Religion treu zu bleiben, bedauern oder verurteilen, fest steht, daß aus ihrer Sicht die gegen bestimmte *conversos* vorgebrachten Anklagen begründet waren: Unter ihnen waren solche, die dem Mosaischen Gesetz treu geblieben waren (das blieb so bis zum 18. Jahrhundert). Die Untersuchungen von Révah haben den iberischen Krypto-Judaismus und die vielen Fälle von *conversos*, die sich als strenggläubige Katholiken gaben, aber im geheimen die Religion ihrer Väter weiterhin ausübten, aufgezeigt. Sobald sie nicht mehr mit Repressalien rechnen müssen, bauen sie wieder Synagogen und üben ihren alten Glauben aus. Zu Recht oder zu Unrecht haben die Herrscher in dieser Haltung eine Bedrohung für den Zusammenhalt des Staates gesehen.

Die offizielle Erklärung in der Einleitung des Erlasses ist wohl die richtige; man wollte eine eindeutige Lage schaffen: Indem man den Judaismus beseitigte, hoffte man, diejenigen *conversos* zu entmutigen, die immer noch ihrem jüdischen Glauben anhingen. Die Atmosphäre religiöser Begeisterung nach der Einnahme von Granada hat noch das Ihre dazu beigetragen sowie die letzte und spektakulärste Anklage wegen Ritualverbrechen, die gegen die Juden vorgebracht wurde. Der Fall des Märtyrerkindes von La Guardia wurde stark hochgespielt, weil man die richtige Atmosphäre für eine radikale Maßnahme schaffen wollte.

Es war nicht das erste Mal, daß den Juden Ritualverbrechen vorgeworfen wurden, um den Katholizismus zu verspotten. Zum Beispiel sollen in der Karwoche des Jahres 1468 die Juden von Sepulveda ein Kind gekreuzigt haben. Der Fall von La Guardia, in der Nähe von Toledo, ist noch bekannter. 1490 nimmt man einen *converso* fest, der eine geweihte Hostie bei sich trägt. Im Laufe des Verhörs gesteht er ein schreckliches Verbrechen, das vor einigen Jahren von einer Gruppe von Juden begangen worden war: Ein christliches Kind sei ermordet und an einem Karfreitag mit einer Dornenkrone gekreuzigt worden, nachdem man ihm das Herz herausgerissen hatte. Die »Schuldigen« seien Juden und *conversos* gewesen. Die Untersuchung, die am 17. Dezember 1490 begann, endete mit einer Reihe von Todesurteilen, die am 16. November 1491 im Laufe eines *autodafes* in

Avila ausgesprochen wurden. Die Hauptangeklagten werden bei lebendigem Leib verbrannt. Das Ritualverbrechen gehört zum klassischen Repertoire des Antisemitismus. Doch es ist eine Ausnahme, daß es einen solchen Prozeß wie den in Avila nach sich zieht. Im folgenden Jahrhundert zeigt sich die spanische Inquisition in bezug auf das Verschwinden oder den Tod von Kindern, Taten, die Hexen zugeschrieben werden, ganz besonders mißtrauisch und fordert, daß handfeste Beweise geliefert werden, die solche eindeutig belegen. Erst dann wird ein Prozeß angestrengt. Die Richter von Avila begnügen sich 1491 mit mündlichen »Zeugenaussagen« und »Geständnissen« der Schuldigen. Das Ganze spielt sich in einer aufgeheizten Atmosphäre ab, die das Urteil ahnen läßt.

Es gibt zwischen dem Prozeß von Avila und der Ausweisung der Juden keinen direkten Zusammenhang; man stellt lediglich fest, daß sich diese beiden Ereignisse innerhalb weniger Monate abspielen, was vielleicht erklärt, daß die spanischen Juden trotz ihrer Beziehungen zum Hof auf das, was sich gegen sie zusammenbraute, schlecht oder zu spät reagiert hatten.

Am 31. März 1492 wird in Granada der Ausweisungserlaß unterzeichnet und einen Monat später an die Öffentlichkeit gebracht. Die Juden in Spanien haben vier Monate Zeit, zwischen der Konversion oder dem Exil zu entscheiden. Jene, die nicht bereit sind, zum Katholizismus überzutreten, müssen Spanien auf der Stelle verlassen. Sie konnten ihren Besitz verkaufen, aber es war ihnen aufgrund der bestehenden Gesetze untersagt, Gold, Silber, Pferde und Waffen mitzunehmen, doch sie hatten die Möglichkeit, sich bei den Banken Wechsel ausstellen zu lassen und den Betrag im Ausland einzulösen. Angesichts ihrer Lage und der festgelegten Fristen hatten die Juden die größten Schwierigkeiten, die Schuldforderungen, die sie hatten, einzutreiben und ihre Häuser und sonstigen Besitz ohne großen Wertverlust zu verkaufen. Viele Käufer warteten bis zum letzten Augenblick und konnten dadurch einen Schleuderpreis aushandeln. Auch die italienischen Bankiers haben die Lage ausgenutzt, indem sie die Wechsel zu den für den Betroffenen ungünstigsten Bedingungen einlösten.

In einigen Fällen haben auch die Stadtgemeinden den Juden Schwierigkeiten bereitet. Zum Beispiel verbietet die von Palencia, daß man die Synagoge und den Gemeinschaftsbesitz der *aljama* kaufte. Am 27. Juni 1492 schenkt die *aljama* von Vitoria der Stadtgemeinde die Ländereien von Judizmendi – vermutlich, um diese Maßnahme zu umgehen –, unter der Bedingung, daß auf dem bisherigen Judenfriedhof nie ein Gebäude errichtet werde. Die Stadtgemeinde von Vitoria hat sich getreu an diese Verpflichtung gehalten, bis sie nach dem Zweiten Weltkrieg von der jüdischen Gemeinde von Bayonne in Anerkennung der den Juden im Franco-Spanien erwiesenen Dienste davon entbunden wurde. (Man muß nämlich wissen, daß das Franco-Regime den Nachkommen der Juden, die 1492 ausgewiesen wurden, die spanische Nationalität zuerkannte; so haben einige von ihnen, die vor den Naziverfolgungen geflohen waren, zwischen 1940 und 1944 in Spanien wieder Zuflucht gefunden. 1967 wurde der Ausweisungserlaß offiziell aufgehoben.)

Wie viele Juden mußten ins Exil gehen? Die Historiker sind sich darüber nicht einig. 1492 waren es in Spanien ungefähr 200 000: 150 000 in Kastilien und 50 000 in Aragonien, was jeweils 4 % und 5 % der Bevölkerung entspricht. Für Aragonien ermittelt man eine Ausweisung von 10 000, vielleicht mehr. In Kastilien kann man es nicht genau sagen. Insgesamt schwankt die Zahl der ausgewiesenen Juden zwischen 50 000 und 150 000. Aus demographischer Sicht, meinte Fernand Braudel, konnte Spanien diesen Verlust verkraften, doch das ist natürlich nicht der einzige Gesichtspunkt der Frage und auch nicht der wichtigste. Einige der Juden, die 1492 ausgewiesen wurden (50 000?), insbesondere jene, die vorübergehend Zuflucht in Portugal gefunden haben, kehren im Jahr darauf nach Spanien zurück, und zwar unter dem Vorwand, daß sie sich im Ausland haben taufen lassen. Natürlich verlangt man von ihnen, daß sie ihren Taufschein vorlegen, und gefälschte werden mit Todesstrafe geahndet. Die Katholischen Könige haben um einige Bekehrungen großes Aufsehen gemacht, insbesondere die von Abraham, Abraham Senior und seinem Schwiegersohn, dem Rabbiner Mayr. Kardinal Mendoza und der päpstliche Nuntius sind die Taufpaten des ersteren; die Katholischen Könige persönlich Taufpaten der beiden anderen.

Viele der ausgewiesenen Juden begaben sich zuerst nach Portugal, wo sie gegen Entrichtung eines Dukaten pro Person eine auf sechs Monate befristete Aufenthaltsgenehmigung erhielten. Andere gingen nach Navarra, wurden jedoch 1498 wieder ausgewiesen. Die Endziele sind der Südwesten Frankreichs, England, Flandern (das ist der Ursprung der jüdischen Gemeinschaft in Amsterdam), Nordafrika (Tetuan, Larache, Tanger), Italien und vor allem das osmanische Reich, wo Bajazet II. seinen Untertanen empfiehlt, sie herzlich aufzunehmen. Saloniki, Konstantinopel und Adrianopel, die griechischen

Inseln dienen den Juden von Spanien als Asyl, und diese Bewegung setzt sich bis ins 16. Jahrhundert fort. Die Sephardim bewahren noch lange, manchmal bis heute, bestimmte Traditionen ihres Ursprungslandes und ihre Sprache, das Judäo-Spanisch, das aus der kastilischen Sprache, wie sie 1492 gesprochen wurde, entstand und das natürlich, wie jede lebende Sprache, im Laufe der Zeit einschneidende Änderungen erfahren hat (man darf das Judäo-Spanisch nicht mit dem *ladino* verwechseln, das in den Übersetzungen und religiösen Büchern verwendet wird).

Man hat die Folgen der Judenvertreibung für Spanien stark übertrieben. Die Ausweisung hat keineswegs die Staatskasse gefüllt, auch keine wirtschaftliche Katastrophe ausgelöst. Sie hat höchstens hier und da im Geschäftsbereich und bei der Steuereinnahme eine vorübergehende Krise ausgelöst. Wie bereits oben erwähnt, war die Rolle der Juden im Steuerwesen der Monarchie weitaus unbedeutender als vermutet. Auch ihr Einfluß im Bereich des Großhandels wurde hochgespielt. Die meisten Juden Spaniens waren einfache Handwerker, Straßenverkäufer, kleine Geldverleiher. Das paßte nicht zum Bild eines aktiven, dynamischen und unternehmerischen Großbürgertums. Die Juden, die im internationalen Handel tätig waren, insbesondere die von Burgos, waren seit langem zum Katholizismus übergetreten und folglich von dem Ausweisungserlaß nicht betroffen. Das Schicksal Spaniens war durch die Ausweisung der Juden nicht erschüttert worden. Diesen Standpunkt vertrat Fernand Braudel in der zweiten Ausgabe seines Werkes *La Méditerranée et le monde méditerranéen à l'époque de Philippe II* (Bd. II, S. 154): »Wir akzeptieren nicht mehr, daß die Ausweisung der Juden Spanien um ein starkes Bürgertum gebracht haben soll. Wie Felipe Ruiz Martín aufgezeigt hat, bildete sich in Spanien kein starkes Bürgertum. Dies wurde durch einen internationalen Kapitalismus, nämlich den der Genueser Bankiers und ihresgleichen verhindert.«

Ausweisung der Juden oder Auslöschung des Judaismus? Luis Suárez Fernández, der sich mit dieser Frage ausführlich beschäftigte, neigt zur zweiten Lösung. Er untermauert dies mit Argumenten, die einleuchten, wie z. B. die Evangelisationskampagne, die auf Initiative des Herrscherpaars durchgeführt wurde, und die öffentliche Zurschaustellung einiger Bekehrungen. Die Katholischen Könige hofften offensichtlich, daß sich die Mehrheit der Juden bekehren und an Ort und Stelle bleiben würde. 1496 zeigt König Manuel von Portugal die gleiche Einstellung. Er setzt alle Mittel ein – Lockangebote, Drohung und

Gewalt –, um zu verhindern, daß die Juden das Land verlassen, und versucht sie dazu zu bringen, sich zu bekehren. Und tatsächlich haben sich viele notgedrungen bekehrt. Es handelt sich um eine Politik religiöser Vereinigung, mehr um einen Antijudaismus als einen Antisemitismus, zumindest in bezug auf die Elite, die Regierungskreise und die führenden Klassen. Diese Politik wurde vom Volk unterstützt, doch man zögert zu glauben, daß sich die Herrscher dadurch beeinflussen ließen. In anderen nicht weniger bedeutenden Bereichen haben sie nicht gezögert, ihren Willen durchzusetzen, ohne sich Gedanken um die Meinung ihrer Untertanen zu machen. Vor und nach der Inquisition, vor und nach der Ausweisung der Juden, findet man viele *conversos* in der Umgebung der Könige und auf bedeutenden Posten; sie wurden also nicht von einem blinden Antisemitismus geleitet.

Doch die 1480 durch die Einrichtung des Heiligen Offiziums eingeleitete und 1492 durch die Ausweisung der Juden fortgeführte Politik bedeutet eine Wende in der Religionspolitik Spaniens. Um diese Wende zu erklären, spricht Pierre Chaunu von einem Anschluß an die europäische Christenheit. Nach dem Ende der Reconquista hört auch das Spanien der drei Religionen auf zu existieren. Spanien hätte wie vorher ein Bindeglied zwischen Osten und Westen bleiben können, doch seine Herrscher hatten andere Pläne. Das Ende der spanischen Reconquista geht Hand in Hand mit einer anderen Rückeroberung, nämlich der Spaniens durch die europäische Christenheit, was den Verzicht auf die vorherige Toleranz impliziert.

Das ist ein Grund, der die Wende der Jahre 1480 bis 1492 erklären soll. Es gibt noch einen weiteren, den Suárez Fernández geltend macht: Die Stärkung des Staates oder genauer die Schaffung eines modernen Staates schien Glaubenseinheit vorauszusetzen. Aus dieser Sicht schien das Weiterbestehen jüdischer Gemeinschaften ein Anachronismus zu sein. Der Zusammenhalt der Gesellschaft schien ihr Verschwinden erforderlich zu machen. »Vor dem im 19. Jahrhundert entstandenen Nationalismus schienen die Völker nur durch ein Gefühl religiöser Zugehörigkeit verbunden zu sein«, schreibt Fernand Braudel. Was auf alle christlichen Nationen zutrifft, gilt noch mehr für das Spanien der Katholischen Könige, das politisch keine Einheit bildet. Die Völker der Doppelmonarchie besitzen als einzige Gemeinsamkeit das Regentenpaar. Das ist nicht viel. Jenseits der politischen Grenzen, die Kastilien und Aragonien lange Zeit voneinander trennen, verstärkt die Glaubensgemeinschaft das Solidaritätsgefühl unter allen Untertanen. Zumindest nahmen das die Katholischen Könige an: Ihrer Meinung nach erreicht man politische Einheit nur auf der Basis der religiösen.

Entstehung des Maurenproblems

Die jüdische Religion war nicht die einzige Religion, die im mittelalterlichen Spanien geduldet wurde. Es gab auch muslimische Gemeinschaften, deren Status mit dem der jüdischen *aljamas* vergleichbar war. Diese Muslime, die auf christlichem Gebiet lebten *(mudéjares)*, waren ja nach Gegend unterschiedlich stark verteilt. Vor der Einnahme von Granada sah die Situation folgendermaßen aus:

1. Die *mudéjares* des Königreichs von Kastilien belaufen sich Ende des 15. Jahrhunderts auf 20 000 bis 25 000. Die größten Familien haben sich im Becken des Guadiana (im Gebiet der Militärorden) und im Norden des ehemaligen Königreichs Murcia (insbesondere im Tal von Ricote und in den kirchlichen Lehen von Alguazas und Alcantarilla) angesiedelt. Doch im Guadalquivir-Tal findet man wenige *mudéjares* (nicht mehr als 2000), das gleiche gilt für das Tajo-Becken (Toledo, La Mancha). Segovia, Avila, Valladolid und Burgos haben ziemlich große *morerías*, die aber selten mehr als tausend Staatsangehörige zählten (1495 waren es ungefähr hundert Haushalte in Valladolid, d. h. etwas mehr als 500 Personen). Diese Mauren üben folgende Berufe aus: ambulante Händler, Maultiertreiber und Transporteure, Handwerker (Sattler, Töpfer, Hersteller von Armbrüsten, Maurer, Zimmerleute ...), Gärtner und Fischer (in Murcia). In Valladolid fungieren sie als Feuerwehrleute, in Murcia zwingt man die Mauren, um die verurteilten Christen noch schändlicher erscheinen zu lassen, die Urteile trotz der wiederholten Verbote der Herrscher zu vollstrecken.

Diese muslimischen Gemeinschaften *(aljamas de moros)* sind ähnlich wie die jüdischen Gemeinschaften organisiert. Sie können ihren Glauben frei ausüben (in Toledo befindet sich die Moschee mitten in der Stadt, neben der christlichen Kathedrale); sie haben ihre Bürgermeister *(alcaldes)*, ihre Gesetzeskundigen *(alfaquies)*, und der König ernennt mit ihrer Zustimmung einen *alcalde mayor de las aljamas de moros*, der ihr Vertreter beim Staat ist. Seit Beginn des 15. Jahrhunderts müssen die Mauren, genau wie die Juden, ein Erkennungszeichen tragen: einen blauen Halbmond auf der rechten Schulter.

Im Königreich Aragonien verteilen sich die Mauren auf zwei Gegenden: auf das eigentliche Königreich Aragonien (Ebro-Tal) und das Königreich Valencia. In Aragonien betragen sie ungefähr 30 000, d. h. 10 % der Gesamtbevölkerung, und die meisten unter ihnen (84 %) sind der Gerichtsbarkeit der Lehnsherrren unterstellt, die sie als landwirtschaftliche Arbeiter beschäftigen. Genauso verhält es sich in Valencia, wo sie noch zahlreicher sind (mehr als 50 000). Sie bewohnen vor allem die Trockenzonen. Die Mauren von Aragonien stellen für die Lehnsherren vorzügliche Arbeitskräfte dar: Sie sind erfahren, fleißig, gehorsam und anspruchslos.

Auch im Königreich Navarra, insbesondere in Tudela, hatten sich muslimische Gemeinschaften angesiedelt. Diese Mauren, unter denen sich eine bestimmte Elite herauskristallisierte, die korrekt Arabisch reden und lesen konnte, sind vor allem in der Landwirtschaft beschäftigt, auf dem Bau, mit der Herstellung von Waffen und dem Pferdehandel.

Mit der Einnahme Granadas kommt eine dritte Gruppe von Muslimen hinzu. Dieses Mal sind es mehr als 200 000 Mauren, die der Gerichtsbarkeit von Kastilien unterstellt sind und die sich vor allem in der Hauptstadt und dem Gebirge der Alpujarras ballen. Das Kapitulationsabkommen Granadas hat diesen Mauren ausdrücklich freie Religionsausübung und die Respektierung ihrer Bräuche garantiert. Einige waren darüber erstaunt. Nach der Einnahme Granadas schlugen Prälaten und Ordensleute den Katholischen Königen vor, die Gelegenheit zu nutzen und die Mauren zu zwingen, entweder zum katholischen Glauben überzutreten oder nach Afrika auszuwandern. Diese Lösung, die Ferdinand und Isabella im April 1492 für die Juden vorsehen, lehnen sie im Januar für die Muslime von Granada ab. Offensichtlich ist das für sie nicht ein und dasselbe Problem. Weshalb? Zwischen Juden und Muslimen gibt es mindestens drei Unterschiede:

Aus religiöser Sicht bilden die Muslime in Spanien eine einheitliche Gemeinschaft, die neben den Christen besteht, ohne irgendwelchen Bekehrungseifer, während nach Ansicht der Herrscher und der Inquisitoren die Gefahr besteht, daß die Juden diejenigen ihrer Glaubensbrüder, die zum Katholizismus übergetreten sind, die *conversos*, »anstecken« könnten.

Aus gesellschaftlicher Sicht bekleiden Juden und *conversos* oft hohe Ämter. Sie arbeiten Seite an Seite mit den Christen in der Stadtgemeinde, den Zivil- und Kirchenbehörden, erregen Aufmerksamkeit, da einige von ihnen zur Elite gehören. Ganz anders verhält es sich mit den *mudéjares*, dem arbeitsamen, unterdrückten Teil der Bevölkerung, der seit der Niederlage von den Führungsklassen isoliert ist.

Aus historischer Sicht stellen die Mauren in den Augen der Christen achtenswerte Gegner dar, die Erben einer Kultur, die sich zwar von ihrer unterscheidet, aber sehr beeindruckend ist. Die spanischen Aristokraten nutzen ihre maurischen Arbeiter aus, doch sie achten die islamische Kultur. Zum Beispiel erhalten zwei Mitglieder der königlichen Familie von Granada nach ihrem Übertritt zum katholischen Glauben im Jahre 1492 den Titel der Infanten von Granada und werden dem spanischen Hochadel gleichgestellt. Der eine von ihnen, Ferdinand, wird 1507 Gouverneur von Galicien, der andere, Johann, sollte bei der Revolution der *Comunidades* (1520) eine entscheidende Rolle spielen, indem er sich mutig an die Spitze der Loyalisten stellte und die Privilegien der Monarchie verteidigte.

Nach dem Sieg von 1492 haben sich die Katholischen Könige bemüht, aus Granada eine christliche Stadt zu machen. Sie wollen nach und nach die muslimische Bevölkerung integrieren, sie davon überzeugen, nicht nur auf ihren Glauben zu verzichten, sondern auch auf ihre tief verwurzelten Bräuche und sozialen Praktiken. Das war die Hauptaufgabe des Erzbischofs von Granada, Talavera, der sie von Anfang an dem Evangelium gemäß behandelt. Er möchte durch Milde überzeugen. Er vertritt folgenden Standpunkt: Das, was man durch Angst oder Gewalt erreicht, kann nicht lange anhalten, während das, was durch Liebe erreicht wird, dauerhaft ist. Er lernt Arabisch und veranlaßt auch seine Priester, diese Sprache zu lernen, damit sie mit den Muslimen reden können. Er verfaßt für sie Katechismen und Handbücher, läßt ein arabisches Lehrbuch mit Anhang drucken, das die unveränderlichen Teile der Messe auf arabisch und drei Votivmessen enthält. Er führt das Arabische in der Liturgie ein, indem er z. B. das *Dominus vobiscum* durch eine arabische Formel ersetzt. Er gründet ein der Kirche unterstelltes Kolleg, an dessen Fassade zu lesen ist: *Ad fugandas infidelium tenebras.* Damit gewinnt Talavera die Sympathie der Bevölkerung, die in ihm einen heiligen Mann sieht, einen christlichen *alfaqui.* Es glingt ihm, eine ganze Reihe von Muslimen zu bekehren, und er bemüht sich, sie zu guten Christen zu machen, indem er sie bittet, nach und nach auf den Gebrauch der arabischen Sprache und ihren traditionellen Lebensstil zu verzichten: Die neu Bekehrten sollen sich in ihrem Verhalten, ihrer Kleidung und Ernährung den Christen anpassen und mit der Gemeinschaft der Gläubigen verschmelzen. Talavera duldet keine Diskriminierung zwischen alten und neuen Christen: Die bekehrten Muslime dürfen nicht beleidigt werden; es darf ihnen kein Unrecht angetan oder neue Steuern auferlegt werden.

Er stellt empört fest, daß sie weiterhin verachtet werden, was diejenigen, die bereit wären, zu konvertieren, abschreckt.

Dieser missionarische Auftrag erfordert viel Geduld und Zeit; er erbringt keine aufsehenerregenden schnellen Ergebnisse, doch die Konversionen, die nach gründlicher Überlegung erfolgen, sind dauerhaft. Als die Katholischen Könige im Sommer 1499 nach Granada zurückkehren, stellen sie fest, daß sich die Lage kaum verändert hat: Die überwiegende Mehrheit der Bevölkerung ist immer noch muslimisch, geprägt von islamischen Bräuchen. Machen sie dies Talavera zum Vorwurf? Man weiß es nicht, doch sie müssen sich die wenig freundlichen Kommentare einiger Beamter und des Klerus anhören. Kurze Zeit später kommt Cisneros nach Granada. Da er die Stadt nicht kennt, ist er von dem, was er sieht, überrascht, alarmiert. Unter anderem erweckt das Problem der *elches*, der zum Islam übergetretenen Christen, seine Aufmerksamkeit. Sicher, man kann nichts dagegen unternehmen: Die Abkommen von 1491 haben ihnen Zusicherungen gemacht, und Talavera wehrt sich entschieden gegen eine Einmischung der Inquisition. Cisneros kennt da weniger Skrupel; er läßt einige ihrer Kinder ohne Zustimmung der Eltern taufen, verwandelt die Moschee von Albaicin in eine christliche Kirche und läßt den Koran öffentlich verbrennen.

Bedeutet das eine offizielle Verletzung der Abkommen? Man erörtert die Frage; offensichtlich war der Fall der getauften Kinder nicht vorgesehen. Doch die Muslime nehmen diese juristischen Spitzfindigkeiten übel auf. Es werden Proteste laut. Am 18. Dezember 1499 begibt sich ein Polizeibeamter zum Albaicin-Viertel, um einen *elche* festzunehmen. Es kommt zu einem Streit, bei dem der *alguacil* getötet wird. Das ganze Viertel ist in Aufruhr. Der Graf von Tendilla eilt an Ort und Stelle und sorgt wieder für Ruhe, doch diese Gewaltanwendung, die erste seit der Kapitulation Granadas, hinterläßt Spuren. Cisneros nutzt den Sieg aus: Die erschreckten Muslime bekehren sich in großer Zahl; in acht Tagen erfolgten 3000 Taufen.

In den Alpujarras reagierte die Bevölkerung ganz anders. Da sie sich bedroht fühlte, griff sie zu den Waffen und übte im Januar 1500 den Aufstand. Ferdinand sieht sich gezwungen, Truppen aufzustellen, um die Ruhe wiederherzustellen. Im Laufe des Winters 1501 erfolgen neue Aufstände, dieses Mal in den Bergen von Ronda. Es scheint sich eine allgemeine Revolte abzuzeichnen. Die Katholischen Könige sehen in diesen Aufständen eine Verletzung der Abkommen von 1491 seitens der Muslime; sie sehen sich jetzt ihrerseits auch nicht mehr verpflichtet, sich daran zu halten, und die Muslime von Granada werden aufgefordert, genau wie die Juden 1492, zwischen der Bekehrung und dem Exil zu wählen. Die meisten entscheiden sich für die erste Lösung; sie bilden die erste Gruppe der *moriscos*, die wohl theoretisch Christen sind, aber im Grunde ihre Bräuche weiterpflegen und Muslime bleiben. Ferdinand erklärte: Meine Gemahlin und ich sind der Ansicht, daß die Mauren sich taufen lassen sollten. Wenn sie keine Christen sind, sind es zumindest ihre Kinder und Enkel. 1516 wird die Maßnahme auf die Mauren von Navarra ausgedehnt, nachdem sich dieses Königreich Kastilien angeschlossen hatte. Es bestehen nur noch die muslimischen Gemeinschaften von Aragonien und Valencia; auch sie werden unter Karl V. gewaltsam bekehrt.

Dank des Schutzes der großen Lehnsherren, die sie beschäftigen, und dem Einfluß des Grafen von Tendilla, bekommen die *moriscos* von Granada immer wieder Verlängerungsfristen für ihre Integration zugebilligt. Bis 1566 werden diese Fristen regelmäßig verlängert, doch dann ist Philipp II. nicht mehr bereit, länger zu warten. Die *moriscos* der Alpujarras erheben sich, und es folgen Monate der Kämpfe, um den Aufstand niederzuschlagen. Die besiegten *moriscos* verteilen sich in verschiedenen Gegenden Kastiliens, wo sie weiterhin eigenständige Gruppen bilden. Das Nachspiel dieses historischen Dramas erfolgt zu Beginn des 17. Jahrhunderts, als Philipp III. 1609 beschließt, die *moriscos* endgültig aus Spanien zu vertreiben.

Aus heutiger Sicht erscheint uns das Spanien des 16. Jahrhunderts als eine Hochburg des katholischen Glaubens; es hat mit der Inquisition ein schreckliches Instrument zur Unterdrückung der Ketzerei geschaffen. Doch vielleicht war dieses Bild falsch? Vielleicht hatte Spanien die Inquisition nicht deshalb eingeführt, weil es katholischer als andere Länder war, sondern weil der katholische Glaube hier bedrohter war als sonstwo. Vielleicht mußten die Spanier dazu gezwungen werden, gute Christen zu sein, da sie, auf sich selbst gestellt, einem zweifelhaften Glauben angehangen hätten?

Das mag seltsam erscheinen, doch nicht den Menschen des 16. Jahrhunderts. Das Buch von Arnoldsson über die erste antispanische Schwarze Legende gibt darüber Aufschluß. Er zeigt, daß sich die Europäer in der ersten Hälfte des 16. Jahrhunderts keine sehr schmeichelhafte Vorstellung von den Spaniern machten: lüstern, eitel, aufschneiderisch und vor allem schlechte Christen. Da ist die klassische Anekdote über den *peccadiglio di Spagna*: Die Spanier sowie die Semiten (Juden oder Muslime) sollen nicht an das Dogma der Dreifaltigkeit glauben. Man darf nicht vergessen, daß Michel Servet, ein Gegner dieses Dogmas, Spanier war. Nehmen wir den Fall des Erasmus. Cisneros lädt ihn nach Spanien ein. Erasmus fühlt sich geschmeichelt, doch er zögert und lehnt schließlich ab: *Non placet Hispania.* Spanien ist für ihn ein fernes Land, an der äußersten Grenze der Christenheit, ein stark jüdisch und muslimisch geprägtes Land.

Im 16. Jahrhundert ist diese Meinung weit verbreitet. Révah hat ein Dokument von 1600 veröffentlicht: Nach einer Reise nach Rom hatte sich der Großinquisitor, Kardinal Guevara, selbst vom Ernst der Lage überzeugt. Obwohl die Inquisition bereits seit einem Jahrhundert besteht, glauben viele Ausländer in Italien, Frankreich und in Deutschland, daß Spanien ein stark semitisch beeinflußtes Land ist. Guevara geht noch weiter: Er fragt sich, ob nicht die Inquisition und die Statuten über die Rassenreinheit dazu beigetragen haben, den schlechten Ruf Spaniens zu untermauern. Die anderen Länder der Christenheit, fährt Guevara fort, verzeichnen genauso viele Juden wie Spanien, eher noch mehr, doch sie hüten sich davor, die Aufmerksamkeit darauf zu lenken, während in Spanien die Untersuchungen über den jüdischen Ursprung der Anwärter auf öffentliche oder kirchliche Ämter die ganze Nation in Mißkredit bringen.

Die voluntaristische Politik der Katholischen Könige im religiösen Bereich und ihre Einstellung gegenüber den *conversos*, den Juden und *moriscos* ist in diesem Zusammenhang zu sehen. Die religiösen Fragen waren vermutlich weitaus wichtiger, als man zugeben wollte. Die Chronisten berichten, daß sich Isabella nach einem Aufenthalt in Sevilla entschlossen hatte, die Inquisition einzuführen: Angeblich war sie über den religiösen Synkretismus, der dort herrschte, schockiert gewesen. Weshalb sollte man dem keinen Glauben schenken? Weshalb sollten sich die Katholischen Könige nicht bemüht haben, zu reagieren, nicht nur um den Ruf Spaniens in Europa reinzuwaschen, sondern auch, um den Katholizismus auf eine feste Basis zu stellen, indem man unerbittlich gegen alle Abweichungen anging, da sie die Glaubenseinheit als unerläßliche Voraussetzung für die Einheit ihrer Königreiche ansahen?

Sieben Jahrhunderte lang haben Christen, Juden und Muslime auf der Iberischen Halbinsel nebeneinander gelebt. Verständlich, daß diese Koexistenz zahlreiche Spuren in der Sprache, der Literatur, der Kunst und der Psyche der Spanier hinterlassen hat. Weshalb sollte es sich auf dem Gebiet der religiösen Vorstellungen und Empfindsamkeit anders verhalten? Erasmus vermutete, daß man nicht Jahrhunderte lang im engen Kontakt mit den Semiten leben kann, ohne davon geprägt zu werden. Das Spanien des 16. Jahrhunderts war vielleicht weniger katholisch, als es den Anschein erwecken wollte. Doch es wurde zu einem katholischen Land, was nicht das gleiche ist.

VII. Bilanz einer glanzvollen Regierungszeit

Das Ende der Regierungszeit (1497–1516)

Von jeher wird der Tod Isabellas im Jahre 1504 als Wendepunkt in der Regierungszeit der Katholischen Könige angesehen. Doch es scheint angebracht zu sein, die Wende bereits ein paar Jahre früher anzusetzen. In Wirklichkeit leitet der Tod des Erbprinzen Johann am 4. Oktober 1497, der im Alter von 19 Jahren, sechs Monate nach seiner Heirat mit Margarete von Österreich, starb, eine lange Zeit der Unsicherheit ein, die erst 1522 mit der Rückkehr Karls V. nach der Niederschlagung des Aufstandes der *Comunidades* beendet ist. Hatte sich Prinz Johann während der Flitterwochen zu sehr verausgabt? Das zumindest hatte man in der Familie vermutet: Als der zukünftige Philipp II. das erste Mal heiratete, riet ihm Karl V. zur Vorsicht und erinnerte ihn an die Geschehnisse von 1497. Wie dem auch sei: Entscheidend ist, daß die Hoffnung, die Doppelmonarchie endgültig in Händen eines Herrschers vereint zu sehen, zu schwinden scheint. Isabella befindet sich von nun an wohl in einem Zustand der Verwirrung, den sie erst kurze Zeit vor ihrem Tod überwindet, als sie ihr Testament macht. Einige ihrer engsten Mitarbeiter ziehen sich zurück und verlieren ihren Einfluß. Am bekanntesten ist der Fall von Hernando de Talavera, der in seiner Diözese von Granada isoliert ist, verachtet wegen seiner versöhnlichen Haltung gegenüber den Muslimen und schließlich den Verfolgungen fanatischer Inquisitoren ausgeliefert ist.

Nachfolgerin wird zunächst die Infantin Isabella, die Königin von Portugal, doch sie stirbt im August 1498 in Toledo, als sie Michael, den Erben der drei Kronen der Halbinsel (Portugal, Kastilien, Aragonien), zur Welt bringt, doch dieser stirbt bereits 1500. Nun liegt das Schicksal der Monarchie in den Händen von Prinzessin Johanna, der Gattin Philipps des Schönen. Es kursieren Gerüchte über die Thronerbin, die als Johanna die Wahnsinnige in die Geschichte eingehen wird. Ihr Leben hat viel Aufmerksamkeit erregt. Historiker oder Spezialisten für kleine Episoden am Rande der Weltgeschichte, Romanautoren und sogar Cineasten haben sich für sie interessiert und die phantastischsten Deutungen vorgenommen. Man stellte Johanna als eine von der religiösen Intoleranz ihres Landes und ihrer Zeit gezeichnete Ketzerin, als eine Hysterikerin, die aufgrund ihrer Sinnlichkeit wahnsinnig geworden war, und schließlich als ein Opfer der Staatsräson dar. Der Tochter der Katholischen Könige fehlte es weder an Intelligenz noch an Sensibilität. Sie sprach fließend Französisch und Latein, was die Bewunderung des Humanisten Juan Luis Vives erregte. Sie liebte Musik und spielte selber mehrere Instrumente, insbesondere das Klavichord, das man noch in Tordesillas sehen kann. Sie war auch für andere Künste begabt, wie zum Beispiel den Tanz. Seit ihrer Heirat mit Philipp dem Schönen (1496) zeigt sich die erste geistige Verwirrung. Johanna ist sehr schön und leidet darunter, daß sie von ihrem Mann vernachlässigt und betrogen wird. Sie ist eifersüchtig, scheint sich außerdem in den Niederlanden, wo sie seit ihrer Heirat lebt, nicht wohl zu fühlen. Sie glaubt, von Rivalinnen umgeben zu sein, die sie bei ihrem Gemahl ausstechen wollen, und von Spionen, die ihren Briefwechsel und ihre Gespräche mit ihren Landsleuten überwachen. Sie scheut Gesellschaft, Vergnügen, Feste, führt ein einsames Leben, das ihren Hang zur Melancholie noch verstärkt. Dies beunruhigt ihre Eltern, die regelmäßig Bericht über sie erhalten. Als Johanna und Philipp der Schöne 1502 nach Spanien reisen, um als Thronerben anerkannt zu werden, stellen die Eltern die Merkmale fest, die zu dem Zeitpunkt noch nicht als Wahnsinn qualifiziert werden. Ihre Tochter ist krankhaft eifersüchtig, zeigt aber andererseits auch so beunruhigende Zeichen der Willensschwäche, daß die Vorkehrungen, die Isabella in ihrem Testament trifft, gerechtfertigt erschienen.

Dieses Testament basiert auf der rechtlichen Situation, die nach dem Tod Isabellas gegeben sein wird: Johanna erbt die Krone von Kastilien; Ferdinand ist nur noch König von Aragonien. Doch Isabella fügt hinzu: Für den Fall, daß die Prinzessin, meine Tochter, im Augenblick meines Todes nicht in Kastilien sein wird und für den Fall, daß sie Kastilien verlassen würde oder anwesend wäre und die Regierungsgeschäfte nicht übernehmen könnte oder wollte, bitte ich entsprechend der Bittschrift, die mir die Cortes (1502–1503) vorgelegt haben, König Ferdinand, meinen Gemahl, das Königreich von Kastilien im Namen der Prinzessin, meiner Tochter, zu regieren, und zu verwalten, damit keine Zwietracht und Streitigkeiten entstehen.

Zwei Dinge sind aus diesen Vorkehrungen zu erkennen: Erstens spielt hier Isabella eindeutig auf einen möglichen Ausfall ihrer Tochter an (für den Fall, daß sie nicht regieren will oder kann ...), zweitens stellt man fest, daß die Situation bei der Versammlung der Cortes von 1502 bis 1503 angesprochen wurde. Zu diesem Zeitpunkt zweifelte bereits jeder an der geistigen Gesundheit der Tochter der Katholischen Könige. Doch die Cortes von Toro (1505) erkennen Johanna feierlich als Königin von Kastilien an. Bei ihrer Versammlung am 23. Januar erwähnen sie mit keinem Wort die geistige Verfassung der Prinzessin. Die Abgeordneten zögern, die Thronerbin ihrer Rechte zu berauben. Um sie zu überzeugen, verliest man einen von Martin de Moxico, einem Bediensteten von Johanna, verfaßten Bericht, den Philipp der Schöne in Spanien verbreitete. Doch die Cortes lehnen es ab, die Herrscherin für regierungsunfähig zu erklären. Aus Diskretion, um es zu vermeiden, die Krankheit der Königin öffentlich bekannt zu machen, oder aus politischer Vorsicht begnügen sie sich damit festzustellen, daß Johanna nicht in der Lage ist, ihre Funktionen ganz allein zu erfüllen. In Wirklichkeit verbergen sich dahinter politische Überlegungen. Ferdinand und Philipp der Schöne, der Vater und Gatte der Königin, kämpfen um die Macht. Der erste stützt sich auf Isabellas Testament, das ihm die Regentschaft überträgt; der zweite, der Prinzgemahl, gibt vor, im Namen seiner Gattin zu regieren. Beide sind daran interessiert, die Vorstellung, daß Johanna regierungsunfähig ist, glaubwürdig erscheinen zu lassen.

Es bleibt nur die Frage offen, wer an ihrer Stelle regieren wird: ihr Vater oder ihr Mann? Für Ferdinand spricht seine langjährige Erfahrung als Regent von Kastilien, die er sich in seiner Regierungszeit zusammen mit Isabella erworben hatte. Diese hatte in ihrem Testament deutlich zu verstehen gegeben, daß sie wünschte, daß Ferdinand das Werk, das sie 1474 gemeinsam begonnen hatten, fortführen sollte. Doch genau das spielt Philipp dem Schönen einen Trumpf zu: Er baut auf alle jene – die in den Reihen der Adeligen sehr zahlreich sind –, die sich schwer an den Autoritarismus von Ferdinand und Isabella gewöhnen konnten. Der Regierungswechsel kann eine Neuorientierung der Politik, der Regierungsweise und der Besetzung der Ämter bedeuten. Erneut verschleiern die rechtlichen oder in diesem Fall die medizinischen Diskussionen ernsthaften Widerstand und persönliche Ambitionen.

Als König Ferdinand, der viele seiner Anhänger verloren hat, Kastilien verlassen muß, bleibt die Frage über den Gesundheitszustand der Königin offen. Viele Politiker, wie z. B. Kardinal Cisneros, schienen sich damit abzufinden, sie auf Ersuchen Philipps des Schönen in Gewahrsam zu nehmen. Doch der Admiral von Kastilien widersetzt sich dem. 1520 kann er es sich zugute halten, daß er das Komplott zum Scheitern gebracht hatte, indem er bei der Versammlung der Cortes im Jahre 1506 eingegriffen hatte. Er sagte: »Man hat euch einberufen, damit ihr entscheidet, daß die Königin in Gewahrsam genommen werde. Ich erwarte von euch, daß das Königreich (*el reino* lautet der entsprechende Begriff zur Bezeichnung der Cortes) niemals eine solche Schandtat begeht.« Seine Zuhörer zögerten: Wenn ein Grande sich an die Spitze der Opposition setzte, würden sie ihm folgen. Und der Admiral erwiderte: »Sagt all euren Mitgliedern, daß ich mich ihnen anschließen würde und bereit bin, für die Sache zu sterben.« Die Folge ist, daß Philipp der Schöne auf sein Vorhaben verzichtet. Die Unfähigkeit der Königin, die Regierungsgeschäfte zu führen, erscheint in diesem Augenblick als ein Vorwand, sie zu entmachten oder zumindest ihre Macht einzuschränken. In Kastilien werden Stimmen laut, daß Johanna in Wirklichkeit Opfer einer Intrige ist: Ihr Vater und ihr Mann versuchen, sie für verrückt zu erklären, um an ihrer Stelle zu regieren. Im September 1520 schaffen sich diese Stimmen Gehör. Die erste Tat der *comuneros*, die sich gegen Karl V. richtet, besteht darin, daß sie sich nach Tordesillas begeben, um die Königin zu »befreien« und ihr ihre Privilegien zurückzugeben ... und in ihrem Namen zu regieren.

Der plötzliche Tod Philipps des Schönen läßt die Debatte um die Geisteskrankheit der Königin neu aufflammen. Es spielen sich jetzt Episoden ab, die von einigen Biographen noch ausgeschmückt werden und die Legende der wahnsinnigen Königin abrunden: die gebrochene Johanna, die mehrere Male den Sarg ihres toten Gatten öffnet; der lange Trauerzug, der bei Nacht mit Fackeln durch Kastilien zieht und menschliche Behausungen meidet. Man spricht von Nekrophilie, Agoraphobie, Todessehnsucht. M. Prawdin bemühte sich, diese Geschehnisse rational zu erklären. Ja, die Königin hat den Sarg noch zweimal öffnen lassen, nicht um eine morbide Neugier zu befriedigen, sondern um sich zu vergewissern, daß die Flamen den Leichnam Philipps des Schönen nicht geraubt hatten, was sie angeblich geplant hätten. Bereits Ende des 16. Jahrhunderts gibt der Historiker Mariana diese Erklärung. Der makabre nächtliche Zug? Als Ferdinand das gleiche mit Isabellas sterblicher Hülle in Granada machte, störte sich niemand daran. Es war nicht verwunderlich, daß Johanna die Nacht vorzog, wenn man an die lähmende Hitze Kastiliens denkt. Nicht aus posthumer Eifersucht lehnte sie es ab, in den Frauenklöstern abzusteigen, sondern weil sie unter ihrer Eskorte Landsknechte hatte.

M. Prawdin versucht somit jeder Episode, in der man ein Zeichen ihrer geistigen Verwirrung sehen wollte, eine einleuchtende Erklärung zu geben. Die Zeitgenossen haben dem weniger Bedeutung beigemessen als die Bevölkerung des 19. und 20. Jahrhunderts. Und doch beginnt unübersehbar der langsame physische und geistige Verfall der Königin ab dem Jahre 1506, d. h. seit dem Tod Philipps des Schönen. Zuerst versucht sie zum ersten Mal die Regierungsgeschäfte zu übernehmen. Sie macht auf einen Schlag alle von ihrem Mann gewährten Pensionen rückgängig und setzt die Mitglieder des Kronrats, die Philipp der Schöne ernannt hatte, ab. Bei dieser Gelegenheit beweist sie sogar Humor. Als eines der Opfer dieser Verfügung, Alonso de Castilla, protestierte, fragte ihn die Königin: »Wo hattet Ihr Euren Wohnsitz, bevor Ihr in den Kronrat bestellt wurdet?« Der andere erwiderte arglos: »In Salamanca.« – »Nun gut, dann kehrt dorthin zurück«, konterte Johanna, »und nutzt die Gelegenheit, um Eure Studien zu vervollkommnen.« Alonso de Castilla war nämlich nicht gerade eine geistige Leuchte.

Doch nach diesem entschlossenen Handeln verfällt die Königin in eine Art Apathie und weigert sich hartnäckig, irgendwelche Dokumente zu unterzeichnen. Cisneros übernimmt die Geschäfte und wendet sich an den König von Aragonien, der über Kastilien regiert, um die Regentschaft zu übernehmen. Im Herbst 1509 entscheidet Ferdinand über das Schicksal seiner Tochter, indem er sie im Schloß von Tordesillas einsperren und von einem Beamten bewachen läßt, der als Gefängniswärter fungiert. Es ist Mosén Luis Ferrer. Die unglückliche Königin bleibt hier bis zu ihrem Tod im Jahre 1555. Ihre Isolierung wird immer stärker. Eine einzige Ausnahme bilden die wenigen Monate im Jahre 1520, als die *comuneros* versuchen, sie aus ihrer Apathie zu reißen. Zuerst wohl aus Protest gegen ihr Gefängnisdasein, dann aus Resignation und Apathie weigert sich die Königin, Toilette zu machen, die Kleider zu wechseln, ja sie verweigert sogar von Zeit zu Zeit das Essen. Jene, die sie für verrückt halten, aus Überzeugung oder um eigene Interessen zu wahren, nehmen diese Haltung als Vorwand, ihr jeglichen Besuch zu untersagen und ihre Isolierung noch zu verstärken, was bewirkt, daß sich die Königin ihrer Umgebung gegenüber natürlich übellaunig und feindselig verhält. Das geht jahrelang so weiter, bis die Königin, die sich verraten, verlassen und von allen vergessen fühlt, schließlich wirklich den Verstand verliert.

Das ist nach M. Prawdin das Geheimnis von Tordesillas: Die Königin wurde aufgrund der Staatsräson hier eingesperrt, unter dem Vorwand, daß sie verrückt sei, was schließlich damit endete, daß sie verrückt wurde. Diese These, die mit guten Argumenten verteidigt wird, übersieht jedoch etwas zu großzügig die Zeichen von Willensschwäche, die die Tochter der Katholischen Könige zeigte. Ludwig Pfandl scheint sich der Wahrheit am ehesten zu nähern, wenn er Johannas Zustand als Schizophrenie bezeichnete. Er zeigt auf, daß Johannas Fall viel mit dem ihrer Großmutter mütterlicherseits gemeinsam hatte, Isabella von Portugal, die völlig isoliert gestorben war. Drei Generationen später leidet Prinz Karl, der Sohn Philipps II., ebenfalls an geistiger Verwirrung. Johanna war offensichtlich nicht fähig, politische Verantwortung zu übernehmen, was ja auch verschlüsselt das Testament Isabellas besagt. Doch von da bis zu dem Entschluß, sie wie eine Gefangene zu halten, war es ein großer Schritt, vor dem sich Ferdinand nicht gescheut hat. Er wollte unbedingt das mit Isabella 1474 begonnene Werk fortsetzen und die Macht mit niemandem teilen.

Auch wenn Johanna seit 1509 eingesperrt war, war sie dem Recht nach weiterhin Königin von Kastilien, da ihr Rücktritt nie offiziell erklärt worden war. Dafür hätte es der Zustimmung der Cortes bedurft, doch diese waren nicht bereit dazu, und weder Philipp der Schöne noch Ferdinand haben sich in dieser Sache an sie gewandt: Damit hätten sie den Cortes eine politische Rolle zurückgegeben, die diese seit einem Jahrhundert eingebüßt hatten. Zwischen 1504 und 1516 befindet sich Kastilien in einer schwierigen Lage: Theoretisch wird es von einer Königin regiert, von der jeder weiß, daß sie die Regierung nicht ausübt, doch die Fiktion wird aufrechterhalten. Die Verordnungen, die Beschlüsse, die Einberufungen der Cortes erfolgen im Namen von Königin Johanna, durch Gottes Gnaden Königin von Kastilien, doch im Grunde regieren zuerst Philipp der Schöne und dann Ferdinand in ihrem Namen.

Der Tod Ferdinands im Jahre 1516 sollte an dieser Lage nichts ändern, da er seit 1504 nicht mehr König von Kastilien war. 1516 wird der Enkel der Katholischen Könige, der zukünftige Karl V., der in Brüssel lebt, König von Aragonien; in Kastilien mußte er sich damit begnügen, die Macht auszuüben, ohne den Titel des Königs führen zu dürfen, den seine Mutter behielt. Der Kronrat und Kardinal Cisneros unterrichten den Prinzen davon und warnen ihn: »Der Tod Ferdinands, Eures Großvaters, verleiht Euch in Kastilien kein Recht; jede Änderung könnte im Land Aufruhr verursachen und die Gefühle jener verletzen, die wohl notgedrungen die Unfähigkeit der Königin zu regieren eingestehen, sich jedoch weigern, sie ihrer Rechte zu berauben.« Doch der flämische Hofstaat, der den Prinzen umgibt, ist damit nicht einverstanden. Er möchte, daß Karl unverzüglich nicht nur die Regierung über Kastilien übertragen wird, sondern auch der Königstitel. Am 14. März 1516 läßt sich Karl in Brüssel zum König von Kastilien und Aragonien ausrufen. In einem Brief an den Kronrat erklärt er, daß er in Zukunft mit seiner Mutter den Königstitel trägt.

Es handelt sich um einen echten Staatsstreich. Der Kronrat und Kardinal Cisneros sehen sich vor vollendete Tatsachen gestellt und geben nach, um nicht eine Krise heraufzubeschwören. In Zukunft tragen alle Dokumente die Namen beider Herrscher, wobei der der Königin immer zuerst kommt. Die Versammlung der Cortes in Valladolid (1518) erinnert daran, ohne die Sachlage in Frage zu stellen, daß die Rechte der Königin über denen ihres Sohnes stehen. Eine Zeitlang wird die Fiktion aufrechterhalten, auch noch nachdem Karl 1519 zum Kaiser ernannt wird, was das Kanzleramt vor ein Problem stellt: Da die Kaiserwürde über der Königswürde steht, muß sie bei der Titelaufzählung zuerst kommen, doch in Kastilien muß der Name der Königin vor dem des Königs stehen. Wie soll man also die offiziellen Texte abfassen? Man zieht sich mit einer wenig eleganten Formulierung aus der Affäre: Karl, durch Gottes Gnaden König der Römer (diesen Titel führten die Kaiser, bis sie vom Papst gesalbt wurden), Johanna, durch Gottes Gnaden Königin von Kastilien und der gleiche Karl durch die gleiche Gnade Gottes König von Kastilien. Eine recht komplizierte Formulierung. Nachdem der Aufstand der *comuneros* (1520–1521) niedergeschlagen wurde, kannte man keine solchen Skrupel mehr: Der Name der Königin verschwindet völlig, man vergißt sie schließlich ganz. 1555 stirbt Johanna in Tordesillas, nur drei Jahre vor ihrem Sohn Karl V., der ohne den Staatsstreich von 1516 nur zwischen 1555 und 1558, seinem Todesjahr, über Kastilien regiert hätte.

Isabellas Nachfolge interessiert nicht nur die Rechtsgelehrten und die potentiellen Thronanwärter. Außer den Rechtsfragen prallen die Interessen der Gruppen oder Familien aufeinander, und es bilden sich erneut Machtblöcke. Der Adel, der seit 1480 zum Schweigen verurteilt ist, befindet sich 1504 wieder in der gleichen Lage, die es ihm einst ermöglicht hatte, zu Reichtum zu gelangen und als erste Macht im Staat zu gelten. In der Vergangenheit konnte er aus politischen Krisen immer seinen Vorteil ziehen. Isabellas Tod gibt ihm die Gelegenheit, erneut ins politische Geschehen einzugreifen. Der Adel hatte sich ruhig verhalten, da er mit einer starken Staatsgewalt konfrontiert war, doch als dieser Staat Zeichen der Schwäche erkennen läßt, bemüht er sich, ihn noch mehr zu schwächen und den Streit zwischen den Rivalen zu schlichten.

Kurz nach Isabellas Tod beginnen die Unruhen. Der andalusische Adel gibt das Signal; er spricht sich gegen König Ferdinand, den Aragonier, aus, den Fremden, der nichts in Kastilien verloren hat. Andere Aristokraten schließen sich den andalusischen an, und bald beginnt eine regelrechte Erhebung gegen Ferdinand. Im Mittelpunkt dieser Koalition steht Philipp der Schöne, der selbst Ausländer ist, doch man hofft, daß er sich denen gegenüber, die ihm zur Macht verholfen haben, erkenntlich zeigen wird. Man drängt ihn, seinen Thron zu besteigen.

Doch auch Ferdinand hat seine Trümpfe in der Hand. Zuerst spricht Isabellas Testament für ihn, das ihm in den Städten und bei den *hidalgos*, dem Mittelstand und dem Klerus, die seit 1480 die Basis des Regimes bilden, starke moralische Kraft verleiht. Ferdinand weiß auch, daß er auf seine Tochter Johanna zählen kann, die sehr in ihren Mann verliebt ist, die Flamen haßt, aber auch ihren Vater grenzenlos bewundert. Zwischen dem Tod Philipps des Schönen und der Machtübernahme Ferdinands, als sie Alleinherrscherin in Kastilien ist, weigert sie sich hartnäckig, politische Entscheidungen zu fällen, und verweist immer auf ihren Vater: »Wartet, bis mein Vater wieder da ist.« All das ist Ferdinand bekannt. 1505 versucht er, seine Tochter, die sich in Flandern aufhält, zu bewegen, ihm Vollmacht zu erteilen. Lope de Conchillos wird mit dieser Geheimmission betraut, die er glänzend erledigt: Er erreicht, daß dieses kostbare Dokument unterzeichnet wird. Doch bevor er nach Spanien gelangt, wird er von Agenten Philipps des Schönen abgefangen, die seine Taschen durchsuchen und ihn gefangennehmen. So gelangt die Vollmacht nie in Ferdinands Hände.

Die Anhänger Philipps des Schönen, die von dem Adeligen Juan Manuel angeführt werden, setzen sich sehr für seine Sache ein und schrecken vor nichts zurück. Ferdinand wird als Feind der Juden dargestellt, und man verbreitet das Gerücht, daß Philipp der Schöne bereit wäre, das Heilige Offizium abzuschaffen, doch gleichzeitig fördert man den Antisemitismus der Katholiken und läßt verbreiten, Ferdinand beschütze die Juden. Der Hof von Brüssel nimmt auch Kontakt mit dem Gran Capitán, Gonzalo Fernández de Córdoba auf, dem Oberbefehlshaber der Armee, der das Königreich von Neapel erobert hat. Dieses Königreich wurde der Krone von Aragonien angegliedert und gehört somit zu Ferdinands Lehen; Philipp der Schöne, der im Namen seiner Gemahlin, der Königin von Kastilien, handelt, hat kein Recht, sich in die Angelegenheiten Neapels zu mischen. Doch die spanische Armee, die das Königreich Neapel erobert hat, ist eine kastilische Armee; ihr Befehlshaber, der Gran Capitán, ist Kastilier; er ist ein guter Stratege, aber ein schlechter Politiker. Philipp dem Schönen gelingt es schließlich, ihn für seine Sache zu gewinnen, was Ferdinand einer großen Stütze beraubt und kampferprobter Truppen. Doch Philipp der Schöne begnügt sich nicht damit, die Autorität Ferdinands in Kastilien und Neapel zu untergraben, sondern er versucht, ihn auch auf diplomatischer Ebene zu isolieren, indem er sich Frankreich nähert. Doch es ist nicht reiner Opportunismus, der ihn treibt: Flandern möchte gute Beziehungen zu Frankreich knüpfen, doch das stört Ferdinands Pläne, der das Gebäude, das er aufgebaut hat, vor allem in Italien, einstürzen sieht.

Ferdinands diplomatische Gegenoffensive zwischen Mai und Oktober 1505 muß vor diesem Hintergrund gesehen werden. Um seinen Einfluß nicht ganz einzubüßen, unterzeichnet er mit dem König von Frankreich ein Abkommen, das Erstaunen hervorruft: Er verkündet seine Absicht, Germaine de Foix, die Nichte Ludwigs XII., zu heiraten; die Kinder aus dieser Ehe erwerben die Rechte, die die Könige von Frankreich und Aragonien auf die Krone von Neapel geltend machen. Schließlich ist Ferdinand bereit, Frankreich eine Entschädigung in Höhe von einer Million Dukaten zu zahlen, die in zehn Jahren zu zahlen sind.

Wie ist dieser Vertrag zu verstehen? Ferdinand hat wohl erkannt, daß er das Spiel in Kastilien verloren hat. Es bliebe nur der Bürgerkrieg (was seine Berater durchaus erwogen haben), um Philipp den Schönen daran zu hindern, so zu regieren, wie er möchte. Ferdinands Verehelichung mit Germaine de Foix schockiert die Kastilier. Dies kann nur eines bedeuten – den Rückzug nach Aragonien. Die Doppelmonarchie bricht auseinander; die Kronen von Kastilien und Aragonien sind erneut getrennt. Am 3. Mai 1509 bringt Germaine de Foix einen Sohn zur Welt, Johann von Aragonien, der kurz nach seiner Geburt stirbt. Wenn er am Leben geblieben wäre, hätte er die

Krone von Aragonien geerbt, die erneut von der Krone von Kastilien getrennt worden wäre – vermutlich für lange Zeit.

Nachdem sich Ferdinand der Unterstützung Frankreichs versichert hatte, versuchte er mit den Vertretern Philipps des Schönen einen Kompromiß auszuhandeln. Das sogenannte Abkommen von Salamanca (24. November 1505) sieht eine Art Dreierregierung vor: Johanna und Philipp der Schöne, die Könige von Kastilien, verpflichten sich, mit dem König von Aragonien eng zusammenzuarbeiten. Doch dieses Abkommen sollte nie in die Praxis umgesetzt werden.

Als Philipp der Schöne im April 1506 in la Corogne landet, erlebt er einen freundlichen Empfang. Adelige säumen den Weg von Galicien, und der Zug, der sich zum Zentrum der Halbinsel begibt, gleicht einem Triumphzug. Der König von Aragonien, der seinem Schwiegersohn entgegenreitet, hat in kurzer Zeit keine Eskorte mehr, sogar der Konnetabel, ein alter Freund, verläßt ihn. Es bleiben ihm nur noch wenige Getreue, darunter der Herzog von Alba. Die Unterhaltung mit Philipp dem Schönen verläuft frostig. Er hat keinen Augenblick die Gelegenheit, seine Tochter allein zu sprechen. Es bleibt ihm nichts anderes übrig, als seinem Rivalen den Platz zu überlassen und sich auf seine Ländereien zurückzuziehen. Nachdem der Adel wieder seine Position zurückgewonnen hatte, blieb ihm nur die Resignation.

Der Sieger übernimmt die Regierung und belohnt seine Getreuen. Er verteilt die geruhsamen Posten und öffentlichen Ämter. Juan Manuel vertreibt den Marquis und die Marquise von Moya (Andrés Cabrera und Beatrice de Bobadilla) aus dem *alcázar* von Segovia, die sich sehr dafür eingesetzt hatten, Isabella zur Königin zu machen, und bezieht dort selbst Quartier, außerdem erwirbt er das Schloß von Burgos. Die Festung von Simancas, in der Nähe von Valladolid, fällt an einen Flamen, den Herrn von La Chaulx. Der Marquis von Villena kehrt mit Waffengewalt nach Toledo zurück und setzt dort einen neuen *corregidor* ein, der der neuen Regierung ergeben ist.

Die ganze Situation ändert sich, als am 25. September 1506 Philipp der Schöne unerwartet stirbt. Er war nach einem Pelotaspiel zusammengebrochen. Die Besiegten von gestern fassen wieder Mut. In Toledo organisieren die Silvas einen blutigen Aufstand gegen ihre Gegner, die Ayalas und gegen den von Philipp dem Schönen ernannten *corregidor*. Im ganzen Königreich herrscht Anarchie. Die Anhänger des verstorbenen Königs sammeln sich und beabsichtigen, sich an Kaiser Maximilian, den Großvater (väterlicherseits) des Erbprinzen Karl, zu wenden und ihn zu bitten, die Regentschaft zu übernehmen:

Sie möchten alles vermeiden, um die Rückkehr des Königs von Aragonien zu ermöglichen. Andere wiederum nutzen die Situation, um alte Rechnungen zu begleichen. Der Herzog von Medinasidonia belagert Gibraltar, die Stadt, die Heinrich IV. seiner Familie übergeben hatte, die aber die Katholischen Könige wieder eingegliedert hatten; der Graf von Lemos bemächtigt sich Ponferradas. Im November 1507 faßt der König von Aragonien die Lage in einem Satz zusammen: »Im ganzen Königreich nahmen die Mächtigsten das, was ihnen gefiel, und taten, was sie wollten.« Und der Chronist Alcocer schildert diese unruhige Zeit mit den gleichen Worten, wie einst die letzten Regierungsjahre Heinrichs IV. beschrieben wurden.

Kardinal Cisneros ergreift die Initiative. Am 6. Oktober 1506 sandte er einen Boten zu Ferdinand, um ihn zu bitten, auf dem schnellsten Wege nach Kastilien zurückzukehren: Er allein könne die Ordnung wiederherstellen und die Anarchie eindämmen. Ferdinand genießt seinen Sieg. Er erhält Cisneros' Botschaft in Neapel, doch er läßt sich Zeit mit seiner Entscheidung. Erst im Juni des darauffolgenden Jahres kehrt er nach Spanien zurück. Er verbringt einige Wochen in Valencia und macht sich dann in aller Ruhe nach Kastilien auf. Seine erbittertsten Gegner, wie Juan Manuel, verließen rechtzeitig das Land und flüchteten in die Niederlande. Die anderen werden hart bestraft. Das Schloß von Burgos wird mit Gewalt zurückerobert. Wie im Jahre 1475 werden Straftruppen zu den Lehen der Schuldigen entsandt, vor allem in Andalusien, wo der Marquis von Pliego (in Córdoba) seinen Widerstand bitter bezahlen muß: Er muß eine Geldstrafe von 20 Millionen Maravedis entrichten, und einige seiner Komplizen werden hingerichtet. Auch der Aufstand des Herzogtums von Medinasidonia wird streng geahndet und die Stadt Niebla von den königlichen Truppen gestürmt.

Die Lücke, die Isabella hinterlassen hatte, schließt sich. Der König von Aragonien besitzt nun in Kastilien unbeschränkte Macht, doch er ist auf der Hut und trifft Vorsorgemaßnahmen. Er kann Gonzalo Fernández de Córdoba nicht verzeihen, daß er den Flamen gestattet hatte, Kontakt mit ihm aufzunehmen. 1507 verläßt der Gran Capitán Neapel und zieht sich auf seine andalusischen Ländereien zurück, wo er isoliert lebt. Um zu vermeiden, daß Königin Johanna erneut ein Instrument seiner politischen Gegner wird – man könnte sie zum Beispiel verheiraten, was ihrem neuen Gemahl die Möglichkeit geben würde, seinen Anspruch, die Regierungsgeschäfte zu führen, geltend zu machen –, läßt Ferdinand sie auf dem Schloß von Tordesillas unter Bewachung stellen.

Doch das Nachfolgeproblem ist nach wie vor ungelöst. Da das Kind von Germaine de Foix tot ist, verliert Ferdinand die Hoffnung, einen Erben zu haben, der zumindest das aragonische Erbe antreten könnte, da die Krone von Kastilien rechtmäßig Karl von Gent zufällt, dem Sohn Johannas der Wahnsinnigen und Philipps des Schönen. Karl hat einen zwei Jahre jüngeren Bruder, den Infanten Ferdinand, der in Spanien geboren wurde und dort aufwuchs. Um diesen Infanten formiert sich eine ehrgeizige Gruppe, deren Anführer Pedro Núñez de Guzmán, ein hoher Würdenträger des Ordens von Calatrava, der Bischof von Astorga, und Sancho de Paredes, der Diener des Infanten, sind. Die Familie Guzmán hofft, daß der Infant Ferdinand eines Tages eine bedeutende politische Rolle im Königreich spielen wird. Den gleichen Gedanken hatte sein Großvater, der König von Aragonien. In einem ersten am 2. Mai 1512 in Burgos abgefaßten Testament hatte dieser für den Fall, daß der Thron verwaist wäre, den Infanten Ferdinand als Regenten über Kastilien und Großmeister der Militärorden bestimmt. Diese Vorkehrungen sollten jedoch nicht die Rechte seines älteren Bruders in Zweifel stellen. Karl war von den Cortes von Madrid (1510) als Thronerbe anerkannt worden. Diese hatten auch die Entscheidung der Cortes von 1506 bestätigt. Das Testament von Burgos beschränkte sich darauf, die Regentschaft zu bestimmen. Der Beschluß des Königs von Aragonien stellte für den Thronerben keine Gefahr dar. Sein jüngerer Bruder, der mit der höchsten Macht ausgestattet war, konnte sich eine Situation zunutze machen, die sich in eine legitime verwandeln konnte, wie seine Anhänger hofften. Wenn Karl von Gent zu lange zögerte, zu gegebener Zeit sein spanisches Erbe zu fordern, hatte sein Bruder Ferdinand Chancen, an seiner Stelle zu regieren. War das der geheime Gedanke Ferdinands von Aragonien? Dieser war davon überzeugt, daß Karl nie nach Spanien kommen würde. Sah er noch weiter? Wünschte er sich, daß der Infant Ferdinand eines Tages König würde? Der Botschafter von Venedig war davon überzeugt. Seiner Meinung nach hoffte Ferdinand, daß die Granden nach seinem Tod die Kandidatur des Infanten Ferdinand unterstützen würden. Fest steht, daß das Testament von Burgos nicht so abgefaßt war, daß es dem legitimen Thronerben die Dinge erleichtert hätte. In Brüssel hatte man die Gefahr erkannt. Ab 1510 war Margarete von Österreich, die Gouvernante von Prinz Karl, über das Spiel, das der König von Aragonien führte, beunruhigt und lenkte die Aufmerksamkeit des Kaisers Maximilian, des Großvaters des Prinzen, auf die Frage der Meisterwürde der Militärorden, deren Zuteilung entscheidend sein konnte. So erklärt sich die Aufgabe, die Hadrian von Utrecht übertragen wurde, dem Privatlehrer von Prinz Karl und zukünftigen Papst (Hadrian VI.), der sich am 1. Oktober 1515 nach Spanien einschiffte. Er wollte an Ort und Stelle sein, um die Interessen des Erbprinzen bei Ferdinand und dem Kronrat zu vertreten, wenn es um die Nachfolge ginge. Nach den schwierigen Verhandlungen erklärt sich der König von Aragonien bereit, sein Testament zu ändern. Einige Tage vor seinem Tod, im Januar 1516, bestimmt er als Regenten nicht mehr den Infanten Ferdinand, sondern Kardinal Cisneros, und erwartet, daß Karl persönlich Besitz von seinen Königreichen in Spanien nehme.

Nur wenige wußten über die neuen Vorkehrungen Bescheid, so daß nach Bekanntgabe von Ferdinands Tod die Mitglieder des Hofstaats des Infanten Ferdinand, die nach wie vor an die Gültigkeit des Testaments von Burgos glaubten, den Kronrat einberiefen, damit er die Regierungsgeschäfte übernehme. Die Antwort auf diesen Antrag, in der man eine Art Vorzeichen für das Schicksal Karls von Gent sah, sollte Berühmtheit erlangen: *Non habemus regem nisi Caesarem.* Im übrigen gab es keinen ernsthaften Widerstand gegen die Anwendung des zweiten Testaments, und Cisneros nahm die Regentschaft fest in die Hand. Doch das Problem war damit nicht gelöst. Als Karl seine Reise nach Spanien immer wieder verschob, gewann der Infant Ferdinand immer mehr Anhänger. Viele Unzufriedene schlossen sich ihnen an, die über Cisneros oder den Brüsseler Hof enttäuscht waren, und all jene, die es beunruhigte, daß das Königreich bald von einem unbekannten ausländischen Herrscher regiert würde, der von flämischen und burgundischen Höflingen umgeben war. Die Familie Guzmán plante sogar, den Infanten nach Aragonien zu bringen und ihn dort zum König zu krönen. Germaine de Foix, die Witwe Ferdinands, war mit diesem Plan einverstanden, den lediglich Cisneros' Wachsamkeit zum Scheitern brachte.

Der Brüsseler Hof weiß nichts von diesen Absichten. Im Herbst 1517 begibt sich der zukünftige Karl V. auf die Reise nach Spanien. In Valladolid beruft er die Cortes ein. Diese ahnen, was geschehen wird, und beharren darauf, daß der Infant Ferdinand in Spanien bleibe, bis der König verheiratet und die Thronfolge gesichert sei. Doch der Entschluß ist gefaßt. Kurz nach der Versammlung der Cortes verläßt der Infant Spanien, um nie zurückzukehren. So entscheidet sich das

Schicksal der beiden Brüder endgültig: Karl, der in Flandern aufgewachsen ist, soll ein Land regieren, von dem er anfangs nichts weiß und das er schließlich akzeptiert; Ferdinand wird einige Jahre später König von Böhmen und Ungarn, 1556 tritt er an die Stelle seines Bruders und wird Herrscher über das Heilige Römische Reich Deutscher Nation. Der Botschafter Contarini schrieb 1525, daß die Vorsehung die Macht der beiden Prinzen einschränken wollte, indem sie Regenten über Länder wurden, in denen sie weder geboren noch aufgewachsen waren.

Vorbereitung aufs Goldene Zeitalter

Spanien weist unter den Katholischen Königen eine eigenständige Kultur auf, künstlerische Formen verschwinden, andere erneuern sich, andere zeigen sich im Ansatz, kommen jedoch erst im nachfolgenden Jahrhundert voll zur Entfaltung, und diese Bewegung steht in Wechselwirkung zur Gesellschaft, wie es Octavio Paz formuliert: »Die Beziehung zwischen Gesellschaft und Literatur ist kein Verhältnis von Ursache und Wirkung. Die Verbindung zwischen ihnen ist sowohl notwendig, widersprüchlich als auch unvorhersehbar. Die Literatur spiegelt die Gesellschaft wider und verändert sie dadurch, sie widerspricht ihr oder verneint sie. Indem sie sie beschreibt, erfindet sie sie, indem sie sie erfindet, spiegelt sie sie wider. Die Gesellschaft erkennt sich in dem Porträt, das die Literatur von ihr zeichnet, nicht wieder; doch dieses fiktive Porträt ist Wirklichkeit: Es ist das Porträt des Unbekannten, das seit unserer Kindheit neben uns hergeht, und von dem wir nur wissen, daß es unser Schatten ist (oder wir der seine?). Die Literatur ist eine Antwort auf die Fragen, die die Gesellschaft sich über sich selbst stellt, doch diese Antwort ist fast immer überraschend.«

Die Literatur zur Zeit der Katholischen Könige ist nicht das bloße Spiegelbild der damaligen Gesellschaft, doch die Veränderungen dieser Gesellschaft haben die Formen und den Inhalt dieser Literatur beeinflußt. Die kastilische Aristokratie stabilisiert sich; ihre Wertvorstellungen dienen als Vorbild, genauso ihr Lebensstil. Diese Aristokratie verfeinert sich in dem Maße, in dem sie sich festigt. Der Aristokrat bleibt vor allem ein Krieger, doch er interessiert sich für Kultur; er fungiert als Mäzen und betätigt sich zeitweise als Dichter. Diese Entwicklung ist bereits in der ersten Hälfte des 15. Jahrhunderts erkennbar. Man rühmt die Künste und die schöngeistige Literatur am Hofe Johanns II., und eine große Familie wie die Mendozas demonstriert diese Entwicklung. Der Marquis von Santillana, der sich unaufhörlich bemüht, seinen Grundbesitz zu vergrößern, widmet sich in seiner Freizeit der Poesie, sammelt alte Manuskripte und richtet sich eine der bestsortierten Bibliotheken Europas ein. Andere Aristokraten tun es ihm nach. Die Bibliothek der Grafen von Benavente zum Beispiel enthielt Werke aller Wissensgebiete: die Bibel und fromme Werke, Chroniken über spanische Geschichte, Livius, Valerius Maximus, Pompejus, Cicero, Auszüge von Seneca, die Werke von Ramón Lull, Boccaccio, Galenus, juristische und philosophische Abhandlungen, Gedichte etc. Der Herzog von Alba unterhält in Alba de Tormes einen kleinen Hof mit Musikanten und Poeten; dort läßt auch Juan del Encina die ersten spanischen Theaterstücke aufführen.

Die Herrscher gehen mit gutem Beispiel voran. Clemencin veröffentlichte nach Isabellas Tod das Inventar ihrer Bibliothek, und man weiß, daß ihm die Königin 1477 bei der Gründung des Klosters San Juan de los Reyes in Toledo eine Menge Manuskripte geschenkt hatte. 1487 pries Juan de Lucena dieses Interesse an der Literatur, das eine Ermutigung für die Schriftsteller und Dichter war: »Die Ehre nährt die Künste und die Sucht nach Ruhm treibt zum Studium. Seht ihr nicht die Zahl derer, die anfangen zu lernen, um dem Beispiel des Hofes zu folgen? Wir alle bemühen uns, das, was die Herrscher tun, sei es nun gut oder schlecht, nachzuahmen. Ist es gut, um uns eine Freude zu bereiten; ist es schlecht, um ihnen zu gefallen. Wenn der König spielte, waren wir alle Spieler, wenn die Königin studierte, verwandelten wir uns alle in Studenten.«

Dieses Interesse des Herrscherpaars zeigt sich auch im Erlaß von Verordnungen. Auf Ersuchen der Versammlung der Cortes von 1480 ist die Einfuhr ausländischer Bücher zollfrei »aufgrund des Nutzens und der Ehre, die diese Einfuhr mit sich bringt, und das kulturelle Niveau des Landes anhebt«. Im übrigen entstehen nach und nach Druckereien. 1468 führen deutsche Handwerker diese neue Technik in Barcelona und in Valencia ein, dann in Sevilla (1476), in Valladolid (1481), Toledo (1483) und Medina del Campo (1511). Kurz nach 1500 wird in Spanien eine der ersten Fibeln gedruckt, eine Broschüre, mit Hilfe derer die Kinder lesen lernen sollen. Sie enthält auch die wichtigsten Gebete und Grundbegriffe religiöser Unterweisung. Unter den Katholischen Königen wird am 8. Juli 1502 eine Verordnung erlassen, die im 16. Jahrhundert den Buchhandel regelt: Jedes Buch muß vor dem Druck entweder von den Kanzlerämtern von Valladolid oder Granada oder den Erzbischöfen von Toledo, Sevilla und Granada oder den Bischöfen von Burgos und Salamanca genehmigt werden.

Dank der Buchdruckkunst können geistige Werke, die bisher in Form von handgeschriebenen Abschriften, deren Vervielfältigung teuer war, an einen breiteren Personenkreis verteilt werden, nicht nur an Aristokraten. Man weiß nicht, wie viele Werke gedruckt wurden – fünfhundert, tausend? Im besten Falle zweitausend. Diese Zahlen sind wegen des ziemlich hohen Verkaufspreises und des hohen Prozentsatzes an Analphabeten (vermutlich 80 % der Bevölkerung) mit Vorsicht zu genießen, auch wenn man von einem blühenden Buchhandel spricht; doch die Kultur ist nur einem engen Personenkreis der Gesellschaft vorbehalten, der Elite. Allerdings wird dies durch den Brauch des öffentlichen Vorlesens ausgeglichen, d. h. jene, die lesen können, lassen die anderen davon profitieren. Die Poesie z. B. ist oft dafür bestimmt, öffentlich vorgetragen zu werden, ja oft wird sie auch vorgesungen.

Aus diesem Grunde werden die bekanntesten dieser Gedichte Lieder genannt. Die Liedersammlungen *(cancioneros)* werden zuerst handgeschrieben verbreitet; die Einführung der Buchdruckkunst ermöglicht die Wiedergabe der Lieder auf einzelnen Blättern *(pliegos sueltos)*, dann die Herstellung von Anthologien. Einige dieser Sammlungen enthalten nur Lieder eines einzigen Autors, wie z. B. der *Cancionero* von Pedro Manuel de Urrea (1511). Andere umfassen die Werke mehrerer Dichter sowie Lieder anonymer Autoren, wie der *Cancionero* von Stúñiga oder der *Cancionero general*, der 1511 von Hernando de Castillo herausgegeben wurde. Diese Sammlungen enthalten von allem etwas, hauptsächlich kurze Gedichte, die man *coplas, motes, villancicos, canciones, romances* nennt. Viele dieser Gedichte sind Gelegenheitsgedichte; man beweist hier Einfallsreichtum, kultiviert geistreiche Formulierungen, geschraubte und prätentiöse Vergleiche, rhetorische Kunstgriffe. Am bekanntesten werden die *romances*, die die spanische Literatur stark beeinflussen.

Einer der Gründe für den durchschlagenden Erfolg der *romances* als Gattung ist ihre auffallend schlichte Form, die eine rasche Erfassung des Inhalts ermöglicht und sich schnell dem Gedächtnis einprägt. Denn die *romances*, die wir heute in Gedichtsammlungen lesen, waren ursprünglich kurze Gedichte, die als Gesang vorgetragen wurden. Es sind Verse von 16 Silben mit einer Zäsur nach der achten Silbe, die durch Assonanz zusammengehalten werden. Ihre Eigenschaften, anonym und volkstümlich zu sein, machte sie bald zu einem Allgemeingut, d. h. sowohl der Bauer und der Handwerker als auch der Gebildete und Höfling befaßten sich mit *romances*, die leicht zu behalten waren und genauso leicht zu verfassen waren. Außerdem eignete sich die *romance* zu vielfältigen Variationen, entsprechend der Phantasie des Vortragenden oder des Zuhörers. Das ist ein Gesichtspunkt – wie auch bei den Volksliedern und Balladen anderer europäischer Länder–, der ihre Verbreitung im spanischen Raum erklärt. Die *romance* ist ursprünglich ein vorgetragener Bericht und trat mit der Zeit an die Stelle des Epos. Viele der schönsten Stücke des spanischen *romancero* sind epische Fragmente, die das Volk begeistern und die alten nationalen Legenden besingen: die »Zerstörung« Spaniens bei der muslimischen Invasion im 8. Jahrhundert, den Cid, die Infanten von Lara. Andere – die sogenannten *romances fronterizos* – besingen die Kämpfe zwischen Mauren und Christen und die oft romantisch verarbeiteten Episoden des letzten Krieges der Reconquista. Das ist die erste Darstellung der literarischen Maurophilie: Die Kastilier waren fasziniert von der orientalischen Exotik von Granada, dem Luxus und den farbenprächtigen Gewändern, dem Prunk der Paläste, den fremden Sitten, der Reitkunst, den Waffen und der fremden Kampfstrategie.

Doch es darf nicht nur dieser nationale Gesichtspunkt des *romancero* festgehalten werden, der wohl wichtig, aber nicht grundlegend ist. Denn die *romance* läßt sich nicht einfach in den engen Rahmen des Epos pressen. Sie sprengt ihn bald und nimmt Elemente auf, die die gesamte europäische Folklore gemeinsam hat. Die *romance* befaßt sich mit allen möglichen Themen, gibt die Freuden und Leiden der Menschen wieder. Liebe und Tod, Schmerz, Abenteuerlust, die Vorliebe für das Exotische; diese Gefühle und noch andere findet man im *romancero.*

All diese Eigenschaften sowie die formale Schlichtheit, der oft eine sorgfältige Ausarbeitung vorausgeht, machen aus der *romance* eine beliebte Gattung. Ende des 16. Jahrhunderts lassen die größten Schriftsteller Spaniens – Lope de Vega, Góngora, Quevedo und Cervantes – die *romances* wieder aufleben und versuchen, das Geheimnis ihres Erfolges zu ergründen: Anonymität, Schlichtheit, Volkstümlichkeit. Im 20. Jahrhundert nehmen Antonio Machado und Federico García Lorca und viele andere diese Tradition wieder auf.

1479 stirbt einer der größten Dichter der spanischen Literatur mit 39 Jahren für die Sache der Katholischen Könige. Jorge Manrique kommt bei einem der letzten Kämpfe des Erbfolgekriegs um. Bestimmt wäre er überrascht gewesen, wenn man ihm gesagt hätte, daß er seinen posthumen Ruhm einem einzigen Gedicht verdankt: die Strophen *(Coplas)*, die er zu Ehren seines Vaters, Rodrigo Manrique, Großmeister des Ordens des hl. Jakobus, verfaßte. Auch er starb vor drei Jahren für die Sache der Katholischen Könige. Jorge Manrique, ein Adeliger und Soldat, strebte danach, sich in der aristokratischen Gesellschaft seiner Zeit einen Namen zu machen, offensichtlich ohne großen Erfolg. Er tat es den anderen Aristokraten nach und bemühte sich, die Poesie zu kultivieren, und schuf eine Salonpoesie voller Rätsel und rhetorischer Figuren, sehr gekünstelt und dürftig. Erst nach dem Heldentod seines Vaters zeigte sich sein Genie. Die nachfolgenden 40 Strophen beginnen mit einer Meditation über den Tod, in einer Tonart, die an die Totentanzdarstellungen der Epoche erinnert (Gleichheit aller vor dem Tod):

Nuestras vidas son
los ríos
que van dar en la mar,
que es el morir:
allí van los señoríos
derechos a se acabar
y consumir:
allí los ríos caudales,
allí los otros medianos
y más chicos:
y llegados son iguales
los que viven por sus
manos
y los ricos

Unser Leben gleicht
Flüssen,
die in dem Meer münden,
das der Tod ist:
dort enden auch die vornehmen
Herrschaften,
enden und verlöschen
alle Rechte:
dort münden die wasserreichen
Flüsse,
dort münden die übrigen mittleren und die kleinsten:
alle, die dorthin gelangen, sind
gleich
diejenigen, die von ihrer
Hände Arbeit leben
und die Reichen.

Bossuet behandelt das Thema ausführlich in *Oraison funèbre d'Henriette de France et d'Henriette d'Angleterre*: »Wir gleichen alle fließendem Gewässer . . .« Die Strophen 15 bis 24 beschreiben die berühmtesten Ereignisse der Geschichte: der Hof von König Johann, die Infanten von Aragonien, der Aufstieg und Fall von Alvaro de Luna, die Bürgerkriege zur Zeit Heinrichs IV., um die Vergänglichkeit allen irdischen Glanzes zu beschreiben. Das erinnert an die *Ballade des dames du temps jadis* seines französischen Zeitgenossen François Villon:

¿Qué se hizo el rey Don
Juan?
Los infantes de Aragón
¿qué se hicieron?
¿Qué fue de tanto galán,
¿qué fue de tanta invención
que trajeron?
¿Fueron sino devaneos
qué fueron sino verduras
de las eras
las justas y los torneos,
paramentos, bordaduras
y cimeras?

Was wurde aus König
Johann?
Den Infanten von Aragonien?
Was wurde aus ihnen?
Was wurde aus so einem stattlichen Mann?
Was wurde aus soviel Phantasie,
die sie vermittelten?
Waren die Wettkämpfe
und Turniere, der Zierat,
die Verbrämung, die Helmzier
nur Hirngespinste,
nur Gemüse
in den Gartenbeeten?

Die letzten fünfzehn Strophen beschreiben das Leben des Großmeisters vom Orden des hl. Jakobus, Rodrigo Manrique, und seine Begegnung mit dem Tod.
Jorge Manrique verzichtete in diesen Versen auf jegliches prätentiöse Beiwerk, das die Hofdichtung seiner Zeit auszeichnete. Um allgemein gültige Themen auszudrücken (die Vergänglichkeit, den Tod, die unwiederbringbare Zeit), fand er einen Ton, der noch heute durch seine Aufrichtigkeit beeindruckt. Die Worte und Bilder verleihen diesem großen Gedicht eine Eindringlichkeit, die bis heute nichts an Kraft eingebüßt hat. Jorge Manrique verzichtet auf einen gekünstelten Stil; die Sprache, die er gebraucht, erfährt nach ihm keine wesentliche Veränderung mehr. Wenn man diese Strophen liest, ihre Schönheit auf sich wirken läßt und sie vor dem Hintergrund der Epoche sieht, ist man außerdem von folgendem beeindruckt: 1479 spielt Jorge Manrique auf Ereignisse an, von denen das am längsten zurückliegende ins Jahr 1420 reicht und das neueste bis 1476, dem Tod seines Vaters. Man hat das Gefühl, daß es sich um eine längst vergangene Zeit handelt. Nichts zeigt besser das Ausmaß der Veränderungen, die sich durch die Thronbesteigung der Katholischen Könige vollziehen; nur das poetische Genie war fähig, diese Revolution in Worte zu fassen: In einigen Jahren hat sich die Welt verändert.

Am Ende der Regierungszeit der Katholischen Könige entsteht eine Romangattung, die großen Erfolg haben sollte, der Ritterroman, der seinen Ursprung in Frankreich hatte, im höfischen Roman und Sagengut (König Artus' Tafelrunde, der Gral etc.). Der herumziehende Ritter verkörpert das Heldentum und die Treue (gegenüber dem der Dame gegebenen Wort); er ist der Verteidiger der Schwachen und Unterdrückten; er besteht ungewöhnliche Abenteuer. Im 14. Jahrhundert erlebte Spanien einen ersten Aufschwung dieser Literaturgattung. 1490 erscheint in Valencia ein katalanischer Roman *Tirant lo Blanch*, der vom Nationalhelden der Katalanen, Roger de Flor, und den Abenteuern des Ritters Tirant im Byzantinischen Reich handelt, wo er gegen die Türken kämpft. Zu Beginn des 16. Jahrhunderts entsteht in Kastilien der große Ritterroman *Amadis von Gaula.*

Das sind zunächst vier gegen 1492 geschriebene Bücher, die 1508 von García Rodriguez de Montalvo in Saragossa verlegt wurden. Amadis ist die Frucht der heimlichen Liebe von König Perion und Prinzessin Elisena. Nachdem er von seinen Eltern ausgesetzt wurde, wird er von einem Stallmeister, Gandales d'Ecosse, aufgenommen und aufgezogen. Amadis verliebt sich in Oriane, die Tochter des Königs Lisuarte von Großbritannien. Er wird zum Ritter geschlagen und von seinen Eltern wiedererkannt. Danach wird er im Palast von Arcalaus verzaubert; er kämpft, ohne es zu wissen, gegen seinen Bruder Galaor, besiegt das Ungeheuer Endriago und heiratet schließlich Oriane. Das ist die Fabel der Handlung mit einigen Nebenhandlungen. Es kommen vor: phantastische Paläste, Wunder, ungewöhnliche Abenteuer, der unbesiegbare, ritterliche und edle Held, etc.

Doch der Ritterroman hat seine Blütezeit noch nicht erreicht. Nach den Abenteuern von Amadis möchte man die seines Sohnes Esplandian (*Sergas de Esplandián*, 1508) erfahren, dann die seines Enkels Lisuarte von Griechenland (*Lisuarte de Grecia*, 1514). Feliciano de Silva (*Amadis de Grecia, don Florisel de Niquea*, etc.) versucht diese Gattung fortzusetzen, indem er das phantastische Element mit einbringt und die Verwicklungen und Intrigen des modernen Romans. Neben den Amadis gibt es die Palmerins: *Palmerín de Oliva* (1511), *Primaleón, Palmerín de Inglaterra*, doch das Vorbild bleibt Amadis. Die vier ersten Bücher, die 1508 erscheinen, dienen lange Zeit als Urbild des Ritterromans und lassen ihn zu ermüdender Einförmigkeit erstarren. »Diese Gattung ist konservativ«, schreibt Maxime Chevalier, und dieser Konservatismus erstarrt in den Jahren 1535 bis 1540. Alles vollzieht sich nach dem gleichen Strickmuster: schöne, in Tränen aufgelöste Damen und schreckliche Riesen, die Begegnung zwischen dem Ritter und dem Ungeheuer und die Verzweiflung der Verliebten. Viele Autoren sind in der von Amadis geschaffenen Welt festgefahren. Die Themen des Romans haben bald eine feste, rituelle und fast unveränderliche Form angenommen. Die geistigen Erben von *Amadis* haben sich selten für neue Strömungen empfänglich gezeigt. Es handelt sich um eine im mittelalterlichen Denken verhaftete literarische Form.

Im 16. Jahrhundert waren die Ritterromane der heftigen Kritik der Humanisten und Moralisten ausgesetzt. Man bezeichnete sie als nutzlose Literatur, voller lügenhafter Fiktionen und Unwahrscheinlichkeiten, warf ihnen sogar Verletzung der guten Sitten vor, da die Liebe der Ritter nicht immer keusch war. Es gab vereinzelte Versuche, die Gattung moralischer, weniger obszön und phantastisch erscheinen zu lassen, ohne anstößige Liebschaften, ohne Zauberei, doch im wesentlichen orientierte sich der Ritterroman nach wie vor an *Amadis*.

Diese Kritiken konnten nicht verhindern, daß die Ritterromane außerordentlichen Erfolg hatten, der sich bis ins 17. Jahrhundert fortsetzte. Sogar Cervantes gestand, daß er *Amadis* bewundere. Wie erklärt sich dieser Erfolg? Bestimmt nicht durch die literarische Qualität – es sind umfangreiche Werke voller Unwahrscheinlichkeiten, Wiederholungen, von einer lähmenden Monotonie –, sondern eher durch die fremdartige Welt, die sie den Lesern eröffnen. Sie stellen die Flucht aus dem Alltag dar. Besonders die Aristokraten des 16. Jahrhunderts verschlingen die Bücher: Könige, Lehnsherren, Edelleute ergötzen sich an den Fiktionen, an der Beschreibung von Turnieren und Festen; es ist das letzte Aufbäumen des Rittertums vor seinem Untergang. Francisco Delicado spricht im Vorwort zu seinem Roman *Primaleón*, der 1534 in Venedig neu aufgelegt wurde, diesem Genre das Lob aus und beschreibt dessen Leserkreis: »Die vornehmen Damen und Ritter«, schreibt er, »erfahren hier von Ritterlichkeit und Heldentaten. Für jene, die sich nicht bilden konnten, bedeuten diese Romane eine gute Belehrung, auch wenn die Schulmeister, die sie als erdichtete Geschichten abtun, anders darüber denken.« Der *Amadis* zeigt eine Feudalgesellschaft, die im Mittelalter verhaftet ist, und in der Begriffe wie Ehre und Courtoisie an erster Stelle stehen. Diese Welt hat immer weniger Ähnlichkeit mit der des 16. Jahrhunderts. Genau das fasziniert wohl die Leser zur Zeit Karls V.: das heldenhafte, vorbildhafte Rittertum, wie es nicht mehr existiert, vermutlich nie existiert hatte. Das ist die Interpretation von Maxime Chevalier, die einleuchtend erscheint.

Die höfische Welt der Paläste begünstigt auch das Entstehen des spanischen Theaters, das ursprünglich ein aristokratisches Theater ist (die ersten Bühnen sind die Paläste der Granden). Als erstes taucht der Name Juan del Encina auf (1468?–1534), ehemals Student in Salamanca, Dichter und Musiker, der sehr bald in die Dienste des Herzogs von Alba tritt. In den Palästen der Herzöge in Alba de Tormes führt Encina seine ersten Stücke auf, Unterhaltungsstücke, Hirtengedichte, die bei Kirchenfesten (Weihnachten, Karfreitag, Ostern) vorgetragen werden. Encinas Hirtengedichte verbinden das Komische mit bäuerlicher Schlichtheit; die Hauptpersonen entstammen dem bäuerlichen Milieu, der Bauer wird als ein *bobo* dargestellt, ein geistloser Rüpel, der zum Beispiel von der Liebe eine recht verschwommene Vorstellung hat. Der *bobo* wirkt amüsant wegen seiner Begriffsstutzigkeit, seinem tölpelhaften Benehmen; er wirkt komisch, weil er ein Bauer ist. Man möchte ein anspruchsvolles aristokratisches Publikum unterhalten: z. B. platzen schwerfällige Bauern mit ihren plumpen Holzschuhen mitten in eine elegante Gesellschaft. Diese Bauern sprechen eine konventionelle Sprache, das *sayagués*. Encinas Werk verrät die Vorliebe der Aristokratie für die bäuerliche Fiktion, die später, zuerst unter dem Einfluß von Italien, zum Hirtenroman und zum Schäferdrama führt und schließlich zur bäuerlichen *comedia*.

Die vorherigen Werke wandten sich an ein aristokratisches Publikum und boten Einblick in eine ritterliche, oft überholte Welt, die meistens einer gesellschaftlichen Elite vorbehalten war. Das Heldentum, die Liebe, die zarten Gefühle sind die Hauptthemen der höfischen Dichtung und des Ritterromans. 1499 erscheint ein satirisches Buch, das die Leser mit völlig anderen Wertvorstellungen konfrontiert: die *Celestina*. Hier vollzieht sich die Handlung in einer weitaus weniger vornehmen Welt mit weitaus realistischeren Gefühlen und Sorgen. Die *Comedia de Calisto y Melibea* erschien zuerst als Werk eines unbekannten Autors in Burgos (1499). Es ist ein Dialogroman in 16 »Akten« (dieses Stück eignet sich mehr dazu vorgetragen, als auf der Bühne aufgeführt zu werden). In zwei späteren Neuauflagen (Toledo, 1500; Sevilla 1501) bekennt sich Fernando de Rojas als Verfasser von 15 Akten – der erste stammt von einem unbekannten Autor. 1502 erscheinen drei Neuausgaben, dieses Mal in 21 Akten und unter einem anderen Titel: *Tragicomedia de Calisto y Melibea*. Das Thema ist bekannt: Die Liebe zweier junger Leute, die von Celestina, einer berufsmäßigen Kupplerin, gefördert wird, endet tragisch mit dem Unfalltod von Calisto und dem Selbstmord von Melibea. Der Autor beansprucht, ein moralisches Werk geschaffen zu haben, indem er zeigt, wie tief junge Leute fallen können, die sich von der Leidenschaft hinreißen lassen: Kompromisse mit der Welt der Prostitution und der Unterwelt, Korruption etc.

Die *Celestina* weist klassische Züge des Mittelalters auf (zum Beispiel die Ablehnung der leidenschaftlichen Liebe), doch die Inspiration und die Kulisse sind modern. Die Leidenschaften und Handlungen können nur vor dem Hintergrund der großen Metropolen, die sich in den letzten Jahren des 15. Jahrhunderts in Kastilien bilden, mit ihrem Luxus, ihrem Reichtum, den ständigen Versuchungen, die sie bieten, den seltsamsten Leuten, die hier Zuflucht suchen, Müßiggängern und Vagabunden, die am Rande der Legalität leben, verstanden werden. Das Geld spielt in diesem Kreis eine dominierende Rolle, Geld, das man bedenkenlos ausgibt, wenn man es hat, und Geld, das man sich mit allen Mitteln zu beschaffen sucht, wenn man es nicht hat. In diesem Milieu bewegen sich die Protagonisten von *Celestina* und vor allem die jungen Leute aus guter Familie wie Calisto und Melibea, mit denen Kupplerinnen und Gauner leichtes Spiel haben, ihre Schwäche und Leidenschaft zu ihrem Vorteil ausnutzen. Das ist bereits die Kulisse für den Schelmenroman, der allerdings erst hundert Jahre später in Erscheinung tritt.

Das Werk bietet noch eine Besonderheit – den von Robert Ricard aufgezeigten Widerspruch zwischen der Gesellschaft, wie sie in *Celestina* beschrieben wird und wie sie wirklich ist. Die zweite möchte christlich sein und ist es auch im großen und ganzen; die erste ist es keineswegs. Es geht nicht nur um die Deftigkeit der Sprache, sondern um viel mehr: Der Autor bewegt sich in einer Welt, die nichts mit dem Christentum zu tun hat. Die Personen haben keinerlei Sündenbewußtsein, und das ist wohl auch der Grund, weshalb die beiden Protagonisten nie eine Heirat erwägen, was die logische Folge ihrer Leidenschaft gewesen wäre, denn im Spanien der damaligen Zeit ist die Heirat nicht nur eine Formalität, sondern ein Sakrament. Wie konnte ein Werk, das so grundlegend jedem christlichen Ideal widersprach, in einer christlichen Gesellschaft Erfolg haben? Gerade deshalb, weil diese Gesellschaft nur nach außen hin christlich war, und ein Buch wie dieses beweist, daß das Spanien der Katholischen Könige keineswegs die Hochburg eines orthodoxen Katholizismus war, wie man es oft darstellte.

Der *romancero*, die Poesie von Jorge Manrique, der Ritterroman, das Theater und die *Celestina* sind unter den Katholischen Königen die Beiträge Spaniens zur spanischen Literatur. Wir sagen ganz bewußt spanisch und nicht kastilisch. In weniger als einem halben Jahrhundert vollzieht sich eine grundlegende Veränderung, die nicht mehr rückgängig gemacht werden kann: Aus der kastilischen Sprache wird die spanische, sie setzt sich gegenüber den anderen Sprachen der Halbinsel als Kultursprache durch. Diese Tatsache ist um so erstaunlicher, da es sich um eine spontane Entwicklung handelt. Kein politischer Druck zwingt die Autoren aus Katalonien, Valencia oder aus Portugal, auf kastilisch zu schreiben; sie tun es aus freien Stücken, weil sie die Überlegenheit dieser Sprache akzeptieren. Es gibt keine Spracheinheit auf der Halbinsel; Portugiesisch und Katalanisch bleiben die Verständigungssprachen in ihrem jeweiligen Bereich, die Volkssprache auch für die Elite – es sind keine Dialekte – und die Verwaltungssprache, doch bei den Gelehrten zeigt sich eine zunehmende Tendenz zur kastilischen Sprache. Die kultivierte Elite wächst zweisprachig auf. Von den 44 Dramen des Portugiesen Gil Vicente (ca. 1470–1536) sind elf in Kastilisch abgefaßt, 15 auf portugiesisch und die anderen in diesen beiden Sprachen. Ein Teil von Camões' Werk ist auf kastilisch geschrieben. In der zweiten Hälfte des 16. Jahrhunderts ersetzt Jorge de Montemayor, der Autor von *Diana*, Portugiesisch durch Spanisch, d. h. Kastilisch.

Genauso verhält es sich in Aragonien. Das Aragonesische verschwindet fast völlig. Überbleibsel dieser alten Sprache gibt es nur noch in einigen Pyrenäendörfern, wo die Philologen sie studieren, doch seit dem Ende des 15. Jahrhunderts ist sie ganz ausgestorben. Mit dem Katalanisch-Valencianischen verhält es sich genauso wie mit dem Portugiesischen. Die Regionalsprache mit ihren eigenen Strukturen hält sich und bewahrt ihre Originalität. Doch das Katalanisch-Valencianische, die Sprache des Volkes, die Geschäfts- und Verwaltungssprache (die Notarverträge sind auf katalanisch abgefaßt, auch die Gesetze und Gerichtsakten) wird in literarischen Kreisen zugunsten des Kastilischen aufgegeben. 1474 kommt in Valencia das erste Buch heraus, *Trobes en lohors de la Verge Maria*, das einige Gedichte enthält, die von valencianischen Autoren auf kastilisch geschrieben wurden. Fünfzig Jahre später sind Texte mit literarischem Anspruch überwiegend auf kastilisch abgefaßt; das Katalanisch-Valencianische wird die Ausnahme. Der Kanoniker Beutler (ca. 1490–1554), der den ersten Teil seiner Geschichte von Valencia auf valencianisch geschrieben hatte, übersetzt sie und vollendet sie 1550 auf kastilisch, um sie einem breiteren Publikum zugänglich zu machen.

Die Buchdruckkunst wirkte sich zweifellos zugunsten des Kastilischen aus. Das gleiche Phänomen zeigt sich auf der anderen Seite der Pyrenäen: Die Druckereien, die sich 1476 in Toulouse niederlassen, kommen aus Deutschland und drucken auf französisch. Nicht Simon de Monfort hat das Languedoc französisiert, schreibt Le Roy Ladurie, sondern Gutenberg. Die in Spanien registrierten Zahlen lassen das Ausmaß des Phänomens ermessen: Zwischen 1475 und 1500 wiesen die auf katalanisch gedruckten Werke noch 16,4 % auf, in der Zeit von 1501 bis 1550 sind es nur noch 2,9 %; zwischen 1551 und 1600 sogar nur noch 0,7 %. Kein politischer Druck hat in Aragonien das Kastilische aufgedrängt, doch die Vormachtstellung Kastiliens war eindeutig. 1495 übersetzte Martin Martínez, der eine Abhandlung über Tiermedizin veröffentlichen wollte, diese »vom Katalanischen in die Sprache, die die Sprache unseres Spaniens ist«, für ihn ist das Kastilische gleichbedeutend mit Spanisch. Fast zur gleichen Zeit schreibt Gonzalo García de Santa María, ein aragonischer Jurist im Dienste der Katholischen Könige: »Da wir heute eine kastilische Monarchie haben und die Majestäten, die uns regieren, beschlossen haben, Kastilien zur Grundlage und zum Sitz ihrer Staaten zu machen, habe ich beschlossen, dieses Buch auf kastilisch zu schreiben, da die Sprache mehr als alles andere Hand in Hand mit der Macht geht.«

Das ist die fast wörtliche Wiedergabe von Nebrijas Worten ein paar Jahre vorher: *la lengua compañera del imperio*, was man sinngemäß folgendermaßen übersetzen könnte: Der politische Imperialismus mündet immer in einem sprachlichen und kulturellen. Nebrija, Rhetorikprofessor in Salamanca, ein angesehener Latinist – etwas später werden wir noch näher auf ihn eingehen, wenn es um die Erneuerung des Studiums der klassischen Sprachen geht –, verfaßt 1492 eine kastilische Grammatik; die erste Grammatik einer Volkssprache, die je in Europa verfaßt wurde. In der Widmung an Königin Isabella steht der berühmte Satz: »Wenn ich darüber nachdenke und mir überlege, aus welcher Zeit die Dinge stammen, die geschrieben wurden, damit wir sie in Erinnerung behalten, komme ich zu folgendem Schluß: Die Sprache ging immer Hand in Hand mit der Macht, und das steht genauso fest wie deren Entstehung, Entwicklung und Entfaltung und schließlich ihr Niedergang. Alles erfolgte parallel.«

Eugenio Asensio zeigte auf: Nebrija wurde von Laurentius Vallas Werk *Elegantiarum Latinae linguae libri sex* inspiriert, der damit natürlich an die lateinische Sprache dachte, wie sie die römischen Legionen verbreiteten, und die es ermöglichte, die Freien Künste zugänglich zu machen, eine Rechtssprache zu schaffen und eine höhere Kultur zu verbreiten. Dank der lateinischen Sprache wurden die barbarischen Völker zivilisiert, ein friedlicher Sieg, der die militärische Eroberung verstärkte. Das Römische Reich ging unter, doch die Zivilisation hatte Bestand. Rom ist nicht mehr in Rom, es ist überall dort, wo Latein gesprochen wird, eine Kultursprache, die eine höhere Zivilisation mit sich bringt.

Daran dachte Nebrija im Jahre 1492, dem Jahr, als Granada erobert wurde: Er wollte aus der kastilischen Sprache das machen, was die lateinische für das kaiserliche Rom bedeutet hatte. Spaniens Macht, die sich Ende des 15. Jahrhunderts abzeichnet, benötigt eine Sprache, die ihm als Instrument dient und die die Wirkung des politischen Einflusses vertieft – diese Sprache kann nur das Kastilische sein. Als Nebrija seine Grammatik bei Hof vorstellt, ist Königin Isabella überrascht: Welchen Zweck hatte dieses Buch? Talavera, der an dem Gespräch teilgenommen hatte, soll Nebrija ins Wort gefallen sein und an seiner Stelle geantwortet haben: »Wenn Hoheit Barbarenvölker und Nationen, die fremde Sprachen sprechen, unterworfen haben wird, muß man ihnen Gesetze geben, die der Sieger dem Besiegten auferlegt; gleichzeitig drängen wir ihnen unsere Sprache auf. Diese Grammatik gibt ihnen die Möglichkeit, sie zu erlernen, so wie wir heute Latein lernen.«

Nebrijas Grammatik wird also die offizielle Grammatik im spanischen Reich. Man hat viel über sie geschrieben; man sah in ihr eine Art Vorahnung für die Entdeckung des amerikanischen Kontinents, den Christoph Kolumbus in einigen Monaten der spanischen Krone einbringen sollte. Zu Beginn des Jahres 1492 entzünden sich die Gemüter an der Einnahme Granadas. Außerdem denkt man an einen großen Kreuzzug gegen den Islam (in Afrika, zum Heiligen Grab, in Asien) unter der Führung der Katholischen Könige – der Gedanke an Amerika ist noch weit. Spanien ist selbstsicher, stolz auf seine Erfolge, glaubt an seine Mission. Sechs Jahre später, 1498, verletzt der Botschafter der Katholischen Könige in Rom, Garcilaso de la Vega (der Vater des Dichters gleichen Namens), ganz bewußt den diplomatischen Brauch, indem er vor dem Papst und den Botschaftern von Frankreich und Portugal die Vorherrschaft des Kastilischen über alle anderen Sprachen der Christenheit erklärt. Man geht den von Nebrija vorgezeichneten Weg: Spanien tritt die Nachfolge des Römischen Reiches an, und aus dem Kastilischen entwickelt sich das Spanische, das Erbe des Lateinischen.

Doch Isabellas Frage war durchaus sinnvoll. Wozu genau diente

Nebrijas Grammatik? Um ehrlich zu sein: zu nichts. Erst im 18. Jahrhundert wird sie neu aufgelegt, um die Neugier der Philologen und Bücherliebhaber zu befriedigen. Im 16. Jahrhundert verbreiten die *conquistadores*, die Missionare, die Diplomaten, die Soldaten und die Schriftsteller die spanische Sprache, nicht die Grammatiker. Nebrijas Grammatik ist zweifellos das erste Beispiel der Neuzeit eines völlig unbeachteten wissenschaftlichen Werkes. Es ist ihm keinerlei Erfolg beschieden, was nicht heißen soll, daß es unbedeutend oder uninteressant gewesen wäre. Die Wissenschaft ahnte wohl, daß 1492 eine bedeutende Zeit anbrechen würde, die unter dem Zeichen Spaniens stehen würde, und daß die Rolle der Sprache entscheidend sein würde, um zuerst die politischen Siege zu untermauern und nach der politischen Beherrschung eine eigenständige Zivilisation aufzubauen. So ist heute das Spanische noch das sichtbare Zeichen eines Kulturbereichs, der sich jenseits der politischen Grenzen Spaniens erstreckt.

Nebrijas Verdienst besteht nicht nur darin, diese kulturelle Expansion angekündigt zu haben; er hat auch Ende des 15. Jahrhunderts den Humanismus in Spanien eingeführt, d. h. in erster Linie die Vorliebe für die korrekte lateinische Sprache, die von Barbarismen und Ausdrücken des scholastischen Lateins bereinigt wurde, und die Vorliebe für die Autoren des klassischen Altertums. Im allgemeinen überbewertet man die Rolle einiger Italiener (Pietro Martir de Anghiera, Lucio Marineo Siculo, die Brüder Geraldino ...), die Ende des 15. Jahrhunderts von gebildeten Aristokraten auf die Iberische Halbinsel geholt wurden, damit sie hier als Lateinlehrer fungierten. Ihr Einfluß bei einer bestimmten sozialen Elite soll nicht gemindert werden; ihr Ansehen führte zweifellos zu Erfolg, doch – Francisco Rico unterstreicht dies mit Recht – die eigentliche Arbeit wurde anderswo getan, nämlich an den Hochschulen, und man muß Nebrija (1441–1522) Gerechtigkeit widerfahren lassen: Ihm kommt das Verdienst zu, den Humanismus nach Spanien gebracht zu haben, und seine lateinische Grammatik *Introductiones latinae* (Erstauflage: Salamanca, 1481) hat zweifellos dazu beigetragen. Wie Laurentius Valla Mitte des 15. Jahrhunderts in Italien verspottet Nebrija die schlechten Grammatiker und wendet sich gegen eine spekulative Grammatik ohne Beispiele, ohne Texte, ohne Geschichte, die sich durch einen Mißbrauch der Metaphysik und der Logik auszeichnet. Nebrija empfiehlt den vernünftigen Gebrauch, die Nachahmung der Klassiker, wie Cicero, Quintilian, Catull ...

Die lateinische Grammatik von Nebrija setzt sich an den spanischen Universitäten durch. Auch ihr werden Fehler und Unzulänglichkeiten vorgeworfen, doch es besteht kein Zweifel, daß sie dazu beigetragen hat, den Humanismus nach Spanien zu bringen. Nebrija hat der »scholastischen Barbarei« in Spanien schwere Schläge versetzt und war mit Recht stolz darauf. Dank seiner Bemühungen besitzen die kulturbeflissenen Spanier jetzt die entsprechenden Mittel, die klassischen Autoren zu lesen und ein elegantes Latein zu schreiben, bereinigt von Fehlern, die sich seit Jahrhunderten in der Sprache eingebürgert hatten.

Mit Latein finden die klassischen Sprachen Eingang in die Gelehrtenwelt Spaniens. Der »Handwerker« dieser Säkularisierung, der Humanist par excellence, ist im 16. Jahrhundert der Grammatiklehrer, der Grammatiker, ein Sprachspezialist, der es versteht, Texte zu entziffern und zu lesen. Ortega y Gasset sieht mit Recht den Humanismus als Diktatur der Grammatiker an, er ist im Unrecht, wenn er daraus schließt, daß Spanien keine Renaissance erlebt habe, d. h. einen Umsturz, denn es gibt nichts Umstürzlerischeres als die Grammatik.

Die Grammatik der Humanisten ist tatsächlich mehr als eine bloße Grammatik. Sie setzt natürlich voraus, daß man die Morphologie und die Syntax einer Sprache beherrscht, aber auch andere Dinge, die unerläßlich sind, wenn man einen Text richtig deuten möchte. Der Humanist versucht, den Text von Unkorrektheiten und Fehlern zu befreien, die ihn im Laufe der Jahrhunderte entstellten, um den Urtext herauszuarbeiten. Er vergleicht die verschiedenen Phasen, die der Text durchlaufen hat, und bemüht sich, wenn möglich, auf die Erstausgabe oder die ältesten und zuverlässigsten Manuskripte zurückzugreifen. Wenn der Text erstellt ist, versucht man eine literarische Deutung. Man hütet sich vor voreiligen Schlüssen, phantastischen Deutungen, steht mehr oder weniger schlauen oder moralisierenden Kommentaren, die fromme Exegeten zur Erbauung oder Erheiterung der Leser anbringen, kritisch gegenüber. Man bemüht sich also schließlich, den Text von seinem literarischen Sinn her zu begreifen, indem man auf Kenntnisse zurückgreift, die auf der Kulturgeschichte basieren: Geschichte, Philosophie, Religion, Numismatik, Geographie, Botanik, Naturgeschichte und Alltagsleben.

So verstand zum Beispiel Hernán Núñez seinen Grammatiklehrstuhl in Salamanca (1533). Er wollte seinen Studenten nicht nur die Regeln aus der Grammatik vorlesen – von Nebrija oder einem anderen –, das setzte er als bekannt voraus. Die Rolle des Grammatikprofessors sah er darin, schwierige Autoren, wie Cicero, Vergil, Lukan, Ovid, Titus Livius, Silius Italicus, Laurentius Valla zu deuten. Es genügt nicht, Latein, Rhetorik und Philosophie gut zu beherrschen, man muß auch gute Kenntnisse in Astrologie (Kosmographie mit der entsprechenden Ausrüstung, wie z. B. das Astrolabium) besitzen, in Botanik und in Naturgeschichte (um die Bäume, die Blumen, Pflanzen, Vögel, Tiere und Metalle zu erkennen, von denen der Autor spricht), in Numismatik und Archäologie (wegen der Inschriften, der Denkmäler, der Kunstwerke) etc.

Die Grammatik, so wie sie Hernán Núñez versteht, geht weit über die bloße Beherrschung der Morphologie und der Syntax hinaus; sie setzt enzyklopädische Kenntnisse voraus. Um die Grammatiker bildet sich eine neue Wissenschaft, eine interdisziplinäre Wissenschaft, die nicht nur die Grammatik, sondern auch die Geschichte der Menschen unter ihren verschiedenen Gesichtspunkten mit einschließt: sowohl die Religion als auch das Währungssystem. Diese Wissenschaft ist die klassische Philologie, die Ende des 19. Jahrhunderts ihren Höhepunkt erreicht, aber deren Ziele, Methoden und Techniken von den Humanisten bereits im 15. Jahrhundert festgelegt wurden.

So faßte Nebrija seine Wissenschaft auf; sie mußte alle Wissensgebiete erfassen. Er vertritt sogar eine Art Imperialismus der Philologie: Schließlich leitet sich alles von der Philologie ab, denn alles ist nützlich, was dazu dient, einen Text zu verstehen. Nebrija, der eine so fundierte Bildung besaß, beanspruchte für sich selbst lediglich den bescheidenen Titel des Grammatikers *(grammaticus).* Nach ihm nennen sich die Lehrer, die berufsmäßig die klassischen Sprachen lehren, jene Lateinlehrer, die oft verachtet werden; so versuchte Luis Gil Fernández, ihr wenig glanzvolles Leben in ärmlichen Gemeindeschulen zu beschreiben. Sie waren schlecht bezahlt und wenig geachtet, trugen einen Titel, der den Sarkasmus oder die Verachtung der Notabeln und der Kollegen hervorrief, die die traditionellen Fächer lehrten. Die Grammatik, die die Humanisten lehren, ist die lateinische. Nebrija erwarb sich mit seinen *Introductiones latinae* (1481) Ruhm. Sie wurden noch zu Lebzeiten des Autors fünfzigmal neu aufgelegt, während die *Gramática castellana* (1492) viel weniger Erfolg hatte: nur eine Auflage. Latein, eine Fundamentalsprache, öffnet fast alle Türen der Kultur: Um im Bereich der heiligen Wissenschaften zu bleiben, weist die lateinische Sprache den Weg zu den Werken der Kirchenväter, um nur ein Beispiel zu nennen. Die Humanisten interessieren sich vor allem für die lateinischen Klassiker. Sie verlegen Plinius, Cicero, Vergil etc. mit den entsprechenden kritischen Kommentaren, alle jene Autoren, die im Mittelalter wohl bekannt waren, aber denen wenig Aufmerksamkeit geschenkt wurde, da die Theologie, die Philosophie, das Recht und die Medizin einen höheren Stellenwert einnahmen. Die sogenannte schöngeistige Literatur wurde zu der Zeit stiefmütterlich behandelt.

Die Humanisten haben eine ganz andere Einstellung. Sie wollen das Literaturstudium und die Autoren des griechisch-römischen Altertums aufwerten. Lange Zeit bedeutete ein humanistisches Studium das Erlernen von Latein und Griechisch und die Beschäftigung mit der griechischen und römischen Kultur, was einer allzu vereinfachten Betrachtung entsprach. Man beabsichtigt ein Bildungsprogramm, dessen Ziel die Beschäftigung mit klassischen Autoren und Texten ist ...

In Ermangelung eines Besseren las man diese Autoren in der Übersetzung. Mitte des 15. Jahrhunderts ließ sich Iñigo López de Mendoza, der Marquis von Santillana, lateinische Manuskripte aus Italien kommen. Da er sie nicht lesen konnte, ließ er sie sich von seinem Sohn Pedro González de Mendoza, dem zukünftigen Kardinal, übersetzen. Dadurch lernte er die *Aeneis* von Vergil, die *Metamorphosen* von Ovid, die Tragödien von Seneca und die *Ilias* von Homer kennen ... Aber am wertvollsten ist doch der Originaltext. Seit Nebrija ist es das Bestreben der Humanisten, klassische Texte in der Originalfassung zu lesen.

Im Unterrichtsprogramm nimmt Latein eine Vorzugsstellung ein; doch auch Griechisch und die orientalischen Sprachen sind sehr gefragt. In Alcalá gründete Cisneros ein dreisprachiges colegio (Latein, Griechisch, Hebräisch), an dem der große Gräzist Hernán Núñez lehrte. Auch Chaldäisch, Arabisch und Hebräisch werden gelehrt, um die beiden Quellen der westlichen Zivilisation zu erschließen: die griechisch-römische und die biblische Tradition.

Wo auch immer die Grenzen dieser Neuentdeckung des Altertums im Spanien des 16. Jahrhunderts sein mochten, fest steht, daß der Humanismus zumindest zwei Dinge zuwege gebracht hatte: Er schuf neben den traditionellen Disziplinen (Theologie, Recht, Medizin, die Freien Künste) neue Interessenschwerpunkte: Die Literatur wird allgemein bekannt, erhält ein Ansehen und eine Autonomie, die sie verloren oder noch nie besessen hatte. Außerdem entwickelt sich das Interesse für die »unverfälschte Kultur«, d. h., man bemüht sich um genaue Kenntnisse, die auf sicheren Quellen basieren, was man die Gelehrtheit nennt. Schließlich bringt die Nachahmung klassischer

Vorbilder eine Veränderung des Stils mit sich: Eine gute Ausdrucksweise wird angestrebt. Man bemüht sich immer mehr, einen eleganten klaren Stil zu schreiben, ohne unnötige und prätentiöse Anspielungen, wie sie die falschen Gelehrten bevorzugen. Ab 1499 verspottet der Verfasser der *Celestina* ebenfalls den geschraubten Stil jener, die als Schöngeister erscheinen wollen.

Das wissenschaftliche Werk Nebrijas wurde an der Universität von Salamanca entwickelt, die auf der Halbinsel den besten Ruf genießt. 1422 erhielt sie von Papst Martin V. Statuten, die ihr gegenüber der Monarchie große Autonomie verliehen, was diese bedauern sollte. Die Verwaltung wird von Räten übernommen: Das Plenum tritt in besonderen Fällen zusammen, z. B. um die Statuten zu ändern. Der Rat der Professoren kümmert sich um die internen Probleme der Dozenten; der sogenannte Konzilsrat, der sich aus dem Rektor und acht Studentenvertretern zusammensetzt, ist das ausführende Organ: Es kontrolliert die Lehrtätigkeit, genehmigt die Abwesenheit, überwacht die Einstellung von Dozenten, prüft die Finanzen. Die Mitglieder dieses Rats, die von ihren Vorgängern hinzugewählt werden, übernehmen ihre Funktion am Martinstag für die Dauer eines Jahres. Eine Verlängerung ist nicht sofort möglich. Sie müssen mindestens 25 Jahre alt sein. Der letzte Rat, der Rat der Abgeordneten, umfaßt den Rektor, den Kanzler und zwanzig Abgeordnete, von denen 45 % Professoren sind. Dieser Rat ernennt den Kanzler und den Rektor. Der Kanzler, der auf Lebenszeit ernannt wird, achtet auf die Einhaltung der Statuten, die Aushändigung der Diplome. Er führt auch den Vorsitz bei den Examina und kümmert sich um alle Disziplinarfragen. Der Rektor wird von den Studenten der höheren Semester für die Dauer eines Jahres gewählt. Anläßlich einer Inspektion im Jahre 1512 werden auf Ersuchen des Hofes mehrere Änderungen vorgeschlagen, denen aber nicht sofort Folge geleistet wird: Man schlägt vor, der König solle den Rektor für drei Jahre ernennen. Dieser müsse zumindest ein Staatsexamen haben, möglichst auch die Promotion, denn es komme vor, daß Personen ohne Studium gewählt würden, die im Namen eines anderen handelten.

Eine weitere Eigentümlichkeit dieser Universität besteht darin, daß die Professoren von den Studenten gewählt werden, was oft auch zu Mißbräuchen führt. Man berichtet z. B., daß ein gewisser Francisco de Espinosa sechstausend Maravedis gezahlt hat, um einen Lehrstuhl an der juristischen Fakultät zu bekommen. Die Inspektion von 1512 führt auch hier zu einer Reform: Die Neugewählten sollten sich damit begnügen, der Krankenabteilung der Universität Hühner und Rebhühner zukommen zu lassen. Wenn die Professoren einmal gewählt sind, können sie nicht mehr abgesetzt werden. Es wäre besser, heißt es, sie für höchstens drei Jahre zu wählen. Dadurch könne man den Lehrkörper erneuern und Professoren aus Italien oder Paris kommen lassen. Nach zwanzigjähriger Tätigkeit bekommen die Professoren eine Rente. Das Semester beginnt am Tag des hl. Lukas, am 18. Oktober, und endet am 24. Juni für die ordentlichen Professoren und am 7. September für die übrigen. Das Universitätsjahr hat zwei Ferienzeiten: vom 8. Dezember bis zum 6. Januar und die Fastenzeit.

Ende des 15. Jahrhunderts gab es an der Universität von Salamanca 25 Lehrstühle. Die angesehensten waren die in Theologie und Recht, doch es gab eigentlich keine ausgesprochene Spezialisierung. Nebrija zum Beispiel, der Rhetorikprofessor war, lehrte auch Geographie und Kosmographie, Naturgeschichte (wenn er Plinius behandelte), beschäftigte sich mit Gewichten und Maßen, medizinischen Termini. Pedro Ciruelo, Theologe und Philosoph, gab Vorlesungen in Mathematik und Kosmographie. Die Hochschullehrer in Salamanca waren ganz besonders an der Astronomie und der Kartographie interessiert. Das Deckenfresko in der Bibliothek, das zwischen 1480 und 1493 von Fernando Gallego gemalt wurde, zeigt die Sonne, die Planeten und die achte Sphäre, was den damaligen astrologischen Wissensstand aufzeigte. Zur gleichen Zeit unterbreitete Christoph Kolumbus den Katholischen Königen seine Pläne.

Ende des 15. Jahrhunderts zählte die Universität von Salamanca siebentausend Studenten. Es waren überwiegend Jurastudenten, da sich in diesem Bereich gute Berufsmöglichkeiten boten: im Dienste des Königs, der Justizverwaltung (Magistrate, Anwälte, Gerichtsschreiber sowie in der Justiz der Kirche und des Lehnswesens) im Notariat. Diese Studenten bedeuteten Probleme für die öffentliche Ordnung (zwischen 1502 und 1506 wurden vom *corregidor* zahlreiche Untersuchungen angeordnet). Sie mußten auch angemessen untergebracht werden, was zu einer Bemessung der Mieten seitens der Behörden führte. 1512 erwog man sogar, ein Studentenviertel zu errichten, um die finanziellen und pädagogischen Probleme zu lösen.

Neben der Universität gab es die *colegios mayores*, die hauptsächlich für die Studenten aus bescheidenen Verhältnissen und die Stipendiaten gedacht waren. Es wurden hier nur die Inhaber eines Diploms aufgenommen, die sich in einer bestimmten Disziplin vervollkommnen wollten und auf einen Posten im Lehramt oder in der Verwaltung warteten. Das war gewissermaßen ein »dritter Zyklus«. Da die Zahl der Stipendien auf 15 beschränkt war, war die Auswahl streng. Das älteste und berühmteste *colegio* wurde zu Beginn des 15. Jahrhunderts von Diego de Anaya, Bischof von Tuy, gegründet. Es ist das Colegio von St. Bartholomäus.

Die Dominikaner hatten ihre eigenen Schulen: das Colegio des hl. Stephanus in Salamanca, des hl. Gregorius in Valladolid, eine thomistische theologische Fakultät neben der Universität. 1487 wurde das Universitätscolegio vom Hl. Kreuz in Valladolid gegründet, das finanziell von Kardinal Mendoza getragen wurde.

Salamanca und Valladolid bleiben die wichtigsten Universitätsstädte im Königreich, bis Ende des 15. Jahrhunderts Kardinal Cisneros in seiner Diözese Alcalá de Henares eine Universität gründen möchte, deren Bau dem Architekten Pedro Gumiel anvertraut wird. Am 14. März 1498 wird der Grundstein gelegt, und 1508 wird die Universität fertiggestellt. Cisneros verfolgt alles aus nächster Nähe, den Plan, den Bau, bis zur verwaltungsmäßigen und pädagogischen Organisation. Er beabsichtigt nicht, in Konkurrenz zu Salamanca zu treten, sondern etwas Neues zu schaffen: eine Universität für die Elite des spanischen Klerus. Das Grundstudium umfaßt die Theologie und die Heilige Schrift. Cisneros legt Wert darauf, daß Alcalá keine Universität ist, wo man Karriere macht. Ziel dieser Hochschule ist es, die Vermittlung der Theologie zu erneuern. Neben dem Thomismus lehrt man auch Duns Scotus' Skotismus und den Nominalismus. Den Studenten wird keine spezielle Theorie oktroyiert; sie haben die Wahl zwischen den drei »Wegen«: Thomismus, Skotismus, Nominalismus. Da alle drei sich widersprechenden Schulen nebeneinander existieren, bedeuten sie eine Bereicherung und Pluralismus, eine Möglichkeit, nicht dem Dogmatismus zu verfallen. Salamanca begünstigt den Nominalismus.

Neben der Theologie kann man Sprachen studieren. Das dreisprachige Colegio möchte eine solide Ausbildung in Latein, Griechisch und Hebräisch bieten. Diese Sprachen sind für das Studium der Heiligen Schrift unbedingte Voraussetzung. Man kann auch Arabisch und Chaldäisch lernen. Cisneros' Programm ist sehr kohärent: Das Erlernen der Sprachen ist nicht das oberste Ziel, sondern wird als Voraussetzung für die heilige Wissenschaft, das ernsthafte Bibelstudium angesehen, was die Vermittlung der Theologie bereichern dürfte.

In bezug auf die Verwaltung untersteht die Universität nicht völlig der Gerichtsbarkeit des Erzbistums von Toledo, denn die Krone garantiert ihre Autonomie und fungiert als Schutzherrin. Die Universität wird von einem Kanzler geleitet, der vom Erzbischof von Toledo ernannt wird. Er überwacht die Verleihung von akademischen Titeln und setzt den Rektor des Colegio des hl. Ildefons ein. Dieses Colegio bildet den Kernpunkt der Universität. Die 33 Präbendare des Colegios wählen den Rektor, mit der absoluten Mehrheit in den beiden ersten Wahlgängen und der relativen Mehrheit im dritten. Dem Rektor untersteht die ganze Universität.

Cisneros schlägt für die Universität von Alcalá ein ehrgeiziges Projekt vor: eine Bibelausgabe, die neben dem hebräischen Text die Übersetzung auf griechisch – die Septuaginta – und auf latein – die Vulgata –, die schon seit langem von der Kirche übernommen wurden, enthalten sollte. Das Ergebnis dieses Projekts ist die Polyglotte von Alcalá.

Cisneros erläuterte in einem Schreiben an Papst Leo X., das als Vorwort zum ersten Band fungiert, seine Absicht. Weshalb sollen die Originaltexte der Heiligen Schrift gedruckt werden? Weil keine Übersetzung die Kraft und die Merkmale des Originals getreu wiedergeben kann. Das gilt für jede Sprache und ganz speziell für die Sprache, in der Gott sich ausdrückte. Es ist vorzuziehen, das Wort Jesu Christi direkt, ohne Einschaltung eines Übersetzers, vermittelt zu bekommen. Cisneros schließt sich also völlig der Ansicht der Humanisten an: Nichts kann den Originaltext ersetzen; die Übersetzungen und Erklärungen sollen nicht abgewertet werden, doch der Hauptakzent soll auf der Erschließung des Originaltextes liegen. Jene, die sich dem Bibelstudium widmen möchten, fährt Cisneros fort, besitzen im allgemeinen nur Übersetzungen, die wie kleine Bäche sind; sie müssen ihren Durst stillen, indem sie an der Quelle selbst trinken, aus der die Wahrheit sprudelt, und deshalb, schreibt er, beschloß ich, Originaltexte zu drucken und ihnen die griechische und lateinische Übersetzung beizufügen.

Cisneros ergreift eine Initiative, die zu einer Zeit und in einem Land, wo es nach der Einführung der Inquisition und der Ausweisung der Juden gefährlich sein kann, eine vollständige Bibel zu besitzen, vor allem eine übersetzte jüdische, umstritten ist. Die Inquisition befürchtet nämlich, daß die bekehrten Juden *(conversos)* die Gelegenheit ergreifen könnten, sich damit zu beschäftigen, und erneut mit dem jüdischen Glauben konfrontiert werden. 1490 sollen in Salamanca auf Anordnung der Inquisition mehr als 6000 Bibeln und Bücher verbrannt worden sein; im September 1492 wird ein weiteres *autodafe* in Salamanca angekündigt. 1497 ersucht das Heilige Offizium die Inquisition von Valencia, öffentlich die hebräischen Religionsbücher und die übersetzten Bibeln zu verbrennen, doch diese Anordnung stößt auf Widerstand. Daraufhin veranlaßt die Inquisition, daß diese Bücher von Hochschullehrern und angesehenen Theologen geprüft werden, bevor man sie den Flammen überläßt.

Cisneros geht noch einen Schritt weiter. Er verlangt, daß im Zweifelsfall jene zu Rate gezogen werden, die Hebräisch beherrschen und den Talmud kennen, d. h. konvertierte Juden, die somit ausdrücklich aufgefordert werden, bei der Bibelausgabe von Alcalá mitzuarbeiten. Dadurch wird die öffentliche Meinung, die den Juden oder allem, was an den Judaismus erinnert, feindlich gesinnt ist, herausgefordert. Doch Cisneros, der sich durch sein Amt als Erzbischof von Toledo, Primat von Spanien und vor allem Großinquisitor stark fühlt, übernimmt die Verantwortung dafür. Die Warnung ist eindeutig: Wer sich gegen die Polyglotte wendet, wendet sich auch gegen Cisneros.

Nachdem sich Cisneros sein Ziel gesteckt hat – Wiederaufnahme des Bibelstudiums –, definiert er die Methode. Er stellt fest, daß die überlieferten Manuskripte der alten griechischen Bibelübersetzung, der Septuaginta, und der lateinischen, der Vulgata, die von der Kirche anerkannt sind, zahlreiche Unterschiede aufweisen. Oft hat wohl die Unkenntnis oder die Nachlässigkeit der Kopisten den Text verändert. Die Bibel von Alcalá legt diese beiden Übersetzungen neu auf und korrigiert die Bücher des Alten Testaments nach dem hebräischen Text und die des Neuen Testaments nach dem griechischen, doch ohne an den Lesarten, die von den ältesten Manuskripten allgemein bestätigt sind, etwas zu ändern. Das regelt das Problem der Septuaginta und der Vulgata: Es soll anhand der besten Manuskripte eine kritische Ausgabe herausgegeben werden, keine neue griechische oder lateinische Übersetzung. War das die richtige Methode? Nebrija glaubt es nicht: Er hätte gerne die Vulgata durch eine neue lateinische Übersetzung ersetzt, die sich mehr ans Original hielt, doch Cisneros hat entschieden, und Nebrija, der nicht einverstanden ist, geht auf Distanz.

Um Cisneros' Vorhaben zu realisieren, bedarf es der Dokumente, Texte und Manuskripte, die oft schwer ausfindig zu machen sind. Cisneros hat vorgesorgt: Die beträchtlichen Einkünfte des Erzbistums von Toledo ermöglichen es, die Bibliographie und das Druckmaterial zu erwerben (spezielle Buchstaben für das Hebräische und Griechische), die dazu erforderlich sind. Man braucht auch erfahrene Spezialisten. Ab 1502 werden die entsprechenden Fachleute hinzugezogen: je nach Bedarf werden weitere in Anspruch genommen. Für Griechisch und Latein wendet sich Cisneros an die Kapazitäten der Halbinsel, wie z. B. Hernán Núñez, einen bekannten Gräzisten, auch den Griechen Demetrio Doucas. Er schlug Erasmus vor, nach Alcalá zu kommen, um bei dem Werk mitzuarbeiten, doch Erasmus mißtraut Spanien, wie bereits an anderer Stelle erwähnt *(Non placet Hispania)*, und lehnt die Einladung ab. Nebrijas Mitarbeit war wegen der Kontroverse über die Vulgata nur von vorübergehender Dauer, bedeutete aber trotzdem einen wertvollen Beitrag. Wenn es um hebräische und syrische Texte geht, wendet sich Cisneros an *conversos*, insbesondere an Pablo Coronel. Ihre Kenntnis der jüdischen Tradition erscheint ihm als große Hilfe. Auch wenn diese Initiative umstritten war, wagte es niemand, sich gegen den Großinquisitor aufzulehnen.

Diese Zusammenarbeit der Spezialisten trägt Früchte: Der erste Band kommt im Januar 1514 heraus, doch erst am 10. Juli 1517 erscheinen alle seine Bände in Alcalá. Die fünf ersten enthalten die Originaltexte des Alten und Neuen Testaments, zusammen mit den besten und sorgfältig bearbeiteten griechischen oder lateinischen Übersetzungen. Der sechste besteht aus einem kritischen Anhang; einer Einführung ins Alte Testament, einem hebräisch-chaldäischen Wörterverzeichnis, einem Glossar der hebräischen und griechischen Eigennamen, einer hebräischen Grammatik etc. Es ist ein wissenschaftlich und typographisch gelungenes Werk, dem jedoch kein Erfolg beschieden ist. Cisneros stirbt ein paar Monate nach der Fertigstellung der Polyglotte, und erst nach Jahren erhält diese die unerläßliche päpstliche Genehmigung. Erst im Januar 1522 können die Bände endlich zum Verkauf freigegeben werden, doch ein Teil der sechshundert Exemplare der Erstauflage versank bei dem Transport zwischen Spanien und Italien im Meer.

Aufgrund dieser Umstände hatte die Bibel von Alcalá in der Gelehrtenwelt des 16. Jahrhunderts nicht den Erfolg, den sie verdiente. Hinzu kommt, daß die Existenz dieser Bibel totgeschwiegen wurde. Weshalb? Waren die Hochschullehrer von Salamanca auf ihre Kollegen in Alcalá neidisch? Das wäre denkbar. Waren es Vorbehalte der Dominikaner gegenüber einer Arbeit, die unter der Leitung eines Franziskaners stand? Auch das ist möglich. Doch der Hauptgrund ist wohl im Zweck des Vorhabens selbst zu suchen: Der Rückgriff auf vollständige Originaltexte, die unverfälscht wiedergegeben werden sollen, erweckte das Mißtrauen der Scholastiker: bisher waren sie allein für die Bibel zuständig; ihre Auslegungen und Kommentare waren maßgebend gewesen. Und nun erheben die Grammatiker Anspruch darauf, decken auf, daß manche Deutungen auf Widersprüchen oder Fehlern beruhen, die auf die Unwissenheit oder Nachlässigkeit der Kopisten zurückzuführen sind. Was noch schlimmer ist: Diese Spezialisten wenden sich im Zweifelsfall an jüdische Rabbiner. Das erscheint den Traditionalisten als unerträglich. Die kritische Methode der Philologen ist nicht zwangsläufig unvereinbar mit der scholastischen Theologie, doch im Europa des 16. Jahrhunderts und insbesondere in Spanien mißtrauen Humanisten und Scholastiker einander. Die Bibelkritik ist eine ganz besonders heikle Angelegenheit. Für die Scholastiker ist es fast ein Sakrileg, Texte zu ändern, die sich durch langen Gebrauch eingebürgert haben und auf die sich die katholische Kirche seit einem Jahrhundert stützt. Die Humanisten entrüsten sich darüber, daß man sich an Texte hält, von denen sie genau wissen, daß sie verfälscht sind, und deren Ursprünglichkeit sie wiederherstellen wollen. Diese gegenseitige Verständnislosigkeit hat traurige Nachspiele. In der zweiten Hälfte des 16. Jahrhunderts wendet sich die Inquisition gegen Fray Luis de León, einen Humanisten und *converso*, und wirft ihn ins Gefängnis, doch Kardinal Cisneros, ein Christ und Generalinquisitor, kann nicht belangt werden. Man hütet sich, sein Werk zu kritisieren, doch man vermeidet es, es zu zitieren oder darüber zu sprechen – eine sehr wirksame Methode, die sich bewährt hatte.

Die Polyglotte von Alcalá konnte realisiert werden, da Kardinal Cisneros beschlossen hatte, die erforderlichen Mittel dafür aufzuwenden. In diesem Fall wurde die wissenschaftliche Forschung unterstützt, doch meistens waren es unter den Katholischen Königen die Schönen Künste, die vom Hof, begüterten Aristokraten oder ganz einfach den sozialen Schichten, die von der allgemeinen Expansion des Königreichs profitierten, gefördert wurden. Noch heute ist der Besucher fasziniert vom Prunk der alten Städte Kastiliens, den großen Städten wie Burgos, Valladolid, Toledo, Salamanca, Sevilla, und natürlich Córdoba, aber auch von den kleineren Orten wie Segovia, Avila, Toro, Zamora, Medina de Ríoseco . . . Viele dieser Paläste, Residenzen, Kirchen und Klöster verwitterten im Laufe der Jahrhunderte, doch das, was übriggeblieben ist, zeigt den Wohlstand Kastiliens im 15. und 16. Jahrhundert und den anschließenden Niedergang.

Ende des 15. Jahrhunderts erlebte die weltliche und religiöse Architektur einen beachtlichen Aufstieg. Das Spanien der Reconquista und das expandierende Spanien, das militante Spanien, das die Juden ausweist und die Muslime gewaltsam bekehrt, zeigt im Bereich der Kunst keinerlei Nationalismus. Flämische, burgundische, französische und italienische Künstler sind willkommen. Diese Fremden gewöhnen sich schnell ein, und es vermischen sich nationale Traditionen mit dem Einfluß aus dem Ausland, was einen besonderen Reiz ausmacht. Man denke nur an die maurischen Ornamente der Gebäude, die sich mit gotischen oder italienischen Elementen vermischen. Die Kunst jener Zeit ist leicht zu erkennen, so daß Emile Bertaux von einem »Isabella-Stil« sprach, ähnlich dem Manuel-Stil in Portugal, der im übrigen viel Ähnlichkeit damit hat. Man spricht auch vom Platereskenstil, um die spanische Kunstgeschichte jener Zeit zu charakterisieren. Der Begriff spricht die Goldschmiedearbeiten an *(plateros)*: Die Fassaden eines Gebäudes sind mit vielfältigen Motiven versehen, wie eine Goldschmiedearbeit. Außerdem bedeutet der Begriff die Zusammenarbeit verschiedener künstlerischer Berufe (Bildhauer, Maler, Holzschnitzer etc.) mit dem Architekten, der die Pläne entwirft.

Es soll hier nicht die Absicht sein, eine Aufstellung aller künstlerischen Errungenschaften unter den Spanischen Königen zu machen. Wir wollen uns damit begnügen, die großen Mäzene jener Zeit zu nennen und die Kunstwerke, die sie förderten, angefangen bei den Herrschern selbst, die überall Initiative entwickelt haben: in Toledo, wo sie dem Sohn eines Lyoners, Juan Guas, den Bau des Franziskanerklosters von San Juan de los Reyes anvertrauen, der 1478 zur Feier des Sieges über Portugal während des Erbfolgekriegs unternommen wurde. Dieses Kloster sollte ihnen ursprünglich als letzte Ruhestätte dienen; in der Aljafería von Saragossa, deren architektonische Gestaltung ihren Höhepunkt in einer Treppe im Flamboyantstil findet; in Granada, wo schließlich das Grabmal der Katholischen Könige erbaut wird; in Avila, wo ein Italiener, Domenico Fancelli, das Grabmal von Prinz Johann in Stein haut; im Kartäuserkloster von Miraflores, in der Nähe von Burgos, wo mehrere Grabmäler erbaut worden waren, das der Eltern Isabellas aus weißem Marmor und das von Prinz Alfons, dem Bruder der Königin, aus Alabaster und das des Pagen Juan de Padilla, der 1491 im Alter von zwanzig Jahren vor Granada getötet worden war.

Die meisten Künstler, die ins Land kamen, blieben: Enrique de Egas, Sohn des Brüsseler Erbauers der Kathedrale von Toledo, Hanequin de Egas (Van der Eycken), der Architekt der prachtvollen Fassaden der Universität von Salamanca, ein Meisterwerk im Platereskenstil und des königlichen Hospitals von Santiago de Compostela. Doch der Name des Künstlers, der das Grabmal des *caballero* Martín Vásquez de Arce, der im Krieg von Granada 1486 getötet worden war *(El Doncel de Sigüenza),* in der Kathedrale von Sigüenza gebaut hat, ist unbekannt.

Die Familie Mendoza hat im besonderen Maße die Künste gefördert. 1483 erbaut Juan Guas für den Herzog von Infantado den Palast von Guadalajara, der zum Teil im maurischen Stil gehalten ist. Der große Kardinal Mendoza wandte einen Teil seines Vermögens für die Errichtung prächtiger Bauten auf: das Hospital vom Hl. Kreuz in Toledo, eines der ersten und bedeutendsten Renaissancewerke, wo sich die Gotik mit maurischen Elementen vermischt, und das Colegio vom Hl. Kreuz in Valladolid, das eine prächtige Fassade aufweist und einen aus drei Teilen bestehenden *patio,* der mit dem Kreuz von Jerusalem und den Wappen des Kardinals verziert ist. Der Bau war bereits begonnen, als 1489 der Neffe von Mendoza, Iñígo López de Mendoza, Graf von Tendilla, aus Rom zurückkehrt, wo er als Botschafter fungierte und vorschlägt, das Gebäude solle im Renaissancestil gebaut werden. Offensichtlich wurde der Graf so stark von der italienischen Kunst geprägt, daß er das Grabmal seines Bruders, des Erzbischofs von Sevilla, ausschließlich im italienischen Stil erbaut haben möchte: »Ich möchte hier weder französischen, deutschen oder maurischen Stil sehen, sondern nur römischen.«

Dem Bischof von Palencia, Fray Alonso de Burgos, verdankt man in Valladolid die Kirche des hl. Paulus und das beeindruckende Colegio des hl. Gregorius, in dem heute die Skulpturen des Nationalmuseums untergebracht sind. Die Fassade besteht aus Laubwerk, Wäldern und Säulen, die Baumstämmen gleichen, Tieren, Soldaten, stark behaarten Wilden. Der *patio* im Innern, der aus Torsosäulen besteht, die eine reich verzierte Loggia tragen, vereint den Flamboyantstil mit maurischen und italienischen Elementen.

Das sind einige Beispiele für den künstlerischen Ausdruck zu einer Zeit, die als eine der blühendsten der spanischen Geschichte angesehen wird.

Nachwort

Zieht man eine Bilanz der Regierungszeit der Katholischen Könige, so stellt man fest, daß sie stark konservativ geprägt war. Sie haben keine großen Neuerungen gebracht. Die meisten Reformen, die man ihnen zuschreibt, wurden bereits von ihren Vorgängern konzipiert. Sie nahmen eine Neubildung der Zentralregierung um den Kronrat vor: Eine erste Andeutung des Projekts findet man in einer Verordnung Heinrichs III., die vom 15. September 1406 datiert. Sie unterstellten die bedeutendsten Städte den *corregidores*, die die Monarchie repräsentieren: das ist die allgemeine Durchführung einer Maßnahme, die 1348 ins Auge gefaßt und im folgenden angewandt wurde. Die *Santa Hermandad*? Es gab bereits ähnliche Einrichtungen. Die Inquisition? Heinrich IV. hatte schon danach verlangt und so weiter. Die einzige wirkliche Neuerung stellte die Ausweisung der Juden dar, eine höchst umstrittene Maßnahme.

Das Verdienst von Ferdinand und Isabella bestand darin, daß sie das, was andere nur konzipiert hatten, in die Tat umsetzten. Sie hatten den Willen, Dinge zu vollenden, was ihnen auch gelang. Unter diesem Gesichtspunkt kann man ihre Regierungszeit als Anfang betrachten: Die Monarchie ist nicht mehr der Spielball aller möglichen, oft widersprüchlichen Tendenzen; der Staat nimmt Form an. Der Konflikt zwischen Adel und Monarchie wird zu beidseitiger Zufriedenheit beigelegt. Der Adel verzichtet darauf, in der Politik die dominierende Rolle zu spielen, doch er sichert seinen Grundbesitz und seinen gesellschaftlichen Einfluß. Die Mitglieder des Klerus, die von den Herrschern vorgeschlagen wurden, entwickelten sich zu loyalen Mitarbeitern. Die Cortes verlieren völlig an Macht. Die Oligarchieregierung der Städte festigt sich entweder durch die Verteilung der Magistratsbeamtenposten, die ein Gleichgewicht zwischen den rivalisierenden Familien schafft, wie in Kastilien oder im Königreich Aragonien durch das System der Auslosung anhand einer Liste, die schon vorher feststeht. In beiden Fällen ist das Ergebnis das gleiche:

Entpolitisierung; die Magistratsbeamten verwalten, aber betreiben keine Politik mehr, genau wie die Cortes, der Klerus oder der Adel.

Die Politik ist die Angelegenheit der Herrscher. Sie betreiben sie mit Hilfe von Mitarbeitern, die sie mit Vorliebe aus dem Mittelstand wählen, nicht nur unter den *letrados*, die die Universität absolviert haben, sondern auch unter den *hidalgos* und dem Klerus. Diese haben eine hohe Vorstellung von ihrem Amt und ihrer Rolle; sie sind sich bewußt, daß sie einen höheren Willen und die Interessen des Landes vertreten.

Kann man bei Ferdinand und Isabella von einem absolutistischen Regime sprechen? Sie üben die Legislative und Jurisprudenz aus, ernennen die Staatsbeamten, entscheiden über Krieg und Frieden, erheben Steuern, lassen Münzen prägen – allein und ohne Kontrolle. Einige finden den Terminus Absolutismus verfrüht, ziehen den Begriff einer autoritären Monarchie vor. 1474 schaffen sich die Katholischen Könige eine starke Macht. Ihre Nachfolger setzen im großen und ganzen die Politik, die Ferdinand und Isabella zwischen 1474 und 1516 praktiziert hatten, fort. Die Aufgabenteilung zwischen dem Adel und der Monarchie erfährt keine Änderung; Kastilien wird eine Aristokratengesellschaft, in der sich die bürgerlichen Wertvorstellungen nur schwer durchsetzen können. Der hohe Klerus und die Orden, die verstaatlicht und der Regierung unterstellt wurden, arbeiten mit der Monarchie zusammen; die Kirche Spaniens wird noch lange Zeit davon geprägt sein.

In der Wirtschaft schlugen sie keine neuen Wege ein, stützten die bereits vorhandenen Kräfte. Der Wohlstand des Königreichs beruhte auf der Viehzucht und dem Wollexport; Ferdinand und Isabella setzten dies fort; an der Landwirtschaft und dem Handwerk waren sie nicht interessiert. Den Bauernstand kam diese Politik teuer zu stehen, denn er mußte erdrückend hohe Steuern zahlen, den Zehnt der Kirche und die Direktsteuer, den *servicio,* dem Staat; selbst die Kreuzzugsbulle, die schließlich eine der regelmäßigen Einkünfte der Krone darstellte, verwandelt sich von einem freiwilligen Beitrag in eine weitere Steuer, die von dem Großteil des christlichen Volkes, d. h. den Bauern, entrichtet werden muß. Der zukünftige Philipp II. (er war damals 18 Jahre alt) prangert in einem Brief an seinen Vater (25. März 1545) diese nicht nur als ungerecht, sondern auch als wirtschaftlich schädlich an: »Das einfache Volk, das allein die *servicios* entrichtet, gerät dadurch in solche Not, daß viele der Bauern nackt gehen, da sie nicht die Mittel haben, sich Kleidung zu beschaffen. Niemand entgeht diesem Elend, weder die Untertanen des Königs, noch die Untertanen der Lehnsherren; die fast noch schlimmer dran sind: Sie haben nicht einmal die Mittel, die Pacht zu zahlen; die Gefängnisse sind überfüllt, das bedeutet für alle den Untergang.«

Waren die großen Richtlinien endgültig? Das ist ungewiß. Wir wissen, daß die Religionspolitik Kritik hervorrief, sogar in der Umgebung der Herrscher. Nach Isabellas Tod, 1504, versuchte der Adel, seine alte Machtstellung zurückzuerobern: Die Textilhandwerker protestierten gegen die Privilegien der Mesta und das Monopol der Exporteure von Burgos. Zu Beginn der Regierungszeit Karls V. bringen die Städte das politische Gleichgewicht des Königreichs ins Wanken und bemühen sich, den Cortes wieder eine größere Rolle einzuräumen. All dies zeigt, daß das Werk der Katholischen Könige nicht von allen gebilligt wurde, und daß es Proteste gab. Selbst in den Kreisen, von denen man glaubte, sie seien den Herrschern treu ergeben, wurde Protest gegen einige politische Entscheidungen laut. Als der zukünftige Karl V. 1517 nach Spanien kommt, wird ihm ein erstaunliches Gesuch vorgelegt, das von einem Vertrauten von Cisneros verfaßt wurde, der behauptet, er habe im Auftrag seines Herrn gehandelt. Es werden darin die Punkte angesprochen, die als Nachlässigkeiten *(descuidos)* der Katholischen Könige angesehen werden. Der Terminus überrascht, doch die Bemerkungen darüber sind auch nicht passender.

Aus diesem Dokument geht hervor, daß Cisneros die starke Konzentration von Grundbesitz in den Händen weniger Großfamilien, die durch Ehebündnisse ermöglicht wurde, die verboten werden sollten, mißbilligte. Die außerordentlich große Macht dieser adeligen Familien stellt für den Staat eine Gefahr dar. Cisneros wäre weiterhin beunruhigt gewesen, wenn er noch erlebt hätte, wie Mitglieder des Kronrats ihre Kinder mit Kindern aus dem Hochadel verheirateten. Dies bietet dem Adel die Möglichkeit, sich im Kronrat Verbündete zu schaffen. Es wäre also angebracht gewesen, die Mitglieder des Kronrats, bei denen dies der Fall war, abzusetzen. Cisneros scheint ganz offensichtlich dem Adel zu mißtrauen. Das Gesuch prangert auch die Ämterhäufung in der Verwaltung und die geruhsamen Posten an: Es ist unzulässig, hohe Bezüge für Ämter zu erhalten, die man nicht selbst ausübt. Das ist eine »Nachlässigkeit« der Katholischen Könige. Sie hatten sich trotz ihrer Qualitäten als Monarchen nicht darum gekümmert, daß einige ihrer Agenten allzu schnell in den Besitz eines beachtlichen Vermögens gelangten. Da ihre Ausgaben und ihr Lebensstil bei weitem ihre Einkünfte überstiegen, hielten sie sich an der Staatskasse schadlos. Nach Cisneros' Meinung sollten die Agenten des Königs ein bescheidenes Gehalt beziehen, das sie dazu anregte, zu dienen und ihnen ein angemessenes Leben ermöglichte, ohne daß sie über ihre Verhältnisse lebten.

Das Dokument enthüllt ebenfalls – was allerdings nicht mehr die Katholischen Könige betrifft –, daß Cisneros eine Reform der Kirche wünschte, um der Gier der Päpste, die mit dem Ablaß Geschäfte machten, ein Ende zu bereiten. Das sicherste Mittel, dies zu erreichen, schien für ihn darin zu bestehen, ein allgemeines Konzil einzuberufen, das an einem anderen Ort als Rom zusammentreten sollte, um die geistige Freiheit der Teilnehmer zu garantieren. Cisneros war ein ungewöhnlicher Mann. Man erkennt an seiner Kritik in dem Gesuch – vorausgesetzt, es gibt wirklich seine Gedanken wieder – das Bedauern, daß die Katholischen Könige nicht noch mehr Aktivität entwikkelt und nach der Wiederherstellung der Autorität des Staates die Macht der Granden nicht beschnitten hatten. Karl V., an den das Gesuch gerichtet war, läßt es unbeachtet. Er ist mit den Gegebenheiten, die er antrifft, zufrieden.

Zu Beginn des 16. Jahrhunderts ist Spanien eine europäische Macht, eine Weltmacht: Seine Armeen sind in Italien, seine *conquistadores* lassen sich in der Neuen Welt nieder, und seine Herrscher haben mit Portugal und dem Haus Burgund Kontakt aufgenommen. Karl V. und Philipp II. übernehmen dieses Erbe, nutzen die entsprechenden Möglichkeiten aus. Mit der Zeit zeigen sich auch Negativa wie z. B. die Tendenz, Spanien an Kastilien zu orientieren. Wie bereits erwähnt, trug das Ehebündnis zwischen Ferdinand und Isabella nicht zur nationalen Einheit bei, sondern vereinte lediglich zwei Kronen, zwei Gebietsgruppen. Die Gelegenheit war günstig, die Völker der Doppelmonarchie verschmelzen zu lassen, doch Ferdinand und Isabella schienen dies nicht bedacht zu haben. Das ist ein weiterer Aspekt ihres Konservatismus; sie beabsichtigen nicht, die Situation, die sie bei ihrer Thronbesteigung vorgefunden haben, zu ändern. Da Kastilien bei weitem die bevölkerungsreichere, wohlhabendere und dynamischere dieser beiden Gruppen darstellt, gewöhnte man sich unter den Katholischen Königen an, sich hauptsächlich darauf zu stützen und die übrigen Gebiete der Monarchie zu vernachlässigen. Der moderne spanische Staat ist vor allem ein kastilischer Staat. Auf lange Sicht erkennt man die Nachteile des Systems. Anfang des 16. Jahrhunderts sieht man nur die Vorteile: die Möglichkeit des Herrscherpaars, auf die Menschen und Steuern eines unterwürfigen Königreichs zählen zu können.

Für die Geisteshaltung des Volkes sollte das Werk der Katholischen Könige schwerwiegende Folgen haben. Indem Ferdinand und Isabella die nationale Einheit auf der Glaubenseinheit begründeten, indem sie die Juden auswiesen, die *conversos* verfolgten, trugen sie dazu bei, ein heimtückisches System einzuführen, das schließlich die Mentalität der Öffentlichkeit in Spanien vergiftete: die organisierte Intoleranz, das Denunziantentum, den demagogischen Druck der »alten Christen« auf die Elite, die Einrichtung des ideologischen Konformismus. Bald fordert man die »Rassenreinheit« der Anwärter auf kirchliche und weltliche Posten, und zwar mit dem Nachweis, daß keiner der Vorfahren des Anwärters vom Heiligen Offizium weder verurteilt noch verfolgt worden war. Sicher, die Könige wollten das nicht, auch nicht die Inquisition: Diese hatte andere Möglichkeiten, die Glaubenstreue der Christen zu prüfen, doch die Diskriminierung begann seit der Einsetzung des Gerichts. Vorausblickende Männer, wie Talavera, hatten das geahnt.

Doch das Spanien von Ferdinand, Isabella und Cisneros war nicht dazu verurteilt, so zu werden, wie das Philipps II.; seine Herrscher, seine Staatsmänner und Beamten waren neuen Ideen und der modernen Welt gegenüber aufgeschlossen. Vermutlich verwandelte sich die Inquisition im 16. Jahrhundert aufgrund der durch die Reform verursachten Religionskriege in diese schreckliche Unterdrückungsmaschinerie. Spanien mischte sich weniger aus Berufung in diesen Streit, sondern weil es von seinem neuen Herrscher, Karl V., mit hineingezogen wurde, der nicht auf seine Vorrechte als Kaiser verzichten wollte, während seine kastilischen Untertanen es vorgezogen hätten, daß sich der König von Spanien zurückhalte. Sánchez Albornoz spricht in diesem Zusammenhang vom »Kurzschluß der Modernität« in Spanien. Die burgundischen Heiraten zwischen 1496 und 1497 brachten die Habsburgerdynastie an die Macht. Spaniens Schicksal ist vorgezeichnet: Da sein Monarch auch über die Niederlande herrscht, muß es seine Wolle an Flandern verkaufen und sie als Fertigprodukt zurückkaufen. Außerdem wird es der Stützpunkt der Europapolitik Karls V. Hatte es das wirklich gewollt? Es gibt Gründe, daran zu zweifeln. 1520 erhebt sich das Kastilien der *Comuneros* gegen die kaiserliche Politik, weniger gegen die Flamen: Kastilien weigert sich, für eine Politik herhalten zu müssen, die es nichts angeht. Doch die Niederlage der *Comuneros* verhindert, daß diese Opposition lautstark wird.

Doch die spanischen Mitglieder des Hofstaats von Kaiserin Isabella verhalten sich mehr als zurückhaltend, als es darum geht, auf der Halbinsel die Mittel aufzutreiben, um die Türken in Mitteleuropa oder in Tunis zurückzuwerfen. Das Spanien Karls V. und Philipps II. stellt in mehreren wesentlichen Punkten das Erbe der Katholischen Könige dar; in weniger wichtigen Punkten zeigt es eine ganz andere Geschichte.

Das ist wohl der Grund, weshalb die Spanier so mit den Katholischen Königen verbunden sind und sich wehmütig an diese Zeit erinnern. Ferdinand und Isabella sind die letzten nationalen Herrscher in Spanien. Trotz der Inquisition, der Vertreibung der Juden, hat die liberale und romantische Geschichtsschreibung des 19. Jahrhunderts ein Faible für die Katholischen Könige. Es ist viel einfacher, den Beginn einer neuen Ära erst später mit der Thronbesteigung der Habsburger anzusetzen und Karl V. und Philipp II. für ein historisches Schicksal verantwortlich zu machen, auf das man nicht sehr stolz ist. Nach dieser Auffassung ist Karl V. der »Tyrann«, der die kastilischen »Freiheiten« unterdrückt hatte. Philipp II. setzte sein Werk fort, indem er die »Freiheiten« Aragoniens außer Kraft setzte und auf der Halbinsel und den Niederlanden die Intoleranz nährte, indem er die Interessen Spaniens einer Religionspolitik opferte, die durch Fanatismus geprägt war. Im Gegensatz dazu erscheint die Regierungszeit der Katholischen Könige großartig. Sie beendeten das Chaos, stellten die öffentliche Ordnung wieder her, verwiesen den Adel in die Schranken, förderten die Kunst und Wissenschaft. All das wird in der *Eloge d'Isabelle* deutlich, welche Clemencin zu Beginn des 19. Jahrhunderts unter den Auspizien der Geschichtsakademie veröffentlicht. Dieses Bild entspricht jenem, das die Katholischen Könige sich selbst zu geben versuchten: das Bild einer autoritären, aber gerechten Monarchie, einer Volksmonarchie, die sich leicht durchsetzte. Seit ungefähr zwanzig Jahren berichtigen die Historiker viele Punkte. Die Katholischen Könige werden nach wie vor als ein außergewöhnliches Herrscherpaar angesehen, doch man weiß jetzt, weshalb. Sie verstanden es, günstige Umstände zu nutzen, um der Monarchie Ansehen und Autorität zu verleihen und aus Spanien eine Weltmacht zu machen. Isabellas Genie besteht darin, dies seit 1468 vorausgesehen zu haben, als sie den Titel der Thronerbin forderte; Ferdinands Genialität zeigte sich darin, daß er begriffen hatte, daß er durch die Heirat mit diesem jungen achtzehnjährigen Mädchen, das er kaum kannte, nicht nur ein dynastisches Bündnis knüpfen, sondern auch das moderne Spanien gründen würde.

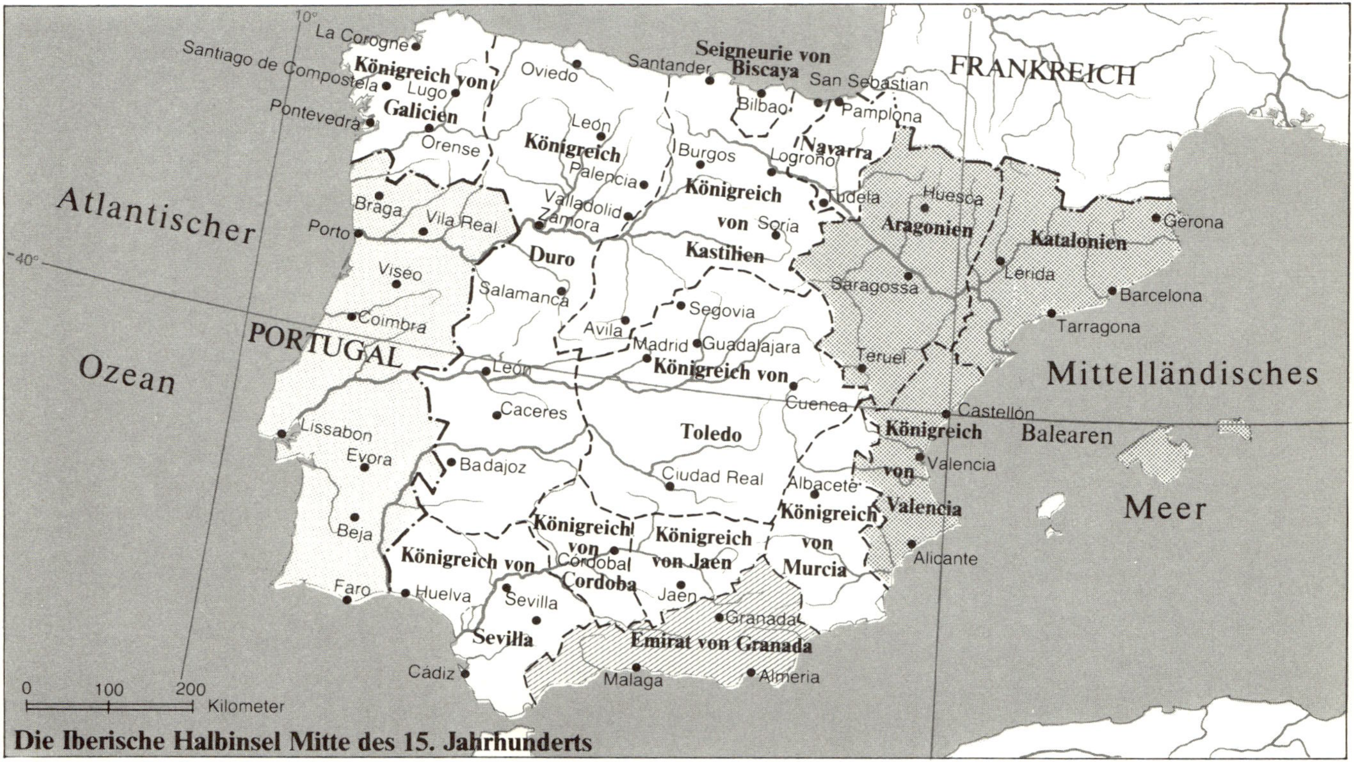

Die Iberische Halbinsel Mitte des 15. Jahrhunderts

Stammtafel

Johann I. von Kastilien (1358–1390) Kg. 1379–1390 ∞ Eleonora von Aragonien (in erster Ehe)

Heinrich III.
(1379–1406)
Kg. v. Kastilien 1390–1406
∞ Katharina v. Lancaster

Ferdinand I.
(1379–1416)
Kg. v. Aragonien 1412–1416
∞ Eleonora v. Albuquerque

Johann II.
(1405–1454)
Kg. v. Kastilien 1406–1454
1. ∞ Maria v. Aragonien
2. ∞ Isabella v. Portugal

Alfons V.
(ca. 1396–1458)
Kg. v. Aragonien u. Sizilien
1416–1458
Kg. v. Neapel 1442–1458

Johann II.
(1398–1479)
Kg. v. Aragonien, Sizilien
und Sardinien 1458–1479
Kg. v. Navarra 1425–1479
1. ∞ Blanche v. Navarra
2. ∞ Juana Enriquez

Heinrich IV. (1)
(1425–1474)
Kg. v. Kastilien 1454–1474
1. ∞ Bianca v. Navarra
2. ∞ Johanna v. Portugal

Johanna »La Beltraneja«

Isabella I. (2)
(1451–1504)
Kg.in v. Kastilien und
León 1474–1504

∞

Ferdinand II. (2)
(1452–1474)
Kg. v. Aragonien 1468–1516
Kg. v. Sizilien 1468–1516
Kg. Ferdinand V. v. Kastilien
und León 1474–1504
Kg. Ferdinand III. v. Neapel
1503–1516

Karl (+ 1461) (1)
Prinz v. Viana

Isabella
(1470–1498)
1. ∞ Alfons v. Portugal
2. ∞ Kg. Manuel v. Portugal

Johann
(1478–1497)
∞ Margarete v. Österreich,
Tochter K. Maximilians I.

Johanna die Wahnsinnige
(1479–1555)
∞ Philipp v. Österreich,
Sohn K. Maximimilians I.

Maria
(1482–1517)
∞ Kg. Manuel v. Portugal

Katharina
(1485–1536)
1. ∞ Arthur Prince of Wales
2. ∞ Kg. Heinrich VIII. v. England

Kaiser Karl V.
(1500–1558)

Kaiser Ferdinand I.
(1503–1564)

Philipp II. v. Spanien
(1527–1598)

Die Währung

1. Im Königreich Kastilien gilt als Währungseinheit der Maravedi. Die Zahlungsmittel sind die *dobla* (365 Maravedis), ab 1497 der *ducado* (der Dukaten), beides Goldmünzen, und der Silber*real* und die *blanca*.
2. Das Königreich Aragonien bleibt dem Silbergeld treu: die *libra* (Pfund) besteht aus zwanzig *sueldos;* jeder *sueldo* besteht aus zwölf *dineros* (Deniers). Das Pfund und der *sueldo* sind Rechnungseinheiten. Im 14. Jahrhundert prägt man Goldmünzen, den *florin*.
3. Im 15. Jahrhundert sieht der Gegenwert der einzelnen Zahlungsmittel (in Maravedis) wie folgt aus:

	1400	1430	1459	1465	1475	1480	1486
Dukaten	66	73	150	230		375	375
Florin von Aragonien	44	52	100	150	240	265	265
Dobla von Granada	70	104	150	200		445	445
Dobla de la banda		104	150	200	335	365	365
Dobla von Kastilien	74	94	100				
Französische Krone	74	94	100				
Portugiesischer *Cruzado*						375	375
Enrique				330	435	480	485
Castellano					435	480	485
Silber*real*	6-8	8-10	15	20	30	31	31

4. Am Ende des 15. Jahrhunderts:

– Goldstücke:	Dukaten	375 Maravedis
	Florin von Aragonien	265 Maravedis
	Französische Krone	328 Maravedis
– Silberstück: *real*		34 Maravedis
– Billionstück: *blanca*		0,5 Maravedis

(Nach M. A. Ladero Quesada, Hacienda real, S. 42)

Maße und Gewichte

Hohlmaße

Die andalusische *fanega* entspricht ungefähr 55,5 Liter; die *fanega* von Toledo 44 Liter. Eine *fanega* besteht aus 4 *cuartillos* und 12 *celemines;* ein *cuartillo* entspricht 4 *celemines*. 12 *fanegas* ergeben einen *cahiz*.
Die *arroba* (oder *cántara*) Wein entspricht 16,3 Liter; die *arroba* Öl: 12,56 Liter.

1496 beschließt man, einige Maßeinheiten zu vereinheitlichen: die Maße von Toledo (1 Doppelzentner = 4 *arrobas* = 100 Pfund = 1600 Unzen) gelten von nun an im ganzen Königreich für Wein; die von Avila (*fanega, celemines, cuartillos*) für Weizen.

Gewichte

Die kastilische *arroba* wiegt ungefähr 11,5 kg.
Sie ist in 25 *libras* unterteilt, die *libra* in 4 *cuarterones,* das *cuarteron* in 4 Unzen, die Unze in 16 *adarmes,* die *adarme* in 3 *tomines und der tomin* in 12 Gran.
In Andalusien entspricht die *carga mayor,* die ein Maultier transportiert, 2,5 *fanegas;* die *carga menor,* die ein Esel befördert: 2 *fanegas*. Eine *fanega* Weizen wiegt 44 kg.

Längenmaße

Die kastilische Meile *(legua)* entspricht ungefähr 5,57 km.
Die kastilische *vara* entspricht 836 mm; sie besteht aus 3 Fuß *(pies)* oder 4 *palmos*. Ein Fuß entspricht 12 Zoll *(pulgadas)*; ein Zoll 12 *líneas*; eine *línea* 12 *puntos*.

Glossar

abadengo: Seigneurie, die einer Kirchengemeinschaft untersteht (Bistum, dem Kapitel einer Kathedrale, einem Kloster ...)
adelantado: Vertreter der Monarchie, der damit beauftragt ist, ein Gebiet zu verwalten, das an das Feindesland grenzt.
alcabala: Abgabe für Handelsgeschäfte
alcaide: Militärgouverneur einer Festung
alcalde: Beamter, Richter
alcázar: Festung
alhóndiga: Öffentlicher Getreidespeicher, um das Korn nach der Ernte zu lagern
aljama: Jüdische oder muslimische Gemeinschaft in einer Stadt, die einen Sonderstatus genießt.
almojarifazgo: Zoll, der an den Küsten Andalusiens erhoben wird.
asistente: Synonym für *corregidor* in einigen Städten Andalusiens, insbesondere in Sevilla
auto de fe: Zeremonie, bei der die Urteile des Inquisitionsgerichts verhängt werden.
ayuntamiento: Vollversammlung der Magistratsbeamten und städtischen Beamten

baldíos: Wertloses Land, gemeindeeigene Grundstücke
behetría: Gebiet, wo die Einwohner das Privileg besitzen, ihren Lehnsherren frei zu wählen

censo: Dieser Begriff kann mehrere Bedeutungen haben. Es kann eine Zählung sein, eine Erbpacht *(censo enfiteutico)* oder eine jährliche Rente, die mit einer Hypothek verbunden ist.
contadurías: Institutionen, die mit dem Einzug und der Kontrolle öffentlicher Gelder beauftragt sind.
converso (oder *cristiano nuevo*): Jeder Ungläubige, der zum Katholizismus übergetreten ist. Im allgemeinen wird dieser Begriff für die konvertierten Juden verwandt.
corregidor: Vertreter der Monarchie in den wichtigsten Städten

dehesa: Eingezäuntes Gebiet, das als Weideland dient.

encabeżamiento: Steuersystem, das einer Stadtgemeinde die Möglichkeit gibt, gegen Bezahlung einer Pauschalsumme, die von Zeit zu Zeit überprüft wird, Steuerfreiheit für seine Staatsangehörigen zu erlangen.

fiscal: Bei Gericht, der Richter, der die Anklagevertretung vertritt.
fueros: Rechtliche oder politische Privilegien, die einer Stadt oder einem Gebiet eingeräumt werden.

hábito: Ritterrüstung beim Militärorden
hidalgo: Niederer Adelsrang
hidalguía: Steuervorteile der *hidalgos*

jurado: In den kastilischen Stadtgemeinden vertraten die *jurados* das Volk und waren praktisch vom Volk gewählt.
juro: Anspruch auf eine Staatsrente

letrado: Jeder Inhaber eines Universitätsabschlusses; schließlich bezeichnete man damit die Juristen und Zivilbeamten des Staates.

maestrazgo: Würde der Großmeister der Militärorden und die Ländereien, die ihnen unterstehen.
maestre: Großmeister eines Militärordens
morisco: Muslim (oder Nachfahre eines Muslims), der zum Katholizismus übergetreten ist.
mozárabe: Christ, der auf muslimischem Gebiet lebt.
mudéjar: Muslim, der auf christlichem Gebiet lebt.

pechero: jeder Steuerpflichtige *(pecho)*
pósito: s. *alhóndiga*

realengo: Stadt oder Land, das der Krone untersteht.
regidor: Magistratsbeamter einer Stadtgemeinde
romance: Regionalsprache im Gegensatz zum Latein oder auch Ballade mit achtsilbigen Versen, die durch Assonanz zusammengehalten werden.

señorío: Seigneurie
servicio: Direktsteuer, die von den Cortes beschlossen wird und von den *pecheros* bezahlt werden muß.
sisa: Lokalsteuer für bestimmte Lebensmittel.
situado: Gewöhnliche Einnahmen des Staates, die für die Bezahlung der Zinsen der Festschuld *(juros)* verwendet werden; jeder *juro* gründet sich auf ein bestimmtes Einkommen.
solariego: Bauer, der der Rechtsprechung eines Lehnsherrn untersteht.

vasallo: Bauer, der dem Lehnsherren unterstellt ist.
vecino: Familienoberhaupt
veinticuatro: Entspricht in den Städten Andalusiens dem *regidor.*

Chronologie

Die westliche Welt

1419–1467	Philipp der Gute, Herzog von Burgund
1422–1461	Karl VII., König von Frankreich
1452	Geburt Leonardo da Vincis
1453	Die Türken nehmen Konstantinopel ein. Ende des Byzantinischen Reiches.
1458–1464	Pontifikat Pius' II.
1461–1483	Ludwig XI., König von Frankreich
1461–1483	Eduard IV., König von England
1464–1471	Pontifikat Pauls II.
1466	Geburt von Erasmus
1467–1477	Karl der Kühne, Herzog von Burgund
1469	Geburt von Machiavelli
1471–1484	Pontifikat von Sixtus IV.
1473	Geburt von Kopernikus
1475	Geburt von Michelangelo
1477	Geburt von Tizian
1478	Geburt Philipps des Schönen
1483	Geburt Luthers
1483	Eduard V., König von England
1483–1485	Richard III., König von England
1483–1498	Karl VIII., König von Frankreich
1484–1492	Pontifikat von Innozenz VIII.
1485–1509	Heinrich VII., König von England
1486–1519	Maximilian I., römischer König
1491	Heirat von Karl VIII. und Anne von Bretagne
1492–1503	Pontifikat Alexanders VI.
1495	Italienkriege: Schlacht bei Seminara
1498–1515	Ludwig XII., König von Frankreich
1503	Italienkriege: Cerignole
	Italienkriege: Garigliano
1503–1513	Pontifikat von Julius II.
1509	Geburt Calvins
1509–1547	Heinrich VIII., König von England
1513–1521	Pontifikat Leos X.
1515–1547	Franz I., König von Frankreich
1515	Italienkriege: Marignano
1517	Luther verkündet seine Thesen

Iberische Halbinsel

1416–1458	Alfons V. der Großmütige, König von Aragonien
1438–1481	Alfons V., König von Portugal
1451	Geburt von Christoph Kolumbus
	Geburt von Isabella der Katholischen
1451–1452	Mohammed XI., Emir von Granada
1452	Geburt von Ferdinand dem Katholischen
1453–1464	Sa'd, Emir von Granada
1454–1474	Heinrich IV., König von Kastilien
1458–1479	Johann II., König von Aragonien

1462	Geburt von Prinzessin Johanna, Tochter Heinrichs IV. *(la Beltraneja)*
	Frankreich besetzt das Roussillon und die Cerdagne.
1462–1472	Bürgerkrieg in Katalonien
1464–1482	Abu l-Hassan, Emir von Granada
1465	Die »*farsa*« von Avila
1468	Pakt von Toros de Guisando
1469	Heirat von Ferdinand und Isabella
1474–1504	Isabella, die Katholische, Königin von Kastilien
1478	Einsetzung der Inquisition
	Geburt von Prinz Johann, dem Erben der Katholischen Könige
1479	Geburt der Infantin Johanna, Tochter der Katholischen Könige (Johanna die Wahnsinnige)
1479–1516	Ferdinand der Katholische, König von Aragonien
1479	Verträge von Alcaçovas
1480	Versammlung der Cortes von Toledo
1481	Die Mauren von Granada nehmen Zahara ein. Beginn des Krieges von Granada.
1481–1495	Johann II., König von Portugal
1482–1492	Mohammed XII. (Boabdil), Emir von Granada.
1482	Krieg von Granada: die Kastilier besetzen Alhama.
1485	Geburt von Hernán Cortés
	Bartoloméu Diaz erreicht das Kap der Guten Hoffnung
1486	Krieg von Granada: Einnahme von Málaga
1486–1512	Johann von Albret, König von Navarra
1489	Krieg von Granada: Einnahme von Baza, Guadix und Almeria
1490	Die älteste Tochter der Katholischen Könige, Isabella, heiratet Alfons von Portugal.
1491	Belagerung von Granada
	Geburt von Ignatius von Loyola
1492	Einnahme von Granada
	Ausweisung der Juden
	Erste Reise von Christoph Kolumbus
	Grammatik von Nebrija
1493	Vertrag von Barcelona: Frankreich gibt das Roussillon und die Cerdagne zurück.
	Bullen von Papst Alexander VI. über die Aufteilung der Welt zwischen Spanien und Portugal
1494	Alexander VI. verleiht Ferdinand und Isabella den Titel »Katholische Könige«
	Vertrag von Tordesillas zwischen Spanien und Portugal
1495–1521	Manuel I., König von Portugal
1496	Heirat der Tochter der Katholischen Könige, Johanna der Wahnsinnigen, mit Philipp dem Schönen
1497	Vermählung von Prinz Johann, dem Erben der Katholischen Könige, mit Marguerite von Burgund
	Tod von Prinz Johann, dem Erben der Katholischen Könige
	Isabella, die älteste Tochter der Katholischen Könige, heiratet den König von Portugal.
1499	Aufstand des Albaicins von Granada
	Celestina
1500	Geburt von Karl von Gent, dem zukünftigen Karl V.
1502	Zwangsbekehrung der Muslime von Granada
1503	*Casa de la Contratación* von Sevilla

1504	Tod von Isabella der Katholischen
1504–1506	Johanna die Wahnsinnige und Philipp der Schöne, Könige von Kastilien
1505	Heirat von Ferdinand dem Katholischen und Germaine de Foix
1506	Tod von Christoph Kolumbus
	Tod von Philipp dem Schönen
1508	*Amadis von Gaula*
1509	Einnahme von Oran durch die Spanier
1512	Angliederung Navarras an Kastilien
1515	Geburt der Heiligen Theresa von Avila
1516	Tod Ferdinands des Katholischen
1516–1556	Karl I. (Karl V.), König von Kastilien und Aragonien
1519	Der König von Kastilien und Aragonien wird zum Kaiser gewählt (Karl V.).
	Expedition von Hernán Cortés nach Mexiko
1530	Tod von Prinzessin Johanna, der Tochter Heinrichs IV. *(la Beltraneja)*
1555	Tod von Johanna der Wahnsinnigen
1556	Abdankung Karls V.
1556–1598	Regierungszeit Philipps II.
1558	Tod von Karl V.

Bibliographie

Neueste Chroniken

Anghiera, Pietro Martire de Opus epistolarum, Alcalá, 1530.
Bernaldez, Andrés Pfarrer in Los Palacios, Memorias del reinado de los Reyes Católicos, hrsg. von M. Gomez-Moreno und J. de Mata Carriazo, Madrid, 1962.
Pulgar, Hernando del Crónica de los Reyes Católicos, hrsg. von J. de Mata Carriazo, Madrid, 1943, 2 Bde.
Pulgar, Hernando del Letras, hrsg. von J. Domínguez Bordona, Madrid, 1929.
Santa Cruz, Alonso de Crónica de los Reyes Católicos, hrsg. von J. de Mata Carriazo, Sevilla, 1951, 2 Bde.
Tate, Robert B. Ensayos sobre la historiografía peninsular del siglo XV, Madrid, Gredos, 1970.
Valera, Diego de Crónica de los Reyes Católicos, hrsg. v. J. d. M. Carriazo, Madrid, 1927.
Valera, Diego de Epístolas, in: Biblioteca de Autores Españoles, Bd. CXVI.
Zurita, Jerónimo Anales de la corona de Aragón . . . 6 Bde. Saragossa, 1562–1580.

Allgemeine Bibliographie

Dokumente über den V. Kongreß über die Geschichte v. Aragonien (Saragossa, 1952): I. – Vida y obra de Fernando el Católico (1955); II. – Pensamiento político, política internacional y religiosa (1956); III. – Fernando el Católico e Italia (1954); IV. – Instituciones ecoñomicas, sociales y políticas (1962); V. – Fernando el Católico y la cultura de su tiempo (1961).
Azcona, Tarsicio de Isabel la Católica, Madrid, 1964.
Ballesteros Gaibrois (M.) La obra de Isabel la Católica, Segovia, 1953.
Benito Ruano, Eloy Toledo en el siglo XV, Madrid, 1961.
Braudel, Fernand La Méditerranée et le monde méditerranéen à l'époque de Philippe II, 2. Ausg., Paris, Armand Colin, 1966, 2 Bde.
Bullon, Eloy Un colaborador de los Reyes Católicos: el doctor Palacios Rubios y sus obras, Madrid, 1927.
Carande, Ramón Siete estudios de historia de España, Barcelona, Ariel, 1969.
Castro, Américo La realidad histórica de España, Mexico, Porrua, 1962.
Cepeda Adan, José En torno al concepto del estado en los Reyes Católicos, Madrid, 1956.
Clemencin, Diego Elogio de la reina católica Doña Isabel. Madrid, 1821 (Memorias de la Real Academia de la Historia, VI).
Colmenares, Diego de Historia de la insigne ciudad de Segovia y compendio de las historias de Castilla, Ségovie, Academia de Historia y Arte de San Quirce, 1970.
Dominguez Ortiz, Antonio El Antiguo Régimen: los Reyes Católicos y los Austrias, Madrid, Alianza éd.-Alfaguara, 1973 (Historia de España Alfaguara, III).

Elliott, J. H. Imperial Spain, London, 1963.
Fernandez Alvarez, Manuel España y los españoles en los tiempos modernos, Ediciones Universidad de Salamanca, 1979.
Ferrari, Angel Fernando el Católico en Baltasar Gracián, Madrid, 1945.
Hillgarth, J. N. The Spanish Kingdoms. 1250–1516, London, 1978.
Ladero Quesada, Miguel Angel España en 1492, Madrid, 1978.
Maravall, José Antonio Estado moderno y mentalidad social, 2 Bde., Madrid, éd. de la Revista de Occidente, 1972.
Mariejol, J. H. L'Espagne sous Ferdinand et Isabelle, Paris, 1892.
Menendez Pidal, Ramón Los Reyes Católicos y otros estudios, Madrid, Espasa-Calpe.
Miller, Townsend The Castles and the Crown. Spain: 1451–1555, London, 1963.
Morales Moya, Antonio »El estado absoluto de los Reyes Católicos«, in: Hispania, 1975. n° 129, S. 75–119.
Piskorski, W. Las Cortes de Castilla en el período de tránsito de la Edad Media a la Moderna. 1188–1520, Barcelona, 1930.
Prescott, W. H. History of the Reign of Ferdinand and Isabella the Catholic, Boston, 1837.
Regla, Juan Historia de Cataluña, Madrid, 1974.
Sanchez Albornoz, Claudio España, un enigma histórico, Buenos Aires, Ed. Sudamericana, 1956, 2 Bde.
Suarez Fernandez, Luis Los Trastámara y los Reyes Católicos. Madrid, Gredos, 1985 (Bd. VII de la Historia de España, hrsg. par Angel Montenegro Duque).
Suarez Fernandez, Luis und *Carriazo, Juan de Mata* La España de los Reyes Católicos, t. I. Madrid, Espasa-Calpe, 1969 (Bd. XVII de la Historia de España, hrsg. von Ramón Menéndez Pidal).
Suarez Fernandez, Luis und *Fernandez Alvarez, Manuel* La España de los Reyes Católicos, t. II. Madrid, Espasa-Calpe, 1969 (Bd. XVIII de la Historia de España, hrsg. von Ramón Menéndez Pidal).
Vicens Vives, Jaime Fernando el católico, príncipe de Aragón, rey de Sicilia. 1458–1478, Madrid, 1952.
Vicens Vives, Jaime Historia social y económica de España y America, 5 Bde., Barcelona, 1957.
Vicens Vives, Jaime Historia económica de España, Barcelona, 1959.
Vicens Vives, Jaime Historia crítica de la vida y reinado de Fernando II de Aragón, Saragossa, 1972.
Vilar, Pierre La Catalogne dans l'Espagne moderne, Paris, 1962, 3 Bde.

Erstes Kapitel

Batlle Gallart, Carmen La crisis social y económica de Barcelona a mediados del siglo XV, Barcelona, 1973, 2 Bde.
Bo, Adriana und *Carle, María del Carmen* »Cuando empieza a reservarse a los caballeros el gobierno de las ciudades castellanas«, in: Cuadernos de historia de España, IV, 1946, S. 114 sq.
Carande, Ramón Sevilla, fortaleza y mercado, Sevilla, 1972.
Carle, María del Carmen »Mercaderes en Castilla (1252–1512)«, in: Cuadernos de historia de España, XXI–XXII, 1954, S. 146–328.
Carle, María del Carmen Del concejo medieval castellano-leonés, Buenos Aires, 1968.
Carrère, Claude Barcelona, centre économique. 1380–1462, Paris-La Haye, Mouton, 1967, 2 Bde.
Corominas, Pedro El sentimiento de la riqueza en Castilla, Madrid, 1917.
Dailliez, L. L'Ordre de Montesa, successeur des Templiers, Nizza, 1977.

Dufourco, Ch. E. et *Gautier-Dalche, J.* Histoire économique et sociale de l'Espagne chrétienne au Moyen Âge, Paris, Armand Colin, 1976.
Espejo, C. et *Paz, J.* Las antiguas ferias de Medina del Campo, Valladolid, 1912.
Falcon Perez, María Isabel Zaragoza en el siglo XV, Saragossa, 1981.
Finot, Jules Étude historique sur les relations commerciales entre la Flandre et l'Espagne au Moyen Âge, Paris, 1889.
Gonzalez Anton, Luis Las Cortes de Aragón, Saragossa, 1978.
Ibarra, Eduardo El problema cerealista en España durante el reinado de los Reyes Católicos, Madrid, 1944.
Klein, Julius The Mesta. A Study in Spanish economic history. 1273–1836, Cambridge, Mass., 1920.
Lacarra, J. M. Aragón en el pasado, Saragossa, 1960.
Ladero Quesada, Miguel Angel El siglo XV en Castilla. Fuentes de renta y política fiscal, Barcelona, 1982.
Ladero Quesada, Miguel Angel La Orden de Santiago en Andalucía, dans Historia, Instituciones, Documentos (Sévilla), II, 1975, S. 330–382.
Lomax, D. W. Las Ordenes militares en la península ibérica durante la Edad Media, Salamanca, 1976.
Olivera Santos, César Las Cortes de Castilla y León y la crisis del reino (1445–1474). El registro de Cortes, Burgos, 1986.
Pastor de Togueri, Reyna Conflictos sociales y estancamiento ecónomico en la España medieval, Barcelona, 1973.
Perez Bustamante, Rogelio Sociedad, economía, fiscalidad y gobierno en las Asturias de Santillana (siglos XIII–XV), Santander, 1979.
Pescador, Carmela »La caballería popular en León y Castilla«, dans Cuadernos de historia de España, XXXIII–XXXIV, 1961, S. 101–238.
Sanchez Herrero, José Cádiz, la ciudad medieval y cristiana (1260–1525), Córdoba, 1981.
Sarasa Sanchez, Esteban La condición social de los vasallos de señorío en Aragón durante el siglo XV, dans Aragón en la Edad Media. II: Estudios de economía y sociedad (siglos XII al XV). Universität von Saragossa, 1979.
Sarasa Sanchez, Esteban Las Cortes de Aragón en la baja Edad Media, Saragossa, 1979.
Solano Ruiz, Emma la Orden de Calatrava en el siglo XV, Séville, 1978.
Suarez Fernandez, Luis Nobleza y monarquía, Valladolid, 1959.
Valdeavellano, L. G. de El mercado. Apuntes para su estudio en León y Castilla durante la Edad Media, Sévilla, 1975.
Valdeon Baruque, Julio Los conflictos sociales en el reino de Castilla en los siglos XIV y XV, Madrid, 1975.
Vicens Vives, Jaime Historia de los remensas en el siglo XV, Barcelona, 1945.
Vicens Vives, Jaime El gran sindicato remensa, Madrid, 1954.

Zweites Kapitel

Ferrara, Orestes Un pleito sucesorio: Enrique IV. Isabel de Castilla y la Beltraneja, Madrid, 1945.
Ferrara, Orestes L'Avènement d'Isabelle la Catholique, Paris, 1958.
Mac Kay, Angus »Ritual and Propaganda in fifteenth century Castile«, in: Past and Present, n° 107, Mai 1985, S. 3–43.
Marañon, Gregorio Ensayo biológico sobre Enrique IV de Castilla y su tiempo, Madrid, 1975.
Phillips, William Enrique IV and the Crisis of Fifteenth Century Castle, 1425–1480 . . ., Cambridge, Mass., 1978.
Stiges, J. B. Enrique IV y la Excelente Senhora, llamada vulgarmente doña Juana la

Beltraneja, Madrid, 1913.
Torres Fontes, J. »La conquista del marquesado de Villena en el reinado de los Reyes Católicos«, in: Hispania, 1953, s. 37–151.

Drittes Kapitel

Ballesteros Gaibrois, M. Valencia y los Reyes Católicos (1479–1493), Valencia, 1944.
Beneito Perez, José Historia de la administración española, Madrid, 1958.
Blazquez, Antonio »Relación de los corregimientos del reino y del tiempo en que fue proveido cada uno y del salario y ayuda de costa que tiene (año de 1516)«, in: Boletín de la Real Academia de la Historia, LXXIV, 1919, S. 252–260.
Cebria, Belenguer València en la crisi del segle XV, Barcelona, 1976.
Escudero, José Antonio Los secretarios de estado y del despacho (1474–1724), Madrid, 1969, 4 Bde.
Goñi Gastambide, J. Historia de la bula de la Cruzada en España, Vitoria, 1958.
Gonzalez Alonso, Benjamín El corregidor castellano (1348–1808), Madrid, 1970.
Gonzalez Alonso, Benjamín »Observaciones y documentos sobre la administración de Castilla a fines del siglo XV«, in: Historia, Instituciones, Documentos (Séville), n° 3, 1975.
Gonzalez Alonso, Benjamín Gobernación y gobernadores, Madrid, 1974.
Gonzalez Jimenez, M. El concejo de Carmona a finales de la Edad Media, Séville, 1973.
Haliczer, Stephen »The Castilian Aristocracy and the Mercedes Reform of 1478–1482«, in: The Hispanic American Historical Review (Durham), LV, 1975, S. 449–467.
Ladero Quesada, Miguel Angel La hacienda real de Castilla en el siglo XV, Universität von La Laguna, 1973.
Lunenfeld, Marvin The Council of the Santa Hermandad, University of Miami Press, 1970.
Martin Postigo, María de la Soterrana La cancillería castellana de los Reyes Católicos, Valladolid, 1959.
Matilla Tascon, A. Declaratorias de los Reyes Católicos sobre reducción de juros y otras mercedes, Madrid, 1952.
Moxo, Salvador de La alcabala; sus orígenes, concepto y naturaleza, Madrid, 1963.
Schramm, Percy E. Las insignias de la realeza en la Edad Media española, traduction espagnole, Madrid, 1960.
Vicens Vives, Jaime Ferran II i la ciutad de Barcelona. 1479–1516, 3 Bde., Barcelona, 1936–1937.

Viertes Kapitel

Azcona, Tarsicio de La elección y reforma del episcopado español en tiempo de los Reyes Católicos, Madrid, 1960.
Cabrillana, N. »Los despoblados en Castilla la Vieja«, dans Hispania, XXXII, 1972.
Cano de Gardoqui, J. L. et *Béthencourt, A. de* »Incorporación de Gibraltar a la corona de Castilla (1436–1508)«, in: Hispania, n° 103, 1966, S. 325–381.
Cepeda Adan, José »Andalucía en 1508«, in: Hispania, XXII, 1962, S. 38–80.
Cepeda Adan, José »La monarquía y la nobleza andaluza a comienzos del Estado moderno«, in: Estudios sobre Historia de España, Madrid, 1965, S. 234–258.
Garcia Oro, José La reforma de los religiosos españoles en tiempo de los Reyes Católicos, Valladolid, 1969.
Garcia Oro, José Cisneros y la reforma del clero español en tiempo de los Reyes Católicos, Madrid, 1971.
Gerbet, Marie-Claude La Noblesse dans le royaume de Castille. Etude sur ses structu-

res sociales en Estrémadure de 1454 à 1516, Paris, Publications de la Sorbonne, 1979.
Goris, J. A. Étude sur les colonies marchandes méridionales (Portugais, Espagnols et Italiens) à Anvers de 1488 à 1567, Louvain, 1925.
Moxo, Salvador de »La promoción política y social de los letrados en la Corte de Alfonso XI«, in: Hispania, XXXV, 1975, S. 5–29.
Perez Embid Wamba, Javier »Hacienda eclesiástica ...«, in: Hispania, n° 150, 1982, S. 25 sq.
Sanchez Herrero, José Las ciócesis del reino de León. Siglos XIV y XV, Léon, 1978.
Tellechea, J. I. »Ferrerías guipuzcoanas a fines del siglo XV«, dans Boletín de la Real sociedad Vascongada de los amigos del país (San Sebastian), XXXI, 1975, S. 81–111.
Viñas y Mey, Carmelo El problema de la tierra en España en los siglos XVI y XVII, Madrid, 1941.

Fünftes Kapitel

Andres Martin, Melquiades El dinero de los Reyes Católicos para el descubrimiento de América, financiado por la diócesis de Badajoz, Madrid, Cisneros, 1987.
Arie, Rachel L'Espagne musulmane au temps des Nasrides (1232–1492), Paris, Ed. de Boccard, 1973.
Barradas de Carvalho, Joaquim La Traduction espagnole du »De situ orbis« de Pomponius Mela par maître Joan Faras et les notes marginales du Duarte Pacheco Pereria, Lisbonne, Junta de investigações cientificas do ultramar, 1974.
Boissonade, Pierre Histoire de la réunion de la Navarre à la Castille, Paris, 1893.
Calmette, Joseph La question des Pyrénées et la marche d'Espagne au Moyen Âge, Paris, 1947.
Chaunu, Pierre L'expansion européenne du XIIIe au XVe siècle, Paris, P.U.F., 1969 (Collection »Nouvelle Clio«, 26).
Chaunu, Pierre Conquête et exploitation des nouveaux mondes, Paris, P.U.F., 1969 (Collection »Nouvelle Clio«, 26 bis).
Doussinague, J. M. La política internacional de Fernando el Católico, Madrid, 1944.
Doussinague, J. M. Fernando el Católico y el cisma de Pisa, Madrid, 1946.
Doussinague, J. M. El testamento político de Fernando el Católico, Madrid, s.d.
Gomez, Carmen und *Marchena, Juan* »Los señores de la guerra en la conquista«, in: Anuario de estudios americanos, XLII, 1985, S. 127–215.
Ladero Quesada, Miguel Angel Castilla y la conquista del reino de Granada, Valladolid, 1967.
Ladero Quesada, Miguel Angel »La repoblación del reino de Granada«, dans Hispania, n° 110, 1968.
Ladero Quesada, Miguel Angel Granada, historia de un pais islámico (1232–1571), 2. Ausg., Madrid, Gredos, 1979.
Lopez de Palacios Rubios, Juan De las islas del mar océano, éd. S. Zavala et A. Millares Carlo, Mexico, 1954.
Mac Neil, William H. Plagas y pueblos, Übersetzung ins Spanische, Madrid, 1984.
Mahn-Lot, Marianne La découverte de l'Amérique, Paris, Flammarion, 1970.
Milhou, Alain Colón y su mentalidad mesiánica en el ambiente franciscanista español, Valladolid, 1983.
Paz, Matías de Del dominio de los reyes de España sobre los Indios. Voir supra: Lopez de Palacios Rubios.
Randles, W. G. L. De la terre plate au globe terrestre. Une mutation épistémologique rapide. 1480–1520, Paris, Armand Colin, 1980.
Randles, W. G. L. »Modèles et obstacles épistémologiques: Aristote, Lactance et Ptolémée à l'époque des découvertes«, dans L'Humanisme portugais et l'Europe, Paris, Fondation Calouste Gulbenkian, 1984, S. 437–443.

Ricard, Robert »Le problème de la découverte du Brésil«, dans Bulletin hispanique, XXV, 1923, S. 59–80.
Rumeu de Armas, Antonio España en el Africa Atlántica, Madrid, 1956.
Rumeu de Armas, Antonio »Las pesquerías españolas en la costa de Africa (siglos XV–XVI)«, in: Hispania, XXXV, 1975, S. 295–319.
Suarez Fernandez, Luis Política internacional de Isabel la Católica, Valladolid, 1969.
Suarez Fernandez, Luis Fernando el Católico y Navarra, Madrid, 1985.
Torre, Antonio de la Los Reyes Católicos y Granada, Madrid, 1946.
Torre, Antonio de la Documentos sobre relaciones internacionales de los Reyes Católicos, Barcelona, 1949–1966, 6 Bde.
Torre, Antonio de la Documentos referentes a las relaciones con Portugal durante el reinado de los Reyes Católicos, Valladolid, 1959–1963, 3 Bde.

Sechstes Kapitel

Amador de los Rios, José Historia social, política y religiosa de los judíos en España y Portugal, 3 Bde., Madrid, 1875–1876.
Arnoldsson, Sverker La leyenda negra. Estudios sobre sus orígenes, Göteborg, 1960 (Bd. LXVI des Acta Universitatis Gothoburgensis).
Baer, Yitzhak Historia de los judíos en la España cristiana, Übers. ins Spanische, Madrid, 1981.
Bennassar, Bartolomé L'Inquisition espagnole, Paris, Hachette, 1979.
Cantera Burgos, Francisco und *Leon Tello, Pilar* Judaizantes del arzobispado de Toledo rehabilitados por la Inquisición en 1495 y 1497, Madrid, 1969.
Caro Baroja, Julio Los judíos en la España moderna y contemporánea, Madrid, 1961, 3 Bde.
Carrete Parrondo, Carlos »La hacienda castellana de rabbi Meir Melamed (Fernán Nuñez Coronel)«, in: Sefarad, 1977, S. 339–349.
Carriazo, Juan de Mata »La Inquisición y las rentas de Sevilla«, in: Homenaje a don Ramón Carande, II, Madrid, 1963, 95–112.
Chenu, M. D. »Orthodoxie et hérésie«, in: Annales E.S.C., 1963, S. 75–80.
Contreras, Jaime und *Dedieu, Jean-Pierre* »Geografía de la Inquisición española: la formación de los distritos. 1478–1820«, in: Hispania, n° 144, 1980, S. 37–93.
Dedieu, Jean-Pierre »Les causes de foi de l'Inquisition de Tolède (1483–1820). Essai statistique«, in: Mélanges de la Casa de Velázquez, XIV, 1978.
Dedieu, Jean-Pierre L'Inquisition, Paris, Ed. du Cerf, 1987.
Dominguez Ortiz, Antonio Los judeoconversos en España y América, Madrid 1971.
Dominguez Ortiz, Antonio und *Vincent, Bernard* Historia de los moriscos, Madrid, 1978.
Dufour, Gérard »Les victimes de Torquemada«, in: Caravelle (Toulouse), n° 25, 1975, S. 103–118.
Escudero, José Antonio »Los orígenes del Consejo de la Suprema Inquisición«, in: Anuario de historia del derecho español, Madrid, III, 1983, S. 237–288.
Fita, Fidel »La verdad sobre el martirio del santo niño de La Guardia«, in: Boletín de la Real Academia de la Historia, XI, 1887, S. 7–160.
Garcia Carcel, Ricardo Orígenes de la Inquisición española. El tribunal de Valencia, 1478–1530, Barcelona, 1976.
Guillen, Claudio »Un padrón de conversos sevillanos«, in: Bulletin hispanique, LXV, 1963.
Guiral, Jacqueline »Convers à Valence à la fin du XVe siècle«, in: Mélanges de la Casa de Velázquez, XI, 1975, S. 81–98.
Herrero, Tarsicio »El proceso inquisitorial … contra Hernando de Talavera«, in: Anuario de historia del derecho español, Madrid, 1969.

Kamen, Henry Histoire de l'inquisition espagnole, traduction française, Paris, Albin Michel, 1966.
Kriegel, Maurice »La prise d'une décision: l'expulsion des juifs d'Espagne en 1492«, in: Revue historique, CCXL, 1978, S. 49–90.
Ladero Quesada, Miguel Angel Los mudéjares de Castilla en tiempo de Isabel I, Valladolid, 1969.
Lea, H. C. A History of the Inquisition of Spain, New York, 1906–1907, 4 Bde.
Leon Tello, P. »La judería de Avila durante el reinado de los Reyes Católicos«, in: Sefarad, XXIII, 1963, S. 36–53.
Leroy, Béatrice Les Menir. Une famille sépharade à travers les siècles (XIIe–XXe s.), Paris, CNRS, 1985.
Llorente, J. A. Memoria histórica sobre ... la inquisición, Einleitung u. Anmerkungen, Gérard Dufour, Paris, P.U.F., 1977.
Lopez Martinez, Nicolás Los judaizantes castellanos y la Inquisición en tiempos de Isabel la Católica, Burgos, 1954.
Marquez, Antonio »La Inquisición: estado de las investigaciones inquisitoriales«, in: Revista de Occidente, 6, 1981, S. 147–156.
Marquez Villanueva, Francisco »Conversos y cargos concejiles en el siglo XV«, in: Revista de Archivos, Bibliotecas y Museos, 1957.
Marquez Villanueva, Francisco Investigaciones sobre Juan Alvarez Gato, Madrid, 1960.
Meseguer Fernandez, J. »Documentos históricos diversos. II. El cardenal Cisneros, inquisidor general«, in: Archivo ibero-americano, XXXIX, 1979, S. 165–205.
Motis Dolader, Miguel Angel La expulsión de los judíos de Zaragoza, Saragossa, 1985.
Netanyahu, B. The Marranos of Spain from the late 14th to the early 16th Century, New York, 1966.
Neumann Abraham A. The Jews in Spain. Their social, political and cultural life during the Middle Ages, Philadelphia, 1944, 2 Bde.
Perez Villanueva, Joaquín [sous la direction de] La Inquisición española: Nueva visión, nuevos horizontes, Madrid, 1980.
Perez Villanueva, Joaquín und *Escandell Bonet, Bartolomé* Historia de la Inquisición en España y América. I. El conocimiento científico y el proceso histórico de la institución (1478–1834), Madrid, 1984.
Révah, I. S. Leçon inaugurale au Collège de France, Paris, 1967.
Révah, I. S. La controverse sur les statuts de pureté de sang. Un document inédit: Relación y consulta del cardenal Guevara sobre el negocio de fray Agustín Salucio«, Bulletin hispanique, LXXIII, 1971, S. 263–306.
Serrano, Luciano Los conversos D. Pablo de Santa María y D. Alfonso de Cartagena, Madrid, 1942.
Suarez Fernandez, Luis Documentos sobre expulsión de los judíos, Madrid, 1964.
Suarez Fernandez, Luis Judios españoles en la Edad Media, Madrid, 1980.
Talavera, Hernando de Católica impugnación, hrsg. von Francisco Márquez Villanueva, Barcelona, 1961.
Vekene, Emil van der Bibliographie der Inquisition. Ein Versuch, Hildesheim, 1963.
Wolf, Philippe »The 1391 pogrom in Spain. Social crisis or not?«, in: Past and Present, n° 50, 1971.

Siebtes Kapitel

Amador de los Rios, José Historia crítica de la literatura española, t. VII, Madrid, 1865.
Asensio, Eugenio »La lengua compañera del imperio«, dans Revista de Filología Española, XLIII, 1960, S. 399–413.
Aubrun, Ch. V. Le chansonnier espagnol d'Herberay des Essarts, Bordeaux (Bibliothèque de l'Ecole des hautes études hispaniques, XXV).

Bataillon, Marcel Érasme et l'Espagne, Paris. Droz, 1937.
Bataillon, Marcel La Celestina selon Fernando de Rojas, Paris, 1961.
Camillo, Ottavio di El humanismo castellano del siglo XV, Valencia, éd. Fernando Torres, 1976.
Camon Aznar, J. »Sobre la muerte del príncipe don Juan«, in: Hispania, XXIV, 1964.
Chevalier, Maxime Lectura y lectores en la España de los siglos XVI y XVII, Madrid, Ed. Turner, 1976.
Doussinague, J. M. Fernando el Católico y Germana de Foix, Madrid, 1944.
Fernandez Alvarez, Manuel »La reforma universitaria«, in: Studia Historica, II, 1984, S. 21–46.
Gil Fernandez, Luis Panorama social del humanismo español, Madrid, 1981.
Gomez Moreno, M. La Escultura del Renacimiento en España, Madrid, 1931.
Gonzalez Navarro, Ramón Universitad complutense. Constituciones originales cisnerianas, Alcalá de Henares, 1984.
Lambert, Élie L'Art en Espagne et au Portugal, Paris, Larousse, 1945.
Lapesa, Rafael Historia de la lengua española, Madrid, 1980.
Lozoya, Marquis von Historia del arte hispánico, Barcelona, 1931.
Nader, Helen The Mendoza Family in the Spanish Renaissance. 1350 to 1550, Rutgers University Press, New Brunswick, New Jersey, 1979.
Pfandl, Ludwig Juana la loca, su vida, su tiempo, su culpa. Übersetzg. ins Spanische, Madrid 1945 (es gibt eine franz. Übersetzung, Brüssel, 1938).
Prawdin, Michael Juana la loca, Übersetzg. ins Spanische, Barcelona, 1953.
Rafols, J. R. El Renacimiento español, Barcelona, 1929.
Ricard, Robert »La Celestina vista otra vez«, in: Nouvelles études religieuses, Paris, Centre de recherches hispaniques, 1973.
Rico, Francisco Nebrija frente a los bárbaros, Universität von Salamanca, 1978.
Rodriguez Villa, Antonio La reina doña Juana la loca, Madrid, 1892.
Simonnin, A. J. B. Jeanne la Folle, reine d'Espagne, Paris, 1825, 3 Bde.
Villars, Janine La Reine folle d'amour. Le roman de Jeanne de Castille, Paris, Robert Laffont, 1961.

Register

Personenregister

Abkürzungen:
Bf. = Bischof
Ebf. = Erzbischof
Gf. = Graf; Gf.in = Gräfin
Hzg. = Herzog; Hzg.in = Herzogin
K. = Kaiser; K.in = Kaiserin
Kg. = König; Kg.in = Königin
M. = Marquis; M.e = Marquise

Abravanel, Isaac 267
Acuña, Hernando de 94
Acuña, Luis de, Ebf. von Burgos 123
Acuña, Pedro de, Gf. von Buendía 71
Ailly, Pierre d', Kardinal 228
Alamí, Salomó 267
Alarcón, Fernando de 96
Alba, Familie 63
Albo, José 267
Alborayque, Mohammed 269
Albret, Familie 253
Alcocer 322
Alexander VI., Papst, s. Borgia, Rodrigo
Alfagran 228
Alfons, Infant von Kastilien 11, 59–63, 67, 91, 123
Alfons, Infant von Portugal 250
Alfons, Kg. von Aragonien u. Navarra 263
Alfons II., Kg. von Neapel 253 f.
Alfons V., der Großmütige, Kg. von Aragonien 21 f., 253 f.
Alfons V., Kg. von Portugal 67, 75, 89–92, 98, 100
Alfons VII., Kg. von Kastilien 262
Alfons X., Kg. von Kastilien 35 f., 40
Alfons XI., Kg. von Kastilien 44, 113, 118, 133, 157
Alfons von Aragonien, Hzg. von Villahermosa 120
Alfons von Aragonien, Ebf. von Saragossa 73, 142, 172
Alnayar, Yahia, s. Granada, Pedro de
Alvarez de Toledo, Fernán, Gf. von Oropesa 177
Alvarez de Toledo, García, Hzg. von Alba 80 f., 110, 123, 152, 154, 253, 321, 326, 333
Ampudia, Pascual de 65
Anaya, Diego de, Bf. von Tuy 344
Anghiera, Pietro Martir de 338
Anjou, René d' 22
Anne, Hzg.in von Bretagne 252
Apiam, Pierre 234
Arbués, Pedro 278
Aris, Juan de, Ebf. von Segovia 123
Aristoteles 227, 246, 262
Arnoldsson, Sverker 309
Arras, Ebf. von 70
Arthur, Prinz v. England 250
Asensio, Eugenio 336
Astorga, M. von 152
Avendaño, Pedro de 147 f.
Aviz, Familie 16 f., 46
Azcona, P. Tarsicio de 55, 61, 162

Baeza, Gonzalo de 110
Bajazet II. 302
Baroja, Julio Caro 268, 290
Barrameda, Sanlúcar de, Hzg. von Medinasidonia 114, 122, 126, 134
Barrientos, Lope de, Bf. v. Cuenca 63 f., 271
Baruque, Julio Valdeón 44, 48, 53
Beatrice von Burgund 16
Benedikt XII., Papst 267
Benedikt XIII., Papst 54
Bennassar, Bartolomé 290
Bertaux, Emile 349
Béthencourt, Jean de 223
Beutler 335

Blanche I., Kg.in von Navarra 22, 59, 252
Boabdil 206 f., 212 ff., 221
Bobadilla, Beatrice de, M.e von Moya 67 f., 71, 78, 150, 321
Bolaños, (Fray) Alfonso de 226
Bolivar, Simon 234
Borgia, Pedro Luis 173
Borgia, Rodrigo (Papst Alexander VI.) 7, 76, 79, 156, 172 f., 185, 235, 242 f., 247, 254
Bosch-Gimpera, P. 13
Bossuet 329
Braganza, Familie 17
Braudel, Fernand 302 ff.
Burgos, Alfonso de 172
Burgos, (Fray) Alonso de, Bf. von Palencia 350

Caballería, Alfons de la 84
Caballería, Pedro de la 270
Cabot, Jean 234
Cabral 235
Cabrera, Andrés de, M. von Moya 77 f., 80, 107, 123, 150 ff., 268, 296, 321
Camiña, Gf. von 94
Camões 15, 335
Cano, Melchor 228
Carande, Ramón 187
Carcel, Ricardo García 289
Cárdenas, Alonso de 155
Cárdenas, Gutierre de 68 f., 71 f., 109 f., 214
Cárdenas, Juan de 108
Carranza, (Fray) Bartolomé, Ebf. von Toledo 293 f.
Carrillo (de Acuña), Alonso, Ebf. von Toledo 58, 62, 64, 67 ff., 71 ff., 76 f., 79–83, 87 f., 91f ., 94, 96 f., 108, 122, 166, 176, 180, 277
Cartagena, Alonso de 273
Carvalho, Joaquim Barradas de 227
Castiglione, Baldassare 9, 106
Castilla, Alonso de 316
Castillo, Hernando de 327
Castro, Américo 272
Castro, Gf. von 123
Cerda, Luis de la 223
Cervantes, Miguel de 38, 328, 332
Cetina, Gutierre de 182
Chacón, Gonzalo 68 f., 72, 109, 116, 153
Chacón, Juan 153
Chateaubriand 202
Chaunu, Pierre 221 f., 231, 260, 304
Chevalier, Maxime 331 f.
Cirot, Georges 202
Ciruelo, Pedro 105, 226, 343
Cisneros, Kardinal, s. Jiménez de Cisneros
Clemencin, Diego 10, 326, 356
Clemens VI., Papst 223
Colmenares 9
Coloma, Juan de 130
Conchillos, Lope de 130, 235, 319
Contarini 226, 325
Corominas, Pater 36
Coronel, Pablo 347
Cortés, Hernán 236 f., 241
Cosa, Juan de la 232, 238 f.
Cueva, Beltrán de la, Gf. von Ledesma, Hzg. von Albuquerque 58–63, 66, 123

Davila, Diego Arias 285
Davila, Juan Arias, Bf. von Segovia 285
Dávila, Pedrarias 236 f., 243
Delicado, Francisco 332
Deza, (Fray) Diego de, Bf. von Palencia, Großinquisitor 65, 166, 179, 229 f., 280
Diaz, Bartolomeu 225, 230
Díaz de Montalvo, Alfonso 132
Domínguez Ortiz, Antonio 298
Doucas, Demetrio 347
Duarte, Kg. von Portugal 18
Duguesclin, Bertrand 44 f., 74

Egas, Enrique de 349
Egas, Hanequin de (Van der Eycken) 350
Eleonore, Kg.in von Navarra 18, 253
Elliott, J. H. 141
El Zagal (Ibn Sad) 206 f., 211 f.
Encina, Juan del 326, 333
Enciso 227
Enríquez, Familie 46
Enríquez, Juana 22, 72
Enríquez de Cabrera, Fadrique, Admiral von Kastilien 70, 72, 79, 81, 123 f., 152, 154, 315
Enríquez Osorio, Rodrigo, Gf. von Lemos 94, 152, 322
Erasmus 8, 182, 310 f., 347

Espinosa, Francisco de 342
Expina, Alonso de 272 f.

Fajardo, Luisa 153
Fajardo, Pedro 82, 95, 135, 152
Fancelli, Domenico 349
Febvre, Lucien 226
Ferdinand, Infant von Kastilien, Bruder Karls V. 307, 323 ff.
Ferdinand I., Kg. von Aragonien passim, im besonderen 21, 29, 54, 70–101, 140 ff., 144 f., 151, 155 f., 166, 170–173, 179, 190, 193, 199 f., 204, 206 f., 209 ff., 214 f., 242, 248 ff., 252, 254, 257–260, 263, 274, 276–280, 282, 288, 292, 309, 313–317, 319–324; Abb. 1, 2, 7, 8
Ferdinand III., Kg. von Kastilien 265
Ferdinand I., Kg. von Portugal 16
Fernández, Luis Gil 340
Fernández de Córdoba, Diego, Gf. von Cabra 97
Fernández de Córdoba, Gonzalo, Gran Capitán 148, 210, 213, 254 f., 320, 322
Fernández de Oviedo, Gonzalo 130, 195, 227, 243
Fernández de Velasco, Bernardino 73
Ferrante I., Kg. von Neapel 22
Ferrante II., Kg. von Neapel 253 f.
Ferrer, Mosén Luis 316
Ferrier, Vincent 267
Flor, Roger de 331
Foix, Germaine de 140, 320, 323 f.
Fonseca, Alfonso de, Ebf. von Santiago de Compostela 126, 166, 168
Franz I., Kg. von Frankreich 243

Galilei, Galileo 227
Galíndez de Carvajal, Lorenzo 130, 156
Galindo, Beatrix 65
Gallego, Fernando 343
Gama, Vasco da 225
Gaston Phoebus, Kg. von Navarra, Gf. von Foix 253
Geraldini, Angelo 173
Geraldino, Brüder 338
Gil, Pero 266
Girón, Pedro 117
Gómara 221
Gómez, Carmen 237
Gómez de Guzmán, Fernán 149, 151
Góngora 328
González, Elvira 285
González, Fernán, Gf. von Kastilien 31
González de Mendoza, Pedro, Kardinal von Spanien 48, 76 f., 79 f., 82 f., 91, 97, 99 f., 109, 120, 123, 151 f., 155, 164, 166, 172, 174–177, 179 f., 214 f., 218, 274 ff., 302, 341, 344, 350
Granada, Pedro de 211
Gricio, Gaspar de 130
Guadalajara, Mose de 268
Guas, Juan 349 f.
Guevara, Kardinal 310
Gumiel, Pedro 344
Guyenne, Charles de, Hzg. von 70, 75
Guzmán, Enrique de, Hzg. von Medinasidonia 93, 203 f., 256, 271, 322
Guzmán, Familie, Hzg. e von Medinasidonia 47, 93, 323 f.
Guzmán, Luis de 268

Hadrian VI., Papst (Hadrian von Utrecht) 156, 174, 282, 324
ha-Levi, Salomon, s. Santa María, Pablo de
ha-Levi, Samuel 266
Harana, Beatrice de 230
Heinrich II., Kg. von Kastilien (H. von Trastámara) 44 f., 48, 53, 74
Heinrich III., Kg. von Kastilien 21, 113, 223, 266, 351
Heinrich IV., Kg. von Kastilien 10f., 22, 44 f., 55, 57–68, 70 f., 73, 75 f., 78 ff., 87, 96, 107, 116 ff., 123, 129, 138, 156, 160, 171, 203, 272, 322, 351
Heinrich VIII., Kg. von England 251
Heinrich der Seefahrer 17 f.
Henningsen, Gustav 290
Heredia, José Maria de 231
Herrera, Diego de 223
Herrera, Gabriel Alonso de 191
Herrera, Hernando Alonso de 191
Hinestrosa, Juan de 148
Hojeda, (Fray) Alonso de, Prior von Sevilla 273 f.
Hurtado de Mendoza, Diego, M. von Santillana, Hzg. von Infantado 48, 77, 157 f., 173, 176, 350

Ibarra, Eduardo 189
Ibn Gabirol (Avicebron) 262

Innozenz IV., Papst 113
Innozenz VIII., Papst 156, 173 f., 277
Irving, Washington 202
Isabella, Infantin von Kastilien, Tochter der Kath. Könige, Kg.in von Portugal 73, 79, 100, 141, 250, 312
Isabella, Kg.in von Kastilien u. León passim, im besonderen 61, 64–102, 107–111, 116, 120, 122–130, 151, 155 f., 166, 168, 171 f., 180, 182, 185, 191, 193, 199, 204, 207 f., 211, 214 f., 220, 231, 236, 244, 249, 258, 271, 273 f., 296, 298, 310, 312 ff., 317 ff., 326, 337; Abb. 1, 2, 6, 8, 9
Isabella von Portugal, Gattin Karls V. K.in (1503–39) 317
Isabella von Portugal, Kg.in von Kastilien (1447–54) 59, 65, 106
Isa ben Gabir 261

Jaime, Gf. von Urgel 21
Jakob I., Kg. von Aragonien 265
Jiménez de Cisneros, Francisco, Kardinal, Ebf. von Toledo 130, 166, 175, 178–183, 185 ff., 191, 200, 216, 257, 281 f., 286, 308, 310, 315–318, 322, 324, 341, 344–348, 353 ff.
Jiménez de Prexamo, Pedro 126
Johann, Infant von Granada 307
Johann, Infant von Kastilien, Sohn der Katholischen Könige 99, 104, 141, 251, 312
Johann I., Kg. von Kastilien 16 f., 21, 266
Johann II., Kg. von Aragonien 22, 24 f., 54 f., 58 f., 65, 67, 69 f., 73, 80, 87, 107 f., 117, 172, 252 f., 256, 268, 326
Johann II., Kg. von Portugal 68, 250
Johanna I., die Wahnsinnige, Tochter der Kath. Könige, Kg.in von Kastilien 104, 140, 249, 251 f., 312–319, 323; Abb. 8
Johanna, Prinzessin von Kastilien (»la Beltraneja«) 11, 59 ff., 64, 68, 73, 75, 85 f., 89, 99 ff.
Johanna von Aragonien, Tochter Ferdinands I. 73
Johanna von Portugal, 2. Gemahlin Heinrichs IV. 59, 63 f., 66 f.
Jouffroy, Jean, Kardinal von Albi 70, 75
Jovellanos 37
Jussuf III., Emir von Granada 206

Karl V. Röm. K., Kg. von Spanien 19, 38, 110 f., 140, 151, 154, 156, 182, 193, 196, 200, 245, 247, 250, 252, 258 f., 283, 286, 309, 312, 315, 317 f., 353–356
Karl VIII., Kg. von Frankreich 252 ff.
Karl der Kühne, Hzg. von Burgund 76
Karl der Schüchterne, Hzg. von Burgund 251
Karl von Gent 323 ff.
Karl von Navarra, Prinz von Viana 22, 67, 252 f.
Katharina, Infantin von Portugal 67
Katharina von Aragonien, Infantin von Kastilien, Tochter der Kath. Könige 250 f.
Klein, Julius 35, 37–40
Kolumbus, Christoph 9, 142, 215, 224–239, 248, 337, 343; Abb. 3
Kues, Nikolaus von 261

La Chaulx, Herr von 321
Lactantius 227
Ladero Quesada, Miguel Angel 115, 125, 127, 164, 195, 217 f., 264
Lalaing, Antoine de 163 f.
Las Casas, Bartolomé de 130, 235, 237 f., 243, 247
Las Casas, Guillén de 223
Lea, H. C. 289
Leo X., Papst 345
León, Fray Luis de 348
Le Roux, Olivier 98
Le Roy Ladurie, Emmanuel 336
Llorente, J. A. 289
López de Haro, Diego 63, 168
López de Mendoza, Iñigo, Gf. von Tendilla 152, 154, 174, 205, 214 ff., 350
López de Mendoza, Iñigo, Hzg. von Infantado 95
López de Mendoza, Iñigo, M. von Santillana 48, 63, 75, 77, 88, 115, 123, 134, 154 f., 175, 326, 341
López de Padilla, García 155
López de Zúñiga, Diego 49, 62
López Pacheco, Diego, M. von Villena 81, 86, 92–96
Lorca, Federico García 328
Lucas de Iranzo, Miguel 58, 203, 299

Lucena, Juan de 326
Lucero, Inquisitor v. Córdoba 179, 182
Ludwig XI., Kg. von Frankreich 22, 97 f., 252
Ludwig XII., Kg. von Frankreich 254, 320
Luna, Gf. 123, 151
Luna, Alvaro de 44, 47, 54 f., 58, 138, 268, 270
Luther, Martin 183

Machado, Antonio 328
Machiavelli 9, 213
Mahn-Lot, Marianne 222
Maimonides 262
Mair, John 245
Malocello, Lancellotto 223
Manrique, Gómez 8, 72, 90, 105, 108
Manrique, Jorge 94, 328 ff., 334
Manrique, Pedro 155
Manrique, Rodrigo, Gf. von Paredes 94, 155, 329 f.
Manuel, Kg. von Portugal 100, 250, 303
Manuel, Juan 45, 261, 319, 321 f.
Maranón, Gregorio 60
Marchena, (Fray) Antonio de 226
Marchena, Juan 237
Margarete von Österreich 251 f., 312, 323 f.
Maria, Infantin von Kastilien, Tochter der Kath. Könige 250
Maria, Kg.in von Aragonien 59
Maria von Aragonien, zwei Töchter Ferdinands I. 73
Maria von Burgund, K.in von Österreich 251
Maria von Portugal, Gemahlin Alfons XI. 266
Mariana 315
Martin I., Kg. von Aragonien 21
Martin V., Papst 342
Martín, Melquíades Andrés 232
Martinez, Fernando, Archidiakon von Ecija 266
Martínez, Martin 336
Martínez Marina 138
Martins 228
Marx, Karl 221
Maximilian, K. von Österreich 251, 254, 321, 324
Mayr, Rabbiner 302
McNeil, W. H. 240 f.
Medinaceli, Hzg. von 152
Mejía, Pero 14
Mendoza, Familie 48, 58, 63 f., 68, 74 f., 77, 79, 86, 152, 180
Mendoza, (Fray) Iñigo de 105, 203
Mendoza, Juan de 176
Mendoza, Kardinal, s. González de Mendoza, Pedro
Mendoza, Maria de 211
Mendoza, Rodrigo de, M. von Cenete 218
Mendoza, Rodrigo de Vivar y 176
Menéndez Pelayo, Marcelino 292
Menéndez Pidal, Ramón 13, 259
Merlo, Diego de 204, 275
Miguel (Michael), Infant von Aragonien, Kastilien u. Portugal 14 f., 312
Milhou, Alain 15, 203, 224
Miranda, Andrés de 65
Molch, Juan Ramón, Gf. von Cardona 142
Montemayor, Jorge de 335
Montesinos, Antonio de 242
Moxico, Martin de 314
Muela, Morales u. Diego de la 130
Mulei Hasan (Abu-l-Hassan'Ali), Emir von Granada 206
Muros, Diego de, Bf. von Tuy 171

Navarro, Pedro 255, 257
Nebrija, Antonio de 85, 336–343, 346 f.
Nicuesa, Diego de 236
Niebla, Gf. von 223
Nikolaus V., Papst 261, 271
Niño de Moguer, Brüder 232
Núñez, Fernando 109
Núñez, Hernán 339 ff., 347
Núñez de Balboa, Vasco 236
Núñez de Guzmán, Pedro 323
Núñez de Guzmán, Ramir 107 f., 148
Núñez de Prado, Juan 148

Ojeda, Alonso de 238 f., 243
Olivares 10 f.
Olivera Santos, César 138
Ors, Eugenio d' 107
Ortega, Juan de 119
Ortega y Gasset, José 339
Ortiz, Francisco 165, 172
Osorio, Familie 63

Pacheco, Beatrice, Gf.in von Medellín 93
Pacheco, Duarte 227
Pacheco, Familie 48, 61 f., 64
Pacheco, Juan, M. von Villena 55, 58, 62, 64, 67 ff., 73, 76–80, 87, 115, 117, 122, 134, 152, 154, 321
Pacheco, Pedro Girón 58, 67 f.
Palacios Rubios, Juan López de 160, 242 f., 245 ff.
Palencia, Alonso de 71, 109
Paredes, Sancho de 323
Pareja, Fernando de 94
Paul II., Papst 76
Paz, Matías de 245 ff.
Paz, Octavio 325
Pelorson, J.-M. 158 f.
Peñaforte, Raimund von 265
Peralta, Peter von 69
Peraza, Fernán 223
Perestrello, Felipa 224
Pérez, Antonio 291 f.
Pérez, (Fray) Juan 226
Pérez de Almazán, Miguel 130
Pérez de Hita, Ginés 202
Peter I., Kg. von Aragonien 19
Peter I., der Grausame, Kg. von Kastilien 43 ff., 74, 266
Petronilla, Kg.in von Aragonien 18
Pfandl, Ludwig 317
Philipp I., der Schöne, Kg. von Kastilien 195, 249, 251 f., 312–317, 319 ff.
Philipp II., Kg. von Spanien 10, 19, 110, 132, 151, 154, 187, 216, 245, 250 f., 261, 291, 309, 312, 317, 352, 354 ff.
Pimentel, Alonso, Gf. von Benavente 81, 85, 126, 152, 193
Pimentel, Familie 46
Pinzón, Juan Martín 232
Pinzón, Martín Alonso 232 f.
Pius, II., Papst 72
Pizarro 239
Plasencia, Familie 151
Pliego, M. von 322
Polo, Marco 229, 234
Ponce de León, Familie 93 f., 256
Ponce de León, Rodrigo, M. von Cádiz 81, 123, 126, 134, 151, 203 f., 208, 210
Portocarrero, Juan, Gf. von Medellín 148
Prawdin, M. 315 ff.
Ptolemäus 228 f.
Pulgar, Hernando del, Chronist Isabellas 66, 87, 97, 107 f., 111, 275, 298

Quevedo 328
Quiñones, María de 148
Quintanilla, Alfonso de 34, 68, 78, 109, 119 f.

Ramirez, Juan 132
Ramírez de Baeza, Pedro 169
Ramiro II., Kg. von Aragonien 18
Randles, W. G. L. 227
Raymond Bérenger IV., Gf. von Barcelona, Kg. von Aragonien 18
Révah, I. S. 272, 288, 300, 310
Riario, Kardinal 172
Ribas, Lope de, Ebf. von Cartagena 120
Ricard, Robert 334
Rico, Francisco 338
Rodríguez de Fonseca, Juan 235
Rodríguez de Lillo 109
Rodríguez de Montalvo, García 331
Rojas, Fernando de 333
Rojas, Francisco de 156
Roupnel, Gaston 10

Salvador, Jakob 268
Salvatierra, Gf. von 148
Sánchez, Juan 161
Sánchez Albornoz, Claudio 30, 36, 200, 217, 259, 261, 272, 355
Sánchez de Arévalo, Rodrigo 157, 255
Santa María, Gonzalo García de 336
Santa María, Pablo de, Bf. von Burgos 267, 272
Santángel, Luis de 126, 231 f.
Sarmiento, Pero 270 f.
Scales, Lord, Gf. von Rivers 208
Scotus, Duns 184
Segovia, Bf. von 163
Segovia, Juan de 261
Senior, Abraham 295 f., 302
Sepúlveda, Juan Ginés de 247
Servet, Michel 234, 310
Siculo, Lucio Marineo 164, 193, 338
Silva, Feliciano de 331
Silva, Juan de, Gf. von Cifuentos 211
Sixtus IV., Papst 72, 76, 98, 172 f., 274, 276, 278
Solis, Isabelle de (Soraya) 206

Soto, Domingo de 247
Stúñiga 327
Suárez 247
Suárez Fernández, Luis 53, 147, 296, 303 f.
Susa, Heinrich von, Ebf. von Ostia 242, 245

Talavera, (Fray) Hernando de, Ebf. von Granada 90, 100, 109, 111, 123, 126, 151, 171, 175, 177 ff., 181, 215 f., 226, 261, 274 f., 278, 298, 307 f., 312, 337, 355
Talavera, Rodrigo Maldonado de 98 f., 155
Taxis, Franz von 195
Téllez Girón, Juan, Gf. von Urueña 81, 93
Téllez Girón, Rodrigo 81, 91 ff., 155, 210
Tob, Sem 267
Torquemada, Juan de 273
Torquemada, Tomás de 278, 282
Toscanelli, Florentin 228
Trastámara, Familie 21
Trastámara, Heinrich von, s. Heinrich II.
Trevino, Gf. von 152
Triana, Rodrigo de 233
Tudor, Maria 251
Tyr, Marin de 228

Unamuno, Miguel de 292 f.
Urrea, Pedro Manuel de 327

Vaca, Pedro 73
Valera, Diego de 105, 273
Valla, Laurentius 336, 338
Vargas, Francisco de 186
Vásquez de Arce, Martin 350
Vázquez Díaz 232
Vega, Garcilaso de la 337
Vega, Lope de 96, 328
Velasco, Familie 47, 148
Velasco, Pedro 228, 233
Velázquez, Diego 236
Venier, Kardinal 172
Vera, Diego de 255
Vespucci, Amerigo 234, 238
Vicens Vives, Jaime 23, 128, 154, 248, 250
Vicente, Gil 335
Vilar, Pierre 10, 20, 23, 142, 146, 187
Villacredes, (Fray) Pedro de 183
Villon, François 329
Villuga 193
Viñas, Carmelo 45
Vitoria, Francisco de 247
Vivero, Juan de 70 f.
Vives, Juan Luis 313
Voltaire 60

Waldseemüller, Martin 234

Yánez Pincón, Vicente 232

Zafra, Fernando de 130, 160, 213, 215 ff., 218, 221, 256
Zapata, (Pater) Garcia 270
Zúñiga, Alvaro de, Hzg. von Arévalo 81, 151
Zúñiga, Familie 47, 49
Zúñiga, Juan de 93, 156
Zurita, Jerónimo 80

Sachregister

Alcalá, Bibelausgabe von (Polyglotte), s. a. Jiménez de Cisneros 345–348
Adel, Bedeutung u. Vorrechte des 27 f., 32, 45–64, 132–137, 147–162, 299, 318 f., 325 f., 331 f.
adelantados s. *gobernadores*
alcabalas 46, 52, 112 f., 115, 117, 124, 193, 239
Alcaçovas, Vertrag von (1479) 98, 223, 225, 250, 256
alcaldes 39, 131, 135 f.
Alhama, Kampf gegen (1482) 204 f., 211
aljamas, s. a. Juden 262 f., 265, 295, 298, 301, 305
Aljubarrota, Niederlage von (1385) und Friede von (1411) 16, 45, 88
almojarifazgos 114, 117
Amadis-Roman 330 ff.
Antisemitismus, s. Juden
apuntamientos 138
Aragonien 14, 18–29, 103, 139–145
Architektur 348 ff.
Aristokratie, s. Adel

Armee, Stärke u. Bewaffnung 207–210, 255
arrendadores 116, 264
autodafe, auto de fe s. a. Inquisition 285 f., 294
ayuntamiento 136

Burgos, Gesetze von (1512) 244 f.

caballeros 32, 50, 147, 299
Casa de la contratación 192, 236 f.
Caspe, Schiedsvertrag von (1412) 21
Celestina, s. a. Literatur 333 f.
Ceuta, Einnahme von (1415) 17
Colegios mayores, s. a. Universitäten 158 f., 174, 343 ff.
Comuneros, Aufstand der (1520–1521) 49, 95, 106, 307, 312, 315 f., 318, 355
Comunidades, s. *Comuneros*
concejos abiertos 133, 136
conquista, s. *conquistadores*
conquistadores 236–241, 243 f.
Consejo real, s. Kronrat
conversos, s. a. Juden 223, 267–271, 273–279, 281, 283, 286–289, 291, 294, 296–300, 306, 345 ff., 355
corregidores 131, 134–137, 169, 351
Cortes, Volksvertretung 25 f., 28, 43, 48, 53, 112 f., 119, 121 f., 129, 137 ff., 166, 279, 281, 295, 314 f., 317

diezmos (de la mar) 114, 117, 124, 264
Diputación 26, 28 f.

encabezamientos 124 f.
encomienda 240 f., 244, 246 f.
Erbfolgekrieg 57–101

farsa de Avila, la (1465) 62 f.
Fuenteovejuna, Aufstand von (1476) 149 f.
fueros 24–28, 30, 133, 141, 278 f., 291 f.

generalidad 22, 25 f., 29, 144
Getreideanbau, s. a. Handel 189 ff.
gobernadores 134
Granada, Kampf um 201–215
– Besiedlungsstrategie 217–220
Guadalupe, Urteil von (1486) 143 f.

Handel u. Handelswege 35–41, 187 ff., 191–200
Heiliges Offizium, s. Inquisition
hermandades 53
hidalgos 32, 46, 50 f., 121, 146 f., 159 ff., 300, 352

Inquisition 141, 272–304, 355

Juden, Verfolgung der 262–271, 273, 290, 294–305
– Ausweisung(serlaß; 1492) 294–304
juros 122 f., 127
Justicia (Aragonien) 26
Justiz 130 ff.

Kastilien 30–56
Katalonien 19 ff., 23 f., 140–145
– Bürgerkrieg (1462–1472) 22–25, 252
Kirche 125, 162–182
– Bischofsamt 170–182
– kirchliche Justiz 166–170
Klerus, s. Kirche
Klostergründungen, s. a. Kirche 56, 183
Kloster- u. Ordensreform 183–187
Kreuzzugsbulle, s. a. Zölle u. Steuern 125 ff.
Kreuzzugsgedanke 202 ff.
Kronrat 128–131

Las Navas de Tolosa, Schlacht von (1212) 14
Lehnsherrenschaft und -rechte, s. a. Adel 24, 27 f., 30, 32, 38, 46, 148
letrados 128 f., 135, 146, 157–160, 170, 217, 228, 352
Literatur 325–338
– Grammatik, lateinische, Bedeutung für die 336–341

Majorate, Gesetz über die (1505) 153, 191
Mauren 13 f., 27, 33, 158, 178, 202 ff., 213, 216 f., 219 f., 261 f., 277 f., 291, 305–311
– Maurenfrage 305–311
Mesta 35–39, 49, 187 ff., 191, 200
moriscos 216, 218, 291, 309
mudéjares 217 f., 262, 305 f.
Muslime, s. Mauren

Neue Welt, Eroberung der 221–248

Olmedo, Schlacht bei (1445) 55
Orden, geistliche 183–187
Orden, militärische 27, 33, 38, 51 f., 148, 150, 155 f.

parias 201
pecheros 50
Pest 183
Portugal 14, 16 ff.
– Entdeckungsfahrten 222–225
procuradores 137 f.

Rat der Hundert von Barcelona 144
recaudadores 116, 264
»Rechtmäßigkeitsstreit«, s. a. conquistadores 240–246
reconciliados, s. a. Inquisition 285, 294
Reconquista 14, 17, 31–34, 36, 51, 201 f., 217, 222, 238, 261
regidores 133, 136, 219 f.
relajados, s. a. Inquisition 285
remensas 24 f., 29, 143 f.
requerimiento 239, 243
Ritterroman, s. *Amadis-Roman*
romancero, s. a. Literatur 327 f.
romances, s. *romancero*

Salado, Sieg von (1340) 202
Salamanca, Vertrag von (1505) 321
Santa Hermandad 57, 92 ff., 112, 118–122, 127, 139, 178, 216, 351
Segovia, Abkommen von (1475) 83 f.
Sekretäre, königliche 129 f.
servicio 295, 352
servicio y montazgo 37, 40, 49, 112, 114 f., 117, 121, 125, 137, 188, 264
situados 116, 122
solariegos 148
Spanien und Europa, Verhältnis von 248 f., 251
Stadtverwaltung, s. a. Adel 132–137
Steuern, s. Zölle u. Steuern
St. Jean-de-Luz, Vertrag von (1478) 98
Suprema, la 282

tercias reales 113, 115, 124 f., 163
Textilindustrie, s. a. Handel, s. a. Viehzucht 196–199
Toledo, Einnahme von (1085) 14
Tordesillas, Vertrag von (1494) 99, 235, 250, 256
Toro, Gesetze von (1505) 132
Toro, Schlacht von (1476) 93
Toros de Guisando, Pakt von (1468) 64, 68 f., 75

Universitäten 342–345

Viehzucht (Schafzucht im besonderen) 35–41, 187 ff., 191

Währung, Währungsreform (1497) 196
Westindische Inseln, s. Neue Welt, s. Kolumbus

Zölle und Steuern 103, 112–118
Zwangsanleihen 126 f.

Régine Pernoud

Herrscherin in bewegter Zeit

Blanca von Kastilien, Königin von Frankreich

Aus dem Französischen von Sybille A. Rott-Illfeld

333 Seiten, Leinen

Régine Pernoud hat nicht nur eine mitreißende Biographie verfaßt, sie hat mit ihrem Buch *Herrscherin in bewegter Zeit* ein Porträt einer Epoche französischer Geschichte geschrieben, die uns als Epoche der Kathedralen geläufig ist.

Bayerischer Rundfunk

Das vorzüglich recherchierte Buch der Régine Pernoud ist ein Sittengemälde aus einer Zeit, in der Ehen grundsätzlich Macht-Arrangements waren – bei reichen Bauern ebenso wie an Fürstenhöfen.

Frankfurter Rundschau

Eugen Diederichs Verlag